DRC 国务院发展研究中心学术指导
中国发展出版社编辑出版

2016 PERFORMANCE EVALUATION REPORT OF CHINESE LISTED COMPANIES

中国上市公司业绩评价报告

中国上市公司业绩评价课题组 著

图书在版编目（CIP）数据

2016中国上市公司业绩评价报告 / 中国上市公司业绩评价课题组著.
北京：中国发展出版社，2016.5

ISBN 978-7-5177-0497-3

Ⅰ. ①2… Ⅱ. ①中… Ⅲ. ①上市公司—经济评价—中国—2016 Ⅳ. ①F279.246

中国版本图书馆CIP数据核字（2016）第092238号

书　　名：2016中国上市公司业绩评价报告
著作责任者：中国上市公司业绩评价课题组
出版发行：中国发展出版社
（北京市西城区百万庄大街16号8层　100037）
标准书号：ISBN 978-7-5177-0497-3
经　销　者：各地新华书店
印　刷　者：北京天宇万达印刷有限公司
开　　本：889mm × 1194mm　1/16
印　　张：28.5
字　　数：580千字
版　　次：2016 年 6 月第 1 版
印　　次：2016 年 6 月第 1 次印刷
定　　价：480.00元

联系电话：（010）68990646　68990692
购书热线：（010）68990682　68990686
网络订购：http：//zgfzcbs.tmall.com
网购电话：（010）68990639　88333349
本社网址：http://www.develpress.com.cn
电子邮件：cheerfulreading@sina.com

中国智库

编委会

2016 中国上市公司业绩评价报告

中国上市公司业绩评价课题组

顾　　问：孟建民　国务院国有资产监督管理委员会副主任
　　　　　隆国强　国务院发展研究中心副主任、研究员

组　　长：包月阳　中国发展出版社社长
　　　　　王子林　中联控股集团董事局主席
　　　　　邬红兵　国务院国资委财务监督与考核评价局局长
副 组 长：孙庆红　国务院国有重点大型企业监事会副局级专职监事
　　　　　刘绍娓　国务院国资委财务监督与考核评价局副局长
　　　　　马　骏　国务院发展研究中心企业研究所所长、研究员
　　　　　任兴洲　国务院发展研究中心市场经济研究所所长、研究员
　　　　　李佐军　国务院发展研究中心资源与环境政策研究所副所长、研究员
　　　　　车海刚　中国发展出版社副总编辑兼中国发展观察杂志社副总编辑
　　　　　张诗雨　中国发展出版社社委会成员兼中国发展观察杂志社副社长
　　　　　杨良敏　中国发展观察杂志社副总编辑
　　　　　范树奎　中联资产评估集团有限公司董事长
　　　　　姚庚春　中兴财光华会计师事务所首席合伙人
　　　　　穆东升　中联财联网科技有限公司总裁
成　　员：吴　庆　国务院发展研究中心金融研究所银行研究室副主任、研究员
　　　　　潘　明　中联资本管理有限公司合伙人
　　　　　邓艳芳　中联税务所事务所有限公司董事长
　　　　　严晓健　中联造价咨询有限公司董事长
　　　　　金　阳　中联国际资信评估有限公司合伙人
　　　　　宋东坡　中国发展出版社第四编辑部主任
　　　　　杜　嘉　国研文化传媒股份有限公司市场运营部主任
　　　　　赵　刚　国研文化传媒股份有限公司重大项目部主任
　　　　　王燕青　国研文化传媒股份有限公司会议会展部主任（国研智库论坛理事会秘书处）
　　　　　高　宏　国研文化传媒股份有限公司园区发展部主任
　　　　　马健瑞　国研文化传媒股份有限公司课题研究部副主任
编　　辑：韩荣、陈志红、周良、鲁杰钢、刘松、陶涛、吴晓光、蒋卫峰、范鹏宇、刘艳伟、窦立辉、杨猛、董洁瑜、刘嘉、杜倩倩、李昱霖、赵泉淞

目 录

第一部分 中国上市公司业绩评价总报告

第二部分 中国上市公司业绩评价各行业分析报告

第三部分　中国上市公司税收分析报告

附　录

第一部分
中国上市公司业绩评价总报告

第一章　中国上市公司业绩评价宏观经济背景

2015 年，中国宏观经济面临着国际国内双重压力，经济增长持续放缓，实体经济受到较大冲击，但随着结构性改革深入推进，宏观调控思路与方式的不断创新，新的发展动能逐渐发力，大众创业、万众创新的扎实推动，宏观经济形势总体向好，经济保持了中高速增长、迈向中高端水平。

一、国际经济大环境的影响

（一）全球经济增速缓慢。2015 年世界经济增长低于预期，GDP 增长略低于上年。根据相关机构预测，2015 年全球经济增长率为 2.5%，2014 年全球经济增长率为 2.6%，2013 年全球经济增长率为 3.0%，可见从 2013 年以来，世界经济增速见缓。

（二）全球 CPI 涨幅回落、大宗商品价格大幅下跌。2015 年，世界、发达国家和发展中国家 CPI 同比分别上涨 2.0%、1.0% 和 4.3%，比上年回落 0.5、0.7 和 0.2 个百分点。国际市场大宗商品价格大幅下跌，2015 年能源价格比 2014 年暴跌 45.1%，非能源价格比 2014 年下跌 15.1%，均连续 4 年下跌。2015 年 12 月 18 日，纽约期货市场轻质原油价格为 34.73 美元 / 桶，创 2009 年 2 月 18 日以来最低水平。

（三）国际金融市场大幅动荡。一是主要经济体货币政策继续分化。2015 年，25 个国家 58 次实施了降息措施或施行宽松货币政策，另有 10 个发展中经济体升息，合计升息了 22 次；二是其他主要货币对美元明显贬值。2015 年，38 个国家和地区本币兑美元贬值超过 6%；三是世界股指动荡加剧。2015 年，世界股指上下波动幅度加大，全年跌幅超过 4.2%。下半年震荡进一步加剧，5 月末到 9 月下旬最大跌幅达到 15.5%；四是发展中国家资本净流入持续减少。截至 2015 年第二季度，发展中国家资本净流入持续 5 个季度减少。2015 年下半年则为净流出，2015 年第三季度，国际投资者从发展中国家股市和债市撤资 520 亿美元，创历史纪录。

二、宏观经济指标

（一）GDP（国内生产总值）

2015 年国内生产总值达 676708 亿元，增长 6.9%。

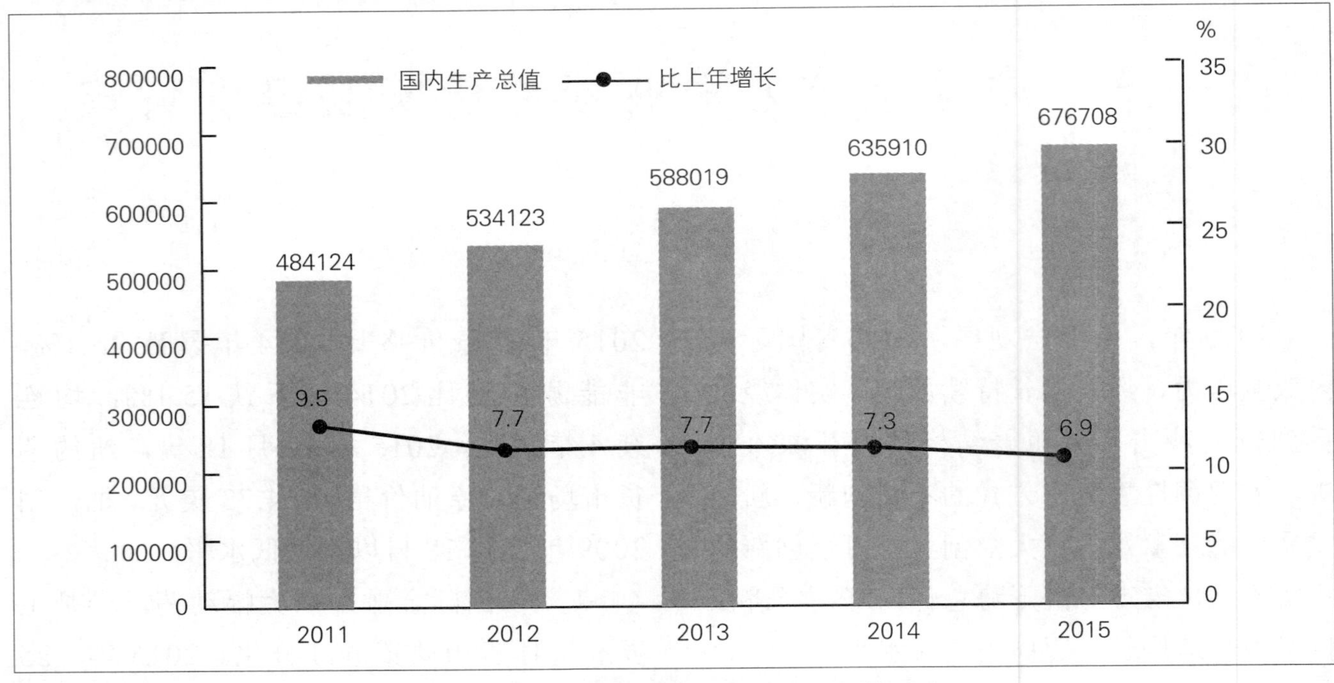

图 1－1　2011—2015 年国内生产总值及其增长速度

（二）投资

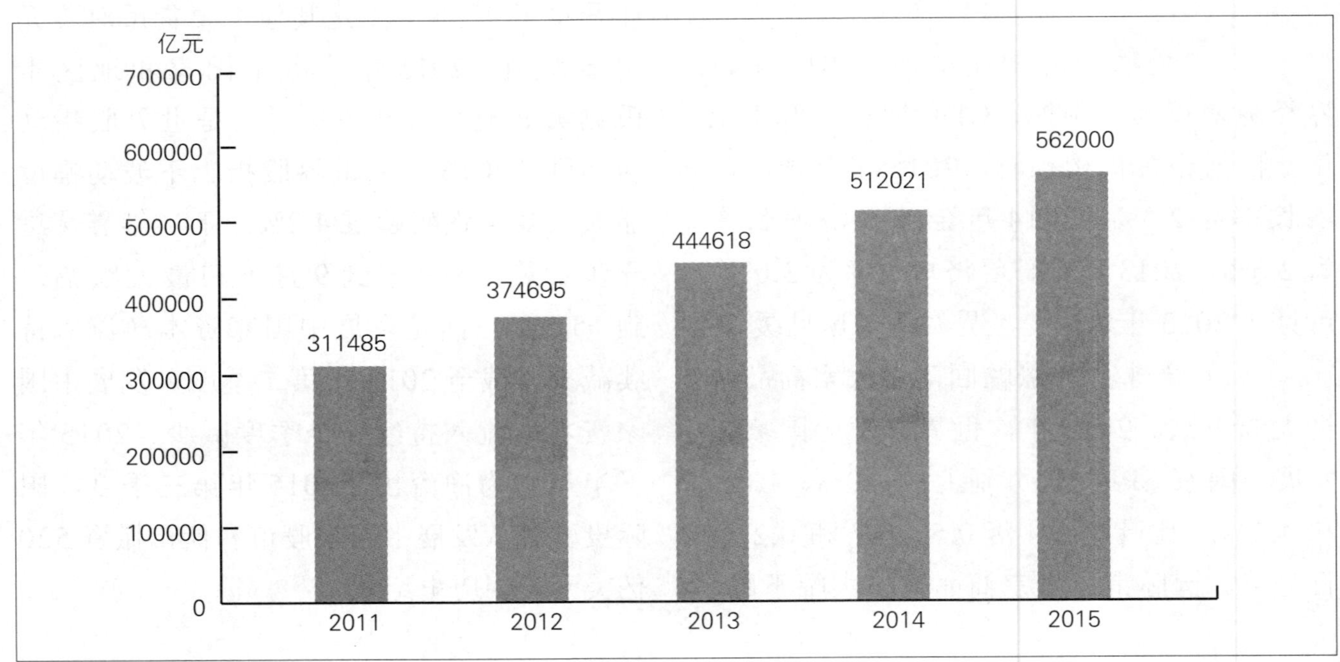

图 1－2　2011—2015 年全社会固定资产投资

2015年全社会固定资产投资562000亿元，比上年增长9.8%，扣除价格因素，实际增长11.8%。

（三）出口

2015年货物进出口总额245741亿元，比上年下降7.0%。其中，出口141255亿元，下降1.8%；进口104485亿元，下降13.2%。货物进出口差额（出口减进口）36770亿元，比上年增加13244亿元。

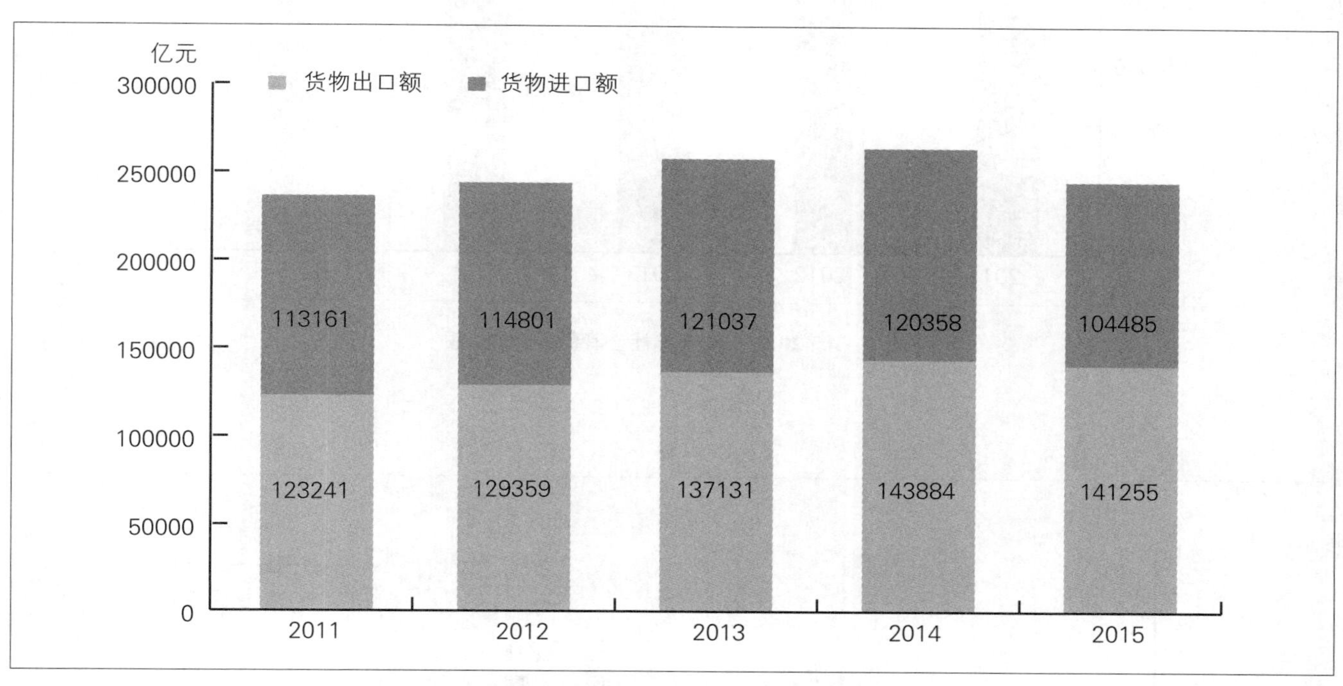

图1－3　2011—2015年货物进出口总额

（四）消费

2015年社会消费品零售总额300931亿元，比上年增长10.7%，扣除价格因素，实际增长10.6%，最终消费对GDP增长的贡献超过60%。按经营地统计，城镇消费品零售额258999亿元，增长10.5%；乡村消费品零售额41932亿元，增长11.8%。按消费类型统计，商品零售额268621亿元，增长10.6%；餐饮收入额32310亿元，增长11.7%。

（五）价格

2015年居民消费价格比上年上涨1.4%，其中食品价格上涨2.3%。

固定资产投资价格下降1.8%。工业生产者出厂价格下降5.2%。工业生产者购进价格下降6.1%。农产品生产者价格上涨1.7%。

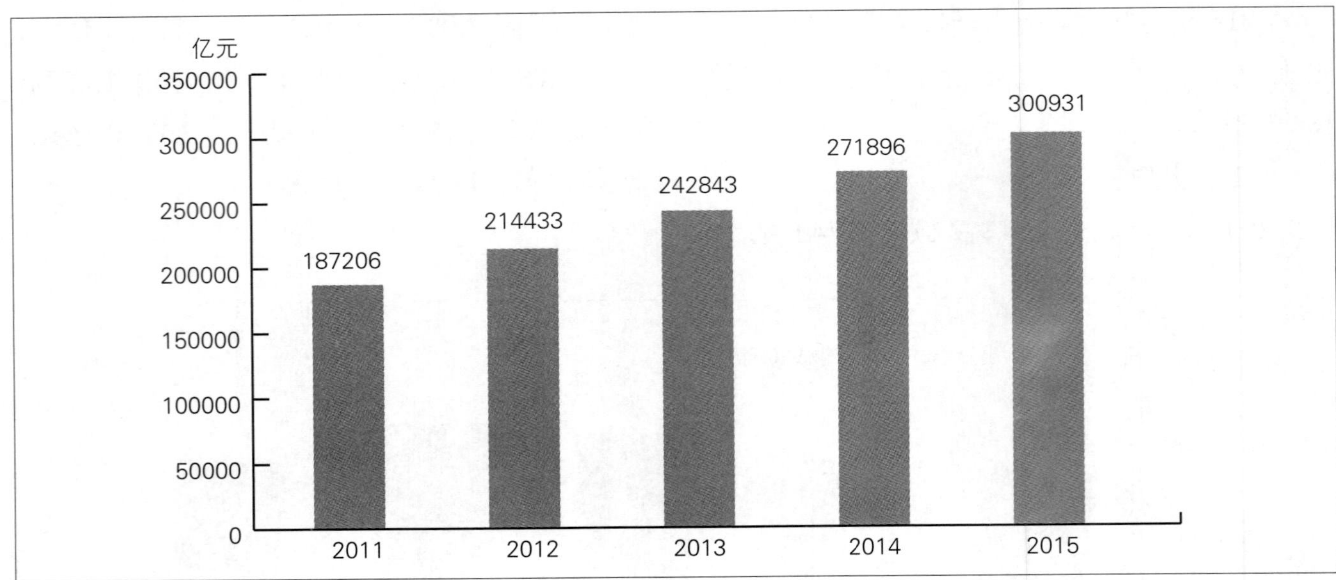

图 1－4　2011—2015 年社会消费品零售总额

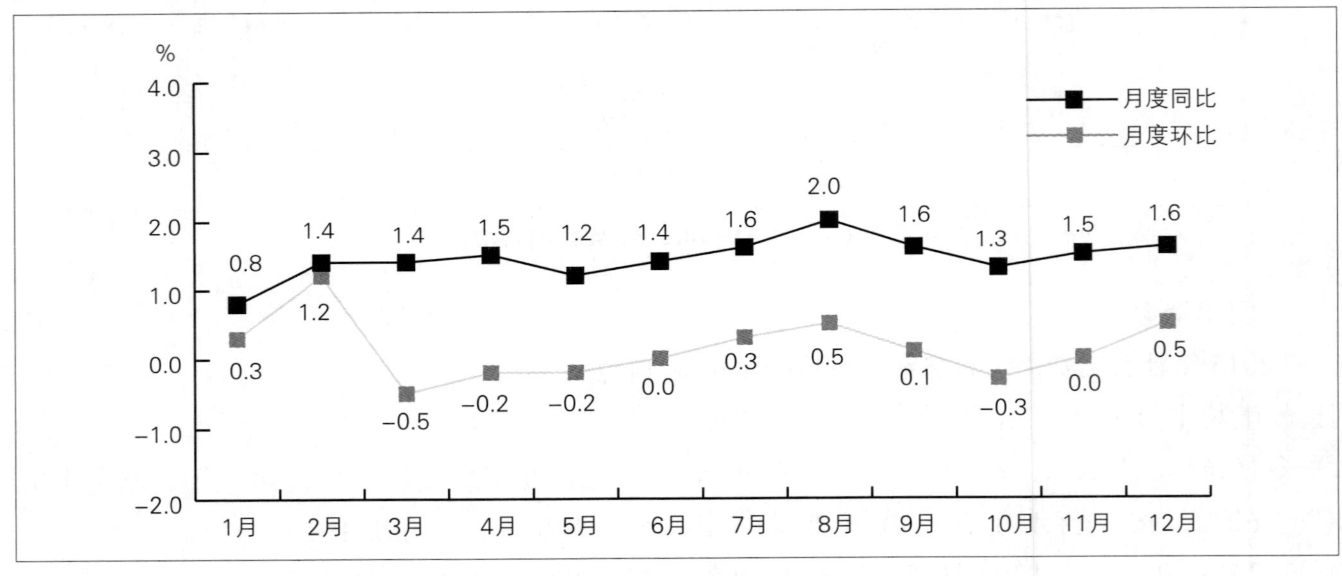

图 1－5　2015 年居民消费价格月度涨跌幅度

（六）就业

截至到2015年末，全国就业人员77451万人，其中城镇就业人员40410万人。年末城镇登记失业率为4.05%，2014年末的城镇登记失业率为4.09%。

全年全员劳动生产率为76978元/人，比2014年提高6.6%。

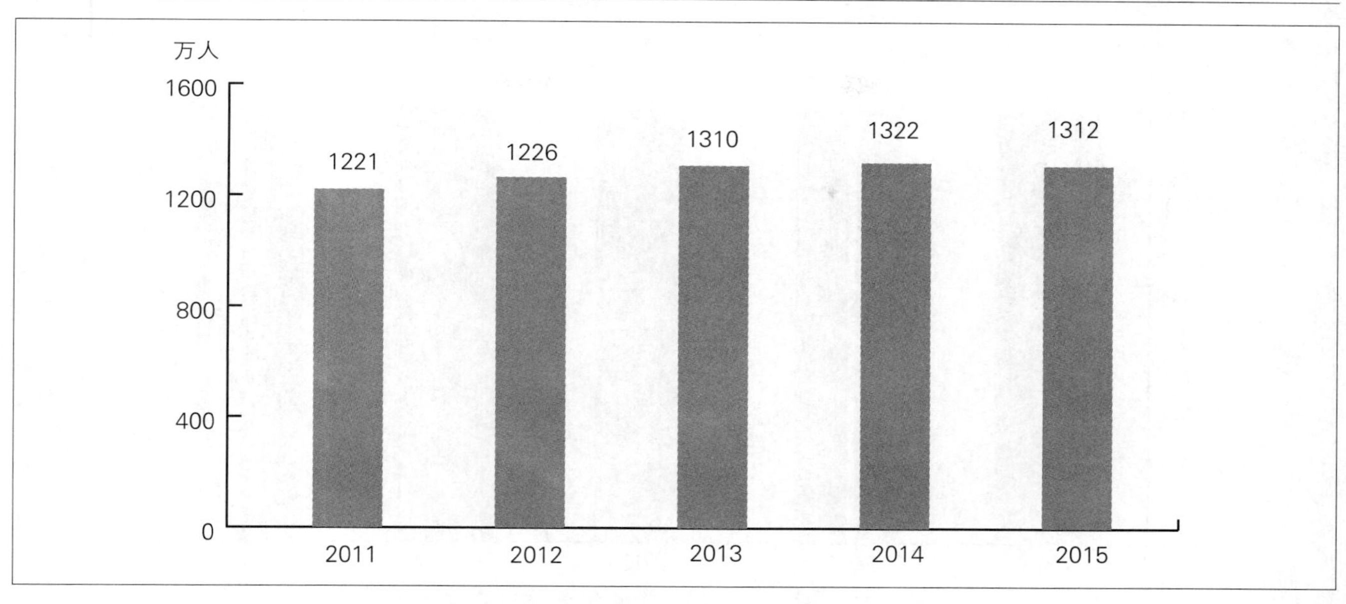

图 1－6　2011—2015 年城镇新增就业人数

（七）国际收支

2015 年，我国国际收支出现新变化，从长期以来的基本“双差”转为“一顺一逆”，即经常账户顺差、资本和金融账户（不含储备资产）逆差。2015 年，经常账户顺差 2932 亿美元，较上年增长 33%；外汇储备余额 3.3 万亿美元，较上年末减少 5127 亿美元，下降 13%；直接投资净流入 771 亿美元，较上年下降 63%；国际收支口径的货物贸易顺差 5781 亿美元，较上年增长 33%；服务贸易逆差 2094 亿美元，较上年增长 39%。

（八）PMI（中国制造业采购经理指数）

表 1－1

月份	1 月	2 月	3 月	4 月	5 月	6 月	7 月	8 月	9 月	10 月	11 月	12 月
PMI（%）	49.8	49.9	50.1	50.1	50.2	50.2	50.0	49.7	49.8	49.8	49.6	49.7

采购经理指数以百分比来表示，常以 50% 作为经济强弱的分界点：当指数高于 50% 时，被解释为制作业经济扩张的讯号。当指数低于 50%，反映制造业经济萎缩。

三、宏观经济特征

（一）结构性调整明显

1. 三次产业结构的调整

2015 年产业结构调整的一个亮点是：服务业在国内生产总值中的比重上升到 50.5%，首次占据“半壁江山”。“十二五”期间，第一、第二产业所占比重呈持续下降态势，而第三产业所占比重则连续上升。

2. 进出口结构的调整

2015 年进出口总额比 2014 年都有所下降，但高新技术产品的进口和出口却分别增长了 0.6%、0.4%，加工贸易的出口下降了 8.8%，一般贸易和加工贸易的进口下降了 15.9%、13.7%。从主要商品的进口来看，煤（包括褐煤）、氧化铝、钢材的比重分别下降了 45.2%、14.2%、19.2%；煤（包括褐煤）、钢材的出口比重也分别下降了 27.7%、10.6%。

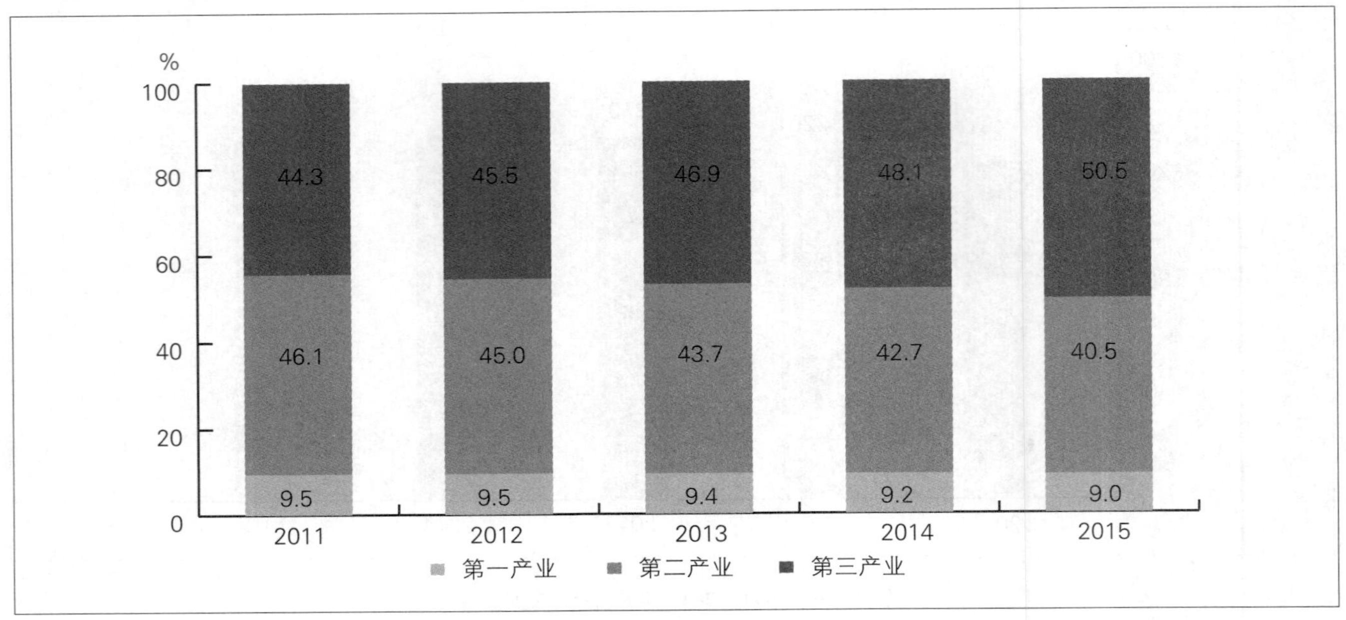

图 1－7　2011—2015 年三次产业增加值占国内生产总值比重

3. 工业结构的调整

2015 年，钢铁（粗钢、钢材）、原煤、水泥的产量均比 2014 年有所下降，分别下降了 2.3%、3.3%、5.3%，而高技术制造业增加值增长了 10.2%。

（二）新的增长动能逐渐发力

1. 大众创业、万众创新蓬勃发展。大众创业、万众创新极大地释放了经济潜力和民众创造力，2015 年登记注册企业增长 21.6%，平均每天新增 1.2 万户，对稳就业、促升级发挥了突出作用。

2. “一带一路”战略拉动了双向投资。2015 年，我国对“一带一路”沿线国家对外直接投资额达 148 亿美元，增长 18.2%，截至到 2015 年底，仅上海对“一带一路”沿线国家和地区的投资达到 92 亿美元，“一带一路”沿线国家和地区对上海的投资额达 28 亿美元，同比增长 45.2%。

3. 互联网与各行业特别是传统行业加速融合。2015 年，中国电子商务交易总额达 18 万亿元，成为世界第一大网络零售市场；2015 年移动支付基本覆盖餐饮、超市、便利店、外卖、商圈、机场、美容美发、电影院等线下应用，微信支付后来居上，日益主流化。

（三）股票市场波动幅度大

1. 涨停不断反复。千股涨停、千股跌停，历史少见。2015 年上半年的 A 股市场迎来了 7 年以来最大上涨幅度的一波牛市，在 6 月初成功站上 5000 点，然而在 6 月下旬，市场风云突变，半月之内大盘由 5100 点暴跌 20%，之后历经反弹与再下跌。

2. 股市维稳措施空前。国家队火急救市，尽量保证流动性；熔断机制仓促实施，备受诟病，最终停止，在当时的情形下也是不得已而为之；管理层进一步加大打击违法贪腐力度，证监会和证券公司多位高层被查。

3. 过度运用杠杆。杠杆过度运用的背后逻辑是股市的投机心理。极高水平的杠杆是一把双刃剑，从牛市到熊市过山车式的瞬变则让人们对股市心有余悸，从而变得更加谨小慎微。

四、宏观经济政策

（一）积极的财政政策

2015 年，在财政收入增幅回落、收支平衡难度很大的情况下，财政运行基本平稳，为完成全年经济社会发展主要目标任务提供了有力支撑。全国一般公共预算收入 152216.65 亿元，比 2014 年同口径增长 5.8%。中央本级支出 25549 亿元，完成预算的 102.1%，增长 12.8%。中央对地方税收返还和转移支付 55181 亿元，完成预算的 98.7%，增长 6.7%。中央政府性基金收入 4112.02 亿元，为预算的 94.2%，增长 5.2%。地方政府性基金本级收入 38218.12 亿元，下降 17.7%。

1. 积极推进财税法治建设。加强预算法配套制度建设，出台中央对地方专项转移支付管理办法，修订了一般性转移支付管理办法等制度。

2. 增强政策的针对性和有效性。一是保持必要的支出强度。适当扩大财政赤字规模，盘活财政存量资金，置换 3.2 万亿元地方政府到期存量债务，降低了利息负担，缓解了当期偿债压力；二是加大减税降费力度。扩大小型微利企业所得税、固定资产加速折旧优惠政策范围，对小微企业免征 42 项行政事业性收费，取消或暂停征收 57 项中央级行政事业性收费；三是强化财政资金政策的导向作用。大力推广政府和社会资本合作（PPP）模式，拉动民间资本进入公共服务领域。

3. 深化财税体制改革。一是加快预算管理制度改革。制定中央国有资本经营预算管理办法，推动实行中期财政规划管理，进一步清理整合专项转移支付，建立规范的地方政府举债融资机制；二是深入推进税制改革。研究全面推开营改增试点方案、综合与分类相结合的个人所得税改革方案，研究消费税改革方案；三是稳步推进财政体制改革。完善出口退税负担机制，研究推进中央与地方事权和支出责任划分改革，抓紧制订调整中央和地方收入划分过渡方案。

（二）稳健的货币政策

2015 年稳健货币政策取得了较好效果，保持了流动性合理充裕，促进了实际利率基本稳定，人民币也成功加入国际货币基金组织特别提款权货币篮子。2015 年末，广义货币供应量 M2 余额同比增长 13.3%，比上年末高 1.1 个百分点。人民币贷款余额同比增长 14.3%，比上年末高 0.6 个百分点。社会融资规模存量同比增长 12.4%。2015 年末，人民币对美元汇率中间价为 6.4936 元，人民币对一篮子货币保持了基本稳定。

1. 综合运用多种货币政策工具。利用公开市场操作、中期借贷便利、普降金融机构存款准备金率等多种工具合理调节银行体系流动性，保持银行体系流动性合理充裕；五次下调人民币存贷款基准利率，九次引导公开市场逆回购操作利率下行，适时下调信贷政策支持再贷款、中期借贷便利和抵押补充贷款利率；实施定向降准，扩大信贷资产质押和央行内部评级试点，发挥差别准备金动态调整机制的逆周期调节和结构导向作用；多次调增再贷款、再贴现额度；扩展抵押补充贷款发放范围，引导金融机构将更多信贷资源配置到小微企业、“三农”和棚户区改造等国民经济重点领域和薄弱环节。

2. 坚定推进金融市场化改革。出台一系列重大改革措施，以改革促发展，以改革疏通货币政策传导机制，更好地发挥市场在资源配置中的决定性作用；进一步完善货币政策调控框架，放开存款利率浮动上限，利率市场化改革迈出关键性一步。

3. 进一步完善相关金融机制。完善人民币兑美元汇率中间价报价机制，发布人民币汇率指数，市场机制在汇率形成中的决定性作用进一步增强；将存款准备金由时点法考核改为平均法考核；完善宏观审慎政策框架，将差别准备金动态调整机制“升级”为宏观审慎评估体系，将外汇流动性和跨境资金流动纳入宏观审慎管理范畴；政策性、开发性金融机构改革顺利实施，平稳推出存款保险制度。

五、对2016年宏观经济的几点展望

2016年我国宏观经济发展面临的困难更多更大，世界经济深度调整、增速放缓，各种外部因素不可避免地会对我国经济产生影响；国内正处于经济增长速度换挡期、结构调整阵痛期、前期刺激政策消化期，“三期叠加”使经济下行压力加大。

（一）供给侧结构性改革进一步深入

一是进一步推动简政放权，转变政府职能，提高效能。2015年已经取消和下放311项行政审批事项，取消123项职业资格许可和认定事项，工商登记前置审批精简85%，全面实施三证合一、一照一码，取得了很大成效，2016年政府自身改革的力度将会更大，在简政放权的过程中，重点是要解决放权不同步、不协调、不到位的问题，对下放的审批事项，地方要能接得住、管得好；在转变政府职能的过程中，重点是要增强透明度，公开地方政府权力和责任清单，对行政事业性收费、政府定价或指导价经营服务性收费、政府性基金、国家职业资格，实行目录清单管理；在提高效能的过程中，重点是要大力推行“互联网＋政务服务”，实现部门间数据共享。

二是不断改善产品和服务供给。一是要培育精益求精的工匠精神，不断提升消费品品质，让国人的消费最大限度地留在国内；二是落实好《中国制造2025》，深入推进“中国制造＋互联网”，加快制造业的转型升级；三是加快现代服务业发展。2015年第三产业的比重已经超过了50%，而且随着经济的发展和改革的深入，第三产业的发展潜力会越来越大。

三是着力化解过剩产能。从2015年来看，过剩产能的化解工作已经开展，但压力依然很大，2015年全国规模以上的工业中，六大高耗能行业增加值比2014年增长6.3%，占规模以上工业增加值的比重为27.8%，（六大高耗能行业包括石油加工、炼焦和核燃料加工业、化学原料和化学制品制造业、非金属矿物制品业、黑色金属冶炼和压延加工业、有色金属冶炼和压延加工业、电力、热力生产和供应业。）因此需要进一步完善相关政策措施，特别是完善财政、金融等支持政策，降低企业交易、物流、财务、用能等成本，做好职工分流安置工作。同时要关注国际上对我国去产能的反应，采取积极措施应对，防止外部不利因素的影响。

（二）宏观经济政策将进一步稳定和完善

1. 积极的财政政策会加大力度。财政赤字会比 2015 年有所增加；全面实施营改增；取消违规设立的政府性基金；合理确定增值税中央和地方分享比例；进一步压缩中央专项转移支付规模；全面推开资源税从价计征改革；适当增加必要的财政支出和政府投资；加大对民生等薄弱环节的支持；优化财政支出结构。

2. 稳健的货币政策会灵活适度。统筹运用公开市场操作、利率、准备金率、再贷款等各类货币政策工具；在完善现代金融监管体制、提高金融服务实体经济效率、实现金融风险监管全覆盖方面有所举措；深化国有商业银行和开发性、政策性金融机构改革；推进股票、债券市场改革和法治化建设；规范发展互联网金融；严厉打击金融诈骗、非法集资和证券期货领域的违法犯罪活动等。

（三）新的发展动能将持续发力

1. 大力推进区域发展。重点是深入推进"一带一路"建设，落实京津冀协同发展规划纲要，加快长江经济带发展。

2. 继续推动大众创业、万众创新。完善创新平台建设，降低创业成本，强化企业创新主体地位，深化科技体制管理改革，加强人才、智力、资金的相互融通，让更多的人参与到创新活动中来。

3. 发挥"互联网 +"的倍增效应。进一步深化互联网与传统行业的有效对接，用互联网的思维和技术不断创造出新的商业模式，降低成本，提高效益。

资料来源：

1. 国家统计局网站
2. 2016 年政府工作报告
3. 关于 2015 年中央和地方预算执行情况与 2016 年中央和地方预算草案的报告
4. 2015 年第四季度中国货币政策执行报告

第二章 中国上市公司业绩评价结果综述

2015 年，是全面完成“十二五”规划的收官之年。在这一年里，我国经济呈现稳中趋缓的发展态势。在“稳增长、调结构”的经济发展进程中，政府全面深入推进供给侧结构性改革，进一步简政放权，加大金融体制改革力度，深化财税体制改革，促进结构优化、扩大内需和改善民生。在宏观经济下行压力持续存在的背景下，我国在财政政策上，多策并举提高财政资金的使用效益、缓解地方偿债压力、促进投资，在货币政策上继续保持稳中偏松的导向，通过多种货币工具释放流动性，完善宏观审慎政策框架。2015 年的 A 股市场可谓一波三折，上证综指以 3258.63 点开盘，上半年节节攀升，最高达到 5178.19 点，年中崩盘式下跌，最低至 2850.71，后震荡式回暖，以 3539.18 点收盘，较 2014 年底增长 9.41%。全部上市公司（不包括金融和 B 股，本文以下如无特指按此口径；本书除第二部分第十三、十四章，如无特指，全部上市公司也按此口径。）业绩表现不佳，营业总收入增长率转负。中小板表现平平，创业板表现不俗。分行业看，第三产业净利润为 1.58 万亿元，同比增长 8%，经济转型效果显著。

一、上市公司业绩评价结果

按照中国上市公司业绩评价体系，本书以统一测算的评价标准为基准，运用功效系数法，同时考虑到上市公司的市场表现后，对 2015 年度中国上市公司业绩进行了评价，从整体综合评价得分情况来看，2759 户上市公司（不包括金融和 B 股，本文以下如无特指按此口径）的经营业绩在 2015 年整体有所提高。2015 年综合得分 61.68 分，与 2014 年综合得分 61.27 分相比有小幅攀升。

2015 年上市公司的期末总资产为 397559.38 亿元，同比增长 17.16%，而当年的 GDP（国内生产总值，下同）为 676708.00 亿元，占当年 GDP 的 58.75%。

2015 年上市公司共实现营业收入 237486.36 亿元，同比下降 1.98%，占当年 GDP 的 35.09%。2015 年实现净利润 10607.50 亿元，同比下降 7.72%，占当年 GDP 的 1.57%。

下面分别从财务效益状况、资产质量状况、偿债风险状况、发展能力状况和市场表现状况五个方面对评价结果逐一加以说明。

（一）财务效益状况

2015年上市公司的财务效益状况平均得分为22.12分。评价财务效益状况的指标包括两个基本指标（扣除非经常性损益净资产收益率和总资产报酬率）和三个修正指标（营业利润率、盈利现金保障倍数、股本收益率）。财务效益状况各项指标年度变化情况详见表2-1。

表2－1 财务效益状况指标年度对比表

分析指标		2015年上市公司平均值	2014年上市公司平均值	增长率(%)
基本指标	净资产收益率(%)	5.61	7.81	−28.17
	总资产报酬率(%)	5.11	5.74	−10.98
修正指标	营业利润率(%)	5.06	5.55	−8.83
	盈利现金保障倍数	2.2	1.61	36.65
	股本收益率(%)	30.96	39.84	−22.29
综合得分		22.12	21.87	1.14

由以上财务效益状况指标年度对比表可见，除了盈利现金保障倍数，2015年上市公司各项财务效益基本指标及修正指标都较2014年度有不同程度的下降。2015年度整体财务效益状况较2014年略微逊色，从盈利现金保障倍数指标来看，盈利质量较2014年有一定提升。

1. 行业分析

从2015年各行业上市公司财务效益指标评分看来，食品饮料行业以28.21分位列各行业榜首，较上市公司平均财务效益指标评分高出6.09分。此外，家用电器、汽车和医药生物行业也分别以28.06分、25.95分、25.14分远超上市公司平均水平。

2015年度，食品饮料行业75家上市公司实现净利润539.59亿元，占上市公司全年实现净利润总额的5.09%，较2014年的487.53亿元增长10.68%。从各项财务效益基本指标和修正指标看，食品饮料行业净资产收益率、总资产报酬率、营业利润率、总股本收益率等指标都远远高于其他行业，一举夺冠。排在食品饮料行业之后的是家用电器行业。2015年度，家用电器行业上市公司实现净利润535.24亿元，占上市公司全年实现净利润总额的5.05%，较2014年的464.06亿元增长15.34%。从各项财务效益基本指标和修正指标情况看，家用电器行业各项指标都远远优于A股上市公司平均水平，尤其是扣除非经常性损益的净资产收益率及总股本收益率这两个指标，是A股上市公司平均水平2倍。

此外，公用事业、非银金融、传媒、交通运输等行业财务效益状况评分均高于上市公司平均评分。由于行业特点，非银金融、建筑装饰行业的总资产报酬率略低于上市公司平均水平，建筑装饰行业的盈利现金保障倍数低于上市公司平均水平，以上各行业各项财务效益状况指标基本优于上市公司平均水平或与其相当。

纺织服装、休闲服务、计算机、通信、房地产、农林牧渔等行业财务效益状况评分与上市公司平均水平基本持平。从各项财务效益状况指标来看，以上各行业指标较上市公司平均水平略高或略低，盈利能力处于市场平均水平。而就房地产行业而言，虽然其营业利润率远高于平均水平，是其2倍，但其现金保障情况不佳，盈余质量没有表现出来的乐观。究其原因，除了受国家宏观调控政策影响外，还因房地产行业的特性所致。房地产采用预售制度。预售使房地产项目的现金能够及早回流，用于下一个或多个项目的启动。但过度的扩张，使所有项目都被资金紧密地联系在了一起，导致经营性现金流降低甚至为负。从国家的行业政策引导来看，2014—2015年国家对房地产行业实施“分类调控”，房地产市场政策环境相对宽松。从各项财务指标来看，房地产行业财务效益状况未有较大程度波动，相对稳定。

采掘、化工、钢铁、有色金属、建筑材料、电气设备、机械设备、国防军工、轻工制造、电子、商业贸易、综合等行业财务效益状况评分显著低于上市公司平均水平。其中，受产能过剩及钢材价格持续下跌的影响，钢铁行业整体亏损，财务效益状况各项指标为负值，评分为零，行业寒冬已至。有色金属与国防军工财务效益评分也在低空徘徊。有色金属行业延续了一贯的低迷，扣除非经常性损益后未实现盈利。从各财务效益指标来看，有色金属行业扣除非经常性损益后的净资产收益率为-2.44%，总资产报酬率为2.44%，营业利润率为-0.34%，总股本收益率为0.93%，各项指标均显著低于上市公司平均水平。究其原因，在中国经济增速放缓、大宗商品需求疲软的大环境下，在美元持续走强等外部因素的共同影响下，有色金属价格整体呈现震荡走低态势。国防军工行业财务效应状况评分创下新低，行业整体未实现盈利。2015年9月，国家宣布裁减30万军队，对国防军工行业上市公司业绩影响短期利空。

2. 规模分析

2015年，100亿元以上规模企业实现利润总额10376.22亿元，占上市公司全部实现利润总额的74.75%，实现归属于母公司股东的净利润6494.79亿元，占上市公司全部实现归属于母公司股东的净利润的70.77%；2015年财务效益得分为22.70分，略高于上市公司平均水平，扣除非经常性损益净资产收益率、盈利现金保障倍数和股本收益率都高于上市公司平均值；总资产报酬率和营业利润率则略低于上市公司平均水平。

50亿～100亿元规模企业实现利润总额1204.05亿元，占上市公司全部实现利润总额的8.67%，实现归属于母公司股东的净利润885.72亿元，占上市公司全部实现归属于母公司股东的净利润的9.65%；2015年财务效益得分为20.28分，低于上市公司平均值21.54%，扣除非经常性损益净资产收益率、营业利润率、盈利现金保障倍数和股本收益率都低于上市公司平均值，而总资产报酬率略高于上市公司平均水平。

10亿～50亿元规模企业实现利润总额1959.48亿元，占上市公司全部实现利润总额的14.12%，实现归属于母公司股东的净利润1519.08亿元，占上市公司全部实现归属于母公司股东的净利润的16.55%；2015年财务效益得分为20.66分，低于上市公司平均值6.6%，扣除非经常性损益净资产收益率、盈利现金保障倍数和股本收益率都低于上市公司平均值，而总资产报酬率和营业利润率略高于上市公司平均水平。

10亿元以下规模企业实现利润总额

341.96亿元，占上市公司全部实现利润总额的2.46%，实现归属于母公司股东的净利润1277.67亿元，占上市公司全部实现归属于母公司股东的净利润的3.03%；2015年财务效益得分为21.74分，低于上市公司平均值1.72%，扣除非经常性损益净资产收益率、总资产报酬率、营业利润率都高于上市公司平均值，而盈利现金保障倍数和股本收益率都低于上市公司平均值。

3. 中联五强

从上市公司的财务效益指标来看，排在前五家的情况如表2-2所示：

表2－2　　2015年度中国上市公司财务效益中联五强排行榜

名次	股票代码	股票简称	财务效益得分
1	601006	大秦铁路	35.00
2	600027	华电国际	35.00
3	000539	粤电力A	35.00
4	600011	华能国际	35.00
5	000651	格力电器	35.00

2015年度中联上市公司业绩评价中财务效益得分并列第一名的上市公司共有6家，中联五强排行榜中列示的5家为财务效益得分相同情况下综合得分较高的上市公司。除上述5家外，还包括国投电力。6家财务效益得分并列第一的上市公司企业规模均在100亿元以上，其中4家来自于电力行业，2家分别来自于交通运输行业和家用电器。

以上行业2015年度整体财务效益状况均高于上市公司平均水平，大秦铁路、粤电力A、国投电力、华电国际、华能国际凭借其一贯稳健的经营三度上榜。以大秦铁路为例，其良好发展主要得益于物流近年来快速发展的良好势头和铁路货运改革红利。

（二）资产质量状况

2015年度上市公司的资产质量状况平均得分为9.17分。评价资产质量状况的指标包括两个基本指标（总资产周转率和流动资产周转率）和两个修正指标（存货周转率和应收账款周转率）。资产质量状况各项指标年度变化情况见表2-3所示。

表2－3　　资产质量状况指标年度对比表

分析指标公司平均值		2015年上市公司平均值	2014年上市公司平均值	增长率(%)
基本指标	总资产周转率(次)	0.64	0.75	−14.67
	流动资产周转率(次)	1.30	1.52	−14.47
修正指标	存货周转率(次)	2.74	3.21	−14.64
	应收账款周转率(次)	8.25	9.69	−14.86
综合得分		9.17	9.20	−0.33

从上表可以清晰地看出，2015 年上市公司总资产质量略低于 2014 年的水平，各项资产质量状况基本指标和修正指标都较 2015 年有不同幅度的下降。

1. 行业分析

2015 年资产质量状况表现最突出的行业为农林牧渔，资产质量状况得分为 15.00 分。由于行业特点，农林牧渔行业多年一直位于资产质量状况评分榜首。在其他行业中，化工行业、有色金属、交通运输、公用事业等行业亦远远超出上市公司资产质量状况平均得分。就农林牧渔、化工和有色金属行业而言，其各项指标都高于上市公司平均水平，其中应收账款周转率最突出，分别为 22.08、18.13 和 21.38，高于上市公司平均水平的两倍。交通运输和公用事业行业因为其庞大的资产规模，总资产周转率低于上市公司平均水平，其余指标均显著高于上市公司平均水平。由于交通运输和公用事业行业属于重资产的行业，因此总资产周转率远远低于其他行业属于正常现象。另外，这两个行业存货本身较少，因此存货周转率远远高于其他行业也属于正常现象。因此，流动资产周转率和应收账款周转率能较好地反映以上两个行业的资产质量。从指标来看，交通运输行业对资产的使用更加充分，投资的回收速度更快，资金回收能力强；公共事业的应收账款周转情况略微逊色。

采掘、钢铁、汽车、家用电器、轻工制造、食品饮料、休闲服务、传媒、通信等行业的资产质量状况得分都高于上市公司平均水平。从各项资产质量状况指标来看，以上各行业均高于上市公司平均水平。采掘、钢铁、汽车、食品饮料、休闲服务行业因其应收账款占收入比率较小的行业特点而具备较高的应收账款周转率。

医药生物、计算机、商业贸易等行业的资产质量状况得分与上市公司平均水平相近。各项指标在上市公司平均水平上下波动不大。建筑材料、建筑装饰、电气设备、机械设备、国防军工、纺织服装、电子、房地产、综合等行业资产质量状况指标均低于上市公司平均水平。其中，房地产行业资产质量状况得分为 7.02 分，与各行业相比最低。这主要是因为房地产的行业特性所致。房地产企业所经营的项目之间进度相差很大。每个项目的建设周期一般都大于 1 年，所以一年内确认的收入和成本实质上对应的是若干年的资金占用。房地产企业把土地的储备、未出售的成品房、施工阶段的房屋等都归入存货。鉴于此，较低的存货周转率并不能实际上代表资金的使用效率不佳。同样，房地产行业大量使用分期付款的结算方式，使得应收账款周转率的准确性受到一定影响。在计算应收账款周转率时，由于会计信息通常不标明赊销净额，所以在实际计算中，往往用销售总额取代赊销净额进行计算，使得结果被高估，应收账款的回收天数被低估。综上所述，房地产行业的经营模式决定了其重资产、低周转的财务特性，致使其资产质量指标明显低于上市公司平均水平。

2. 规模分析

100 亿元以上规模企业 2015 年资产质量得分为 9.32 分，高于上市公司平均值 1.64%，总资产周转率等于上市公司平均值，流动资产周转率略高于上市公司平均水平，存货周转率略低于上市公司平均水平，应收账款周转率为 9.4 次，高于上市公司平均值 1.15 次。

50-100 亿元规模企业 2015 年资产质量得分为 8.87 分，低于上市公司平均值

3.27%，总资产周转率略高于上市公司平均水平，流动资产周转率、存货周转率和应收账款周转率都低于上市公司平均水平。

10-50亿元规模企业2015年资产质量得分为8.52分，低于上市公司平均值7.09%，总资产周转率等于上市公司平均值，存货周转率高于上市公司平均水平，流动资产周转率和应收账款周转率都低于上市公司平均值，尤其是应收账款周转率为4.89次，显著低于上市公司平均水平3.36次。

10亿元以下规模企业2015年资产质量得分为8.1分，低于上市公司平均值11.67%，为各种规模上市公司中资产质量得分最低。就各项资产质量指标而言，总资产周转率、流动资产周转率、应收账款周转率都低于上市公司平均值，尤其应收账款周转率为4.42次，显著低于上市公司平均水平3.83次，存货周转率高于上市公司平均值。

3. 中联五强

从2015年上市公司质量状况得分来看，有92家公司质量指标得分为满分，占上市公司总数的3.33%。资产质量中联五强排行榜中列示的5家为资产质量得分相同情况下综合得分较高的上市公司。

表2－4　2014年度中国上市公司资产质量中联五强排行榜

名次	股票代码	股票简称	资产状况得分
1	600271	航天信息	15.00
2	601006	大秦铁路	15.00
3	600240	华业资本	15.00
4	601888	中国国旅	15.00
5	600763	通策医疗	15.00

航天信息、中国国旅在2013、2014年就位列上市公司资产质量中联五强，2015年又以满分跻身前列。中国国旅的优势既得益于政策支撑，又与其不遗余力改善硬件条件密不可分。近年来国内、国际旅游方兴未艾，2012年11月起海南离岛免税政策调整更是进一步促进了中国国旅免税业务的长足发展，零售终端的物流配送硬件改造及信息系统升级都极大地提高了中国国旅的资产运营效率，未来预付卡业务的推进也将进一步改善了中国国旅的资产质量状况。

（三）偿债风险状况

2015年度上市公司的偿债风险状况平均得分为8.89分。评价偿债风险状况的指标包括两个基本指标（资产负债率、获利倍数）和三个修正指标（现金流动负债比率、速动比率和带息负债比率）。偿债风险状况各项指标年度变化情况见表2-5。

表 2－5 偿债风险状况比较表

分析指标		2015 年上市公司平均值	2014 年上市公司平均值	增长率 (%)
基本指标	资产负债率 (%)	60.36	60.75	–0.64
	获利倍数	3.74	5.06	–26.09
修正指标	速动比率	73.47	69.66	5.47
	现金流动负债比率	13.88	12.65	9.72
	带息负债比率 (%)	51.38	45.45	13.05
综合得分		8.89	9.01	–1.33

从上表可以看出，2015 年资产负债率出现小幅下降，上市公司整体举债比例微降。带息负债占总负债比例有所攀升，利息成本有所增加，使得上市公司偿债压力有小幅增大。但是，2015 年度上市公司整体盈利能力的下降使得获利倍数指标下降明显，同比下降 26.09%。因此，尽管其他指标似乎有所改善，但偿债能力综合得分仍然较上年度有所降低。速动比率和现金流动负债比率都较上年度有所增加。影响速动比率可信性的重要因素是应收账款的变现能力。账面上的应收账款不一定都能变成现金，实际坏账可能比计提的准备更多。因此，现金流动负债比率更能真实地反映企业的短期偿债能力。一方面，它克服了可偿债资产未考虑未来变化及变现能力等问题，另一方面，实际用以支付债务的通常是现金而非其他可偿债资产。2015 年现金流动负债比率较 2014 年增长 9.72%，偿还短期债务的能力小幅提高。

1. 行业分析

在偿债风险控制方面，表现较好的行业有家用电器、食品饮料、计算机、传媒等。以上行业的各项基本指标和修正指标都显著高于上市公司平均水平，反映出较强的偿债能力。此外，农林牧渔、电气设备、汽车、纺织服装、医药生物、休闲服务、电子、交通运输等行业的偿债风险得分也高于上市公司平均得分。

采掘、化工、钢铁、有色金属、建筑材料、建筑装饰、机械设备、国防军工、轻工制造、通信、房地产、商业贸易、公用事业、非银金融、综合等行业的偿债风险得分低于上市公司平均水平。其中，尤以建筑装饰和钢铁行业得分最低。整体来看，钢铁上市公司自 2009 年以来销售毛利率、销售净利率、总资产净利率和净资产收益率 4 个指标均在上下游行业中最低。其盈利能力明显弱于上下游其他板块。但“三项费用／营业总收入”较低是明显优势。此外，钢铁行业的流动比率和速动比率均远远落后于其他板块，资产负债率较高且呈现上升趋势，反映出偿债能力趋弱的发展态势。

2. 规模分析

100 亿元以上规模企业 2015 年偿债风险得分为 8.12 分，相比上市公司平均值低约 8.66%。资产负债率、现金流动负债比率和带息负债比率均高于上市公司平均水平；已获利息倍数、速动比率低于上市公司平均水平，其中速动比率为 66.11%，较上市公司平均水平 73.47% 低约 10.02%。

50亿～100亿元规模企业2015年偿债风险得分为8.56分，相比上市公司平均值低约3.71%。速动比率和已获利息倍数均高于上市公司平均水平，其中速动比率为81.32%，较上市公司平均水平73.47%高约10.68%；资产负债率、带息负债比率、现金流动负债比率低于上市公司平均水平。

10亿～50亿元规模企业2015年偿债风险得分为9.68分，相比上市公司平均值高约8.89%。其已获利息倍数、速动比率均远高于上市公司平均水平，其中速动比率为122.42%，较上市公司平均水平73.47%高约66.63%；资产负债率、带息负债比率、现金流动负债比率低于上市公司平均水平。

10亿元以下规模企业2015年偿债风险得分为10.25分，相比上市公司平均值高约15.3%，资产负债率、现金流动负债比率和带息负债比率均远低于上市公司平均水平，已获利息倍数和速动比率远高于上市公司平均水平，其中速动比率为142.98%，较上市公司平均水平73.47%高约94.61%。

从资产规模可以看出，伴随着资产规模的增加，资产负债率上升，其偿债能力得分逐渐降低。

3. 中联五强

从上市公司的偿债风险指标来看，偿债风险得分并列最高分15.00分的共有4家，获得14.99分的有116家。偿债风险状况中联五强排行榜中列示的5家为偿债风险得分相同情况下综合得分较高的上市公司。排在前五家的情况如下表2-6所示：

表2－6　2015年度中国上市公司偿债风险状况中联五强排行榜

名次	股票代码	股票简称	偿债风险得分
1	300481	濮阳惠成	15.00
2	603818	曲美家居	15.00
3	300473	德尔股份	15.00
4	300375	鹏翎股份	15.00
5	600276	恒瑞医药	14.99

总体看来，上市公司偿债能力得分分差较小，得分并列最高的4家上市公司具备的共性在于资产负债率普遍较低，最高为20.49%。低负债导致速动比率和现金流动负债比率普遍较高，而由于没有付息债务，已获利息倍数和带息负债比率几乎为零。由此以上上市公司具备优良的偿债能力。以上上市公司主要集中于汽车行业、化工行业和轻工制造行业。

（四）发展能力状况

2015年度上市公司的发展能力状况平均得分为12.24分。评价发展能力状况的指标包括两个基本指标（营业收入增长率和资本扩张率）和四个修正指标（累计保留盈余率、三年营业收入增长率、总资产增长率和营业利润增长率）。2015年发展能力各项指标年度变化情况见表2-7。

表 2－7　发展能力状况比较表

分析指标		2015 年上市公司平均值	2014 年上市公司平均值	增长率 (%)
基本指标	营业收入增长率 (%)	−1.98	4.34	−145.62
	资本扩张率 (%)	16.96	12.45	36.22
修正指标	累计保留盈余率 (%)	42.27	43.83	−3.56
	三年主营业务平均增长率 (%)	3.77	7.12	−47.05
	总资产增长率 (%)	15.69	12.15	29.14
	营业利润增长率（%）	−12.37	0.17	−7376.47
综合得分		12.24	12.12	0.99

上市公司的发展能力是公司能否持续稳定经营的一个重要方面，2015 年度上市公司营业收入负增长，在 2014 年营业收入增长率 4.34% 的基础上又有所下降。2015 年度上市公司营业利润增长率更是大幅负增长。资本扩张率和总资产增长率在 2015 年度有所增加。这一方面由于盈利不佳，另一方面也是蓄势待发。

受连年增长率倒退的影响，2015 年度三年主营业务平均增长率遭到大幅下降至 3.77%。2013 年上市公司业绩刚刚回暖，2014 年又遇寒冬，2015 年负增长，三年主营业务平均增长率继续下降。

1. 行业分析

2015 年发展能力评分最高的行业有汽车、医药生物、计算机、传媒、房地产、非银金融等，以上行业发展能力评分都在 14.00 分以上，各项指标均远远超出上市公司平均水平。传媒行业以 16.36 分再次蝉联发展能力第一名：营业收入增长率为 45.10%，远超诸多营业收入负增长的传统行业；平均资本扩张率为 53.75%，为上市公司平均水平 3 倍多；三年营业收入平均增长率为 30.55%，远超上市公司平均水平；总资产增长率和营业利润增长率也都远远高于上市公司平均水平。汽车行业发展能力表现优于 2014 年度，评分远高于上市公司平均水平。整个社会消费意愿和消费能力的提升对汽车行业的发展能力有显著的促进。此外农林牧渔、建筑装饰、电气设备、机械设备、家用电器、纺织服务、轻工制造、食品饮料、休闲服务、电子、商业贸易、公用事业、综合等行业也高于上市公司平均水平。农林牧渔行业摆脱了 2014 年之前发展能力表现最差的境地，于 2015 年度超过上市公司平均水平。采掘、化工、钢铁、有色金属、建筑材料、国防军工、通信、交通运输等行业的发展能力指标得分低于上市公司平均水平。2015 年度，钢铁行业依然垫底，低至 3.14 分，挖掘行业紧随其后，有色金属行业依然分数不高。这三个行业营业收入和营业利润处于微弱增长或负增长的状态。

2. 规模分析

100 亿元以上规模企业 2015 年发展能力得分为 11.56 分，低于上市公司平均值 5.56%，营业收入增长率、资本扩张率、三年营业收入平均增长率、总资产增长率、营业利润增长率均低于上市公司平均水平，累积保留盈余率高于上市公司平均水平。

50亿～100亿元规模企业2015年发展能力得分为13.81分，高于上市公司平均值12.83%，营业收入增长率、资本扩张率、三年营业收入增长率、总资产增长率、营业利润增长率均远高于上市公司平均水平，累积保留盈余率低于上市公司平均水平。

10亿～50亿元规模企业2015年发展能力得分为13.72分，高于上市公司平均值12.09%，除累计保留盈余率显著低于上市公司平均水平以外，其他各项指标均远高于上市公司平均水平。

10亿元以下规模企业2015年发展能力得分为16.03分，高于上市公司平均值30.96%，除累计保留盈余率显著低于上市公司平均水平以外，其他各项指标均远高于上市公司平均水平。

从各种规模上市公司发展能力得分来看，10亿元以下规模的上市公司摘得桂冠。100亿元以上的上市公司发展能力得分最低，低于上市公司平均水平。除了累计保留盈余率，各项指标与上市公司平均水平的比较，基本与得分规律相符。累计保留盈余率随着上市公司的规模增加而逐渐增大。

3. 中联五强

从上市公司的发展能力指标来看，共有10家上市公司以20分的满分获得上市公司发展能力最高分。发展能力中联五强排行榜中列示的5家为发展能力得分相同情况下综合得分较高的上市公司。排在前五家的情况如表2-8所示：

表2－8　2015年度中国上市公司发展能力状况中联五强排行榜

名次	股票代码	股票简称	发展能力得分
1	600466	蓝光发展	20.00
2	600637	东方明珠	20.00
3	600297	广汇汽车	20.00
4	600708	光明地产	20.00
5	601766	中国中车	20.00

此外，获得满分的上市公司还包括西水股份、中船防务、绿地控股、物产中大、双钱股份。上述上市公司的共性在于当年新上市或发生重大资产重组，发展能力得以助长。

（五）市场表现状况

上市公司业绩评价的主旨在于倡导“业绩市”，而从2014-2015年看来，股价与上市公司业绩之间的正相关关系趋弱。在景气周期的初期和中期阶段，上市公司业绩增长会明显推升股市；在经济下行期，股市的起伏波动与上市公司业绩表现不再一致。如2006年开始出现明显的经济上升，GDP增幅超过12%，直到2008年才开始下降；股市则在2005年四季度开始起步，一路上涨直到2008年三季度才结束。2013年却有不同，在A股上市公司业绩升温的情况下，年底A股市场以2115.98点收盘，较2012年底跌幅达6.57%，市场表现沿袭了上一年的低迷。2014年行情又有翻转，在经济增速换挡期经济整体下行之际，上市公司业绩平平，大盘却逆势猛涨。2015年更是波诡云谲的一年，上半年A股赢来了七年以来最大涨幅，在疯涨之后却又速度下跌，后一直低迷震荡。

2015年度上市公司的市场表现状况平均得分为9.26分，市场震荡。评价市场表现状况的指标包括市场投资回报率和股价波动率。

2011-2014年上市公司股价波动率分别为96.03%、84.98%、96.86%、124.99%，均体现了当年股价的大幅波动，2015年更是陡然升至182.00%，其从大幅震荡至低迷回荡仍余波未平。2015年市场投资回报率为74.18%，较2014年市场投资回报率44.68%有相当大的提高。2015年虽然上市公司业绩低迷，但是出于留住中小投资者的初衷，上市公司派发红利的积极性未减，市场投资回报率更是大幅提升。长期来看有利于市场树立价值投资、长期投资的理念。而短期内，分红将激活蓝筹股的投资价值，有利于股市走强。

1.行业分析

2015年，市场表现方面，纺织服装行业以10.51分摘得桂冠，计算机行业紧随其后，以上两个行业的市场投资回报率分别高达104.49%和120.60%。其他得分较高的行业包括家用电器、休闲服务、电子、通信、综合等。从指标来看，各个行业股价波动率都比较大，和上市公司平均股价波动率差距不大。以上行业的良好表现主要源于远远高于上市公司的市场投资回报率。

2015年，市场表现得分较低的行业包括采掘、钢铁、有色金属等行业。这些行业市场投资回报率明显低于上市公司平均水平。2014年度，以上行业市场投资回报率分别为15.01%、30.54%、36.16%。

2.规模分析

100亿元以上规模企业2015年市场表现得分为7.68分，较上市公司平均水平得分低约17.1%，投资回报率为27%，为各规模上市公司最低水平。

50亿～100亿元规模企业2015年市场表现得分为8.52分，较上市公司平均水平得分低约8%，投资回报率为53.15%，低于上市公司平均水平。

10亿～50亿元规模企业2015年市场表现得分为9.54分，较上市公司平均水平高约3.02%，投资回报率为83.22%，高于上市公司平均水平9.04%。

10亿元以下规模企业2015年市场表现得分为10.69分，较上市公司平均水平高约15.44%，投资回报率为113.09%，远远高于上市公司平均水平38.91%。

从不同规模上市公司的市场表现来看，2015年，10亿元以下规模的上市公司市场投资回报率最高，市场表现得分最高；100亿元以上规模的上市公司市场表现最差。

3.中联五强

从上市公司的市场表现指标来看，市场表现较好的前五位如表2-9所示。

表 2－9　　2015 年度中国上市公司市场表现状况中联五强排行榜

名次	股票代码	股票简称	市场表现得分
1	002519	银河电子	13.69
2	002655	共达电声	13.55
3	002074	国轩高科	13.5
4	002418	康盛股份	13.39
5	300319	麦捷科技	13.35

从 2015 年上市公司市场表现中联五强名单可以看出，其中麦捷科技在当年完成横向整合、共达电声通过横向整合的董事会预案、国轩高科在当年完成买壳上市。

资料链接：

2015 年中国证券市场十大新闻：

中央对资本市场发展提出新要求；

A 股市场大幅波动 各方协同维稳；

注册制改革积极稳妥推进；

“十三五”规划建议审议通过；

国企改革目标任务和重大举措明确；

养老基金入市投资比例初定；

证券市场加大反腐力度；

指数熔断机制 2016 年起实施；

新三板发展提速；

融资融券交易实施细则进一步完善。

资料来源：《中国证券报》

二、上市公司业绩评价结果分析

（一）“经济下行期”A 股震荡后低迷，业绩不佳

2015 年沿袭着 2014 年“牛市”行情，上证综指持续攀升，最高达到 5178.19 点，年中崩盘式下跌，最低至 2850.71 点，后震荡式回暖，以 3539.18 点收盘，较 2014 年底增长 9.41%。

相形之下，A 股上市公司披露的年报业绩在“需求不足、产能过剩”的经济增速“换挡期”业绩又降。Wind 数据显示，2015 年 A 股 2759 家上市公司实现营业收入 23.75 万亿元，同比下降 1.98%；实现净利润 1.06 万亿元，同比下降 7.72%。与 2014 年相比，A 股上市公司营业收入和净利润的增速下滑明显。

从沪市来看，2015 年度，沪市 789 家

A股上市公司实现营业收入10.14万亿元，同比下降4.02%；实现归属于母公司股东的净利润0.36万亿元，同比下降7.69%。从深市来看，2015年度，深市1718家A股上市公司实现营业收入6.45万亿元，同比增长4.47%；实现净利润0.33万亿元，同比微降1.52%。

从业绩贡献度来看，截至2015年底沪市A股上市公司数量占全部A股的28.60%，营业收入合计占全部A股的42.69%，归属于母公司股东的净利润合计占全部A股的39.15%，优于深市。从增速来看，深市A股上市公司业绩增速高于A股整体水平，优于沪市。

2015年，有1619家上市公司经营业绩同比上一年度有所增长，占比达58.68%。其中，业绩增幅超过10倍的上市公司有16家，业绩翻番的上市公司有131家，业绩增幅超过50%的上市公司有312家。2015年，有1140家上市公司业绩下滑。

部分公司仍存在较大的经营风险。2015年，共计331家上市公司亏损。就沪市而言，2015年，沪市共有141家公司经营业绩出现亏损，占2015年报公司总数的5.11%。

（二）A股整体市值反弹，大盘股差强人意

虽然A股整体走势在2015年下半年呈现出反弹的架势，但是大盘股的走势却仍然差强人意。从A股市值排在前20名的上市公司看，有11家上市公司市值缩水，其中市值规模排名前5名的上市公司市值全部缩水，中石油市值缩水超20%。而在市值规模前20名的上市公司中，除了中国中车是在2015年完成了南车和北车合并带动市值增长291.87%之外，其他只有万科A市值在年底大幅增长带动市值增长75.99%，其他上市公司增幅均未超过A股平均水平。在2014年风光无限的大盘股在2015年风光不再。

（三）民企市值规模首超央企，中型企业成为中坚力量

2015年12月31日民营企业市值总量首次超过央企，在各种所有制中占第一位，民营企业市值总量同比从2014年11.16万亿元增至23.02万亿元，市值增长了11.86万亿元，增幅超过一倍，呈现了明显快速增长趋势，同期央企市值增长速度仅为7.09%。

中型企业成中坚力量。在2015年，规模在10亿～50亿元的上市公司占比最大，达到50.38%，中等规模的上市公司成为2015年A股上市公司的绝对中坚力量。

（四）传统行业产能过剩压力显著，新兴消费产业业绩靓眼

在国际国内需求放缓的情况下，水平偏低的供给结构性矛盾日益凸显，2015年沪市煤炭、石油、黑色金属及有色金属等传统行业经营受到较大影响。报告期内共实现营业收入约5.4万亿元，实现净利润约273亿元，较去年同期均出现较大幅度的下滑。

在沪市传统行业发展趋缓的情况下，房地产、汽车、食品等生活性相关的基本消费行业仍发挥了稳增长的作用，共实现营业收入1.95万亿元，同比增长4.81%，共实现净利润0.13万亿元，同比增长3.23%。同时，以旅游等为代表的新兴消费行业的发展成为结构性亮点。旅游、酒店行业共实现营业收入171亿元，同比增长11.48%，实现净利润21.07亿元，同比增长27.6%。

在大环境影响下，深市上市公司中传统

行业也持续承压，转型倒逼机制进一步显现。例如，2015 年深市有色金属冶炼和压延加工业、黑色金属冶炼和压延加工业整体亏损；非金属矿物制品业、交通运输仓储和邮政业、采矿业利润下滑分别高达 57.70%、36.12% 和 31.02%。

（五）超 2000 家上市公司拟现金分红，银行最慷慨

2015 年上市公司年报显示，超过 2000 家公司拟进行现金分红。分红百亿的公司中，银行股依旧是分红大户。

拟分红金额超过百亿元的上市公司有 11 家，分别为工商银行、建设银行、农业银行、中国银行、交通银行、招商银行、上汽集团、浦发银行、中国人寿、兴业银行、中信银行。

此外，完成兼并重组的公司一般也会有较为丰厚的分红方案。2015 年 8 月 31 日，证监会、财政部、国资委、银监会联合下发《关于鼓励上市公司兼并重组、现金分红及回购股份的通知》，该《通知》使投资者回报机制得到优化，政策要求上市公司建立健全现金分红制度，通过完善税收政策降低现金分红成本。政策鼓励上市公司现金分红，而大消费类的龙头公司现金流丰厚，分红预期增强。食品饮料、家电、纺织服装、商贸零售及休闲服务等行业有望受益。如在长江电力重组落地后，公司立马推出了高分红方案：约定对 2016 年至 2020 年每年度的利润分配按每股不低于 0.65 元进行现金分红；对 2021 年至 2025 年每年度的利润分配按不低于当年实现净利润的 70% 进行现金分红。

（六）上市公司并购空前火爆，概念化炒作掀起热潮

2015 年，经济的持续下滑提升了传统产业转型升级的迫切需求，作为上市公司转型升级、投资整合的重要手段之一，上市公司的并购重组实现数量规模双增的总体态势。

2015 年上市公司公告了 1444 次并购重组事项，有数据披露的并购事件共涉及交易金额 15766.49 亿元人民币，平均每单交易金额 20.14 亿元；而 2014 年全年公告了 475 项重组事件，披露交易金额 2306.29 亿，平均每单 10.63 亿元。从数据来看，2015 年无论并购重组事件的绝对数量、绝对金额还是平均单个事件涉及的交易金额都有突飞猛进的增长，分别是 2014 年的 3 倍、6.8 倍和近 2 倍，可谓实现了井喷式发展。

就沪市而言，全年共完成并购重组 863 家次，交易总金额 1.04 万亿元，两者同比均增长 50% 以上。92 家公司完成重大资产重组，同比增加 129.9%；涉及交易金额 4351 亿元，同比增加 225.4%。合计增加市值 1.8 万亿元。同时，实施重大资产重组的沪市公司，盈利能力也得到了较为明显的提升。2015 年，完成重组的 92 家公司共实现营业收入 14951 亿元，同比增长 123%；实现净利润 611 亿元，同比增长 185%。

2015 年中国制造业领域展开了大规模的转型，并购重组交易额达到 8551 亿，占比由 2014 年的 50.62% 上升到 55% 以上。与此同时，批发的零售业交易占比上升 7 个百分点到 10.14%，行业排名变为第二。具有互联网营销和互联网金融概念的标的开始在 2015 年大行其道，尽管交易绝对值仍不算太大，但在众多急于转型的上市公司中红极一时。而在 2014 年炙手可热的信息和软件、文体娱乐行业，在 2015 年有所降温，分别由 2014 年占比 10.46%、8.72% 下降到 5.56% 和 1%，但是其交易的绝对值仍很可观。这一方面说明2015年企业转型更加积极，另一方面说明概念和热点表现较为分散。

（七）上市公司收入下滑，税负不降反增

wind数据显示，2015年上市公司共缴纳2.66万亿元税费，比2014年增加了1003亿元。在上市公司营业收入1.98%负增长的低迷业绩下，税费不降反增。从上市公司税收负担率来看，上市公司的税收负担率从2014年的9.9%上升到2015年的10.5%左右。

除银行、保险等金融机构之外，去年缴纳的各项税费超过100亿元的上市公司有15家，主要为上市央企。

中国石油、中国石化、中国建筑、中国神华、中国中铁、中国铁建、中国交建、中国中车、华能国际、保利地产、中国中冶和华电国际等12家上市央企去年所支付的各项税费总额为9128亿元，占所有上市公司所支付税费的34%。

第三章　2015年度“中联百强”上市公司

一、2015年度“中联百强”上市公司

按照中国上市公司业绩评价体系，我们以统一测算的评价标准为基准，运用功效系数法，对截至2016年4月30日公布年报的A股上市公司（不包括B股上市公司和信托行业）业绩进行了评价排序（排序时剔除了当年上市的公司或借壳上市的公司，本书第二部分各章按此口径），得出了2015年度中联上市公司价值百强排行榜(以下简称:“中联百强”)。其中，桂冠电力以综合得分85.41分获得冠军，网宿科技、小天鹅A、海康威视、国信证券、碧水源、中国平安、索菲亚、航天信息、万科A分列排行榜的第2-10名。

表3－1　中联百强排行榜表

名次	股票代码	股票简称	综合得分	名次	股票代码	股票简称	综合得分
1	600236	桂冠电力	85.41	51	000718	苏宁环球	77.49
2	300017	网宿科技	84.07	52	600637	东方明珠	77.47
3	000418	小天鹅A	83.59	53	600340	华夏幸福	77.39
4	002415	海康威视	82.79	54	600373	中文传媒	77.02
5	002736	国信证券	82.77	55	600027	华电国际	77.00
6	300070	碧水源	81.75	56	002450	康得新	76.86
7	601318	中国平安	81.30	57	600452	涪陵电力	76.75
8	002572	索菲亚	81.11	58	600483	福能股份	76.69
9	600271	航天信息	81.03	59	000895	双汇发展	76.69
10	000002	万科A	81.00	60	601801	皖新传媒	76.55
11	600066	宇通客车	80.96	61	601009	南京银行	76.36
12	002085	万丰奥威	80.95	62	002311	海大集团	76.31
13	603288	海天味业	80.73	63	600658	电子城	76.11
14	601006	大秦铁路	80.73	64	600085	同仁堂	76.04
15	000333	美的集团	80.56	65	600177	雅戈尔	75.97
16	002555	三七互娱	80.51	66	000540	中天城投	75.93

续表

名次	股票代码	股票简称	综合得分	名次	股票代码	股票简称	综合得分
17	600276	恒瑞医药	80.30	67	002400	省广股份	75.85
18	600240	华业资本	80.23	68	002153	石基信息	75.85
19	601888	中国国旅	80.09	69	002712	思美传媒	75.74
20	300033	同花顺	80.06	70	000848	承德露露	75.65
21	600519	贵州茅台	79.92	71	002032	苏泊尔	75.61
22	600398	海澜之家	79.67	72	600023	浙能电力	75.58
23	601633	长城汽车	79.56	73	000776	广发证券	75.52
24	601098	中南传媒	79.55	74	002285	世联行	75.41
25	002643	万润股份	79.54	75	600054	黄山旅游	75.26
26	002508	老板电器	79.52	76	002242	九阳股份	75.25
27	600887	伊利股份	79.51	77	002202	金风科技	75.22
28	002470	金正大	79.33	78	600036	招商银行	75.20
29	601398	工商银行	79.28	79	002707	众信旅游	75.09
30	300015	爱尔眼科	79.14	80	002294	信立泰	75.08
31	600763	通策医疗	79.10	81	600703	三安光电	75.07
32	002238	天威视讯	79.01	82	002357	富临运业	74.97
33	300113	顺网科技	78.89	83	000430	张家界	74.91
34	601939	建设银行	78.84	84	600053	九鼎投资	74.88
35	600009	上海机场	78.71	85	600012	皖通高速	74.88
36	000902	新洋丰	78.65	86	600741	华域汽车	74.80
37	000625	长安汽车	78.64	87	603766	隆鑫通用	74.78
38	601238	广汽集团	78.57	88	603010	万盛股份	74.69
39	002681	奋达科技	78.29	89	002701	奥瑞金	74.64
40	600104	上汽集团	78.27	90	600315	上海家化	74.57
41	000858	五粮液	78.22	91	000539	粤电力 A	74.56
42	600660	福耀玻璃	78.14	92	002372	伟星新材	74.54
43	000423	东阿阿胶	77.99	93	600176	中国巨石	74.50
44	002304	洋河股份	77.90	94	000156	华数传媒	74.48
45	000538	云南白药	77.81	95	002595	豪迈科技	74.42
46	600004	白云机场	77.76	96	300267	尔康制药	74.35
47	002244	滨江集团	77.70	97	002635	安洁科技	74.35
48	601628	中国人寿	77.68	98	600518	康美药业	74.34
49	300146	汤臣倍健	77.66	99	600201	生物股份	74.34
50	000958	东方能源	77.59	100	300027	华谊兄弟	74.20

资料链接：

桂冠电力：未来有望受益电改和集团资产注入

公司 2015 年实现营业收入 103.11 亿元，同比增长 10.71%，归属于上市公司股东净利润为 25.69 亿元，同比增长 77.18%。每股收益 0.54 元，同比增长 77.16%。

水电资源整合平台，集团优质资产注入可期。整合西南水电是大唐集团发展趋势，公司作为集团在西南唯一一家上市水电公司，平台优势明显。目前大唐广西分公司共 12 家发电企业，除了龙滩水力发电厂，广西分公司中尚有深圳博达、香格里拉、大唐广源的资产不在桂冠电力管辖之内。此外，大唐集团西南地区的松塔水电站以及桂黔水电项目（筹建中）目前都还独立于桂冠电力，在集团做出的避免同业竞争的承诺推动下，公司外延式扩张值得期待。三因素驱动公司未来水电业务增长：①受益于电改：当前电改进程提速，公司具有电源规模及成本优势，未来有望通过直接投资或结合社会资本等多种方式参与售电业务，拓展新的利润增长点；②受益于降息：预计公司 2016 年财务费用下降约 3 亿～4 亿元左右，同比降低约 25%，公司一季报已部分验证该预测；③“一带一路”战略：公司积极参与“一带一路”项目开发建设，计划适时拓展东南亚市场，目前已与大唐海外公司签署合作开发柬埔寨、老挝框架协议，未来有望享受“一带一路”政策红利。

公司水电上网电价为 0.237 元 / 千瓦时，较省内平均水平 0.26 元 / 千瓦时和全国平均水平 0.31 元 / 千瓦时有较大差距。公司未来有望受益电力体制改革进程推进，直接或间接参与售电业务。此外，集团持有红水河流域中天生桥一级水电站（120 万千瓦）的 20% 股权，在广西和贵州持有 68 万千瓦在役水电装机，在云南地区持有 325.8 万千瓦水电装机，在四川地区持有 445.4 万千瓦水电装机。公司立足广西，未来有望成为集团的水电资源整合平台。

资料来源：港澳资讯

二、2015 年度中联百强上市公司概述

2008 年国际金融危机后，全球经济面临需求放缓、发展方式转型、产业结构升级的重大压力，我国面对不断加大的经济下行压力和错综复杂的国际形势，主动适应引领新常态，统筹谋划国际国内两个大局，以新理念指导新实践，以新战略谋求新发展，不断创新宏观调控，深入推进结构性改革，扎实推动“大众创业、万众创新”，经济保持了总体平稳、稳中有进、稳中有好的发展态势。其典型特征是经济由高速增长转向中高速增长的中国经济“新常态”。2015 年全年国内生产总值（GDP）为 676700 亿元，同比增长 6.9%。上市公司业绩与中国经济发展状况同步，虽然业绩增长放缓，但仍保持较高的增长。中联百强作为中国经济增长的“强中强”，更是取得了绚丽的成绩。从评价结果来看，2015 年中联百强整体表现优异，平均得分为 77.66 分，比纳入参加排名上市公司平均得分 53.20 分高出 24.46 分，高于平均水平 45.98%；从财务数据

来看，中联百强2015年度实现营业总收入49913.77亿元，占上市公司营业总收入的17.07%；归属母公司的净利润为9339.19亿元，占上市公司归属母公司净利润的38.48%。规模上，中联百强2015年度资产总额为581879.38亿元，占上市公司资产总额的34.01%；归属母公司所有者权益总额57914.62亿元，占上市公司归属母公司所有者权益总额的24.08%。中联百强归属母公司的净利润占比净利润38.48%，而归属母公司所有者权益总额占比只为24.08%。这表明中联百强集聚了创新发展能力强、资产质量优、发展潜力大的上市公司，中联百强具有以下特点。

(一)新兴产业成为新引擎

2015年，在经济"新常态"的大背景下，中国经济增长已告别高增长、高投资、高投入时代。经济结构不断优化、产业结构不断升级、创新提供新动力，这种特征，在中联百强身上得到了充分体现。高端制造行业、信息技术行业、消费服务行业等行业发展势头强劲。按证监会行业分类，中联百强分布于8个行业，其中：制造业坐拥47个席位，比2014年增加12家企业，原因在于制造企业持续发展，通过不断的研发投入，拥有越来越多的高端核心技术，并运用智能技术、互联网+进行产业升级，提升了制造业的行业竞争力和发展力；传播与文化产业、信息技术和社会服务业家数同比倍增，表明新兴行业成为未来中国经济发展的新引擎；金融业（包括证券、银行和保险）占据8席，比2014年少18家，这是源于2015年下半年证券市场持续低迷，严重影响金融行业的评价得分；采掘业、建筑业、农林牧副渔、批发零售贸易等行业缺席中联百强；电力、煤气及水生产比2014年减少4家，主要是因为中国经济增长放缓，对能源需求降低，影响了相关行业的企业业绩。

表3－2

行业	2015年	2014年
制造业	47	35
电力、煤气及水生产	7	11
传播与文化产业	7	3
房地产	10	8
信息技术	7	3
金融	8	26
采掘业	0	4
交通运输仓储业	5	5
建筑业	0	1
农林牧副渔	0	0
批发零售贸易	0	0
社会服务业	9	4

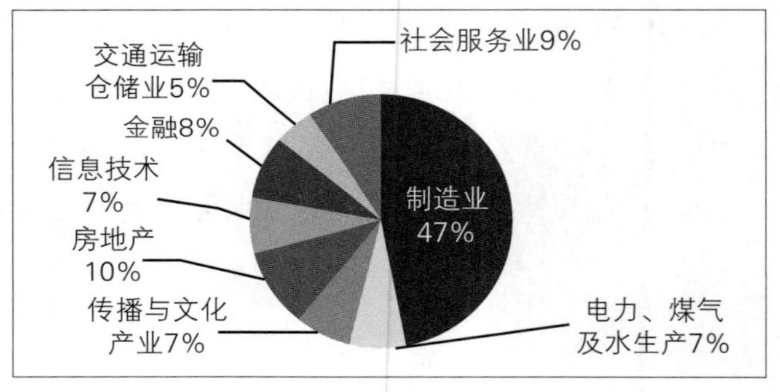

图3－1 2015年中联百强行业分布

(二)战略整合增实力

一些企业采取多种方式进行战略整合，通过创新发展、协调发展、绿色发展、开放发展、共享发展，升级产业链，打造生态链，实现迅猛发展。比如桂冠电力，就是通过横向整合首次进行了中联百强。华业资本则通过多元化整合，雅戈尔依靠战略合作，东方明珠、九鼎投资、福临运业、万盛股份、奋力科技、众信旅游进行横向整合，都实现了自我积累与外延扩张的紧密结合，做优做强，提升了综合竞争力，实现了业绩的高速增长。

（三）中小创板“大跃进”

2015年，在有利和不利因素同样显著且多元化共存的条件下，上市公司整体经营状况良好，但是业绩分化的现象也较为明显。传统行业面临较大压力，倒逼其转型升级；新兴行业则保持了良好的发展势头。以新兴产业为主导的中小板和创业板实现了“大跃进”，两板市场的上市公司集群涌入中联百强。其中，中小板同比增加18家，创业板同比增加6家；上海主板同比减少18家，深圳主板减少6家，一举改变了往年主板上市公司在中联百强中唱绝对主角的局面。

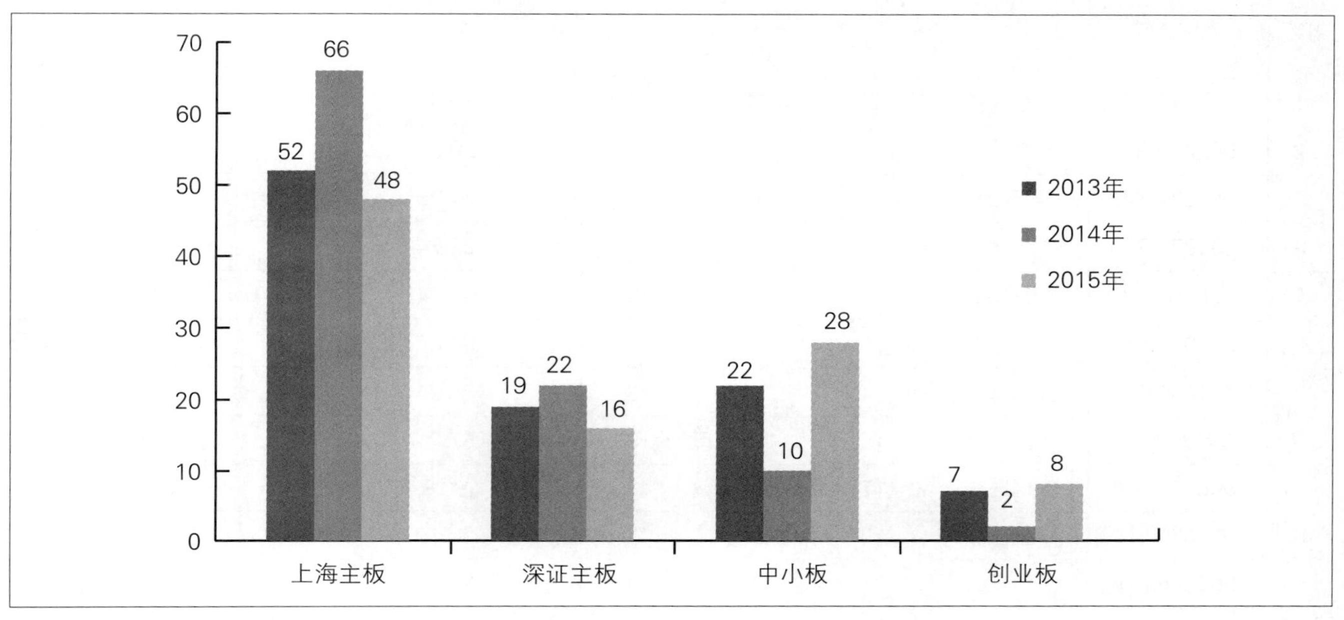

图3－2　中联百强近三年分布图

（四）民企家数首次超国企

在实施“十二五”规划的收官之年，供给侧结构性改革持续有序推进，市场化改革为民企提供了新机遇、新动能、新空间。民企抓住机会，借力资本市场，创新迅猛，发展壮大。网宿科技、小天鹅A、碧水源等一大批企业强势跻身中联百强，撼动了国有企业家数长期雄霸中联百强榜的局面。民企家数首次超越国企成为中联百强新的主导者。在2015年度的中联百强中，民企56家入驻百强，比2014年增加了15家。

（五）2015年度中联百强“榜中榜”

1. 连续三年登榜公司。表3-2显示2013、2014、2015年连续三年荣登“中联百强”的共有27家公司，比2012、2013、2014年连续三年荣登“中联百强”的家数减少了1家。

2. 中联百强名次三年间连续提升的公司是航天信息、万科A、宇通客车、爱尔眼科、福耀玻璃这5家公司。其中，航天信息和宇通客车连续两年荣登该榜，也就是在中联百强排名中两公司名次四年连续提升，说明公司持续高速发展的能力较强。

3. 中联百强中发展速度最快的公司是网宿科技。在百强公司排名中，网宿科技由2013年的34名到2015年的2名，提升了32名。主要原因在于网宿科技一方面继续专注于CDN（内容分发网络）业务的产品优化与市场开拓，另一方面加速拓展海外市场，积极开展战略合作。目前，公司海外 CDN 节点覆盖亚洲、欧洲、美洲以及中东和非洲的几十个国家及地区。在新业务开拓上，经过一年多的努力，流量经营项目相关产品已逐步推向市场；社区云项目稳步推进。

4. 中联百强最具送红股和分红实力的公司是贵州茅台。2015 年末，贵州茅台每股留存收益为 48.63 元。作为老牌绩优蓝筹股，贵州茅台长期占据该榜。

表 3－3　　连续三年荣登百强公司

排名	证券代码	简称	各年排名			近三年累计分红占比 (%)	2015 年每股留存收益（元 / 股）
			2015	2014	2013		
1	300017.SZ	网宿科技	2	44	34	26.94	2.35
2	002415.SZ	海康威视	4	28	6	30.37	3.46
3	002572.SZ	索菲亚	8	90	26	71.93	2.36
4	600271.SH	航天信息	9	15	18	22.74	7.09
5	000002.SZ	万科 A	10	23	36	22.94	7.30
6	600066.SH	宇通客车	11	19	32	34.82	4.23
7	601006.SH	大秦铁路	14	14	12	38.24	3.41
8	000333.SZ	美的集团	15	9	19	57.21	7.35
9	600276.SH	恒瑞医药	17	64	43	5.18	3.91
10	601888.SH	中国国旅	19	21	7	20.19	5.59
11	600519.SH	贵州茅台	21	10	54	20.97	48.63
12	601633.SH	长城汽车	23	38	1	25.69	3.06
13	600887.SH	伊利股份	27	40	3	87.54	1.85
14	601398.SH	工商银行	29	25	39	28.24	2.69
15	300015.SZ	爱尔眼科	30	34	41	18.90	1.29
16	600763.SH	通策医疗	31	42	35	0.00	1.45
17	601939.SH	建设银行	34	20	9	26.91	3.30
18	000625.SZ	长安汽车	37	3	22	10.15	5.63
19	600104.SH	上汽集团	40	6	17	36.12	10.26
20	600660.SH	福耀玻璃	42	71	85	44.06	3.17
21	000538.SZ	云南白药	45	63	23	10.37	10.70
22	600004.SH	白云机场	46	33	51	21.46	4.30
23	600340.SH	华夏幸福	53	48	52	18.72	3.93
24	000895.SZ	双汇发展	59	84	2	113.17	3.56
25	600036.SH	招商银行	78	45	21	23.63	7.82
26	000539.SZ	粤电力 A	91	55	64	26.48	2.52
27	000156.SZ	华数传媒	94	36	89	0.00	1.04

注：分红和留存收益数据来自 wind

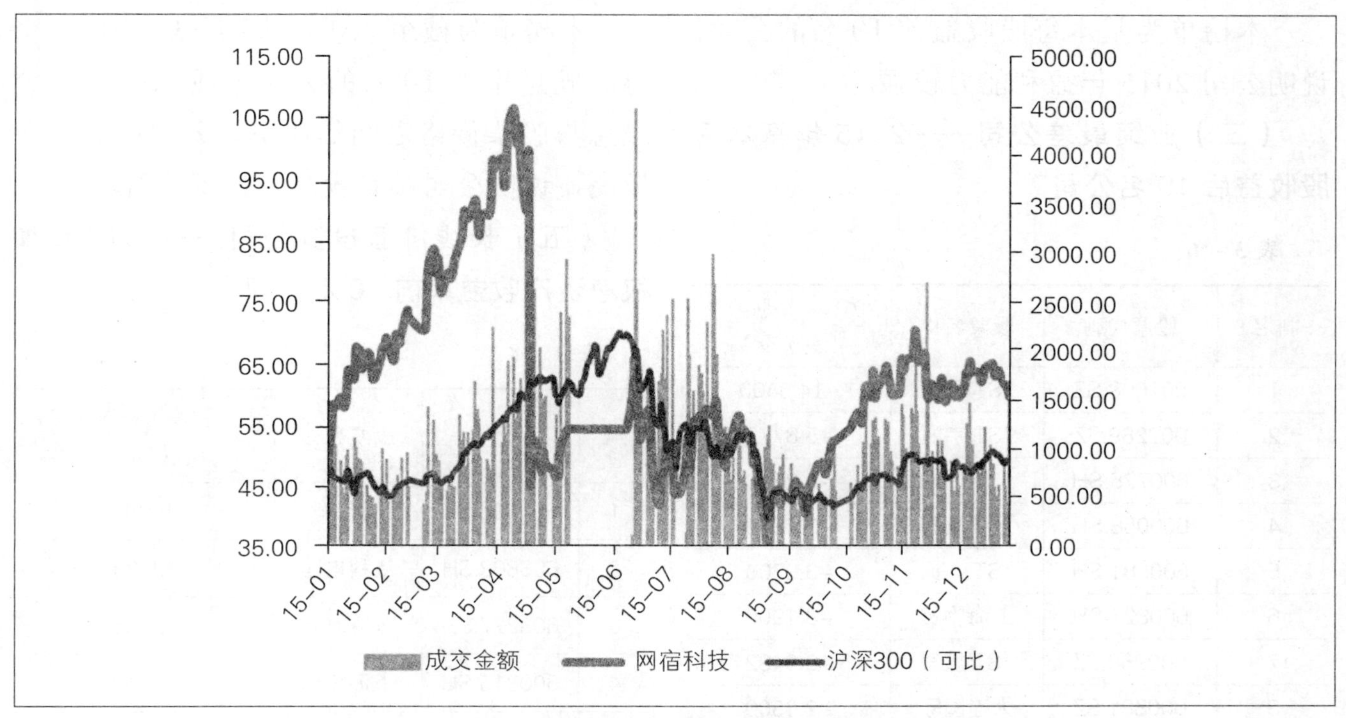

图 3－3　网宿科技走势图与沪深 300 指数比较

三、全部上市公司分类榜单

（一）最给力的公司——2015 年现金分红前 10 名公司

表 3－4

排名	股票代码	股票名称	每股现金分红预案（含税）
1	600519.SH	贵州茅台	派息 6.17
2	002304.SZ	洋河股份	派息 1.80
3	000651.SZ	格力电器	派息 1.50
4	600066.SH	宇通客车	派息 1.50
5	600104.SH	上汽集团	派息 1.36
6	000963.SZ	华东医药	派息 1.25
7	000550.SZ	江铃汽车	派息 1.03
8	002315.SZ	焦点科技	派息 1.00
9	002749.SZ	国光股份	派息 1.00
10	300433.SZ	蓝思科技	派息 1.00 送 0.2 股转增 1.8 股

资料来源：wind 数据，截 2015 年 12 月 31 日已上市的公司

本榜单为截至报告期分红预案前 10 名的公司。现金分红较高说明公司 2015 年经营净现金流比较好，公司营运资金较为宽裕，取得良好的收益不忘对投资者加以回报；资本公积转增股本说明公司具有丰厚的资本公积扩张股本，增加了注册资本。

（二）业绩最牛公司——2015 年基本每股收益前 10 名公司

表 3－5

排名	股票代码	股票名称	2015 年每股收益（元/股）
1	600519.SH	贵州茅台	12.34
2	002027.SZ	分众传媒	7.55
3	002304.SZ	洋河股份	3.56
4	600315.SH	上海家化	3.31
5	000333.SZ	美的集团	2.99
6	601318.SH	中国平安	2.98
7	000661.SZ	长春高新	2.93
8	000623.SZ	吉林敖东	2.90
9	300443.SZ	金雷风电	2.77
10	601336.SH	新华保险	2.76

资料来源：wind 数据，于 2015 年 12 月 31 日已上市的公司，以及剔除 ST 公司和当年重大重组的公司

本榜单为基本每股收益前 10 名的公司，说明公司 2015 年盈利能力较强。

（三）业绩最差公司——2015 年基本每股收益后 10 名公司

表 3 – 6

排名	股票代码	股票名称	2015 年每股收益（元 / 股）
1	002608.SZ	*ST 舜船	–14.5400
2	002289.SZ	*ST 宇顺	–5.8772
3	600725.SH	*ST 云维	–4.2200
4	600058.SH	五矿发展	–3.6878
5	600581.SH	*ST 八钢	–3.2700
6	600822.SH	上海物贸	–3.1900
7	000968.SZ	*ST 煤气	–3.0482
8	000881.SZ	大连国际	–2.6500
9	600117.SH	西宁特钢	–2.1800
10	300083.SZ	劲胜精密	–2.1200

资料来源：wind 数据，截至 2015 年 12 月 31 日已上市的公司

本榜单为每股收益后 10 名的公司。2015 年，这些公司盈利能力很差。有些公司近 2 — 3 年连续亏损，存在着退市风险。

（四）最让投资者踏实公司——2015 年股息率前 10 名公司

表 3 – 7

排名	股票代码	股票名称	2015 年股息率（%）
1	600507.SH	方大特钢	13.84
2	000895.SZ	双汇发展	10.18
3	600664.SH	哈药股份	9.10
4	000651.SZ	格力电器	7.80
5	601006.SH	大秦铁路	7.26
6	600252.SH	中恒集团	6.42
7	601939.SH	建设银行	6.35
8	600104.SH	上汽集团	6.33
9	600312.SH	平高电气	6.33
10	002545.SZ	东方铁塔	6.12

来源：wind 数据，截至 2015 年 12 月 31 日已上市的公司

本榜单为截至 2016 年 5 月 3 日前 12 个月，股息率前 10 名的公司。股息率是已分股息与股票价格之间的比率。公司的股息率较高，说明公司具有较高的投资价值。

（五）长线价值投资公司——2015 年加权净资产收益率前 10 名公司

表 3 – 8

排名	股票代码	股票名称	加权净资产收益率（%）
1	300033.SZ	同花顺	57.81
2	603868.SH	飞科电器	55.23
3	603377.SH	东方时尚	47.86
4	600315.SH	上海家化	46.50
5	002568.SZ	百润股份	46.22
6	002143.SZ	印纪传媒	43.25
7	000963.SZ	华东医药	42.98
8	600398.SH	海澜之家	40.02
9	600894.SH	广日股份	39.86
10	600889.SH	南京化纤	39.45

资料来源：wind 数据，截至 2015 年 12 月 31 日已上市的公司，以及剔除 ST 公司和当年重大重组的公司

本榜单为加权净资产收益率前 10 名的公司。说明 2015 年公司经营业绩良好，净资产回报率较高，盈利能力较强。

四、2015 年度创业板“特征榜”

（一）2015 年创业板创新成长，彰显特性

1. 业绩高速增长，成长性凸显

在复杂的经济环境下，创业板上市公司 2015 年度业绩保持了良好的增长势头。在 2013 年至 2015 年间，深圳主板、中小板、创业板公司平均营业总收入分别增长

14.54%、47.95% 和 91.72%，对应的年复合增长率分别为 4.63%、13.95% 和 24.23%；2015 年，深市上市公司归属母公司股东净利润合计 4249.38 亿元，同比增长 7.42%，其中主板、中小板和创业板分别增长 -0.35%、12.96% 和 24.84%。创业板业绩增长率以绝对优势傲视深圳主板和中小板。

2. 研发投入力度强，创新能力有保障

据深交所披露，深市上市公司不断加大研发投入力度，努力实现技术升级、产品升级、服务升级。2015 年，深市上市公司研发投入金额合计 1665.59 亿元，平均每家 0.95 亿元，较上年增加 10.24%；其中，中小板、创业板分别增长 13.89% 和 26.01%。剔除金融行业，2015 年深市上市公司平均毛利率为 21.50%，其中主板、中小板、创业板分别为 19.56%、22.27%、31.10%。创业板体现了高投入高产出的特征。

3. 互联网行业领头创新发展，培养龙头显成果

创业板覆盖了处于各种发展阶段的企业，不但支持了体量较小的创业企业，也有力推动了规模较大且仍在高速发展期的企业继续做优做强。创业板中互联网、生态保护和环境治理、电气机械、软件和信息技术服务等新兴产业成为引领创业板发展的排头兵，其中互联网行业净利润同比增长 146%，生态保护和环境治理行业净利润同比增长 42%。创业板成立以来，已培育出了一批具有较大影响力的行业龙头企业，如温氏股份、上海钢联、蓝思科技和乐视网等 4 家公司营业收入超过 100 亿元，碧水源、华谊兄弟、红日药业等 25 家公司营业收入超过 30 亿元；具有较强盈利能力的优质企业群体已然形成并不断壮大，如汇川技术、尔康制药、三聚环保等 18 家公司净利润超过 5 亿元。

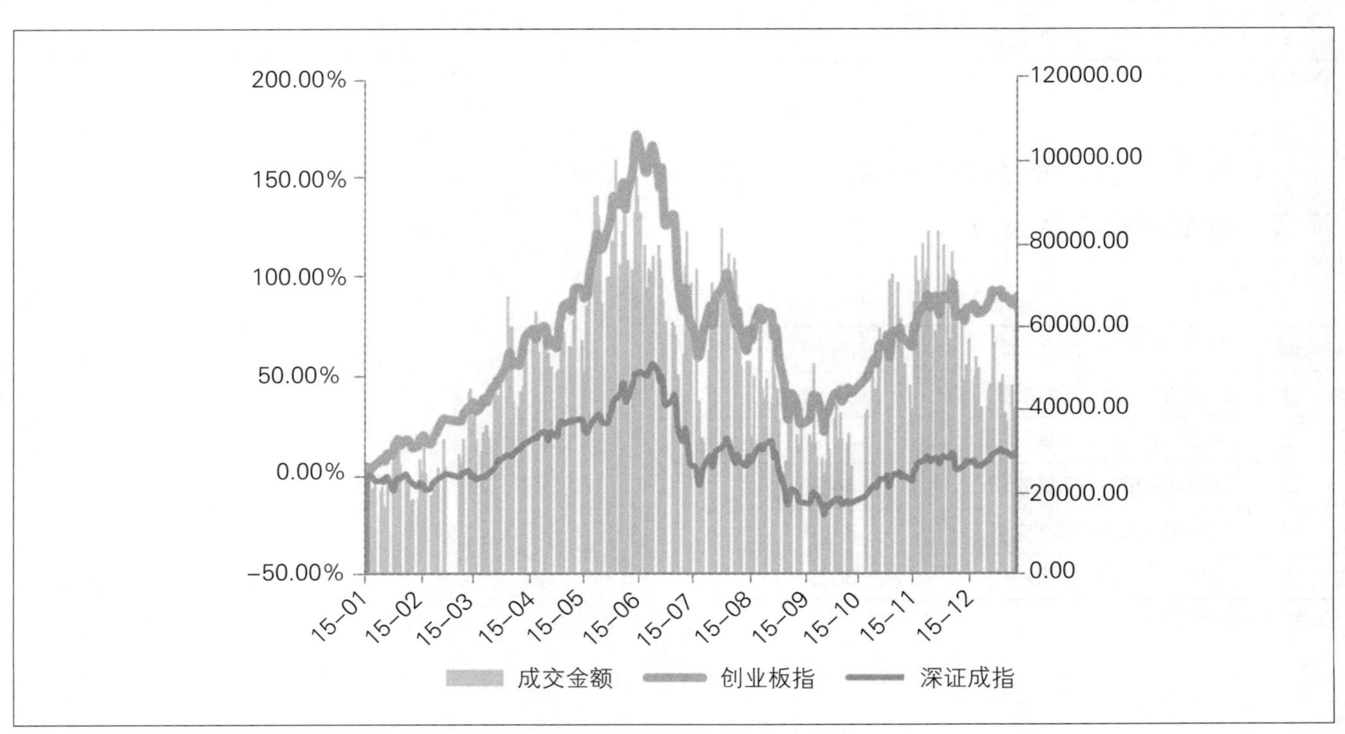

图 3－4　创业板指数和深圳成分指数比较

（二）创业板上市公司分类榜单

1. 最给力的公司——2015 年现金分红前 5 名公司

表 3－9

排名	股票代码	股票名称	每股现金分红预案（含税，）
1	300433.SZ	蓝思科技	派 1.00 元送 0.2 股转增 1.8 股
2	300473.SZ	德尔股份	派 1.00 元
3	300158.SZ	振东制药	派 0.60 元
4	300446.SZ	乐凯新材	派 0.60 元转增 1 股
5	300471.SZ	厚普股份	派 0.60 元转增 1.5 股

资料来源：wind 数据统计

2. 最让投资者踏实公司——2015 年股息率前 5 名公司

表 3－10

排名	股票代码	股票名称	2015 年股息率（%）
1	300298.SZ	三诺生物	2.34
2	300046.SZ	台基股份	2.24
3	300428.SZ	四通新材	2.18
4	300146.SZ	汤臣倍健	2.10
5	300293.SZ	蓝英装备	2.03

资料来源：wind 数据统计

3. 长线价值投资公司——2015 年加权净资产收益率前 5 名公司

表 3－11

排名	股票代码	股票名称	加权净资产收益率（%）
1	300033.SZ	同花顺	57.81
2	300017.SZ	网宿科技	40.96
3	300498.SZ	温氏股份	34.95
4	300208.SZ	恒顺众昇	34.69
5	300431.SZ	暴风科技	33.84

来源：wind 数据统计

4. 业绩最牛公司——2015 年基本每股收益前 5 名公司

表 3－12

排名	股票代码	股票名称	2015 年每股收益（元 / 股）
1	300443.SZ	金雷风电	2.77
2	300433.SZ	蓝思科技	2.35
3	300033.SZ	同花顺	1.78
4	300470.SZ	日机密封	1.76
5	300446.SZ	乐凯新材	1.75

资料来源：wind 数据统计

5. 业绩最差公司——2015 年基本每股收益后 5 名公司

表 3－13

排名	股票代码	股票名称	2015 年每股收益（元 / 股）
1	300083.SZ	劲胜精密	–2.12
2	300029.SZ	天龙光电	–1.79
3	300226.SZ	上海钢联	–1.61
4	300340.SZ	科恒股份	–0.74
5	300268.SZ	万福生科	–0.74

资料来源：wind 数据

第二部分

中国上市公司业绩评价各行业分析报告

第四章　煤炭行业

煤炭行业在2015年经历了非常艰难的一年。根据中国煤炭工业协会公布的数据，2015年底，全国煤矿数量1.08万处。其中，年产120万吨以上的大型煤矿1050处，比2010年增加400处，产量比重由58%提高到68%。统计中的90家大型煤炭企业，产量占煤炭行业69.4%，而利润只有51.3亿元，比2014年减少了500亿元，下降了90.7%。国家统计局发布的数据显示，2015年前11个月，全国规模以上煤炭企业主营业务收入同比下降14.6%，利润同比下降61.2%，降幅比2015年扩大了16.8%，行业亏损面达到90%以上。

自2012年以来，受经济增速放缓、产业结构优化、能源结构变化、生态环境约束等因素影响，煤炭行业处境艰难。加上下游煤炭需求持续疲软、煤炭供大于求，海外煤炭进口量持续上升，这些因素最终导致2015年煤炭市场供需严重失衡，全国煤炭价格持续回落，全行业陷入产能过剩阶段。

目前，在经济发展新常态下，能源革命有了新的要求。煤炭的主体能源地位虽然不会改变，但随着经济结构不断优化，国家推动能源结构调整，非化石能源比重增长，煤炭将继续低速增长但仍会保持较大规模。“去产能”是中央经济工作会议确定的2016年五大结构性改革任务之首，而作为产能过剩大户，煤炭行业将以壮士断腕的勇气，借供给侧结构性改革之风促进行业脱困发展。

一、煤炭行业上市公司业绩评价结果

截至2015年末，煤炭行业上市公司共计39家：沪市为29家，深市为10家。其中盈利17家，亏损22家，即有56.41%的公司亏损。这一比例与2014年的78.57%相比有大幅的下降。17家盈利的上市公司净利润跌幅较大。煤炭全行业亏损的局面愈演愈烈。

2015年，39家上市公司营业总收入为5842.16亿元，同比下降22.46%；实现净利润18.80亿元，归属母公司股东的净利润-48.00亿元，与2014年实现净利润513.38亿元，归属于母公司净利润400.31亿元相比，净利润同比下降96.34%，归属母公司股东的净利润同比下降111.99%。

2015年，煤炭行业上市公司业绩大降主要受国家宏观经济影响。煤炭行业及下游钢铁、焦化等行业持续低迷，煤炭产业结构性过剩局面未见好转。行业绩效评价值得分仅为 43.51 分，与 2014 年的 58.4 分相差较为悬殊。2015 年参与排名的 37 家煤炭上市公司业绩评价等级均为 CCC 以下。

2015 年综合评价结果显示，煤炭行业上市公司中无一家进入 2015 年上市公司业绩评价综合得分百强名单。表现最好的中国神华只屈居 990 名，前三名分别为中国神华、永泰能源和露天煤业。

表 4－1　2015 年度煤炭行业十强排行榜

名次	评价单位代码	单位名称	综合得分	在全部上市公司中排名
1	601088	中国神华	59.48	990
2	600157	永泰能源	57.39	1146
3	002128	露天煤业	55.64	1274
4	600188	兖州煤业	53.06	1446
5	601011	宝泰隆	49.55	1689
6	000552	靖远煤电	48.77	1732
7	601101	昊华能源	45.27	1895
8	000983	西山煤电	44.02	1943
9	600508	上海能源	43.97	1945
10	600348	阳泉煤业	43.60	1957

基于对煤炭行业上市公司的整体评价，下面分别从财务效益状况、资产质量状况、偿债风险状况、发展能力状况、市场表现状况五个方面对煤炭行业上市公司进行具体分析。

（一）财务效益状况

表 4-2 列示了 2015 年煤炭行业上市公司财务效益评价结果（满分 35 分）。从基本指标来看，煤炭行业上市公司财务效益状况得分为 14.39 分，较 2015 年全部上市公司平均值的 20.79 分低 27.03%。扣除非经常性损益净资产收益率、总资产报酬率两项基本指标继续大幅度下滑，降幅分别是 106.04% 和 53.21%。下降的主要原因可能包括：煤炭售价持续低迷，原煤开采成本居高不下，期间费用等上升，从而导致企业正常情况下生产经营活动产生的净收益急剧减少。

从修正指标来看，煤炭行业的营业利润率和总股本收益率分别下降 75.29% 和 111.32%。由于煤炭行业上市公司净利润为负值，导致总股本收益率为负。这两者的降低，一方面说明煤企盈利能力越来越弱，另一方面也说明股东们提供的资产没有得到有效利用。而盈利现金保障倍数这一项指标增加了 2180.35%，与上一年度差异极大，可能是由于作为该指标计算公式中的分母—行业净利润下降剧烈，致使该指标的数值变动也比较大。

财务效益指标综合得分高于全部上市公司平均水平 22.12 分的仅有 3 家，其中中国神华由于对煤炭、发电、运输和煤化工业务结构的布局合理，业务均衡、综合实力突出，抗风险能力优于同行，有效抵御了煤价下降的风险。

同上年相比，受煤炭供应宽松等因素影响，煤炭销量和煤炭平均销售价格同比下降，2015 年行业整体进入寒冬，此前，我国煤炭消费比重已呈现逐年下降趋势，2011年为68.8%，2012年为66.6%，2013年为65.7%。煤价一段时期内将难以回升，煤炭行业供需矛盾十分尖锐。

表 4－2　煤炭行业财务效益状况比较

评价指标		2015年上市公司平均值	2015年行业值	2014年行业值	增长率(%)
基本指标	扣除非经常性损益净资产收益率(%)	5.61	−0.36	5.96	−106.04
	总资产报酬率(%)	5.11	2.62	5.6	−53.21
	基本得分	20.79	14.39	19.72	−27.03
修正指标	营业利润率(%)	5.06	2.16	8.74	−75.29
	盈利现金保障倍数	2.2	39.45	1.73	2180.35
	总股本收益率(%)	30.96	−4.76	42.05	−111.32
综合得分		22.12	16.81	26.76	22.34

（二）资产质量状况

表4-3列示了煤炭行业上市公司资产质量状况评价结果（满分15分）。基本指标与修正指标变化趋势一致，各项指标均出现负增长。2015年煤炭行业上市公司资产质量状况综合得分为9.05分，与上一年度10.55分相比降幅较小。基本指标中总资产周转率为0.34次，流动资产周转率为1.28次，与2014年相比分别降低29.17%和26.86%. 总资产周转率越小，则总资产周转越慢，反映出销售能力越弱，而流动资产周转率降低，表明企业流动资产周转速度变慢，需要补充流动资金参加周转，否则会形成资金浪费，降低企业盈利能力。

修正指标中应收账款周转率6.75降幅较大，比2014年降低32.16%，说明煤炭行业上市公司收账速度变慢，平均收账期变长，坏账损失增加，偿债能力减弱。存货周转率8.88也比上一年降低19.35%，表示库存煤炭持续维持高位，流动性很弱，难以销售变现。

煤炭行业上市公司资产质量综合得分普遍很低，这表明2015年延续了2014年煤炭价格下滑的走势。煤炭企业销售收入减少、回款缓慢、库存增大等因素是导致资产质量下降的主要原因。目前看来，煤炭市场供需总量宽松、结构性过剩的态势还难以改变，全社会库存将继续维持高位，企业经营仍将面临较大的困难和风险。

表 4－3　煤炭行业资产质量状况比较

评价指标		2015年上市公司平均值	2015年行业值	2014年行业值	增长率(%)
基本指标	总资产周转率(次)	0.64	0.34	0.48	−29.17
	流动资产周转率(次)	1.3	1.28	1.75	−26.86
	基本得分	9.44	7.8	8.94	−12.75
修正指标	应收账款周转率(次)	8.25	6.75	9.95	−32.16
	存货周转率(次)	2.74	8.88	11.01	−19.35
综合得分		9.17	9.05	10.55	−19.70

（三）偿债风险状况

从综合得分来看，2015 年煤炭行业上市公司偿债风险状况低于全部上市公司平均水平 8.89，比上一年度下滑 12.86% 至 7.79。

表 4-4 列示了煤炭行业上市公司偿债风险状况评价结果（满分为 15 分）。在基本指标中，已获利息倍数大幅度下降，降幅为 66.44%，国际上通常认为，该指标为 3 时较为适当，降至 1.51 说明煤炭行业上市公司长期偿债能力较弱；从修正指标来看，现金流动负债比率较上年下降 25.73%，表明企业经营活动产生的现金净流量减小，不能有效保障企业按期偿还到期债务。此外带息负债比率增长 17.82% 至 64.06，体现了企业未来的偿债（尤其是偿还利息）压力在增大。

表 4－4　　煤炭行业偿债风险状况比较

评价指标		2015 年上市公司平均值	2015 年行业值	2014 年行业值	增长率 (%)
基本指标	资产负债率 (%)	60.36	54.72	51.65	5.94
	已获利息倍数	3.74	1.51	4.5	−66.44
	得分	8.95	7.53	9.58	−21.40
修正指标	速动比率 (%)	73.47	77.5	82.67	−6.25
	现金流动负债比率 (%)	13.88	13.71	18.46	−25.73
	带息负债比率（%）	51.38	64.06	54.37	17.82
综合得分		8.89	7.79	8.94	−12.86

在综合得分上，平庄能源该项指标得分为 12.84，表现较好。现阶段，大部分煤炭企业负债较重，偿债能力不容乐观。行业整体销售量下降，价格走低，收入减少，货款拖欠增多，现金流紧张，是导致该项指标下降的主要原因。考虑到煤炭行业过剩的局面改善还需时日，煤价尚未见底，预计盈利及偿债能力将进一步下降。

（四）发展能力状况

表 4-5 列示了煤炭行业上市公司发展能力状况评价结果（满分 20 分）。毫无疑问，2015 年对煤炭行业来说是惨痛的一年，因此发展能力的各项指标均出现较大幅度的下滑，发展能力综合得分仅为 6.44，约为全部上市公司平均得分 12.24 的一半，降幅达 19.10%。煤炭行业正在面临市场洗礼，今年或将迎来行业发展的分水岭，优胜劣汰，部分弱势企业可能出局。

在各项指标中，累计保留盈余率指标表现较为稳定。而营业收入增长率、资本扩张率、总资产增长率和营业利润增长率降幅较大，三年营业收入增长率更是出现高达 482.73% 的降幅。其中，营业收入增长率、营业利润增长率指标连续三年为负值，三年营业收入增长率也已经连续两年为负值，说明煤炭市场目前供求极度失衡、煤炭供给全面过剩局面已经形成。

从综合得分来看，永泰能源发展能力得分在煤炭行业中排名第一，发展能力综合评分 19.98，在行业中遥遥领先。这得益于公司“煤电一体化、能源物流仓储、新能源”多元化经营的发展格局。由此可见，在目前煤炭行业不景气的背景下，要保持可持续性发展，向煤炭行业的下游延伸、积极推进资本运营和产业升级、加大推行转型升级与多元发展将是未来煤炭行业脱困的主线。

表 4－5　煤炭行业发展能力状况

评价指标		2015 年上市公司平均值	2015 年行业值	2014 年行业值	增长率 (%)
基本指标	营业收入增长率 (%)	−1.98	−22.46	−13.35	−68.24
	资本扩张率 (%)	16.96	−0.03	5.05	−100.59
	得分	12.26	6.69	7.15	−6.43
修正指标	累计保留盈余率 (%)	42.27	45.6	48.86	−6.67
	三年营业收入增长率 (%)	3.77	−14.51	−2.49	−482.73
	总资产增长率 (%)	15.69	6.79	8.49	−20.02
	营业利润增长率 (%)	−12.37	−80.98	−33.22	−143.77
综合得分		12.24	6.44	7.96	−19.10

（五）市场表现状况

截至 2015 年 12 月 31 日，上证指数全年的涨幅达到 9.41%。作为国民经济的重要支柱，煤炭行业指数的走势与市场行情趋势是基本相同的。受到 2015 年中全民炒股热情的影响，煤炭板块的股票也有一个高峰，但随后市场趋于冷静。由于受煤炭行业上市公司业绩下滑的影响，煤炭指数上涨的幅度要小于整体市场行情。具体情况见图 4-1。

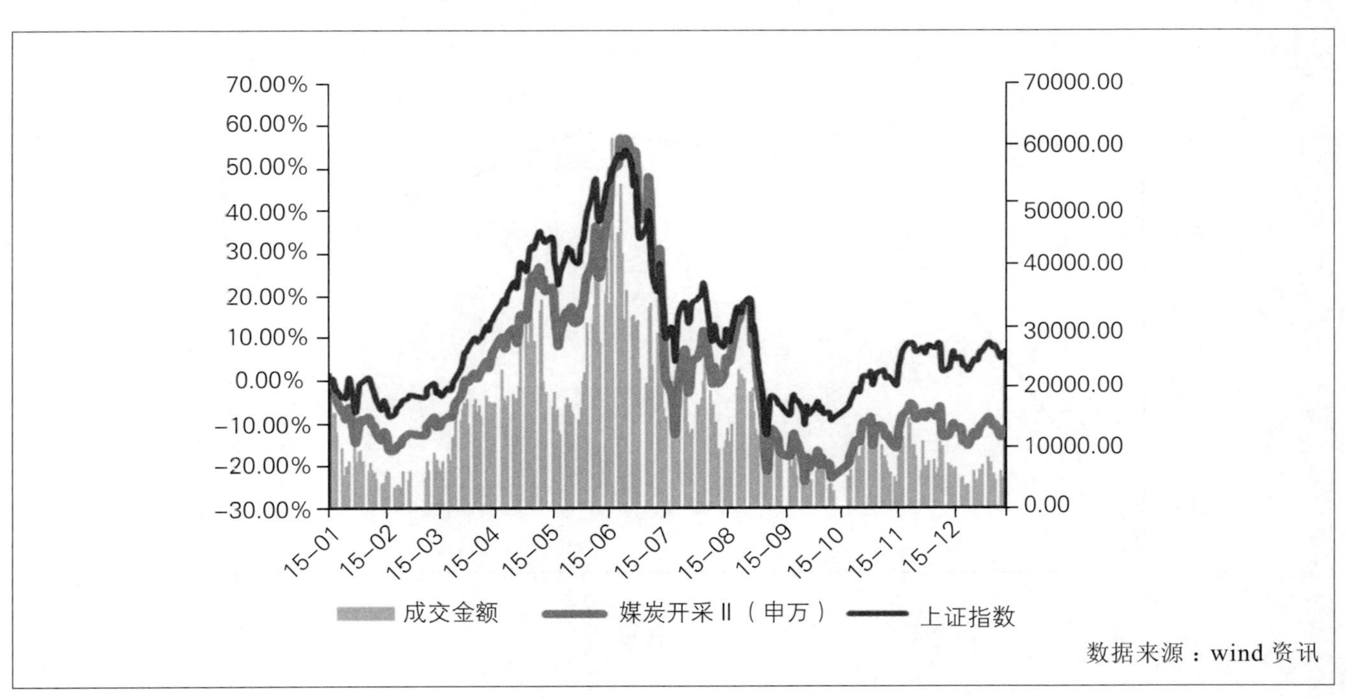

图 4－1　煤炭指数与大盘指数波动

表 4-6 列示了煤炭行业上市公司市场表现状况评价结果（满分 15 分）。其中市场投资回报率指标的 2015 年行业值为 -0.27%，与 2014 年 34.69% 相比有较大降低，降幅为 100.78%。从综合得分来看，煤炭行业上市公司市场表现综合得分 3.42，状况总体上比 2014 年有大幅度降低，又回到 2013 年的水平，距离全部上市公司平均值 9.26 分差别较大。

表 4 – 6 煤炭行业公司市场表现比较

评价指标	2015 年上市公司平均值	2015 年行业值	2014 年行业值	增长率 (%)
市场投资回报率 (%)	74.18	–0.27	34.69	–100.78
股价波动率 (%)	182	164.45	116.1	41.65
综合得分	9.26	3.42	8.58	–60.14

目前，产能过剩的阴云笼罩在煤炭行业上空，行业整体表现仍会低迷，市场对煤炭行业上市公司仍不看好。

二、2015 年度影响煤炭行业业绩因素分析

2015 年，煤炭市场供大于求矛盾突出，库存高企，价格下滑，效益下降，企业经营压力加大，煤炭企业生产积极性下降。综合分析，导致煤炭行业上市公司业绩大幅度下降的主要原因有以下几个方面。

(一) 市场供需严重失衡

近 10 年来，煤炭采选行业固定资产累计投入 3.67 万亿，目前现有生产能力 40 亿吨左右，在建规模 11 亿吨。“十二五”期间，全国煤炭产量仍在不断增长。2013 年煤炭产量达到 39.74 亿吨，后续有所回落，2015 年全国原煤产量 36.85 亿吨，同比下降 3.5%，与 2010 年相比，年均增长 2.57 亿吨。

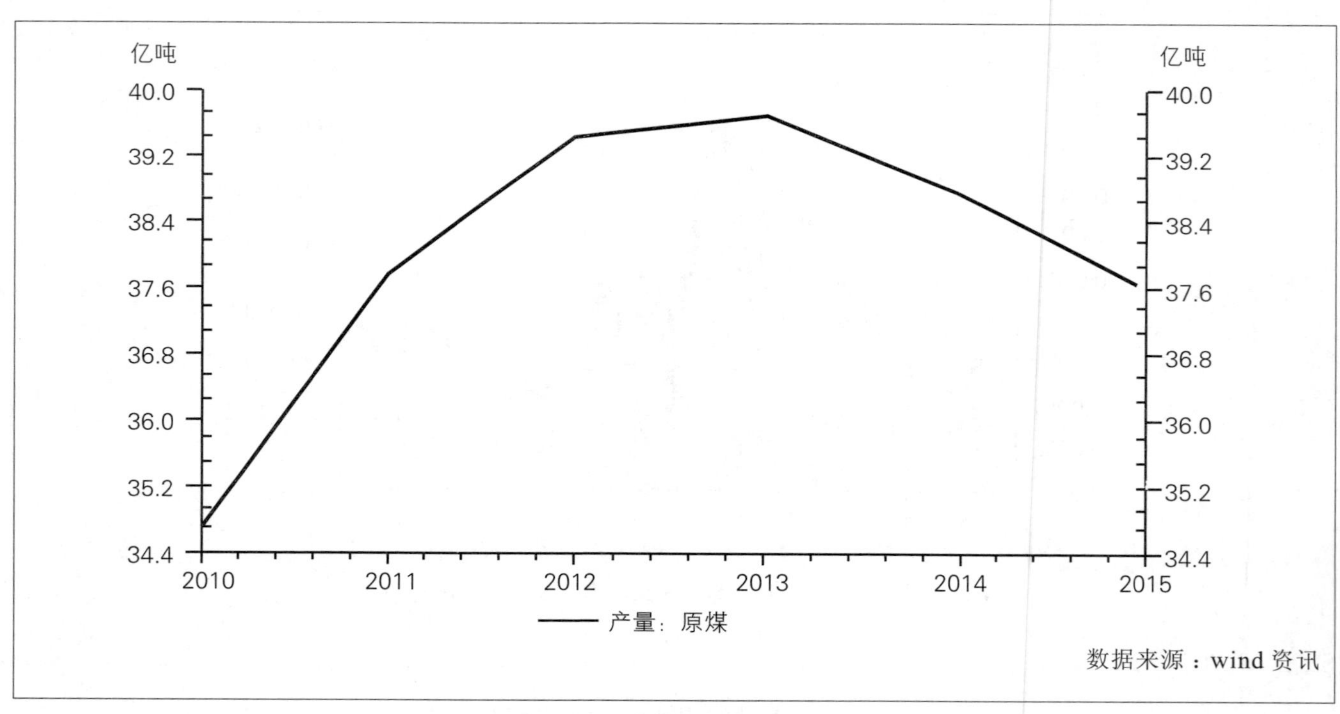

图 4 – 2 2010–2015 年我国原煤产量图

在产能持续保持高位的同时，煤炭消费需求明显放缓。国家统计局发布的《2015 年国民经济和社会发展统计公报》数据显示，初步核算，全年能源消费总量为 43.0 亿吨标准煤，比上年增长 0.9%。其中，煤炭消费量下降 3.7%，煤炭消费量占能源消费总量的 64.0%。2015 年以来，煤炭消费量仍继续下滑，前 11 个月消费量为 35.3 亿

吨，同比减少1.5亿吨，降幅为4.6%。除化工用煤有一定增长外，电煤消耗、钢铁行业用煤消耗、建材用煤消耗均呈现明显的下滑。前11个月电煤消耗约16.6亿吨，下降6.2%，钢铁行业用煤消耗5.8亿吨，下降3.2%，建材用煤消耗4.8亿吨，下降8.2%，化工煤消耗2.3亿吨。然而，煤炭库存依然居高不下，到2015年底全社会存煤已经持续48个月超过3亿吨。

在价格方面，从行业监测数据来看，2015年末中国煤炭价格指数为125.1个点，比年初下降了12.7个点，降幅9.2%。秦皇岛环渤海动力煤价格指数，已经从2011年10月最高点860元/吨，跌至2015年底370元/吨，已跌至2004年末的水平。价格反映了煤炭市场供需失衡的严重性。

图4－3 2014年末至2016年5月环渤海动力煤价格指数图

与此同时，进口保持高位，进口煤品质和价格均有很强的竞争力。2015年我国煤炭进口2.04亿吨左右，同比下降29.9%；出口532万吨，同比下降7.1%，净进口1.99亿吨。

（二）产业结构亟待调整

煤炭行业上市公司产业结构、技术结构、产品结构不合理依然突出。

首先是产业布局紊乱。我国煤炭行业上市公司所属煤矿众多且分布较为分散，整体呈现西多东少、北多南少的格局，并且产能低、管理落后的中小煤矿较多。这部分煤矿贡献了绝大多数落后产能，虽然经过一系列整合兼并重组，但由于基数大，该部分产能仍不容小觑。

其次是上下游融合度低。多年来，我国煤电矛盾反复交织出现、行业效益此消彼长，主要原因是两个行业未能实现风险共担、利益共享。持有电力资产较多以及煤电完全一体化的煤炭行业上市公司，比如神华，抵御煤价波动的能力明显强于其他企业，但是这种整合面临的问题和阻力较多。

在技术和产品方面，主要问题在于不安全生产屡禁不止，清洁利用程度低等问题。我国煤炭洗选加工转化和综合利用水平较低，煤炭安全生产机械化水平不高，煤炭深加工等下游产业尚待完善，产品结构单一的问题还没有得到根本改变。大部分煤炭行业上市公司的产能主要用于发电、炼钢及供热，开发程度不够。产品层次较低直接制约了煤炭下游市场的拓展和利用。

（三）体制机制限制约束

企业管理粗放，负担较重，社会职能分离难，衰老报废煤矿退出机制不完善。这是现阶段我国煤炭行业存在的主要体制机制障碍。目前，我国煤炭行业以国有企业为主导，国有企业通常用银行贷款进行投资。如果煤炭行业实行“限价保价”，对煤炭企业来说，只要价格高于边际生产成本，企业就有动力生产。银行为防止坏账增加，不得不继续贷款给“僵尸企业”，而地方政府为了稳定经济增长、防止职工下岗等，也愿意让这些企业“僵而不死”，等待煤炭市场回暖。

事实上，我国经济正处于“新常态”，煤炭行业的外部环境也发生了重大变化。由于经济结构不断调整优化，我国已进入传统能源稳步发展与新能源加快开发并存的新时期，能源消耗强度逐步下降，煤炭需求增长显著放缓，煤炭行业将进入长期低速增长期。

（四）能源结构不断调整

环保压力增加，能源结构不断调整也是抑制煤炭需求增长并导致煤炭需求下降的重要原因。未来五年能源结构调整非常清晰，政府将会控制煤炭消耗量，稳定石油和天然气的使用量，提高风能和太阳能的利用率，并加速能源定价改革，以支持能源结构转型。

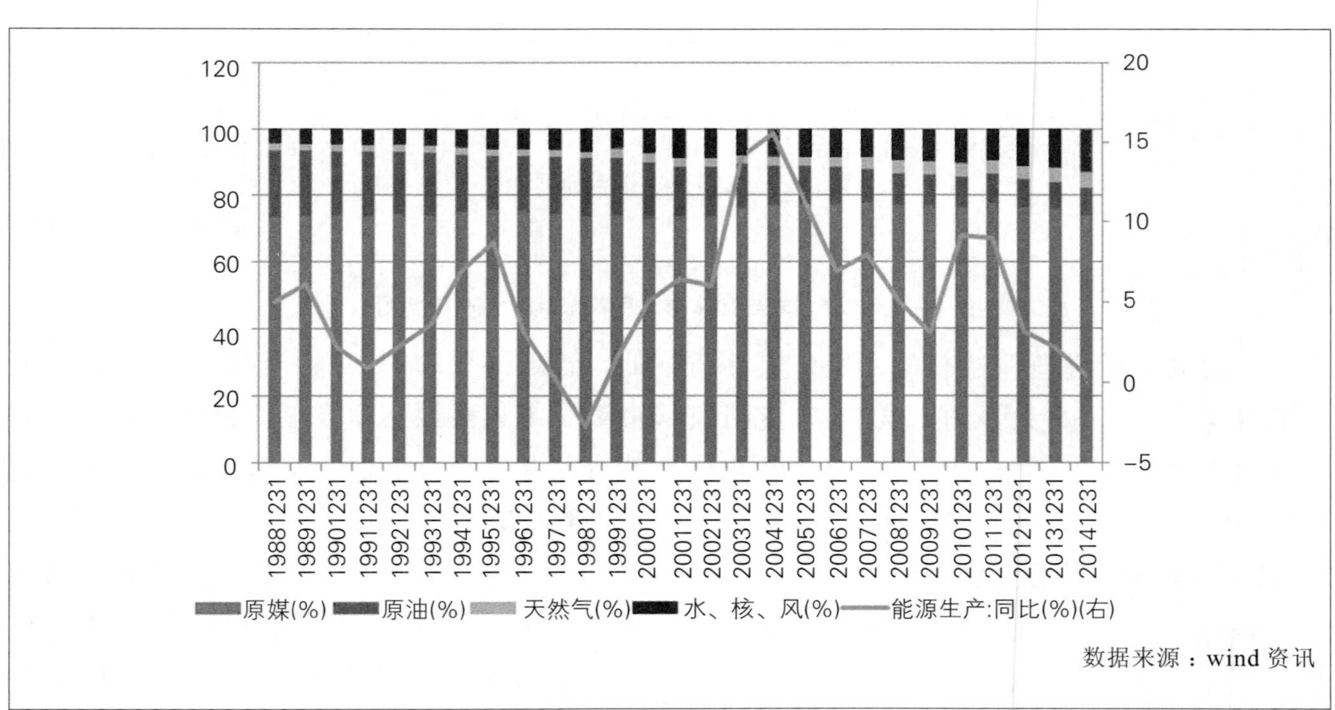

数据来源：wind 资讯

图 4－4 我国能源结构示意图

根据国家能源局统计，“十二五”期间，我国核电、水电、风电、太阳能发电装机规模分别增长2.6倍、1.4倍、4倍和168倍，带动非化石能源消费比重提高了2.6%。截至2015年底，我国光伏发电累计装机容量达4318万千瓦，成功超越德国，成为全球光伏发电装机容量最大的国家。风电方面，2015年，全国风电产业继续保持强劲增长势头，全年风电新增装机容量为3297万千瓦，新增装机容量再创历史新高，累计并网装机容量达到1.29亿千瓦，占全部发电装机容量的8.6%，这一数值也占到全球风电装机容量的四分之一。我国水电产业早在2014年装机容量便历史性突破3亿千瓦，水电发电量更是历史性地突破1万亿千瓦时，稳居世界第一。核电也取得了安全高效发展，2015年新投产核电机组820万千瓦，核准开工核电机组880万千瓦。

我国能源结构已经进入战略性调整期，正在由主要依靠化石能源满足供应转向由非化石能源满足需求增量。油气替代煤炭、非化石能源替代化石能源双重更替正在加快。

三、2016年度煤炭行业展望

煤炭行业的寒冬已经到来，并还将持续一段时间。虽然国家相关部门出台多种举措化解煤炭行业过剩产能，助力煤炭企业脱困，但冰冻三尺非一日之寒，煤炭行业的低迷是市场和政策双重导致的结果，需要足够的时间由市场进行消化，目前为止，还看不到走出寒冬的迹象。从政策、市场等多个方面考虑，对煤炭行业有如下几点展望。

（一）宏观控制产能出清

中央“供给侧结构性改革”思路的出发点，就是要解决中国煤炭供需失衡这一核心问题，关键是对行业进行治理整顿，提升供给侧自身的质量，挤压泡沫，抛弃无效供给。2015年4月，国务院总理李克强在主持召开部分省（市）政府主要负责人经济形势座谈会时强调，必须加快改造提升传统动能，淘汰落后产能，消化钢铁、煤炭等过剩产能。

而根据国务院发布的钢铁煤炭两大行业去产能意见，煤炭行业从2016年开始，将用3年至5年时间，再退出产能5亿吨左右、减量重组5亿吨左右。

对于产能严重过剩的煤炭行业而言，供给侧结构性改革，要实现“产能出清”。建立矿产资源的退出机制和企业员工安置补偿制度，淘汰落后，才能保护先进。

2015年12月召开的国务院常务会议决定，对长期亏损的产能过剩行业企业将实行关停并转或剥离重组，对持续亏损三年以上且不符合结构调整方向的企业予以“出清”。

建立煤矿退出机制，将成为帮助煤炭产业结构调整，促进产业升级的重要举措。如山西未来5年将通过“五个一批”化解4亿吨至5亿吨过剩产能，力争将煤炭产能控制在10亿吨以内，从政策层面推动煤炭行业供给侧结构性改革，缓解供求矛盾。

（二）煤炭领域整合重组

在煤炭行业的整合重组领域里，中国神华煤电油运一体发展的模式较为典型，但并不能作为所有煤炭行业上市公司的样本。而煤炭行业的转型发展也不是一朝一夕可以完成的。煤炭行业上市公司转型，必须十分谨慎，一定要根据企业自身特点和能力，选准转型方向，做好市场需求分析、技术人才储备、销售物流网络等方面的准备工作，切忌盲目转型，给股东造成更大的损失。

国家发改委提出当前要着力推进煤炭行业四个方面的结构调整。一是向整合兼并重组方向调整。鼓励大型煤炭企业对中小型煤矿进行兼并重组，壮大一批大型煤炭企业集团；二是向上下游一体化特别是煤电一体化的方向调整发展；三是向煤炭清洁化利用和可再生能源转型发展。以神华集团、陕煤集团等企业为代表，已有煤企开始尝试在煤化工领域继续发展，延伸产业链，打造清洁能源；四是向煤炭深度加工转化调整。

改革的红利或许能为煤炭行业带来一些转型的思考，预计未来行业整合重组、淘汰落后产能的脚步将提速。

（三）“互联网＋煤炭”

全社会正在兴起的“互联网＋”浪潮已经蔓延至煤炭领域，可以探索如何通过互联网优化整个煤炭产业链，利用互联网电商平台降低采购销售成本。目前煤炭行业本身还有很多传统行业的弊病，包括行业还没实现标准化，“大数据”也未建立，定价体系还不完善，用户没有通过新途径交易习惯，这些因素都在一定程度上阻碍了“互联网＋煤炭”的推进。

煤炭与普通消费品不同，大宗散货商品生产和需求均相对集中，煤炭交易是一个复杂的供应链过程。建设统一开放、竞争有序的互联网煤炭交易市场体系，是煤炭领域贯彻落实能源供给侧结构性改革、提高供给体系质量效率的具体体现。

第一，进一步完善网上交易方式。2013年以来，以神华集团、中煤集团为代表的行业巨头先后布局网上交易平台，而山西、内蒙古、秦皇岛、陕西等区域性煤炭交易中心也纷纷加码煤炭电商交易。第二，逐步培育建成2～3个全国性煤炭交易市场，包括现货市场和期货市场。第三，煤炭行业迫切需要建立一个信用体系的平台，以避免煤价大幅下滑、企业经营困难，银行系统煤炭贷款问题频发，造成整个煤炭行业的资金链紧张。“互联网＋煤炭”扭转的就是传统煤炭企业的组织方式、生产方式、商业模式和管理模式。

（四）2016年煤炭行业供需前景

2016年预计煤炭供给充足，产能过剩依然是基本趋势。在整体供大于需的大背景下，政府将继续进行政策调控来控制产能。未来矿井的市场化兼并重组是大趋势。

虽然去产能过程艰难，但从中央到地方信心坚决，未来供给过剩的状况可能会发生改变。2016年1月22日，经国务院批准，财政部下发《关于征收工业企业结构调整专项资金有关问题的通知》，确定自2016年1月1日起征收工业企业结构调整专项资金。

据悉，此专项资金将主要用于工业结构调整，即目前主要用于煤炭、钢铁行业去产能。该资金将成为产能过剩行业脱困资金来源。据2015年发电量测算，全国缴纳专项资金467.54亿元。按照上述每年专项资金征收规模，如果该政策持续2-3年，将完全符合中央经济工作会议提出的中央出资1000亿元，三年内完成煤炭、钢铁行业去产能计划。

此外，从煤企自身层面看，各煤炭企业要积极响应国务院和地方政府号召，把化解煤炭产能过剩作为重要议题，避免企业之间的盲目恶性竞争，各煤炭上市公司应当严格实行控产限产责任制，同舟共济，渡过难关。

附表

2015 年煤炭行业上市公司业绩评价结果排序表

行业排名	全部上市公司排名	股票代码	股票简称	综合得分（100 分）	每股收益（元）	总资产报酬率(%)	净资产收益率（%）	总资产周转率（次）	流动资产周转率（次）	资产负债率(%)	已获利息倍数	营业收入增长率(%)	资本扩张率(%)	市场投资回报率(%)	股价波动率(%)	年末资产总额（万元）	营业收入净额（万元）	净利润（万元）
1	990	601088	中国神华	59.48	0.81	7.19	6.52	0.33	1.48	35.35	6.53	-28.70	0.71	-28.49	103.71	53,259,600.00	17706900	2,326,400.00
2	1146	600157	永泰能源	57.39	0.06	5.48	4.97	0.15	0.74	70.32	1.51	36.30	90.30	33.58	198.92	1,953,003.12	1,078,422.31	98,433.02
3	1274	002128	露天煤业	55.64	0.33	5.98	6.15	0.40	1.47	36.95	4.19	-10.67	5.29	-11.84	148.82	1,393,577.11	558,665.07	53,267.38
4	1446	600188	兖州煤业	53.06	0.17	3.30	1.92	0.51	1.62	69.08	1.51	7.95	-1.46	-35.78	154.42	13,113,519.80	6,900,738.20	83,121.00
5	1689	601011	宝泰隆	49.55	0.07	2.85	2.25	0.22	1.02	38.00	1.82	-19.77	66.98	97.51	172.60	630,190.80	152,281.97	8,977.18
6	1732	000552	靖远煤电	48.77	0.16	3.06	4.08	0.34	0.84	33.86	5.78	-19.88	126.03	-4.46	130.61	1,093,560.25	264,687.67	18,020.96
7	1895	601101	昊华能源	45.27	0.05	0.91	0.57	0.39	2.23	45.49	1.37	-4.20	29.20	-9.66	136.68	1,136,503.94	657,183.18	5,418.98
8	1943	000983	西山煤电	44.02	0.02	0.81	-0.35	0.36	2.25	38.11	2.22	-21.90	-0.90	-13.16	111.47	5,150,617.91	496,039.29	-2,973.87
9	1945	600508	上海能源	43.97	0.04	2.85	1.12	0.37	1.37	63.65	1.28	-23.50	1.48	-29.30	143.68	652,578.49	1,865,826.84	21,062.33
10	1957	600348	阳泉煤业	43.60	0.03	1.77	-0.15	0.53	1.59	60.36	1.48	-18.62	-0.69	-32.29	147.14	563,133.74	1,686,390.81	-2,056.77
11	2027	000571	新大洲 A	41.88	0.07	2.18	1.22	0.20	0.90	40.88	2.53	-3.67	0.19	59.32	185.27	1,425,434.57	91,697.29	3,512.82
12	2102	600123	兰花科创	39.15	0.01	0.81	-1.18	0.21	0.73	53.97	0.90	-12.49	-0.32	-22.37	138.71	3,009,407.84	456,451.71	-11,983.31
13	2146	600395	盘江股份	37.76	0.01	0.57	0.38	0.38	1.08	42.39	1.73	-21.37	-6.12	-32.63	206.53	296,825.85	406,902.33	2,320.05
14	2176	601898	中煤能源	36.42	-0.19	0.97	-2.04	0.24	1.01	61.08	0.49	-16.12	-2.62	-16.65	139.37	24,270,630.20	5,927,086.50	-206,417.90
15	2220	600179	*ST 黑化	33.17	-0.69	-19.95	194.96	0.67	1.63	127.96	-21.21	-19.79	4,681.53	103.63	269.23	2,181,968.16	86,646.63	-26,848.69
16	2225	601699	潞安环能	33.02	0.03	1.58	-0.23	0.22	0.62	65.30	1.19	-30.41	-5.09	-29.40	146.43	1,072,414.75	1,115,539.72	-4,159.94
17	2235	600397	安源煤业	32.41	0.03	2.43	0.05	0.51	1.05	67.92	1.24	-51.97	-0.84	5.77	236.08	1,403,557.09	511,646.31	188.79
18	2263	000937	冀中能源	30.60	0.10	2.10	1.49	0.30	0.89	50.96	1.22	-31.33	-3.85	-23.03	124.41	4,819,695.23	1,253,701.02	30,341.37
19	2282	000159	国际实业	29.74	0.12	3.93	2.75	0.23	0.35	26.03	4.83	-42.23	-0.08	-9.61	171.36	446,638.80	67,973.83	6,007.41
20	2323	000780	平庄能源	27.20	-0.39	-7.05	-8.69	0.36	0.55	24.11	-	-19.99	-7.68	-7.32	143.71	3,145,238.00	204,387.82	-39,061.11

续表

行业排名	全部上市公司排名	股票代码	股票简称	综合得分（100分）	每股收益（元）	总资产报酬率(%)	净资产收益率（%）	总资产周转率（次）	流动资产周转率（次）	资产负债率(%)	已获利息倍数	营业收入增长率(%)	资本扩张率(%)	市场投资回报率(%)	股价波动率(%)	年末资产总额（万元）	营业收入净额（万元）	净利润（万元）
21	2347	601225	陕西煤业	26.00	−0.30	−0.85	−5.69	0.36	1.75	56.59	−0.93	−20.99	−9.44	−30.85	217.74	1,381,375.17	3,251,120.09	−235,006.19
22	2351	600997	开滦股份	25.80	−0.34	−0.30	−6.27	0.49	1.44	60.05	−0.15	−27.12	−8.32	−24.03	130.34	922,149.04	1,041,959.67	−53,221.76
23	2360	600714	金瑞矿业	24.61	−0.13	−0.38	−7.39	0.26	0.94	56.14	−0.21	−23.23	17.72	5.50	144.23	4,172,354.09	32,782.15	−3,625.81
24	2368	600121	郑州煤电	24.12	−0.54	−2.26	−12.35	1.07	3.02	59.97	−1.08	−38.47	−15.74	23.72	151.01	5,210,945.63	1,199,551.67	−59,963.69
25	2398	600792	云煤能源	22.24	−0.70	−8.42	−22.57	0.56	2.07	53.46	−3.62	−29.31	−19.49	−16.91	135.33	2,465,524.99	345,381.43	−69,684.77
26	2410	600408	安泰集团	21.62	0.04	2.88	−4.52	0.33	0.65	75.80	0.73	−29.42	−19.35	38.79	166.11	566,702.25	236,953.93	−8,102.69
27	2445	601015	陕西黑猫	19.46	−0.45	−3.11	−11.53	0.47	0.95	59.04	−1.31	−23.01	−12.09	−24.47	191.08	45,121.61	521,878.77	−51,999.70
28	2450	601666	平煤股份	19.12	−0.91	−2.52	−19.40	0.37	1.21	71.91	−1.27	−22.80	−17.94	−25.29	129.03	83,679.40	1,244,349.94	−214,100.55
29	2459	601001	大同煤业	18.39	−1.08	−4.95	−16.68	0.28	0.73	63.41	−2.98	−17.84	−21.03	−38.35	168.88	2,183,310.97	712,864.49	−182,883.33
30	2461	600971	恒源煤电	18.28	−1.38	−8.86	−21.62	0.30	1.04	55.88	−6.49	−38.46	−18.16	−28.45	147.66	129,124.73	396,625.62	−137,495.13
31	2477	600403	大有能源	17.36	−0.54	−8.80	−15.46	0.29	0.85	44.63	−24.22	−38.18	−15.00	−7.61	135.91	447,527.57	462,430.40	−145,092.45
32	2483	600721	*ST 百花	17.04	−1.62	−10.26	−74.88	0.20	1.05	88.80	−2.75	−27.06	−54.37	84.02	159.62	1,618,327.56	80,880.52	−54,374.35
33	2494	000933	*ST 神火	15.86	−0.88	0.15	−19.34	0.35	1.16	82.93	0.04	−26.74	−17.38	−17.82	184.53	5,113,554.85	1,755,822.19	−183,951.89
34	2506	601918	*ST 新集	13.96	−0.99	−5.35	−44.30	0.16	1.57	84.91	−1.97	−27.17	−34.08	37.12	195.48	143,521.96	477,925.68	−256,305.63
35	2516	000968	*ST 煤气	12.22	−3.05	−10.66	−113.84	0.12	0.52	94.11	−2.72	−3.99	−74.37	−3.97	168.64	2,889,403.29	165,483.71	−205,339.79
36	2517	600740	山西焦化	12.13	−1.08	−5.07	−27.78	0.32	0.71	75.71	−2.05	−32.21	−24.38	−5.94	149.60	776,082.81	336,584.10	−83,062.99
37	2523	600546	*ST 山煤	10.40	−1.20	−0.96	−28.20	0.81	1.52	86.54	−0.30	−37.39	−26.66	−24.54	189.06	156,398.63	3,959,489.43	−226,407.52
38		600381	青海春天	74.45	0.56	23.98	34.67	0.79	1.22	16.78	149.44	4,587.53	470.08	−2.66	197.04	416,574.70	140,168.93	35,828.95
39		000723	美锦能源	37.05	−0.19	−3.27	−11.40	0.73	1.50	55.19	−0.91	471.25	1,229.26	57.21	243.06	4,779,748.58	570,168.18	−40,794.88

第五章 钢铁行业

钢铁行业是国民经济的重要支柱产业，在国民经济中具有举足轻重的地位。从国民经济上下游产业链的关系看，钢铁行业处于承上启下的位置，是经济发展的重要原材料工业，在经济建设、社会发展、财政税收、国防建设以及稳定就业等方面发挥着重要作用。

随着我国经济发展进入新常态，钢铁行业的发展环境发生了深刻变化。2015 年，我国钢铁消费与产量双双进入峰值弧顶区并呈下降态势。钢铁主业从微利经营进入整体亏损，行业发展进入“严冬”期。同时，中央提出的推进供给侧结构性改革，国务院出台的化解钢铁过剩产能的财税金融政策也为钢铁行业彻底摆脱困境提供了历史机遇。

一、钢铁行业上市公司业绩评价结果

截至 2015 年末，钢铁行业 A 股上市公司共计 45 家，其中盈利 25 家，亏损 20 家，即有 56% 的公司实现盈利，低于 2014 年 84.85% 公司盈利的水平；钢铁行业上市公司总资产共 15,233.97 亿元，占全部上市公司总资产的 3.83%。

2014 年全国 2759 家上市公司共计完成营业收入 237,486.36 亿元，45 家钢铁行业上市公司完成营业收入 9,303.81 亿元，占全部上市公司营业收入的 3.92%；全部上市公司共计实现净利润 10,607.50 亿元，钢铁行业上市公司净利润亏损 578.89 亿元。

2015 年钢铁行业整体评价结果较为一般，45 家钢铁行业上市公司均未进入 2015 年上市公司业绩评价综合得分的百强名单。业绩评价综合得分全部未达到 65 分；全行业 60 分以上公司仅有 2 家。

表 5－1 2015 年度钢铁行业中联十强排行榜

名次	股票代码	综合得分排名	股票简称	得分
1	002150	763	通润装备	62.42
2	002443	905	金洲管道	60.53
3	000708	1029	大冶特钢	58.94
4	002478	1294	常宝股份	55.40
5	002352	1405	鼎泰新材	53.78
6	002318	1441	久立特材	53.20
7	600019	1570	宝钢股份	51.31
8	002132	1629	恒星科技	50.46
9	601028	1655	玉龙股份	50.08
10	002593	1665	日上集团	49.89

基于对钢铁行业上市公司的整体评价，下面分别从财务效益状况、资产质量状况、偿债风险状况、发展能力状况、市场表现状况五个方面对钢铁行业上市公司进行具体分析。

（一）财务效益状况

2015年钢铁行业上市公司财务效益状况略低于全国上市公司平均水平。财务状况评价是通过基本指标：扣除非经常性损益净资产收益率、总资产报酬率进行基本评分，然后再用营业利润率、盈利现金保障倍数、股本收益率进行修正，得出综合得分。

从综合得分来看，2014年钢铁行业上市公司财务效益状况平均得分为21.59分，低于上市公司平均得分22.12分。

表5-2列示了2015年钢铁行业上市公司财务效益状况评价结果。在钢铁行业上市公司财务效益状况指标中，得分排名前五位的行业综合评价得分亦在前五名之列，其中方大特钢财务效益排名第一。方大特钢2015年实现营业收入115.09亿元，比2014年减少29.20%；实现营业利润1.25亿元，比上年减少83.93%，归属母公司所有者的净利润达1.15亿元。

表5－2　钢铁行业财务效益状况比较表

分析指标		2015年上市公司平均值	2015年行业值	2014年行业值	增长率(%)
基本指标	扣除非经常性损益净资产收益率(%)	5.61	3.23	0.39	−36.07
	总资产报酬率(%)	5.11	0.89	2.61	28.57
	得分	22.12	21.59	13.63	3.97
修正指标	营业利润率(%)	5.06	3.16	0.48	6.67
	盈利现金保障倍数	2.2	3.16	13.92	18.17
	股本收益率(%)	30.96	22.67	6.38	16.64
综合得分		22.12	21.59	15.72	16.26

与2014年的情况相比较，2015年钢铁行业上市公司总体上财务效益状况略有好转，除总资产报酬率和盈利现金保障倍数以外的其他指标均高于2014年行业值。

（二）资产质量状况

2015年钢铁行业上市公司资产质量状况优于全国上市公司平均水平。资产质量评价是通过基本指标即总资产周转率和流动资产周转率进行基本评分，然后再用应收账款周转率和存货周转率进行修正，得出综合得分。

表5-3列示了钢铁行业上市公司资产质量状况评价结果。在钢铁行业上市公司资产质量状况指标中，排名前五的为三钢闽光、酒钢宏兴、山东钢铁、方大特钢和新兴铸管，其中三钢闽光和酒钢宏兴资产质量状况得分均超过了14分，远高于2015年上市公司平均值。

表5－3　钢铁行业资产质量状况比较表

分析指标		2015年上市公司平均值	2015年行业值	2014年行业值	增长率(%)
基本指标	总资产周转率（次）	0.75	0.87	0.97	−10.31
	流动资产周转率（次）	1.52	2.47	2.69	−8.18
	得分	9.55	12.04	13.11	−8.16
修正指标	应收账款周转率（次）	9.69	32.86	41.75	−21.29
	存货周转率（次）	3.21	5.46	5.90	−7.46
综合得分		9.2	12.63	12.65	−0.16

与2014年比较可知，2015年钢铁行业上市公司总体上资产质量略有下降，但总体远高于2015年全部上市公司平均值。钢铁行业上市公司2015年平均应收账款周转率为32.86次，比2014年低21.29%，但远高于全部上市公司平均应收账款周转率，这主要与钢铁行业公司一贯坚持“款到发货”有关。

（三）偿债风险状况

2015年钢铁行业上市公司偿债风险状况略低于全国上市公司平均水平。偿债风险评价是通过基本指标即资产负债率和获利倍数进行基本评分，然后再用速动比率、现金流动负债比率和带息负债比率进行修正，得出综合得分。

表5-4列示了钢铁行业上市公司偿债风险状况评价结果。在钢铁行业上市公司偿债风险状况指标中，常宝股份排名第一，得分为14.14分，远高于2014年上市公司平均值9.01分，以及2014年行业值5.74分。

表5－4 钢铁行业偿债风险状况比较表

分析指标		2015年上市公司平均值	2015年行业值	2014年行业值	增长率(%)
基本指标	资产负债率(%)	60.36	47.94	66.06	0.18
	获利倍数（找不到数据）	5.06	1.51	1.51	0.67
	得分	9.17	12.72	5.88	–2.81
修正指标	速动比率(%)	73.47	55.62	37.01	1.23
	现金流动负债比率(%)	13.88	31.77	13.48	38.26
	带息负债比率（%）	51．38	–6.36	50.93	–4.01
综合得分		9.01	5.74	5.74	–0.17

与2014年相比较，2015年钢铁行业上市公司偿债风险状况平均得分基本持平。

（四）发展能力状况

2015年钢铁行业上市公司发展能力状况低于全国上市公司平均水平。发展能力评价是通过基本指标即营业收入增长率和资本扩张率进行基本评分，然后再用累计保留盈余率、三年营业收入增长率、总资产增长率和营业利润增长率进行修正，得出综合得分。

表5-5列示了钢铁行业上市公司发展能力状况评价结果。在钢铁行业上市公司发展能力状况指标中，首钢股份排名第一，得分为19.64分，其中三年营业收入平均增长率得分24.21，远高于2014年上市公司平均值。

表5－5 钢铁行业发展能力状况比较表

分析指标		2015年上市公司平均值	2015年行业值	2014年行业值	增长率(%)
基本指标	营业收入增长率(%)	–1.98	–24.41	–5.54	–495.71
	资本扩张率(%)	16.96	0.09	4.37	–18.77
	得分	8.89	8.4	8.4	–11.39
修正指标	累计保留盈余率(%)	43.83	31.36	31.36	–2.37
	三年营业收入增长率(%)	7.12	–3.82	–3.82	–235.94
	总资产增长率(%)	12.15	4.73	4.73	–37.27
	营业利润增长率(%)	0.17	2.19	2.19	–
综合得分		12.12	8.82	8.82	–9.82

2015 年钢铁行业上市公司营业收入增长率从 2014 年的 -5.54% 降至 -24.41%，营业收入规模不断减少。随着国内外经济形势的趋于稳定，2015 年钢铁行业上市公司业绩不断下降。

（五）市场表现状况

钢铁行业上市公司市场表现状况略优于全国上市公司的平均水平。市场表现是通过市场投资回报率和股价波动率两个指标对上市公司进行评价得出综合得分。

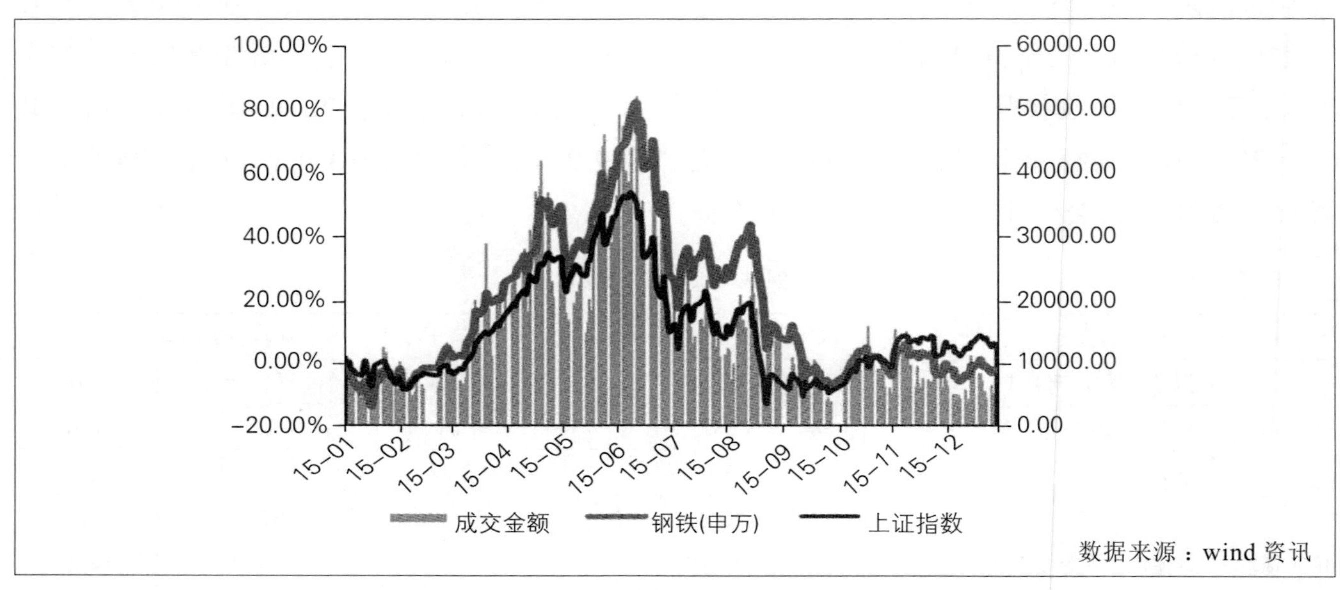

图 5－1　钢铁指数与大盘指数波动

表 5-6 列示了钢铁行业上市公司市场表现状况评价结果。在钢铁行业上市公司市场表现状况指标中，攀钢钒钛名列第一，得分为 12.86 分。其相对较好的表现主要是由于 2014 年实施重大资产置换受到投资者的追捧。

表 5－6　钢铁行业公司市场表现状况比较表

分析指标	2015 年上市公司平均值	2015 年行业值	2014 年行业值	增长率 (%)
市场投资回报率（%）	74.18	76	82.6	−7
股价波动率 (%)	182	167.73	187.51	−10.5
得分	9.26	9.31	12.76	−27.03

2015 年上市公司市场投资回报率为 76%，略低于 2014 年 82.6 的回报率。得分最高的为抚顺特钢，得分 12.63 分。

二、2015 年度钢铁行业现状及影响钢铁行业业绩因素分析

2015 年，国民经济增速持续回落，经济结构调整持续优化，增长动力转换更加明显。但是经济增长对于钢材消费的带动作用逐步减弱，钢材消费强度下降明显。全年全国粗钢消费量大幅下降，虽然粗钢产量有所下降，但是不足以抵消需求侧的下降，钢材供大于求的矛盾仍然十分突出，钢材价格持续创出有指数记录以来的新低，钢铁行业经济效益大幅下降，亏损面大幅上升，加上资

金紧张，钢铁企业经营异常困难。

（一）2015 年钢铁行业状况

1. 钢铁行业盈利情况

受宏观经济增速下行及产业结构调整影响，2015 年是钢材需求的转折年。2015 年前三季度钢材的主要下游如建筑业、机械、汽车、能源、造船、家电等行业均出现需求低迷、生产萎靡的状况，仅有汽车行业在第四季度受购置税减半影响出现了产销量的增长。下游行业的萎靡态势向上游钢铁行业传导，需求下降成为 2015 年钢铁行业困境的主要原因。

同时，我国钢铁行业多年来一直在不断追求产量的提升，不少企业依靠银行贷款上马生产设备，但同质化竞争十分严重，造成产品质量不高，成本降低空间小。行业已经处于供大于求的状态。今年需求端的进一步萎缩，导致供给量相对大量过剩，不少钢铁企业发展艰难，靠银行贷款维持企业运转。

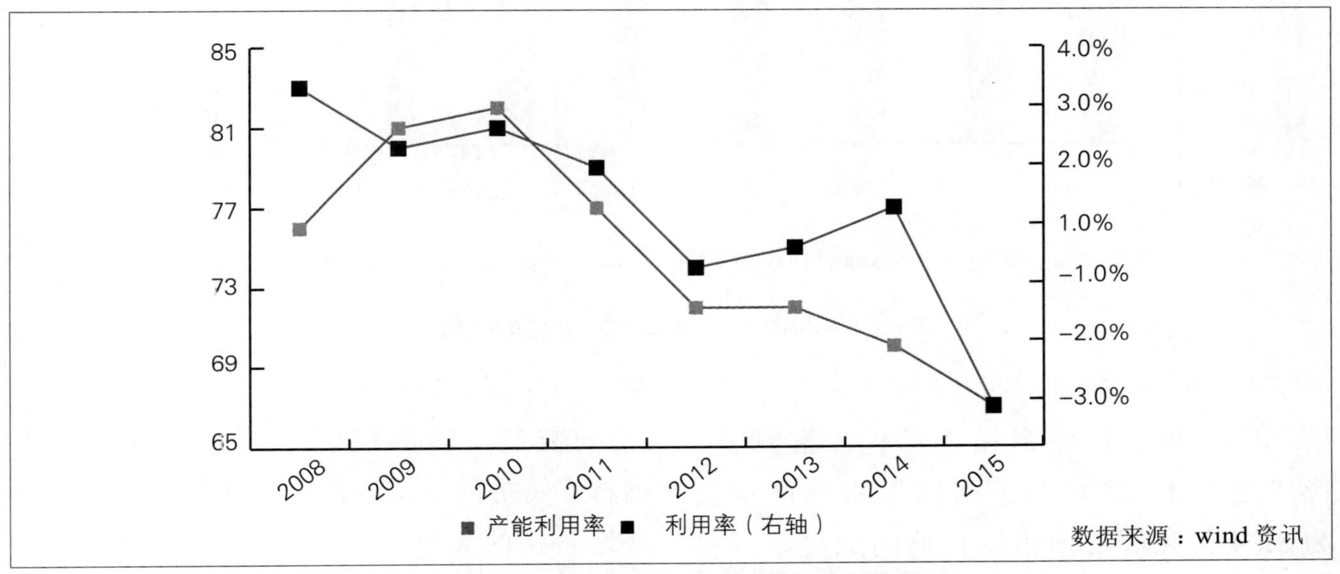

图 5－2　钢铁行业大中型企业利润率及产能利用率

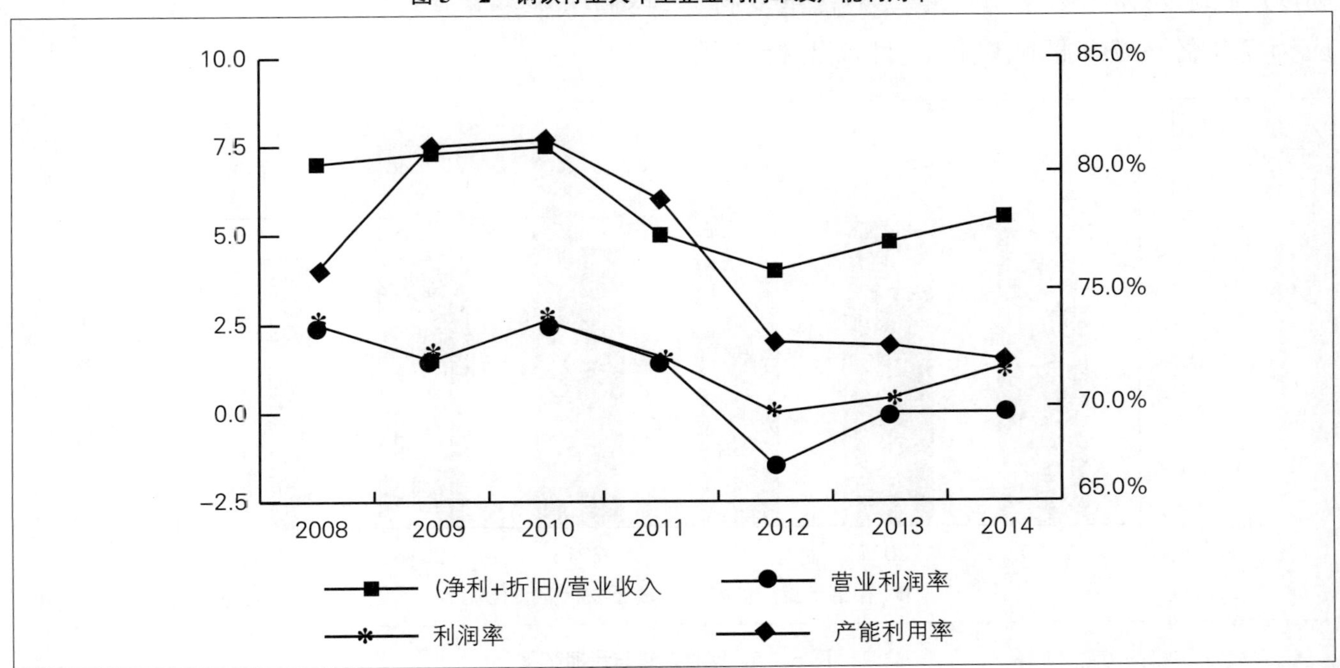

图 5－3　上市钢企盈利能力及产能利用率

2. 钢铁行业产销量

2014 年国内粗钢产量 8.23 亿吨左右，表观消费量约为 7.39 亿吨; 2015 年国内粗钢产量 8.04 亿吨，表观消费量为 6.98 亿吨，粗钢表观消费量同比下降 4040 万吨。预计未来国内粗钢表观消费量在 6 亿～ 7 亿吨区间，加上考虑近两年出口的 0.8 亿～ 1 亿吨变动范围，则国内的钢铁产量需要在 6.8 亿～ 8 亿吨之间。

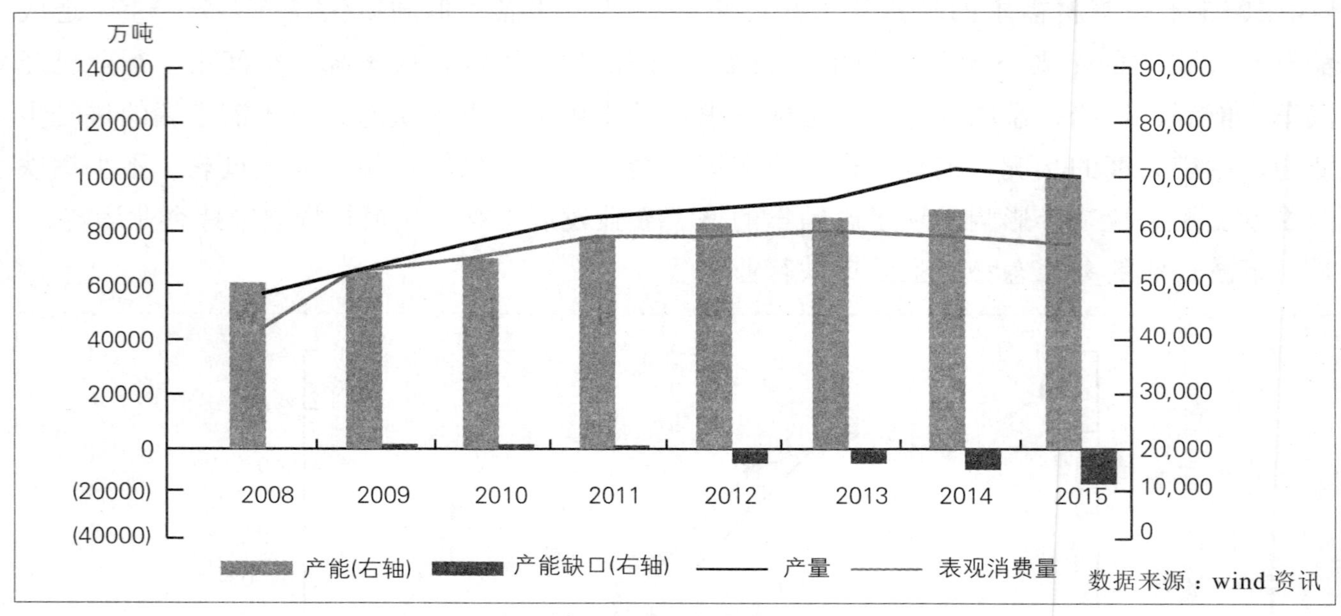

图 5－4 粗钢产量、表观消费量、产能及产能缺口

注：产能利用率为 75%，产能缺口 = 表观消费量 + 出口，产能缺口为负数代表产能过剩

2015 年，我国钢材产量（含重复材）产量达到 11.23 亿吨，而同期粗钢产量仅为 8.04 亿吨，我国粗钢目前的成材率大概为 97% 到 98%，则钢材产量（不含重复材）应为 7.8 亿～ 7.9 亿吨区间。目前钢材产量（含重复材）远高于粗钢产量一方面是因为钢材连铸等环节造成的重复统计，另一方面是地条钢的大量存在，地条钢多以螺纹钢、线材等形式存在。

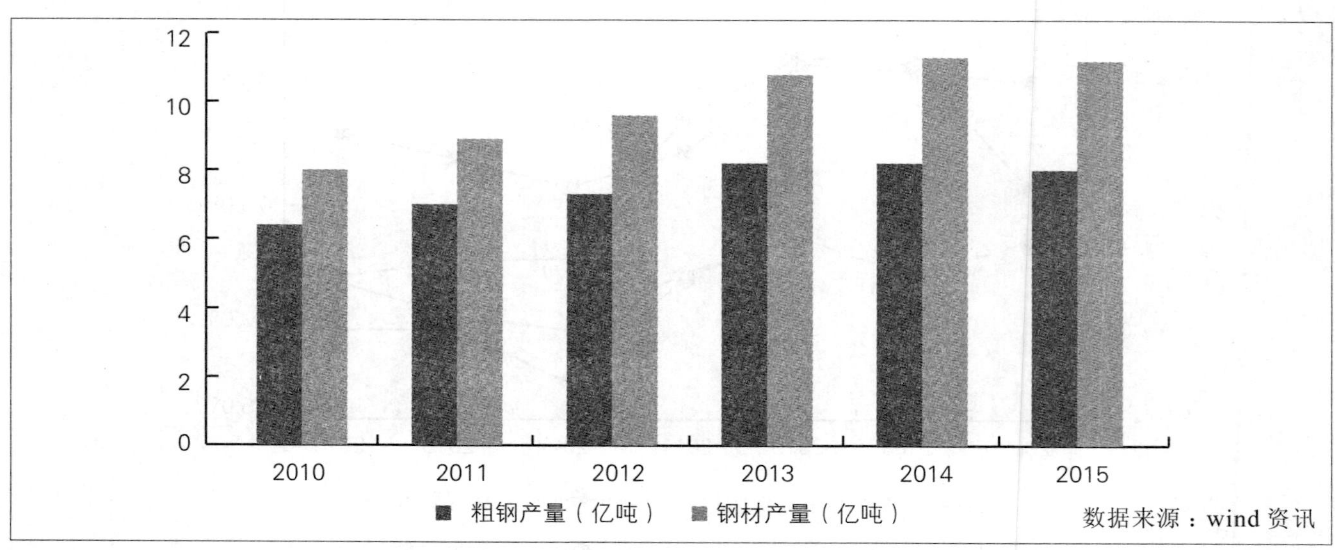

图 5－5 钢材产量与粗钢产量

2014 年是粗钢产量峰值年，2013 年是粗钢表观消费峰值年。2013 年粗钢表观消费量同比增长 7.1%，2014 年同比下降 3.29%，2015 年上半年同比下降 4.71%。这是我国粗钢表观消费量进入峰值区的特征明显，市场需求大幅增长已经成为历史。今后若干年粗钢表观消费量将在一定区间内波动，略微增长或有所下降均属正常。

3. 钢铁行业产量的地区分布情况

从 2015 年粗钢产量的地区分布来看，华北、华东、华中及东北地区是粗钢生产的重要区域；而以省级行政单位分布来看，河北省毫无疑问是全国第一钢铁重镇。2015 年河北省粗钢产量为 1.88 亿吨，粗钢产能为 3 亿吨，粗钢产能利用率为 63%，低于全国 67.17% 的平均水平。

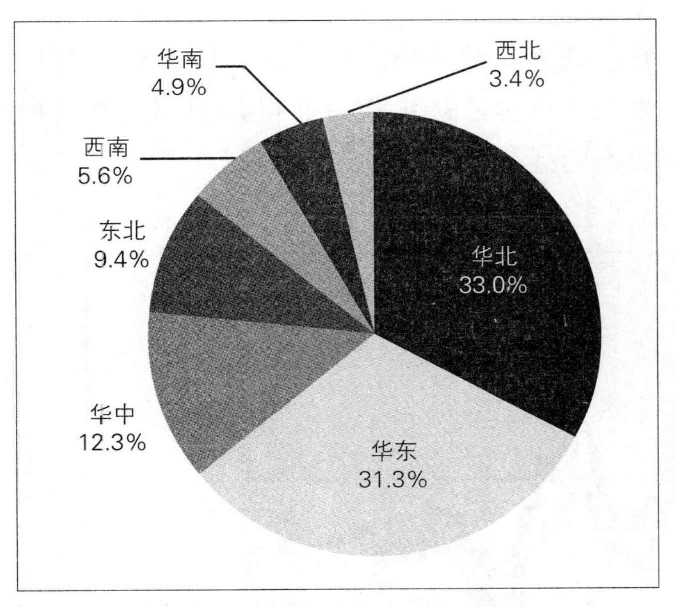

图 5－6　2015 年粗钢产量地区分布图

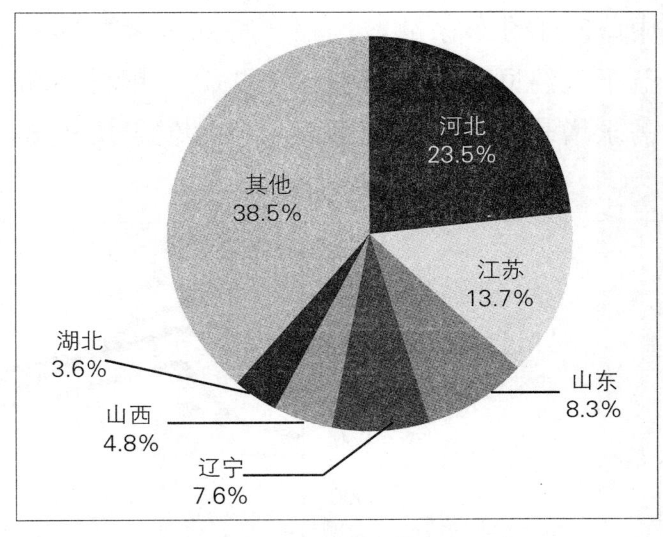

图 5－7　2015 年粗钢产量省份分布图

据工信部的数据显示：2011 年到 2014 年，河北省分别淘汰炼铁产能 936 万吨、115 万吨、130 万吨、1378.5 万吨，累计淘汰炼铁产能 2559.5 万吨；分别淘汰炼钢产能 1608 万吨、0 万吨、108 万吨、1077 万吨，累计淘汰炼钢产能 2793 万吨。“十二五”期间河北省累计压减炼铁产能 3391 万吨、炼钢 4106 万吨，据此推算 2015 年河北省压减炼铁产能 831.5 万吨、炼钢产能 1313 万吨。而 2015 年全国淘汰炼铁产能 1300 万吨、炼钢产能 1700 万吨，这意味着 2015 年压减产能的 70% 都发生在河北省。2016 年河北省将压减炼铁产能 1000 万吨、炼钢产能 800 万吨，而 2017 年到 2020 年将淘汰产能 9200 万吨，每年淘汰 2300 万吨。

4. 钢铁库存情况

从下图可以看出，2015 年钢铁社会库存总计曲线呈现先升高后降低的趋势。这其中，2 月的库存量增长存在特殊因素。其受益于气温回升和户外施工率提高，钢材终端需求增长。同时，社会库存同比位于历史低位，也存在着补库存的需求，推高了节后的钢材价格。而 2 月节假日多，大量钢厂尚未开工，复工率低也是价格走高的原因之一。

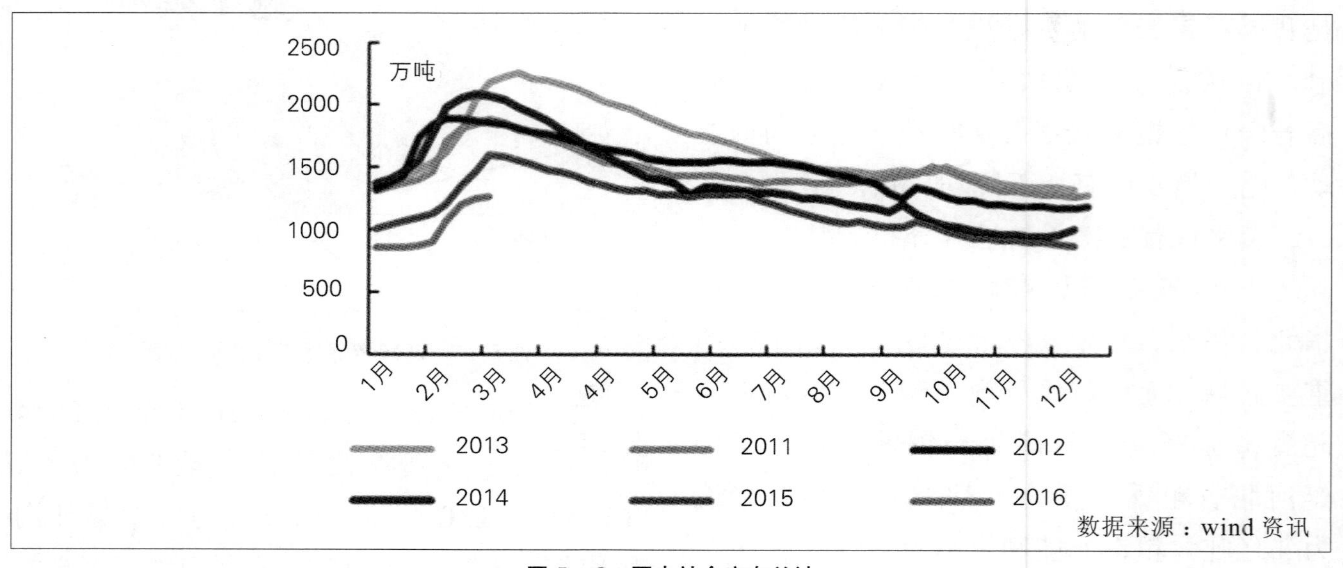

图 5－8　国内社会库存总计

5. 钢铁盈利情况

随着钢价的上涨，钢厂将陆续复产、高炉开工率也将进一步上升，对铁矿石的需求将增加，铁矿石价格将上涨。从历史经验来看，铁矿石的价格弹性较大，因此目前钢厂因钢价上涨、矿价滞后而得到的利润改善局面不会持久。

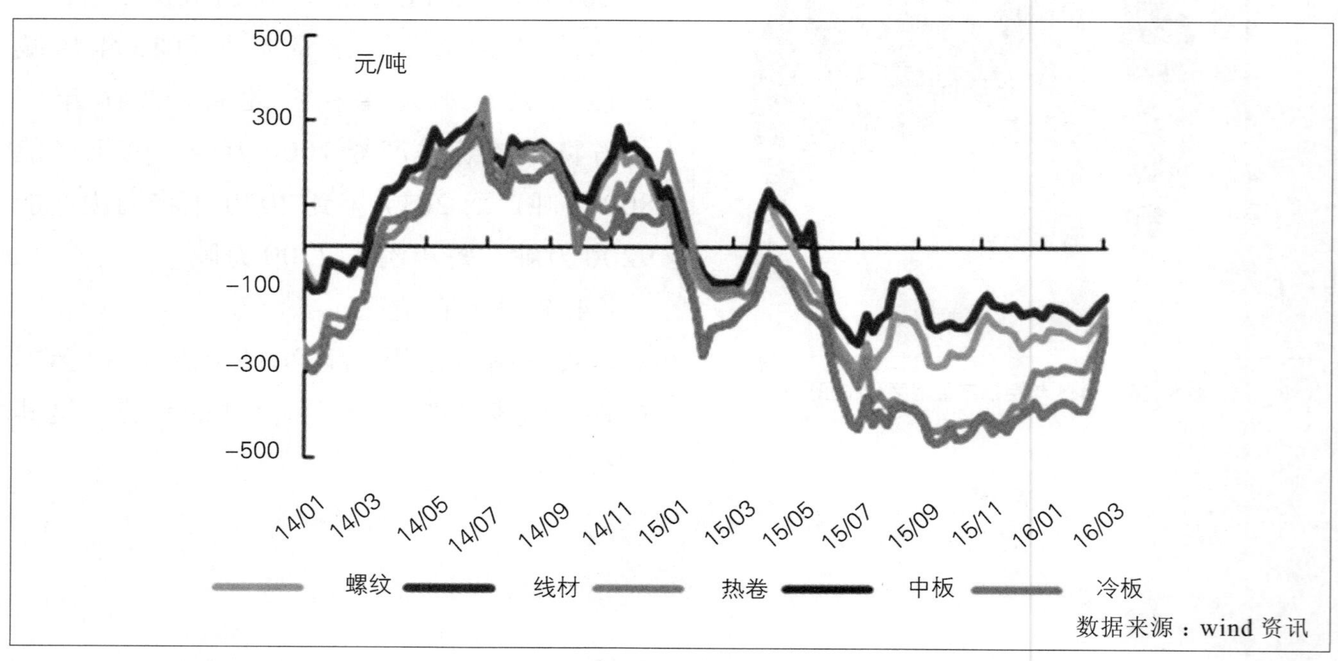

图 5－9　钢材毛利测算

（二）2015年度影响钢铁行业业绩因素分析

1. 钢材仍需“去库存”

经过初步季节调整，除钢铁行业2015年产成品资金有所下降之外，装备制造、化工、煤炭、水泥、有色金属、家电等行业产成品资金均持续增长。装备制造业2015年四个季度产成品资金同比增长率均超过7%，其中三个季度的增长率更是在10%以上；有色金属行业四个季度产成品资金同比增长率也均高于6.5%；煤炭行业产成品资金增长率除第三季度之外，也均超过了7%。

2. 钢材价格持续下行

中钢协发布数据称，2015年，会员钢铁企业实现销售收入2.89万亿元，同比下降19.05%；实现利润总额为亏损645.34亿元，上年为盈利225.89亿元，亏损面为50.5%，亏损企业产量占会员企业钢产量的46.91%。截至2015年12月末，钢铁协会CSPI中国钢材价格指数为56.37点，与前一年同期相比下降26.72点，降幅达32.16%。分产品来看，2015年，长材价格下跌超过800元/吨，板带材及管材价格下跌超过1000元/吨。

3. 产量消费量双下降

2015年，全国粗钢产量为8.04亿吨，同比下降2.3%，近30年来首次出现下降。国内粗钢表观消费7亿吨，同比下降5.4%，连续两年出现下降，降幅扩大1.4个百分点。钢材（含重复材）产量11.2亿吨，同比增长0.6%，增幅下降3.9个百分点。中国粗钢产量占全球产量的比重为49.54%。

4. 运输成本成内陆钢厂业绩负担

上市钢企于2015年初密集发布的业绩预告印证了钢铁行业亏损严重的现实。其中酒钢宏兴与武钢股份两家亏损最严重的公司均位于中西部内陆地区，相比于沿海企业，他们的运输成本成为一大拖累。我国矿石等原料主要依赖进口，相比于沿海企业，内陆钢厂无法享受原料下跌带来的成本下降。这也导致多数内陆钢厂成材价格不断下调，原料采购成本却没有相应下降。此外，从市场竞争的角度来讲，内陆钢厂面对的消费市场更狭窄，所以区位的劣势也使其难有上佳表现。

5. 钢铁行业供大于求

钢铁市场属于周期性行业。炼钢的成本增长，使得利润空间巨缩，甚至亏损。全球经济遭遇次贷危机的影响，需求量锐减，出口减少。就国内来说，市场需求也受房地产市场低迷的影响，钢铁生产出现过剩，使得钢价大跌。目前的8亿吨产量、11亿吨产能，尤其是大量的低端产能造成了严重的无序竞争，使得所有钢铁品种都出现了供过于求的局面，钢铁行业的利润空间被严重挤压，价格回到了20年前的水平。

6. 传统行业产能过剩局面依然没有改变

近年来，我国钢铁产能利用率持续下降，目前已降至70%左右，低于合理水平。据中国水泥协会初步统计，2015年全国熟料产能利用率仅为67%，水泥产能利用率也低于70%。但同时也应该看到，行业产能过剩具有较强的结构性，往往是中低端领域供大于求和高端领域供不应求并存。长期以来，我国钢铁行业产能主要集中在产业链的中低端，同质化发展和低水平重复建设现象突出，这导致产品之间的竞争主要集中于价格。同质低价的竞争进一步压缩了钢铁行业的空间，使钢铁行业的营销对需求端变化极度敏感。需求稍有变动，行业中的中低端产品生存空间就被大量挤压，造成钢铁行业的大面积亏损。而专注于高端产品的钢铁企业仍在发展，其产品供不应求，这充分说明了我国进行供给侧结构性改革的必要性和重要性。

三、2016 年钢铁行业业绩前景分析

2016 年对于整个钢铁行业来说，又是艰难的一年，钢价持续大幅下跌，Myspic 普钢绝对价格从年初 3022.9 元 / 吨下跌至 2035.83 元 / 吨，跌幅为 32.65%，矿价同样以较大的跌幅向下俯冲，进口矿价格从年初 71.25 美元 / 干吨跌至 44 美元 / 干吨，跌幅为 38.25%。伴随着钢价的持续下行，钢厂盈利水平大幅下降，尤其是内陆钢厂，亏损面积不断增大。2016 年钢铁行业仍面临困境。

（一）产能过剩矛盾短期内很难化解

数据显示，2015 年我国生产粗钢 8.04 亿吨，同比下降 2.33%，系 1981 年以来首次出现年度下降。然而，产能过剩矛盾仍然非常突出。按照 2015 年产量测算，我国产能利用率不足 67%。中钢协警示，受发展惯性及前期新建产能逐步释放影响，未来钢铁产能仍有可能进一步增加。近两年出现了亏损严重的企业一度停产，有的企业想退出，但是企业退出通道没有打通。有些地方政府出于地区经济发展和社会稳定考虑，仍要求企业维持生产。

化解产能过剩是钢铁行业脱困、调整、转型升级的首要任务、攻坚之战，目前关于钢铁行业化解产能过剩的政策措施正在制订之中。

（二）钢铁行业产有望“去产能”，但仍面临挑战

钢材市场萎靡，导致部分倒闭产能退出。尤其是 2015 年下半年以来，钢铁去产能出现加速迹象。以中国钢铁重镇唐山为例。据统计，截至 2016 年 1 月 1 日，唐山地区已合计关停产能 1609 万吨，包括佳鑫（55 万吨）、成联（70 万吨）、建源（55 万吨）、清泉（120 万吨）、福丰（125 万吨）、粤丰（75 万吨）、安泰（174 万吨）、建邦（205 万吨）、兴隆（250 万吨）和松汀（480 万吨）。2016 年是钢铁去产能“共识年”。市场预期，在“供给侧结构性改革”的推动下，国内钢铁去产能不再“雷声大雨点小”，而会迎来切实有效的压减。

但是，“去产能”仍然面临重重挑战。一方面，企业退出机制尚未建立。近两年亏损严重的企业一度停产，有的企业想退出，但是企业退出通道没有打通，退出机制没有建立，退出政策仍然缺失；另一方面，企业自律不足。“控产量”是应对当前钢铁行业市场需求减少、钢材价格大幅下降、企业生产经营艰难、甚至严重亏损情况最为有效、有力的措施，而“控产量”说到底就是企业要加强自律，做到有效益的生产。

尽管去产能有诸多困难，但中国钢铁减量化发展已是大势所趋。中钢协预测，2016 年中国粗钢产量或进一步下滑至 7.83 亿吨，2020 年为 7.02 亿吨，2025 年为 6.24 亿吨，2030 年为 5.6 亿吨。为此，有些企业已经开始寻求过剩产能的国际消化途径。不少企业将目光瞄向非洲等钢铁产品需求可能会大量增长的区域，但毫无疑问的是，运输成本是企业需要考虑的重点因素。

（三）钢厂再现生产饱和，库存重回上升格局

现在，钢市大环境已进入拐点，而境内钢厂生产已然饱和，所以在库存及销售双重压力下，价格跌势难改。另外山西省内市政项目及地铁 2 号线项目，累计需求量约在 60 万吨左右。这其中首钢长治及美锦钢厂占量

最大，所以中长期来看，山西境内钢厂资源价格战直接升级为价差战，钢厂之间的竞争会非常激烈。

（四）房地产周期性回暖提振钢价持续性存疑

房地产销售的火爆和回升，必然会带动了钢铁等产业链上产品需求的增加。钢铁行业统计局数据显示，我国建筑用材占整个钢材消费量的50%左右，其中房地产建设用钢又占建筑用钢的60%以上。作为钢铁行业重要的下游行业之一，毫无疑问，房地产行业的一举一动都将牵动钢铁产业的神经。

但就目前来看，房地产行业的形不乐观，去产能任务很艰巨。不少三四线城市的房地产业供大于求现象已很严重，目前仍有较高需求的城市集中于一二线城市，甚至于不少二线城市也已经出现了房地产行业发展的颓势。这都使钢铁行业的发展雪上加霜。2016年，毫无疑问，房地产行业的走向将深刻影响钢铁行业的发展，但去产能将会是两大行业的重要主题。

附表

2015 年钢铁行业上市公司业绩评价结果排序表

行业排名	全部上市公司排名	股票代码	单位名称	年末资产总额（万元）	营业收入（万元）	营业利润（万元）	每股收益（元）	加权平均净资产收益率(%)	总资产报酬率	综合得分	总资产报酬率(%)	总资产周转率(次)	流动资产周转率（次）	资产负债率(%)	已获利息倍数	营业收入增长率(%)	资本扩张率(%)	市场投资回报率(%)	股价波动率(%)
1	738	002756	永兴特钢	323692.8	336008.36	22305.13	1.24	9.67	10.06	71.50	10.37	1.28	1.84	11.09	33.74	−16.39	68.94	73.07	158.16
2	876	603066	音飞储存	94720.84	46405.74	7604.94	0.78	12.11	10.53	71.20	10.62	0.62	0.76	23.21	165.99	−2.17	82.06	73.07	155.11
3	1002	603969	银龙股份	160921.34	139644.57	15598.16	0.33	11.25	11.94	65.20	12.12	0.97	1.3	5.36	28.2	−29.57	94.77	73.07	195.7
4	1255	002150	通润装备	90423.27	93765.91	9580.75	0.27	11.05	11	62.40	11.13	1.04	1.64	29.46	36.53	−5.36	7.78	53.89	197.29
5	1365	002443	金洲管道	273657.57	264157.2	10458.34	0.18	4.88	4.5	60.50	4.54	0.98	1.68	23.13	10.19	−13.18	1.85	170.69	199.31
6	1405	000708	大冶特钢	513755.82	619718.21	27547.97	0.6	7.93	6.17	58.90	6.33	1.22	2.59	31.91	97.58	−15.71	5.44	17.63	91.09
7	1534	002478	常宝股份	394836.83	292308.06	23314.25	0.52	7.08	5.98	55.40	6.24	0.74	1.24	21.48	32532.24	−22.6	1.17	26.03	136.92
8	1590	002352	鼎泰新材	88541.15	66846.55	2773.7	0.22	3.52	3.53	53.80	3.74	0.72	1.07	20.04	6.56	−17.74	−1.38	110.82	173.59
9	1608	002318	久立特材	364602.46	272132.48	11972.12	0.15	5.05	4.13	53.20	4.21	0.76	1.56	30.13	10.34	−6.22	2.11	18.5	188.51
10	1625	600019	宝钢股份	23412314.7	16378954.9	185045.19	0.06	0.89	1.08	51.30	1.61	0.71	2.27	47.83	1.99	−12.61	−1.66	−14.08	119.97
11	1642	002132	恒星科技	281383.59	173579.89	2659.14	0.06	2.66	3.51	50.50	3.81	0.56	1.12	33.81	1.62	−7.5	51.48	56.6	181.98
12	1678	601028	玉龙股份	325946.38	222722.19	13265.46	0.17	5.01	4.14	50.10	4.43	0.61	0.89	18.43	11.18	−14	2.89	9.36	183.98
13	1724	002593	日上集团	297267.34	128320.74	4142.99	0.15	2.36	3.23	49.90	3.45	0.44	0.65	41.15	1.8	−4.38	43.75	173.62	252.14
14	1819	000778	新兴铸管	5087128.62	5003063.98	8032.67	0.16	3.57	3.23	49.70	3.58	0.96	2.03	64.01	1.75	−17.7	3.42	11.67	243.53
15	1918	600231	凌钢股份	1529908.9	1245284.11	−74417.98	0.06	1.16	2.87	49.00	3.2	0.84	2.19	66.64	1.15	−13.36	65.38	30.25	124.67
16	1938	600992	贵绳股份	198192.47	149841.6	2049.98	0.07	1.37	0.93	48.20	1.72	0.74	1.03	32.1	2.65	−18.93	0.82	59.24	173.83
17	2001	000890	法尔胜	297923.9	142654.21	888.17	0.01	0.53	2.34	46.30	2.55	0.47	0.76	61.46	1.25	−8.09	0.92	87.58	111.35
18	2014	600022	山东钢铁	5327591	3897231.64	−211639.27	0.01	0.54	2.19	43.60	2.29	0.78	2.69	56.62	1.1	−24.86	98.14	0.99	171.12
19	2039	600399	抚顺特钢	1299508.66	455769.32	9207.26	0.23	10.73	4.64	43.10	5.22	0.37	0.67	85.23	1.5	−16.41	9.76	−17.36	135.16
20	2045	600782	新钢股份	2822623.73	2537101.36	−6804.25	0.04	0.75	1.38	41.60	2.66	0.86	1.62	69.65	1.04	−21.62	0.21	−2.4	150.39
21	2100	300260	新莱应材	101485.57	42662.51	−148.23	0.02	0.32	0.67	41.20	0.84	0.43	0.71	35.1	0.91	1.07	−0.54	113.56	195.39
22	2113	600507	方大特钢	930572.89	814829.07	12537.37	0.08	4.24	2.73	40.30	2.96	0.88	1.84	75.63	1.93	−29.2	−29.19	17.51	181.61
23	2120	002075	沙钢股份	655005.69	735734.42	−11978.55	−0.04	−3.43	−2.75	40.10	−2.34	1.08	2.67	38.11	−5.7	−28.63	−3.71	586.09	313.73

续表

行业排名	全部上市公司排名	股票代码	单位名称	年末资产总额（万元）	营业收入（万元）	营业利润（万元）	每股收益（元）	加权平均净资产收益率(%)	总资产报酬率	综合得分	总资产报酬率(%)	总资产周转率(次)	流动资产周转率（次）	资产负债率(%)	已获利息倍数	营业收入增长率(%)	资本扩张率(%)	市场投资回报率(%)	股价波动率(%)
24	2151	600165	新日恒力	392265.28	107665.15	1292.48	0.07	4.89	4.18	38.00	4.18	0.34	0.92	73.69	1.58	−19.84	11.67	514.64	393.21
25	2242	000709	河钢股份	17881154.9	7310343.44	53932.69	0.05	1.32	1.67	37.60	1.8	0.42	1.32	74.5	1.22	−25.6	0.77	−8.53	221.59
26	2294	600608	*ST 沪科	26768.3	19017.16	−2326.74	0.11	0	25.98	37.40	26.01	0.82	1.01	91.18	7.61	−68.15	0	49.79	177.31
27	2355	600145	*ST 新亿	88500.18	390.28	−7480.31	0.16	0	13.12	35.60	13.12	0.01	0.01	31.66	55.71	−90.76	0	58.12	104.36
28	2365	600126	杭钢股份	386572.08	835029.39	−107951.48	−1.3	−39.44	−18.21	29.70	−18.14	1.53	1.94	34.3	−11.54	−42.21	−30.07	32.72	184.64
29	2366	000959	首钢股份	6653845.74	1784323.28	−162277.09	−0.21	−4.85	−1.83	26.70	−1.16	0.28	3.37	65.45	−0.86	−25.61	−3.83	−1.72	158.31
30	2367	000898	鞍钢股份	8859600	5275900	−387300	−0.64	−10.09	−2.85	22.50	−2.48	0.59	2.1	50.7	−1.46	−28.75	−9.37	−18.64	119.24
31	2369	002110	三钢闽光	712411.97	1254194.55	−126951.08	−1.74	−43.78	−14.08	21.80	−13.98	1.65	4.65	76.85	−4.93	−30.41	−36.41	16.3	146.61
32	2370	000825	太钢不锈	7244781.97	6791271.26	−380576.82	−0.65	−16.05	−3.4	21.80	−3.35	0.91	3.93	69.51	−2.06	−21.73	−14.87	−19.92	173.55
33	2378	000717	*ST 韶钢	1656030.78	1114458.75	−255967.13	−1.07	−157.7	−11.66	21.80	−11.53	0.63	3.18	97.86	−4.19	−42.84	−87.92	58.45	187.82
34	2414	600581	*ST 八钢	1826858.48	1055544.99	−250906.9	−3.27	−722.03	−10.22	21.70	−10.2	0.53	2.69	104.96	−4.58	−48.85	−156.58	79.77	191.83
35	2427	600010	包钢股份	14493216.3	2250101.65	−599431.54	−0.13	−10.01	−2.93	21.70	−2.76	0.18	0.63	67.36	−3.72	−24.47	146.93	−13.61	160.16
36	2429	600808	马钢股份	6245446.6	4510892.67	−509309.35	−0.62	−23.01	−5.82	21.30	−5.58	0.69	2	66.79	−3.41	−24.59	−19.88	−15.35	175.32
37	2430	600117	西宁特钢	2538015.9	605334.76	−174519.6	−2.18	−85.94	−5.09	18.80	−4.72	0.25	1.01	92.84	−1.87	−17.24	−48.03	35.1	195.38
38	2432	600282	南钢股份	3634342.35	2225188.88	−226270.93	−0.63	−32.73	−3.76	18.10	−3.25	0.59	1.94	82.61	−1.44	−20.2	−26.28	−5.11	202.81
39	2457	600569	安阳钢铁	3222658.85	2036345.38	−258251.7	−1.07	−42.77	−5.15	17.90	−4.67	0.63	1.56	83.2	−1.42	−24.16	−29.04	−3.54	151.97
40	2462	600307	酒钢宏兴	3878165.08	5477679.62	−742924.81	−1.18	−57.81	−13.93	17.90	−13.43	1.19	3.68	76.39	−5.08	−42.79	−44.71	−5.15	171.49
41	2463	000761	本钢板材	4446164.33	2925363.86	−383323.71	−1.05	−24.11	−6.45	17.90	−6.38	0.62	1.36	72.02	−4.31	−29.38	−21.45	1.76	119.29
42	2491	601003	柳钢股份	2262628.52	2590945.86	−122114.66	−0.46	−23.46	−3.71	15.60	−3.71	1.09	2.04	80.38	−2	−27.26	−22.14	6.59	182.11
43		600005	武钢股份	9445584.2	5833803.99	−793477.71	−0.74	−23.28	−6.67	15.10	−6.58	0.61	1.61	69.73	−3.88	−41.29	−21.83	−0.43	167.18
44		000932	华菱钢铁	7649889	4140552.78	−432659.34	−0.98	−33.82	−3.05	15.10	−2.82	0.55	1.63	86.05	−1.02	−25.53	−27.39	−8.9	138.86
45		601005	重庆钢铁	3922807.9	835002.2	−928489.3	−1.35	−85.76	−11.02	8.40	−10.97	0.19	0.98	89.78	−3.84	−31.81	−59.89	−0.86	178.53

第六章 有色金属行业

有色金属行业是国民经济的重要支柱产业，在国民经济中具有举足轻重的地位。从国民经济上下游产业链的关系看，有色金属行业承上启下，是经济发展的重要原材料工业，在经济建设、社会发展、财政税收、国防建设以及稳定就业等方面发挥着重要作用。

当前，我国经济已进入由高速增长向中高速增长转换的新常态，有色金属行业的发展趋势也随之发生新变化。2015 年，有色金属行业产能过剩问题依然突出，企业效益进一步恶化，产品价格大幅下跌，行业利润收窄，固定资产投资首次下降。在价格连续下跌的局面下，有色金属上市公司通过降本生效、联合限产、出售非核心业务等手段提高自身绩效，2015 年实现净利润 3.40 亿元，较 2014 年总体亏损的局面，略有好转。但是，由于下游需求增速减弱，有色金属价格震荡走低，企业资金紧张凸显，全行业仍处于转型升级的“阵痛期”，企业面临的生产经营形势依然严峻。

一、有色金属行业上市公司价值分析结果

截至 2015 年末，有色金属行业（含铜、钨、稀土、黄金等采掘、制造子行业）A 股上市公司共 102 家，其中盈利 75 家，占 73.79%；亏损 27 家，占 26.21%。按生产环节划分，以采掘为主的公司 20 家，占 19.42%；以制造为主的公司 82 家，占 80.58%。按上市地点划分，沪市 48 家，占 46.60%；深市 54 家，占 53.40%。102 家有色金属行业上市公司年末资产总额为 11510.51 亿元，归属母公司的所有者权益 4423.75 亿元，资产负债率为 61.57%。2015 年有色金属行业上市公司完成营业收入 10275.31 亿元，比上年增加 -2.09%；实现净利润 3.08 亿元，比上年增长 3.40 亿元。与全部上市公司相比，有色金属行业在总资产、营业收入、净利润所占比例分别为 2.90%、4.33%、0.03%。

根据综合评价结果，2015 年有色金属行业没有公司进入全部上市公司 100 强。有色金属行业综合评价得分排名第一的为菲利华，在总排名中位列第 230 位，主要从事光通讯、半导体、太阳能、航空航天及其他领域用高性能石英玻璃材料及制品、石英纤维及制品的生产与销售业务。在有色金属行业 102 家上市公司中，业绩评价 BBB 的有 2 家，业绩评价 B 级以上的有 21 家，业绩 C 级的 81 家。

表 6－1　2015 年有色金属行业中联十强排行榜

名次	股票代码	股票简称	在全部上市公司中排名
1	300395	菲利华	230
2	600687	刚泰控股	458
3	002460	赣锋锂业	472
4	000688	建新矿业	487
5	002466	天齐锂业	529
6	300224	正海磁材	556
7	002130	沃尔核材	566
8	000603	盛达矿业	607
9	002171	楚江新材	624
10	002203	海亮股份	693

按照全部上市公司业绩评价指标体系，有色金属行业综合评价结果为 45.40 分，比全部上市公司综合评价结果 54.15 低 8.75 分。其中：盈利能力状况得分 13.26 分，资产质量状况得分 9.07 分，偿债风险状况得分 7.30 分，发展能力状况得分 8.96 分，市场表现得分 6.80 分。在有色金属行业的 102 家上市公司中，业绩评价综合得分 70 分以上的有 2 家，分别是四通新材和菲利华；60 分至 70 分的有 19 家；50 分至 60 分的有 26 家；50 分以下的有 55 家。由此可见，2015 年有色金属行业上市公司的综合表现较 2014 年有所下降，业绩评价结果得分普遍降低。

基于对有色金属行业上市公司的整体评价，下面分别从财务效益状况、资产质量状况、偿债风险状况、发展能力状况、市场表现状况五个方面对有色金属行业上市公司进行具体分析。

（一）财务效益状况

从综合得分来看，2015 年有色金属行业上市公司财务效益状况相比去年有所改善，但低于全国 A 股上市公司平均水平。

表 6－2　有色金属行业财务效益状况表

评价指标		2015 年上市公司平均值	2015 年行业值	2014 年行业值	增长率 (%)
基本指标	扣除非经常性损益净资产收益率（%）	2.43	−4.69	−1.5	−212.67
	总资产报酬率（%）	5.67	2.81	2.47	13.77
	得分	20.11	14.31	11.14	28.46
修正指标	营业利润率（%）	3.90	−5.15	0.21	−2552.38
	盈利现金保障倍数	3.58	2.60	0	
	股本收益率（%）	31.66	3.89	−0.35	1211.43
综合得分		17.78	13.26	10.92	21.43

表 6-2 列示了有色金属行业上市公司财务效益状况评价结果。从综合得分来看，有色金属行业上市公司财务效益平均得分为 13.26 分，比全部上市公司平均分 17.78 分低 4.52 分。其中，四通新材、菲利华等 35 家公司超过全部上市公司平均水平。

从具体指标看，各项指标有升有降，总体情况略好于 2014 年。其中营业利润率由 0.21% 下降至 -5.15%，扣除非经常性损益净资产收益率由 -1.5% 下降至 -4.69%；总资产报酬率、盈利现金保障倍数、股本收益率等均有不同幅度上升，从而导致有色金属行业的整体财务效益状况评分略高于去年。值得注意的是，在 2014 年有色金属行业中财务效益排名靠前的黄金类企业今年依旧表现突出。得分排名前十的企业中有3家是黄金类企业，分别是紫金矿业（第5名）、山东黄金（第8名）、赤峰黄金（第9名）。但是，受制于美元走强、金价下跌等因素，山东黄金、紫金矿业、赤峰黄金的排名均有所下降。

（二）资产质量状况

从综合得分来看，2015年有色金属行业上市公司资产质量状况较2014年下降较多，但高于全部上市公司平均水平。

从表6-3可以看出，2015年有色金属行业上市公司资产质量状况（满分为15分）基本指标平均得分9.32分，高于全部全部上市公司8.16分的平均水平；其中有50家企业超过全部上市公司平均水平，海亮股份、楚江新材、精艺股份等11家企业获得满分。

表6－3　有色金属行业资产质量状况表

评价指标		2015年上市公司平均值	2015年行业值	2014年行业值	增长率(%)
基本指标	总资产周转率（次）	0.62	0.76	1.01	−24.75
	流动资产周转率（次）	1.24	1.82	2.33	−21.89
	得分	8.16	9.32	12.59	−25.97
修正指标	应收账款周转率（次）	257.72	35.01	22.33	56.78
	存货周转率（次）	67.34	6.08	6.39	−4.85
综合得分		8.25	9.07	12.09	−24.98

从修正指标来看，2015年有色金属行业上市公司资产质量状况（满分为15分）平均得分9.07分，全部上市公司8.25分的平均水平；从个股来看，宝钛股份、明泰铝业、云南铜业、华友钴业、菲利华等5家企业的资产质量状况基本指标和修正指标得分均在14分以上，资产质量较好；洛阳钼业、炼石有色、园城黄金、荣华实业的基本指标和修正指标得分较低，资产质量状况较差。

（三）偿债风险状况

从综合得分来看，2015年有色金属行业上市公司偿债风险状况较2014年略有下降，低于全国上市公司平均水平。

从表6-4可以看出，2015年有色金属行业上市公司偿债风险状况（满分为15分）基本指标平均得分为8.25分，低于全部上市公司9.80分的平均水平；其中有37家企业超过全部上市公司平均水平，宝泰股份、北方稀土等7家企业获得满分。基本指标得分同比上升12.09个百分点，得益于有色金属行业上市公司2015年大幅削减债务，应对利润的大幅下滑，资产负债率大幅下降24.06%，同时获利倍数指标同比大幅增长447.76个百分点。

表 6－4　有色金属行业偿债风险状况表

评价指标		2015 年上市公司平均值	2015 年行业值	2014 年行业值	增长率 (%)
基本指标	资产负债率（%）	43.11	44.67	58.82	−24.06
	获利倍数	29.18	7.34	1.34	447.76
	得分	9.80	8.25	7.36	12.09
修正指标	速动比率（%）	193.84	169.00	70.01	141.39
	现金流动负债比率（%）	22.15	20.79	12.73	63.32
	带息负债比率（%）	43.24	60.40	62.08	−2.71
综合得分		8.94	7.30	7.46	−2.14

从修正指标来看，2015 年有色金属行业上市公司偿债风险状况（满分为 15 分）平均得分 7.30 分，低于全部上市公司 8.94 分的平均水平；速动比率、现金流动负债比率相比去年均有提高；其中，中润资源、菲利华等现金流动负债比率较 2014 年大幅提高，天通股份、银河磁体等速动比率较 2014 年大幅提高；带息负债比率下降 2.71 个百分点，但仍然高达 60.40%，远高于全国全部上市公司 43.24% 的平均水平，反映出有色金属行业未来的偿债压力仍然较大。

（四）发展能力状况

从综合得分来看，2015 年有色金属行业上市公司发展能力状况低于全国上市公司平均水平。

从表 6-5 可以看出，有色金属行业上市公司发展能力状况（满分为 20 分）的基本指标平均得分为 10.13 分，低于全部上市公司平均水平 11.82 分；其中，37 家公司高于全部上市公司平均水平，北方稀土、金贵银业等 4 家企业获得满分。

表 6－5　有色金属行业发展能力状况表

评价指标		2015 年上市公司平均值	2015 年行业值	2014 年行业值	增长率 (%)
基本指标	营业收入增长率（%）	133.88	6.89	6.9	−0.14
	资本扩张率（%）	50.09	25.50	6.26	307.35
	得分	11.82	10.13	11.34	−10.67
修正指标	累计保留盈余率（%）	−12.30	3.74	31.11	−87.98
	三年营业收入增长率（%）	13.34	15.14	9.28	63.15
	总资产增长率（%）	43.74	13.99	8.14	71.87
	营业利润增长率（%）	28.58	−243.37	−87.43	−178.36
综合得分		10.64	8.96	9.65	−7.15

从修正指标来看，2015 年有色金属行业上市公司发展能力状况（满分为 20 分）平均得分 8.96 分，低于全部上市公司 10.64 分的平均水平，同比降低 7.15%；在各项修正指标中，三年营业收入增长率、总资产增长率获得较大幅度提高；但是受制于价格的不断下挫，累计保留盈余率、营业利润增长率持续出现负增长。

（五）市场表现状况

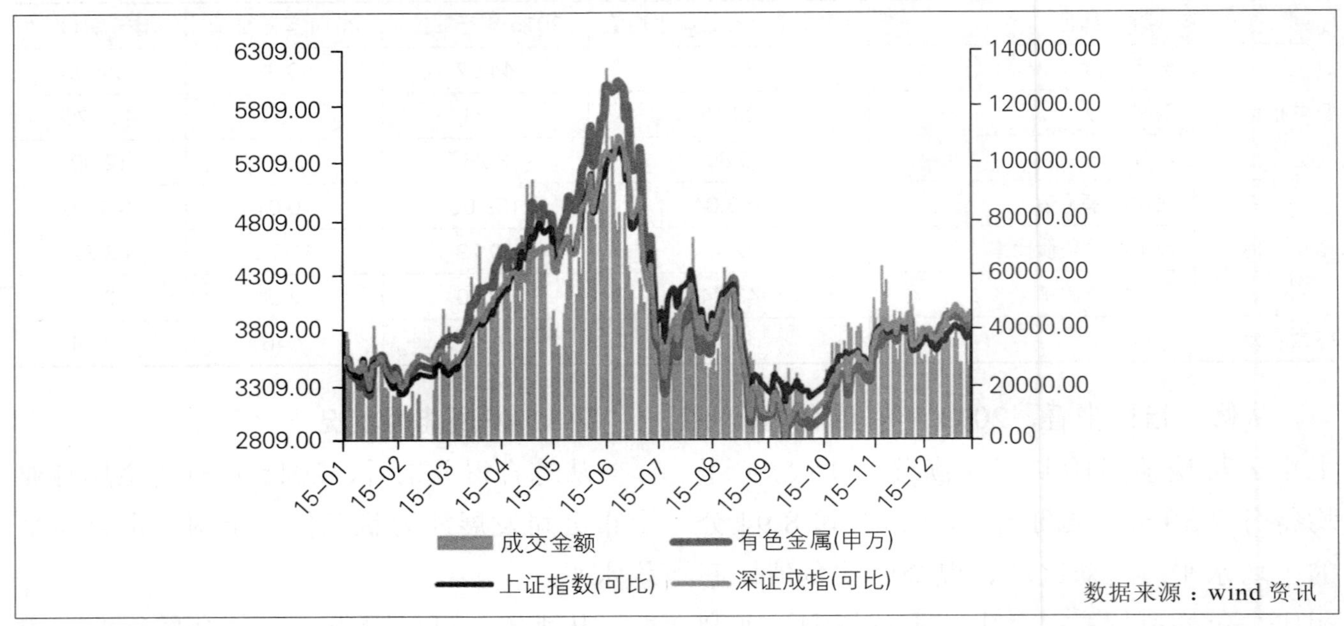

图 6－1　2015 年有色金属行业指数与大盘指数走势图

如图 6-1 所示，2015 年有色金属行业上市公司股价总体震荡走高，走势与大盘走势接近。从评价指标来看，2015 年有色金属行业上市公司的平均市场回报率为 36.16%，同比下降 11.73%，跌幅为 24.49%。市场投资回报率低于全国 A 股上市公司 74.18% 的平均水平。宁波富邦、精艺股份、金贵银业等 8 家上市公司的市场投资回报率均超过 100%。精艺股份以 12.43 分的市场表现状况评价得分位列有色金属行业第一。

表 6－6　　有色金属行业公司市场表现表

评价指标	2015 年上市公司平均值	2015 年行业值	2014 年行业值	增长率 (%)
市场投资回报率（%）	74.18	36.16	47.89	−24.49
股价波动率（%）	182.00	172.63	130.5	32.28
得分	8.54	6.80	9.16	−25.76

二、有色金属行业上市公司业绩影响因素分析

2015 年，我国规模以上有色金属工业企业实现主营业务收入 57,253 亿元，同比增长 0.2%；实现利润 1,799 亿元，同比下降 13.2%，近 21% 的企业亏损，但加工行业实现利润 1080.4 亿元，同比增长 2.5%，占行业整体利润的 60%。

受需求不旺以及美元走强等因素影响，2015 年有色金属行业产能过剩问题依然突出，企业效益进一步恶化，有色金属产品价格大幅下跌，行业利润收窄，固定资产投资首次出现下滑。在价格连续下跌的局面下，有色金属上市公司通过降本生效、联合限产、出售非核心业务等手段提高自身绩效，

政府方面积极出台相关文件，配合有色金属行业兼并重组。2015 年，影响有色金属行业业绩的因素主要有以下几方面：

（一）需求增长羸弱，行业利润收窄

在中国经济增速放缓、大宗商品需求疲软的内部环境以及美元持续走强等外部因素的共同影响下，2015 年有色金属价格整体继续呈现出震荡下行的基本态势。

在基本金属方面，伦敦金属交易所铜现货结算价的 2015 年平均价格为 5494.50 美元 / 吨，同比下降 19.93%，铜产品类上市公司，营业收入及销售毛利率均出现了较大幅度下跌，其中江西铜业经营利润从 2014 年的 37.95 亿元，下跌至 2015 年的 9.91 亿元，下跌幅度达到 73.89%；铝现货结算价的平均价格为 1660.77 美元 / 吨，同比下降 11.05%，中国铝业、云铝股份等铝产品类上市公司营业收入同比均出现较大幅度下滑，但在铝行业联合限产保价、降本生效的背景下，铝类上市公司经营绩效凸显，财务效益状况提升，中国铝业逆势实现了扭亏；铅现货结算价的平均价格为 1783.57 美元 / 吨，同比下降 14.90%；锌的现货结算价平均价格为 1928.30 美元 / 吨，同比下降 10.91%，铅锌类上市公司营业收入同比下跌幅度约 4.20%，而营业利润同比下跌约 25.28%，下跌幅度较大，说明铅锌类上市公司处于量增价跌的尴尬局面之中，如株冶集团、兴业矿业等上市公司销售收入及营业利润均出现较大幅度下跌；镍现货结算价的平均价格为 16070.16 美元 / 吨，同比下降 26.60%，受到价格的冲击，涉镍上市公司营业利润大幅下跌，其中 ST 华泽由营业利润 2.53 亿元下跌至 -1.11 亿元，天成控股由营业利润 0.18 元下跌至 -1.77 亿元；锡现货结算价的平均价格为 11807.27 美元 / 吨，同比下降 30.00%，受到价格大幅下跌冲击，锡业股份在营业收入由 261.33 亿元上升至 310.78 亿元的背景下，营业利润由 -0.82 亿元下降至 -14.70 亿元。

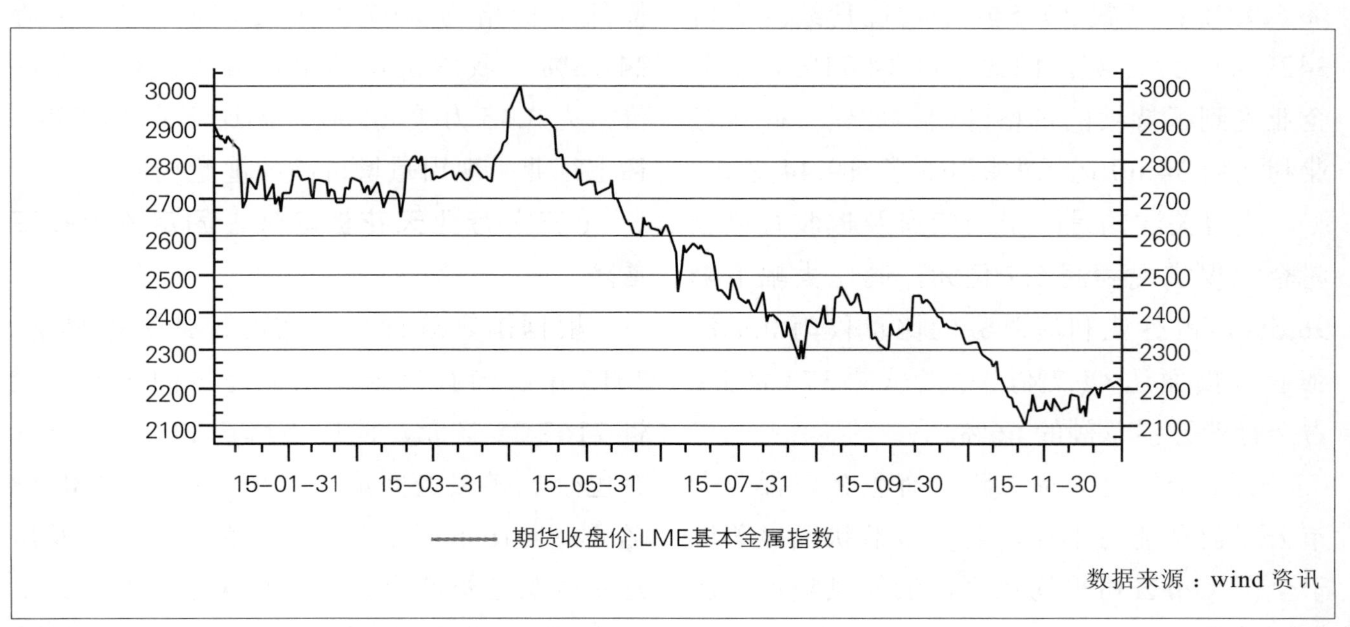

图 6－2　2015 年 LME 基本金属指数

在稀有金属方面，国内钨条2015年平均现货结算价为26.96万元/吨，同比下降15.59%，受到价格下跌冲击，钨产品类上市公司，营业收入大幅下跌，营业利润也大幅下跌，如章源钨业营业利润由0.89亿元，下降至-1.84亿元；国内稀土产品2015年继续呈现全线下跌趋势，其中，氧化钆2015年平均价格99.72万元/吨，较去年下降34.62%，氧化镨2015年平均价格391.41万元/吨，较去年下降29.93%，稀土类上市公司营业利润大幅下跌，北方稀土营业利润由3.70亿元下降至2.80亿元。值得关注的是，在有色金属行业整体行情大幅下跌的背景下，受益于新能源汽车的迅猛发展，电池级碳酸锂价格大幅上涨，由4.3万元/吨上升至12.3万元/吨，锂业类上市公司营业收入及净利润均获较大幅度提升，天齐锂业营业利润由2.93亿元大幅上升至5.15亿元。

在贵金属方面，黄金2015年平均现货结算价格为234.77元/克，同比去年下降6.98%；白银2015年平均现货结算价格3429.79元/千克，同比下降14.71%。相关企业受到了持续的价格冲击，如紫金矿业营业利润由34.60亿元大幅下降至19.44亿元。

值得关注的是，全国国有及控股有色金属企业仅实现利润5.7亿元，同比大幅下降96.5%，占行业利润总额的比重仅为0.3%，企业亏损面达41.7%，亏损总额373亿元，占全行业亏损总额的66%。

受制于价格大幅下跌，有色金属行业上市公司盈利能力不佳，财务效益状况显著低于全国上市公司平均水平，偿债风险也有加大的可能。

（二）产销量平稳增长，进出口额大幅下降

2015年，我国十种有色金属年产量5090万吨，同比增长5.8%，增幅同比下降1.4个百分点。其中，精炼铜、电解铝、铅、锌产量分别为796万吨、3141万吨、386万吨、615万吨，分别同比增长4.8%、8.4%、-5.3%、4.9%。

2015年，有色金属行业进出口额大幅下降。有色金属进出口贸易总额为1307亿美元，同比下降26.2%。其中，进口额861亿美元，下降13.9%；出口额446亿美元，下降42.2%。但主要矿产品进口量仍保持较快增长，其中铜精矿1332万吨、铝土矿5610万吨、铅精矿190万吨、锌精矿325万吨，分别同比增长12.7%、54.6%、4.9%、47.6%。

2015年，我国稀土出口3.48万吨，同比上升25.40%；稀土出口金额为3.72亿美元，同比上升0.5%；稀土及稀土制品出口6.52万吨，同比上升13.00%；稀土及稀土制品出口金额19.13亿美元，同比下降3.00%。值得关注的是，我国出口的单位稀土价格为1.07万美元/吨，同比下降24.78%；我国出口的单位稀土及稀土制品价格为3.45万美元/吨，同比下降14.08%，稀土行业呈现出量增价跌的尴尬局面。

（三）行业天花板隐现，固定资产投资首降

根据国家统计局公布的统计数据显示，2015年我国有色金属工业完成固定资产投资7167.22亿元，同比下降3.23 %。其中，有色金属矿采选完成固定资产投资1588.18亿元，同比下降2.3%；有色金属冶炼及压延完成固定资产投资5579.04亿元，同比上升4.00%。2015年有色金属工业的投资特点是：矿山采选项目固定资产投资进一步下降，冶炼及压延项目投资热度下降。受到冶炼及压延项目投资下降的影响，我国有色金属行业固定资产投资首次出现整体下降的情形。

从有色金属行业的销售收入及固定资产投资情况来看，有色金属行业的市场规模已经进入瓶颈期，市场投资热情下降，短期内难再出现较大的突破。

有色金属行业上市公司的资产质量状况持续保持较高水平，其业绩评价得分明显高于全国上市公司平均水平，得到9.07分的高分，凸显了有色金属行业资源端资产较为稳定，拥有长期发展的天然优势。

（四）产能过剩矛盾突出，政策支持兼并重组

在经历了一个十年的黄金发展期之后，目前世界有色金属工业进入一轮深度调整阶段，我国有色金属行业也面临供需失衡、市场无序、结构不合理的严峻挑战。在市场需求方面，房地产、家电、汽车等主要有色金属应用消费领域需求增速均出现不同程度下降，房屋新开工面积（万平方米）同比下降14%，家电行业产销率同比下降1.2%，汽车产量增速同比下降4%。市场供需失衡致使产能过剩矛盾更加突出，例如铝冶炼行业大幅减亏66亿元，电解铝因缺乏竞争力、产能退出渠道不畅，退出涉及人员安置、债务化解、上下游产业等诸多难题，企业普遍经营压力较大。同时，其他有色金属品种冶炼产能及中低档加工产能也出现过剩，企业开工率不高，产品同质化严重，低端产品积压，高端材料却难以满足市场需求。

2015年8月31日，证监会、财政部、国资委、银监会联合下发《关于鼓励上市公司兼并重组、现金分红及回购股份的通知》（以下简称《通知》），强调了以下几点：大力推进上市公司兼并重组；要求上市公司应建立健全现金分红制度，鼓励上市公司结合本公司所处行业特点、发展阶段和盈利水平，增加现金分红在利润分配中的占比，鼓励实施中期分红；提出大力支持上市公司回购股份。

根据万德资讯的统计，2015年我国有色金属行业共发生并购重组事件175起，较2014年增加16起。其中，于2015年完成并购45起，较2014年减少30起；2015年已宣告并购失败的事件6起，较2014年减少1起。由上可见，有色金属行业市场行情至2012年以来持续走低。随着价格的走低，行业内部需要对资源进行深度整合以应对行业风险，行业外部抄底热情逐步提升，导致并购重组事件增多。然而，市场行情的高频震荡，使并购方与标的资产方在交易价格、重组方式等问题上难以达成一致，导致并购失败案例增多。

可以看出，有色金属行业业绩首先受有色金属产品市场行情的影响最大。其直接影响到上市公司的盈利能力及偿债能力的评分。有色金属行业的投资结构特点，创新、环保等因素也会影响到上市公司的资产质量状况和发展能力状况的评分。此外，我国有色金属对外依存度高、产能过剩的客观条件，也制约着行业发展。

（五）科技创新能力提升，技术进步持续推进

有色行业2015年共有9项成果获奖。其中，4项获国家技术发明奖二等奖，5项获国家科学技术进步奖二等奖。由中南大学、株洲硬质合金集团有限公司主要完成的“高性能钨基复合材料及其应用”，由北京矿

冶研究总院、江西铜业股份有限公司主要完成的“复杂难处理资源可控加压浸出技术”，由西北有色金属研究院、西部超导材料科技股份有限公司主要完成的“国际热核聚变实验堆用高性能低温超导材料制备技术”，由大连理工大学、北京赛尔克瑞特电工有限公司、绍兴连铸造技术研发有限公司主要完成的“高性能铜合金连铸凝固过程电磁调控技术及应用”获国家技术发明奖二等奖；由金龙精密铜管有限公司、中国科学院金属研究所、北京科技大学主要完成的“铜管高效短流程技术装备研发及产业化”，由龙口市丛林铝材有限公司、山东大学、南车青岛四方机车车辆股份有限公司主要完成的“高性能大规格复杂截面铝合金型材挤压成形及应用技术”，由昆明理工大学、云南锡业集团有限责任公司、昆明鼎邦科技有限公司、来宾华锡冶炼有限公司、江西自立环保科技有限公司主要完成的“复杂锡合金真空蒸馏新技术及产业化应用”，由铜陵有色金属集团公司、华中科技大学、中南大学、江西理工大学、兰州华冶化工机械技术工程有限公司、浙江双屿实业有限公司、徐州燃控科技股份有限公司主要完成的“复杂稀贵金属物料多元素梯级回收关键技术”，由暨南大学、广州有色金属研究院主要完成的“节材耐磨损钢铁材料制造技术研发与工业应用”获国家科学技术进步奖二等奖。

9 米超大型用于运载火箭铝合金整体环件研制成功，600kA 铝电解槽实现了产业化应用。节能降耗水平不断提升，原铝综合交流电耗 13562 千瓦时 / 吨，同比减少 34 千瓦时 / 吨；铜、铅、锌冶炼综合能耗分别为 256 千克标准煤 / 吨、400 千克标准煤 / 吨、885 千克标准煤 / 吨，分别同比减少 11.7 千克标准煤 / 吨、33.4 千克标准煤 / 吨、11.9 千克标准煤 / 吨。

有色金属行业的科技创新，将不断推动其产业链的升级，帮助有色金属行业完成供给侧结构性改革。

三、2016 年有色金属行业前景分析

在经历了持续的价格低迷及产能过剩后，有色金属行业已经陷入转型升级的“阵痛期”，企业面临的生产经营形势严峻。结合宏观形势，预计有色金属行业 2016 年将呈现出以下几方面特征。

（一）行业缓慢筑底，价格低位震荡

2016 年 3 月 16 日，美联储宣布维持联邦基金利率 0.25% 至 0.5% 不变，称全球经济和金融状况将继续给美国经济带来风险，同时表示将密切关注通胀水平。目前，全球央行基本保持宽松姿态。美联储加息步伐的放缓，有助于大宗商品形成阶段性底部，部分有色金属有望在 2016 年迎来反弹，但是美联储加息预期仍然存在，主要有色金属产能增加、产量增长、供应充裕，而消费增速相对滞后，继续呈现供大于求的格局，导致有色金属价格回升动力不足，预计仍将以低位震荡为主。

2016 年，在全球范围内，铜产品的供应将保持较低的增长态势，需求增幅放缓，供需矛盾将促使铜价继续在低位徘徊。在 2015 年铝价跌至新低后，市场行情迫使铝企联合限产，并导致铝企关停产能规模缩减。2016 年铝价有望迎来阶段性反弹行情。随着我国西部低电价的电解铝产能陆续投

产，化解电解铝产能过剩及扩大消费的效应滞后，供大于求的格局短期内难以改变，预计铝价低位震荡的局面难以逆转。而由于国外发达国家的铅锌矿山及冶炼产能关闭，新兴市场国家的新增产能不足以抵消发达国家减少的产能，世界铅、锌供应预计将处于紧平衡状态，铅价格仍将呈现区间震荡的格局，并不排除有小幅回升的可能性，锌价在2015年持续下跌后，则可能出现持续缓慢回升的走势。受到新兴市场国家经济不稳定性因素以及国际地缘政治紧张局面的影响，黄金等贵金属的避险功能将得以体现。2016年黄金等贵金属可能进入阶段性上涨通道，但是美联储退出货币宽松政策、流动性收紧、美元走强等总体局面并未改变，贵金属的金融属性弱化，预计2016年贵金属将呈现震荡走高的格局。国内稀土集团已经形成，稀土行业的资源端整合已基本完成，同时航天军工、新材料等战略新兴产业的快速发展将刺激稀有稀土金属材料需求增加，预计部分稀土产品价格将会有所回升。由于钨产品供给侧产量相对稳定，而需求并未出现大幅萎缩，2015年钨产品价格大幅下跌后，预计2016年钨产品价格会出现超跌后的反弹，直至回到合理价格区间。另外，受到国内新能源汽车、智能手机快速发展的影响，预计碳酸锂等产品2016年继续保持上行趋势，但是市场不断布局碳酸锂资源供给，碳酸锂上行趋势可能减缓。

（二）淘汰低效企业，加速产能出清

2015年12月18日至21日，中央经济工作会议明确2016年经济结构性改革目标，积极稳妥地化解产能过剩成为首要任务之一。会议提出按照企业主体、政府推动、市场引导、依法处置的办法妥善化解产能过剩。存量产能通过资本市场配合进行兼并重组，避免破产清算，同时严格控制增量，防止新的产能过剩。会议进一步明确了2016年稳增长的相关宏观政策。现阶段，有色金属上市国企负债率达70%，矿山采选企业净利率仅约10%，冶炼行业长期亏损。在中国金属需求持续疲软、基本金属价格持续低迷的背景下，市场对金属采选和冶炼企业产能收缩进程的风险评价较高。随着顶层设计明确避免破产清算，推动依托资本市场进行兼并重组，上市公司优质矿山和冶炼资产整合将加强大集团对金属资源和产能的控制能力，加速过剩产能出清，改善行业有序竞争，提高有色行业的经营效率。

（三）行业艰难转型，限产保价频现

目前，国内有色金属企业多数处于亏损运行状态。以亏损最为严重的电解铝冶炼行业为例，目前国内铝企加权平均生产成本为11871.29元/吨，行业平均亏损1921.29元/吨，同时亏损产能2868.1万吨，占比高达94.09%。电解镍企业亦举步维艰，11月份现货1#电解镍板价格64150元/吨，而年初价格在110000元/吨附近，11月其成本大约在83000元/吨左右，已处于成本线下方。

2015年以来，随着有色金属行业亏损幅度的不断扩大，部分企业并没有坐以待毙，而是积极联合起来进行了多次价格联盟的尝试。比较有代表性的有：2015年初中国铝业集团联合10余家企业囤货报价，支撑1季度金属价格未出现大幅下跌；下半年江铜集团联合9家铜企自发减产35万吨保价，且近期有消息传出将进一步扩大减产规模；葫芦岛锌业联合9家锌企联合减产50万吨保

价；金川集团联合7家主要镍生产商减产1.5万吨保价，并计划2016年继续削减镍金属产量不少于20%；临近年末有色金属行业协会牵头14家铝企齐聚昆明，并达成相应联合减产策略。进入2016年，又有消息称有色行业或许会以商业收储的形式进行保价。在经历了价格低迷之后，国内六大稀土企业陆续宣布进行限产保价。预计2016年，限产保价会持续，以稳定稀土市场行情。

近期来看，有色金属行业限产保价趋势显著，精炼铜、电解铝、精炼锌骨干企业分别规划减产约35万吨、50万吨、50万吨，约为国内需求的5%、2%、8%。随着中央经济工作会议明确提出化解过剩产能的要求，后续减产执行进度有望进一步加强，过剩产能出清和去库存有望加速，“限产保价+缓冲性经济政策”有望改善企业状况。

（四）配套宏观调控，稳定终端需求

从宏观形势来看，国内经济下行的趋势难以改变，投资下滑、工业产能过剩问题仍难解决，但随着政府“转方式、调结构”以及各项改革的有力推进，2016年下半年整体经济环境或出现好转；国际市场上原油价格仍将维持低位，对依赖初级产品出口的众多发展中国家造成巨大冲击，而美联储加息又将造成全球融资成本上升，对以中国为代表的新兴市场造成不利影响。预计2016年，国内将继续维持宽松的货币政策，持续推出化解过剩产能过程中企业清退、员工安置、配套融资等相关问题的实质性政策，以推进有色金属行业的转型升级。

从基本面来看，2016年有色金属行业供应层面的去产能进程仍将缓慢进行，但对整个供给量不会产生较大影响，有色金属产品整体产量仍会呈现增长态势。在需求层面，传统的下游房地产行业增量仍将大幅放缓，对金属消费的带动作用较为有限，但随着国家核电等新能源项目的大力推进，将一定程度上增加有色金属消费。

（五）兼并重组改善行业布局

2015年12月8日，国务院国有资产监督管理委员会在网站上发布公告：经报国务院批准，中国冶金科工集团有限公司整体并入中国五矿集团公司，成为其全资子企业。中国五矿与中冶集团实施战略重组，将有利于提升中央企业在国际金属矿产领域的资本实力与竞争能力，为打造世界一流金属与矿产企业集团奠定基础。

由此，国内有色金属行业最大规模的兼并重组拉开了序幕。预计2016年，在持续亏损压力下，有色金属行业将由大型国企、央企牵头，积极推进有色金属工业企业的跨地区、跨行业、跨经济类型的兼并重组，促进资源要素向优势企业集中，提高产业集中度，以市场途径加速落后产能、僵尸企业的退出，从而维持有色金属行业稳定。

2015年底，中央经济工作会议明确提出2016年经济五大任务，即“去产能、去库存、去杠杆、降成本、补短板”。结合当前中国有色金属行业的生存发展现状，这些要求都与有色金属行业的发展息息相关。有色金属行业产能过剩相当严重，涉及品种多，任务重，如何在此环境下让企业求生存发展、员工求长远的安定，都值得有色金属企业好好思考。

附表

2015年度有色金属行业上市公司业绩评价结果排序表

行业排名	全部上市公司排名	股票代码	股票简称	综合得分（100分）	每股收益（元）	总资产报酬率（%）	净资产收益率（%）	总资产周转率（次）	流动资产周转率（次）	资产负债率（%）	获利倍数	营业收入增长率（%）	资本扩张率（%）	市场投资回报率（%）	股价波动率（%）	年末资产总额（万元）	营业收入（万元）	净利润（万元）
1	230	300395	菲利华	70.45	0.65	11.03	12.3	0.42	0.55	17.03	1150.1	18.47	10.9	93.67	177.82	86729.34	34027.71	8417.8
2	458	600687	刚泰控股	66.2	0.32	9.23	10.24	1.37	1.66	44.23	5.28	86.54	222.42	193.63	203.83	929058.47	884520.89	34755.15
3	472	002460	赣锋锂业	65.95	0.34	7.18	7.66	0.6	1.26	25.49	9	55.72	35.7	296.69	313.73	252755.24	135392.48	12479.74
4	487	000688	建新矿业	65.74	0.25	20.13	21.4	0.61	1.95	22.25	31.98	10.51	23.9	42.52	219.93	192187.84	109065.21	28795.82
5	529	002466	天齐锂业	65.01	0.96	8.91	8.22	0.27	1.2	45.82	5.29	31.25	−14.17	230.02	310.33	751632.94	186687.67	42582.81
6	556	300224	正海磁材	64.58	0.32	6.63	8.95	0.55	0.79	28.61	140.42	77.6	36.68	78.8	165.32	293817.26	136583.71	16015.86
7	566	002130	沃尔核材	64.39	1	23.5	39.66	0.51	1.49	53.55	9.81	−0.48	42.33	79.2	173.25	367287.89	162142.21	56700.79
8	607	000603	盛达矿业	63.94	0.51	44.1	31.28	0.65	1.82	25.29	186.17	11.21	29.81	41.25	226.02	140851.88	82433.95	41747.31
9	624	002171	楚江新材	63.65	0.18	4.97	5.11	3.24	5.39	39.73	3.97	−2.57	50.17	83.81	232	283705.07	801122.3	7587.97
10	693	002203	海亮股份	62.85	0.27	6.74	12.95	1.56	2.89	55.17	5.78	12.68	27.48	28.84	95.4	921972.73	1359099.3	47864.41
11	700	002600	江粉磁材	62.75	0.06	2.76	2.33	1.1	1.82	53.21	2.49	136.34	104.69	119	208.62	613659.41	486927.83	5996.14
12	703	002295	精艺股份	62.79	0.03	3.32	0.69	2.41	3.35	16.03	1.3	30.49	34.22	156.13	221.09	125544.98	307901.88	636.61
13	768	002501	利源精制	62.01	0.51	9.76	13.15	0.3	1.27	56.49	3.94	18.86	11.67	−2.34	172.94	881982.87	229679.31	47809.17
14	789	600980	北矿磁材	61.57	0.25	8.08	10.68	0.77	1.29	36.22	26.46	80.68	113.92	59.56	142.15	75508.4	41206.5	3774.92
15	814	002540	亚太科技	61.33	0.23	9.86	9.31	0.79	1.21	12.29	31.13	2.11	9.77	42.14	234.18	308570.57	228938.04	24080.29
16	821	300127	银河磁体	61.15	0.29	9.02	9.06	0.34	0.44	6.84	0	0.79	4.48	53.65	161.35	113224.58	38203.79	9365.31
17	840	002160	常铝股份	60.99	0.2	5.62	7.26	0.67	1.52	49.93	2.32	17.28	161.59	99.85	185.38	471170.41	253775.72	11841.88
18	863	600366	宁波韵升	60.66	0.66	8.37	10.23	0.33	0.57	25.24	30.04	0.01	13.26	36.18	205.26	484636.61	143558.87	36817.38
19	881	600114	东睦股份	60.41	0.43	9.51	11.04	0.62	1.62	28.35	11.52	11.22	8.81	19.91	130.11	231440.11	136871.23	16516.64
20	923	601899	紫金矿业	59.84	0.08	3.78	5.96	0.93	3.59	61.95	2.45	26.45	−5.17	−3.68	146.86	8391403.37	7430357.37	134268.78
21	924	600988	赤峰黄金	59.81	0.34	14.38	15.63	0.65	1.88	36.18	9.2	86.85	165.99	6.33	185.31	342981.33	159115.85	23674.03
22	1077	600547	山东黄金	57.8	0.41	5.32	6.22	1.7	21.53	54.64	3.33	−15.77	4.16	−6.78	143.93	2267764.79	3857290.77	60141.15
23	1085	603688	石英股份	57.7	0.32	6.82	6.25	0.33	0.53	5.17	0	14.92	−3.37	29.87	169.57	119853.65	40875.03	7224.89
24	1096	601677	明泰铝业	57.61	0.42	4.44	5.43	1.16	1.73	31.97	22.31	−3.24	29.08	29.87	132.32	557033.56	628170.98	19283.65
25	1193	000970	中科三环	56.31	0.26	8.06	7.23	0.65	0.88	13.93	52.37	−9.85	4.81	−6.22	169.24	532105.01	350234.58	33088.45

续表

行业排名	全部上市公司排名	股票代码	股票简称	综合得分(100分)	每股收益(元)	总资产报酬率(%)	净资产收益率(%)	总资产周转率(次)	流动资产周转率(次)	资产负债率(%)	获利倍数	营业收入增长率(%)	资本扩张率(%)	市场投资回报率(%)	股价波动率(%)	年末资产总额(万元)	营业收入(万元)	净利润(万元)
26	1254	600711	盛屯矿业	55.41	0.09	4.49	3.72	0.94	2.4	51.25	2.53	98.99	8.81	12.79	232.17	820749.99	666199.77	15469.94
27	1301	601137	博威合金	54.76	0.33	3.63	3.49	1.06	2.17	25.02	4.21	2.3	2.52	30.29	147.25	272509.18	291909.97	7050.23
28	1319	600219	南山铝业	54.55	0.21	2.7	2.68	0.41	1.34	26.66	9.51	-2.75	28.68	-34.31	174.4	3478917.95	1366989.16	67079.61
29	1379	002237	恒邦股份	53.64	0.2	3.82	5.01	1.23	1.81	68.86	1.69	-8.07	2.36	16.9	159.43	1178844.39	1414400.6	16297.42
30	1382	601168	西部矿业	53.5	0.01	1.77	0.27	0.98	2.77	56.46	1.43	10.39	3.27	-19.98	158.65	2856941.03	2676701.96	10746.01
31	1389	002340	格林美	53.54	0.13	3.75	2.84	0.37	0.8	57.44	1.9	30.91	43.19	52.64	118.88	1593932.29	511716.65	21864.02
32	1423	600362	江西铜业	52.92	0.18	1.23	1.39	2.01	2.93	46.71	2.25	-6.56	1.72	-14.88	148.22	8975521.11	18578249.13	68475.47
33	1439	600330	天通股份	52.69	0.09	2.21	2.93	0.36	0.8	19.52	5.35	12.66	130.54	47.5	205.65	435999.43	131614.01	7381.98
34	1445	000758	中色股份	52.74	0.38	3.76	8.1	0.93	1.46	71.79	2.65	7.59	-0.99	-6.03	162.96	2280849.84	1960688.01	30706.84
35	1475	600478	科力远	52.15	0.01	3.22	0.63	0.35	1.09	44.15	3.56	31.6	82.84	101.47	200.24	381688.15	112478.95	5709.49
36	1492	002716	金贵银业	52.02	0.23	4.15	6.16	0.98	1.17	68.2	1.77	34.7	5.72	4.61	109.69	618402.56	578875.1	11778.89
37	1498	600888	新疆众和	51.78	0.04	2.73	0.77	0.86	1.98	63.66	1.2	43.14	1.72	14.16	185.14	895638.13	762743.91	2500.02
38	1510	000975	银泰资源	51.7	0.23	8.09	6.57	0.15	0.47	5.23	9220.49	0.66	-0.06	-17.13	186.23	490751.34	73088.03	32469.66
39	1559	600255	鑫科材料	50.99	0.02	2.82	1.26	1.37	2.57	32.93	2.19	-2.04	59.09	7.96	189.84	495937.94	577195.54	4136.31
40	1596	002057	中钢天源	50.39	0.08	3.22	3.25	0.51	0.86	15.14	10.15	-12.27	2.95	33.82	63.39	60266.57	30725.36	1628.53
41	1614	002155	湖南黄金	50.1	0.03	1.5	0.87	1.09	3.61	40.36	1.32	1.97	6.59	-16	152.27	574955.91	579242.34	1865.22
42	1615	000969	安泰科技	50.11	0.1	2.59	2.78	0.47	0.97	45.63	2.13	-9.55	3.13	42.79	160.6	832721.11	375866.35	10893.27
43	1616	000813	天山纺织	50.13	0.01	4.16	0.58	0.26	1.26	30.39	5.77	-8.69	1.55	37.85	72.57	197226.65	51077.27	3008.24
44	1628	000060	中金岭南	49.9	0.09	3.22	3	1.13	3.76	50.32	2.87	-31.07	20.87	35.05	214.02	1588283.56	1693792.37	26072.05
45	1636	600673	东阳光科	49.71	0.04	3.93	2.78	0.43	1.16	61.75	1.4	-8.34	-0.09	82.87	175.4	1092865.25	468604.04	8067.6
46	1657	000519	江南红箭	49.51	0.24	6.25	6.09	0.31	0.6	19.02	21.64	-23.95	5.06	71.91	152.92	517375.85	154816.47	24897.46
47	1673	600459	贵研铂业	49.12	0.25	4.11	3.62	2.51	3.65	42.85	3.08	12.53	2.85	12.29	154.81	329119.5	774271.81	6981.48
48	1686	002182	云海金属	48.93	0.1	3.56	3.3	1.1	2.37	62.37	1.42	-3.2	-0.37	39.76	184.47	292863.09	311266.65	2326.18
49	1705	000751	锌业股份	48.57	0.06	3.77	4.58	1.18	2.45	44.91	3.19	-5.32	4.74	6.81	160.78	364289.77	412708.35	9076.69
50	1720	600497	驰宏锌锗	48.34	0.03	3.01	0.7	0.55	4.6	66.66	1.13	-4.15	-2.38	-6.61	157.01	3349017.36	1811357.1	6900.95
51	1727	601388	怡球资源	48.13	0.02	1.07	0.45	0.94	1.2	41.69	1.78	-19.09	-3.95	149.88	218.71	361867.44	349038.89	970.62

续表

行业排名	全部上市公司排名	股票代码	股票简称	综合得分（100分）	每股收益（元）	总资产报酬率（%）	净资产收益率（%）	总资产周转率（次）	流动资产周转率（次）	资产负债率（%）	获利倍数	营业收入增长率（%）	资本扩张率（%）	市场投资回报率（%）	股价波动率（%）	年末资产总额（万元）	营业收入（万元）	净利润（万元）
52	1743	601958	金钼股份	47.91	0.01	−0.28	0.26	0.59	1.4	19.89	2.98	12.04	−2.64	−15.36	182.49	1633468.91	955304.56	2766.72
53	1751	600111	北方稀土	47.76	0.09	3.28	3.92	0.41	0.62	31.86	2.86	12.18	−2.39	−19.86	139.88	1453762.91	654880.54	5763.71
54	1779	600331	宏达股份	47.05	0.02	2.21	0.86	0.42	1.05	48.18	1.23	16.22	0.58	17.19	175	1023617.73	436875.58	4350.84
55	1782	000506	中润资源	47.11	0.02	1.62	1.53	0.43	0.59	52.43	5.97	288.58	0.28	37.41	208.14	324034.64	138782.85	580.79
56	1783	600489	中金黄金	47.04	0.03	1.95	0.87	1.15	3.52	67.65	1.34	10.47	−1.2	−14.4	137.68	3678969.65	3706353.85	14688.87
57	1806	603993	洛阳钼业	46.47	0.05	2.19	4.76	0.14	0.28	42.3	2.38	−37.01	17.64	36.66	113.52	3088052.85	419683.96	70310.84
58	1837	002114	罗平锌电	45.76	0.07	3.74	2.2	0.56	2.22	53.75	1.46	41.28	2.52	36.32	148.15	178902.27	93909.01	1717.22
59	1898	600531	豫光金铅	44.06	0.04	2.71	0.92	1.35	2.03	80.67	1.2	23.61	0.17	19.67	206.28	743486.76	1097521.87	1267.05
60	1900	002578	闽发铝业	44.09	0.04	1.81	1.94	0.89	2.6	22.97	7.41	−13.15	−1.41	36.84	193.76	127583.7	114363.66	1835.29
61	1947	000697	炼石有色	43.01	0.11	3.92	4.13	0.1	0.16	10.25	62.95	−36.42	6.27	62.23	162.35	168744.56	15495.96	6058.62
62	1974	600766	园城黄金	42.42	0.07	9.6	35.77	0.09	0.12	71.35	7.54	−64.03	35.95	76.45	137.78	16542.33	1689.8	1471.31
63	1989	600490	鹏欣资源	41.83	0.01	1.1	1.16	0.42	1.12	22.5	5.54	−17.05	7.64	−38.73	263.96	451864.24	178806.1	3989.46
64	2034	000630	铜陵有色	40.5	−0.07	−0.49	−4.64	1.91	3.62	66.88	0.16	−2.16	−6.65	11.95	59.43	4416748.98	8689660.41	−72981.72
65	2056	000612	焦作万方	39.5	−0.05	0.86	−1.32	0.52	2.34	44.79	0.48	−11.26	0.77	−24.45	190.45	862833.21	465834.27	−6252.3
66	2061	000807	云铝股份	39.3	0.02	2.18	0.65	0.59	2.27	77.31	0.63	−16.97	41.41	15.78	189.2	2928150.78	1585231.09	−43853.56
67	2069	002428	云南锗业	38.9	0.09	3.96	3.88	0.19	0.58	25.26	5.54	−27.65	3.04	40.04	185.34	224092.27	40220.76	6301.93
68	2075	000878	云南铜业	38.58	0.02	3.15	0.48	2.35	4.87	72.92	1.29	−9.21	−7.31	−6.44	222.8	2330900.76	5665555.03	6425.61
69	2078	601600	中国铝业	38.47	0.01	2.59	0.61	0.65	1.93	73.43	1.03	−12.93	26.92	−18.36	182.29	18926925.1	12344587.2	42371.3
70	2098	600392	盛和资源	37.95	0.02	2.98	1.57	0.53	0.66	38.71	2.36	−27.49	8.41	4.08	107.43	229465.84	109815.43	1851.87
71	2102	600516	方大炭素	37.85	0.02	1.24	0.54	0.25	0.37	33.17	1.36	−32.43	0.13	23.87	122.59	901669.77	233040.63	1300.07
72	2185	000426	兴业矿业	33.09	−0.02	0.37	−0.91	0.21	1.44	33.72	0.37	−28.44	−1.99	18.4	131.36	407424.71	82971.34	−2484.95
73	2196	600390	*ST 金瑞	32.44	−0.89	−15.78	−35.93	0.62	1.21	45.27	−12.75	4.75	28.25	33.91	142.32	228260.81	136587.9	−37698
74	2211	000960	锡业股份	31.7	−1.34	−2.8	−26.62	1.24	3.36	68.45	−0.88	18.92	22.27	−25.06	211.33	2759787.16	3107919.83	−177307.72
75	2235	600768	宁波富邦	29.95	−0.4	−4.76	−72.83	1.23	2.27	92.42	−1.29	−3.31	−53.39	127.38	214.64	60820.37	81466.11	−5276.92
76	2238	000511	烯碳新材	29.93	0	2.21	0.16	0.3	0.41	62.48	1.01	−32.09	2.65	33.52	138.99	382520.33	112071.27	226.75
77	2256	600456	宝钛股份	28.91	−0.43	−0.76	−5.32	0.31	0.57	46.55	−0.32	−13.67	−5.2	13.63	138.31	697279.08	214211.16	−17983.51

续表

行业排名	全部上市公司排名	股票代码	股票简称	综合得分(100分)	每股收益(元)	总资产报酬率(%)	净资产收益率(%)	总资产周转率(次)	流动资产周转率(次)	资产负债率(%)	获利倍数	营业收入增长率(%)	资本扩张率(%)	市场投资回报率(%)	股价波动率(%)	年末资产总额(万元)	营业收入(万元)	净利润(万元)
78	2295	603399	新华龙	26.43	-0.87	-15.81	-23.9	0.59	1.02	39.85	-8.5	-29.33	60.22	17.95	207.14	299509.52	161431.18	-40934.47
79	2296	600961	株冶集团	26.44	-1.15	-6.1	-139.57	2.37	5.82	97.87	-1.41	-8.82	-83.62	30.75	152.47	568331.94	1377069.85	-60460.5
80	2300	000693	华泽钴镍	26.26	-0.29	-2.85	-11.71	1.77	2.06	76.86	-1.43	5.7	-10.09	-18.03	144.84	543236.06	850813.71	-15541.64
81	2301	600311	荣华实业	26.2	0.01	-0.65	0.48	0.08	0.13	9.22	0	-63.42	0.39	4.23	166.01	98271.99	7876.37	430.09
82	2306	300337	银邦股份	26.02	-0.23	-6.86	-11.49	0.54	1.29	37.72	-5.66	-4.76	-11.79	60.9	205.62	244720.06	136070.9	-18694.98
83	2328	600595	中孚实业	24.07	-0.25	-1.72	-8.51	0.39	1.79	77.21	-0.24	0.4	-7.53	20.5	206.8	2502461.8	971159.92	-111919.1
84	2352	600139	西部资源	22.84	-0.41	-2.4	-23.2	0.2	0.53	76.26	-1.73	217.38	-12.78	47.85	143.83	803738.07	146803.32	-26873.07
85	2356	002149	西部材料	22.42	-0.76	-4.6	-16.1	0.34	0.83	65.67	-1.84	-19.73	-8.89	77.31	169.98	286669.36	98305.78	-17509.32
86	2379	600259	广晟有色	21.29	-1.05	-6.19	-40.54	0.98	1.41	77.84	-1.76	30.77	-31.2	-30.08	109.06	327902.69	342761.86	-31165.73
87	2393	000657	中钨高新	20.44	-0.82	-5.64	-16.03	0.8	1.55	49.34	-3.2	-30.1	-11.75	-10.37	128.93	683001.54	585739.65	-52812.53
88	2416	600549	厦门钨业	18.58	-0.61	-2.09	-9.42	0.47	0.91	48.49	-1.09	-23.54	-9.42	-26.62	169.01	1598714.2	775484.06	-57718.1
89	2419	002378	章源钨业	18.49	-0.17	-3.44	-8.05	0.43	0.97	39.03	-2.14	-34.09	-7.79	7.16	193.52	312547.38	134383.74	-15982.66
90	2425	000962	*ST 东钽	18.22	-1.45	-16.81	-36.03	0.3	0.61	54.06	-8.02	-55.92	-30.28	10.66	129.08	316838.4	108101.15	-63624.32
91	2438	600146	商赢环球	17.35	-0.31	-26.94	-52.43	0.06	0.14	57.03	-30.49	-31.27	-60.32	87.99	136.12	19678.24	1486.02	-6848.83
92	2439	002379	*ST 鲁丰	17.44	-0.13	-1.57	-9.46	0.42	0.71	44.61	-0.79	-25.05	-8.91	3.33	199.46	215473.55	152824.56	-11838.55
93	2443	000633	*ST 合金	17.1	-0.11	-17.46	-23.88	0.19	0.42	26.92	-51.61	-48.78	-18.86	45.3	237.61	21978.16	4481.62	-4222.48
94	2459	002167	东方锆业	15.44	-0.45	-9.79	-23.33	0.2	0.63	62.94	-3.23	-33.12	-26.7	26.57	162.28	270982.35	56482.78	-35850.69
95	2475	000831	*ST 五稀	12.27	-0.41	-18.77	-17.38	0.19	0.23	3.08	-935.39	-34.58	-15.78	-34.66	222.18	223681.48	45916.17	-41156.61
96	2489	600432	*ST 吉恩	9.33	-1.79	-12.19	-42.74	0.14	0.32	72.61	-2.47	-9.66	-37.96	-8.66	203.45	1793508.78	319559.67	-299918.26
97		300428	四通新材	71.53	0.82	12.38	13.4	1.25	1.88	10.29	31.28	7.19	113.25	73.07	149.39	70338.91	74599.2	6212.66
98		600338	西藏珠峰	61.4	0.25	26.06	45.46	1.75	4.11	44.47	9.85	-3.25	985.86	55.41	240.97	120732.88	149144.88	13960.43
99		300489	中飞股份	59.97	0.73	6.92	8.65	0.24	0.94	25.54	13.92	-17.85	79.53	73.07	146.74	57938.82	12917.89	2906.3
100		601069	西部黄金	54.68	0.1	4.49	4.71	0.42	1.76	37.07	3.98	-5.67	40.94	73.07	163.45	254583	101442.34	6443.15
101		000795	英洛华	35	-0.14	-1.82	-5.93	0.6	0.9	38.23	-1.22	44.57	52.4	57.85	132.49	192685.34	112680.54	-5933.47
102		603799	华友钴业	28.93	-0.47	-0.46	-10.61	0.46	0.88	74.8	-0.11	-7.44	5.7	73.07	210.21	957228.03	402926.16	-25406.37

第七章　石油石化行业

石油石化行业在中国国民经济的发展中具有重要作用，是中国的支柱产业之一。石油石化行业与其他行业的关联度高。石油、煤、天然气等是工业基础原料之一。国民经济各部门的许多产品都是石油的衍生物。

2015 年，我国国内生产总值（GDP）总额达到 67.67 万亿人民币，增速达 6.9%。随着国家大力推进产业结构升级，绿色产业和规范可持续发展的相关政策要求陆续出台，在克服经济下行的压力下，石油和化工行业基本实现了稳中有进的总体目标，业务运行质量进一步提高。

一、石油石化行业上市公司业绩评价结果

截至 2015 年末，石油石化行业包括石油、化工、塑胶、塑料等企业的 A 股上市公司共 276 家，其中 230 家盈利。

石油石化行业的综合评价分值为 62.50 分，高于同年全部上市公司的综合评价分值 61.68 分；有 7 家石油石化行业上市公司进入 2015 年上市公司业绩评价综合得分的百强名单。在 276 家石油石化上市公司中（在业绩排名时，剔除了其中 29 家当年上市或借壳上市的公司），业绩为 AA 的有 1 家；业绩为 A 的有 6 家；业绩为 BBB 的有 19 家；业绩为 BB 的有 33 家；业绩为 B 的有 44 家；业绩为 C 的有 101 家；业绩为 C 的有 101 家。

2015 年全部上市公司为 2759 家，其资产总额总计为 39.76 万亿元，其中，石油石化行业全部上市公司资产总额合计为 5.73 万亿元，占上市公司资产总额的 14.41%；全年实现主营业务收入 23.75 万亿元，石油石化行业 276 家上市公司实现主营业务收入 4.95 万亿元，占上市公司营业收入的 20.84%；全部上市公司共计实现利润总额 1.39 万亿元，石油石化行业上市公司实现利润总额达到 0.17 万亿元，占上市公司全部实现利润总额的 12.23%；全部上市公司共计实现净利润 1.06 万亿元，石油石化行业上市公司实现净利润 0.13 万亿元，占上市公司全部实现净利润的 12.26%；该行业上市公司 2015 年度市场投资回报率为 74.77%，略高于全部上市公司 74.18% 的市场投资回报率；石油石化行业上市公司股价波动率为 183.54%，略高于全部上市公司 182% 的股价波动率。

石油石化行业扣除非经常性损益净资产收益率的平均值为 3.25%，低于上市公

司5.61%的平均水平；营业利润率平均值为3.2%，低于上市公司5.06%的平均水平；总资产报酬率4.70%，低于上市公司的5.11%，这说明2015年石油石化行业上市公司资产收益水平低于A股全部上市公司水平，经营收益水平也低于A股全部上市公司水平。2015年，石油化工行业综合排名十强见表7-1。

表7－1　2015年度石油石化行业中联十强排行榜

名次	股票代码	股票简称	全部上市公司排名
1	002643	万润股份	24
2	002470	金正大	26
3	000902	新洋丰	32
4	002450	康得新	51
5	603010	万盛股份	80
6	600315	上海家化	81
7	600176	中国巨石	84
8	002224	三力士	109
9	300072	三聚环保	124
10	300196	长海股份	131

下面分别从财务效益、资产质量、偿债风险、发展能力及市场表现等五个方面对石油石化行业上市公司进行具体分析。

（一）财务效益状况

表7-2列示了石油石化行业上市公司财务效益状况评价结果。从指标来看，石油石化行业上市公司财务效益状况平均得分略低于全国所有上市公司的平均水平。其中，海油工程、浙江龙盛、万华化学、中国巨石和康得新分别排在前五名。该行业除盈利现金保障倍数外，其余净资产收益率、总资产报酬率、营业利润率及股本收益率等财务效益指标都低于上市公司平均水平。

与上年的财务效益情况相比较，2015年行业财务效益下降9.16%。除盈利现金保障倍数外的其他财务效益指标都低于2014年，其中净资产收益率、总资产报酬率、营业利润率和股本收益率指标较为突出，分别降低56.14%、33.91%、21.95%和46.38%；该行业实现净利润,1298.37亿元，比2014年的2039.82亿元减少741.45亿元，降低了36.35%。

除盈利现金保障倍数外，不论是与全体上市公司进行横向比较，还是本行业纵向同比，石油石化行业上市公司的财务效益指标都分别低于上市公司的各平均值和行业去年水平。石油石化行业的财务收益下降，主要原因为国内经济增速下降，油价下降，石化产品价格下跌，致使石化行业收益下降。行业主要财务指标见表7-2。

表7－2　石油石化行业财务效益状况比较表

评价指标		2015年上市公司平均值	2015年行业值	2014年行业值	增长率(%)
基本指标	净资产收益率(%)	5.61	3.25	7.41	−56.14
	总资产报酬率(%)	5.11	4.17	6.31	−33.91
	得分	20.79	18.31	21.26	−13.88
修正指标	营业利润率(%)	5.06	3.20	4.1	−21.95
	盈利现金保障倍数	2.20	4.04	2.94	37.41
	股本收益率(%)	30.96	22.41	41.72	−46.28
综合得分		22.12	21.51	23.68	−9.16

（二）资产质量状况

从表7-3可以看出，石油石化行业上市公司资产质量状况指标平均得分高于全国所有上市公司的平均水平。2015年，总资产周转率、流动资产周转率、存货周转率、应收账款周转率都高于全部上市公司平均值。2015年石油石化行业在国内经济增速放缓、国际油价低位震荡的形势下，以中国石化、中国石油为行业代表的企业进一步调整改革产业结构，合理化整合业务，强化经营管理的成效渐显。其总体资产质量优于2015年上市公司平均值。

与2014年相比较，石油石化行业2015年资产质量指标都低于去年。上市公司资产质量排名前五名为上海石化、滨化股份、茂化实华、岳阳兴长和大庆华科。这五家公司在资产质量上得分表现优良，共同点是都保持着很高的流动资产周转率以及应收账款周转率。

表7－3　石油石化行业资产质量状况比较表

评价指标		2015年上市公司平均值	2015年行业值	2014年行业值	增长率(%)
基本指标	总资产周转率(次)	0.64	0.88	1.2	−26.67
	流动资产周转率(次)	1.30	3.47	4.68	−25.85
	得分	9.44	13.29	15	−11.40
修正指标	应收账款周转率(次)	8.25	18.48	25.65	−27.95
	存货周转率(次)	2.76	7.69	9.46	−18.71
综合得分		9.17	12.33	13.26	−7.01

(三)偿债风险状况

从表7-4中的指标分析可知，2015年该行业上市公司偿债风险状况平均得分基本与全国上市公司的平均水平持平。

2015年，石油石化行业的偿债风险能力高于2014年水平。在偿债风险的各项指标中，获利倍数和现金流动负债比率都低于去年，分别较去年减少29.68%和3.53%，其他指标都高于去年。获利倍数低是由于行业收益下降幅度较大所致。2015年石油石化行业偿债风险能力排名前五名分别是江南高纤、三力士、万润股份、建新股份和高盟新材。

表7－4　石油石化行业偿债风险状况比较表

评价指标		2015年上市公司平均值	2015年行业值	2014年行业值	增长率(%)
基本指标	资产负债率(%)	60.36	48.16	52.17	7.69
	获利倍数	3.74	3.79	5.39	−29.68
	得分	8.95	9.64	9.82	−1.83
修正指标	速动比率(%)	73.47	57.34	45.21	26.83
	现金流动负债比率(%)	13.88	30.84	31.97	−3.53
	带息负债比率(%)	51.38	53.47	49.65	7.69
综合得分		10.10	10.16	8.62	17.83

(四)发展能力状况

从表7-5可知，石油石化行业上市公司发展能力状况指标平均得分低于全国所有上市公司的平均水平。行业营业增长率、资本扩张率、总资产增长率、营业利润增长率和三年营业收入增长率均大幅低于全国所有上市公司。行业的累计保留盈余率 56.67% 也高于上市公司的平均值 42.27%。

除了资本扩张率指标外，2015 年行业发展能力的其余指标都低于 2014 年；资本扩张率同比增加 111.27%。究其原因，2015 年国际油价总体低位震荡、国内宏观经济增速下降带来不小压力，石化行业供需增幅减缓致使行业发展增速放缓，盈利下降；2015 年石油石化行业上市公司数量的增加致使石化行业资本扩张率大幅提升，同时中国石油、中国石化在 A 股资本市场上的市值权重下降。该行业发展能力排名前五名为康得新、三聚环保、时代新材、中国巨石和华邦健康。

表 7－5　石油石化行业发展能力状况比较表

评价指标		2015 年上市公司平均值	2015 年行业值	2014 年行业值	增长率 (%)
基本指标	营业增长率 (%)	−1.98	−22.23	1.14	–
	资本扩张率 (%)	16.96	12.19	5.77	111.27
	得分	12.26	8.28	10.21	−18.90
修正指标	累计保留盈余率 (%)	42.27	56.67	60.10	−5.71
	三年营业收入增长率 (%)	3.71	−5.98	5.35	–
	总资产增长率 (%)	15.69	3.42	7.2	−52.5
	营业利润增长率 (%)	−12.37	−39.90	−9.49	–
综合得分		12.24	9.22	11.49	−19.76

（五）市场表现

图 7-1 列示了石油石化行业上市公司市场表现评价结果。2015 年 A 股市场表现为股价上半年一路上行，下半年 6 月开始急速下降，7 月至 8 月下旬震荡下行，9 月至 12 月走势平稳上行。石油化工行业的市场表现在 8 月下旬前与 A 股大势趋同，8 月下旬后上涨幅度略高于 A 股整体水平（见图 7-1）。

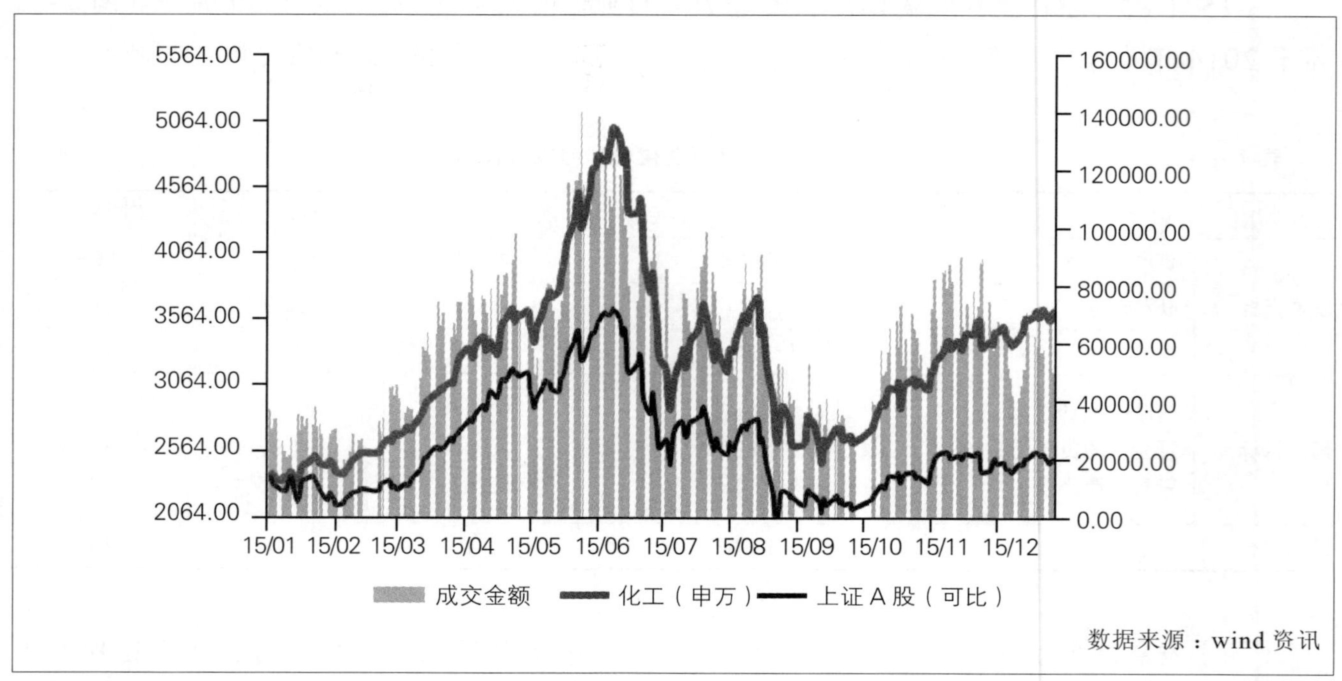

图 7－1　2014 年石油石化行业指数与上证 A 股指数比较

从表7-6可知，2015年石油石化行业的市场表现得分基本上与同年上市公司平均值持平。2015年石油石化行业的股价波动率为183.54%，与所有上市公司182.00%的平均值水平相差不大，但高于行业2014年的120.54%。2015年石油石化行业的上市公司投资回报率为74.77%，基本上与同期所有上市公司74.18%的投资回报率持平。行业的市场回报率、股价波动率与2014年相比有较大的增长。该行业市场表现排名前五位的是万润股份、新都化工、三力士、荣盛石化和广东榕泰。

表7－6　　石油石化行业公司市场表现状况比较表

评价指标	2015年上市公司平均值	2015年行业值	2014年行业值	增长率%
市场投资回报率(%)	74.18	74.77	39.09	91.28
股价波动率(%)	18.20	183.54	120.54	52.26
得分	9.26	9.25	8.79	5.23

二、2015年度石油石化行业上市公司影响因素分析

2015年，石油化工行业A股上市公司276家总体实现平稳运行，经济效益受国际油价影响，明显下降。中国石油化工股份有限公司（以下简称“中国石化”）、中国石油天然气股份有限公司（以下简称“中国石油”）两大巨头上市公司依然代表上市公司石油石化板块的整体业绩，也引领着我国整个石油石化行业的发展，从石油石化行业经营实体影响力角度来看，这两家上市公司经营业绩的变化仍是石油石化上市公司业绩的决定性因素，其他规模相对较小的石油化工类上市公司数量逐渐增多，业绩也有较好表现，在行业里的影响力正逐渐增强。

2015年上市公司石油石化板块格局仍然是中国石化、中国石油占绝对市场地位。如表7-7中所列数据，中国石化、中国石油两家上市公司的资产总额、营业收入、净利润、总市值分别占石化行业上市公司相关总额的66.84%、75.76%、66.01%和41.20%；与2014年相比，上述指标分别减少了3.86%、5.09%、16.32%和30.74%，这说明这两大行业巨头占据了石油石化行业上市公司绝大部分资产、收益和市值，但是所占比率有所下降，市场增加了更多参与者。

表7－7　　2015年中国石油、中国石化与石化行业上市公司指标表

单位：万亿

企业名称	资产总额		营业收入		净利润（亿元）		总市值	
	数额	比例（%）	数额	比例（%）	数额	比例（%）	数额	比例（%）
中国石化	1.44	25.13	2.02	40.81	433.46	33.38	0.60	11.61
中国石油	2.39	41.71	1.73	34.95	423.64	32.63	1.53	29.59
小计	3.83	66.84	3.75	75.76	857.10	66.01	2.13	41.20
石化行业上市公司	5.73	100.00	4.95	100.00	1298.37	100.00	5.17	100.00

在 2015 年度中，影响石油石化行业业绩的主要因素表现为以下几点：

（一）国际油价低位运行，供需关系主导油价走势

油价的波动是影响石化行业景气与否的决定性因素之一。2015 年，国际油价呈现出上半年震荡上升，下半年破位下跌的形势。2015 年布伦特原油期货均价为 53.60 美元 / 桶，较 2014 年大幅回落 45.15 美元 / 桶，跌幅 46.1%；WTI 原油期货均价为 48.76 美元 / 桶，较 2014 年大幅回落 44.15 美元 / 桶，跌幅 47.5%，均为 2004 年以来最低均价。全年布伦特油价的最高价 67.77 美元 / 桶（5 月 6 日），最低价 36.11 美元 / 桶（12 月 22 日）。

影响 2015 年国际油价波动的主要受供需关系主导，造成供给大于需求主要有三大因素，一是美元指数高位波动，抑制油价上行。随着美国经济复苏、欧债危机得到缓解，2015 年美元指数于 90 ～ 100 区间高位震荡，呈现延续涨势，对油价上行形成抑制。二是投机因素。期货市场的炒作仍对油价影响重大。2015 年，WTI 原油期货合约基金净多头持仓呈现前高后低的变化特点，且与 WTI 油价的走势基本保持方向一致。2015 年原油期货交投活跃，在纽约商品期货交易所（NYMEX）交易的 WTI 原油主力合约全年成交量为 9224.6 万手，比 2014 年增加 51%；在伦敦洲际期货交易所（ICE）交易的布伦特原油期货合约全年成交量为 5 604.9 万手，较 2014 年增加 20%。三是地缘政治局势因素影响力减弱。2015 年，由于全球石油供应过剩幅度较大，地缘政治局势动荡对油价走势的影响力下降。

2015 年，中国石化的营业额及为 20189 亿元，与 2014 年的 28259 亿元相比降低 28.6%；经营收益（净利润）为 433.46 亿元，同比降低 41.03%。这主要归因于石油、石化产品价格下跌。2015 年中国石油的营业额为 17254.28 亿元，比 2014 年的 22829.62 亿元降低 24.4%。其主要原因是原油、成品油价格下降，天然气价格下降以及原油、天然气、汽油等主要产品销售量增加等综合影响。

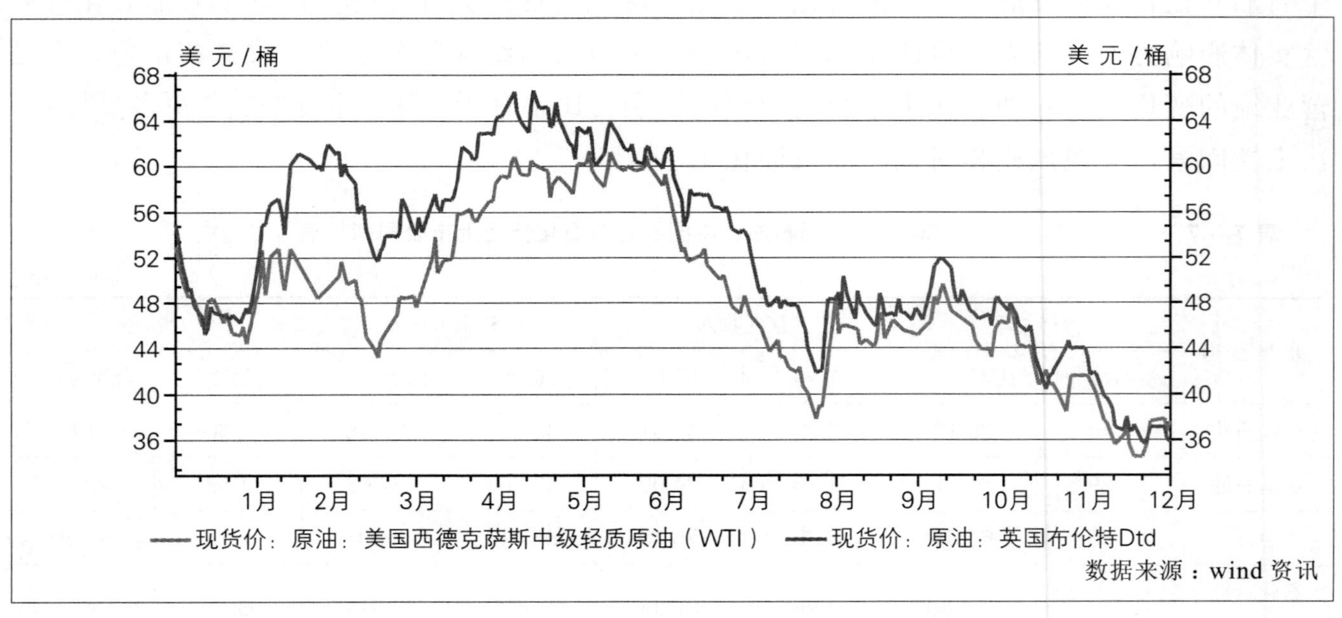

图 7 – 2　2015 年国际油价走势图

（二）世界石油供给大于需求，我国原油进口增长

2015 年石油供给大于需求。全球主要产油国为了保住市场份额，继续增产，使石油市场供大于求的局面加剧。2015 年 OPEC 原油产量同比大增 113 万桶 / 日，达到 3115 万桶 / 日，刷新历史最高水平，增量主要来自沙特阿拉伯与伊拉克。同时，非 OPEC 原油产量同比也大增 130 万桶 / 日，达到 5830 万桶 / 日。尽管低油价对美国页岩油产量增势造成一定冲击，但生产商通过提高钻井效率以及套期保值等多种手段应对低油价，全年美国原油产量达到 935 万桶 / 日，同比增长 65 万桶 / 日，增幅高于预期。2015 年全球石油过剩量高达 180 万桶 / 日。

从 2015 年全年来看，受益于低油价，我国原油进口量稳步攀升，进口成本大幅走低。据海关数据显示，2015 年全年原油进口量达到了 3.355 亿吨，创出历史新高，同比上涨了 8.8%；进口额为 8332.8 亿元，同比下降 40.5%。从进口单价来看，2015 年我国原油进口单价为每吨 2483.7 元，同比下降了 45.3%。

2015 年中国石油国际业务，汽油、煤油、柴油销量为 16,009.7 万吨，比 2014 年的 16,087.8 万吨增长 0.5%。

（三）石化行业总体平稳运行，我国原油供需增幅放缓，汽油需求增幅较大

1. 原油、天然气市场

据国家发展与改革委员会（“国家发改委”）资料显示，2015 年国内原油产量 2.13 亿吨，比去年同期增长 1.8%；国内天然气产量稳定增长，进口气量增速减缓，天然气需求量增速放缓，市场供需处于弱平衡状态。国内天然气价格市场化改革提速，2015 年 4 月和 11 月两次调整价格，存量气和增量气价格实现并轨，非居民用气门站价格大幅下调；石油天然气交易中心建设稳步推进。据国家发改委资料显示，2015 年国内天然气产量 1350 亿立方米，比上年同期增长 5.6%；天然气进口量 614 亿立方米，比上年同期增长 6.3%；天然气表观消费量 1,932 亿立方米，比上年同期增长 5.7%。

2. 石油加工市场

2015 年，国内炼油能力继续增强，产量平稳增长，市场供过于求的形势加剧，国内成品油消费继续放缓，其中汽油需求保持较快增长，柴油需求萎缩程度加大，成品油净出口持续增加。据国家发改委资料显示，2015 年国内原油加工量 4.79 亿吨，比上年同期增长 3.5%，成品油产量 3.00 亿吨，比上年同期增长 4.2%；成品油表观消费量 2.76 亿吨，比上年同期增长 1.2%，其中，汽油比上年同期增长 7.0%，柴油比上年同期下降 3.7%。全年国内汽油、柴油价格 19 次调整，汽油标准品价格累计下降人民币 670 元 / 吨，柴油标准品价格累计下降人民币 715 元 / 吨。国内成品油价格走势与国际市场油价变化趋势基本保持一致。

3. 化工市场

2015 年，全球经济复苏缓慢导致消费动力不足，化工产能释放明显，化工市场处于供过于求的状态；原油价格大幅下跌，化工市场竞争激烈，化工产品价格年中冲高后连续走低，但总体低于原油价格降幅，化工行业总体效益水平得以改善。

2015 年，境内化工市场需求保持平稳增长。据中国石化统计，境内合成树脂、合成纤维、合成橡胶三大合成材料表观消费量同比分别增长 5.5%、10.6% 和 8.8%，境内乙烯当量表观消费量同比增长 4.9%。

2015 年，中国石油原油总产量 971.9 百万桶，比上年同期增长 2.8%；可销售天然气产量 3131.0 十亿立方英尺，比上年同期增长 3.4%，油气当量产量 1493.9 百万桶，比上年同期增长 3.0%。2015 年，中国石油加工原油 998.1 百万桶，其中勘探与生产业务生产的原油 697.8 百万桶，占比 69.9%，产生了良好的协同效应；生产成品油 9193.3 万吨，主要综合能耗指标持续下降，多项技术经济指标保持较好水平。化工销售加强整体联动和统筹优化，扩大终端营销渠道，高效产品、高效区域销量稳定增长。炼化重点工程建设有序推进，云南石化主要装置基本建成，油品质量升级改造项目加快推进，具备了向东部 11 省市及其他重点地区供应国Ⅴ车用汽柴油的能力。

（四）部分细分行业产业结构有所改善，但整体产业结构仍迫切需要转变

从化工各行业重点企业看，加快企业转型升级，实现创新发展，已成行业和企业共识。多数企业根据自身特点，制定了提质增效、新产品研发、展开差异化竞争的中长期规划。2015 年，合成材料、专用化学品、精细化学品等附加值较高的化工行业引领增长。其中，合成材料制造业增加值增幅达 11.6%，专用化学品制造增长 11.1%，涂（颜）料制造业增长 9.5%，增速明显高于其它行业。

2015 年前 11 个月，我国化工产品出口总值为 1378.8 亿美元，同期化工产品进口总值为 1456.6 亿美元。出口主要是基础化学原料等传统产品，而进口则是精细化学品、合成材料等中高端产品，显示出行业结构转型升级非常迫切。

（五）结构性产能过剩矛盾突出，部分细分行业效益连续下降甚至亏损

目前行业发展中存在的矛盾包括两方面。一方面，传统大宗石化产品的总产能明显超过国内市场需求，资源环境制约日益突出，依靠高投入、高消耗和低人工成本的外延式、粗放型的发展模式难以为继；另一方面，资源类产品和高端石油化工产品短缺突出，进口依存度很高，多年来行业进出口整体都处于贸易逆差状态。

炼油业和化工行业的总体产能过剩，化工行业中的氯碱、化肥、轮胎、基础化学原料制造等细分行业过剩问题依然十分严重，企业经营普遍困难，产业结构性过剩更为突出。市场监测显示，2015 年，PVC 通用树脂市场年均价格跌幅逾 10%；烧碱价格降幅 8%；电石价格降幅 12%；甲醇价格降幅更是达到 20%。相关数据和调查显示，氮肥、氯碱等出现行业性亏损；无机盐、甲醇、轮胎制造等行业利润连续二年或三年下降。

（六）成本高位运行，税负加重

2015 年以来，石化企业用工成本、融资成本、物流成本、环保成本、用电成本等呈上升趋势。数据显示，2015 年 1 ～ 11 月，全行业 100 元主营收入成本为 84.26 元，处于历史同期最高位。其中，化学工业 100 元主营收入成本达 87.29 元，高出全国规模工业平均 100 元主营收入成本 1.32 元；油气开采业单位成本增速最快，每 100 元主营收入成本达到 73.52 元，同比大幅增加 18.73 元。1 ～ 11 月，全行业财务费用同比增长 5.2%，其中油气开采和化学工业增幅分别为 11.7% 和 6.8%；而同期全国规模工业财务费用增幅仅为 0.9%。石油和化工行业的融资成本明显高于全国规模工业平均水平。

2015 年，全行业税金总额同比增长 5.0%，占全国规模工业税金总额的 21.1%，与全行业收入下降约 5.5%、利润降幅 20% 左右形成明显反差。其中，炼油业税费总额同比增长达到 42.7%，占全国规模工业税负总额的 12.4%，是同期炼油业利润总额的 9.3 倍。化工行业税金总额同比增长约 6%，收入增长却不足 3%；而同期全国规模工业税金总额增长不到 4.0%。

（七）国家力促《石化产业规划布局方案》落实，规范石油化工行业的发展

2015 年 5 月，国家发改委印发了《关于做好〈石化产业规划布局方案〉贯彻落实工作的通知》，推动《石化产业规划布局方案》的贯彻落实。

该项政策简化了项目审批程序，规定政府部门依法履行监管职责，加强事前、事中、事后全程监管。明确设定了新建项目和园区的指标要求，对地方政府、行业协会、企业都提出了要求。在当前经济下滑的形势下，国家强调细化部署《方案》落实工作，促进石化项目落地，以拉动投资，应对下行压力，有助于进一步规范石化行业的发展。

资料链接：

➢ 煤化工技术首获国家技术发明一等奖

2015 年 1 月 9 日上午，中共中央、国务院在北京人民大会堂隆重举行国家科学技术奖励大会。2014 年度国家科技奖获奖名单中通用类项目共有 251 项，其中化学化工类项目 52 项，约占获奖总数的 20.7%。其中，煤化工领域大连化物所甲醇制取低碳烯烃 (DMTO) 技术项目获得技术发明一等奖。这是煤化工项目首次获此殊荣。

➢ 国家发布化肥农药零增长行动方案

2015 年 2 月 17 日，农业部发布《化肥使用量零增长行动方案》和《农药使用量零增长行动方案》，提出到 2020 年全国化肥农药用量实现零增长。此后，工信部明确不再新增农药生产企业备案。

➢ 天津滨海新区危化品仓库爆炸

2015 年 8 月 12 日 23 时 30 分左右，天津滨海新区瑞海国际物流有限公司危险品仓库发生爆炸事故，导致 165 人死亡。事故发生后，党中央、国务院高度重视。中共中央总书记、国家主席、中央军委主席习近平对天津滨海新区危险品仓库爆炸作出重要指示，要求尽快控制消除火情，全力救治伤员，确保人民生命财产安全。

资料来源：中化新网讯

三、2016 年石油石化行业前景分析

我国石油和化工行业既面临经济增速换挡、产业结构调整、发展方式转型的关键时期，同时仍处于重要的发展机遇期。应围绕贯彻创新、协调、绿色、开放、共享的几大新的发展理念，深度推进供给侧结构性改革，实现石化行业大国向强国的跨越。2016 是实施“十三五”规划的开局之年，也是推进结构性改革的攻坚之年，预计石油和化工行业总体较 2015 年稳中趋升。

（一）国际油价低位运行，供需基本面因素影响加大

展望 2016 年，预计国际油价整体处于低位运行，供给大于需求。影响油价的主要因素以供需基本面因素影响最大，其他因素如地缘政治、原油库存、美元走强、世界经济增速等也将影响国际油价走势。除美国外，其余发达体经济表现不佳，包括中国在内的发展中国家增速放缓，导致石油需求增速减弱。另外，由于美国页岩油技术突破，美国经济复苏，全球原油将呈现总体供大于求的态势，据 EIA 预测，2016 年世界石油供应增长 70 万桶 / 日，其中欧佩克国家增长 120 万桶 / 日，非欧佩克国家下降 50 万桶 / 日。2016 年国际油价将继续维持低位运行，美国西得克萨斯轻质原油 (WTI) 和布伦特原油期货年均价格为每桶 40 美元至 50 美元。

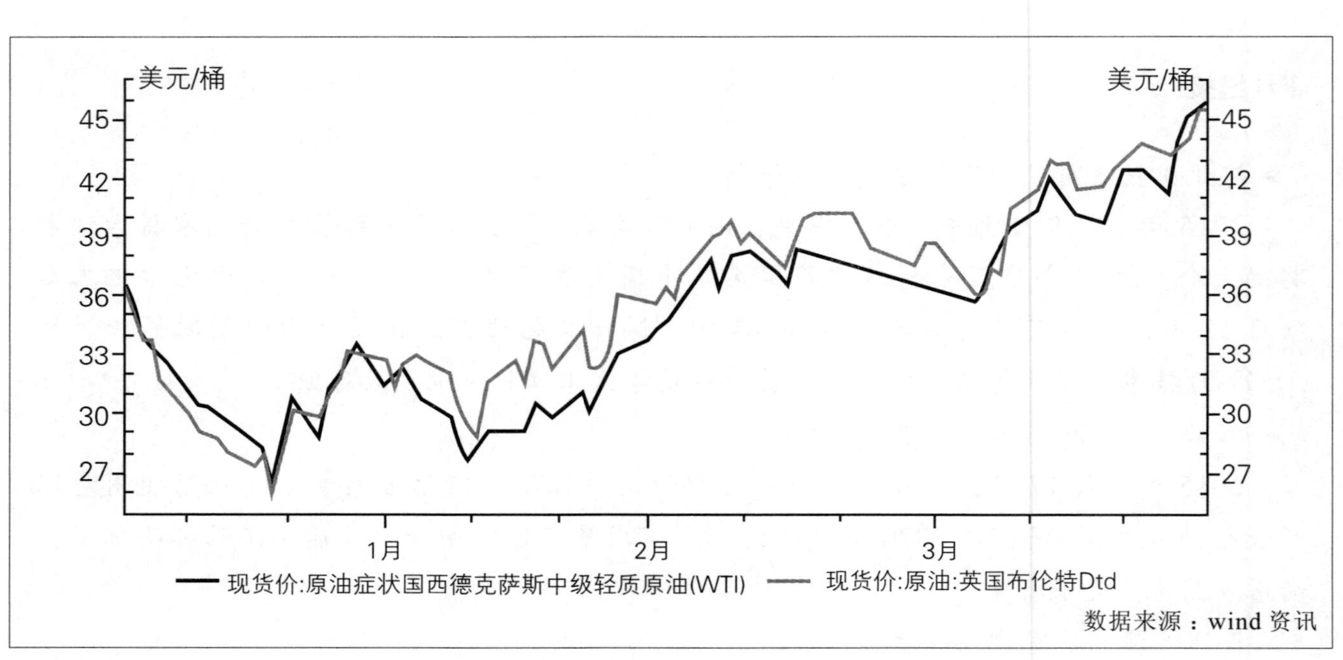

图 7 – 3 2016 年 1–4 月国际石油价格走势图

（二）石油供需均衡持续增长，增速放缓，石化行业从供需角度平稳增长

据有关数据，预计 2016 年石化产业供需将保持平稳增长，需求同比略有增长。预计国内油气表观消费总量在 7.5 亿吨（油当量）左右，增长 4.8%；主要化学品表观消费总量在 5.33 亿吨上下，增幅 5.0%；化肥和农药市场将保持相对平稳的运行态势，化肥价格总水平比上年略有下降，农药则会有所上升，涨幅在 1.5% 左右；我国合成材料

表观消费总量增幅仍保持在6%左右，我国合成材料市场总体上供不应求，缺口较大，是化工行业进口量最大的产品种类之一。

2016年，中国石油计划原油产量为924.7百万桶，天然气产量3172.0十亿立方英尺，油气当量合计为1453.6百万桶，计划原油加工量为1008.6百万桶。中国石化计划生产原油332百万桶，其中境外58百万桶；计划天然气生产8650亿立方英尺，年计划加工原油2.38亿吨，生产成品油1.49亿吨，计划境内成品油经销量1.71亿吨，计划生产乙烯1120万吨。

（三）地方炼油企业进口原油使用权开启，促进炼油行业变革

油气行业的上游勘探开发环节及原油进口一直被中石油、中石化、中海油和延长油田四家垄断，地炼企业只得用燃料油代替原油作为原料。进入2015年，国家向地炼企业放开进口原油使用权。2015年2月16日，国家发改委发布了《关于进口原油使用管理有关问题的通知》，允许符合条件的地方炼油厂在淘汰一定规模落后产能或建设一定规模储气设施的前提下使用进口原油。这项政策红利不仅可以一定程度上解决地炼企业原油供应问题，也将促进淘汰、转产落后产能，行业将加快洗牌。目前，全国获得原油进口资质审批的地炼企业共11家。在当前全球经济低迷和我国经济下行压力下，获得原油进口资质的民营油企将迎来巨大的机遇和挑战。

（四）国家出台产业政策，有利于绿色石化产业目标的长远规范运行

1. 污染物排放新标准实施，收取排污费

2015年5月，环保部制定并会同国家质检总局发布了《石油炼制工业污染物排放标准》(GB31570-2015)、《石油化学工业污染物排放标准》(GB31571-2015)、《合成树脂工业污染物排放标准》(GB31572-2015)、《无机化学工业污染物排放标准》GB31573-2015)、《再生铜、铝、铅、锌工业污染物排放标准》(GB31573-2015)和《火葬场大气污染物排放标准》（GB13801-2015)等6项国家大气污染物排放标准。石油炼制、石油化工和合成树脂工业长期以来一直执行综合型排放标准。新制定的标准不仅大幅收严了常规污染物的排放限值，还针对行业的挥发性有机物提出《挥发性有机物排污收费试点办法》控制要求，自2015年10月1日起施行。办法规定直接向大气排放VOCs的试点行业企业应当缴纳VOCs排污费。

环保新政的执行，能在一定程度上制约重污染行业的无序产能扩张。短期来看，对于中小型化工企业利空明显，尤其“三高”行业影响正在逐步扩大，很多小企业可能面临停产、重组或收购。长期来看，有利于化工行业绿色转型，同时，如氯碱、塑料、焦化、电石等行业也将因为环保因素的影响，市场供给将会减少。

2. 油品质量升级政策进一步提速，推动炼油企业升级

2015年5月5日，发改委等七部门联合印发《加快成品油质量升级工作方案》。《方案》，明确自2016年1月1日起，东部地区11个省市（北京、天津、河北、辽宁、上海、江苏、浙江、福建、山东、广东和海南）全面供应符合国Ⅴ标准的车用汽油、车用柴油。2017年1月1日起，全国全面供应符合国Ⅴ标准的车用汽油、车用柴油，同时停止国内销售低于国Ⅴ标准车用汽、柴油。2018年1月1日起，全国供应与国Ⅴ标准车用柴油相同硫含量的普通柴油，停止

国内销售低于国V标准普通柴油。《方案》推动了炼油企业加快升级。

3. 规范化工园区发展 促进产业投资

工信部2015年12月11日印发《促进化工园区规范发展指导意见》。《意见》明确，严禁在生态红线区域、自然保护区、饮用水水源保护区、基本农田保护区以及其他环境敏感区域内建设化工园区。工信部已经制定了系列文件，明确危化品企业搬迁将获得专项基金支持。据测算，这项工作将带动约4,000亿元的机械设备需求和600亿～800亿元的信息化改造需求。

石化工业高速发展催生了巨量的危化品物流需求，物流是危化品事故多发的重要环节，工信部还编制了《推进城镇人口密集区高风险危化品生产企业搬迁改造工作方案》。工信部、发改委等已经征集到危化品搬迁改造项目1,350个、总投资6,000多亿元。目前，已从各地上报项目中遴选了3批、共238个项目，纳入专项建设基金支持范围，涉及总投资2,750亿元。

资料链接：

➢ 天然气价格调整方案发布市场化程度加深

2015年11月18日，发改委正式公布天然气价格调整方案，宣布降低非居民用天然气门站价格，每立方米下调0.7元，自11月20日起执行。此次价格改革表明，门站价格逐渐解除政府管制，通过上下游协商形成非民用天然气价格，天然气交易进一步公开透明化。

➢ 智慧化工园区试点工作启动

2015年9月8日，工信部原材料司和中国石化联合会共同举办智慧化工园区试点工作启动会，标志着石油和化工行业以“互联网＋”为基础的智能化、信息化建设迈出新步伐。

➢ 石化行业发布《绿色可持续发展宣言》

2015年9月18日，在2015中国国际石油化工大会上，中国石化联合会代表中国石化行业发布《中国石油和化学工业绿色可持续发展宣言》，向全社会、全世界作出庄严承诺，坚定走绿色可持续发展之路。

资料来源：中化新网讯

附表

2015 年度石油石化行业上市公司业绩评价结果排序表

行业排名	全部上市公司排名	股票代码	股票简称	综合得分（100 分）	每股收益（元）	总资产报酬率（次）	净资产收益率(%)	总资产周转率（次）	流动资产周转率（次）	资产负债率(%)	已获利息倍数	营业收入增长率(%)	资本扩张率(%)	市场投资回报率(%)	股价波动率(%)	年末资产总额（万元）	营业收入（万元）	净利润（万元）
1	24	002643	万润股份	79.54	0.78	12.91	12.74	0.71	1.27	13.9	921.15	52.61	86.75	160.75	174.92	301880.84	163104.26	25792.06
2	26	002470	金正大	79.33	0.71	11.98	14.47	1.56	3.01	30.84	25.24	30.94	16.21	47.48	121.76	1174595.22	1774802.84	111162.83
3	32	000902	新洋丰	78.65	1.18	16.17	19.38	1.58	2.85	28.25	62.85	15.17	71.34	87.15	153.4	697048.96	961908.44	77785.54
4	51	002450	康得新	76.86	0.98	13.68	19.87	0.51	0.71	49.83	5.64	43.23	90.91	87.87	147.31	1836800.41	745937.66	140492.44
5	80	603010	万盛股份	74.69	0.85	11.96	11.75	0.98	1.93	16.21	176.7	17.81	81.78	128.01	215.3	110992.17	87997.09	8502.17
6	81	600315	上海家化	74.57	3.31	38.14	17.16	0.85	1.04	29.79	0	9.58	50.55	10.89	75.96	815939.00	584586.53	220996.21
7	84	600176	中国巨石	74.5	1.13	8.74	14.18	0.33	0.91	59.34	2.65	12.55	139.22	77.95	144.76	2408362.82	705478.73	98653.16
8	109	002224	三力士	73.5	0.38	19.27	17.71	0.63	0.91	7.89	300.63	−3.97	13.77	159.49	189.74	158039.35	93111.07	24422.27
9	124	300072	三聚环保	73.12	1.19	15.79	23.27	0.73	0.93	52.46	4.68	89.31	132.6	82.86	152.68	1023148.03	569811.52	81441.36
10	131	300196	长海股份	72.87	1.11	14.82	15.3	0.8	2.42	33.28	13.16	36.26	32.81	51.86	129.67	226749.49	151606.43	22470.32
11	139	002588	史丹利	72.69	1.07	13.45	16.65	1.23	2.18	39.37	67.64	24.53	25.23	78.47	145.2	631532.97	704068.46	62203.82
12	145	600426	华鲁恒升	72.54	0.95	10.8	12.89	0.7	4.15	36.47	5.04	−10.9	11.52	31.16	117.13	1160859.68	865129.61	90464.94
13	155	600688	上海石化	72.23	0.3	14.94	17.13	2.73	9.15	28.14	20.86	−20.92	19.56	48.95	174.02	2802217.10	8080342.20	328195.20
14	161	601216	君正集团	72.05	0.23	7.92	8.66	0.3	1.05	40.35	3.66	1.04	87.6	77.74	157.89	2047707.08	483338.57	82332.58
15	217	002215	诺普信	70.8	0.25	9.49	13.86	0.79	1.44	42.52	37.79	0.32	12.86	177.76	249.4	307704.87	220974.49	23322.35
16	244	002538	司尔特	70.22	0.4	8.9	9.14	0.79	1.34	26.64	5.94	25.04	70.48	54.88	133.45	410567.46	297385.68	24668.89
17	265	002562	兄弟科技	69.65	0.38	7.22	7.66	0.55	0.89	17.19	25.6	13.03	103.32	126.02	187.82	205907.41	90529.07	10233.42
18	273	600803	新奥股份	69.38	0.82	12.39	16.27	0.54	1.77	56.73	5.54	16.24	−2.72	31.3	164.3	1137540.97	565916.55	88450.44
19	276	002054	德美化工	69.4	0.68	16.62	2.98	0.82	2.02	20.92	14.68	70.3	9.53	109.53	162.19	248906.44	209210.93	30710.48
20	278	600352	浙江龙盛	69.28	0.79	14.36	14.58	0.6	1	43.41	15.37	−2.03	23.34	3.85	126.48	2663066.77	1484211.31	287807.38
21	304	300109	新开源	68.86	0.43	7.97	7.19	0.34	1.09	5.92	58.68	14.72	190.54	305.06	287.7	123597.36	29063.98	5698.57
22	317	002382	蓝帆医疗	68.71	0.7	14.78	14.75	0.97	1.86	20.94	49.42	−1.7	13.2	54.96	147.57	149726.99	150898.47	16816.35
23	318	000819	岳阳兴长	68.68	0.2	8.61	6.79	1.86	3.16	13.29	39.7	1.47	5.81	141.29	260.27	81880.15	148231.57	4714.83
24	324	300387	富邦股份	68.45	0.52	10.51	11.98	0.53	0.72	24.52	74.61	29.3	14.51	33.54	120.28	86322.10	39234.72	6605.23
25	326	002709	天赐材料	68.52	0.82	9.11	8.02	0.71	1.45	26.72	20.89	34.03	40.69	157.05	245.82	162625.07	94580.47	9943.95
26	328	002010	传化股份	68.5	0.2	9.29	3.9	0.57	0.8	22.96	13.46	6.17	415.65	161.72	293.9	1448232.84	534034.04	61841.14
27	333	002250	联化科技	68.39	0.77	12.57	16.82	0.66	1.78	34.1	27.99	0.44	19.91	20.96	94.76	634516.39	400778.69	64457.63
28	342	002080	中材科技	68.31	0.75	6.4	10.29	0.73	1.21	61.4	6.37	31.71	12.43	105.68	134.35	799750.76	582758.62	33681.67

续表

行业排名	全部上市公司排名	股票代码	股票简称	综合得分（100分）	每股收益（元）	总资产报酬率（次）	净资产收益率(%)	总资产周转率（次）	流动资产周转率（次）	资产负债率(%)	已获利息倍数	营业收入增长率(%)	资本扩张率(%)	市场投资回报率(%)	股价波动率(%)	年末资产总额（万元）	营业收入（万元）	净利润（万元）
29	357	601678	滨化股份	67.85	0.44	9.48	8.09	0.67	3.22	33.82	5.19	−1.49	6.25	16.64	111.98	727014.80	481614.23	37919.42
30	369	002324	普利特	67.73	0.96	13.1	13.5	1.08	1.71	36.96	14.25	37.6	16.27	59.34	153.87	291817.01	278742.42	26039.43
31	371	002002	鸿达兴业	67.71	0.57	7.77	15	0.36	1.33	63.95	5.02	14.76	48.02	194.04	280.29	1163146.21	380998.26	53980.07
32	373	300214	日科化学	67.59	0.26	9.79	7.67	0.97	1.63	14.95	17.85	9.08	6.79	99.41	143.07	155139.22	142336.31	10780.68
33	391	300037	新宙邦	67.29	0.72	7.92	7.48	0.47	0.88	13.86	103.08	23.45	47.27	94.42	142.79	231026.27	93425.67	13309.57
34	397	002669	康达新材	67.21	0.56	16.21	16.49	0.87	1.29	20.36	35.79	37.9	15.84	122.63	168.15	90497.41	72698.05	11254.42
35	422	300230	永利股份	66.87	0.5	10.14	10.98	0.78	1.36	35.47	32.81	132.58	81.41	247.22	261.49	168182.55	92843.79	9704.26
36	426	300398	飞凯材料	66.84	1.01	13.84	13.64	0.47	0.77	26.31	25.79	7.37	13.87	83.13	152.8	99583.13	43207.27	10521.34
37	447	600583	海油工程	66.45	0.77	13.09	14.28	0.52	1.18	26.88	48.39	−26.46	11.76	−12.99	133.04	3144283.19	1620150.67	341026.97
38	461	600273	嘉化能源	66.19	0.51	15.4	20.03	0.62	1.96	41.41	22.24	0.18	19.9	11.57	162.88	587713.34	339133.03	67529.72
39	462	002597	金禾实业	66.23	0.38	7.74	7.47	0.95	1.74	39.64	6.4	3.52	2.82	53.75	152.98	363748.96	332775.07	18382.17
40	469	002004	华邦健康	66.13	0.34	6.54	8.19	0.37	0.82	47.18	3.28	26.87	83.73	93.08	159.24	1971039.73	617430.57	65682.32
41	479	600889	南京化纤	65.76	1.49	20.94	1.45	0.6	1.58	35.19	32.99	−14.3	33.18	101.56	198.33	217104.02	151847.34	45792.09
42	483	300054	鼎龙股份	65.7	0.36	13.39	12.82	0.63	1.15	16.82	42.7	14.28	13.7	76.41	185.09	177868.71	104983.64	18651.10
43	513	600309	万华化学	65.15	0.74	9.02	15.83	0.44	1.88	68.99	3.75	−11.75	11.57	−23.7	106.66	4780441.71	1949238.29	227956.08
44	539	600486	扬农化工	64.83	1.47	12.73	14.16	0.69	1.13	30.55	413.57	10.41	15.73	4.29	82.76	465735.62	311412.97	47040.45
45	567	002108	沧州明珠	64.38	0.35	11.9	12.45	0.88	1.53	26.43	12.42	4.08	10.13	108.48	144.73	243548.66	217525.82	21539.63
46	578	300019	硅宝科技	64.19	0.27	12.22	12.33	0.71	1.43	26.33	143.19	10.31	9.37	92.65	225.02	89883.97	60615.64	8928.60
47	579	002172	澳洋科技	64.18	0.2	6.87	7.35	1.26	3.78	67.89	2.26	29.94	73.79	118.21	201.85	367575.96	380877.86	10675.34
48	582	000565	渝三峡A	64.2	0.33	15.43	3.04	0.64	1.31	26.7	17.33	19.91	23.08	170.74	246.26	106081.77	64834.18	14457.37
49	592	002584	西陇科学	64.08	0.43	6.57	5.74	1.24	2	24.83	10.73	14.36	57.97	177.56	297.19	239134.93	251352.93	9669.59
50	600	300285	国瓷材料	64.04	0.34	10.96	9.42	0.51	1.13	26.25	22.24	42.09	11.81	195.75	216.76	118674.72	53268.39	9829.42
51	603	600985	雷鸣科化	63.9	0.44	9.21	9.53	0.59	1.49	21.33	67.13	−8.47	8.55	26.22	123.87	160072.12	90414.75	11832.03
52	606	002666	德联集团	63.93	0.24	8.81	7.62	0.76	1.06	17.45	18.33	14.96	63.87	91.64	175.95	321335.51	198020.08	18143.61
53	610	002539	新都化工	63.78	0.23	6.36	6.68	0.75	2.03	65.16	2.92	25.08	23.42	151.34	182.41	886577.85	583772.96	24637.04
54	650	600160	巨化股份	63.41	0.09	2.78	1.29	1.05	3.25	20.76	8.78	−2.53	0.01	242.2	268.08	919314.13	951615.73	16436.34
55	662	000096	广聚能源	63.41	0.28	10.06	1.06	0.47	0.88	8.92	0	−1	6.84	130.17	245.28	221705.22	99783.74	14936.35
56	685	300174	元力股份	62.99	0.23	6.41	6.65	0.79	2.08	30.17	17.75	47.7	24.3	188.62	295.08	88785.95	58830.65	4456.74

续表

行业排名	全部上市公司排名	股票代码	股票简称	综合得分（100分）	每股收益（元）	总资产报酬率（次）	净资产收益率(%)	总资产周转率（次）	流动资产周转率（次）	资产负债率(%)	已获利息倍数	营业收入增长率(%)	资本扩张率(%)	市场投资回报率(%)	股价波动率(%)	年末资产总额（万元）	营业收入（万元）	净利润（万元）
57	686	002632	道明光学	63.03	0.16	4.15	3.19	0.33	0.75	9.47	276.62	−7.19	54.39	219.99	246.09	156458.95	42949.78	4499.52
58	708	002395	双象股份	62.71	0.13	3.16	3.12	0.86	1.34	23.84	14.21	23.31	2.51	179.58	225.36	116852.76	99048.68	3069.00
59	714	300063	天龙集团	62.56	0.22	4.21	2.8	0.75	1.6	36.29	3.76	89.34	193.35	144.29	249.6	335142.96	171406.94	4293.73
60	717	000818	方大化工	62.59	0.18	5.52	6	0.98	5.07	16.28	9.25	−12.64	6.1	116.95	297.78	257633.97	258237.13	12117.22
61	721	300305	裕兴股份	62.45	0.57	7.16	5.84	0.39	0.56	4.86	202.44	−10.58	6.63	70.71	181.6	139962.45	52113.35	8204.37
62	725	002018	华信国际	62.54	0.13	8.06	0.22	1.89	2.76	42.89	19.13	47.36	13.17	215.19	272.25	539305.83	798333.46	19423.27
63	751	603188	亚邦股份	62.23	1.16	22.39	22.48	0.61	1.06	23.03	49.11	−1	15.83	3.2	167.89	408225.52	229031.43	66532.53
64	757	002258	利尔化学	62.23	0.68	8.32	9	0.65	1.7	39.32	8.26	13.03	10.43	62.38	152.23	255667.63	148907.15	14475.28
65	791	600500	中化国际	61.56	0.23	5.36	3.65	1.24	3.1	51.35	3.77	13.32	36.34	23.69	173.13	4033781.73	4374569.19	103009.25
66	794	300180	华峰超纤	61.55	0.3	6.23	8.23	0.52	1.79	42.3	67.37	17.17	7.49	69.52	151.35	264384.94	113695.79	11893.65
67	803	300343	联创股份	61.36	0.3	3.28	2.22	0.57	1.69	31.42	4.91	15.85	213.31	255.51	289.71	247733.69	96457.92	2743.27
68	809	002440	闰土股份	61.42	0.96	11.71	11.11	0.59	1.05	18.59	40.31	−15.4	1.91	−5.64	152.23	759030.14	452182.75	74963.31
69	813	600409	三友化工	61.3	0.22	5.2	5.98	0.68	2.73	66.52	2.01	7.87	3.47	27.13	120.02	2034725.75	1369385.31	38411.71
70	815	002493	荣盛石化	61.34	0.16	2.5	2.16	0.84	2.94	65.62	1.93	−9.86	48.07	156.84	195.93	3747351.49	2867373.28	28861.41
71	817	002053	云南盐化	61.29	0.49	4.86	7.29	0.42	2.36	50.96	2.25	−11.29	100.96	61.46	170.04	404387.31	166553.42	11319.34
72	828	000830	鲁西化工	61.16	0.18	4.41	3.24	0.61	3.95	64.4	1.73	−1.22	33.27	35.77	167.15	2236681.32	1287089.68	28931.38
73	829	000637	茂化实华	61.18	0.17	14.65	14.17	2.47	4.07	25.68	13.37	−23.61	5.57	31.93	155.37	127179.76	306697.39	13526.50
74	845	300200	高盟新材	60.85	0.25	7.76	6.89	0.59	0.81	8.14	0	−5.65	1.43	46.59	140.95	83683.40	48847.29	5353.47
75	848	002127	南极电商	60.87	0.59	17.88	19.53	0.34	0.38	10.01	0	−75.26	164.91	125.58	194.92	137278.99	38922.91	17226.61
76	849	002096	南岭民爆	60.92	0.29	5.72	4.17	0.65	1.72	35.33	6.07	22.74	13.71	128.08	226.54	369767.40	219855.12	12576.40
77	854	600028	中国石化	60.77	0.27	4.44	5.59	1.39	5.83	45.56	7.76	−28.56	21.41	−23.85	111.05	144312900.00	201888300	4334600
78	856	300321	同大股份	60.84	0.78	6	5.94	0.64	1.51	18.81	17.88	−7.65	5.01	68.78	215.42	68954.97	45321.52	3459.34
79	859	002391	长青股份	60.82	0.69	8.42	9.43	0.55	1.28	18.69	18.05	0.65	27.09	7.7	125.07	355172.81	182080.93	23562.19
80	864	002381	双箭股份	60.7	0.3	8.59	8.25	0.63	0.97	19.59	0	−13.41	2.79	103.79	195.91	152475.21	95430.58	10642.54
81	897	300108	双龙股份	60.19	0.38	8.28	7.67	0.3	0.74	28.53	8.52	97.63	9.1	71.97	201.91	232017.98	67840.02	13830.65
82	901	002360	同德化工	60.18	0.21	9.98	7.74	0.51	1.21	17.9	22.04	−24.78	4.87	69.04	186.41	130231.55	67455.23	8621.75
83	926	300320	海达股份	59.84	0.22	8.8	8.7	0.78	1.2	28.15	15.43	−0.98	6.78	87.69	210.04	108920.52	82878.69	6975.99
84	932	600469	风神股份	59.74	0.66	5.4	7.62	0.92	1.97	56.78	4.51	−22.15	6.21	32.56	144.71	687007.16	635785.12	24723.41

续表

行业排名	全部上市公司排名	股票代码	股票简称	综合得分（100分）	每股收益（元）	总资产报酬率（次）	净资产收益率(%)	总资产周转率（次）	流动资产周转率（次）	资产负债率(%)	已获利息倍数	营业收入增长率(%)	资本扩张率(%)	市场投资回报率(%)	股价波动率(%)	年末资产总额（万元）	营业收入（万元）	净利润（万元）
85	934	600143	金发科技	59.7	0.28	6.86	6.27	1.1	1.81	42.87	4.85	-2.56	2.86	22.79	187.64	1471351.41	1568209.82	69214.48
86	947	002361	神剑股份	59.59	0.3	7.66	7.42	0.56	0.81	26.59	8.87	-5.67	45.92	95.7	296.48	234793.49	117868.84	11689.17
87	948	002254	泰和新材	59.63	0.16	5.19	4.54	0.62	1.26	17.62	366.77	-10	3.4	67.31	118.32	255772.05	159848.13	10911.46
88	949	002221	东华能源	59.64	0.59	5.09	12.06	1.31	2.74	78.25	4.1	29.15	-2.72	40.12	206.27	1489705.77	1719598.16	40555.98
89	961	002326	永太科技	59.47	0.18	7.32	7.73	0.52	1.19	44.38	5.58	45.27	10.53	198.45	314.08	343706.42	154201.26	14333.71
90	992	300031	宝通科技	59	0.23	8.11	7.44	0.46	0.76	12.14	1949.67	-6.49	10.77	279.7	259.85	104139.70	46982.04	6997.18
91	1000	002427	尤夫股份	58.86	0.27	5.93	5.68	0.72	1.52	29.75	3.91	-19.13	93.83	116.34	265.86	306698.68	200504.52	10414.58
92	1011	000545	金浦钛业	58.78	0.13	7	0.44	0.31	0.6	30.09	18.18	-3.41	8.7	71.93	154.27	252483.19	70987.23	13118.22
93	1030	300225	金力泰	58.44	0.15	6.76	7.18	0.67	1.08	20.25	0	1.32	6.63	56.92	166.21	107150.36	70249.66	6305.76
94	1055	002206	海利得	58.2	0.44	6.81	8.49	0.61	1.41	41.58	35.77	-7.22	3.94	95.36	188.68	363794.99	212094.14	19793.24
95	1058	300325	德威新材	58.06	0.2	6	7.65	0.79	1.14	60.22	2.96	13.75	8.06	147.89	217.36	214773.85	156803.27	6507.82
96	1059	300218	安利股份	58.14	0.26	5.09	4.9	0.77	2.07	43.49	3.47	3.29	4.04	80.44	167.62	180863.22	137608.99	6170.36
97	1060	002497	雅化集团	58.07	0.12	5.9	4.13	0.46	1.56	17.25	26.47	-7.67	1.28	42.96	140.51	289331.21	134334.96	12779.92
98	1061	002165	红宝丽	58.1	0.19	9.36	9.79	1.02	2.03	39	8.33	-14.22	5.54	38.95	118.66	179248.06	182747.68	10875.28
99	1078	600458	时代新材	57.8	0.39	3.27	5.87	0.93	1.51	63.78	3.37	80.18	60.53	9.81	202.01	1308417.82	1082510.71	25732.30
100	1090	300192	科斯伍德	57.72	0.14	5.12	4.65	0.61	1.06	15.47	60.53	-4.98	4.35	75.89	200.04	80292.28	49507.85	3472.21
101	1122	000973	佛塑科技	57.33	0.09	4.79	1.94	0.57	1.39	51.97	2.83	5.69	4.59	106.36	196.47	487967.92	288692.25	12551.35
102	1149	000698	沈阳化工	56.95	0.23	4.68	-5.87	1.13	4.38	59.78	1.93	-8.26	24.78	54.31	179.74	963062.46	966390.05	18603.40
103	1158	000936	华西股份	56.9	0.11	3.95	3.54	0.55	1.22	24.72	4.5	-2.58	24.19	127.34	244.36	389815.43	201295.41	9531.84
104	1161	601857	中国石油	56.81	0.19	3.44	1.89	0.72	4.66	43.85	3.39	-24.42	2.01	-29.75	114.97	239409400.00	172542800	4236400
105	1166	002455	百川股份	56.8	0.13	5.61	6.72	1.15	2.4	57.06	2.56	-20.96	0.11	152.19	229	189184.79	229575.49	6012.65
106	1175	600618	氯碱化工	56.59	0.08	4.7	-0.98	1.16	3.96	53.18	1.78	-12.04	0.61	70.08	120.53	484785.44	617087.42	10488.95
107	1184	300121	阳谷华泰	56.42	0.14	7.04	7.58	0.7	1.26	59.79	2.34	15.38	6	88.82	173.53	124125.62	86002.66	3931.29
108	1189	000635	英力特	56.36	0.1	1.3	0.74	0.54	2.85	11.15	0	-12.25	0.91	21.18	122.39	314381.53	169581.67	2970.92
109	1190	600182	S 佳通	56.33	0.6	18.86	20.57	1.05	1.73	33.9	23.66	-20.52	-6.71	40.2	177.08	286132.89	316959.79	40549.25
110	1192	300107	建新股份	56.26	0.04	2.88	2.71	0.45	1.02	5.09	0	-10.89	3.82	55.39	172.93	94494.56	41555.08	2315.07
111	1198	300073	当升科技	56.19	0.08	1.09	0.6	0.62	1.17	28.67	18.89	37.67	51.87	120.62	206.66	174069.79	86042.27	1328.16
112	1206	300370	安控科技	56.07	0.33	9.1	12.47	0.45	0.68	46.31	6.47	27.84	87.46	22.58	204.76	154210.93	54764.70	8137.05

续表

行业排名	全部上市公司排名	股票代码	股票简称	综合得分（100分）	每股收益（元）	总资产报酬率（次）	净资产收益率(%)	总资产周转率（次）	流动资产周转率（次）	资产负债率(%)	已获利息倍数	营业收入增长率(%)	资本扩张率(%)	市场投资回报率(%)	股价波动率(%)	年末资产总额（万元）	营业收入（万元）	净利润（万元）
113	1211	002092	中泰化学	56.13	0.01	3.65	0.33	0.44	2.1	67.69	1.25	36.56	17.04	8.64	120.34	3702765.45	1526319.94	18748.58
114	1215	002637	赞宇科技	55.99	0.1	2.6	0.68	1.44	2.95	43.69	2.13	13.11	9.87	79.34	179.81	216552.97	282235.55	1804.16
115	1237	000949	新乡化纤	55.66	0.13	5.62	4.9	0.65	1.74	49.45	2.57	7.94	4.16	12.76	146.7	497812.35	306625.76	13820.34
116	1246	300163	先锋新材	55.48	0.07	4.04	3.54	0.7	1.82	40.35	4.1	65.99	1.11	253.48	307.68	116002.62	74344.67	2980.90
117	1266	002554	惠博普	55.34	0.32	8.23	9.33	0.45	0.83	34.25	6.82	−1.62	40.41	19.49	152.4	322512.48	135905.04	17166.92
118	1272	300221	银禧科技	55.22	0.1	5.34	3.92	0.92	1.47	39.97	2.6	3.77	7.78	89.13	173.87	127516.03	114871.23	3959.18
119	1273	002407	多氟多	55.22	0.17	2.86	0.9	0.62	1.43	38.56	1.85	2.36	41.97	334.12	330.01	382527.14	218210.65	3159.91
120	1276	000822	山东海化	55.05	0.14	5.8	4.76	0.93	2.2	39.02	7.99	−27.46	5.7	42.5	137.38	371410.91	352289.86	12216.72
121	1295	002409	雅克科技	54.88	0.54	6.73	5.09	0.59	0.85	21.06	26.08	−23.98	5.58	16.77	117.48	170989.13	100573.44	9028.05
122	1310	300243	瑞丰高材	54.68	0.23	7.53	9.95	0.77	1.27	62.52	4.82	−4.81	10.27	151.11	269.24	124523.49	80485.28	4730.95
123	1313	002496	辉丰股份	54.73	0.45	5.19	5.13	0.62	1.39	41.43	4.2	37.22	55.69	37.42	161.93	617228.63	333306.76	16347.99
124	1314	002170	芭田股份	54.66	0.18	6.01	8.56	0.62	1.97	50.62	5.24	−8.09	20.88	43.86	274.45	392013.26	217030.55	15950.03
125	1317	603077	和邦生物	54.62	0.07	3.96	3.18	0.28	1.39	41.22	3.35	30.97	38.52	104.93	202.13	1119743.92	286264.41	23873.24
126	1323	002556	辉隆股份	54.63	0.36	5.96	4.45	1.65	2.33	61.21	3.21	4.05	5.73	45.46	194.67	594029.02	981779.10	19459.90
127	1327	002064	华峰氨纶	54.56	0.15	7.05	7.51	0.52	1.35	37.72	11.59	7.87	6.75	15.29	159.11	538501.69	254736.19	25412.65
128	1358	002601	佰利联	54.03	0.57	3.63	4.75	0.51	1.4	59.07	3.56	28.43	4.11	84.14	152.28	576104.35	263453.22	11895.82
129	1376	601233	桐昆股份	53.63	0.12	2.28	1.19	1.51	4.52	53.79	1.85	−13.31	1.42	31.61	187.69	1510522.72	2175368.01	11993.92
130	1395	002192	融捷股份	53.37	0.06	3.37	2.54	0.25	0.72	17.67	2.69	−51.13	144.2	192.06	208.41	92974.33	23245.12	1594.01
131	1397	300041	回天新材	53.34	0.47	6.39	4.51	0.63	1.2	14.58	20.78	15.58	42.5	31.22	237.51	177096.87	97521.25	8349.97
132	1400	002125	湘潭电化	53.33	0.07	2.76	1.25	0.3	0.69	59.7	1.43	−6.61	237.95	121.28	218.62	263199.35	62554.02	1227.43
133	1416	300409	道氏技术	53	0.52	6.77	8.74	0.59	0.8	44.58	14.12	23.9	4.86	98.11	257.11	106791.14	55356.31	5090.46
134	1435	002256	彩虹精化	52.82	0.16	5.6	8.05	0.33	0.94	67.76	2.84	−4.12	6.89	166.34	263.22	186249.03	50625.53	5191.51
135	1452	600470	六国化工	52.54	0.29	3.28	−0.08	0.88	2.61	65.02	1.48	5.79	2.18	64.29	170.86	618251.74	557699.82	3887.99
136	1502	000703	恒逸石化	51.78	0.16	2.65	−5.88	1.17	2.92	66.96	1.45	8.04	18.72	29.17	170.15	2520875.49	3031770.67	16213.88
137	1504	600141	兴发集团	51.7	0.15	3.96	1.22	0.6	2.91	71.73	1.29	8.78	−0.62	−5.27	104.93	2137331.02	1239234.15	10236.17
138	1524	600727	鲁北化工	51.37	0.08	2.04	1.53	0.42	1.13	22.06	0	7.85	2.52	87.84	202.43	135483.39	57070.13	2771.85
139	1528	002408	齐翔腾达	51.42	0.25	4.26	3.42	0.59	1.75	30.41	3.37	−17.73	50.62	−10.34	166.19	804848.26	427845.84	18727.63
140	1543	300067	安诺其	51.17	0.12	6.83	6.24	0.58	0.99	29.24	12.49	−7.56	8.45	61.6	148.25	137247.76	68994.88	6136.48

续表

行业排名	全部上市公司排名	股票代码	股票简称	综合得分（100分）	每股收益（元）	总资产报酬率（次）	净资产收益率(%)	总资产周转率（次）	流动资产周转率（次）	资产负债率(%)	已获利息倍数	营业收入增长率(%)	资本扩张率(%)	市场投资回报率(%)	股价波动率(%)	年末资产总额（万元）	营业收入（万元）	净利润（万元）
141	1547	601113	华鼎股份	51.14	0.15	4.02	-4.18	0.4	0.76	36.01	2.65	-6.47	64.52	92.08	220.52	425605.94	159218.73	10023.65
142	1568	300236	上海新阳	50.89	0.28	4.56	4.5	0.33	0.72	21.8	29.26	-2.04	5.82	97.72	187.42	115995.99	36848.02	4144.38
143	1569	300169	天晟新材	50.85	0.07	2.99	1.85	0.41	0.93	31.99	1.95	0.02	1.54	108.46	207.31	182086.51	76118.61	2344.87
144	1570	002201	九鼎新材	50.93	0.07	3.1	0.88	0.36	1.09	58.78	1.46	-7.51	105.22	87.17	211.94	213756.17	68796.52	1537.66
145	1585	002226	江南化工	50.55	0.05	3.26	1.92	0.31	1.12	22.13	4.22	-24.24	19.14	48.24	199.9	463533.05	135808.65	7043.45
146	1587	600722	金牛化工	50.46	0.36	13.58	-10.9	0.26	0.67	16.43	5.09	-57.38	30.93	76.21	128.52	128498.90	60002.61	25349.42
147	1599	600063	皖维高新	50.34	0.07	3.72	2.06	0.47	2.55	50.7	2.01	-15.55	-0.54	50.25	210.62	744361.24	348464.33	10923.12
148	1613	002246	北化股份	50.06	0.13	4.19	3.8	0.93	1.77	24.69	110.21	-26.09	3.07	43.07	166.23	159117.18	150486.96	5978.60
149	1617	000731	四川美丰	50.09	0.09	2.9	1.58	0.82	2.24	44.37	1.93	-17.63	2.29	4.33	173.67	508253.42	392827.42	5693.24
150	1621	601058	赛轮金宇	49.9	0.19	3.84	4.04	0.73	1.57	66.32	2.02	-12.21	0.31	12.54	168.9	1299759.50	976944.87	19727.23
151	1626	000553	沙隆达A	49.94	0.24	7.69	6.7	0.73	2.23	29.55	5.94	-30.7	4.48	-21.14	149.99	297726.82	216993.66	14195.56
152	1627	000523	广州浪奇	49.94	0.07	2.17	2.29	2.31	3.17	68.8	2	39.96	2.35	61.84	147.47	352994.41	757042.41	2967.02
153	1630	600378	天科股份	49.77	0.15	4	5.41	0.45	0.64	24.4	0	-22.06	2.17	53.54	149.37	99319.53	47360.96	4322.08
154	1637	600251	冠农股份	49.65	0.17	5.73	6.05	0.41	0.97	43.27	4.17	32.77	5.1	24.34	145.36	378592.77	153167.84	15201.08
155	1644	000683	远兴能源	49.67	0.04	3.69	1.08	0.38	1.85	57.37	1.71	1.64	-3.35	8.4	250.28	1938173.50	731809.13	10472.60
156	1669	000677	恒天海龙	49.3	0.06	8.58	-54.01	1.08	3.97	24.25	1.63	14.81	10.35	-9.65	34.35	82755.91	207052.76	5880.25
157	1672	600731	湖南海利	49.06	0.04	3.55	2.48	0.6	1.29	56.35	1.94	-6.97	1.59	44.6	180.57	185503.28	105715.87	2180.30
158	1690	603002	宏昌电子	48.83	0.1	5.17	5.54	0.68	0.76	27.14	23.86	-21.82	4.75	47.5	158.22	134421.90	95091.37	6221.98
159	1697	002377	国创高新	48.73	0.07	4.88	4.35	0.69	1.04	50.22	2.06	-26.33	1.79	42.88	164.72	182431.55	142499.36	3978.30
160	1701	002683	宏大爆破	48.59	0.18	4.67	5.13	0.75	1.08	43.63	4.55	-11.59	0.74	29.85	77.42	424028.64	300537.80	13014.61
161	1702	002453	天马精化	48.61	0.04	3.43	1.19	0.54	1.24	33.48	2.32	2.16	4.47	43.48	218.62	194775.21	106265.75	2721.99
162	1710	600589	广东榕泰	48.43	0.04	2.88	1	0.25	0.42	49.9	1.27	-16.46	0.56	189.57	197.23	408854.60	99393.91	2071.08
163	1714	300135	宝利国际	48.35	0.03	4.68	-0.58	0.68	0.93	58.35	1.53	-0.97	-0.79	98.66	191.43	279373.82	175239.67	2350.05
164	1737	002386	天原集团	47.98	0.02	1.88	-4.62	0.75	2.46	67.56	1.27	16.55	-0.28	21.47	140.64	1346987.72	1070382.76	-915.52
165	1739	000792	盐湖股份	48.01	0.35	2.36	0.6	0.15	0.77	69.67	1.77	3.89	26.98	11	129.27	8071320.75	1088222.25	54423.51
166	1740	000782	美达股份	48	0.09	3.09	1.92	1.18	2.41	43.31	3.06	-15.36	1.78	103.4	293.19	229741.60	284710.31	4709.76
167	1760	002464	金利科技	47.68	0.22	2.3	-6.89	0.35	1.43	57.18	96.39	6.14	28.82	362.87	476.8	227313.85	56064.77	3234.87

续表

行业排名	全部上市公司排名	股票代码	股票简称	综合得分（100分）	每股收益（元）	总资产报酬率（次）	净资产收益率(%)	总资产周转率（次）	流动资产周转率（次）	资产负债率(%)	已获利息倍数	营业收入增长率(%)	资本扩张率(%)	市场投资回报率(%)	股价波动率(%)	年末资产总额（万元）	营业收入（万元）	净利润（万元）
168	1761	600527	江南高纤	47.61	-0.02	-0.78	-1.13	0.82	1.53	4.08	0	-9.35	-5.02	52.28	210.48	176997.39	149019.81	-1845.81
169	1772	000407	胜利股份	47.37	0.04	2.7	1.89	0.61	1.43	49.43	1.32	-12.63	3.63	36	133.77	415164.69	250939.67	4146.66
170	1775	002037	久联发展	47.34	0.25	4.56	3.13	0.39	0.77	72.13	1.59	-19	2.2	67.00	103.63	831322.00	316453.51	8954.76
171	1787	000627	天茂集团	46.99	0.18	15.89	-9.13	0.24	1.48	25.96	14.62	-32.9	19.73	162.44	198.65	240921.35	54110.71	25053.85
172	1794	000554	泰山石油	46.87	0.01	1.05	1.07	2.73	19.22	13.98	3.66	-24.84	-0.49	41.15	145.18	106256.40	294008.83	380.72
173	1795	000422	湖北宜化	46.87	0.04	3.06	-0.2	0.47	1.44	79.82	1.09	0.85	7.32	1.7	110.2	3997931.45	1833736.03	5430.83
174	1800	300157	恒泰艾普	46.66	0.13	5.13	5.03	0.24	0.52	33.86	5.45	16.12	6.51	10.69	185.22	387584.48	83980.53	13060.89
175	1802	002274	华昌化工	46.71	0.05	3.08	-7.34	0.64	2.33	55.68	1.24	-4.82	48.09	88.01	196.54	625460.76	403530.20	2954.38
176	1808	600538	国发股份	46.51	0.01	1.29	-0.67	0.51	0.85	25.02	4.03	21.9	1.13	58.44	188.52	98401.91	50640.80	824.97
177	1826	000599	青岛双星	46.09	0.09	2.66	1.85	0.55	0.98	56.06	1.94	-24.74	3.66	69.26	211.05	590470.68	299370.53	5919.93
178	1848	000059	华锦股份	45.59	0.21	3.2	3.17	0.96	2.85	69.19	1.5	-29.66	-2.77	-19.09	134.6	2992028.54	3090931.99	36253.06
179	1851	300132	青松股份	45.36	0.03	1.91	0.44	0.6	1.07	33.47	1.17	-22.83	-0.04	46.26	126.78	90239.03	58896.03	1090.04
180	1854	000985	大庆华科	45.44	-0.13	-3.17	-3.67	1.27	5.31	20.64	0	-44.51	-3.95	107.28	155.24	60747.64	78958.27	-1663.09
181	1864	600810	神马股份	45.12	0.14	2.94	2.31	1	2.42	66.89	1.43	-15.23	5.07	21.39	153.43	819866.70	808898.71	6810.11
182	1869	601208	东材科技	44.91	0.1	3.3	1.92	0.45	1.2	30.34	3.6	-2.11	3.55	3.43	143.66	332198.60	140666.98	6806.75
183	1885	601808	中海油服	44.43	0.23	2.33	1.86	0.26	0.92	49.93	2.98	-29.85	-1.04	-23.03	138.08	9352505.14	2365398.01	110870.60
184	1887	600094	大名城	44.3	0.23	3.87	7.86	0.18	0.19	73.03	3.66	-3.95	38.22	19.25	260.09	3647638.31	516757.19	64065.97
185	1901	000976	春晖股份	44.12	0.03	4.71	-7.92	0.93	2.16	67.26	1.85	-36.67	6.87	193.02	240.76	73035.37	66271.42	1536.32
186	1908	600155	宝硕股份	43.87	0.47	22.06	-56.46	0.27	0.31	45.89	5.7	-14.89	146.15	16.48	21.13	67566.95	34851.58	21707.86
187	1909	002263	大东南	43.86	0.02	1.31	-4.99	0.23	0.89	28.55	0.94	-2.15	15.96	87.8	190.37	421439.97	89814.70	-347.21
188	1911	600078	澄星股份	43.81	0.03	3.27	1.32	0.41	0.87	68.71	1.28	-8.01	2.69	12.6	209.16	638639.63	238772.65	3389.48
189	1922	000510	金路集团	43.56	0.02	3.58	-19.25	0.97	3.49	48.4	1.53	-21.06	0.09	48.34	159.3	154252.73	162008.92	653.73
190	1927	600691	阳煤化工	43.4	0.02	2.81	-0.5	0.48	1.53	83.85	1.19	-10.89	1.13	-3.98	171.48	3899405.23	1775883.64	4438.91
191	1940	600096	云天化	43.09	0.09	3.83	-5.55	0.74	1.62	89.56	1.11	-7.75	3.27	1.81	133.9	6707703.17	5026690.35	19128.27
192	1945	002476	宝莫股份	42.95	0.04	0.52	-2.23	0.51	0.94	28.89	1.8	11.09	-3.09	25.16	169.82	154786.12	74164.68	-987.86
193	1948	000662	天夏智慧	42.99	-0.01	-0.11	-1.16	0.59	1.08	15.95	-0.23	-10.7	-0.51	184.24	286.62	67994.03	44599.03	-292.76
194	1949	000584	友利控股	43.01	0.04	1.3	-0.52	0.33	0.51	29.67	4.06	-46.61	-0.32	81.45	352.23	295452.41	107516.77	1357.07

续表

行业排名	全部上市公司排名	股票代码	股票简称	综合得分（100分）	每股收益（元）	总资产报酬率（次）	净资产收益率(%)	总资产周转率（次）	流动资产周转率（次）	资产负债率(%)	已获利息倍数	营业收入增长率(%)	资本扩张率(%)	市场投资回报率(%)	股价波动率(%)	年末资产总额（万元）	营业收入（万元）	净利润（万元）
	1959	600746	江苏索普	42.67	−0.07	−5.25	−4.95	1.08	5.77	19.1	0	−11.69	−4.62	28.88	171.48	51572.94	57940.95	−2030.51
196	1975	600389	江山股份	42.28	0.05	1.7	−0.06	0.84	2.68	58.59	1.27	−10.04	−3.09	−3.54	157.8	312012.79	267720.82	1057.08
197	1982	000707	双环科技	42.11	0.03	2.25	−2.33	0.37	0.68	86.59	1.04	−2.95	0.73	73.22	190.14	1108258.94	388278.60	1536.73
198	1987	000859	国风塑业	41.94	0.01	1.27	−5.13	0.57	1.16	24.41	1.21	−16.89	5.47	50.46	234.9	193807.53	109027.93	418.05
199	1991	000000	霞客环保	41.81	0.27	27.25	0.49	0.95	1.81	7.77	27.29	−65.98	0	0	0	35717.15	39318.16	10874.22
200	2032	600091	ST 明科	40.51	0.1	7.01	−39.79	0.02	0.04	30.89	1.64	3.2	204.53	93.42	224.55	126518.05	2202.34	3384.21
201	2041	002319	乐通股份	40.3	0.01	2.23	0.5	0.41	1.12	52.7	1.33	−26.08	−4.18	100.19	243.98	119718.13	44174.10	472.79
202	2053	000525	红太阳	39.62	0.36	3.64	1.02	0.48	1.05	51.9	2.26	−33.11	0.45	2.97	129.08	822617.95	455656.80	13212.43
203	2066	600075	新疆天业	39.12	0.09	1.94	0.6	0.63	1.11	41.59	3.03	−46.72	1.54	56.35	210.67	351102.00	227503.64	3100.65
204	2085	600387	海越股份	38.36	0.06	1.41	−23.11	0.68	3.02	80.36	0.51	106.71	−2.95	21.2	179.92	910586.73	628476.63	−19126.59
205	2088	002513	*ST 蓝丰	38.31	−0.32	−0.87	−3.87	0.3	1.09	40.33	−0.48	−19.3	109.48	75.42	228.54	403351.44	101041.62	−6876.96
206	2103	002068	黑猫股份	37.86	0.03	3.17	0.56	0.73	1.52	67.19	1.3	−22.59	38.36	6.48	140.95	631990.75	477469.42	2014.36
207	2114	000420	吉林化纤	37.64	0.02	2.28	−3.75	0.35	1.02	63.27	1	−0.08	−4.46	48.26	154.74	265013.42	103622.97	250.44
208	2119	600844	丹化科技	37.39	−0.04	0.12	−4.57	0.33	1.96	49.51	0.06	1.77	−3.08	13.5	148.95	306542.41	104521.85	−4925.17
209	2122	300164	通源石油	37.4	−0.11	−1.92	−2.78	0.34	0.6	20.83	−2.25	61.26	22.29	13.84	153.46	202449.75	63559.01	−3855.27
210	2127	600636	三爱富	37.2	−0.7	−5.77	−11.28	0.85	1.68	27.34	−5.85	−9.36	57.4	19.89	124.6	456997.28	357119.06	−30751.20
211	2154	600256	广汇能源	35.53	0.05	2.42	−0.02	0.12	0.89	68.93	1.47	−28.17	0.89	−21.34	132.28	4087085.86	482524.45	22998.15
212	2165	600227	赤天化	34.56	0.02	2.96	−5.91	0.38	1.62	57.92	1.38	−15.98	1.06	−10.31	247.91	726011.53	276147.82	4160.86
213	2188	600759	洲际油气	32.84	0.03	3.21	−2.84	0.1	0.34	61.86	1.5	−9.13	−2.35	3.1	178.5	1419520.96	126065.52	6444.25
214	2203	300191	潜能恒信	32	−0.15	−3.54	−4.05	0.04	0.05	7.29	0	−42.19	−4.11	143.05	314.92	125855.10	4483.32	−4816.91
215	2205	600328	兰太实业	31.92	−0.09	3.21	−7.43	0.35	1.57	80.46	0.79	−12.85	−6.06	57.16	147.59	670320.93	236780.91	−7635.00
216	2208	002211	宏达新材	31.77	−0.14	−4.58	−8.01	0.58	1.16	23.35	−7.59	−13.25	−7.07	43.28	120.49	103389.43	67124.20	−6004.04
217	2210	002145	中核钛白	31.7	−0.27	−0.4	−6.84	0.38	1.03	50.79	−0.18	−6.05	48.86	32.47	227.46	479082.61	162940.38	−12636.65
218	2214	002109	*ST 兴化	31.2	−0.38	−5.97	−11.79	0.46	2.34	41.81	−4.41	−9.65	−11.67	40.46	75.41	177314.10	85673.15	−13465.56
219	2222	600228	昌九生化	30.68	−0.1	−0.39	−7.39	0.96	2.61	72.33	−0.14	−25.27	−11.1	49.08	159.93	51296.10	54237.61	−2178.93
220	2229	000755	山西三维	30.47	−1.08	−5.51	−35.43	1.3	4.88	78.73	−1.61	27.85	−29.99	88.42	219.36	577651.56	757738.80	−52527.29
221	2234	000950	*ST 建峰	30.15	−0.61	−1.95	−25.13	0.52	2.76	71.86	−0.52	12.05	−17.43	67.52	188.68	608682.78	332646.97	−36694.47
222	2252	002061	*ST 江化	29.25	−0.4	−3.24	−17.92	0.94	3.34	65.11	−0.97	4.26	−17.23	71.49	297.28	252400.36	247996.45	−18334.43

续表

行业排名	全部上市公司排名	股票代码	股票简称	综合得分（100 分）	每股收益（元）	总资产报酬率（次）	净资产收益率（%）	总资产周转率（次）	流动资产周转率（次）	资产负债率（%）	已获利息倍数	营业收入增长率（%）	资本扩张率（%）	市场投资回报率（%）	股价波动率（%）	年末资产总额（万元）	营业收入（万元）	净利润（万元）
223	2257	300405	科隆精化	28.88	−0.42	0.39	−5.46	0.59	0.81	54.58	0.14	−29.66	−6.66	40.83	122.88	128382.37	80003.70	−2869.98
224	2258	300082	奥克股份	28.76	−0.31	−2.7	−8.38	0.58	1.35	43.15	−1.9	2.85	−8.67	26.42	173.42	498519.98	296531.88	−23064.94
225	2259	600249	两面针	28.66	−0.32	−4.0	−10.14	0.34	0.99	44.59	−4.1	14	−3.85	31.95	195.63	396822.89	135319.25	−23079.04
226	2263	002136	安纳达	28.28	−0.62	−11.58	−25.54	0.61	2.04	51.12	−6.94	−20.72	−22.29	68.27	147.67	95087.38	60648.68	−13330.27
227	2265	600725	*ST 云维	28.23	−4.22	−29.63	350.94	0.27	0.8	134.47	−4.82	−57.86	−552.06	39.04	207.09	790342.78	279090.81	−371242.4
228	2273	600367	红星发展	27.79	−0.65	−10.33	−17.29	0.61	0.95	32.3	−22.8	−4.59	−18.18	17.19	157.54	160783.31	104259.99	−20108.94
229	2281	000155	*ST 川化	27.43	−1.2	−59.71	57.59	0.31	0.82	326.19	−7.14	−62.05	0	33.03	175.59	71980.97	31962.94	−71057.19
230	2288	600596	新安股份	26.93	−0.39	−1.53	−7.12	0.93	2.53	44.53	−1.58	−4.78	−6.89	−2.82	177.07	783918.95	734691.52	−25810.36
231	2292	600319	*ST 亚星	26.72	−1.05	−12.79	−1463.15	0.61	1.6	108.09	−2.7	−11.92	−176.09	75.71	131.57	202284.24	131150.34	−37812.15
232	2311	002648	卫星石化	25.83	−0.55	−3.57	−13.61	0.57	1.7	55.88	−1.68	−2.75	−11.76	−12.89	174.43	709829.53	418734.06	−43617.76
233	2322	603003	龙宇燃油	24.45	−0.79	−6.08	−23.55	4.78	5.62	74.82	−5.02	105.92	−11.49	37.08	225.77	284247.45	1087027.73	−15821.47
234	2324	002549	凯美特气	24.43	−0.08	−3.13	−5.85	0.13	0.35	26.97	−2.58	−42.04	3.89	30.17	144.67	119608.77	15183.97	−4552.94
235	2331	002591	恒大高新	23.99	−0.25	−6.63	−10.24	0.2	0.33	18.72	−9.33	−25.58	−2.48	115.41	180.39	92847.25	18514.28	−6804.57
236	2336	000912	泸天化	23.68	0.03	1.79	−34.5	0.29	1.65	91.01	0.94	−24.37	−36.01	4.86	163.72	828647.79	302780.53	−2961.64
237	2340	002442	龙星化工	23.42	−0.17	−0.62	−7.81	0.58	1.22	62.75	−0.24	−28.76	−7.31	112.82	186.67	283034.39	173706.89	−8243.20
238	2350	002629	仁智油服	22.97	−0.24	−10.85	−14	0.27	0.36	19.98	−26.9	−49.03	−12.36	157.14	223.39	82676.08	24482.19	−9898.84
239	2353	000953	河池化工	22.68	−0.36	−3.7	−64.04	0.41	0.79	92.32	−1.08	12.18	−54.83	123.4	225.91	140969.20	62289.82	−10701.35
240	2363	600230	*ST 沧大	21.92	−2.07	−14.05	−46.29	0.41	1.82	69.25	−4.63	−42.41	−36.88	31.66	153.23	397643.81	179445.43	−73107.91
241	2383	600423	柳化股份	21.2	−1.22	−5.81	−48.23	0.52	1.67	83.56	−1.47	−15.19	−39.58	45.21	204.75	478836.89	262936.62	−48555.24
242	2388	600339	*ST 天利	20.81	−1.64	−23.84	−178.38	0.54	3.57	97.8	−7.09	−26.54	−93.31	27.23	146.77	324539.25	192928.07	−99412.17
243	2390	000589	黔轮胎 A	20.56	−0.33	−0.53	−7.58	0.45	0.82	68.81	−0.22	−14.92	−7.66	8.98	170.75	1117573.39	473346.75	−25850.30
244	2408	002207	准油股份	19.35	−0.77	−15.69	−37.95	0.28	0.54	55.91	−7.16	−31.69	−25.96	43.07	207	98854.20	28065.32	−18408.42
245	2410	000737	南风化工	19.34	−0.39	−4.24	−95.53	0.7	1.32	95.74	−1.57	−14.84	−62.25	39.99	221.22	304320.11	214516.77	−21402.58
246	2431	600281	太化股份	17.9	−0.34	−6.2	−12.77	0.95	1.71	76.84	−5.41	−31.59	−24.87	34.41	180.85	230902.28	230557.86	−17729.93
247	2486	600301	*ST 南化	10.13	−0.18	−2.69	−1590.35	0.06	0.2	74.27	−1.04	−90.05	0	76.07	151.22	90640.70	6393.95	−6114.79
248		600299	安迪苏	84.06	0.58	21.67	9.65	0.84	2.3	20.83	13.59	58.98	1274.65	109.19	231.44	1791308.11	1517333.17	200279.56
249		002749	国光股份	76.5	1.88	22.32	18.88	0.86	0.96	8.62	0	3.69	101.4	73.07	167.01	91013.24	60502.00	13381.39
250		300429	强力新材	75.09	1.16	19.91	18.74	0.65	1.26	8.01	95.48	21.2	129.16	73.07	158.43	65501.03	33443.86	8627.86

续表

行业排名	全部上市公司排名	股票代码	股票简称	综合得分（100分）	每股收益（元）	总资产报酬率（次）	净资产收益率(%)	总资产周转率（次）	流动资产周转率（次）	资产负债率(%)	已获利息倍数	营业收入增长率(%)	资本扩张率(%)	市场投资回报率(%)	股价波动率(%)	年末资产总额（万元）	营业收入（万元）	净利润（万元）
		300481	濮阳惠成	74.29	0.82	17.73	16.25	0.89	1.83	6.69	35.71	-6.76	88.54	73.07	148.17	46329.25	35021.29	5748.96
252		000615	湖北金环	73.17	0.61	8.7	3.88	0.55	0.74	73.39	14.43	247.29	150.15	61.53	203.48	734294.06	241328.13	26348.86
253		002581	未名医药	71.28	0.56	18.75	16.27	0.54	0.86	11.26	17.99	168.94	186.07	98.14	259.11	241577.48	85828.57	24030.30
254		002783	凯龙股份	71.06	1.56	9.81	9.77	0.6	1.29	22.74	11.79	0.72	76.31	73.07	69.16	175147.57	89060.49	10941.22
255		002411	必康股份	71.14	0.63	13.57	18.63	0.39	1.18	40.75	39.16	90.84	488.29	105.21	242.24	883153.25	202340.40	56828.62
256		300437	清水源	70.67	0.64	11.38	10.32	1.01	1.49	11.93	402.66	-6.25	80.37	73.07	218.13	48064.56	39803.36	3912.16
257		603968	醋化股份	70.12	0.57	9.2	10.92	0.85	1.6	35.19	8.05	-12.72	107.88	73.07	107.21	167440.27	124208.90	10389.29
258		300459	浙江金科	68.37	0.19	9.12	10.01	0.66	1.43	25.52	15.46	6.19	58.5	73.07	134.06	87671.45	50644.25	5540.58
259		600229	城市传媒	67.1	0.61	8.37	13.82	0.53	1.04	26	76.7	-16.06	51.61	97.65	244.33	263272.06	153890.44	23799.57
260		002753	永东股份	66.96	0.59	7.44	8.1	0.95	1.68	14.01	13.54	2	67.35	73.07	144.4	99452.65	86534.41	5253.04
261		300487	蓝晓科技	66.47	0.73	9.3	8.55	0.46	0.61	15.94	47.01	3.26	76.85	73.07	137.31	80885.05	29537.34	5085.36
262		600623	双钱股份	66.1	0.38	4.6	-6.39	1.72	3.75	42.69	2.95	175.73	278.28	31.27	235.48	3278720.43	4061631.13	52899.28
263		300478	杭州高新	65.23	0.7	10.49	10.39	1.07	1.5	17.09	7.53	-5.35	101.51	73.07	148.37	59055.47	54231.06	4111.43
264		603599	广信股份	64.59	0.77	6.03	6.94	0.51	1.06	26.7	0	9.16	60.33	73.07	167.66	304070.80	132548.18	13025.82
265		002748	世龙实业	64.62	0.33	5.04	5.27	0.9	2.59	11.06	9.56	-16.51	80.83	73.07	139.21	106410.94	87485.37	3692.22
266		603601	再升科技	64.52	0.35	16.59	11.28	0.66	1.5	22.92	109.28	9.46	74.42	73.07	266.27	44605.04	23362.34	5118.69
267		002734	利民股份	63.32	0.53	8.79	9.9	0.8	2.4	32.84	6.16	10.1	52.27	73.07	191.33	115114.20	83454.41	6754.33
268		002768	国恩股份	62.03	1.03	10.45	13.61	0.89	1.33	28.36	18.11	9.85	122.59	73.07	110.31	99777.59	75003.40	7223.75
269		603026	石大胜华	59.46	0.24	4.87	4.45	1.63	5.1	34.24	2.72	-32.66	35.71	73.07	179.95	214588.92	345448.81	5538.29
270		600444	国机通用	59.33	0.21	6.22	9.29	1.09	1.73	66.07	5.69	92.54	0	73.14	149.95	87386.73	72667.73	2616.84
271		603227	雪峰科技	57.02	0.34	8.7	4.02	0.38	0.83	47.56	7.07	-5.53	39	73.07	164.12	278992.79	85907.66	12995.75
272		603299	井神股份	54.36	0.13	4.64	2.7	0.45	1.56	56.77	1.53	-16.73	20.59	73.07	0	455819.48	204691.76	5897.02
273		002741	光华科技	54	0.16	9.22	9.84	1.08	1.63	19.06	11.53	11.54	98.57	73.07	311.54	90031.08	86285.00	5795.65
274		002343	慈文传媒	49.27	0.76	12.77	15.35	0.37	0.6	63.03	11.07	-46.94	-23.04	342.8	343.68	289472.39	85599.90	20224.07
275		600871	石化油服	47.52	0	1.02	-0.27	0.72	1.27	71.12	2.48	-36.13	31.78	44.16	130.75	8530777.70	6034933.40	2431.90
276		000687	华讯方舟	30.65	-0.36	-9.3	-29.46	0.34	0.72	56.66	-11.03	21.49	-29.35	400.45	394.48	262748.29	87786.77	-27294.13

第八章　机械行业

2015年，在国内需求方面，经济增长持续滑坡，固定资产投资增速继续下滑，在国外需求方面，欧美需求减弱，新兴市场需求分化，海外需求的增加受到抑制。这都给机械行业带来了不利影响。但同时，国内物价水平回落，原材料成本压力减轻，财政政策中性，货币政策宽松，为机械行业的整体复苏提供了有利条件。

2015年机械行业上市公司的业绩数据表明，机械行业上市公司有可能结束了低迷期。展望2016年，供给侧结构性改革加大去库存力度，结构调整逐步显现效果。经济转型逐渐淘汰高污染、高耗能、产能严重过剩的部分传统行业，对新兴产业构成长期支撑。机械行业又适逢“一带一路”产生的海外需求与“工业4.0”带来的产业调整的机遇和挑战，有望重新进入恢复性发展阶段。

一、机械行业上市公司业绩评价结果

截至2015年末，机械行业A股上市公司共计435家（比2014年增加了36家），其中盈利381家，亏损54家，即有87.58%的公司实现盈利，比2014年降低了3.19%。

2015年末，机械行业上市公司总资产共计3.23万亿元，占全部上市公司总资产的8.13%，机械行业资产规模比2014年末增长了12.90%；归属于母公司的所有者权益1.30万亿元，占上市公司归属于母公司的所有者权益的9.35%，机械行业归属于母公司的所有者权益比2014年末增长了15.00%。资产规模大幅增长来源于2015年内新上市公司。

2015年，全部上市公司共完成营业收入23.75万亿元，机械行业上市公司完成营业收入1.53万亿元，占全部上市公司营业收入的6.4%，比2014年机械行业上市公司完成的增加了0.13万亿元；全部上市公司共实现净利润1.06万亿元，机械行业上市公司实现净利润603.56亿元，占全部上市公司实现净利润的5.69%，比2014年机械行业上市公司完成的减少了87.69亿元。

2015年，机械行业整体评价结果为CCC，行业业绩综合得分56.6分，比全市上市公司的61.68分低8.98%。机械行业上市公司中有两家进入2015年上市公司业绩评价综合得分的百强名单，行业排名第一为国轩高科。业绩为BBB的有26家，业绩为CCC的有247家，业绩为CC的有82家，业绩为C的有80家。

表 8-1　2015 年度机械行业十强排行榜

名次	股票代码	股票简称	在全部上市公司中排名
1	002074	国轩高科	51
2	002202	金风科技	97
3	603338	浙江鼎力	118
4	002595	豪迈科技	123
5	300443	金雷风电	129
6	300208	恒顺众昇	137
7	002680	长生生物	139
8	600894	广日股份	156
9	600835	上海机电	159
10	601766	中国中车	166

基于对机械行业上市公司的整体评价，下面分别从财务效益状况、资产质量状况、偿债风险状况、发展能力状况、市场表现状况五个方面对机械行业上市公司进行具体分析。

（一）财务效益状况

从综合得分来看，2015 年机械行业上市公司财务效益状况明显低于全国上市公司平均水平。除了盈利现金保障倍数外，其它财务分析指标与同行业上年相比也有很大程度的降低。表 8-2 列示了 2015 年机械行业上市公司财务效益状况评价结果。

与 2014 年的情况相比较，2015 年机械行业上市公司财务效益状况全面下降，扣除非经常性损益净资产收益率从 2014 年的 4.26% 下降至 2015 年的 2.66%，呈现明显下降趋势。原因主要有以下几方面，一是由于前几年机械行业整体行业状况很好，往年同期形成的基数较高。二是机械行业的企业自身的基础研发和创新环节还较为薄弱，国内市场低价竞争情况普遍存在，社会及企业的库存较大导致企业应收款居高不下，资金紧张。三是国内宏观经济形势的下滑对机械行业的经营业绩产生了影响。

在机械行业上市公司的财务效益状况指标中，国轩高科、浙江鼎力、豪迈科技、金雷风电及恒顺众昇财务效益并列排名第一。

表 8-2　机械行业财务效益状况比较表

分析指标		2015 年上市公司平均值	2015 年行业值	2014 年行业值	增长率（%）
基本指标	扣除非经常性损益净资产收益率 (%)	5.61	2.66	4.26	−37.56
	总资产报酬率 (%)	5.11	3.69	3.95	−6.58
	得分	60.7	56.63	17.18	229.63
修正指标	总资产利润率 (%)	5.11	3.69	4.24	−12.97
	盈利现金保障倍数	2.2	1.18	0.87	35.63
	总股本收益率 (%)	30.96	16.76	22.41	−25.21
综合得分		22.12	17.97	17.9	0.39

（二）资产质量状况

从综合得分来看，2015 年机械行业上市公司资产质量状况明显低于全国上市公司平均水平，资产质量分析指标与上年相比都有不同程度的降低。

表 8-3　　机械行业资产质量状况比较表

分析指标		2015 年上市公司平均值	2015 年行业值	2014 年行业值	增长率（%）
基本指标	总资产周转率（次）	0.64	0.52	0.55	−5.45
	流动资产周转率（次）	1.3	0.77	0.82	−6.10
	得分	9.44	7.71	7.5	2.80
修正指标	应收账款周转率（次）	8.25	2.59	2.74	−5.47
	存货周转率（次）	2.74	2.34	2.53	−7.51
综合得分		9.17	7.05	6.87	2.62

表 8-3 列示了机械行业上市公司资产质量状况评价结果。机械行业上市公司 2015 年存货周转率 2.34 次，比 2014 年低 7.51%。在 2015 年整个宏观经济环境不利的背景下，机械行业上市公司销售速度迟缓在所难免。机械行业上市公司应收账款周转率远远低于上市公司平均水平，这主要与机械行业公司交易结算方式有关。

在机械行业上市公司资产质量状况指标中，南方汇通资产质量排名第一。

（三）偿债风险状况

从综合得分来看，2015 年机械行业上市公司的偿债风险状况好于全国上市公司平均水平，与同行业上年相比略有降低。表 8-4 列示了机械行业上市公司偿债风险状况评价结果。与 2014 年相比较，2015 年机械行业上市公司偿债风险状况平均得分，仍高于上市公司平均水平。这说明机械行业企业在宏观环境不利的情况下，为维系业务回款周期加长、银行短期信贷相应增多，营运资金的需求相应增加，相应偿债风险也随之有所加大。尤其是一些大型设备制造企业，生产周期长、运输时间长、设备安装复杂、产品投入运转时间长，并且存在大量的租赁、分期情况，因此应收账款的总体规模极大，应收账款周转率明显低于其他上市公司。

在机械行业上市公司的偿债风险状况中，浙江鼎力等十家公司得分并列排名第一，资产负债率、获利倍数、速动比率等指标均好于上市公司及行业平均水平，这与其产品优势、经营状况有很大关系。

表 8-4　　机械行业偿债风险状况比较表

分析指标		2015 年上市公司平均值	2015 年行业值	2014 年行业值	增长率（%）
基本指标	资产负债率 (%)	60.36	56.73	58.1	−2.36
	获利倍数	3.74	3.42	4.69	−27.08
	得分	8.95	9.02	9.3	−3.01
修正指标	速动比率 (%)	73.47	105.62	103.92	1.64
	现金流动负债比率 (%)	13.88	4.75	4.41	7.71
	带息负债比率（%）	51.38	46.58	34.85	33.66
综合得分		10.1	9.89	9.2	7.50

（四）发展能力状况

从综合得分来看，2015 年机械行业上市公司发展能力状况略高于全国上市公司的平均水平，与同行业上年相比有明显上升。

表 8-5 列示了机械行业上市公司发展能力状况评价结果。2015 年机械行业上市公司营业收入增长率从 2014 年的 7.28% 升至 9.61%，三年营业收入增长率从 2014 年的 4.29% 上升至 7.48%，营业收入呈现增长的态势，同时也明显好于上市公司平均值。虽然国内外宏观经济环境处于不利的变化中，但机械行业上市公司结束了低迷，重新进入新一轮发展阶段。

在机械行业上市公司发展能力状况指标中，国轩高科得分排名第一。国轩高科主营锂离子电池及其材料、电池、电机及整车控制系统的研发、制造与销售。2015 年取得的业绩增长主要原因是 2015 年我国新能源汽车产业呈现爆发式增长，合肥国轩动力锂电池业务产销两旺。随着合肥国轩在合肥、南京、昆山新建产线的逐步达产，新市场、新客户的持续开拓，公司主营业务利润、归属于上市公司股东的净利润同期对比呈现大幅增长。同时公司不断推进技术创新、优化制程工艺、施行精益生产，取得了良好的经济效益。

表 8 – 5　　机械行业发展能力状况比较表

分析指标		2015 年上市公司平均值	2015 年行业值	2014 年行业值	增长率（%）
基本指标	营业收入增长率 (%)	–1.98	9.61	7.28	32.01
	资本扩张率 (%)	16.96	19.54	13.18	48.25
	得分	12.26	13.39	12.65	5.85
修正指标	累计保留盈余率 (%)	42.27	32.74	32.69	0.15
	三年营业收入增长率 (%)	3.77	7.48	4.29	74.36
	总资产增长率 (%)	15.69	18.25	14.79	23.39
	营业利润增长率 (%)	–12.37	–10.14	5.45	–286.06
综合得分		12.24	12.59	12.06	4.39

（五）市场表现状况

2015 年，在宏观经济刺激政策、房地产调控等因素影响下，上证 A 指全年涨幅为 52.87%。作为国民经济的重要支柱，机械行业与整体经济走势高度相关。上半年机械指数跟随市场行情同步运行，但下半年涨幅低于上证 A 指，全年幅达到 46.76%。具体情况见图 8-1。

从综合得分来看，机械行业上市公司市场表现状况略低于全国上市公司的平均水平。表 8-6 列示了机械行业上市公司市场表现状况评价结果。2015 年机械行业上市公司市场投资回报率为 73.98%，略低于全部上市公司 74.18% 的水平，比 2014 年机械行业 46.76% 的水平大幅改善。机械行业上市公司有 410 家市场投资回报率为正值，其中最高的为齐星铁塔，市场投资回报率达到 365.48%，远高于行业及上市公司平均水平。市场表现得分最高的是国轩高科。

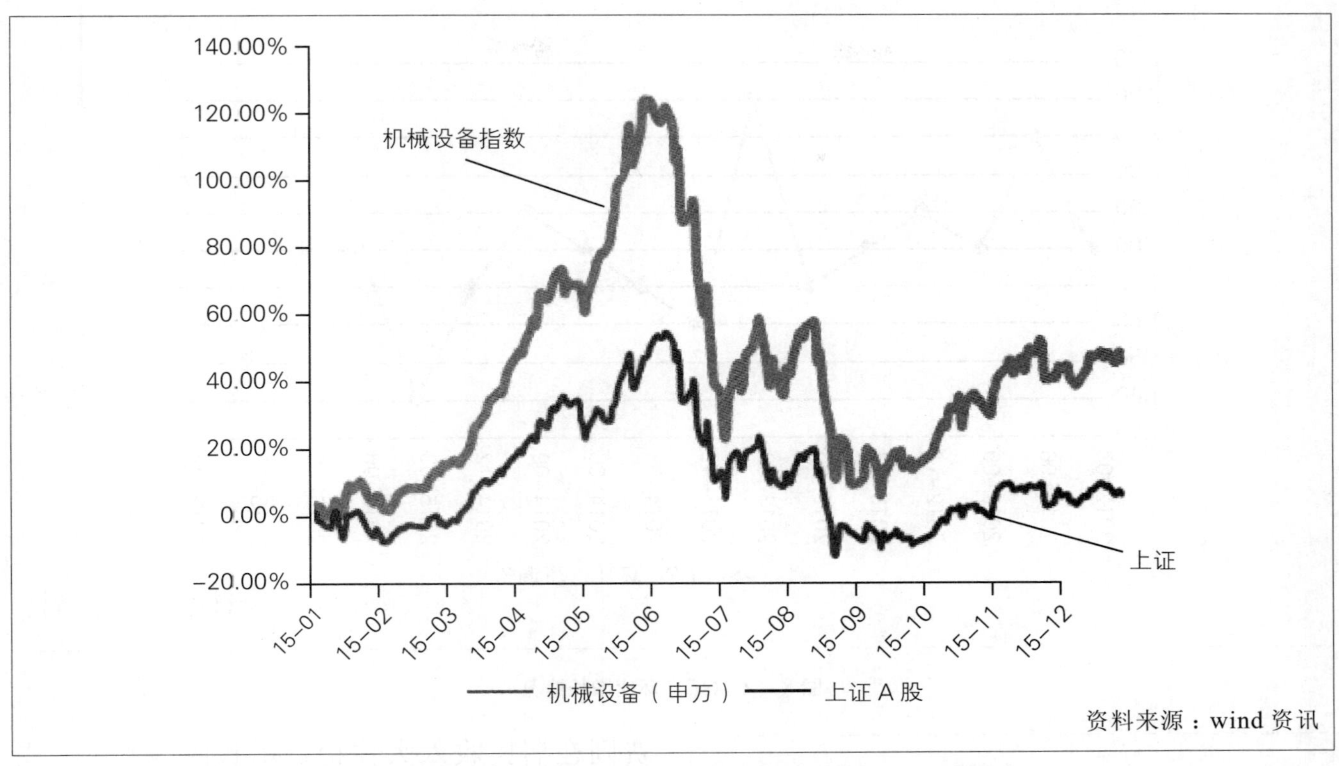

图 8－1　机械指数与大盘指数波动

表 8－6　机械行业公司市场表现状况比较表

分析指标	2015 年上市公司平均值	2015 年行业值	2013 年行业值	增长率（%）
市场投资回报率（%）	74.18	73.98	46.76	58.21
股价波动率 (%)	182	187.82	132.6	41.64
得分	9.26	9.11	9.03	0.89

二、2015 年度影响机械行业因素分析

从 2015 年全年看，机械行业上市公司完成营业收入 1.53 万亿元，营业收入增长率为 9.61%，较 2014 年增长 32.00%，三年营业收入增长率 7.48%，较 2014 年增幅达 74.36%。虽然国内宏观经济形势仍未摆脱下降趋势，但 2015 年机械行业上市公司的业绩数据表明，机械行业上市公司结束了低迷期，重新进入发展阶段。影响机械板块盈利状况的主要原因如下：

1. 基础建设投资及制造业固定资产投资维持一定增速水平

作为典型的周期性行业，机械行业景气度与实体经济增长密不可分。其中，固定资产投资是决定机械行业发展的主要因素。

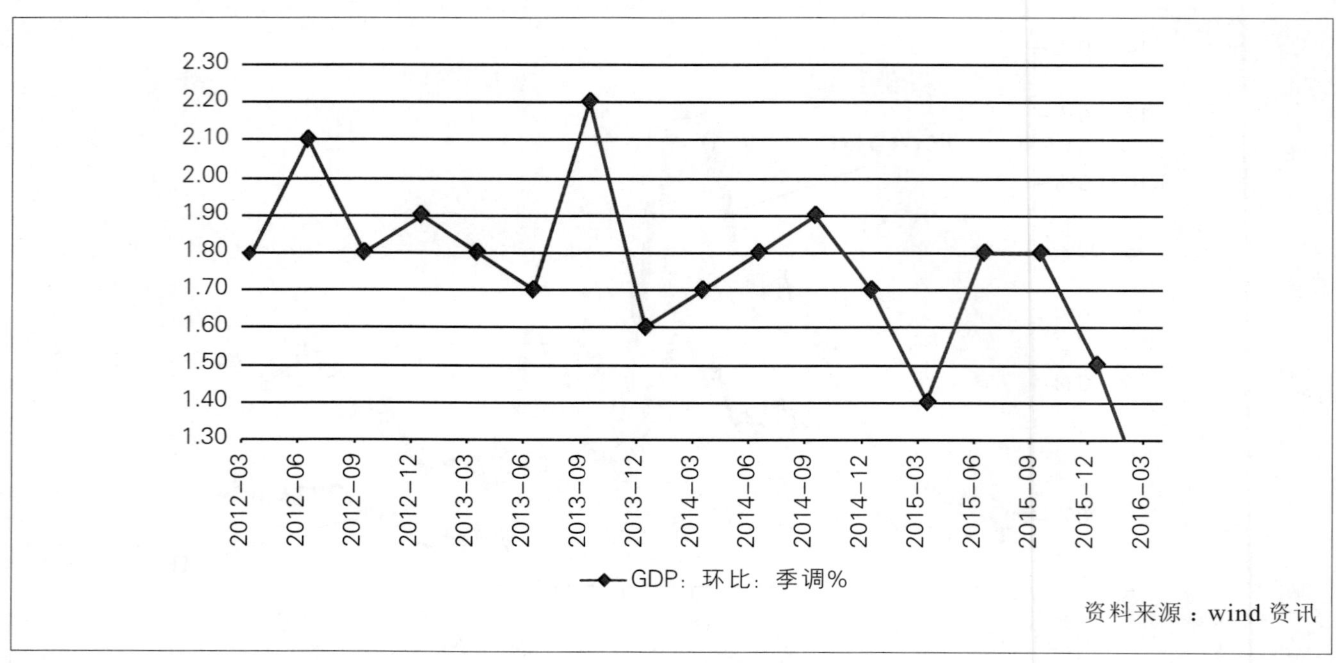

图 8－2　GDP 环比增长情况

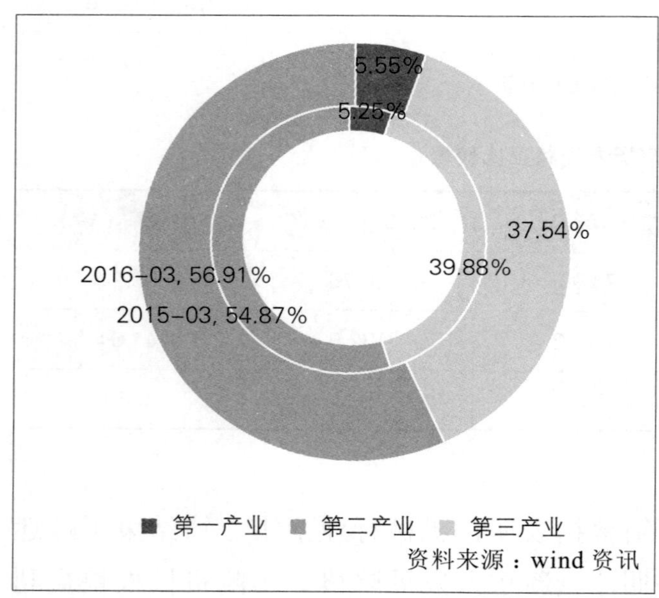

图 8－3　三大产业占 GDP 比重

在三大需求当中，投资持续下行，外贸低迷乏力，仅消费维持相对平稳。固定资产投资受到房地产和制造业投资持续下行的拖累，仅基建投资在产业政策的作用下勉力支撑；外贸则受制于外围经济低迷、国内经济下行、实际有效汇率高企及大宗商品价格下跌等诸多因素的影响，年内一直呈现较为低迷的态势，进口与出口全年均负增长。消费则在居民收入大体稳定增长的基础上，受到房地产相关行业的带动，全年维持相对平稳。2016 年，三大需求仍将大体维持当前的格局，即投资与外贸疲弱，消费表现相对稳定。

2015 年 12 月，固定资产投资增速 10.0%，较 1-11 月份回落 0.2 个百分点，较 2014 年下滑 5.7 个百分点；从各分项来看，房地产、制造业和基建投资增速为 1.0%、8.1% 和 17.3%，分别较 1-11 月份回落 0.3、0.3 和 0.7 个百分点，较 2014 年回落 9.5、5.4 和 3.0 个百分点。

制造业投资在工业去产能的背景下表现疲软，从年初 10.6% 的增速逐步下行至年末的 8.1%。这表明，供给侧结构性改革推动工业去产能的速度有所加快。在工业企业表现整体疲弱的情况下，预计 2016 年制造业投资增速也将呈现低位徘徊的态势。由于产业政策的支持，基建投资在年内大体保持了两位数的较高增速，较 2014 年仅小幅回落 3.0 个百分点，是支撑 2015 年固定资产投资增长的主要动力。但 2015 年 12 月，基建投资增速下滑至9.4%的低位，尽管存在基数和周期性因素，但2015年以来，基建投资的确已逐渐显露疲态；2016年，即便财政赤字率升至3%，财政支出也仅能较今年提升5000多亿元，难以支撑基建投资增速稳定在今年17%左右的水平。

总体来看，房地产与制造业投资维持在低位，基建投资的支撑力度将大大减弱，2016年固定资产投资将仅能维持个位数的增长。

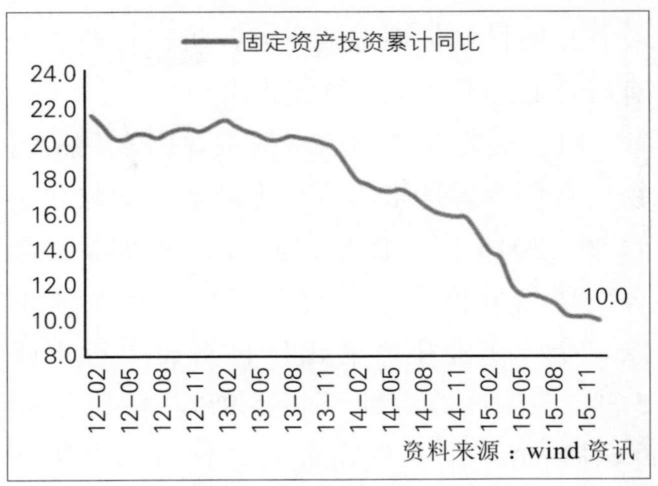

图8－4 固定资产投资累计同比

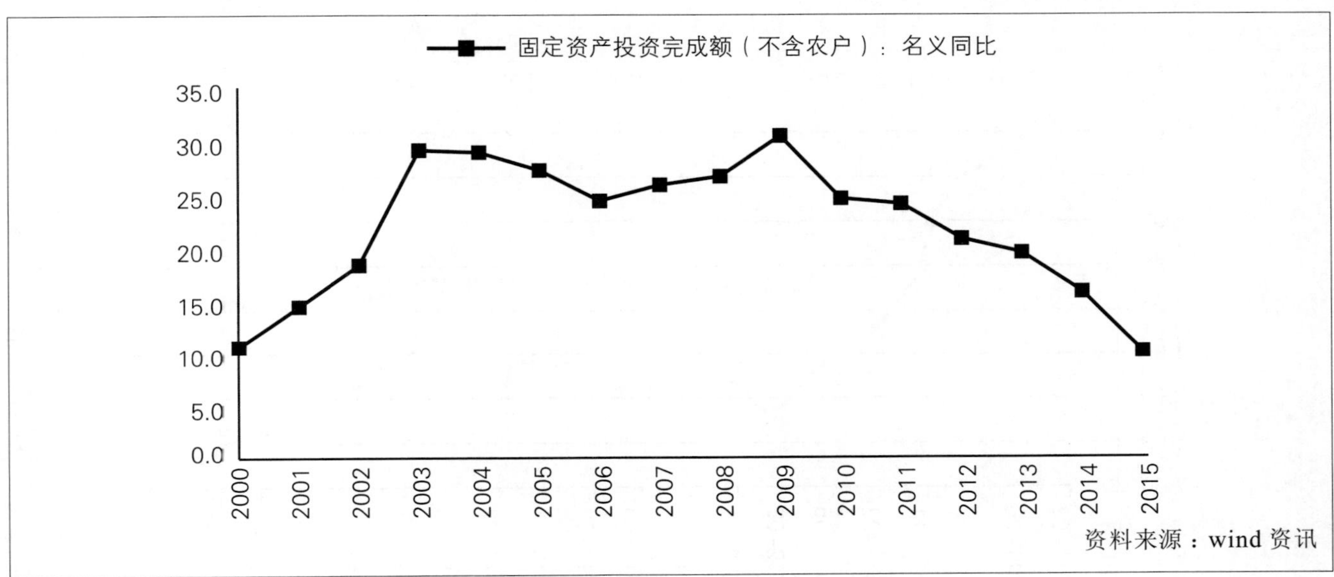

图8－5 固定资产投资额同比

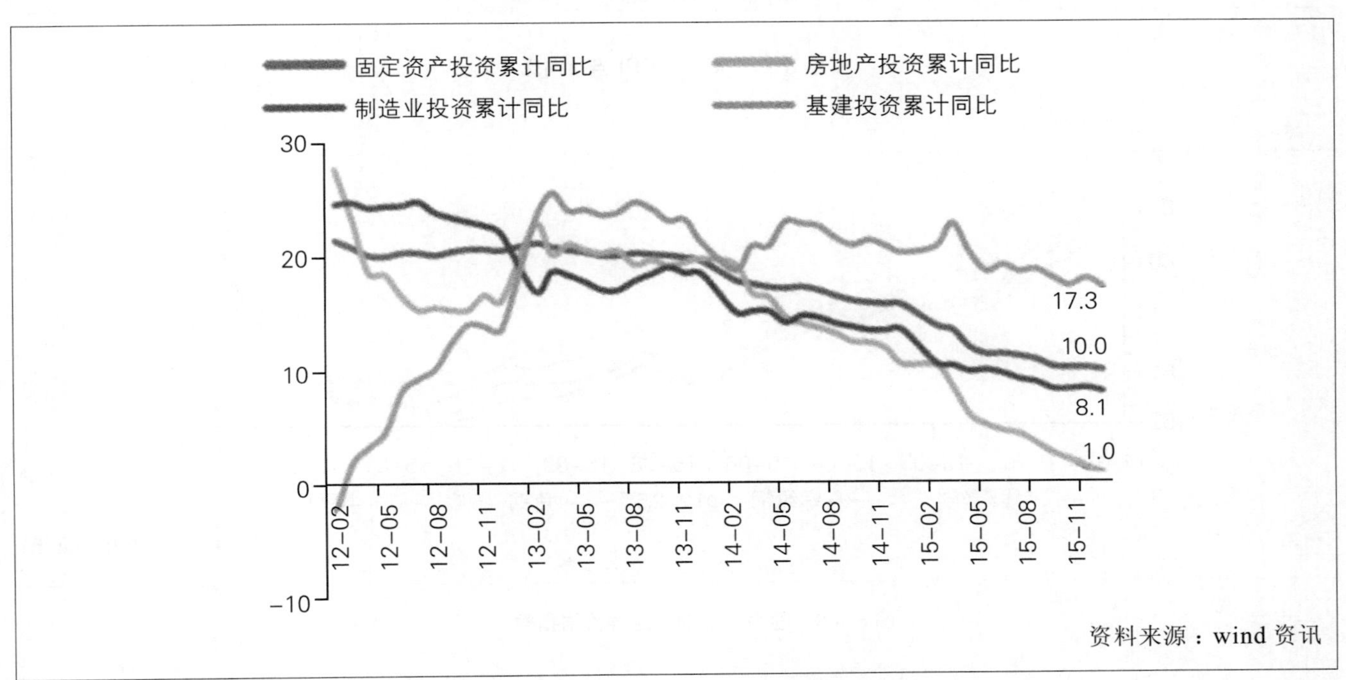

图8－6 固定资产分类投资累计同比

2. 原材料价格普遍下降，机械行业成本有所降低，毛利率维持较好水平

机机械行业影响成本的主要因素包括钢铁、有色金属价格，劳动力成本，贷款利率水平。2015年，食品、能源、消费品、服务、居住价格水平均出现了不同程度的下跌。全年工业生产者出厂价格比上年下降5.2%，12月份同比下降5.9%，环比下降0.6%。全年工业生产者购进价格比上年下降6.1%，12月份同比下降6.8%，环比下降0.7%。分项来看，生产资料跌幅扩大是PPI跌幅扩大的主要原因。另外，原油主导的能源价格下跌也是PPI下跌因素之一。得益于原材料价格的普遍下跌，2015年机械行业上市公司的毛利率保持在20.60%，相比全部上市公司19.30%的平均水平高出1.3个百分点，与2014年机械行业20.18%相比也提高0.42个百分点。机械行业业绩受成本因素的影响非常显著。

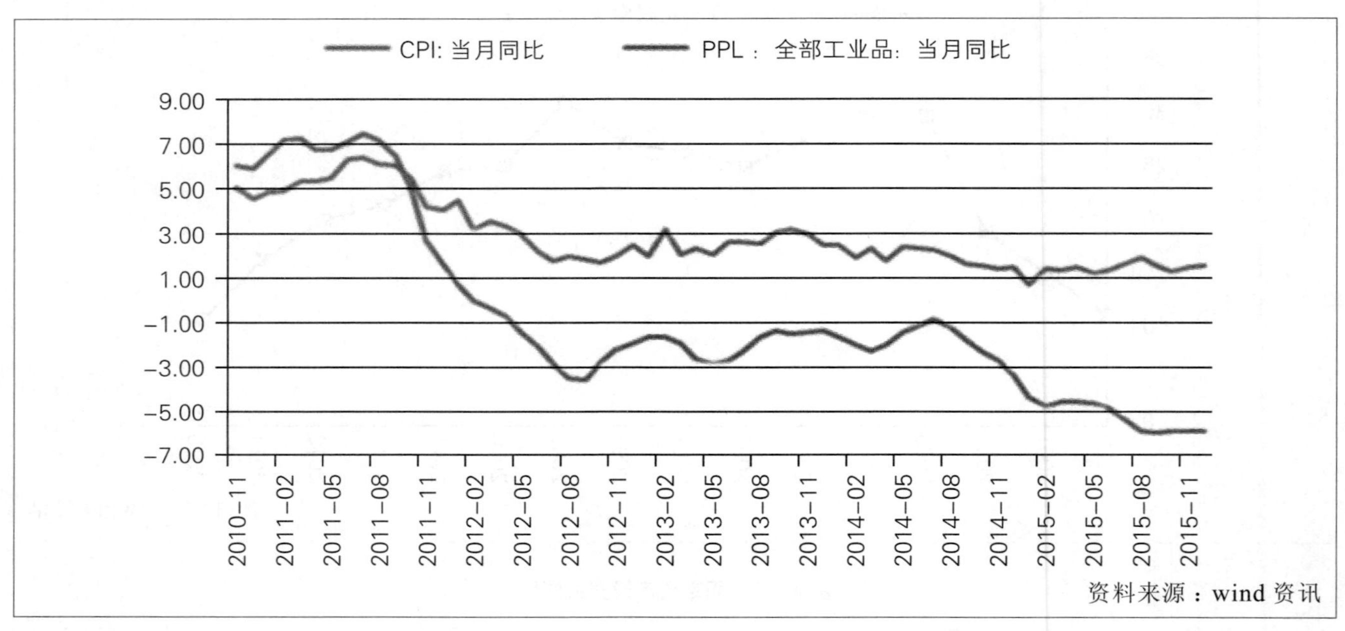

图8－7 CPI、PPI当月同比

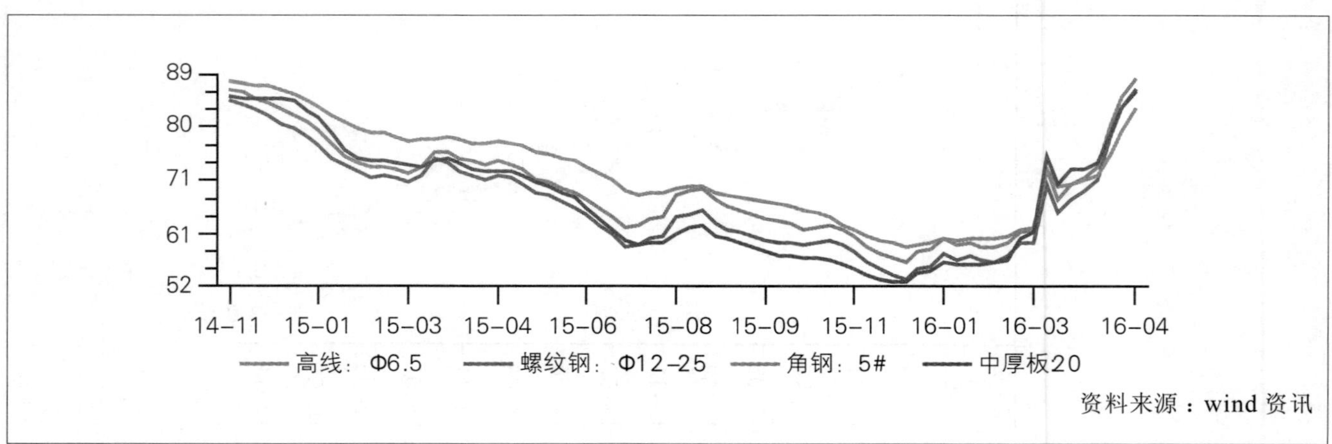

图8－8 国内主要钢材品种价格指数（一）

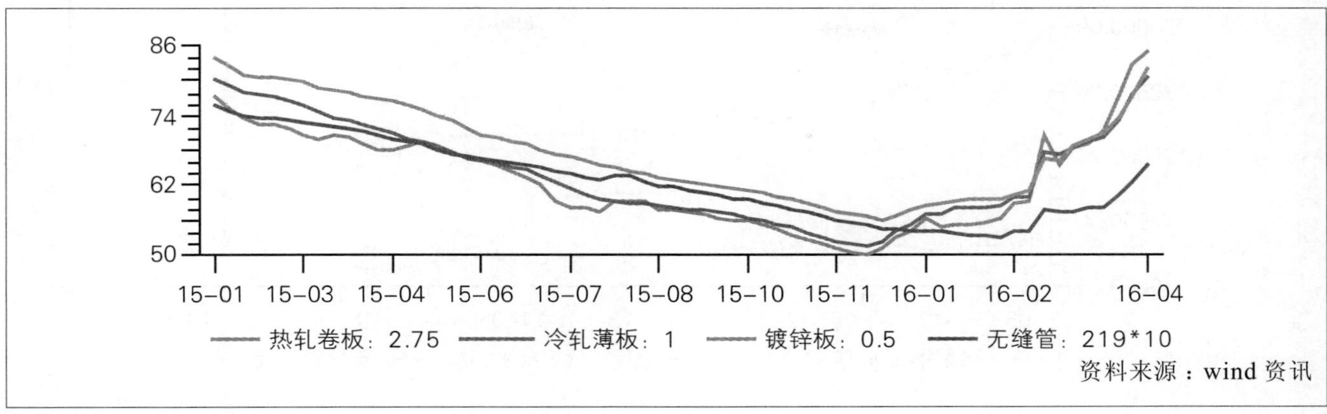

图 8－9　国内主要钢材品种价格指数（二）

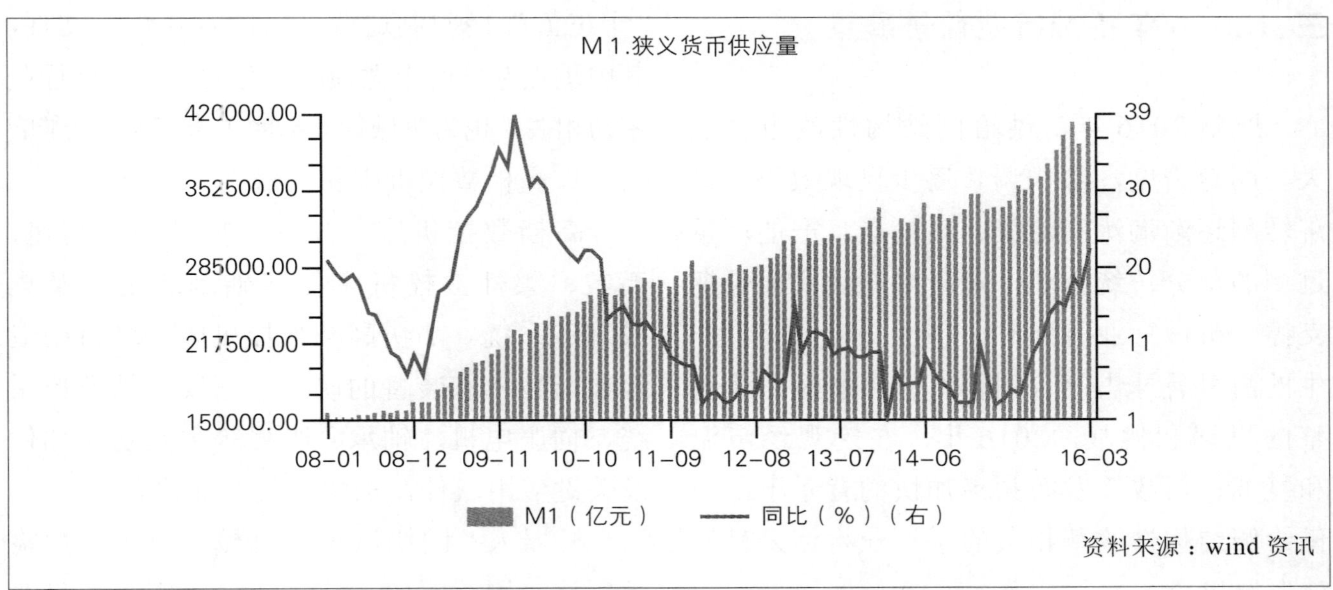

图 8－10　M1: 狭义货币供应量

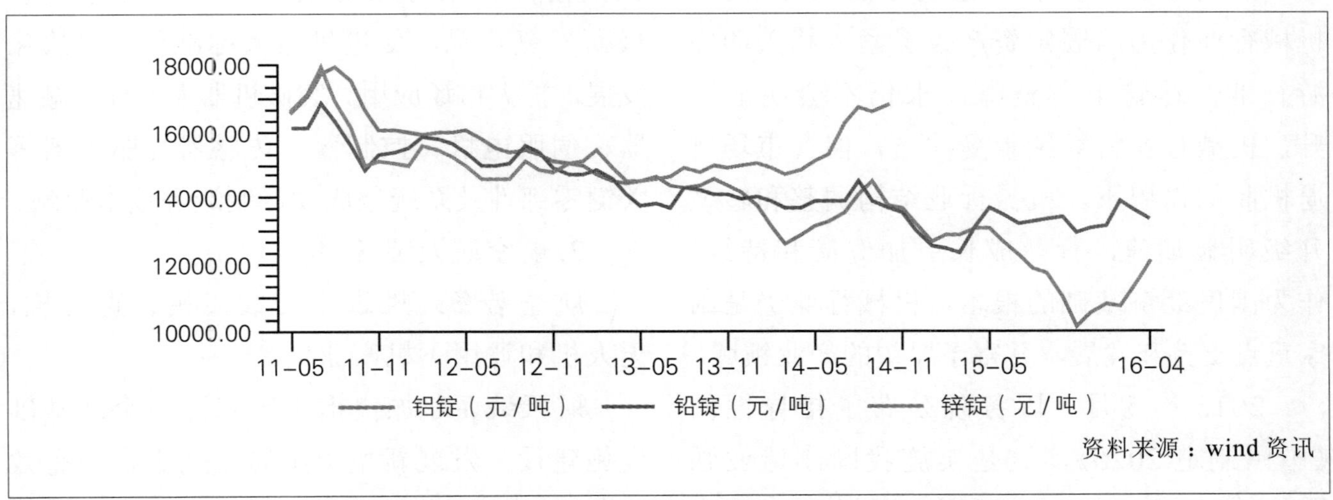

图 8－11　上海有色金属现货月平均价（一）

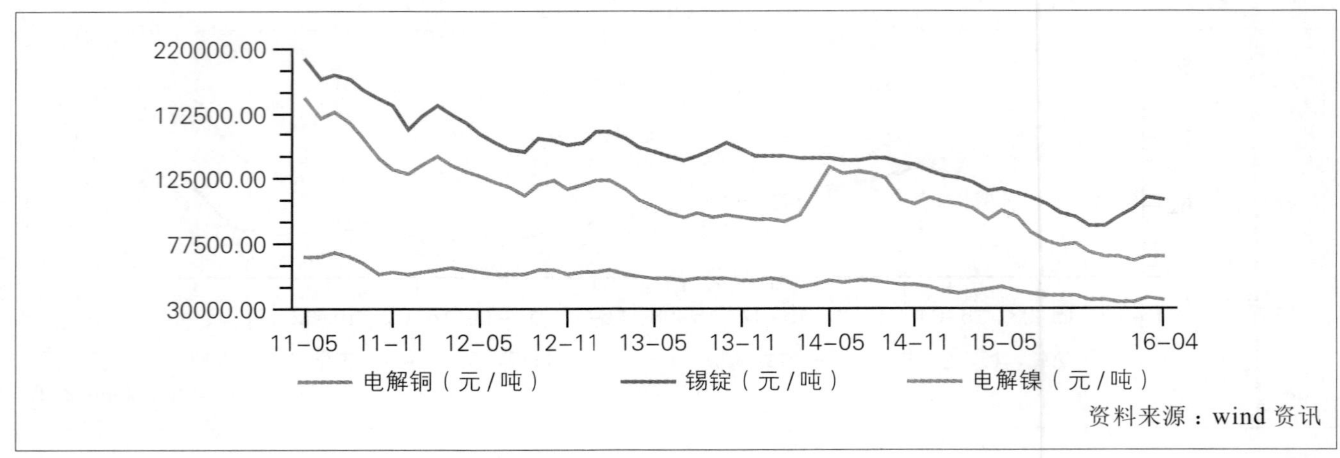

图 8－12 上海有色金属中现货月平均价（二）

三、2016 年机械行业前景展望

展望 2016 年，供给侧结构性改革将加大去库存力度，结构调整逐步显现效果。经济转型逐渐淘汰高污染、高耗能、产能严重过剩的部分传统行业，对新兴产业构成长期支撑，机械行业将同时面临“一带一路”产生的海外需求与“工业 4.0”带来的产业调整的机遇和挑战。2016 年，在宏观经济温和复苏、新政策发布频率加快的背景下，与供给侧结构性改革相关的子行业将迎来良好的发展机会。

（一）纲领性文件指明发展方向

在整体宏观经济平稳运行的大环境中，机械行业作为与固定资产投资紧密相关的中游行业，尽管下游整体需求仍不会明显回升，机械行业将继续承受冲击，但在市场倒逼机制的作用下，机械行业结构调整和转型升级明显加速，行业成长更加健康和持续。作为国民经济基础的根本，机械行业仍是国家重点支持和发展，并寄予厚望的产业领域。

2015 年 5 月，国务院公布了指导性的《中国制造 2025》，这是实施我国制造业强国战略的第一个十年纲领，同样也将成为“十三五”期间制造业升级的重要指导文件，其中重点发展的十大领域中有七大与机械行业密切相关，也为机械行业指明了未来发展方向：

1. 高档数控机床和机器人

高档数控机床：开发一批精密、高速、高效、柔性数控机床与基础制造装备及集成制造系统。加快高档数控机床、增材制造等前沿技术和装备的研发。开发高档数控系统、伺服电机、轴承、光栅等主要功能部件及关键应用软件，加快实现产业化。

机器人：围绕汽车、机械、电子、危险品制造、国防军工、化工、轻工等工业机器人、特种机器人，以及医疗健康、家庭服务、教育娱乐等服务机器人应用需求，积极研发新产品，促进机器人标准化、模块化发展，扩大市场应用。突破机器人本体、减速器、伺服电机、控制器、传感器与驱动器等关键零部件及系统集成设计制造等技术瓶颈。

2. 航空航天装备

航空装备：推进干支线飞机、直升机、无人机和通用飞机产业化。

航天装备：加快推进国家民用空间基础设施建设，发展新型卫星等空间平台与有效载荷、空天地宽带互联网系统，形成长期持续稳定的卫星遥感、通信、导航等空间信息服务能力。

3. 海洋工程装备及高技术船舶

发展深海探测、资源开发利用、海上作业保障装备及其关键系统和专用设备。推动深海空间站、大型浮式结构物的开发和工程化。形成海洋工程装备综合试验、检测与鉴定能力，提高海洋开发利用水平。突破豪华邮轮设计建造技术，全面提升液化天然气船等高技术船舶国际竞争力，掌握重点配套设备集成化、智能化、模块化设计制造核心技术。

4. 轨道交通装备

加快新材料、新技术和新工艺的应用，重点突破体系化安全保障、节能环保、数字化智能化网络化技术，研制先进可靠适用的产品和轻量化、模块化、谱系化产品。研发新一代绿色智能、高速重载轨道交通装备系统，围绕系统全寿命周期，向用户提供整体解决方案，建立世界领先的现代轨道交通产业体系。

5. 电力装备

推动大型高效超净排放煤电机组产业化和示范应用，进一步提高超大容量水电机组、核电机组、重型燃气轮机制造水平。

6. 农机装备

重点发展粮、棉、油、糖等大宗粮食和战略性经济作物育、耕、种、管、收、运、贮等主要生产过程使用的先进农机装备，加快发展大型拖拉机及其复式作业机具、大型高效联合收割机等高端农业装备及关键核心零部件，提高农机装备信息收集、智能决策和精准作业能力，推进形成面向农业生产的信息化整体解决方案。

7. 新材料

以特种金属功能材料、高性能结构材料、功能性高分子材料、特种无机非金属材料和先进复合材料为发展重点，加快研发先进熔炼、凝固成型、气相沉积、型材加工、高效合成等新材料制备关键技术和装备，加强基础研究和体系建设，突破产业化制备瓶颈。

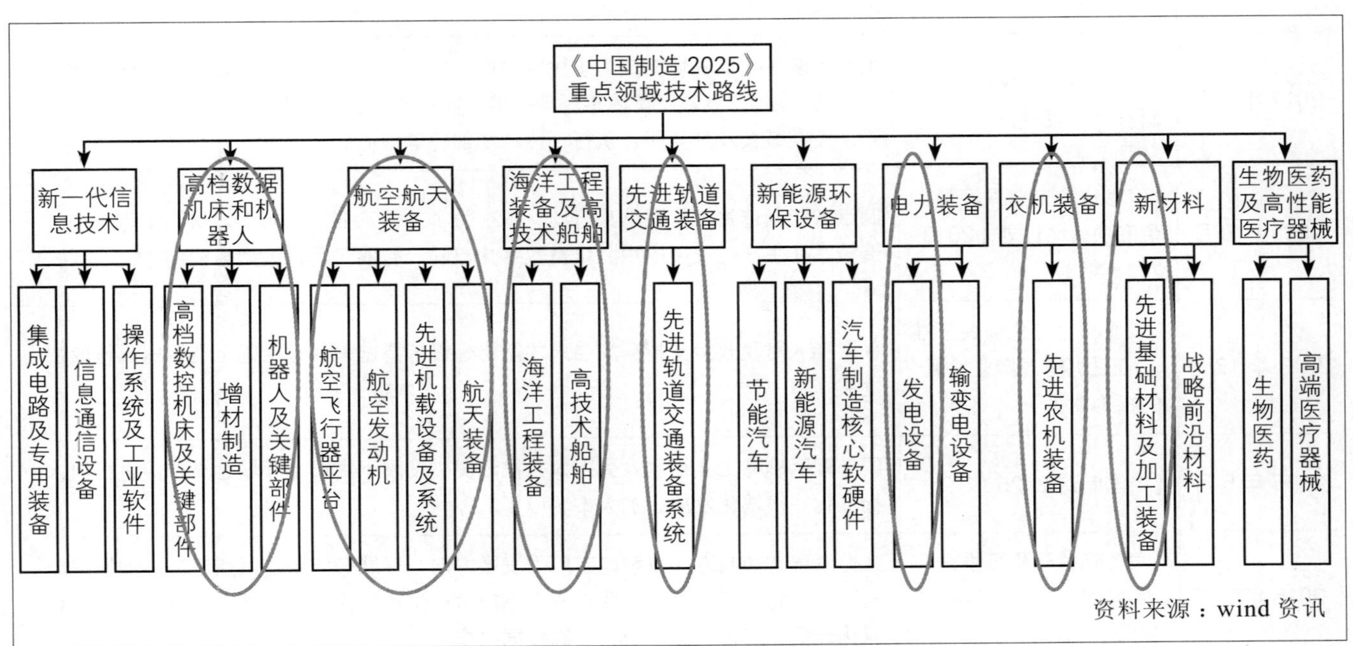

图 8－13 中国制造 2025 重点领域技术路线

（二）工业机器人行业面临大发展

1. 政策红利

自动化装备产业是为国民经济各行业提供技术装备的战略性产业，是先进制造业的基础，是各行业产业升级、技术进步的重要保障和国家综合实力的集中体现。为此，国家出台了一列扶持该行业发展的重大政策。《机器人产业“十三五”发展规划》草案已基本制定完成，将和“中国制造 2025”重点领域技术路线图一起，构成中国机器人产业的发展蓝图，进而掀开“十三五”千亿产值的面纱。2015 年 11 月，国务院发布的《关于积极发挥新消费引领作用加快培育形成新供给新动力的指导意见》给出了战略性新兴产业的范畴，包括节能环保、新一代信息技术、新能源汽车、三维 (3D) 打印、机器人、基因工程、可穿戴设备、智能家居、数字媒体等 9 大行业，机器人赫然在列。

表 8 – 7　　国家政策大力推动工业机器人的发展

时间	文件	涉及的主要内容
2011 年 7 月	《国家“十二五”科学和技术发展规划》	“围绕绿色制造和智能制造，在微纳制造技术、重大装备技术、智能机器人技术、系统控制技术、制造服务技术等五个方向进行前沿及核心技术攻关”，“研发高速列车谱系化和智能化、绿色产品设计、机器人模块化单元产品等重大关键技术，提升我国制造业的国际竞争力”。
2012 年 2 月	工业转型升级规划（2011–2015 年）	发展重大智能制造装备，加快发展焊接、搬运、装配等工业机器人，以及安防、深海作业、救援、医疗等专用机器人。
2012 年 3 月	《智能制造科技发展“十二五”专项规划》	“针对我国高端装备和制造过程在产品设计、柔性制造、高速高精制造、自动化和网络化制造等方面的差距，攻克一批制造智能化技术与装备。重点研究工业机器人、自动化和平产线、流程工业的核心工艺和成套装备等，提升制造过程智能化水平，促进制造业快速发展”，“自主研发工业机器人工程化产品，实现工业机器人及其核心部件的技术突破和产业化”。
2012 年 7 月	《“十二五”国家战略性新兴产业发展规划》	把高端装备制造业培充成为国民经济的支柱产业，促进制造业智能化、精密化、绿色化发展，“突破新型传感器与智能仪器仪表、自动控制系统、工业机器人等感知、控制装置及其伺服、执行、传动零部件等核心关键技术”。
2013 年 9 月	《信息化和工业深度融合专项行动计划（2013–2018 年）》	制定智能制造生产模式培充行动，意在为了加快工业机器人、增材制造等先进制造技术在生产过程中应用。培育数字化车间、智能工厂，推广智能制造生产模式。
2013 年 12 月	《工业和信息化部关于推进工业机器人产业发展的指导意见》	采取加大财税政策支持、加强人才队伍建设等措施来促进中国工业机器人行业的发展。
2015 年 5 月	《中国制造 2025》	国务院明确将工业机器人列入大力推动突破发展十大重点领域之一，促进机器人标准化、模块化发展，扩大市场应用。
2015 年 7 月	《国务院关于积极推进“互联网 +”行动的指导意见》	大力发展智能制造。以智能工厂为发展方向，开展智能制造试点示范，加快推动云计算、物联网、智能工业机器人等技术在生产过程中的应用，推进生产装备智能化升级、工艺流程改造和基础数据共享。

资料来源：wind 资讯

2. 工业转型升级需求

中国已经成为世界汽车、消费电子、通讯终端、家电电器等产品的制造中心，接下来必然要向高技术含量和高附加值的方向进行转型，这需要更加精密的加工与制造手段。与此同时，未来十年中国正面临着人口老龄化，劳动力成本上升和产业结构升级的压力，廉价劳动力优势不在，工业机器人代替人工将成为发展趋势。

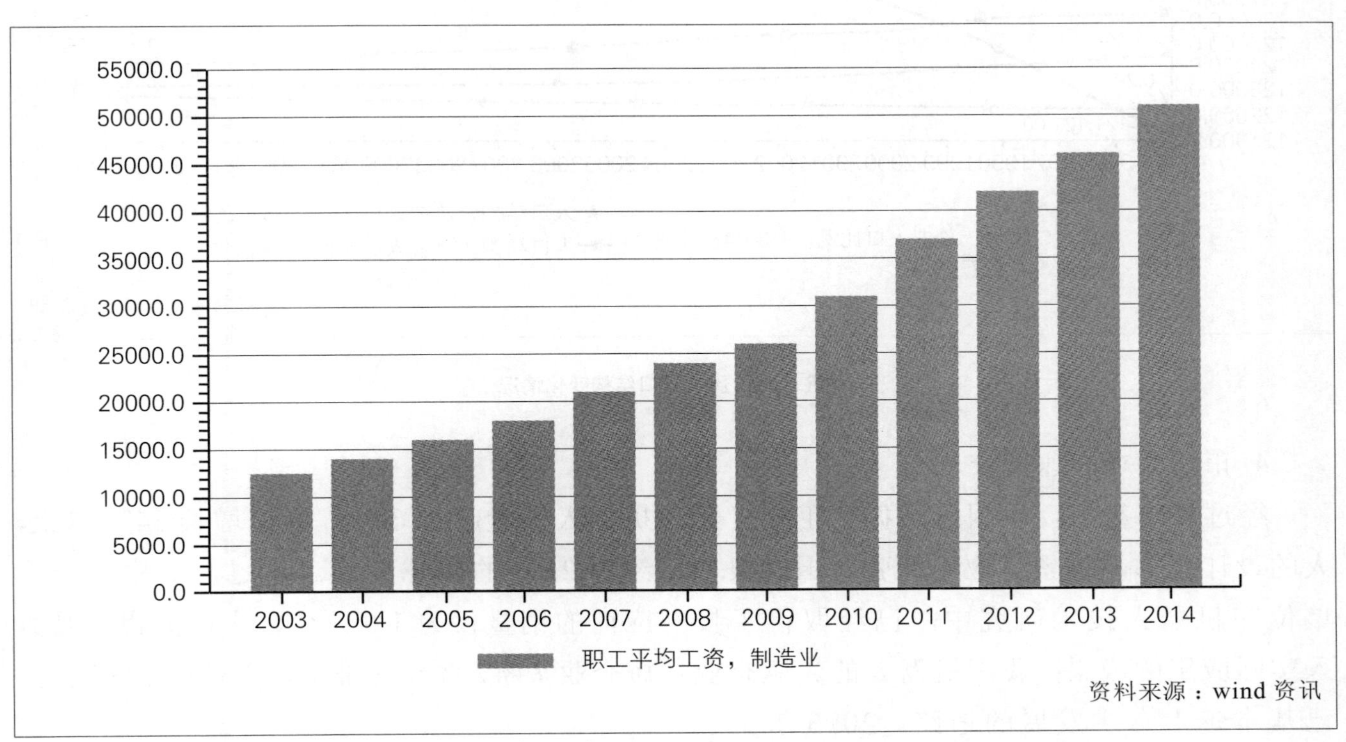

图 8－14　历年职工平均工资增长情况

3. 人口红利减弱

我国劳动力人口自从 2012 年出现拐点后，总量持续下降。国家统计局数据显示：2015 年，16 周岁以上至 60 周岁以下（不含 60 周岁）的劳动年龄人口 9.16 亿人，比上年末减少 371 万人，这已是第三年连续下降。不难看出，劳动力人口数量绝对增长没有了，出现了标志性的转折点，劳动力人口绝对数量开始下降已经是一种常态性的大趋势，表现在制造业上，就是以操作工人为代表的劳动力短缺。

人口红利的消失，未来劳动力的短缺将是一个中长期现象，制造业自动化程度提高十分迫切。在人力成本不断上升的背景下，制造业迅速进入机器人时代已大势所趋。这无疑让制造业看到了减成本、增效益的新希望：在人口红利逐渐消退之时，正是机器人产业创造新的“人口红利”的大好机会。另外，我国制造领域也备受高成本的劳动力制约，高成本劳动力施压下，利用工业机器人转型智能制造成为发展趋势，也是我国制造业的重大战略之一。

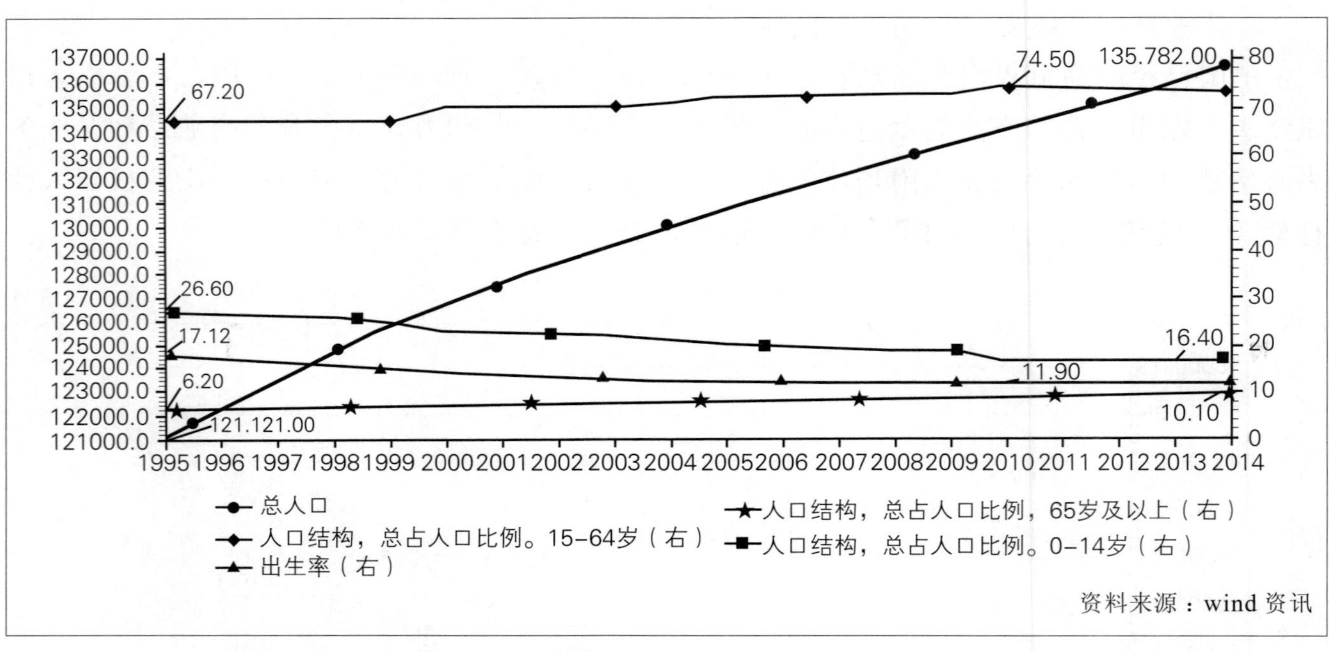

资料来源：wind 资讯

图 8-15　历年人口结构变化情况

4. 市场需求高速增长

经过多年努力，我国已掌握了工业机器人的设计技术，积累了应用经验。国内很多单位在机器人技术研究中，已经取得了投入实际应用的成果；我国机器人的先驱企业已基本走上自主发展的道路。2015 年工业机器人销量超过 6 万，同比增长 54% 以上，约占 25% 的全球销量。不过，其中本土供应商的销量仅为 1.6 万台，大部分市场被外资企业垄断，本土工业机器人替换空间巨大。

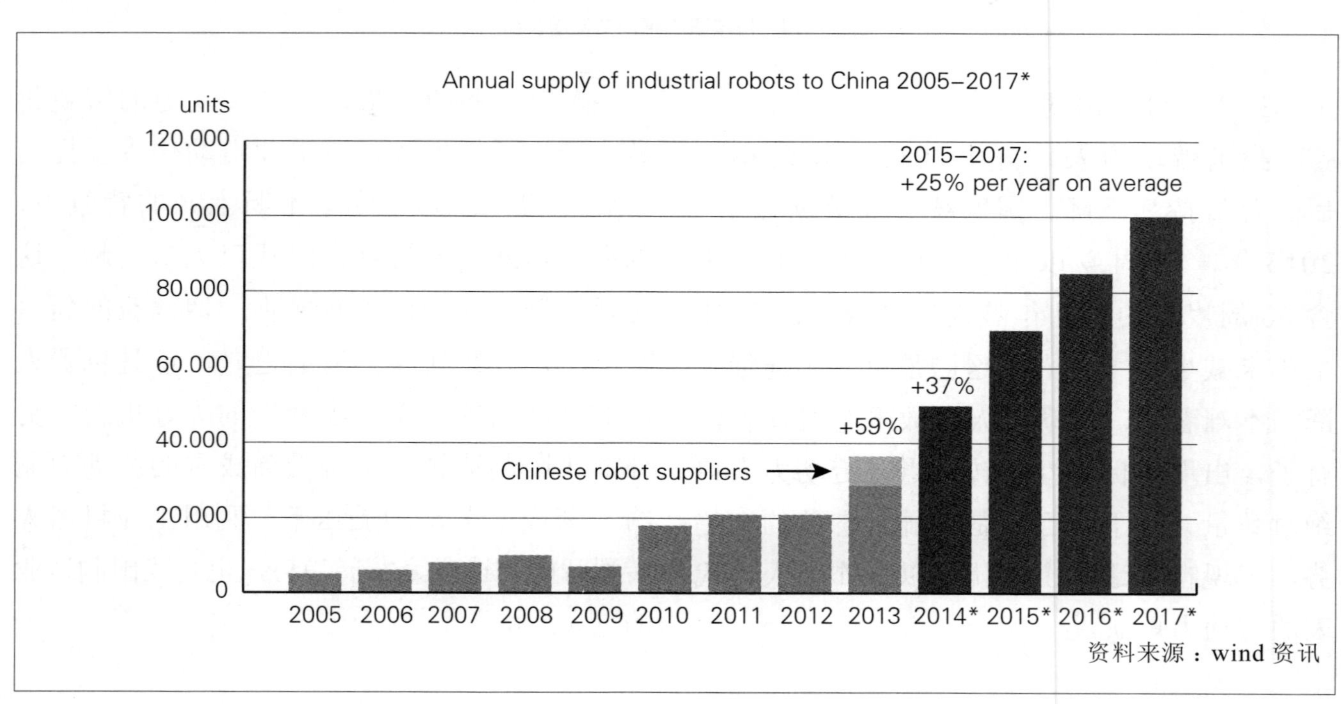

资料来源：wind 资讯

图 8-16　中国工业机器人销量（单位：台）

5. 行业发展爆发点

在人口红利拐点来临和产业升级的背景下，工业机器人逐步走进公众的视野。我国经济结构转型的“推力”、人口结构变化造成劳动力短缺与制造业用人成本趋势性上升的“拉力”，以及产业政策扶持的“催化力”正促进着国内工业机器人市场的蓬勃发展。工业机器人的发展也成为了自动化企业新的战略增长点。

未来三年，中国工业机器人处于国家政策红利、工业转型升级需求释放、人口红利减弱、市场需求增长的机遇叠加期。中国工业机器人发展黄金年正式到来！过去五年我国工业机器人行业复合增速约 30%，我国工业机器人数量仅为日本的 10% 和德国的 25%，市场空间很广阔。对于与中国当前近似的日本上世纪 80 年代的状况，未来 3 年中国该行业复合增速可达 30%，两到三年后机器人将开始爆发性成长。到 2020 年，我国工业机器人年销量将达到 15 万台，保有量达到 80 万台，将较“十二五”末新增 40 万台；到 2025 年，工业机器人年销量将达到 26 万台，保有量达到 180 万台，较“十二五”末增加 140 万台。多个权威机构预测，到“十三五”末，我国机器人产业集群年产值预计将突破 1000 亿元。

（三）军民融合有望成为机械行业未来几年跨年度的大主题

2016 年 3 月 12 日，国防科工局印发了《2016 年军民融合专项行动计划》。此次纲要明确了 2016 军民融合专项行动计划的四项重点任务。

1. 强化规划引领，推进政策落实：印发《国防科技工业军民融合深度发展“十三五”规划》并组织实施。开展规划深化论证，充分征求有关方面意见，完成规划报批印发。印发《推进国防科技工业军民融合深度发展的若干政策措施》并组织实施。配合国务院办公厅印发《推进国防科技工业军民融合深度发展的若干政策措施》，拟制分工方案，加强对地方政府有关部门的指导，组织推进政策措施实施。

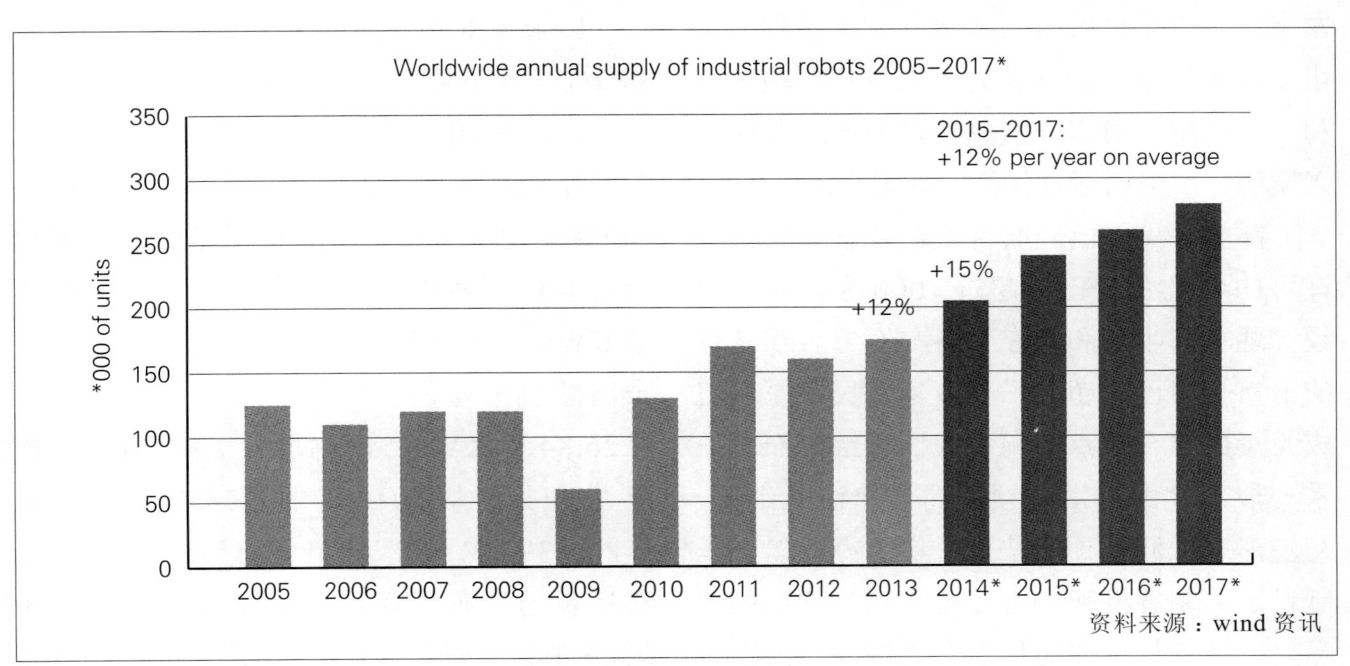

资料来源：wind 资讯

图 8 – 17　历年工业机器人供给增长情况

2. 优化军工结构，深化“民参军”：推进军品科研生产能力结构调整。推动扩大军工外部协作。探索将军工外部配套率、民营配套率相关数据纳入国防科技工业经济运行统计。完善武器装备科研生产许可准入审查制度。推动军品科研生产单位履约信誉评级。加强与全国工商联的合作交流。推动军工企业改制重组和上市。研究非国有企业军工能力管理机制。实施军品增值税政策。

3. 推动协同创新，加强资源统筹：推动军工设备设施开放共享。推动航天资源和数据共享。加强国防科技平台的共享和交流。扩大信息共享。推动科技协同创新。加强人才培养和教育培训。实施军民标准通用化工程。制定发布“军转民”“民参军”目录。推动军用关键材料进口替代。推进军工能力自主化。完善国家核应急体系。推进中国核应急救援队建设。加强武器装备动员能力建设。

4. 发展融合产业，服务稳增长调结构：推动军工技术转移转化。推动军民融合产业发展。推进军民融合集成电路制造工程。加快核技术应用。加强高分重大科技专项实施和成果应用。对口支援赣南等原中央苏区振兴发展。加强国际合作推动军工“走出去”。

目前，我国已经取得武器装备科研生产许可的名义企业已经超过 1000 家，其中已经实现军品收入和存在具备与军方合作条件的上市公司已经超过了 100 家。民参军”已成为军民融合重点方向。我国相继颁布了一系列涉及“民参军”领域的法律法规细则，初步形成了涵盖顶层法规、实施办法以及承制目录的制度框架，为“民参军”活动的科学化、规范化管理提供了有力保障。为推进民参军，原总装备部于 2014 年下发了《关于引导优势民营企业参与武器装备科研生产和维修的措施意见》，重点围绕“政策法规、市场准入、公平竞争、信息互通、过程监管”等 5 个方面改革创新，筹划启动 32 项“民参军”措施任务，并由军委装备发展部负责牵头落实。按照整体目标和时间节点，2016 年将重点推进建立国防知识产权管理制度、制定竞争性采购规章制度及配套法规、制定《装备采购信息发布管理办法》及配套规章等 5 项任务。32 项“民参军”措施任务于 2017 年底前全部完成。民参军政策的核心目的就是引导优势民营企业，优质的社会资源进入军品科研、生产、维修的各个领域，从而推动军工产业的升级，为铸造强军的“利器”提供物质技术的支持。未来无论是在顶层筹划，还是在具体领域，军民融合都将全面提速。军民融合有望成为机械行业未来几年跨年度的大主题。

（四）与核电相关的高端制造板块也将随之进入高速发展期

1. 未来 6 年计划投资逾 5000 亿元新增 39.2GW 开工量

预计 2020 年核能发电占比将达到 5.5%，发展空间巨大。2014 年全国累计发电量为 54638.0 亿 KWh，同比增长 3.2%，而 22 台商业运行核电机组累计发电量为 1305.8 亿 KWh，比 2013 年增加了 18.89%，约占全国总发电量的 2.39%；累计上网电量为 1226.84 亿 KWh，同比增加了 18.80%。核能发电占比从 2010 年的 1.78% 增至 2014 年的 2.39%，预计 2020 年将达到 5.5%，正在逐步地改善了我国的发电结构。但与法国 73.3%，韩国 27.6%，美国 19.4%，英国

18.3% 等发达国家 2014 的核能发电比重相比，我国还有很大的成长空间。

政策频出，扶持力度大。近几年，迫于节能减排和能源结构改善的压力，我国加紧布局核电站的建设，政府决策层在多个场合传达了对能源与核电工作的重视，相关扶持政策和规划也频频出台。

2. 世界能源需求不断加大，但核电发展仍较缓慢。

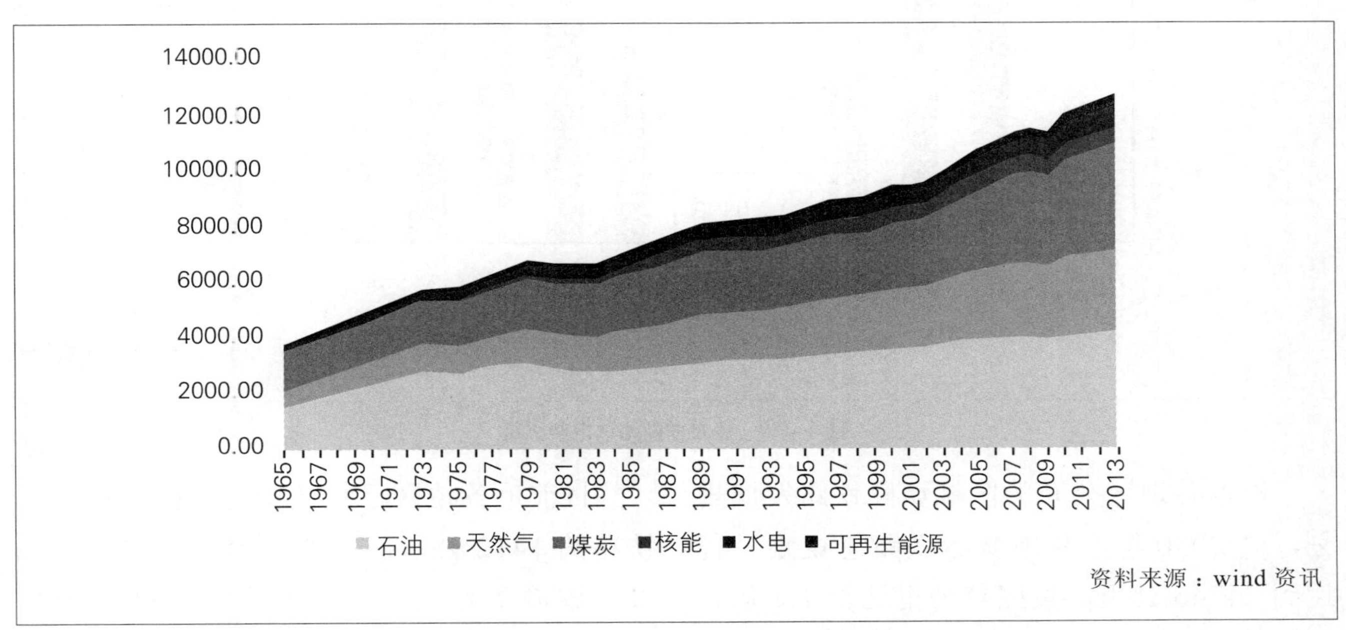

图 8－18　历年各种能源供给情况表

我国进入核电高速成长期，在建规模居世界第一，产业新增投资巨大。截至 2015 年底，我国已建成的 22 台核电机组，装机容量 20.3GW，占全国电力 1350GW 的装机总容量 1.49%。在建核电机组 26 台，装机容量为 28.5GW，在建规模居世界第一。运行和在建总计 48 台机组，装机容量为 48.8GW，其中中广核集团拥有 24 台，中核集团拥有 21 台，中电投集团拥有 4 台（与中广核共同拥有 2 台机组），华能集团拥有 1 台。根据我国《能源发展战略行动计划（2014 年 -2020 年）》设定目标，到 2020 年，核电装机容量达到 58GW，在建容量达到 30GW 以上。这样未来 5 年将带来约 39.2GW 的核电新增开工量，对应新增投资逾 5000 亿元。随着“一路一带”核电出口的继续推进、未来内陆核电的批复与启动，以及核电设备的国产化加速，与核电相关的高端制造板块也将随之进入高速发展期。

（五）与区域城际铁路及城市轨道交通相关的设备制造行业将迎来大发展

《十三五铁路规划方案》提出：“规划建设长江三角洲、珠江三角洲、环渤海地区、长株潭城市群、中原城市群、武汉城市圈、成渝经济区、关中城市群、海峡西岸经济区以及呼包鄂地区、北部湾地区、鄱阳湖生态经济区、滇中地区等城际铁路。利用通道内新建快速铁路和既有铁路开行城际列车，充分发挥路网资源在区域城际客运中的作用。”

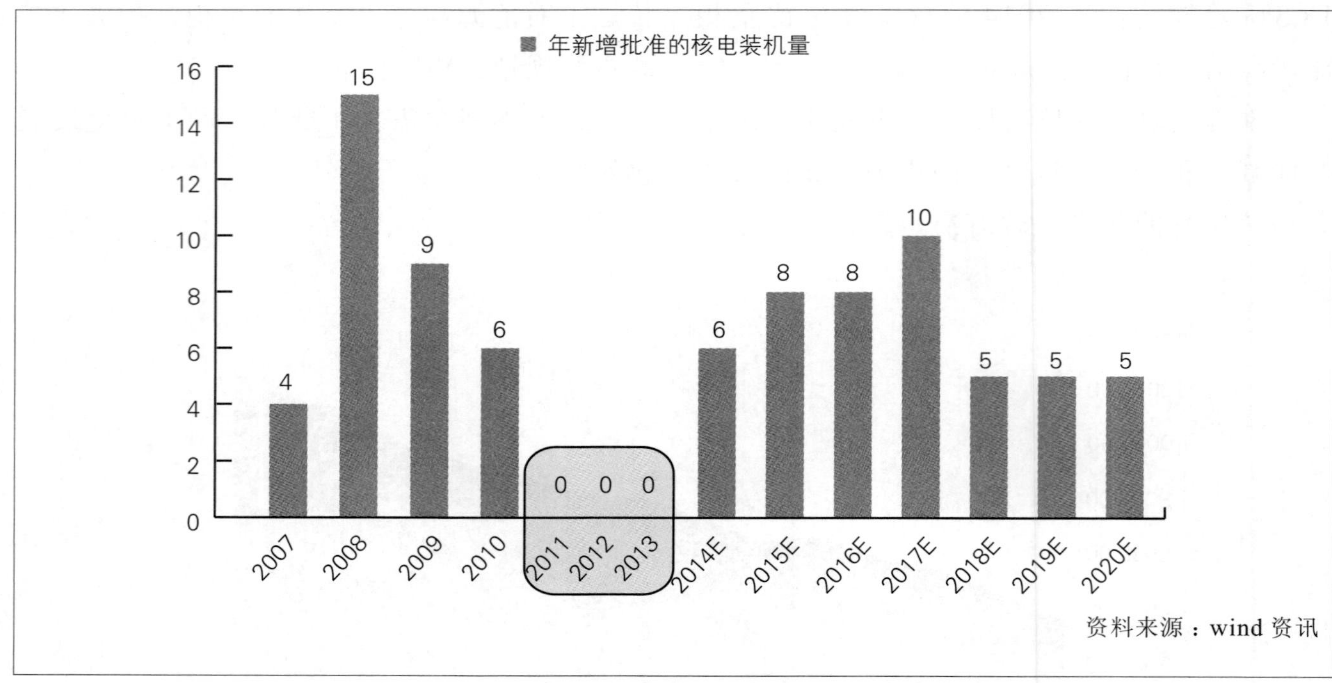

图 8－19　未来年新增核电装机量

根据各地区公布的区域城际铁路发展规划，到 2030 年，我国城际铁路总规划里程达到 24745 公里。按照每公里造价 1.2 亿元测算，区域城际铁路建设总规模接近 3 万亿元，已经可以和高铁骨干网规模相媲美。从长期来看，相应动车组采购规模也将与高铁骨干网相比肩。

表 8－8　城际铁路发展情况表

地区	建成里程（公里）	在建里程（公里）	总规划里程（公里）
京津冀	120	0	3796
山东	0	308	2391
长三角	346	38	6850
珠三角	184	206	1890
长株潭	0	274	760
辽中南	0	0	500
武汉	316	432	1813
中原	128	0	496
关中	0	0	1204
海峡两岸	0	247	1045
成渝	318	309	4000
合计	412	1813	24745

目前，各地区已经初步建成的区域城际铁路约 1412 公里，主要来自于长三角、武汉、成渝等地区。在建里程约 1813 公里，主要来自于山东、武汉、珠三角、长株潭、成渝等地区。随着城际铁路融资机制的逐渐理顺，预计会有更多的城际铁路相继开工。铁路区域城际铁路的建设将为高铁设备制造行业提供新的发展机遇。

与国际成熟的都市圈相比，我国大中城市的都市圈建设仍处于雏形阶段。伴随着都市圈的不断发展，都市圈内的轨道交通将会有巨大的增长空间。根据国务院办公厅出台的相关文件，我国城市建设轨道交通需要满足以下的条件：

表 8－9　我国城市建设快速轨道交通的条件

	地铁	轻轨
地方财政一般预算收入	100 亿元以上	60 亿元以上
国内生产总值	1000 亿元以上	600 亿元以上
城区入口	300 万人以上	150 万人以上
高峰小时单向客流量	3 万人以上	1 万人以上

资料来源：wind 资讯

据2010年人口普查数据，我国人口超过50万的城市有221个，超过100万的城市有81个，且预计人口将持续增加。据国家统计局数据，2013年底，中国城市轨道交通运营里程达到了2408公里，同比增长17%。而据公开资料整理，截至2014年12月31日，中国已经有22座城市开通运营轨道交通94条，运营里程达到2903公里，同比增长20.6%。2015年，中国的39座城市正在建设城市轨道交通，城市数目未来仍然将不断增加。预计到2020年，我国39个城市的轨道交通建成里程将达到9054公里。从2015年到2020年，我国城市轨道交通开通量会达到6047公里，年均复合增长率为21%。按照每公里投资7亿元，建设周期5年来测算，建成需要投资4.2万亿元，平均每年投资规模为8500亿元。相比之下，近几年我国每年铁路投资规模约8000亿元左右。因此，城市轨道交通投资规模已经超过了铁路市场。

城市轨道交通车辆的需求主要是由两部分构成：一是新线投入运营带来的新增车辆需求；二是既有线路客流量增加带来的发车密度增加的需求。目前，我国城市轨道交通车辆需求以新线投入带来的新增车辆需求为主。从2015年到2020年，我国城市轨道交通开通量预计年均复合增长率为21%，再加上既有线路客流量提升带来的车辆需求，我国城市轨道交通车辆市场的年均复合增长率有望达到25%以上。按照城市轨道交通6辆/公里的铺车密度，每辆600万元测算，从2015年到2020年，我国城市轨道交通开通量会达到6047公里，对应轨道交通车辆市场规模约3.6万辆，2170亿元。城市轨道交通建设将为相关设备制造行业提供新的发展机遇。

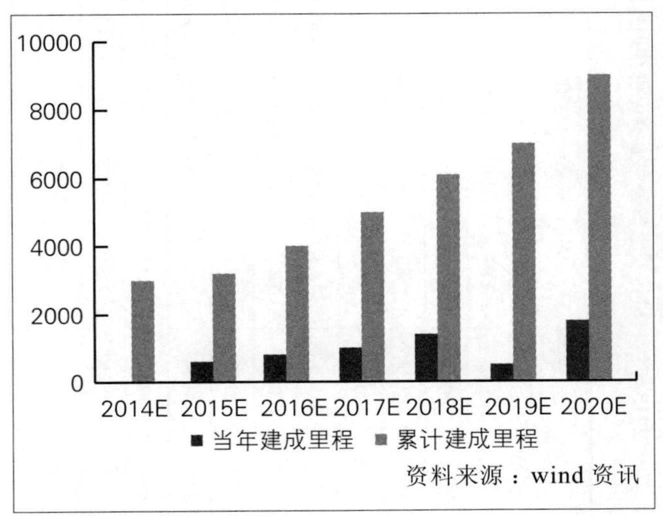

图8－20 我国39个城市轨道交通建设里程预测 2014E–2020E（公里）

附表

2015 年度机械行业上市公司业绩评价结果排序表

行业排名	全部上市公司排名	股票代码	股票简称	综合得分(100 分)	每股收益(元)	总资产报酬率(%)	净资产收益率(%)	总资产周转率(次)	流动资产周转率(次)	资产负债率(%)	获利倍数	营业收入增长率(%)	资本扩张率(%)	市场投资回报率(%)	股价波动率(%)	年末资产总额(万元)	营业收入(万元)	净利润(万元)
1	51	002074	国轩高科	78.34	0.8	17.57	33.3	0.69	1.02	54.69	16.96	210.05	478.63	157.54	161.33	671327.25	274549.62	58730.62
2	97	002202	金风科技	75.22	1.05	7.47	18.08	0.61	1.13	66.92	6.03	69.8	14.21	64.46	126.97	5257240.08	3006209.96	287539.12
3	118	603338	浙江鼎力	74.44	0.83	17.92	19.63	0.6	0.86	15.73	1031.94	28	153.28	73.07	157.93	109493.04	47915.12	12575.05
4	123	002595	豪迈科技	74.42	0.81	23.35	23.15	0.72	1.36	14.58	479.97	27.24	17.52	81.38	143.52	352331.35	230891.29	64340.81
5	129	300443	金雷风电	74.21	2.77	23.14	22	0.8	1.16	12.61	85.94	45.37	113.87	73.07	202.62	102988.68	66120.41	14526.77
6	137	300208	恒顺众昇	74.14	0.46	23.71	34.6	0.65	1.52	45.84	15.09	73.51	43.27	355.24	316.77	213675.22	116326.62	33853.21
7	139	002680	长生生物	73.96	0.97	15.5	14.67	0.36	0.43	11.03	107.58	643.87	362.49	173.83	256.75	369456.18	79551.58	29308.21
8	156	600894	广日股份	73.47	2.49	30.24	39.81	0.59	1.14	28.73	63.3	6.26	48.19	52.98	140.68	927369.49	482595.14	215763.95
9	159	600835	上海机电	73.42	1.79	9.64	25.52	0.65	0.77	64.87	100.98	-7.14	21.77	63.68	133.25	2985273.41	1929553.47	280037.59
10	166	601766	中国中车	73.22	0.43	7.67	17.2	1.05	1.57	63.56	12.7	102.06	120.44	26.23	274.63	31169372.9	24191263.6	1409787.8
11	170	300124	汇川技术	73.18	1.03	16.2	21.5	0.52	0.64	27.86	70.92	23.54	17.66	58.38	136.06	594651.46	277052.99	83396.69
12	173	603806	福斯特	73.05	1.61	16.56	16.04	0.73	0.85	11.72	4447.97	39.69	12.27	31.64	144.45	483498.7	333280.48	64729.27
13	191	601567	三星医疗	72.74	0.5	10.98	20.67	0.64	1.39	58.4	25.68	44.69	27.6	115.01	182.89	742209.37	415805.7	56432.58
14	216	002658	雪迪龙	72.23	0.43	17.48	17.98	0.58	0.72	12.67	497.42	35.19	16.82	122.51	186.24	181319.12	100235.47	26272.17
15	225	300341	麦迪电气	72.04	0.37	12.76	13.11	0.86	1.21	13.76	332.25	133.38	64.47	125.72	278.92	104483.85	71403.26	9478.52
16	247	300445	康斯特	71.51	0.55	14.96	15.63	0.5	0.79	7.49	56.46	15.36	112.12	73.07	238.79	40108.72	16252.36	4266.6
17	252	002706	良信电器	71.45	1.11	12.8	14.74	0.89	1.34	26.06	1172.51	18.39	15.81	75.8	164.63	123229.96	101304.92	12513.55
18	262	300488	恒锋工具	71.34	1.21	15.16	14.74	0.35	0.63	6.09	91.1	6.13	84.28	73.07	156.76	63708.59	18385.78	6801.9
19	263	300414	中光防雷	71.27	0.65	14.06	16.19	0.57	0.62	15.3	0	-21.19	113.21	73.07	160.02	79997.09	35977.28	8057.91
20	279	300491	通合科技	71.09	0.71	12.01	14.83	0.48	0.67	24.84	0	23.65	118.84	73.07	0	52629.3	18547.15	4273.7
21	298	300450	先导智能	70.77	1.74	13.62	28.67	0.44	0.52	57.58	0	74.89	153.68	73.07	145.54	171657.73	53611.08	14556.08
22	315	603611	诺力股份	70.44	0.68	12.14	15.96	1.03	1.49	33.72	38.31	-4.71	80.38	73.07	213.66	131561.18	114908.9	10925.6
23	325	002690	美亚光电	70.3	0.43	16.18	15.98	0.41	0.48	11.37	0	27.18	13.05	117.2	200.97	217309.52	84091.09	28719.46
24	327	603025	大豪科技	70.17	0.43	16.02	15.66	0.48	0.63	6.64	0	-6.3	59.91	73.07	161.19	158227.66	62172.7	18532.68
25	328	601877	正泰电器	70.19	1.33	18.75	27.36	0.99	1.35	41.28	21.16	-5.8	10.38	13.25	66.99	1211112.42	1202646.65	187091.13
26	336	002270	法因数控	70.13	0.72	17.23	17.94	0.43	0.65	17.36	92.56	100.56	184.36	57.98	212.4	203251.88	60291.98	20314.58
27	347	600885	宏发股份	69.84	0.89	16.28	17.12	0.84	1.36	27.56	24.57	4.55	11.87	47.63	116.98	539561.94	424783.78	66020.68

续表

行业排名	全部上市公司排名	股票代码	股票简称	综合得分（100分）	每股收益（元）	总资产报酬率(%)	净资产收益率(%)	总资产周转率(次)	流动资产周转率(次)	资产负债率(%)	获利倍数	营业收入增长率(%)	资本扩张率(%)	市场投资回报率(%)	股价波动率(%)	年末资产总额(万元)	营业收入(万元)	净利润(万元)
28	364	300417	南华仪器	69.45	0.81	10.95	11.84	0.55	0.64	8.44	0	15.86	88.04	73.07	241.47	38884.37	16898.01	3227.62
29	370	300471	厚普股份	69.39	1.37	10.65	17.24	0.58	0.71	37.58	144.45	16.25	153.99	73.07	117.76	235415.78	111319.61	17656.56
30	371	300145	中金环境	69.36	1.08	8.93	11.34	0.53	1.06	32.29	39.48	23.98	140.35	107.67	147.27	536301.56	194835.05	28192.36
31	393	603686	龙马环卫	68.99	0.6	11.54	19.83	1.05	1.13	42.8	216.22	29.62	116.9	73.07	197.01	183120.89	153199.99	15275.53
32	401	601012	隆基股份	68.89	0.31	8.07	11.76	0.71	1.22	44.62	7.52	61.6	73.29	83.71	212.81	1020870.96	594703.26	52073.28
33	404	300376	易事特	68.92	1.11	9.47	23.1	1.06	1.36	69.51	17.78	87.01	24.19	100.44	170.97	443715.38	368238.51	27866.91
34	410	601222	林洋能源	68.82	1.29	10.01	12.48	0.48	0.79	27.56	79.18	23.49	68.41	49.95	134.56	702413.51	272474.66	52443.91
35	414	002779	中坚科技	68.79	0.74	8.99	10.7	0.75	0.99	20.88	0	-9.62	82.53	73.07	92.09	74473.15	46085.06	4879.19
36	439	300427	红相电力	68.35	0.83	14.72	16.01	0.52	0.58	17.01	154.29	14.07	95.62	73.07	207.79	75972.8	30525.46	7554.49
37	440	002518	科士达	68.42	0.79	11.29	14.17	0.65	0.85	30.04	0	9.99	12.02	123.65	222.92	252475	152648.31	23052.01
38	444	300470	日机密封	68.28	1.76	12.96	14.32	0.46	0.57	11.61	200.26	-9.36	137.96	73.07	152.05	91326.04	32357.1	8208.94
39	489	300066	三川智慧	67.56	0.34	10.41	11.19	0.43	0.68	9.1	423.43	-7.29	18.73	142.56	212.07	160156.89	64704.72	14616.42
40	492	002546	新联电子	67.57	0.62	10.01	11.52	0.43	0.56	19.9	44.36	33.88	6.32	155.06	225.59	184841.46	77701.02	16362.04
41	501	300371	汇中股份	67.4	0.56	14.25	13.77	0.4	0.62	8.29	0	5.33	11.83	64.58	152.74	56154.38	21249.91	6715.79
42	512	300360	炬华科技	67.23	0.99	16.6	24.3	0.7	0.75	33.26	0	9.97	25.37	55.52	155.55	162013.81	108683.64	23613.28
43	518	002444	巨星科技	67.19	0.47	11.33	12.15	0.58	1	25.51	21.73	10.83	4.24	71.77	143.26	552582.3	317648.45	48120.36
44	526	300159	新研股份	67.07	0.2	8.17	8.98	0.32	0.8	24.92	24.44	149.78	399.83	101.25	247.66	752661.78	140103.89	30041.98
45	527	002767	先锋电子	67.1	0.6	10.04	11.6	0.52	0.56	15.21	0	-5.08	110.59	73.07	115.99	72581.72	29114.74	5263.94
46	537	002531	天顺风能	67.03	0.37	9.9	14.23	0.56	0.96	50.27	17.04	53.22	14.46	80.48	178.43	464318.23	214861.25	30339.34
47	545	300447	全信股份	66.92	0.97	16.28	17.23	0.5	0.64	17.56	0	22.46	103.43	73.07	272.13	67974.41	25126.35	7188.6
48	583	600525	长园集团	66.44	0.51	9.7	11.9	0.53	1.03	39.96	6.02	24.28	85.57	58.1	144.91	934185.06	416185.31	51263.76
49	584	300393	中来股份	66.37	0.9	10.21	13.67	0.55	0.78	44.74	18.19	54.24	19.11	40.78	153.32	159816.54	73403.52	10770.44
50	592	600406	国电南瑞	66.22	0.53	9.72	17.09	0.62	0.68	49.99	185.07	8.66	12.92	10.42	150.88	1629928.19	967801.35	132528.23
51	594	300477	合纵科技	66.21	0.92	7.72	15.21	0.87	1.11	52.98	21.97	22.6	74.88	73.07	136.82	156431.06	111744.9	8721.11
52	595	300456	耐威科技	66.18	0.63	10.52	11.32	0.32	0.42	12.08	37.66	0.93	116.95	73.07	121.54	66481.01	17097.39	4937.21
53	597	002367	康力电梯	66.24	0.66	14.88	22.38	0.84	1.43	41.53	0	15.92	15.29	45.97	232.74	404897.43	327031.25	49028.23
54	602	002323	雅百特	66.09	1.4	33.25	36.39	0.97	1.19	35.21	313.15	136.57	-28.48	70.67	133.21	94148.01	92563.55	26619.05
55	615	300416	苏试试验	65.91	0.79	12.58	13.64	0.6	0.95	23.21	66.16	23.21	69.33	73.07	208.25	61395.36	31293.23	5338.44

续表

行业排名	全部上市公司排名	股票代码	股票简称	综合得分(100分)	每股收益(元)	总资产报酬率(%)	净资产收益率(%)	总资产周转率(次)	流动资产周转率(次)	资产负债率(%)	获利倍数	营业收入增长率(%)	资本扩张率(%)	市场投资回报率(%)	股价波动率(%)	年末资产总额(万元)	营业收入(万元)	净利润(万元)
56	639	600388	龙净环保	65.47	0.52	5.65	16.69	0.59	0.69	72.89	11.4	22.64	12.95	28.35	148.19	1351511.7	739096.05	56103.89
57	659	600312	平高电气	65.17	0.73	9.79	13.78	0.53	0.79	46.74	16.52	26.59	4.55	23.02	73.09	1195137.93	583059.62	85556.81
58	672	300097	智云股份	65.09	0.43	5.13	6.39	0.33	0.62	37.08	48.07	92.22	166.07	160.06	181.92	199466.02	42102.05	5793.92
59	674	002158	汉钟精机	65.11	0.56	9.66	11.17	0.5	0.66	19.26	48.98	−10.17	90.29	28.42	154.23	227901.59	88907.56	15671.29
60	692	600869	智慧能源	64.82	0.21	6.04	11.61	0.92	1.35	66.91	3.07	3.16	31.88	109.43	224.12	1316242.34	1171099.77	45129.06
61	707	000008	神州高铁	64.68	0.08	10.99	10.67	0.61	1.37	18.98	51.38	321.6	386.01	121.08	166.06	358935.47	129507.61	18990.92
62	710	300435	中泰股份	64.58	1.23	13.21	19.7	0.57	0.69	30.94	50.43	6.86	115.41	73.07	186.09	92757.35	46246.4	9237.33
63	712	300351	永贵电器	64.59	0.34	10.03	11.1	0.42	0.64	14.23	0	33.08	7.22	85.39	214.84	128154.41	51112.84	11236.57
64	716	601313	江南嘉捷	64.48	0.58	9.44	14.56	0.95	1.28	41.61	0	−2.66	4.61	66.65	172.26	280652.72	266126.97	23441.2
65	725	300457	赢合科技	64.4	0.57	9.51	15.65	0.48	0.97	46.67	12.44	62.29	106.21	73.07	172.19	97730	36517.09	5995.42
66	726	300101	振芯科技	64.35	0.14	9.21	9.9	0.42	0.54	34.73	2076.86	31.42	10.72	153.6	202.48	135616.81	53515	10109.13
67	730	000811	烟台冰轮	64.41	0.72	11.44	17.12	0.78	1.7	52.89	10.56	69.7	21.53	16.76	153.29	441660.51	286902.67	32780.73
68	739	600580	卧龙电气	64.21	0.32	5.43	9.43	0.79	1.44	64.65	3.1	37.45	20.08	47.52	157.62	1406505.11	947363.22	43462.17
69	746	600537	亿晶光电	64.08	0.4	4.9	11.36	0.81	1.68	59.1	4.09	51.38	100.49	7.61	181.54	672541	491887.64	23163.67
70	750	300222	科大智能	64.1	0.24	8.61	9.95	0.44	0.69	32.45	31276.27	39.56	11.56	96.83	221.37	218840.97	85788.63	15148.49
71	751	300114	中航电测	64.05	0.38	7.39	8.29	0.59	0.92	25.23	2396.15	11.69	8.36	104.59	200.47	181013.89	102406.55	11505.95
72	774	300423	鲁亿通	63.84	0.52	10.6	13.44	0.59	0.73	24.87	13.96	3.33	104.93	73.07	195.17	58599.83	31417.21	4400.75
73	781	603311	金海环境	63.73	0.28	10.05	11.77	0.6	0.93	24.7	6.74	1.62	117.59	73.07	138.85	83224.5	41868.02	5224.2
74	787	300444	双杰电气	63.72	0.39	10.74	14.86	0.69	0.85	32.52	39.87	21.31	106.49	73.07	205.7	121164.56	66106.33	9015.33
75	791	002276	万马股份	63.71	0.29	7.25	9.6	1.41	1.83	39.19	7.61	17.11	12.42	254.66	315.13	504390.32	684714.76	27619.05
76	800	300464	星徽精密	63.63	0.5	8.12	9.84	0.69	1.43	29.95	7.14	5.19	82.99	73.07	127.2	67589.22	41190.29	3601.54
77	806	002426	胜利精密	63.57	0.25	4.29	6.62	0.71	1.27	52.74	9.46	80	76.08	161.5	191.23	1130742.04	586056.29	27648.78
78	808	603111	康尼机电	63.47	0.63	11	17.84	0.76	0.9	54.29	17.86	26.55	19.39	32.81	140.95	253837.64	165642.71	19490.57
79	814	300286	安科瑞	63.52	0.46	10.54	12.48	0.47	0.65	19.59	235.98	8.36	8.87	57.98	199.81	67274.51	30717.15	6148.83
80	821	600517	置信电气	63.43	0.33	9.14	16.17	0.9	1.18	61.85	8.58	51.78	35.76	18.46	136.68	888812.21	637695.89	45980.97
81	827	300118	东方日升	63.35	0.5	7.76	11.28	0.73	1.09	63	4.7	78.15	12.45	86.77	167.44	848643.94	525944.2	34176.92
82	828	300011	鼎汉技术	63.39	0.5	12.21	13.51	0.44	0.87	33.33	10.08	43.84	13.91	73.06	189.96	310911.42	114457.76	26241.74

续表

行业排名	全部上市公司排名	股票代码	股票简称	综合得分（100分）	每股收益（元）	总资产报酬率(%)	净资产收益率(%)	总资产周转率（次）	流动资产周转率（次）	资产负债率(%)	获利倍数	营业收入增长率(%)	资本扩张率(%)	市场投资回报率(%)	股价波动率(%)	年末资产总额（万元）	营业收入（万元）	净利润（万元）
83	830	002733	雄韬股份	63.41	0.43	8.56	11.47	1.17	1.49	45.41	7.22	22.39	10.01	143.58	187.53	224456.02	241773.49	13336.87
84	836	002757	南兴装备	63.32	0.51	8.63	9.41	0.62	1.28	17.16	8.92	-14.49	106.89	73.07	153.2	86722.23	46440.19	5014.09
85	845	600562	国睿科技	63.23	0.73	14.01	19.57	0.69	0.77	43.17	39.49	13.5	16.18	30.7	135.6	180463.78	109187.97	18678.57
86	851	002028	思源电气	63.16	0.61	8.25	10.2	0.69	0.83	33.58	42909.88	8.88	9.17	19.18	135.01	619271.14	399742.07	42857.53
87	867	002364	中恒电气	62.93	0.27	9.33	13.38	0.59	0.86	24.33	78.92	40.09	28.78	214.08	237.24	163643.54	84182.97	14677.57
88	869	002090	金智科技	62.87	0.6	7.81	14.51	0.58	0.83	54.15	6.92	5.28	51.44	161.42	210.53	264244.01	124138.84	13901.45
89	878	002335	科华恒盛	62.8	0.66	7.45	12.08	0.63	1.07	51.98	8.73	12.39	23.82	124.64	248.47	318645.59	166972.81	15763.7
90	892	300018	中元华电	62.58	0.36	6.19	7.2	0.23	0.34	9.43	0	20.37	77.06	167.36	314.76	152270.73	27096.11	7392.92
91	893	002111	威海广泰	62.61	0.5	7.66	10.27	0.45	0.72	38.71	8.57	30.34	63.18	83.04	163.42	333884.37	132309.46	17811.35
92	895	603901	永创智能	62.45	0.4	8.28	12.48	0.8	1.04	33.84	19.65	1.42	104.03	73.07	113.71	123969.31	90047.11	7623.02
93	899	300490	华自科技	62.53	0.6	5.99	10.4	0.5	0.62	44.15	0	16.98	73.67	73.07	0	98838.05	41932.45	4521.7
94	902	002786	银宝山新	62.51	0.8	4.68	9.82	1.01	1.4	64.79	3.98	27.26	60.9	73.07	26.66	276896.47	240182.8	7582.99
95	904	002249	大洋电机	62.53	0.2	6.36	9.53	0.71	1.15	49.41	17.15	10.55	0.73	125.23	172.17	760595.53	491222.99	37210.96
96	910	300278	华昌达	62.41	0.18	5.27	7.06	0.67	1.14	54.54	6.3	300.52	7.2	176.67	172.81	324943.24	174970.87	10073.62
97	911	300274	阳光电源	62.43	0.65	8.33	16.42	0.78	0.91	58.19	96.16	49.21	19.83	67.67	193.87	678311.66	456924.72	42611.08
98	913	300007	汉威电子	62.43	0.27	6.28	6.63	0.32	0.77	46.59	4.97	87	20.47	142.69	230.63	281080.83	74671.86	9916.28
99	914	002686	亿利达	62.36	0.24	11.15	11.7	0.62	1.16	32.8	13.1	15.88	12.36	109.6	202.31	141417.55	79980.95	11327.25
100	917	002169	智光电气	62.38	0.35	9.23	12.38	0.56	1	58.09	3.49	115.16	87.43	115.03	223.47	306101.57	130693.3	13887.61
101	923	600172	黄河旋风	62.26	0.4	6.95	7.93	0.29	0.94	40.38	3.57	9.32	87.67	218.77	253.05	758411.46	181694.9	27487.03
102	945	600475	华光股份	61.97	0.44	3.93	7.91	0.71	0.88	67.22	25.15	8.09	8.56	34.22	111.37	506788.95	339871.02	16568.67
103	954	603015	弘讯科技	61.91	0.35	8.05	8.38	0.4	0.5	10.62	38.65	-15.42	99.46	73.07	166.68	119300.61	38657.92	6702.82
104	978	300461	田中精机	61.64	0.37	8.95	8.95	0.39	0.48	9.85	2488.24	-11.74	52.17	73.07	163.07	32923.43	10853.39	2201.24
105	979	300400	劲拓股份	61.59	0.27	7.4	8.63	0.56	0.66	18.24	0	-4.59	6.61	136.05	267.82	46902.41	25744.05	3176.23
106	985	600379	宝光股份	61.46	0.12	4.76	6.52	0.85	1.3	46.85	6.27	2.7	6.49	78.67	140.59	81936.7	60814.85	2718.84
107	995	002533	金杯电工	61.44	0.27	5.72	7.3	1.14	1.6	21.26	19.11	1.86	4.22	50.19	165.95	283015.82	323613.14	15253.21
108	1009	603169	兰石重装	61.23	0.68	12.1	29.01	0.35	0.56	60.17	9.25	70.37	133.98	28.53	152.9	784074.04	246581.5	64647.26
109	1015	002532	新界泵业	61.21	0.37	8.16	10.27	0.73	1.85	21.01	827.26	0.1	11.5	45.92	185.68	162566.44	114641.68	11551.8

续表

行业排名	全部上市公司排名	股票代码	股票简称	综合得分(100分)	每股收益(元)	总资产报酬率(%)	净资产收益率(%)	总资产周转率(次)	流动资产周转率(次)	资产负债率(%)	获利倍数	营业收入增长率(%)	资本扩张率(%)	市场投资回报率(%)	股价波动率(%)	年末资产总额(万元)	营业收入(万元)	净利润(万元)
110	1047	300385	雪浪环境	60.84	0.47	7.48	8.39	0.49	0.78	46.54	12.65	38.09	15.68	64.98	165.8	140634.07	57953.94	7037.12
111	1058	002322	理工环科	60.71	0.35	4.51	5.27	0.2	0.35	12.21	0	129.71	131.11	99.89	226.17	326232.72	44880.25	10618.75
112	1061	300483	沃施股份	60.63	0.43	6.93	7.45	0.8	1.01	29.36	5.79	-0.76	68.37	73.07	128.92	55124.6	38492.87	2236.48
113	1062	300421	力星股份	60.56	0.5	10.3	12.02	0.71	1.41	16.67	12.11	1.51	80.29	73.07	187.58	69586.91	47810.48	5416.26
114	1071	300266	兴源环境	60.46	0.25	7.65	9.4	0.52	0.96	37.32	17.37	17.95	12.87	160	230.83	188300.1	88434.83	10349.54
115	1081	300349	金卡股份	60.41	0.46	8.49	9.13	0.49	0.86	20.52	448.7	0.65	7.07	43.32	206.62	125415.02	59269.96	8907.66
116	1087	600843	上工申贝	60.3	0.29	8.12	9.34	0.79	1.08	34.84	16.73	17.39	25.33	23.4	127.39	314670.17	231403.96	17625.69
117	1116	600118	中国卫星	59.99	0.32	4.73	8.62	0.59	0.75	43.79	32.05	16.82	9.32	51.91	202.8	962525.06	544838.09	44417.21
118	1121	603618	杭电股份	59.88	0.66	6.44	11.48	1.05	1.27	53.53	4.95	16.72	76.25	73.07	182.78	330668.05	311425.2	14313.46
119	1122	601727	上海电气	59.88	0.17	4.17	5.96	0.51	0.65	69.39	12.98	1.6	9.26	23.19	190.77	16212365.7	7800944.8	484321.3
120	1129	300424	航新科技	59.83	0.59	9.03	11.39	0.44	0.76	18.55	27.1	-18.95	81.95	73.07	238.28	100433.26	41264.65	7220.34
121	1131	300259	新天科技	59.78	0.17	8.25	9.47	0.38	0.6	14.39	0	0.04	9.55	70.89	221.29	103094.29	38048.63	7908.06
122	1139	002722	金轮股份	59.68	0.46	5.93	7.12	0.37	0.68	43.98	10.87	33.33	111.36	69.51	199.08	209843.58	53055.94	6172.07
123	1147	600089	特变电工	59.61	0.58	4.61	9.33	0.58	0.95	64.89	3.65	3.82	17.36	-7.74	126.83	7025940.4	3745196.22	202512.73
124	1148	300129	泰胜风能	59.55	0.26	6.75	9.74	0.54	0.83	36.88	109.49	11.04	14.6	89.74	180.64	311009.1	159697.66	16926.47
125	1150	002698	博实股份	59.57	0.26	9.66	10.52	0.35	0.43	13.75	585.81	18.05	7.86	108.58	240.63	205430.19	71738.97	17524.28
126	1161	300415	伊之密	59.46	0.3	6.94	12.62	0.88	1.53	45.63	9.89	1.17	98.94	73.07	164.29	143682.32	118888.93	7709.87
127	1163	300024	机器人	59.51	0.6	9.67	11.04	0.34	0.45	19.58	28.85	10.62	165.64	74.12	215.02	656529.67	168539.15	40250.72
128	1170	600761	安徽合力	59.42	0.64	8.93	10.1	1.01	1.64	26.72	216.1	-15.15	5.27	-11.87	130.33	573204.07	568568.17	42835.24
129	1174	300068	南都电源	59.44	0.34	6.85	6.95	0.87	1.37	51.53	3.93	36.1	13.32	102.02	192.82	693218.51	515312.69	27929.91
130	1176	002196	方正电机	59.37	0.33	3.51	3.91	0.39	0.88	18.75	13.63	27.62	174.55	100.52	166.75	276085.21	79441.71	5725.2
131	1186	002559	亚威股份	59.18	0.21	3.79	5.41	0.47	0.7	28.3	45.15	-0.03	12.14	73.55	203.3	203861.23	89330.49	7283.33
132	1187	002300	太阳电缆	59.16	0.4	10.87	14.5	1.24	2.45	56.44	4.91	7.45	4.69	72.61	141.76	304839.93	360337.38	18948.23
133	1191	600499	科达洁能	59.13	0.77	8.67	14.02	0.45	0.8	47.89	16.52	-19.53	14.18	23.36	121.71	842057.19	359368.43	53178.9
134	1194	002527	新时达	59.06	0.32	7.3	8.98	0.51	0.83	34.38	35.57	15.47	9.73	96.34	214.16	341306.67	150703.3	19156.2
135	1205	603789	星光农机	58.89	0.43	9	10.16	0.6	0.85	8.22	0	1.57	93.71	73.07	195.67	112360.62	58534.31	7943.26
136	1207	601126	四方股份	58.9	0.42	7.44	9.67	0.62	0.81	33.73	22.68	1.28	7.23	50.16	145.02	557195.79	330587.61	33879.38
137	1217	300001	特锐德	58.79	0.16	4.04	7.52	0.64	0.89	58.21	5.31	55.38	70.77	230.97	320.88	640222.2	300198.15	13644.81

续表

行业排名	全部上市公司排名	股票代码	股票简称	综合得分（100分）	每股收益（元）	总资产报酬率(%)	净资产收益率(%)	总资产周转率（次）	流动资产周转率（次）	资产负债率(%)	获利倍数	营业收入增长率(%)	资本扩张率(%)	市场投资回报率(%)	股价波动率(%)	年末资产总额（万元）	营业收入（万元）	净利润（万元）
138	1220	002498	汉缆股份	58.82	0.1	7.14	8.35	0.69	0.92	33.4	26.06	−10.06	−1.89	180.05	238.59	621489.18	417110.03	34917.04
139	1226	300382	斯莱克	58.73	0.84	13.99	15.54	0.43	0.58	20	266.35	19.26	7.68	75.92	240.21	83439.33	34833.16	9708.26
140	1228	300008	上海佳豪	58.61	0.22	4.83	6.27	0.79	1.36	44.55	15.04	41.36	12.07	115.83	169.3	170213.38	119604.27	5088.37
141	1231	000400	许继电气	58.61	0.71	8.34	12.05	0.63	0.72	44.97	20.08	−12.12	10.23	−9.84	149.7	1248733.68	734630.04	80586.11
142	1234	600990	四创电子	58.53	0.84	5.34	11.88	0.86	1.19	67.52	5.71	48.3	11.97	15.64	177.68	319653.95	249813.86	11851.46
143	1240	600893	中航动力	58.42	0.53	4.78	7.05	0.51	0.91	61.73	2.34	−12.27	16.66	48.23	177.77	4761754.12	2348002.3	107586.94
144	1243	300480	光力科技	58.38	0.3	5.78	6.54	0.28	0.31	9.27	150.67	−5.18	56.08	73.07	151.74	50234.17	12071.4	2437.2
145	1244	300263	隆华节能	58.41	0.43	6.63	9	0.44	0.74	32.68	159.26	10.1	56.19	68.71	209.34	362104.46	137079.93	18030.45
146	1254	600353	旭光股份	58.28	0.09	5.36	4.82	0.6	0.78	23.4	0	53.1	15.41	134.16	253.06	150657.87	83501.47	6819.45
147	1255	300430	诚益通	58.25	0.59	7.58	11.61	0.42	0.55	32.61	96.36	7.83	96.31	73.07	199.3	90775.85	34449.57	5359.25
148	1257	002747	埃斯顿	58.29	0.45	9.48	13.02	0.81	1.43	32.72	18.54	−5.61	73.13	73.07	237.84	74334.51	48314.41	5204.02
149	1268	002510	天汽模	58.16	0.4	5.74	9.5	0.5	0.8	51.55	10.48	21.19	7.17	94.85	175.92	371813.35	180470.5	16631.99
150	1274	600218	全柴动力	58.1	0.22	3.2	5.29	1.04	1.65	39.63	6.46	5.28	61.25	19.22	137.7	304529.31	285619.12	7583.94
151	1279	000530	大冷股份	58.12	0.36	3.78	5.63	0.45	1.2	33.52	26.35	12.75	31.51	57	122.59	408249.99	160751.84	13121.5
152	1285	002334	英威腾	58.04	0.21	8.09	9.84	0.56	0.76	17.13	84.55	2.41	9.23	56.31	187.73	203535.25	108336.26	15053.2
153	1300	600038	中直股份	57.79	0.74	2.45	6.87	0.58	0.7	71.08	12.22	0.71	6.06	36.93	135.97	2269336.81	1254412.14	43737.93
154	1302	300153	科泰电源	57.77	0.13	3.99	4.35	0.65	0.92	25.86	40.7	28.81	7.22	216.65	248.86	135784.8	81735.63	5076.86
155	1304	000967	盈峰环境	57.82	0.32	4.51	4.72	0.76	1.11	36.92	3.14	0.78	135.87	125.67	225.67	545758.63	304260.27	10748.18
156	1311	600184	光电股份	57.71	0.11	1.94	2.92	0.77	1.07	45.76	3.34	49.61	125.16	66.83	157.11	416604.35	274690.88	4801.84
157	1314	002692	远程电缆	57.68	0.39	8.08	9.51	1.02	1.39	52.83	3.63	22.42	9.56	72.37	198.92	322431.04	305280.21	14897.74
158	1316	002523	天桥起重	57.73	0.17	4.51	5.76	0.43	0.59	34.79	20.77	82.62	59.94	86.15	204.2	279144.56	91675.29	8203.13
159	1318	603315	福鞍股份	57.59	0.6	8.08	11.25	0.4	0.71	39.81	4.17	−0.12	85.92	73.07	202.33	106090.62	42115.61	5521.07
160	1322	300201	海伦哲	57.55	0.07	3.32	3.54	0.69	1.03	40.26	3.11	42.62	16.48	190.86	262.03	131855.56	82134.81	2482.83
161	1326	002026	山东威达	57.59	0.23	4.41	4.99	0.41	0.63	19.1	495.73	2.73	4	99.38	163.39	202008.17	82827.83	8003.18
162	1342	600848	上海临港	57.31	0.47	8.59	14.74	0.21	0.28	49.65	6.54	−12.88	2507.45	104.57	197.88	698003.95	90107.83	24239.93
163	1344	300034	钢研高纳	57.34	0.39	9.44	10.82	0.47	0.8	17.38	133.69	15.09	14.4	15.12	173.12	156692.91	70962.3	12603.91
164	1346	002665	首航节能	57.34	0.24	6.34	7.19	0.29	0.44	39.22	4.39	1.59	48.78	97.14	174.52	488144.07	113377.76	16241.13

续表

行业排名	全部上市公司排名	股票代码	股票简称	综合得分(100分)	每股收益(元)	总资产报酬率(%)	净资产收益率(%)	总资产周转率(次)	流动资产周转率(次)	资产负债率(%)	获利倍数	营业收入增长率(%)	资本扩张率(%)	市场投资回报率(%)	股价波动率(%)	年末资产总额(万元)	营业收入(万元)	净利润(万元)
165	1347	002184	海得控制	57.25	0.35	7.01	9.85	1	1.25	51.79	5.48	12.82	5.64	97.54	212.84	193916.87	174198.39	8914.76
166	1364	002190	成飞集成	57.09	0.26	3.63	5.3	0.41	0.71	40.24	8.59	76.71	18.63	34.96	148.99	464321.67	162340.36	11461.57
167	1382	300354	东华测试	56.92	0.06	2.03	2.43	0.31	0.42	6.79	33.08	25.17	2.55	197.39	226.86	36516.65	11419.38	816.54
168	1384	300151	昌红科技	56.93	0.06	3.34	3.77	0.57	0.88	16.23	10.59	−5.18	4.26	250.85	312.8	96780.29	54871.55	2900.4
169	1385	002530	丰东股份	56.91	0.13	4.51	4.95	0.43	0.75	23.52	13.24	18.42	4.15	202.39	243.27	99962.8	43480.91	3563.84
170	1389	000738	中航动控	56.94	0.17	3.76	4.22	0.39	0.62	27.73	5.82	0.88	7.36	79.74	187.64	694847.17	259843.3	19937.5
171	1397	002212	南洋股份	56.75	0.11	4.39	3.18	0.74	1.16	43.01	2.16	1	2.73	112.83	132.81	315561.66	228149.05	5638.05
172	1403	000821	京山轻机	56.74	0.12	3.82	3.7	0.44	0.86	36.07	4.67	11.27	51.31	86.25	230.11	277838.58	102712.58	6563.85
173	1412	601890	亚星锚链	56.35	0.18	3.96	6.19	0.39	0.54	20.54	20.34	−1.85	4.7	142.67	271.92	384177.54	149975.48	16852.67
174	1414	300466	赛摩电气	56.37	0.46	7.54	9.03	0.45	0.55	24.56	24.73	−3.66	78.63	73.07	245.28	62347.11	23324.39	3313.89
175	1415	300434	金石东方	56.38	0.38	7	7.73	0.33	0.4	11.27	0	−32.24	73.16	73.07	255.01	43242.86	11711.21	2338.06
176	1417	002611	东方精工	56.44	0.11	5.26	7.19	0.58	1.15	56.19	7.7	8.78	6.28	74.71	197.56	248903.4	129478.59	8432.72
177	1423	300193	佳士科技	56.27	0.16	1.96	3.97	0.28	0.36	12.95	0	6.23	4.23	93.2	192.21	228906.93	62487.08	7485.16
178	1430	300265	通光线缆	56.24	0.27	9.46	11.03	0.78	1.12	34.4	8.34	14.26	9.92	58.71	202.53	130907.09	97903.01	9048.01
179	1434	002537	海立美达	56.19	0.24	5.49	5.08	0.76	1.41	37.72	3.62	−17.6	4.7	103.05	153.72	276674.19	206507.93	9073.29
180	1437	600590	泰豪科技	56.07	0.16	3.08	3.25	0.54	0.93	54.79	2.45	19.43	42.93	56.68	171.4	715769.82	348809.64	10085.7
181	1441	002580	圣阳股份	56.05	0.15	3.2	3.37	0.81	1.21	37.31	3.02	10.72	37.45	108.06	195.97	180490.38	137976.16	3290.32
182	1456	300441	鲍斯股份	55.86	0.19	7.4	8.79	0.47	1.02	25.4	7.66	4.16	75.79	73.07	251	60838.9	25722.56	3097.83
183	1461	000920	南方汇通	55.92	0.2	8.56	9.07	0.56	1.79	35.67	60.58	−56.13	−1.39	34.02	194.89	167315.41	90459.36	12123.63
184	1471	002009	天奇股份	55.7	0.27	4.13	6.22	0.51	0.75	56.46	3.31	22.1	25.13	27.48	204.18	459180.35	217479.16	12039.12
185	1475	002560	通达股份	55.59	0.41	4.25	4.12	0.58	0.86	29.32	4.34	71.24	2.56	145.53	229.68	232912.01	123953.92	6236.31
186	1476	002338	奥普光电	55.61	0.36	5.49	6.09	0.35	0.5	14.94	123.86	−11.31	1.89	68.67	183.26	98757.53	34472.6	4994.35
187	1482	300112	万讯自控	55.52	0.05	2.65	2.16	0.51	1.19	21.1	36.29	15.79	43.08	78.24	184.55	92023.47	39016.53	1559.81
188	1483	002506	协鑫集成	55.51	0.25	6.21	32.72	0.7	0.82	75.77	3.51	132.8	1005.93	73.07	116.74	1478585.84	628384.07	63889.78
189	1484	002441	众业达	55.54	0.39	7.65	7.94	1.76	2.1	37.59	6.62	−6.7	5.34	91.03	172.19	383218.8	670173.72	17951.64
190	1486	000682	东方电子	55.51	0.05	4.23	3.37	0.65	0.91	41.99	17.37	13.18	8.11	52.05	165.27	326842.53	208325.76	11340.39
191	1488	600879	航天电子	55.41	0.26	4.4	4.95	0.55	0.79	46.86	4.73	14.43	5.62	16.72	120.96	1069047.05	560932.96	28604.57

续表

行业排名	全部上市公司排名	股票代码	股票简称	综合得分（100分）	每股收益（元）	总资产报酬率(%)	净资产收益率(%)	总资产周转率（次）	流动资产周转率（次）	资产负债率(%)	获利倍数	营业收入增长率(%)	资本扩张率(%)	市场投资回报率(%)	股价波动率(%)	年末资产总额（万元）	营业收入（万元）	净利润（万元）
192	1493	002175	东方网络	55.37	0.23	5.98	6.43	0.26	0.6	54.73	4.35	66.49	12.5	279.59	306.58	199490.68	40431.14	6660.81
193	1494	000768	中航飞机	55.41	0.15	1.79	2.94	0.67	0.84	54.78	4.04	13.76	31.15	19.93	155.92	3746405.54	2411576.62	46068.31
194	1500	600582	天地科技	55.25	0.3	5.87	10.23	0.47	0.64	40.24	15.82	-13.46	20.42	6.18	168.5	3322373.03	1434727.35	138551.19
195	1501	300472	新元科技	55.26	0.43	6.66	8.87	0.5	0.63	25.43	49.33	11.45	93.58	73.07	140.77	50301.33	21427.21	2522.82
196	1508	300407	凯发电气	55.19	0.51	7.22	9.15	0.38	0.49	30.37	326.97	24.02	8.41	34.01	160.56	114678.94	42352.76	7052.48
197	1512	300442	普丽盛	55.07	0.55	5.54	6.82	0.53	0.79	21.54	0	-7.05	98.01	73.07	222.54	125936.25	54061.19	5006.54
198	1513	300116	坚瑞消防	55.08	0.07	3.44	3.75	0.4	0.64	33.88	8.58	65.59	3.34	134.64	198.77	145413.6	58134.31	3703.8
199	1516	603988	中电电机	54.96	0.53	5.9	6.87	0.34	0.41	21.17	0	-16.38	4.4	65.43	150.19	80643.75	27636.66	4277.05
200	1517	603699	纽威股份	54.98	0.46	10.52	14.19	0.53	0.69	37.16	29.41	-21.37	1.55	12.29	109.67	396160.06	214988.26	34405.27
201	1521	300095	华伍股份	54.98	0.17	6.72	6.53	0.49	0.76	27.79	5.95	-16.51	-0.3	134.79	225.95	119383.91	56601.43	5727.46
202	1522	002013	中航机电	54.98	0.53	4.94	9.93	0.42	0.65	66.31	2.79	-3.09	12.72	28.18	142.88	1789242.64	732815.07	47753.62
203	1528	601179	中国西电	54.94	0.18	3.43	4.96	0.41	0.56	40.75	30.59	-5.52	2.57	-9.91	171.13	3255770.82	1310443.18	90238.51
204	1536	002123	荣信股份	54.9	0.16	3.04	2.98	0.33	0.56	33.84	3.25	94.49	166.07	178.22	267.51	734007.94	180446.16	10640.25
205	1541	300195	长荣股份	54.82	0.58	6.05	7.21	0.34	0.65	32.72	17.33	16.13	4.39	59.25	209.06	367480.7	111112.86	17581.39
206	1551	300062	中能电气	54.73	0.13	2.24	2.66	0.41	0.54	57.81	3.94	59.74	30.9	133.9	247.19	255000.64	73084.11	2515.54
207	1561	300120	经纬电材	54.61	0.03	0.92	1.12	0.69	1.55	13.38	13.89	19.31	10.48	91.56	226.6	76745.4	50710.09	505.48
208	1562	300064	豫金刚石	54.56	0.16	5.56	5.88	0.25	0.64	39.46	3.1	19.7	32.35	120.98	255.16	337700.97	76321.21	10968.56
209	1565	002255	海陆重工	54.61	0.16	3.59	4.46	0.43	0.67	35.85	27.29	6.74	40.69	54.22	189.37	366239.67	149881.38	10458.54
210	1573	002730	电光科技	54.49	0.37	6.37	6.71	0.42	0.61	34.37	5.66	-8.22	8.73	129.15	155.01	130767.47	52829.27	5624.75
211	1574	002356	浩宁达	54.49	0.34	7.33	7.01	0.51	0.75	38.58	4.49	63.03	8.2	121.29	225.44	260822.41	126202.05	10429.02
212	1578	002339	积成电子	54.4	0.38	9.12	10.2	0.59	0.77	32.94	16.87	15.97	11.07	89.36	261.15	234416.37	128578.55	16298.5
213	1579	603800	道森股份	54.32	0.18	3.4	3.72	0.54	0.8	20.96	5.49	-38.55	101.4	73.07	79.19	125875.91	59032.34	2355.98
214	1582	002630	华西能源	54.26	0.27	3.81	7.03	0.45	0.63	67.97	3.93	13.19	7.06	70.37	123.81	916697.1	369973.9	20407.67
215	1584	002151	北斗星通	54.26	0.19	2.17	2.65	0.39	0.82	26.58	7.27	16.12	108.59	49.27	139.09	379180.32	110785.36	4741.75
216	1596	600973	宝胜股份	53.98	0.39	5.42	7.58	1.49	1.95	73.99	1.68	6.79	7.72	52.23	148.64	884916.55	1298843.02	16658.29
217	1597	600862	南通科技	53.96	0.23	2.33	6.55	0.24	0.32	64.95	12.42	30.27	209.41	103.99	267.16	969677.38	198790.55	14286.11
218	1606	002430	杭氧股份	53.86	0.17	3.7	3.99	0.62	1.36	57.84	2.4	0.1	4.05	31.37	167.55	973071.41	593966.71	16182.83

续表

行业排名	全部上市公司排名	股票代码	股票简称	综合得分（100分）	每股收益（元）	总资产报酬率（%）	净资产收益率（%）	总资产周转率（次）	流动资产周转率（次）	资产负债率（%）	获利倍数	营业收入增长率（%）	资本扩张率（%）	市场投资回报率（%）	股价波动率（%）	年末资产总额（万元）	营业收入（万元）	净利润（万元）
219	1613	300356	光一科技	53.7	0.25	3.34	3.01	0.34	0.58	34.89	7.36	106.11	3.12	133.78	264.53	217797.37	70767.37	4940.19
220	1615	300173	智慧松德	53.72	0.13	4.29	4.73	0.25	0.51	23.06	12.44	162.76	4.85	164.7	246	206916.49	51185.88	7359.68
221	1616	002520	日发精机	53.71	0.12	3.14	3.41	0.41	0.55	29.54	4.35	39.19	144.99	46.04	186.56	243157.41	76779.84	4546.63
222	1618	000570	苏常柴Ａ	53.69	0.13	2.59	3.61	0.79	1.38	37.49	76.36	1.21	3.45	25.51	146.86	323240.61	251979.95	7248.43
223	1630	300111	向日葵	53.54	0.08	5.52	7.18	0.59	1.35	58.89	2.54	10.97	7.6	52.64	194.49	307874.05	182424.15	8766.53
224	1631	002689	远大智能	53.51	0.12	5.29	8.62	0.59	0.96	47.43	35.14	−18.62	−1.74	119.81	226.89	258654.2	159337.01	11714.41
225	1642	002471	中超控股	53.25	0.09	4	6.64	0.71	0.9	68.06	1.78	6.16	20.63	117.48	214.03	842014.67	516537.85	11478.44
226	1650	601908	京运通	53.1	0.13	4.03	4.56	0.2	0.45	42.27	2.98	127.77	61.62	51.69	166.55	1057219.45	158260.27	23952.61
227	1653	600151	航天机电	53.05	0.14	3.65	4.39	0.41	0.96	61.22	2.17	6.68	10.39	30.94	142.75	1079995.79	403994.01	18017.33
228	1661	300309	吉艾科技	53.02	0.17	4.94	5.71	0.15	0.27	46.21	50.89	14.14	1.41	136.87	182.8	251042.16	28987.33	8511.43
229	1674	600290	华仪电气	52.79	0.11	2.62	1.95	0.34	0.43	42.38	2.45	17.77	105.42	57.11	149.67	734543.05	205988.5	5928.87
230	1681	002121	科陆电子	52.78	0.44	3.89	10.4	0.3	0.66	76.38	2.44	15.7	65	125.18	201.24	1031297.72	226142.34	20203.23
231	1683	000901	航天科技	52.8	0.16	3.95	3.74	0.85	1.16	28.34	11.59	19.34	4.87	62.55	181.65	212962.53	181003.29	6699.34
232	1688	002298	中电鑫龙	52.74	0.14	3.3	3.11	0.24	0.41	38.9	3.51	7.82	135.73	114.19	311.05	509548.81	87270.59	7777.56
233	1693	300048	合康变频	52.62	0.15	3.03	2.7	0.3	0.46	25.74	14.34	20.99	48.91	71.27	192.14	336558.14	80751.56	6964.73
234	1694	002760	凤形股份	52.6	0.38	3.93	5.98	0.42	1.02	45.07	5.61	−20.12	44.85	73.07	131.05	104080.35	41716.11	2890.88
235	1695	002509	天广消防	52.61	0.23	3.48	3.76	0.2	0.36	19.61	14.82	−0.28	172.46	71.27	175.3	510791.38	69181.61	10493.02
236	1697	600526	菲达环保	52.49	0.17	2.79	4.33	0.58	0.72	62.39	2.95	21.58	92.24	19.53	164.45	687830.15	338415.94	8887.75
237	1699	600435	北方导航	52.46	0.05	3.39	1.89	0.44	0.73	41.91	7.86	15.13	4.95	18.51	199.86	438281.53	184932.23	10773.81
238	1700	300411	金盾股份	52.51	0.27	6.21	8.1	0.4	0.53	34.85	18.14	8.62	6.86	135.41	289.47	83960.56	33556.86	4290.95
239	1706	603100	川仪股份	52.41	0.39	5.13	8.72	0.77	1.03	57.06	5.21	−5.71	5.65	19.93	192.57	423889.59	315535.21	14776.54
240	1710	300486	东杰智能	52.4	0.3	4.97	6.82	0.45	0.6	27.37	5921.25	−7.69	81.41	73.07	131.09	94594.65	36565.23	3632.88
241	1711	300257	开山股份	52.35	0.21	3.98	5.25	0.38	0.54	20.5	781.54	−17.91	−1.4	79.04	161.41	422525.6	163786.72	17849.93
242	1719	002617	露笑科技	52.25	0.23	8.23	9.37	0.87	1.69	49.04	2.53	−33.15	9.76	88.88	212.6	186289.56	177034.57	8696.21
243	1721	002350	北京科锐	52.25	0.2	2.92	3.95	0.8	1.13	39.99	22.24	8.49	2.86	69.26	177.19	193225.62	146222.01	4268.03
244	1725	300316	晶盛机电	52.22	0.12	5.47	5.93	0.28	0.46	18.29	28.71	141.23	9.4	41.18	206.31	236284.11	59177.76	11321.01
245	1729	601700	风范股份	52.1	0.18	6.62	7.19	0.69	1.06	28.79	9.23	18.18	−0.07	67.38	213.73	395892.49	278143.88	20272.72

续表

行业排名	全部上市公司排名	股票代码	股票简称	综合得分（100分）	每股收益（元）	总资产报酬率(%)	净资产收益率(%)	总资产周转率（次）	流动资产周转率（次）	资产负债率(%)	获利倍数	营业收入增长率(%)	资本扩张率(%)	市场投资回报率(%)	股价波动率(%)	年末资产总额（万元）	营业收入（万元）	净利润（万元）
246	1736	603606	东方电缆	51.98	0.16	4.86	6.38	1.08	1.39	53.69	3.14	14.33	4.7	70.77	243.78	174425.11	182159.21	5038.4
247	1746	601038	一拖股份	51.75	0.14	2.53	2.92	0.73	1.47	59.32	2.76	4.15	1.46	6.92	123.57	1327244.96	929984.07	13905.43
248	1748	300179	四方达	51.79	0.1	4.44	6.33	0.24	0.35	13.05	0	7.5	2.95	139.95	228.54	85574.57	20326.17	4264.09
249	1753	603012	创力集团	51.68	0.42	5.91	7.05	0.38	0.49	24.93	20.06	−26.39	84.99	73.07	162.81	320622.34	100711.38	12553.59
250	1755	300420	五洋科技	51.69	0.28	2.86	4.26	0.24	0.4	45.7	22.68	8.87	206.85	73.07	212.66	141582.62	20671.27	2169.72
251	1757	002685	华东重机	51.65	0.04	2.63	2.72	1.35	1.78	29.34	10.05	208.05	3.84	115.14	283.74	119326.25	153645.85	2233.75
252	1758	002358	森源电气	51.73	0.23	6.67	8.59	0.4	0.55	52.5	3.86	50.19	4	9.45	139.67	462516.58	168992.21	17206.69
253	1762	600501	航天晨光	51.63	0.05	2.11	1.11	0.72	1.1	50.61	1.83	−12.27	61.06	90.5	201.94	474349.8	318059.28	3612.1
254	1764	002309	中利科技	51.57	0.73	6.04	9.49	0.63	0.84	73.45	2.2	31.3	9.29	−4.14	184.34	2134767.83	1213997.66	52625.12
255	1768	600841	上柴股份	51.53	0.11	1.04	2.69	0.4	0.64	34.63	0	−22.1	1.28	39.52	157.28	531943.06	216318.46	9128.49
256	1772	300154	瑞凌股份	51.46	0.18	3.04	5.4	0.32	0.35	10.09	487.04	−18.9	1.56	83.21	192.91	170333.25	55265.96	8026.81
257	1774	002598	山东章鼓	51.46	0.18	5.96	7.36	0.45	0.67	22.81	0	−19.56	3.66	57.52	156.41	98217.37	44613.51	5468.13
258	1777	300185	通裕重工	51.4	0.13	4.24	3.41	0.32	0.75	51.02	1.67	13.96	5.91	59.96	179.3	789078.2	234284.42	12243.31
259	1787	300362	天翔环境	51.3	0.46	4.68	4.23	0.18	0.27	56.81	2	23.66	166.99	117.1	197.46	384775.8	49379.04	5398.94
260	1791	600416	湘电股份	51.19	0.09	2.46	2.13	0.54	0.68	78.51	1.16	22.59	74.58	73.85	147.38	1849300.22	950041.24	4653.74
261	1800	300040	九洲电气	51.14	0.07	0.81	1.42	0.41	0.68	29.89	66.23	300.38	38.57	72.71	157.57	233936.48	75876.72	2010.4
262	1808	000806	银河生物	51.14	0.1	6.12	7.24	0.34	0.52	23.41	8.83	3.79	145.36	270.05	259.83	269983.42	83235.6	10258.5
263	1809	600372	中航电子	51.02	0.27	5.76	8.83	0.44	0.63	63.51	3.86	3.07	9.75	−12.47	151.87	1623108.94	680946.6	50752.5
264	1814	002613	北玻股份	50.97	0.03	0.92	1.56	0.47	0.79	17.26	44.55	7.9	3.6	45.56	155.62	194442.35	90434.59	2181.18
265	1815	002073	软控股份	50.99	0.27	4.36	5.41	0.32	0.51	44.67	3.27	−14.69	27.48	36.48	145.77	806070.19	251632.97	19699.07
266	1825	600481	双良节能	50.84	0.22	7.98	16.01	0.51	0.95	49.4	4.51	−54.22	−6.54	77.61	207.13	446566.05	311645.3	33824.9
267	1826	300023	宝德股份	50.82	0.42	3.25	8.08	0.13	0.37	77.01	54.03	266.69	199.66	156.26	217	455657.27	33277.36	6583.01
268	1827	002610	爱康科技	50.75	0.15	4.48	4.73	0.31	0.9	79.49	1.36	7.09	4.83	39.17	190.74	1218030.92	321558.38	11897.28
269	1829	000777	中核科技	50.84	0.23	4.97	7.83	0.56	0.9	38.21	17.86	−0.55	5.82	3.74	134.55	190142.91	103490.03	8365.67
270	1841	600405	动力源	50.5	0.12	3.76	6.46	0.55	0.82	64.86	2.79	18.96	7.33	66.58	163.15	228102.54	111739.19	5020.23
271	1855	000551	创元科技	50.32	0.06	3.06	1.83	0.65	1.16	48.21	3.38	−5.42	−2.48	37.04	155.55	331819.09	215012.23	6214.86
272	1860	002452	长高集团	50.16	0.13	4.48	5.69	0.41	0.52	32.4	11.67	38.71	4.46	11.03	112.89	182259.94	66356.19	6716.07

续表

行业排名	全部上市公司排名	股票代码	股票简称	综合得分(100分)	每股收益(元)	总资产报酬率(%)	净资产收益率(%)	总资产周转率(次)	流动资产周转率(次)	资产负债率(%)	获利倍数	营业收入增长率(%)	资本扩张率(%)	市场投资回报率(%)	股价波动率(%)	年末资产总额(万元)	营业收入(万元)	净利润(万元)
273	1865	300276	三丰智能	50.14	0.06	2.98	3.95	0.41	0.53	30.69	23.71	3.17	4.53	217.83	309.76	87523.87	34453.22	2309.02
274	1872	300345	红宇新材	49.96	0.08	4.02	4.24	0.26	0.41	21.59	5.43	17.51	31.92	218.43	266.01	108456.68	25055.74	3198.02
275	1873	300210	森远股份	49.97	0.36	6.61	8.8	0.25	0.42	32.5	8.85	−16.29	36.71	27.15	176.84	174373.39	40442.41	8971.19
276	1887	300306	远方光电	49.75	0.23	4.03	5.26	0.16	0.21	6.63	0	−11.76	3.27	45.73	219.55	115479.42	18440.64	5583.04
277	1894	002639	雪人股份	49.73	0.03	1.8	1.22	0.29	0.7	33.84	1.56	51.87	36.23	110.39	169.99	249894.64	64136.71	1476.23
278	1903	002606	大连电瓷	49.62	0.18	4.15	4.98	0.45	0.81	42.96	3.5	2.92	2.91	18.11	171.45	136697.78	60886.84	3613.23
279	1915	300308	中际装备	49.43	0.03	0.8	1.02	0.19	0.41	14.52	6.27	2.24	0.6	139.94	233.19	64131.16	12140.99	559.4
280	1919	300099	尤洛卡	49.33	0.11	3.34	2.83	0.18	0.28	8.76	168.72	−7.81	1.56	134.14	202.65	94334.98	16506.6	3450.43
281	1930	002622	永大集团	49.09	0.22	6.09	7.61	0.11	0.22	14.63	7.98	−9.02	−5.39	150.24	193.16	135167.99	14651.22	9036.55
282	1937	000880	潍柴重机	49	0.11	0.62	2.36	0.7	1.82	62.59	0	−20.84	2.52	42.14	123.79	344761.39	243521.05	3092.37
283	1939	002651	利君股份	48.88	0.14	5.82	7.75	0.24	0.3	25.41	1117.49	−22.46	−0.64	34.25	195.18	249768.03	57358.06	14484.22
284	1940	002621	三垒股份	48.89	0.25	4.92	4.98	0.12	0.14	2.35	0	−26.46	3.81	79.19	149.19	116133.25	13621.73	5542.37
285	1966	600468	百利电气	48.4	0.04	2.3	2.63	0.58	1.09	50.22	13.23	−4.59	−0.17	33.91	204.28	147963.17	86873.34	2493.05
286	1967	300281	金明精机	48.36	0.12	4.43	4.19	0.31	0.6	29.37	4.08	−13.19	5.59	107.8	198.82	104299.84	31380.44	2980.58
287	1968	300215	电科院	48.4	0.04	2.2	1.99	0.12	0.69	64.24	1.52	−1.03	0.29	140.45	199.76	382134.28	41740.22	2675.83
288	1977	002176	江特电机	48.29	0.03	0.95	1.81	0.2	0.42	56.04	2.4	12.55	48.74	180.09	227.41	678412.75	89284.7	3420.77
289	1980	300091	金通灵	48.19	0.16	3.55	4.02	0.45	0.81	59.32	2.24	5.35	6.04	32.7	170.23	213261.79	90252.52	3028.36
290	1983	300280	南通锻压	48.13	0.05	0.92	1	0.31	0.67	21.64	3.3	−24.52	0.6	79.42	208.46	80998.76	25043.98	614.49
291	1989	300103	达刚路机	47.95	0.18	3.16	4.58	0.23	0.27	17.03	0	−31.41	3.88	59.31	174.31	101066.7	22682.07	3765.21
292	1991	002576	通达动力	48.02	0.06	1.55	1.12	0.76	1.16	20.14	2.33	−18.45	3.85	78.92	224.67	110997.62	85821.36	862.83
293	1997	603308	应流股份	47.88	0.19	4.06	4.06	0.29	0.6	61.15	1.75	−2.27	3.12	62.93	138.06	493685.36	134508.64	7545.32
294	1999	601218	吉鑫科技	47.86	0.13	4.55	5.37	0.45	0.63	36.66	4.65	8.03	4.12	−3.74	220.31	393286.17	177171.23	12838.23
295	2000	600268	国电南自	47.85	0.05	4.15	1.55	0.52	0.78	75.64	2.14	14.91	−0.79	35.22	168.62	1102080.11	558539.66	15369.42
296	2005	600243	青海华鼎	47.78	0.04	3.32	0.65	0.41	0.63	42.68	1.59	2.91	132.15	70.01	188.02	334572.09	115852.16	2607.55
297	2024	300123	太阳鸟	47.36	0.05	2.4	1.46	0.27	0.55	46.64	1.97	14.34	1.41	44.24	144.29	180303.66	44156.65	1468.91
298	2026	002218	拓日新能	47.44	0.05	2.27	1.55	0.2	0.54	38.63	1.57	33.38	85.8	14.69	156.76	424847.16	72799.04	3106.17
299	2032	600401	*ST 海润	47.21	0.02	2.15	1.96	0.39	0.98	69.02	1.27	22.8	1.95	24.37	176.58	1592696.81	608896.55	9402.19

续表

行业排名	全部上市公司排名	股票代码	股票简称	综合得分（100分）	每股收益（元）	总资产报酬率（%）	净资产收益率（%）	总资产周转率（次）	流动资产周转率（次）	资产负债率（%）	获利倍数	营业收入增长率（%）	资本扩张率（%）	市场投资回报率（%）	股价波动率（%）	年末资产总额（万元）	营业收入（万元）	净利润（万元）
300	2033	600343	航天动力	47.2	0.08	1.05	2.27	0.37	0.51	34.39	4.64	14.71	2.05	36	161.88	407950	150335.99	5616.99
301	2040	300141	和顺电气	47.01	0.14	2.44	3.28	0.36	0.45	18.46	893.48	-7.26	2.22	120.54	231.94	86207.44	30138.64	2262.68
302	2042	002031	巨轮智能	47.02	0.18	4.61	4.41	0.24	0.35	29.14	4.38	-7.46	7.2	65.14	148.64	436915.05	98758.39	13017.08
303	2044	600984	*ST建机	46.94	0.02	1.52	0.33	0.23	0.48	39.41	2	147.61	426.78	44.81	139.86	512920.47	70125.59	608.62
304	2046	300283	温州宏丰	46.86	0.02	1.83	1.04	0.73	1.22	33.08	1.27	-6.08	-2.07	99.05	173.44	83464.06	62786.41	242.23
305	2054	603333	明星电缆	46.7	0.01	0.77	0.22	0.36	0.69	15.79	1.69	3.61	0.22	56.22	188.96	175811.84	62880.53	330.28
306	2059	603318	派思股份	46.56	0.17	4.58	5.14	0.43	0.65	50.54	2.71	-4.95	64.1	73.07	237.58	95249.43	34450.87	1867.84
307	2064	601100	恒立液压	46.5	0.1	1.69	1.84	0.25	0.57	25.43	8.77	-0.52	0.75	17.98	96.76	470071.61	108758.84	6063.19
308	2077	600391	成发科技	46.16	0.1	2.51	1.88	0.43	0.72	60	1.65	3.31	1.63	86.01	206.91	501437.29	202796.63	4287.6
309	2078	300307	慈星股份	46.16	0.13	1.56	2.7	0.18	0.24	5.6	42.61	-1.83	3.12	83.97	177.82	409712.01	74959.24	10053.62
310	2081	002499	科林环保	46.1	0.15	2.55	4.03	0.32	0.5	27.26	109.69	-10.58	3.15	75.62	260.72	102493.97	36180.38	2709.16
311	2082	002227	奥特迅	46.08	0.04	0.97	1.24	0.35	0.46	22.93	22.24	-24.94	1.74	105.49	203.92	100947.65	34376.27	877.97
312	2088	002209	达意隆	46.01	0.07	1.77	1.95	0.52	0.81	58.9	1.78	-15.63	1.62	156.02	218.63	160938.69	80541.73	1280.42
313	2090	603011	合锻股份	45.92	0.15	4.23	4.7	0.51	0.77	37.86	4.11	7.24	1.58	17.71	81.26	93428.82	48240	2706.55
314	2097	603088	宁波精达	45.72	0.27	4.11	4.83	0.33	0.57	19.06	0	-18.09	2.22	58.94	174.28	56938.57	18991.51	2087.64
315	2112	002552	宝鼎科技	45.4	0.01	0.94	0.53	0.3	0.93	36.19	1.46	-0.14	-0.22	81.33	159.14	126623.71	32399.06	424.4
316	2116	600579	天华院	45.27	0.09	4.63	5.18	0.5	0.72	48.74	3.28	-16.21	5.32	45.68	157.73	140099.36	69034.92	3628.28
317	2125	300004	南风股份	45.12	0.09	1.9	1.48	0.22	0.58	18.66	2.98	0.2	0.9	27.21	207.29	374355.18	82002.86	3977.63
318	2126	000852	石化机械	45.08	0.01	1.15	0.31	1.05	1.41	63.72	1.95	207.38	118.09	3.7	178.05	737834.5	509552.67	4257.2
319	2128	601616	广电电气	44.85	0.01	0.2	0.32	0.26	0.42	15.36	50	-12.91	-1.06	62	173.26	299831.43	77697.24	930.14
320	2130	600875	东方电气	44.85	0.19	0.28	2.06	0.42	0.49	72.16	5.1	-7.73	17.14	-37.63	194.78	8613442.33	3601794.37	45949.76
321	2133	600685	中船防务	44.8	0.07	1.61	1.23	0.7	1.04	78.84	1.91	167.76	82.8	3.87	167.47	4899595.43	2551923.98	10389.76
322	2136	600960	渤海活塞	44.71	0.04	1.38	1.1	0.34	0.51	30.45	1.41	-13.04	0.26	52.19	175.07	300253.58	102511.12	1525.27
323	2138	300140	启源装备	44.72	0.03	0.63	0.85	0.26	0.45	20.11	10.17	8.34	0.22	99.34	298.43	115807.61	28977.58	1370.07
324	2144	002691	冀凯股份	44.51	0.12	3.01	2.88	0.29	0.37	15.69	9.87	-8.69	2.8	59.49	135.99	100461.73	28010.03	2403.77
325	2149	002514	宝馨科技	44.34	0.17	2.24	4.82	0.4	0.96	27.77	5.97	24.58	5.15	28.58	257.7	140752.86	52307.19	3415.61
326	2153	002435	长江润发	44.2	0.22	5.18	5.03	0.76	1.38	38.06	3.06	-13.29	2.79	6.91	223.72	142253.95	106470.85	4367.33

续表

行业排名	全部上市公司排名	股票代码	股票简称	综合得分(100分)	每股收益(元)	总资产报酬率(%)	净资产收益率(%)	总资产周转率(次)	流动资产周转率(次)	资产负债率(%)	获利倍数	营业收入增长率(%)	资本扩张率(%)	市场投资回报率(%)	股价波动率(%)	年末资产总额(万元)	营业收入(万元)	净利润(万元)
327	2179	300165	天瑞仪器	43.61	0.2	1.35	3.06	0.2	0.23	12.66	0	16.13	0.93	81.96	262.13	171554.39	32147.39	4390.39
328	2201	002359	齐星铁塔	43.11	0.03	1.61	1.22	0.45	0.76	32.71	1.81	12.05	1.26	365.48	462.14	139860.18	66156.43	1128.99
329	2202	002006	精功科技	43.13	0.03	1.91	1.85	0.4	0.6	43.85	1.64	−27.78	2.91	67.98	179.56	156167.71	65133.42	1401.05
330	2204	300402	宝色股份	43.02	0.02	1.56	0.6	0.44	0.66	54.18	1.29	−2.9	−0.62	18.31	113.08	152067.63	66740.17	417.02
331	2206	002282	博深工具	42.95	0.02	1.17	0.84	0.42	0.78	24.53	2.18	−20.8	−2.03	52.88	176	103592.83	43438.44	659.67
332	2211	600495	晋西车轴	42.94	0.08	2.72	3.27	0.49	0.78	19.76	20.99	−19.67	−3.54	−16.62	113.82	387321.02	201025.56	10071.17
333	2215	601798	蓝科高新	42.77	0.13	2.38	2.29	0.26	0.46	30.63	3.59	−14.97	1.76	14.76	127.82	284858.94	73521.32	4553.45
334	2216	600382	广东明珠	42.84	0.46	6.3	6.12	0.07	0.18	8.8	43.13	60.95	13.1	8.14	135.97	321987.02	21769.95	15826.36
335	2217	002112	三变科技	42.81	0.05	2.42	2.01	0.68	0.91	66.21	1.36	0.5	0.71	88.7	172.16	143378.32	92848.27	977.83
336	2221	300069	金利华电	42.65	0.09	2.32	2.17	0.32	0.53	29.3	4.05	2.75	0.97	103.98	271.95	69175.59	21343.97	1054.74
337	2227	600110	诺德股份	42.58	0.13	8.67	7.99	0.27	0.55	66.97	1.6	−8.77	4.87	54.64	193.62	572441.38	172646.65	10914.47
338	2229	601369	陕鼓动力	42.52	0.22	2.6	5.87	0.29	0.37	56.06	37.03	−13.15	0.77	−1.9	140.79	1450777.49	422148.87	33726.2
339	2239	002564	天沃科技	42.09	0.02	2.86	0.53	0.29	0.45	57.51	1.05	−15.56	−0.76	56.13	197.33	688023.92	196736.09	1061.42
340	2240	002347	泰尔重工	42.06	0.05	1.38	0.96	0.22	0.34	30.01	2.57	0.75	0.39	130.85	204.58	173079.2	37584.01	1161.81
341	2243	000585	东北电气	42.13	0.01	1.61	1.69	0.31	0.51	38.5	12.56	−23.23	3.74	66.37	131.25	48344.57	15163.96	485.75
342	2246	300035	中科电气	41.93	0.07	1.51	1.81	0.17	0.22	11.94	36.38	−19.33	−1.96	93.01	184.7	95684.65	16703.48	1430.83
343	2255	600320	振华重工	41.65	0.05	2.05	1.43	0.4	0.83	73.25	1.21	−7.17	5.52	−12.72	145.43	5902075.23	2327239.47	19420.57
344	2257	600150	中国船舶	41.7	0.04	0.2	0.35	0.54	0.8	62.12	0.9	−1.98	−0.75	−4.43	149.07	5133178.65	2776384.63	−23373.75
345	2275	300260	新莱应材	41.23	0.02	0.67	0.32	0.43	0.71	35.1	0.91	1.07	−0.54	113.56	195.39	101485.57	42662.51	−218.54
346	2279	002164	宁波东力	41.13	0.03	2.11	1.02	0.27	0.65	40.79	1.46	−1.34	−3	88.14	253.26	182554.96	50115.16	1116.87
347	2280	002451	摩恩电气	41.02	0.03	3.27	2.17	0.34	0.88	61.43	1.75	−10.83	3.09	93.2	265.08	181907.92	57660.59	1933.22
348	2281	002122	天马股份	40.95	0.04	1.76	1	0.28	0.46	33.95	2.66	−3.54	0.29	15.39	169.58	755512.09	209870.49	5342.95
349	2286	002438	江苏神通	40.8	0.08	1.2	1.6	0.28	0.42	35.46	13.37	−8.18	20.7	11.81	112.83	175377.17	42752.23	1657.63
350	2287	600592	龙溪股份	40.69	0.13	2.41	2.4	0.2	0.43	25.17	6.22	−17.84	−9.99	63.33	183.6	280381.36	60016.09	3355.74
351	2290	002645	华宏科技	40.57	−0.05	−1.32	−0.8	0.24	0.48	13.65	−8.94	−14.83	118.7	36.65	126.16	174482.09	30698.45	−1205.19
352	2291	600560	金自天正	40.48	0.08	1.18	2.57	0.29	0.37	58.09	10.18	−6.25	1.86	62.4	197.87	175220.54	53623.23	1968.51
353	2298	002667	鞍重股份	40.44	0.05	−0.22	0.82	0.19	0.24	10.61	255.37	−31.07	0.28	332.74	392.25	85117.13	16157.44	603.99

续表

行业排名	全部上市公司排名	股票代码	股票简称	综合得分（100分）	每股收益（元）	总资产报酬率(%)	净资产收益率(%)	总资产周转率（次）	流动资产周转率（次）	资产负债率(%)	获利倍数	营业收入增长率(%)	资本扩张率(%)	市场投资回报率(%)	股价波动率(%)	年末资产总额（万元）	营业收入（万元）	净利润（万元）
354	2303	300338	开元仪器	40.15	0.02	0.15	0.5	0.31	0.48	18.38	107.85	-8.1	-0.7	129.81	256.68	93107.18	28247.87	185.24
355	2304	600316	洪都航空	40.13	0.11	1.52	1.53	0.3	0.53	44.9	2.17	-18.41	7.3	-18.14	175.41	961738.87	281557.52	7960.61
356	2308	002266	浙富控股	39.85	0.04	2.95	2.46	0.14	0.34	39.75	2.8	3.13	2.80	21.66	173.64	521229.49	70746.8	10053.62
357	2328	300084	海默科技	38.97	0.03	1.23	0.97	0.25	0.6	35.11	2.02	28.98	2.28	1.9	209.69	168818.74	40702.87	1162.82
358	2343	300391	康跃科技	38.51	0.03	1.76	1.39	0.28	0.55	47.61	1.06	-21.43	-0.22	72.78	223.12	69464.11	19125.06	395.42
359	2344	002023	海特高新	38.53	0.06	2.39	1.6	0.11	0.29	17.47	1.53	-14.6	117.73	54.45	167.49	454080.64	42852.68	2497
360	2345	601717	郑煤机	38.36	0.03	-0.1	0.45	0.37	0.5	20.18	8.75	-26.35	0.4	0.24	190.62	1205465.36	451085.78	1060.94
361	2352	600677	航天通信	38.24	0.03	2.93	0.47	0.74	1.19	58.17	1.81	-14.52	73.75	21.76	194.7	846803.18	602538.94	8271.4
362	2353	002278	神开股份	38.17	0.03	0.83	0.94	0.34	0.47	29.6	44.61	-8.57	-0.99	143.81	176.05	174730.18	61384.36	1622.5
363	2356	300372	欣泰电气	38.1	0.03	1.44	0.93	0.32	0.39	46.25	1.32	-11.15	1.65	38.85	201.91	119486.37	37231.19	567.82
364	2369	000925	众合科技	37.8	0.11	2.58	3.18	0.47	0.82	71.58	1.32	3.82	31.85	-13.64	203.23	430860.85	183530.1	1724.4
365	2370	600192	长城电工	37.71	0.09	2.55	2.16	0.41	0.57	58.12	1.96	-12.29	1.82	5.12	168.28	466492.34	180515.15	4519.96
366	2371	600072	钢构工程	37.65	0.05	1.88	1.96	0.4	0.68	44.38	2.09	-6.75	1.6	69.93	231.16	219210.44	91359.03	2399.51
367	2372	600031	三一重工	37.69	0.02	1.56	0.6	0.38	0.62	61.41	1.13	-23.05	-4.49	-28.28	162.53	6122774	2336686.9	13815
368	2373	300126	锐奇股份	37.55	0.03	-0.11	0.74	0.44	0.64	17.29	0	-17.32	-0.12	45.45	306.17	126610.76	55715.37	362.87
369	2376	600847	万里股份	37.49	-0.13	-2.31	-2.79	0.28	0.46	20.4	-2.29	5.45	-0.36	120.15	174.77	89257.59	24887.65	-1983.81
370	2385	002529	海源机械	37.38	0.01	0.52	0.28	0.2	0.42	18.16	1.06	11.34	0.35	113.64	231.53	122068.31	23014.32	280.62
371	2387	002633	申科股份	37.27	0.14	4.07	3.96	0.28	0.49	24.68	2.48	-13.95	4.85	5.08	158.97	71608.51	23051.36	2086.54
372	2396	300080	易成新能	36.69	0.01	1.55	0.2	0.31	0.52	40.3	1	-24.36	0.18	21.37	158.26	542691.9	170876.09	-88.01
373	2397	000816	智慧农业	36.68	0.02	0.26	0.82	0.27	0.56	43.28	0.82	-19.58	1.22	32.46	211.03	662641.09	187719.32	414
374	2398	002168	深圳惠程	36.55	0.17	8.99	11.64	0.14	0.2	16.36	74.13	-33.15	-8.11	16.78	188.72	138755.43	20937.03	12322.45
375	2401	600302	标准股份	36.25	0.14	2.76	4.18	0.4	0.52	24.03	31.69	-19.54	4.15	55.29	201.31	161350.7	64231.34	4988.87
376	2402	000676	智度投资	36.32	0.01	1.77	2.45	0.67	1.13	53.42	0.81	-14.87	-2.95	307.62	560.47	31256.65	31758.32	-422.05
377	2406	002353	杰瑞股份	36.13	0.15	1.45	1.85	0.26	0.35	22.78	5.84	-36.63	-1.45	-22.74	136.55	1039285.63	282657.2	14461.74
378	2408	002204	大连重工	36.03	0.02	0.18	0.34	0.4	0.53	61.87	1.54	-13.25	0.27	-23.25	176.98	1712758.64	714704.57	599.22
379	2412	601002	晋亿实业	35.55	-0.02	1.02	-0.59	0.57	0.97	38.14	0.92	-24.27	-3.66	-34.97	196.29	396840.32	227810.56	-2002.51
380	2414	601608	中信重工	35.54	0.02	0.91	0.74	0.2	0.31	57.68	1.43	-23.94	11.91	49.44	315.7	2076451.55	402052.26	6196.77

续表

行业排名	全部上市公司排名	股票代码	股票简称	综合得分（100分）	每股收益（元）	总资产报酬率(%)	净资产收益率(%)	总资产周转率（次）	流动资产周转率（次）	资产负债率(%)	获利倍数	营业收入增长率(%)	资本扩张率(%)	市场投资回报率(%)	股价波动率(%)	年末资产总额（万元）	营业收入（万元）	净利润（万元）
381	2431	000528	柳工	34.35	0.02	0.84	0.24	0.32	0.47	56.31	1.2	-35.34	-2.41	-28.06	160.83	2038440.68	665581.56	2076.52
382	2440	600967	北方创业	33.37	-0.07	-2.07	-2.47	0.6	0.87	26.83	-19.54	-32.89	-2.85	27.94	64.72	324639.65	200228.18	-4543.65
383	2447	002272	川润股份	33.07	-0.16	-4.68	-5.72	0.44	0.69	33.66	-13.32	-6.58	-5.56	56.82	125.09	173813.96	78929.39	-6786.59
384	2453	000425	徐工机械	32.79	0.01	1.28	0.25	0.36	0.48	51.76	1.06	-28.53	0.81	-7.27	80.45	4270794.42	1665782.93	-6268.15
385	2464	000157	中联重科	32.2	0.01	1.38	0.21	0.22	0.28	56.67	1.02	-19.72	-1.55	-19.64	135.63	9372302	2075334.66	9115.74
386	2467	300161	华中数控	31.95	-0.26	-2.98	-4.94	0.38	0.5	37.61	-5.02	-6.06	0.84	135.99	202.31	150387.03	55073.66	-4527.79
387	2472	600550	保变电气	31.7	0.06	4.68	14.92	0.48	0.77	93.6	1.31	3.4	-54.58	13.98	182.8	804286.34	402743.3	9235.89
388	2480	600202	哈空调	31.05	0.04	2.77	1.62	0.3	0.42	65.52	1.22	-28.49	0.8	80.26	229.3	250289.62	75725.92	1394.87
389	2486	002058	威尔泰	30.69	-0.08	-4.65	-5.88	0.42	0.57	18.15	-23.61	-20.6	-8.35	122.01	190.11	22477.51	9796.45	-1191.05
390	2518	002097	山河智能	29	-0.04	1.56	-1.22	0.23	0.33	61.64	0.84	-20.84	-0.66	62.38	155.09	631916.31	145619.73	-3525.8
391	2537	002147	新光圆成	27.85	0.01	1.33	0.41	0.17	0.49	27.82	0.93	-39.47	-0.37	100.44	150.23	120818.35	21687.85	-320.99
392	2539	600169	太原重工	27.84	0.01	1.95	0.41	0.25	0.34	80.85	1.06	-23.96	0.43	-27.43	197.84	2839985.73	686110.18	2302.34
393	2544	300293	蓝英装备	27.43	0.04	0.81	1.52	0.11	0.19	62.6	1.39	-62.88	-10.99	32.61	181.87	180057.57	22619.48	1083.49
394	2545	000595	宝塔实业	27.44	-0.39	-11.08	-26.42	0.23	0.4	38.28	-9.78	-41.22	155.19	64.27	152.99	120914.28	26157.18	-13723.98
395	2569	300092	科新机电	26.18	-0.18	-6.45	-8.34	0.33	0.73	29.73	-15.71	-24.4	-9.7	117.37	218.11	67298.18	23531.72	-5106.96
396	2572	300105	龙源技术	26.04	-0.09	-2.65	-2.26	0.28	0.31	24.83	0	-48.85	-3.26	-10.17	209.54	279308.53	83776.47	-5096.05
397	2578	002483	润邦股份	25.7	-1.21	-10.17	-20.33	0.47	0.74	41.18	-467.39	-13.73	7.2	0.89	190.99	450104.75	190800.99	-43051.74
398	2583	600112	天成控股	24.85	-0.35	-4.54	-14.55	0.27	0.64	51.26	-1.78	37.04	-8.53	44.11	216.89	237898.98	67034.74	-17659.1
399	2585	600860	京城股份	24.76	-0.49	-11.74	-25.46	0.47	1.02	44.65	-11.76	-40.4	-20.4	83.33	156.98	207749.21	107659.63	-29671.92
400	2588	000837	秦川机床	24.46	-0.34	-2.8	-8.15	0.39	0.66	48.61	-2.85	-27.21	-2.55	28.14	132.55	673347.27	254825.8	-24813.79
401	2604	601177	杭齿前进	23.39	-0.3	-1.17	-7.15	0.38	0.84	56.64	-0.63	-15.33	-6.21	22.15	150.67	398055.33	149501.29	-11438.48
402	2622	600806	*ST 昆机	22.29	-0.37	-6.64	-19.89	0.28	0.44	66.04	-3.96	-10.52	-18.9	98.04	177.92	279614.41	77659.48	-21965.32
403	2638	600346	*ST 橡塑	21.45	-0.36	-5.63	-45.23	0.28	0.65	83.03	-1.98	-4.04	-34.78	273.56	241.49	289704.61	84070.31	-24918.78
404	2640	002534	杭锅股份	21.36	-0.39	-2.62	-6.09	0.37	0.54	60.17	-9.69	-16.38	-9.48	10.64	188.07	706213.41	261971.78	-20153.62
405	2641	002480	新筑股份	21.44	-0.24	-2.14	-6.61	0.22	0.42	52.54	-0.91	-17.35	-2.34	23.08	232.87	511891.25	105389.62	-17190.92
406	2645	002459	天业通联	21.31	-0.83	-21.06	-23.55	0.21	0.3	10.22	-172.11	-48.87	-19.79	54.55	117.27	135284.15	32232.48	-32314.46
407	2646	002423	*ST 中特	21.3	-0.42	-5.54	-11.06	0.27	0.68	47.67	-8.12	-21.67	-10.45	20.27	154.3	348388.53	95447.78	-21335.22

续表

行业排名	全部上市公司排名	股票代码	股票简称	综合得分（100分）	每股收益（元）	总资产报酬率（%）	净资产收益率（%）	总资产周转率（次）	流动资产周转率（次）	资产负债率（%）	获利倍数	营业收入增长率（%）	资本扩张率（%）	市场投资回报率（%）	股价波动率（%）	年末资产总额（万元）	营业收入（万元）	净利润（万元）
408	2651	000923	河北宣工	21.01	0	1.72	0.16	0.17	0.31	71.17	1.03	4.62	-6.28	79.67	261.75	146080.35	25485.12	69.76
409	2662	601989	中国重工	20.06	-0.14	-1.45	-4.47	0.29	0.39	71.87	-0.16	-1.9	-6.4	6.34	169.96	20763771.2	5981080.14	-324829
410	2663	000856	*ST 冀装	20.03	-0.89	-7.25	-60.2	0.6	0.81	86.78	-4.58	-9.2	-44.11	62.76	175.55	223808.74	141579.38	-20056.94
411	2664	000617	*ST 济柴	20.04	-0.26	-1.6	-13.53	0.41	0.61	76.2	-0.81	-2.98	-12.01	53.37	140.66	221506.4	90178.78	-7618.11
412	2665	600765	中航重机	19.68	-0.39	-1.61	-8.86	0.44	0.72	70.82	-0.64	0.94	-12.96	-2.17	147.81	1318493.67	587730.42	-53942.36
413	2666	600262	北方股份	19.74	-0.95	-6.38	-14.79	0.33	0.43	67.09	-4.45	-33.07	-23.57	112.56	178.42	271368.55	99033.45	-23652.89
414	2667	000410	沈阳机床	19.72	-0.83	0.26	-26.78	0.3	0.36	89.86	0.13	-18.31	-17.61	78.82	201.91	2228963.72	638390.08	-63987.4
415	2669	300029	天龙光电	19.58	-1.79	-45.38	-85.99	0.15	0.23	58.55	-29.75	-6.1	-61.71	85.13	191.3	60878.27	13014.31	-39976.16
416	2672	002526	山东矿机	19.41	-0.5	-6.39	-14.69	0.32	0.47	39.8	-5.24	-25.99	-14.14	51.97	195.75	293663.09	107590.84	-28319.45
417	2677	002535	林州重机	18.86	-0.52	-4.18	-11.61	0.18	0.34	57.01	-3.37	-34.23	27.08	44.2	187.72	693492.58	123281.02	-30388.17
418	2680	002046	轴研科技	18.65	-0.52	-8.13	-13.79	0.19	0.43	45.65	-10.79	-17.21	-11.55	23.19	163.18	224269.43	42439.6	-18396.68
419	2686	002490	山东墨龙	18.36	-0.33	-4.38	-10.12	0.27	0.7	56.62	-4.79	-36.01	-7.71	29.01	149.42	585118.07	161391.77	-28649.89
420	2689	002021	中捷资源	18.18	-0.62	-16.1	-34.98	0.25	0.36	37.43	-26.97	-35.28	-33.28	73.31	165.71	164606.67	72706.22	-44865.35
421	2698	300275	梅安森	17.74	-0.4	-9.26	-10.45	0.17	0.25	29.88	-14.88	-49.4	-14.79	129.93	200.97	86185.71	13905.79	-7005.48
422	2699	600760	*ST 黑豹	17.63	-0.64	-9.44	-44.13	0.6	1.5	79.97	-3.58	-32.76	-34.69	41.58	158.81	255000.46	169674.81	-33925.95
423	2701	600710	*ST 常林	17.36	-0.82	-22.61	-36.94	0.39	0.73	37.03	-23	-24.12	-30.73	-1.1	152.75	190034.08	88396.45	-52914.16
424	2706	002608	*ST 舜船	17.16	-14.54	-81.63	0	0.16	0.26	268.09	-14.15	-66.59	-2554.19	-15.78	147.95	312646.83	100486.65	-547385.13
425	2711	600520	*ST 中发	16.93	-0.36	-6.29	-12.8	0.24	0.51	39.83	-4.61	-36.38	-12.22	77.44	250.84	78810.17	19163.69	-5888.31
426	2712	002248	华东数控	16.8	-0.69	-8.84	-21.66	0.1	0.24	56.19	-4.05	-33.31	-20.54	124.98	171.02	216039.03	23042.87	-24846.08
427	2716	000922	佳电股份	16.54	-0.78	-12.84	-21.35	0.42	0.55	42.41	-795.03	-26.66	-19.29	-10.12	142.71	324759.63	150502.63	-44697
428	2723	002297	博云新材	15.59	-0.34	-7.94	-12.77	0.18	0.37	40.26	-5.76	-15.99	-11.78	17.87	193.09	175001.11	31942.93	-13961.56
429	2725	300397	天和防务	15.34	-0.46	-4.39	-4.39	0.05	0.06	23.18	-12.11	-65.08	-3.87	2.44	230.66	162074.73	7787.38	-5296.03
430	2731	000680	山推股份	14.4	-0.71	-7.69	-24.14	0.37	0.64	62.84	-4.57	-48.13	-22.56	5.08	166.53	939884.53	377074.05	-96814.48
431	2737	002337	赛象科技	13.24	-0.17	-5.68	-7.93	0.21	0.28	20.36	-132.23	-50.89	0.45	4.46	254	168967.02	35421.97	-9647.45
432	2748	600815	厦工股份	11.56	-1.04	-9.25	-27.97	0.3	0.39	66.62	-4.48	-32.71	-23.59	11.04	212.24	951785.71	306793.99	-97983.38
433	2750	600375	*ST 星马	10.05	-1.7	-7.64	-30.49	0.4	0.89	69.27	-4.37	-29.11	-26.06	-36.23	260.23	878013.77	354266.37	-94819.35
434	2752	601106	中国一重	9.85	-0.27	-2.9	-11.34	0.13	0.18	60.37	-1.42	-31.6	-11.09	39.65	274.44	3806777.05	501217.65	-181432.23
435	2753	601558	华锐风电	9.56	-0.74	-28.42	-68.18	0.09	0.11	67.63	-281.24	-61.53	-51.37	30.22	245.47	1319955.51	139271.19	-445226.98

第九章　汽车行业

汽车产业在国民经济中的地位极为重要，可带动机械、电子等30多个相关产业的发展。由于汽车产业链长、关联度高、就业面广、消费拉动大，在国民经济中发挥着不可替代的作用。

我国汽车行业在经历了近十年的高速增长后，2015年呈现平稳微增长态势。根据中国汽车工业协会发布的数据，2015年，汽车产销分别为2450.33万辆和2459.76万辆，同比增长3.25%和4.68%，增速比上年同期减缓4.01个百分点和2.18个百分点。其中，2015年我国乘用车累计销售2114.63万辆，同比增长7.30%，增幅比上年回落了2.59个百分点，商用车产销342.39万辆和345.13万辆，同比下降9.97%和8.97%。从长远来看，我国汽车产业将逐渐转入微增长的长期发展阶段。源于行业销量的平稳增长，汽车行业上市公司2015年的收入和利润也随之平稳增长。

一、汽车行业上市公司业绩评价结果

截至2015年末，汽车行业包括汽车整车、汽车零部件等企业的A股上市公司共100家，其中盈利92家，在全部2759家盈利上市公司中占比为3.33%；截至2015年末，汽车行业上市公司市值为19143.90亿元，2015年度实现营业利润1021.72亿元，实现净利润1015.76亿元，占全部上市公司实现的10607.50亿元净利润的9.58%，比上年的8.00%提高了1.58个百分点；汽车行业在整体表现上优于全部上市公司。

汽车行业进入百强的上市公司有8家。其中宇通客车、万丰奥威、长城集团和长安汽车等均进入百强。汽车行业的综合评价分值为70.99分，比全部上市公司的61.68分高15.09%。其中，业绩为BBB的有18家，业绩为CCC的有59家，业绩为DDD的有14家，业绩为EEE的有9家。汽车行业排名前十的上市公司见表9-1：

表9－1　2015年度汽车行业中联十强排行榜

排名	股票代码	股票简称	得分	在全部上市公司的排名
1	600066	宇通客车	80.96	11
2	002085	万丰奥威	80.95	12
3	601633	长城汽车	79.56	23
4	000625	长安汽车	78.64	37
5	601238	广汽集团	78.57	38
6	600104	上汽集团	78.27	40
7	600660	福耀玻璃	78.14	42
8	600741	华域汽车	74.80	86
9	000550	江铃汽车	73.66	116
10	000887	中鼎股份	72.08	176

下面分别从财务效益状况、资产质量状况、偿债风险状况、发展能力状况及市场表现等五个方面对汽车行业上市公司进行具体分析。

（一）财务效益状况

表 9-2 列示了汽车行业上市公司财务效益状况评价结果。2015 年汽车行业上市公司财务效益状况好于上市公司平均水平，汽车行业上市公司扣除非经常性损益净资产收益率为 13.25%，高于上市公司 5.61% 的平均值。由于 2015 年汽车市场增速整体继续放缓，汽车行业财务效益各项指标在 2014 年基础上除盈利现金保障倍数外均有所下降，扣非后净资产收益率较去年 14.13% 的水平略微下降，下降的幅度为 6.23%。2015 年汽车行业上市公司盈余现金保障倍数为 0.89 倍，在连续两年下降后出现了增长。该财务指标说明汽车行业上市公司在销售额和净利润增速放缓的大背景下，财务效益也面临恶化压力。

表 9－2　汽车行业财务效益状况比较表

评价指标		2015 年上市公司平均值	2015 年行业值	2014 年行业值	增长率 (%)
基本指标	扣除非经常性损益净资产收益率 (%)	5.61	13.25	14.13	−6.23
	总资产报酬率 (%)	5.11	8.29	8.50	−2.47
	得分	20.79	29	30.20	−3.97
修正指标	营业利润率 (%)	5.06	6.61	6.74	−1.93
	盈利现金保障倍数	2.2	0.89	0.85	4.71
综合得分		22.12	25.84	26.36	−1.97

宇通客车在该项指标上得分为 32.38，虽然在 2014 年 32.45 基础上有所下降，但仍然是 2015 年汽车行业财务效益非常突出的上市公司。其扣除非经常性损益净资产收益率为 27.73%、总资产报酬率为 15.53%、营业利润率为 12.27%、盈利现金保障倍数为 1.68，各项指标均取得了较好的分数。宇通客车良好的财务效益主要得益于其销售增长所带动的利润提升。2015 年宇通客车积极进行高端商务车、高端旅游车、高端公交车、新能源车等新产品项目的设计与开发，与外部咨询机构合作，开展研发转型，PLM、轻量化等项目均取得了很好的销售业绩。

其他上市公司如长城汽车、上汽集团、长安汽车等也取得了良好的财务效益，该项指标得分均超过 30 分，在上市公司中名列前茅。

（二）资产质量状况

从表 9-3 可以看出，汽车行业上市公司资产质量状况明显优于上市公司平均水平。从基本指标和修正指标来看，2015 年，上市公司总资产周转率、流动资产周转率、存货周转率和应收账款周转率都高于市场均值。

表 9－3　　汽车行业资产质量状况比较表

分析指标		2015 年上市公司平均值	2015 年行业值	2014 年行业值	增长率 (%)
基本指标	总资产周转率（次）	0.64	1.02	1.10	−7.27
	流动资产周转率（次）	1.30	1.86	1.98	−6.06
	得分	9.44	12.75	12.75	0.00
修正指标	应收账款周转率（次）	8.25	10.51	12.94	−18.7
	存货周转率（次）	2.74	9.39	9.84	−4.57
综合得分		9.17	11.68	11.91	−1.93

2015 年，汽车行业虽然表现出良好的资产质量，所有指标均出现一定幅度的下降，其中应收账款周转率下降幅度最大，下降幅度为 18.70%。2015 年 12 月库存预警指数为 52.6%，环比下降了 9.2 个百分点，同比下降了 2.9 个百分点，均好于 2014 年同期水平，不过库存预警指数仍处于警戒线以上。各项指标的下降，说明在汽车行业收入和利润增长的压力下，销售节奏也随之受到影响，各项周转率的降低在很大程度上降低了汽车行业的资产质量。

长城汽车在该项指标中得分为 14.88 分，近乎接近满分 15 分，在汽车行业上市公司中排名第一。通过实行科学的存货管理和对销售实行严格的信用控制，长城汽车大幅度提高了资产质量。2015 年，长城汽车总资产周转率 1.14 次，流动资产周转率为 2.01 次，存货周转率 14.98 次，应收账款周转率 108.04 次，各项指标均为 2014 年基础上有所提高。以上财务指标反映出在汽车行业资产质量整体降低的情况下，2015 年，长城汽车依然保持了良好的销售节奏。除长城汽车外，上汽集团和长安汽车也表现出了较好的资产质量，得分较高。

（三）偿债风险状况

根据表 9-4 可知，该行业上市公司偿债风险状况除了现金流动负债比例指标外均优于上市公司平均水平。通过分析各项指标，可以得出汽车行业虽然 2015 年实现了产销的微增长，但是该业绩提升并未反映在偿债风险指标中。与 2014 年相比，汽车行业各项指标偿债能力指标中获利倍数、现金流量负债比率和带息负债比率均有不同程度的下降，资产负债率呈现出小幅度上升，偿债能力没有得到改善。

表 9－4　　汽车行业偿债风险状况比较表

评价指标		2015 年上市公司平均值	2015 年行业值	2014 年行业值	增长率 (%)
基本指标	资产负债率 (%)	60.36	56.11	55.63	0.09
	获利倍数	3.74	12.88	23.25	−44.60
	得分	8.95	10.5	12.06	−12.93
修正指标	速动比率 (%)	73.47	98.28	96.1	2.27
	现金流动负债比率 (%)	13.88	11.75	12.09	−2.81
	带息负债比率（%）	51.38	39.83	20.7	92.41
综合得分		8.89	9.85	11.91	17.30

根据wind资讯提供的数据，汽车行业付息债务在2015年末达1843.33亿元，与2014年末1599.45亿元比，增长了243.88亿元，约15.25%。付息债务的增长导致汽车行业获利倍数和带息负债比例指标均下降。力帆股份、比亚迪、广汽集团和上汽集团付息债务有大幅提高，4家单位付息债务增加超过150亿元。而该指标超过14分的上市公司远东传动、南方轴承和鹏翎股份付息债务规模均维持在很低的水平。从整体看，汽车行业偿债能力优于上市公司整体水平。

（四）发展能力状况

从表9-5可知，2015年汽车行业上市公司的发展能力状况优于上市公司平均水平。受累于宏观经济下行的压力，2015年汽车行业上市公司营业收入及营业利润增长率均在2014年基础上有所放缓，但是高于上市公司平均水平。

在连续两年降低后，汽车行业上市公司三年营业收入平均增长率指标出现了12.97%的增幅，主要原因是各项汽车消费优惠政策特别是新能源汽车财政补贴的支持及人们对SUV的热度不减。但总体上2015年汽车行业发展水平远远低于2009年及2010年的水平。中国汽车行业将进入一个平稳的微增长的阶段。

表9－5　汽车行业发展能力状况比较表

分析指标		2015年上市公司平均值	2015年行业值	2014年行业值	增长率(%)
基本指标	营业收入增长率(%)	−1.98	9.51	12.45	−23.61
	资本扩张率(%)	16.96	17.6	14.93	2.67
	得分	12.26	13.18	13.61	−3.26
修正指标	累计保留盈余率(%)	42.27	54.43	54.24	0.04
	三年营业收入平均增长率(%)	3.77	12.97	10.62	22.13
	总资产增长率(%)	15.69	19.14	17.28	10.76
	营业利润增长率(%)	−12.37	6.28	7.51	−16.38
综合得分		12.24	13.93	13.91	−0.14

长安汽车在该项中得分为18.37分，根据长安汽车公司发布的2015年年报，全年累计完成产销278.1万辆和277.7万辆，同比分别增长5.86%和9.14%，市场占有率11.30%，同比提高了0.46个百分点。2015年全年营业收入为667.72亿元，同比增长26.19%。长安CS75、CS35、逸动系列、悦翔系列月销均突破1万辆，成为细分市场明星产品。长安CS75以59分的高分获得C-NCAP（新碰撞安全性能测试）五星评级，成为中国汽车最安全的车型之一。长安逸动荣获2015中国汽车行业客户满意度调研（CATARC调研）最具潜力华系车型奖。长安悦翔V7荣获2015中国汽车媒体智库创新论坛“年度创新产品奖”。在国家发改委公布的国家认定企业技术中心2015年评价结果中，长安汽车以93.6分位列全国第四，行业第一，连续4届8年位居中国汽车行业研发实力第一。除长安汽车外，宇通客车、广汽集团在这项指标的得分也在16分以上，均表现出强劲的增长势头。

（五）市场表现状况

表 9-6 列示了汽车行业上市公司市场表现评价结果。中国股票市场在 2015 年波动较大，导致汽车行业上市公司股票价值波动较大。虽然中国股票市场在 2015 年表现欠佳，但受益于汽车补贴政策的支持和国民对汽车需求的强烈，汽车行业投资回报率大幅提升。总体来说，汽车行业表现优于 2015 年上市公司平均水平，且较 2014 年有所上升。

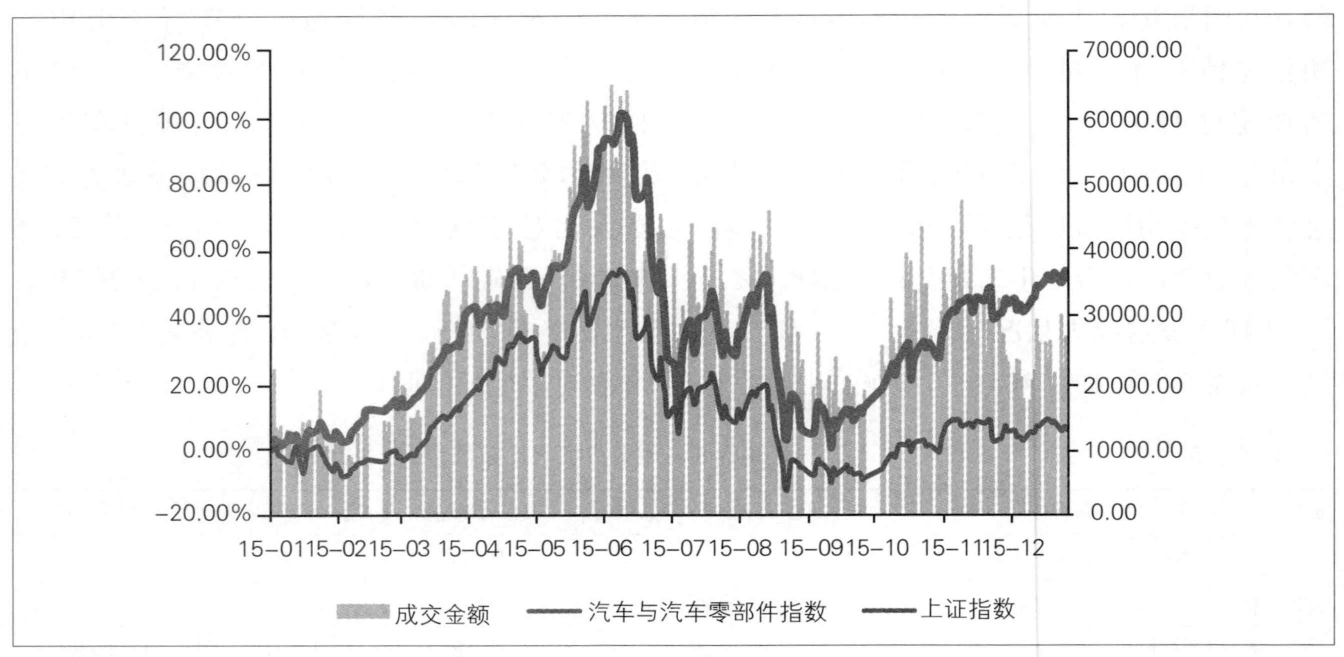

图 9－1　2015 年汽车行业指数与上证综指比较图

2015 年汽车行业投资回报率的提升主要是受股票市场整体投资回报率回升影响，汽车行业投资回报率略高于市场平均水平。

表 9－6　汽车行业市场表现状况比较表

分析指标	2015 年上市公司平均值	2015 年行业值	2014 年行业值	增长率 (%)
投资回报率 (%)	74.18	82.57	50.96	62.03
股价波动率 (%)	182	180.9	134.95	34.05
得分	9.26	9.69	9.26	4.64

二、2015 年汽车行业业绩的影响因素分析

2015 年，汽车行业面对复杂的国内外经济环境和不断加大的经济下行压力，坚持国家稳中求进的工作总基调，主动适应经济发展新常态，行业总体实现了良好发展。行业整体运行平稳，主要经济指标呈不同程度增长，增幅比上年有所减缓。具体情况如下：主营业务收入平稳增长，增速趋缓。2015 年汽车行业主营业务收入为 15467.13 亿元，比上年同比增长 4.8%；营业利润小幅增长，为 1021.78 亿元，与 2014 年相比增幅为 6.28%；固定资产投资稳步增长；亏损企业家数有所上升；应收账款增速依然较高、产成品库存资金小幅增长。

在经历了2013年和2014年的大幅上涨后，受宏观经济下行的压力影响，2015年我国汽车市场4.68%的销量增幅低于中汽协在2015年初所做出的6%～8%的汽车年销量增长预测。2015年我国汽车行业相对较为复杂，挑战与机遇并存，对大多数生产企业而言，挑战大于机遇。

（一）乘用车市场增速略有下降，内部结构发生变化

2015年，我国乘用车市场继续保持稳定增长趋势。中汽协公布的数据显示，2015年我国乘用车累计销售2,114.63万辆，这是我国乘用车销量首次突破2,000万辆大关，同比增长7.30%，增幅比上年回落了2.59个百分点。在上市公司11家乘用车行业上市公司中，仅海马汽车、金杯汽车和一汽夏利收入下降，其余8家单位营业收入均不同程度上扬。

2015年，中国乘用车产销占到汽车总销量的86.30%，在2014年83.86%的基础上进一步提高。分析乘用车市场结构可以发现，2015年基本型乘用车（轿车）轿车销量1,172.02万辆，同比下滑5.33%，占乘用车的市场份额在逐步减少，在2015年跌破60%，仅为55.42%；SUV销售622.03万辆，同比增长52.39%，在乘用车中的份额上升到29.42%，份额创历史新高。轿车市场份额下跌的原因主要是消费者群体的年轻化，更偏好于时尚、个性、运动性车型；另一方面，汽车制造企业对产品结构进行调整，减少对轿车的投入，投入力度大幅度转向SUV和MPV。相较于MPV、SUV细分市场的增长速度较快，轿车市场增速呈现出英雄迟暮的疲惫之态，未来份额有可能进一步下跌。

2015年乘用车产销增长带动了整个汽车行业的产销增长。其中，运动型多用途乘用车（SUV）和多功能乘用车（MPV）成为增长主力，2015年SUV车型销售622.03万辆，同比增长52.39%，其中都市型SUV占据了SUV的主导地位，表明SUV已经完成由实用型到休闲型的转变，开始具备了长期持续增长的基础；MPV销售210.67万辆，同比增长10.05%；而交叉型乘用车则销售109.91万辆，同比下降17.47%。

现阶段，2015年中国品牌乘用车共销售873.76万辆，同比增长15.27%，占乘用车销售总量的41.32%，占有率比上年同期提高了2.86个百分点；德系、日系、美系、韩系和法系乘用车分别销售399.82万辆、336.43万辆、259.57万辆、167.88万辆和72.93万辆，分别占乘用车销售总量的18.91%、15.91%、12.27%、7.94%和3.45%。与上年同期相比，韩系品牌销量略有下降，其他外国品牌呈小幅增长。

2015年汽车产销稳步增长主要源于乘用车市场需求旺盛。从短期来看，刺激乘用车需求增长的因素主要是政策优惠，价格弹性，使用环境及使用成本等；从长期来看，影响乘用车需求的因素主要是汽车保有量，人均可支配收入以及城镇化进程等。

从短期因素看，乘用车市场在2015年取得稳定增长的部分原因是增购换购消费需求的增加。中国乘用车市场经过10余年的高速发展，很多一线二线城市的千人保有量已过百，中国的汽车市场正在从初级消费市场向成熟市场转变，随着用车需求的不断升级和各地高用车成本政策的出台，增购换购逐渐取代首次购车成为汽车消费的主流；还有一部分原因是恐慌性购买，恐慌性购买产生的原因是由于拥堵和环境问题日益严峻，越来越多的城市加入了“限购限行”的行列。截至 2015 年 12 月 31 日，已经有北京、上海、天津、广州、杭州、贵阳、重庆、成都、深圳、石家庄、武汉、青岛、南京、大连八个城市加入限购行列。以上原因都在一定程度上影响了 2015 年汽车消费市场的短期需求。

从长期因素看，中国人均汽车保有量仍远低于欧美日等发达国家和世界平均水平。从整体看，中国仍处于汽车消费迅速扩展阶段，汽车的新增消费慢慢转移到了同样具有巨大刚性需求的三、四线城市中。伴随着我国的城镇化进程的发展，居民生活水平的提高，消费者对出行便利的需求越来越高，汽车消费需求呈现增长态势，长期来看中国汽车市场的增长空间依旧较大。

（二）宏观经济下行压力使商用车市场保持低迷

在经历了 2011 年和 2012 年商用车市场的持续低迷后，2013 年商用车行业上市公司业绩有所好转，微增 0.60%。但在 2014 年和 2015 年，商用车销量则再次下滑。与之同步，多数主营商用车业务的上市车企利润也出现同比下滑状况。

商用车受到国家经济增速回落以及商用车出口市场形势不佳等因素的影响，2015 年商用车全年产销 342.39 万辆和 345.13 万辆，同比下降 9.97% 和 8.97%，占市场份额分别为 13.97% 和 14.03%。按车型划分，2015 年，客车产销 59.09 万辆和 59.54 万辆，同比下降 2.69% 和 1.90%。货车产销 283.30 万辆和 285.59 万辆，同比下降 11.35% 和 10.32%

其中，货车行业上市公司营业收入减少是由于我国投资力度增加等多重原因导致的。在我国，重卡市场的表现一直被看作“国民经济的晴雨表和风向标”，在 2013 年，轨道交通、房地产、旧城改造、城市化等的投资增加了对重卡需求，从政策的角度带动了全年的重卡销量，所以 2013 年货车行业在很大程度上提前释放了货车购买力。另外 2015 年，经济下行的压力依然存在，固定资产投资增速下降，房地产新开工项目减少，这从根本上限制了货车销售量。柴油车国四标准的出台使得市场进入观望状态这也在一定程度上造成了货车市场的低迷。2015 年货车产销 283.30 万辆和 285.59 万辆，同比下降 11.35% 和 10.32%。其中：重型货车产销 53.61 万辆和 55.07 万辆，同比下降 28.28% 和 25.98%；中型货车产销 20.40 万辆和 20.04 万辆，同比下降 17.70% 和 19.14%；轻型货车产销 155.37 万辆和 155.85 万辆，同比下降 6.49% 和 6.26%；微型货车产销 53.92 万辆和 54.62 万辆，同比增长 0.05% 和 3.07%。2015 年重、中和轻型货车产销率分别为 102.72%、98.24% 和 101.30%

据中国汽车工业协会对商用车（客车部分）生产企业报送的数据分析，2015 年，客车销量比上年略有下降，但保持了 50 万辆以上规模，共销售 59.54 万辆，同比下降 1.90%，产销率为 100.76%，与 2014 年的 100.95% 相比变化不大。在客车主要品种中，与上年同期相比，大型客车增速小幅回落，中型客车降幅有所收窄，轻型客车结束增长，呈小幅下降。2015年，大型客车产销分别为8.57万辆和8.45万辆，同比增长2.68%和0.33%；中型客车产销7.82万辆和7.89万辆，同比下降0.81%和0.95%；轻型客车产销42.70万辆和43.20万辆，同比下降4.03%和2.50%。2015年大、中和轻型客车产销率分别为98.60%、100.90%和101.17%，与2014年的99.49%、100.63%和101.36%相比变化不大。

（三）汽车行业上市公司业绩两极分化明显

在整体保持平稳增速的大背景下，2015年汽车行业上市企业的业绩两极分化趋势愈加明显。

宇通客车、长城汽车在2015年的业绩表现十分优异。根据宇通客车发布的年报，该公司2015年净利润35.87亿元，相比2014年的26.53亿元增长了35.21%。公司2014年业绩大幅度增长，公司旗下主要合资整车企业充分发挥品牌和产品优势，以市场为导向，优化产品结构和产能配置，国内销售由直销和经销相结合，以直销为主，以经销为辅，努力创新营销模式，千方百计满足用户需求。在电动客车领域，2015年，宇通客车获得行业首个燃料电池客车生产资质，以卓越的表现，引领中国新能源客车从示范运营走向产业化运营。在智能化领域，宇通客车在2015年完成世界首例自动驾驶客车开放道路试验，成功完成跟车行驶、自主换道、路口自主通行、站点停靠等试验科目，是全球无人驾驶客车在开放道路条件下全程无人工干预的首次成功运行。在驾驶辅助技术方面，突破了基于V2I通信的红绿灯识别技术难题，完成集成车道偏离预警、前向碰撞预警、后部移动物体识别的高级驾驶辅助系统（ADAS）开发，实现辅助驾驶功能集成应用。根据公告显示，宇通客车年度累计完成客车销售67018辆，实现营业收入312.1亿元，实现归属于母公司所有者净利润35.35亿元。在国内市场，公司紧抓新能源市场爆发机会，纯电动产品取得一定突破，新能源客车合计销售20446台，同比增长176.1%。新能源市场受国家补贴政策的推动快速发展，大量企业切入客车市场，竞争情况更加复杂，随着补贴政策的进一步完善，产品经过时间的检验，技术实力强、产品优质、综合性价比高的企业将在未来新能源客车市场中居于主导地位。在海外市场，中国5米以上客车出口数量同比下滑24.41%。在行业大幅下滑的情况下，公司实现销量7018台，同比增长7.3%。2016年，宇通客车将继续深耕传统市场区域，并重点培育和拓展新的市场需求。

海马汽车在2015年共实现汽车销量18.14万辆，同比增长0.3%。但海马汽车连续两年因销售费用高企导致公司净利润出现大幅下滑，2015年海马汽车实现净利润1.02亿元，与2014年净利润2.69亿元相比出现了62.03%的减幅。一汽轿车年报显示2015年，一汽轿车实现整车销售23.59万辆，较上年同期减少19.55%；实现营业收入2666384.15万元，同比减少21.25%；实现营业利润7573.26万元，同比增长8.88%；实现利润总额8568.99万元，同比增长24.67%；实现归属于上市公司股东净利润5294.81万元，同比减少64.75%，财务费用的增加是一个重要原因。

（四）中国品牌乘用车市场价量齐升

数据显示，在2015年乘用车市场销

量表现上，中国品牌增长明显，年销量为768.7万辆，同比增长24%，其增幅远高于销量排名第二的美系。而一直市场表现较好的德系增幅1.5%，韩系和法系销量同比下降，其中法系下降0.5%，韩系最甚，降幅达4.9%。

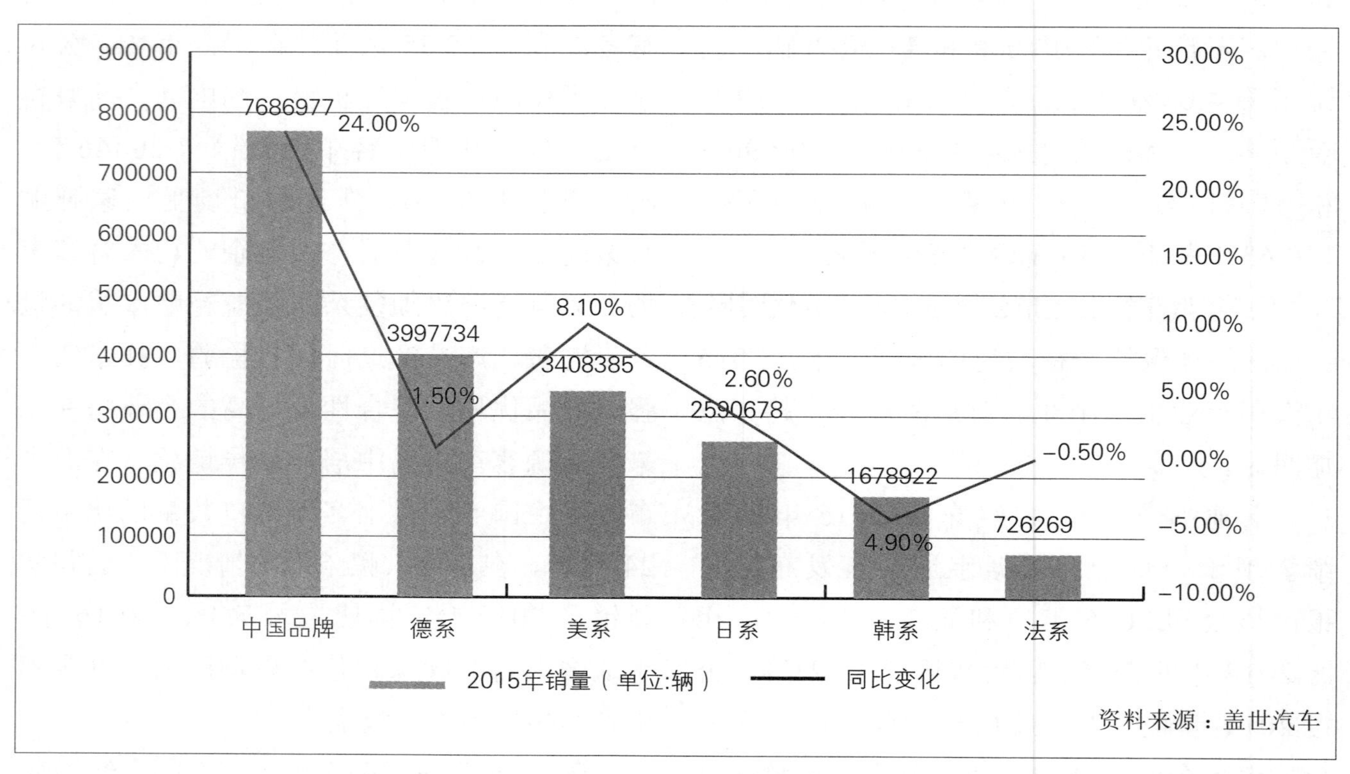

图9－2 2015年乘用车市场主源派系销量变化

根据中国汽车工业协会提供的数据，国际品牌合资企业目前占据了中国大部分的市场份额，自主品牌的市场份额。2015年我国乘用车累计销售2,114.63万辆，同比增长7.30%，据中国汽车工业协会统计分析，2015年，中国品牌乘用车共销售873.76万辆，同比增长15.27%，占乘用车销售总量的41.32%，占有率比上年同期提升2.86个百分点。

长安汽车2015年全年销量为111.29万辆。其中，长安逸动销售182,332辆，同比增长17.72%，悦翔销售123,712辆，同比增长16.04%，其轿车整体呈稳步上升趋势。而SUV方面，长安CS35全年销售169,332辆，同比增长68.37%，长安CS75全年销售186623辆，同比增长达252.2%，可以说SUV方面的增长是长安汽车销量提升的最主要保障。MPV方面，长安欧诺142263辆，同比增长3.1%，欧利威则出现18.4%的下滑，销量仅为37522辆，对整体销量贡献较小。

长城汽车2015年全年销量为75.32万辆，其中，2015年长城汽车SUV整体销售69.9万辆，占全部乘用车销量的92.8%，是长城汽车最主要贡献者。其中哈弗H6销售37.32万辆，同比上升18.17%，长期稳居国内SUV销量冠军地位，哈弗H2销售16.85万辆，同比增长241.36%，是长城汽车位居第二。新车型哈弗 H1、哈弗 H9、哈弗 H8 销量的带动也是长城汽车销量大涨的关键。

德系、日系、美系、韩系和法系乘用车分别销售 399.82 万辆、336.43 万辆、259.57 万辆、167.88 万辆和 72.93 万辆，分别占乘用车销售总量的 18.91%、15.91%、12.27%、7.94% 和 3.45%。与上年同期相比，韩系品牌销量略有下降，其他外国品牌呈小幅增长。

中国品牌汽车价格今年也有了很大程度的提升。长安 2006 年单车的价格是 4.6 万元，2014 是 7.6 万元，2015 今年达到 8 万元 -9 万元。

我国的自主品牌车型在技术含量和品牌知名度方面，与美系、德系和日系车相比都还存在着明显的差距，但最近几年自主研发投入、技术水平含量和品牌创新意识不断增强。我国已经有自主汽车品牌，如吉利、奇瑞、比亚迪、夏利等，汽车的品质核心竞争力和品质也有了很大的提高，自主品牌在消费者心中品牌形象也在逐年改善，加之价格与外资汽车相比有很大的优势。随着我国二三线城市的发展和国民对汽车的强大的刚性需求，自主品牌汽车将会有很大的发展空间。

（五）新能源汽车成为汽车行业的重要增长动力

新能源汽车包括纯电动汽车、插电式混合动力汽车、非插电式混合动力汽车和燃料电池汽车等。回顾 2015 年的新能源汽车产业，国家扶持新能源汽车发展政策的不断释放和各省市对于新能源汽车补贴的落实直接影响了新能源汽车市场。2015 年，我国新能源汽车产业取得了跨越式发展，整体市场开始放量，包括新能源汽车充电桩在内的关键产品呈现供不应求的状态。2015 年我国新能源汽车呈现爆发式增长，产量 37.9 万辆，同比增长 3.5 倍，中国也成为全球最大的新能源汽车的增量市场。在未来五年全国新能源汽车将达 500 万辆保有量的政策目标的预期之下，预计到 2020 年前新能源汽车产量将会保持大约 40% 的年复合增速，未来五年继续高增长势头。作为十三五规划政策执行元年以及整体宏观经济增速下移的大背景下,2016 年新能源汽车产业的增长表现将更为突出。其中，纯电动乘用车生产 14.28 万辆，同比增长 3 倍，插电式混合动力乘用车生产 6.36 万辆，同比增长 3 倍；纯电动商用车生产 14.79 万辆，同比增长 8 倍，插电式混合动力商用车生产 2.46 万辆，同比增长 79%。动力电池、动力总成等产品供应紧张。2015 年新能源汽车销售 33.1 万辆，同比增长 3.4 倍。其中纯电动汽车销售 24.7 万辆，同比增长 4.5 倍；插电式混合动力汽车销售 8.4 万辆，同比增长 1.8 倍。新能源乘用车中，纯电动乘用车和插电式混合动力乘用车销量同比分别增长 3 倍和 2.5 倍。我国新能源汽车的发展也出现了分化，国家补贴门槛提高，纯电动更受青睐。1-3 月新能源汽车生产 62,663 辆，销售 58,125 辆，比上年同期分别增长 1.1 倍和 1.0 倍。其中纯电动汽车产销分别完成 46,348 辆和 42,131 辆，比上年同期均增长 1.4 倍；插电式混合动力汽车产销分别完成 16,315 辆和 15,994 辆，比上年同期分别增长 46.9% 和 43%。2016 年，我们预计新能源汽车产量将达到 70 万辆，纯电动乘用车和物流车发展更快。动力电池和动力总成供应仍然紧张，尤其是三元动力电池会供不应求。充电网络建设更是会出现爆发式增长的态势，行业有很大投资机会。总之，2015 年新能源汽车产业利好消息不断，直接影响了新能源汽车市场的快速发展。

新能源汽车销量的增长主要源于国家和政府的推动。在环境问题严重、海外新能源汽车市场初现规模化迹象、国家扶持实质化、产业有技术积累的背景下，发展新能源汽车是大势所趋。从国家战略高度思考，在化石能源紧缺，环境污染愈加严重的背景下，发展新能源汽车已成为降低化石能源消耗、减少环境污染的有效举措。中国面临着严重的环境污染问题、原油对外依赖度居高不下、汽车产业发展也落后于发达国家，发展新能源汽车是中国国家战略的必然选择。在中国，积极发展和推广新能源汽车已上升为国家战略，得到中央政府从财政补贴、税收减免到充电设施建设的全方位政策支持。根据规划，到 2020 年，全国将新增集中式充换电站 1.2 万座，分布式充电桩 480 万个，以满足全国 500 万辆电动汽车充电需求。石家庄等城市积推进新能源汽车的扩展，诸如新能源汽车免征车船税、最大程度保障纯电动汽车优先通行、五年内实现充电“车桩相随、智能高效”、5 个工作日内办结新能源车企营业执照等利好政策对新能源汽车的快速扩张有很大的促进作用。

在新能源汽车方面，上汽集团和比亚迪都在 2015 年集中发力，将创新重心放在该领域，期望在新能源汽车方面稳扎稳打实现技术突破，抢占汽车市场的先机。作为新能源汽车技术创新和商业推广的引领者，比亚迪公开表示将积极推进新能源汽车在私家车市场的应用，并继续推行公交电动化战略。上汽集团也已推出荣威 E50 和 550PLUG-IN 两款新能源汽车，并着力推广。比亚迪集团 2015 年收入约人民币 800 亿元，同比增长 37.48%，当中新能源汽车业务收入约人民币 19342 百万元，同比增长约 1.64 倍，占本集团总收入的比例增至 24.17%，成为公司重要的收入和利润来源。2015 年，比亚迪的净利润为 31.38 亿元，利润增幅达到 551%，归属于上市公司股东的净利润同为 28.23 亿元。比亚迪在秦、唐之后，其余系列车型也早已规划。密集的产品投放不仅能快速抢夺市场，也会进一步分摊成本，双向促进，助力企业进入高速发展轨道。在整车企业中，*ST 夏利（000927，SZ）扭亏为盈。*ST 夏利在 2015 年加大了骏派产品销售和降本增效的力度，产品的平均单车售价有所提升，自主经营有所改善。

2015 年车界大事件

1. 汽车市场销量微增长

根据中国汽车工业协会最新公布的数据显示，2015 年，中国汽车市场的销量为 2459.8 万辆，同比增长 4.7%，相比上年同期减缓 2.18 个百分点。这是自 2013 年以来连续 3 年超过 2000 万辆。中国汽车市场连续 7 年稳居全球第一大汽车市场。

2. 单双号限行迎来 APEC 蓝

北京市环保局发布的 APEC 期间空气质量保障措施和效果评估结果显示，会议期间，全市 PM2.5 平均浓度为 43 微克 / 立方米，出现了 APEC 蓝。京津冀地区机动车单双号限行对会期 PM2.5 下降的本地贡献率为 39.5%，是各种临时措施中对 APEC 蓝贡献最大的。

3. 大众尾气门事件牵连多国

据美媒报道，大众汽车在部分在美销售汽车中安装了“失效保护器”，此举违反了美国《清洁空气法案》，或面临最高 180 亿美元的巨额罚款。随后，CEO 马丁·文德恩正式宣布将辞职。欧盟、德国和加拿大等纷纷展开相关调查，随后扩大到亚洲，股价大跌。

4. 新能源车产业实现飞跃

2015 年，国家对新能源汽车扶持力度继续加大。国家发改委发布了《电动汽车充电基础设施发展指南（2015-2020 年）》，明确提出到 2020 年，全国将建 480 万个充电桩。交通运输部、财政部、工业和信息化部联合发布规定，2016 年 -2020 年，新能源公交车推广应用考核工作每年按程序进行一次。北京新能源车免摇号，上海将推新能源物流车货运车入市区。

5. 公务员个人购车需求井喷

各地公车改革措施陆续出台，按照《党政机关厉行节约反对浪费条例》和公车改革的总体规定，要求取消一般公务用车。公务用车需求减弱，但是刺激了公务员个人购车热潮。据有关机构估测，车改工作到位后，我国各级政府每年减少的支出总额将在 1500 亿元以上，而转为私车市场的购车需求将达 2000 亿元以上。

6. 自主品牌市场份额进一步提升

在经历了 2014 年“十二连跌”后，自主品牌车企在 2015 年或许找到了突破口，销量大涨。根据中国汽车工业协会发布的数据，前 11 个月，国内乘用车销量 1868.13 万辆，同比增长 5.89%。自主品牌乘用车销量 767.83 万辆，同比增长 14.12%，市场份额进一步提升至 41.1%，远超乘用车市场整体增速。

7. 特斯拉 ModelS 新能源车召回

特斯拉决定自 2015 年 12 月 4 日起，在中国大陆地区召回涉及的 ModelS，生产日期为 2012 年 5 月 1 日至 2015 年 11 月 12 日，共计 7166 辆。

8. 汽车因质量问题退回可退车船税

根据国家税务总局发布的《车船税管理规程（试行）》，已缴纳车船税的车船因质量原因被退回生产企业或者经销商的，纳税人可以向纳税所在地的主管税务机关申请退还自退货月份起至该纳税年度终了期间的税款，退货月份以退货发票所载日期的当月为准。

9. 1.6 升及以下排量乘用车购置税减半

9 月 29 日，国务院总理李克强主持召开国务院常务会议，确定支持新能源和小排量汽车发展措施，促进调结构扩内需。自 2015 年 10 月 1 日到 2016 年年底，对购买 1.6 升及以下排量乘用车实施减半征收车辆购置税的优惠政策，新能源车不再实施限行限购政策。

10. 燃油限制标准降低至 6.7 升 / 百公里

根据工信部等五部委联合发布的第四阶段乘用车燃油限值标准，从 2016 年 1 月 1 日起，我国第四阶段燃油消耗标准将正式实施，平均燃料消耗量调整为 6.7 升 / 百公里，不达标的企业在新车上市和扩产时都将受到影响。

资料来源：政府采购信息网

三、2016 年汽车行业前景展望

当前，中国经济面临着重要战略机遇期。中国经济进入新常态，经济发展从高速增长转为中高速增长，经济结构不断优化升级，从要素驱动、投资驱动转向创新驱动成为经济新常态的重要特征。在新的形势下，中国汽车产业也面临着重大挑战与机遇。2015 年，汽车市场在宏观经济下行的压力下平稳增长。中国汽车工业协会预计中国汽车 2016 年全年销量 2,604 万辆，预计增长率为 4%。其中，乘用车方面，轿车预计销量是 1,100 万辆左右，同比下降 5%；SUV 预计销量为 842 万辆左右，增速 36%；MPV 预计为 228 万辆，增速 8%；交叉乘用车会继续下降，销量预计是 96 万辆，下滑 13%；乘用车总体销量 2,276 万辆左右，增幅为 7.8%；商用车预计全年销量 328 万辆左右，预计下滑 5%。在此行业背景下，行业整体估值水平整体提升限，汽车行业上市公司估值分化将随着时间的推移而逐渐显现，盈利能力强、成长性高的行业龙头企业将会受到市场的青睐。

（一）微增长成为阶段性常态，预计 2016 年销量增长约 4%

中国汽车销量在经历十年的高速增长后增速放缓，进入平稳增长期。2000 年至 2010 年的十年间，汽车销量从 209 万辆上升到 1806 万辆，年均复合增长率高达 24.1%。而后的 2011 年及 2012 年则相对低迷，同比增速均在 5% 以下（分别为 2.45% 和 4.33%）。2010—2014 年的年均复合增长率仅为 6.8%，汽车销量增速从高速增长区间换档到中低速区间。2015 年，在高基数、经济下行、能源、环境、交通压力增加等背景下，终端需求疲软，库存压力加剧，2015 年累计销售汽车 2459.76 万辆，同比微增 4.68%。汽车销量增速放缓，其实质是反映目前车企产能过度释放与市场需求不足之间的供求矛盾，是对我国汽车市场进入阶段性微增长的集中体现。预计 2016 年，在行业刺激政策的影响下，汽车产销量仍将维持微增长。

从宏观分析，随着 GDP 增速放缓，国内汽车市场需求的状态没有改变，仍处于刚性需求阶段。增长动力主要有：1. 国内汽车市场巨大的需求潜力没有改变，随着国家一带一路策略及城市化进程的推进，我国基础设施建设及物流产业还将蓬勃发展，我国商用车市场还将有较大发展空间。同时我国人均汽车保有量仍处于较低水平，汽车消费的刚性需求仍将存在。国内汽车市场潜力巨大，乘用车市场仍将继续扩大，未来十年，我国仍将处于工业化和城镇化同步加速发展的阶段，国内生产总值和居民收入将持续增长，国家也将继续出台各项刺激政策，加之三、四线城市及农村市场的汽车需求增加，预计我国汽车消费市场将进一步扩大。2. 黄标车淘汰规划对汽车各细分子领域均产生积极影响，2014 年和 2015 年影响超过 2013 年。该规划对乘用车和微卡影响较小，对客车、轻卡、中重卡有一定利好，但预期不宜过高。大中客主要运行在城市道路，受城市限行影响比较大，但扣除自然更新重叠影响，大中客整体增量效果一般，座位客车弱于公交车。轻客柴油轻客是黄标车淘汰主力，轻客大约一半在一类区域运营，这部分淘汰效果比较好，扣除部分自然更新的重叠部分，轻客黄标车淘汰对市场增量影响也一般。中重卡淘汰量涉及面很广，但中重卡的运营多数并不在市内，政策难以实行，最终淘汰数量对市场增量影响不大。轻卡主要在非城内行驶路面行驶，加之行景气度不高影响了淘汰效果，弹性不大。乘用车、微卡黄标车淘汰对乘用车和微卡市场影响较小，尤其是微卡市场，因为以汽油机为主，影响甚微。3. 国内汽车市场需求可以划分成两个部分，即新增需求和更新需求，新增的需求目前占比大于更新需求，但是更新需求的比重在逐渐上升，以北京为例，在新增的汽车消费量中，更新需求占到了 60% 以上。在汽车市场中，相比汽车新增需求市场，汽车更新需求市场更加稳定，汽车新增需求增长幅度取决于汽车的普及率，而汽车更新需求的稳中有升才是 2016 年汽车销量突破 2500 万辆的基础。巨大的市场潜力为汽车行业提供了发展的基础。综合来看，2016 年汽车销量同比增长在 4% 左右。

同时也有以下因素将对 2016 年汽车市场产生不利影响：1. 受经济继续下行的大环境的影响，加之环境、能源、交通问题日益凸显。我国已经进入汽车社会，面对环境污染、交通拥堵和能源安全等问题，提出限制使用汽车条件的城市越来越多，会对汽车市场产生不良影响。另外，限购还可以造成消费者心理预期，提前购买汽车，透支作用明显，对 2016 年汽车行业发展非常不利。2. 国际市场不稳定。汇率竞争不利于中国汽车出口，同时美国的量化宽松政策退出导致新兴经济体贬值严重。国际油价的持续下跌，导致俄罗斯、委内瑞拉等产油国经济困难重重。由于中国汽车整车出口主要是面向新兴国家，而中国的货币汇率的相对上升将导致中国汽车的价格竞争优势将有所下降。3. 中国自主品牌汽车在高端产品、个性化产品方面还较为薄弱，而市场对这些产品的需求又在逐渐增加。中国自主品牌汽车出口体系尚未形成，对国外市场需求特点、法律法规以及售后服务等还不熟悉，本地化生产相对滞后，这些导致了出口的后劲不足。4. 政府公务车采购在汽车消费中一直占有一定的市场份额，且对消费者的示范影响比较大，公务车采购数量大幅压缩直接降低汽车需求。同时，随着配车和用车制度的改革，大批公务用车将涌入二手车市场，由于这些公务用车并非以更新和换购为前提，必然会对当年新车销售产生压力。

相对于 2015 年的汽车市场发展形势，虽然汽车市场发展的主旋律还是微增长，但是增长压力有增无减。

（二）相关政策的出台有望使商用车市场止跌

宏观经济发展对商用车市场繁荣至关重要。在经历了 2013 年商用车行业上市公司业绩微增 0.60% 后，2014 年和 2015 年，商用车销量持续下滑。

商用车行业与宏观经济密切相关，受国家宏观经济增速趋缓影响，商用车行业的发展也遇到困难。据预测，2016 年我国货车市场销量将继续下滑。投资下降会导致工程减少，卡车需求也会随之萎缩。“去产能”将淘汰低端产能，发展高端产能。在国家力推供给侧改革之际，商用车行业应依靠自主创新和科技进步，加快结构调整和转型升级步伐，进一步提高产品质量性能，增强市场竞争力。同时，要深耕细分市场，在一定程度上化解产能。

1. 快递物流和农村电商需求的增加对商用车市场产生新的需求

2015 年 10 月，国务院发布了《关于促进快递业发展的若干意见》，指出鼓励快递企业发展跨境电商快递业务，加大对快递企业“走出去”的扶持力度，在重点口岸城市建设国际快件处理中心，探索建立“海外仓”。电商的快速发展，也为物流业注入强心剂。电商的快速发展带动了快递物流业发展，物流运输车辆也找到了新的发展空间。据国家邮政总局统计数据显示，我国每年快递物流的复合增长率在 25% 以上，而物流业整体增速为 10%，快递业的增速远远高于物流业。2015 年我国快件量为 180 亿～200 亿件，快递业务收入为 2500 亿～2700 亿元。对于商用车企业来说，物流运输是增长最快、最有活力的细分市场。

同年 11 月国务院办公厅印发了《关于促进农村电子商务加快发展的指导意见》，大力支持农村电子商务发展。2016 年的《政府工作报告》中明确“推动电子商务进农村”。同时，《政府工作报告》中提出，完善物流配送网络，促进快递业健康发展。农村电商、快递物流这些细分市场是提振商用车需求的一个增长点。

2.“黄标车”淘汰带动商用车的产品升级

《政府工作报告》中提出，要重拳治理大气雾霾。着力抓好减少机动车排放，淘汰“黄标车”和老旧车 380 万辆。加大环境治理力度，减少机动车尾气排放，商用车是重点治理对象。而加快淘汰“黄标车”和老旧车一直是我国治理空气污染的重要手段。这表明了政府对于汽车节能减排工作的重视。由于“黄标车”主要集中在货车、客车等车辆中，因此加速淘汰“黄标车”和老旧车，商用车市场将会受益。2014 年和 2015 年淘汰“黄标车”的力度比较大，2016 年也将有包括“黄标车”在内的 380 万辆老旧机动车要淘汰，这将给商用车市场带来新的商机。商用车将有望在报废更新需求的拉动下提升销量。"黄标车"淘汰后需要补充，会有一定的增量，相关物流企业、个体用户也要补充这部分车。

随着机动车排放升级和更新"黄标车"，低端产品将被逐步淘汰。从某种程度上来讲，排放标准不断升级将迫使商用车企业的产品从低端走向中端、高端化。近期的影响可能是产品结构调整，长期的影响将使整个产业技术水平升级。

3. 工程建设数量有望增长，或带动商用车市场提升

2015 年，受经济增速放缓因素影响，国内商用车市场继续呈现下滑趋势，特别是在中、重型载货车市场，多项不利因素更使得载货车市场需求萎缩。截至目前，一汽解放、东风商用车、陕汽、中国重汽等几家车企纷纷召开了 2016 年商务大会，从多家企业 2016 年的计划中不难看出，多数企业对于 2016 年的市场前景较为乐观，认为 2016 年商用车市场的颓势不会继续扩大。

预计 2016 年中国公路、水路和铁路的基础设施投资将超过 2.6 万亿元。此外，水泥、钢铁、煤炭等多个行业也因投资增加而呈现回暖趋势。这一因素对于载货车市场而言，算得上是一大利好因素。

虽然我国汽车千人保有量进入快速增长的阶段，交通、能源、环境等问题日益突出，汽车销量的快速增长已经变得不太现实。但作为国民经济的支柱产业，商用车承担着消费需求的大任，有可能止跌。

（三）新能源汽车补贴幅度的减少或将影响其快速发展

随着新能源汽车的生产成本下降、规模效应显现、技术进步，2015 年 4 月 29 日，财政部、发改委、工信部和科技部四部委联合下发的新一轮新能源汽车补贴政策正式出台，在未来 5 年，补贴额度大幅退坡。自 2010 年中央实施新能源汽车补贴政策以来，补贴额度逐年下降，享受补贴的车辆标准逐年提高，同时，政府对汽车企业的燃料消耗限值不断降低，显示政府希望由市场力量来推动新能源汽车的发展。具体的退坡办法是：2017-2020 年，除燃料电池汽车外，其他新能源车型补贴标准都实行退坡，其中：2017-2018 年补贴标准在 2016 年基础上下降 20%，2019-2020 年补贴标准在 2016 年基础上下降 40%。工信部最新的 2016 年《新能源汽车推广应用推荐车型目录》也从原有的 3000 多款迅猛收缩至 200 多款，大量无技术、无品质、无保障的"三无"车型被踢出补贴推广行列。新能源补贴幅度的降低或将影响新能源汽车的快速发展。

（四）中国自主品牌乘用车销量有上升趋势，SUV 是增长主力

在经历了 2014 年惨痛的"十二连跌"后，自主品牌车企在 2015 年找到了突破口，销量大涨。根据中国汽车工业协会发布的数据，2015 年我国乘用车累计销售 2,114.63 万辆，同比增长 7.30%，其中中国品牌乘用车共销售 873.76 万辆，同比增长 15.27%，占乘用车销售总量的 41.32%，占有率比上年同期提升 2.86 个百分点，增速远超乘用车市场整体增速。

2015 年对于多数自主品牌来说是翻身的一年，长安、长城入围车企前十，吉利、奇瑞等车企也入围了前二十。在瞄准 SUV 市场这一突破口之后，经过深耕细作，各家

自主品牌的SUV产品都有了独当一面的实力。数据显示，2015年1～11月，SUV的销量增加了183.43万辆，同比增长51.1%，自主品牌SUV同比增长高达82.8%。在这种大环境下，长城、长安、广汽传祺、北汽无不因此受益。另一方面，在国家新能源战略的号召下，比亚迪、北汽等自主品牌更早地布局新能源汽车，这也将是未来自主品牌的另一大增长点。2015年，长安品牌乘用车累计销售75万辆，2016年的销量目标为83万辆，同比2015年增长10.6%。此外，2016年还将是长安汽车的产品大年，预计其将推出9款全新或改款车型。这其中将包括两款全新SUV，分别为CS15和CS95。受益于消费升级需求提升、消费群体年轻化，以及SUV新车型投放加速，预计2016年SUV仍将是增长最快的子行业。

综上所述，受GDP增速缓中趋稳的影响，汽车市场随之也进入到了一个相对稳定的微增长阶段，在今后不出现影响较大的刺激政策前提下，我国汽车市场预计会维持平稳的小幅度增长水平。

附表

2015年度汽车行业上市公司业绩评价结果排序表

行业排名	全部上市公司排名	股票代码	股票简称	综合得分（100分）	每股收益（元）	总资产报酬率（%）	净资产收益率（%）	总资产周转率（次）	流动资产周转率（次）	资产负债率（%）	获利倍数	营业收入增长率（%）	资本扩张率（%）	市场投资回报率（%）	股价波动率（%）	年末资产额（万元）	营业收入（万元）	净利润（万元）
1	11	600066	宇通客车	81	1.6	27.73	15.53	1.16	1.55	57.07	49.41	21.31	19.14	41.94	72.14	3013913.13	3121087.39	358768.91
2	12	002085	万丰奥威	81	0.93	18.71	17.49	1.22	2.45	46.76	14.94	53.22	95.64	145.45	189.75	884620.12	848109.95	91234.15
3	23	601633	长城汽车	79.6	0.88	21.29	14.62	1.14	2.01	46.62	191.84	21.35	14.52	−13.72	138.17	7191062.68	7595458.6	806036.48
4	37	601238	广汽集团	78.6	0.66	9.91	8.03	0.45	1.07	41.28	6.55	31.47	9.2	162.66	237.58	6716580.23	2941822.27	400686.06
5	38	000625	长安汽车	78.6	2.13	31.96	12.73	0.84	1.53	61.78	88.14	26.19	34.25	−8.9	121.32	8941398.87	6677158.05	992255.35
6	40	600104	上汽集团	78.3	2.7	19	10.06	1.43	2.61	58.78	60.08	5.53	14.01	−5.6	90.71	51163069.08	66137392.98	4007396.92
7	42	600660	福耀玻璃	78.1	1.1	20.72	15.51	0.65	1.42	33.88	16.97	4.99	86.48	24.47	76.01	2482697.14	1357349.51	260749.86
8	86	600741	华域汽车	74.8	1.85	20.82	11.39	1.28	2.18	57.22	23.21	23.18	17.92	−0.19	101.18	7859968.97	9112020.45	692865.23
9	116	000550	江铃汽车	73.7	2.57	14.07	12.38	1.21	1.88	43.08	6019.23	−3.95	13.05	−12.88	113.29	2105072.57	2452789.28	222206.11
10	176	000887	中鼎股份	72.1	0.64	20.95	15.06	1.01	1.76	49.13	16.21	29.82	23.64	51.5	145.42	747111.35	654308.02	74993.04
11	184	603306	华懋科技	71.9	1.25	16.88	17.16	0.56	0.78	15.44	170.66	27.31	16.88	70.98	171.22	127506.93	67616.87	17467.18
12	196	603006	联明股份	71.6	1.03	7.92	15.49	0.82	1.82	22.79	57.38	29.52	26.54	104.56	174.69	93376.97	68363.52	9773.28
13	215	002602	世纪华通	71.2	0.4	10.42	10.43	0.65	1.86	21.25	26.99	76.72	9.82	157.17	234.47	507080.99	302582.74	41015.42
14	283	601311	骆驼股份	69.8	0.72	12.02	12	0.86	1.53	28.93	11.45	4.06	12.23	60.28	169.49	655373.07	537697.78	61592.59
15	286	600686	金龙汽车	69.7	0.97	16.04	5.58	1.23	1.42	76.47	10.6	25.22	34.94	51.46	151.31	2538151.85	2683490.13	94604.36
16	287	002662	京威股份	69.7	0.6	10.66	10.23	0.62	1.22	35.66	55.48	47.75	5.7	74.89	139.48	687156.32	361588.06	46317.95
17	361	000559	万向钱潮	68.4	0.34	17.66	9.12	0.83	1.26	64.06	5.63	4.2	5.09	133.56	201.1	1274682.88	1024143.41	83853.09
18	369	300100	双林股份	68.3	0.62	11.81	8.81	0.64	1.4	47.45	6.73	65.12	11.78	177.29	203.15	406609.54	247223.37	24604.52
19	363	002594	比亚迪	68.3	1.12	4.69	5.31	0.76	1.68	68.8	3.15	37.48	24.69	67.52	122.57	11548575.5	8000896.8	313819.6
20	383	000957	中通客车	68	1.58	24.41	9.85	1.26	1.7	69.64	8	96.96	99.95	58.75	124.89	705886.92	711397.59	39711.79
21	445	600699	均胜电子	67	0.61	10.59	7.65	0.91	1.65	65.15	5.77	14.21	60.99	42.9	167.75	1140939.11	808253.42	41717.71
22	458	300375	鹏翎股份	66.8	0.69	11.66	11.36	0.76	1.3	20.49	0	−10.36	22.56	20.94	162.47	141953.91	98532.21	12475.45
23	466	000700	模塑科技	66.6	0.84	12.22	9.49	0.74	2.06	47.07	6.83	−7.63	73.51	87.72	171.46	455773.4	313635.41	29640.82
24	501	600093	禾嘉股份	65.8	0.46	3.94	8.99	1	1.09	37.8	24.88	1201.53	1227.79	82.68	199.02	980261.92	527129.14	35221.5
25	511	002553	南方轴承	65.8	0.19	8.17	11.13	0.44	0.64	7.66	0	0.27	4.87	135.13	222.5	70976.77	30215.68	6522.22

续表

行业排名	全部上市公司排名	股票代码	股票简称	综合得分（100分）	每股收益（元）	总资产报酬率（%）	净资产收益率（%）	总资产周转率（次）	流动资产周转率（次）	资产负债率（%）	获利倍数	营业收入增长率（%）	资本扩张率（%）	市场投资回报率（%）	股价波动率（%）	年末资产额（万元）	营业收入（万元）	净利润（万元）
26	534	600081	东风科技	65.3	0.49	18.04	7.94	1.13	1.89	64.41	13.68	-1.56	5.95	58.3	131.58	430317.25	482492.71	28092.78
27	544	601799	星宇股份	65.2	1.22	12.36	10.41	0.75	1.04	38.2	111.9	22.4	5.47	103.21	211.52	340680.26	246751.83	29375.05
28	561	002454	松芝股份	65	0.76	11.6	10.12	0.74	1	38.73	74.42	18.74	9.07	31.25	146.62	436995.46	300097.72	34490.17
29	575	300258	精锻科技	64.8	0.52	10.55	11.24	0.41	1.35	28.43	10.69	11.3	9.56	57.31	135.22	180446.23	69844.48	13992.34
30	583	000581	威孚高科	64.7	1.49	10.82	11.14	0.38	0.71	22.23	92.86	-9.64	8.44	-18.41	127.3	1570409.31	574164.37	155276.42
31	613	001696	宗申动力	64.2	0.33	11	9.7	0.74	1.06	36.88	7.64	1.96	11.16	62.59	238.26	649460.8	452480.11	44312.83
32	639	002448	中原内配	63.8	0.33	8.82	9.03	0.43	1.02	20.76	23.95	1.89	7.16	91.35	207.92	259543.26	110446.97	19303.29
33	674	600482	风帆股份	63.5	0.33	7.5	6.45	1.32	2.45	49.54	4.2	0.05	5.13	261.48	264.43	435190.6	575064.53	17008.21
34	679	002664	信质电机	63.3	0.51	14.08	10.49	0.65	0.9	44.16	56.06	-2.92	14.37	107.91	224.25	274151.86	150832.49	20408.16
35	706	002126	银轮股份	63.2	0.57	10.33	8.13	0.73	1.38	43.68	7.06	12.73	35.24	43.61	143.39	392467.1	272196.49	21274.98
36	728	002625	龙生股份	62.8	0.14	7.29	7.5	0.6	1.77	24.82	13.19	0.66	11.64	586.26	435.75	70371.44	40471.57	4033.7
37	766	600480	凌云股份	62.4	0.37	8.08	6.67	0.88	1.51	50.93	3.44	10.55	48.74	30.4	148.06	888517.31	724478.52	30302.65
38	791	600742	一汽富维	62.1	2.01	10.1	7.33	1.45	3.31	36.76	32.54	-12.51	6.57	0.39	124.47	712626.2	986362.16	45639.22
39	807	300237	美晨科技	61.9	0.31	11.45	8.04	0.49	0.65	49.22	6.6	56.97	84.1	107.59	186.23	443001.06	180319.26	20693.32
40	815	002472	双环传动	61.8	0.49	5.93	5.95	0.45	0.79	25.05	5.66	10.34	83.65	108.3	226.44	380604.86	139728.91	13674.14
41	826	002590	万安科技	61.6	0.22	11.2	6.94	0.86	1.37	59.46	5.75	27.84	10.4	289.53	286.8	208546.07	169040.28	9706.84
42	830	002592	八菱科技	61.5	0.5	7.02	6.74	0.31	0.56	20.91	24.25	1.58	52.29	143.26	316.36	254482.48	64893.86	12519.3
43	834	002101	广东鸿图	61.5	0.67	9.11	6.45	0.85	1.73	47.26	6.68	1.98	7.93	91.39	175.48	276157.66	225868.86	12868.5
44	848	002434	万里扬	61.3	0.41	5.77	6.49	0.39	0.67	60.24	4.44	42.74	7.06	113.35	199.17	608219.19	197264.56	21183.17
45	874	300304	云意电气	61	0.35	5.3	6.42	0.35	0.51	14.45	0	0.19	2.86	106.4	186.27	125244.82	43151.47	6978.3
46	931	002048	宁波华翔	60.2	0.3	7.03	6.95	1.03	2.03	46.05	21.27	12.59	17.03	14.34	193.04	1052862.45	980992.94	41646.64
47	961	000030	富奥股份	59.8	0.39	10.17	7.1	0.56	1.24	34.39	59.02	-13.54	11.4	14.68	146.04	808537.69	433151.35	52494.57
48	995	002328	新朋股份	59.5	0.2	5.14	4.89	1.02	1.76	29.81	24.39	8.04	2.78	65.04	182.43	388827.69	395602.13	15176.54
49	1033	002536	西泵股份	58.9	0.54	3.24	3.73	0.7	1.39	40.64	2.75	18.59	47.45	161.09	262.59	298554.32	191484.44	5808.05
50	1083	603009	北特科技	58.2	0.43	9.3	7.84	0.7	1.33	51.93	3.83	11.38	16.69	79.95	182.94	110128.76	70662.48	4805.4
51	1085	600523	贵航股份	58.2	0.57	7.88	6	0.85	1.26	41.78	7.16	4.34	6.09	40.61	155.42	376660.23	320075.49	17652.13

续表

行业排名	全部上市公司排名	股票代码	股票简称	综合得分（100分）	每股收益（元）	总资产报酬率（%）	净资产收益率（%）	总资产周转率（次）	流动资产周转率（次）	资产负债率（%）	获利倍数	营业收入增长率（%）	资本扩张率（%）	市场投资回报率（%）	股价波动率（%）	年末资产额（万元）	营业收入（万元）	净利润（万元）
52	1105	002725	跃岭股份	57.9	0.35	6.11	6.18	0.62	1.24	12.67	0	-22.65	1.97	27.85	150.66	101671.91	64406.32	5561.71
53	1108	002283	天润曲轴	57.9	0.27	4.08	4.12	0.35	1.02	28.5	8.3	4.34	5.26	162.36	218.81	478607.76	168983.5	15321.14
54	1139	002406	远东传动	57.6	0.16	3.36	4.5	0.38	0.62	12	0	-21.94	1.7	141.93	239.26	248139.17	92648.65	9257.73
55	1204	002284	亚太股份	56.8	0.19	4.06	4.68	0.72	1.16	38.22	7.13	-6.69	4.38	211.36	268.29	425212.31	305947.85	14868.82
56	1232	002708	光洋股份	56.2	0.09	4.8	4.1	0.48	0.72	18.36	13.41	-12.58	0.96	115.18	207.72	111559.79	54392.86	3650.38
57	1248	600006	东风汽车	56	0.17	2.09	1.68	0.85	1.28	59.68	5.86	-3.41	3.02	49.66	164.42	2021793.87	1687518.68	28643.2
58	1260	000338	潍柴动力	55.9	0.35	4.5	3.64	0.63	1.21	63.68	3.58	-7.43	2.13	-31.47	155.91	11487338.78	7371991.58	216267.41
59	1268	300176	鸿特精密	55.8	0.36	5.64	4.9	0.74	1.73	70.56	1.8	15.96	5.82	92.01	215.07	203247.79	143298.41	3826.51
60	1290	000572	海马汽车	55.4	0.1	0.48	0.78	0.73	1.65	44.18	28.86	-1.38	-0.1	19.62	133.39	1739694.3	1218095.75	10200.49
61	1317	000757	浩物股份	55	0.03	3.54	2.85	0.52	0.82	38.77	20.78	16.64	3.35	78.48	158.57	89266.75	47270.89	1503.35
62	1393	601777	力帆股份	54	0.33	2.26	3.97	0.54	1.02	72.61	1.83	9.12	27.07	99.9	200.02	2532060.75	1245799.98	38293.77
63	1450	000903	云内动力	53	0.22	0.91	4.51	0.42	0.72	48.38	2.95	16.97	3.67	19.5	147.99	711245.18	283179.28	17120.31
64	1534	002363	隆基机械	51.9	0.19	3.06	3.92	0.62	1.19	34.72	3.52	11.99	2.74	57.24	238.76	218673.89	138649.91	5302.26
65	1543	002213	特尔佳	51.7	0.05	2.22	2.73	0.41	0.71	20.52	0	-28.05	2.29	110.23	160.64	44031.57	18802.02	1092.25
66	1573	000951	中国重汽	51.3	0.66	6.61	3.85	1.15	1.34	69.71	3.1	-18.86	4.51	-7.1	130	1696234.09	1936365.76	34783.69
67	1590	002703	浙江世宝	51.1	0.17	2.69	3.31	0.42	0.64	22.45	10.79	3.26	1.41	30.62	186.16	188580.27	83771.93	5193.64
68	1665	002593	日上集团	49.9	0.15	1.94	3.45	0.44	0.65	41.15	1.8	-4.38	43.75	173.62	252.14	297267.34	128320.74	3503.64
69	1670	600166	福田汽车	49.8	0.13	-4.21	1.69	0.88	2.44	56.14	2.6	0.91	20.61	1.42	135.43	4275296.13	3399749.24	35653.14
70	1688	000800	一汽轿车	49.6	0.03	0.51	1.15	1.37	2.65	51.52	1.62	-21.25	0.55	-3.47	132.67	1803845.82	2666384.15	6057.16
71	1748	600178	东安动力	48.5	0.05	-5.87	1.09	0.4	1.06	48.89	3.18	69.72	1.39	85.28	161.77	342153.22	126139.51	2343.59
72	1778	000980	金马股份	48	0.11	2.7	3.46	0.51	0.66	38.77	3.11	46.29	2.96	3.97	214	340872.69	162586.62	6055.11
73	1819	002488	金固股份	47.1	0.09	2.01	3.24	0.42	0.75	56.45	1.58	16.04	0.22	180.49	297.15	371828.46	152377.37	4355.92
74	1833	002355	兴民钢圈	46.9	0.05	1.18	2.63	0.36	0.65	37.2	2.07	-16.55	3.1	197.01	252.05	324228.51	110605.58	3266.23
75	1855	603166	福达股份	46.4	0.12	1.04	3.55	0.29	0.65	43.52	1.83	-22.33	98.12	53.52	225.24	358460.56	93319.56	5028.32
76	1883	600609	金杯汽车	45.6	0.03	14.02	5.09	0.48	0.61	92.99	2.1	-9.88	6.56	22.44	162.43	1004219.89	463812.43	19725.54

续表

行业排名	全部上市公司排名	股票代码	股票简称	综合得分（100分）	每股收益（元）	总资产报酬率（%）	净资产收益率（%）	总资产周转率（次）	流动资产周转率（次）	资产负债率（%）	获利倍数	营业收入增长率（%）	资本扩张率（%）	市场投资回报率（%）	股价波动率（%）	年末资产额（万元）	营业收入（万元）	净利润（万元）
77	1906	600148	长春一东	45	0.01	1.3	1.54	0.59	0.78	49.84	4.44	-23.66	-2.6	47.45	138.87	83613.24	51049.22	796.12
78	1911	600303	曙光股份	44.8	0.17	-2.05	3.16	0.48	0.99	74.96	2.07	9.25	0.09	180.11	255.27	1009929.4	443184.52	10825.41
79	1942	002684	猛狮科技	44	0.01	-0.57	0.9	0.42	1.28	45.67	0.69	12.73	65.06	104.12	218.7	159881.56	55043.11	-40.42
80	2063	600805	悦达投资	40.8	0.15	1.27	3.36	0.17	0.81	33.19	1.79	-22.72	-1.02	7.69	132.3	1021163.45	176416.65	12529.57
81	2079	600213	亚星客车	40.3	0.09	9.71	2.45	0.83	0.97	94.88	1.46	36.81	13.78	-4.54	152.36	268766.84	201543.97	1579.22
82	2116	000868	安凯客车	38.6	0.06	-1.59	0.6	0.72	1	76.73	1.06	-16.82	0.7	65.71	195.35	617558.48	402211.25	1093.78
83	2206	000927	一汽夏利	34.4	0.01	-75.79	2.96	0.54	1.86	73.46	1.2	5.34	1.11	12.4	141.39	590392.04	340426.89	1898.97
84	2258	000678	襄阳轴承	30.9	-0.18	-8.74	-2.17	0.55	1.33	55.44	-2.43	-1.12	-4.75	97.94	179.15	235017.94	125252.34	-7407.61
85	2329	002265	西仪股份	26.8	-0.11	-7.59	-3.84	0.59	0.95	36.55	-6.86	-1.72	-6.82	20.8	186.56	77049.61	45978.28	-3284.6
86	2348	000622	*ST 恒立	26	-0.11	-28.16	-15.04	0.14	0.23	44.5	0	-14.05	-23.56	213.56	179.57	30617.7	4704.2	-5236.68
87	2387	000710	天兴仪表	23.1	-0.09	-10.5	-1.9	0.49	0.96	76.41	-2.21	-15.93	-9.49	280.67	232.38	49888.25	23005.68	-1300.87
88	2396	600698	湖南天雁	22.3	-0.05	-8.07	-3.66	0.4	0.54	42.31	-6.79	-23.03	-6.72	29.38	192.6	112891.52	44487.5	-4691.47
89	2411	002715	登云股份	21.5	-0.58	-11.37	-4.75	0.34	0.62	38.25	-2.02	-18.94	-11.58	62.49	241.34	71667.68	23998.5	-5311.56
90	2435	000760	斯太尔	20.3	-0.25	-13.32	-9.02	0.16	0.33	17.86	-26.66	-53.21	0.35	112.58	246.93	194877.4	34657.52	-19493.88
91		603158	腾龙股份	73.9	0.93	15.55	15.24	0.82	1.11	16.98	103.89	13.05	121.27	73.07	131.01	95125.46	62452.58	9471.05
92		300432	富临精工	72.6	0.57	25.43	19.45	0.82	1.18	31.85	93.71	22.85	127	73.07	155.3	133402.87	85940.78	17370.65
93		300473	德尔股份	71.9	1.58	11.63	11.11	0.47	0.59	19.64	238.35	2.98	103.93	73.07	152.46	188068.93	69456.94	13526.55
94		601689	拓普集团	71.7	0.66	16.11	14.37	0.9	1.56	22.98	159.79	9.88	112	73.07	150.43	412979.18	300721.19	40971.9
95		603023	威帝股份	71	0.72	23.85	24.55	0.55	0.59	11.46	0	0.27	184.96	73.07	162.5	51619.4	20316.3	7998.03
96		603788	宁波高发	69.8	0.84	19.32	16.78	0.85	1.05	27.91	218.11	15.37	116.14	73.07	178.09	101379.88	66842.14	11239.56
97		603997	继峰股份	69.5	0.44	14.93	16	0.8	1.32	14.19	189.51	2.96	70.33	73.07	195.87	155752.64	104806.83	17721.37
98		600418	江淮汽车	66.7	0.59	6.03	3.74	1.41	2.57	74.03	5.52	35.75	37.46	15.84	92.11	3890380.02	4638591.23	85546.65
99		603085	天成自控	65.3	0.38	10.4	8.82	0.63	1.08	23.49	26.54	-5.6	83.98	73.07	121.43	52650.87	29258.89	3340.82
100		002765	蓝黛传动	58.9	0.41	6.73	7.43	0.57	1.02	35.39	6.43	0.34	71.41	73.07	110.61	157951.46	78337.01	7311.02

第十章　信息技术行业

2015 年，顺应"互联网 +"发展趋势，我国信息技术行业延续平稳增长态势，收入增速回落，但效益保持平稳增长；行业转型升级不断加快、结构调整继续深化，信息技术与经济社会的交汇融合成为新的行业发展方向。

一、信息技术行业上市公司业绩评价结果

截至 2015 年末，信息技术行业 A 股上市公司共计 257 家，其中盈利 238 家，亏损 19 家，即有 92.61% 的公司实现盈利，比 2014 年降低了 4.45%；信息技术行业上市公司总资产共计 17243.72 亿元，占上市公司总资产的 4.34%。

2015 年全国 2759 家上市公司共计完成营业收入 237486.36 亿元，257 家信息技术行业上市公司完成营业收入 9852.78 亿元，占上市公司全部营业收入的 4.15%；全部上市公司共计实现净利润 10607.50 亿元，信息技术行业上市公司实现净利润 658.03 亿元，占上市公司全部实现净利润的 6.20%。

2015 年信息技术行业整体评价结果较好，行业业绩综合得分 66.6 分，比全市场的 61.7 分高 8.0%，257 家信息技术行业上市公司中有 7 家进入 2015 年上市公司业绩评价综合得分的百强名单，分别为网宿科技、航天信息、三七互娱、同花顺、顺网科技、石基信息、安洁科技，排名分别为第 2 位、第 9 位、第 16 位、第 20 位、第 33 位、第 68 位、第 97 位。业绩评价综合得分超过 70 分的有 39 家，60 分至 70 分的有 107 家；60 分以下的有 111 家。

表 10 – 1　2015 年度信息技术行业中联十强排行榜

名次	股票代码	股票简称	在全部上市公司中排名
1	300017	网宿科技	2
2	600271	航天信息	9
3	002555	三七互娱	16
4	300033	同花顺	20
5	300113	顺网科技	33
6	002153	石基信息	68
7	002635	安洁科技	97
8	600522	中天科技	105
9	002174	游族网络	106
10	300271	华宇软件	110

基于对信息技术行业上市公司的整体评价，下面分别从财务效益状况、资产质量状况、偿债风险状况、发展能力状况、市场表

现状况五个方面对信息技术行业上市公司进行具体分析。

（一）财务效益状况

从综合得分来看，2015 年信息技术行业上市公司财务效益状况优于全国上市公司平均水平。

表 10-2 列示了 2015 年信息技术行业上市公司财务效益状况评价结果。从基本指标来看，信息技术行业上市公司财务效益状况略优于全国上市公司平均水平，平均得分为 22.22 分，比全国所有上市公司平均分 20.79 分高 1.43 分，有 163 家公司超过全国平均水平，其中得分为满分 35 分的有 24 家公司，分别为网宿科技、分众传媒、航天信息、三七互娱、同花顺、恺英网络、顺网科技、迅游科技、游族网络、思维列控、天孚通信、银信科技、中科创达、捷成股份、捷顺科技、恒生电子、东方网力、金证股份、联络互动、保千里、建新矿业、东方财富、星美联合、信威集团。以网宿科技为例，公司经过几年发展，市场份额已经超过 50%，CDN 市场形成一大多小的格局。由于公司完整的产品线，低廉的成本，充裕的现金，多年维持 40% 以上的毛利率，未来几年公司 CDN 行业龙头的地位不会动摇，为其财务效益状况提供了有力的支持。

从修正指标来看，其得分为 23.38 分，略高于上市公司平均得分 22.12 分。扣除非经常性损益净资产收益率、总资产报酬率、盈利现金保障倍数、营业利润率和股本收益率等指标均高于上市公司平均水平。

表 10－2　　信息技术行业财务效益状况比较表

分析指标		2015 年上市公司平均值	2015 年行业值	2014 年行业值	增长率 (%)
基本指标	扣除非经常性损益净资产收益率（%）	5.61	6.94	6.75	2.81
	总资产报酬率（%）	5.11	5.81	5.31	9.42
	得分	20.79	22.22	19.85	11.94
修正指标	营业利润率（%）	5.06	5.43	5.41	0.37
	盈利现金保障倍数	2.20	2.30	2.69	−14.50
	股本收益率（%）	30.96	37.07	33.22	11.59
综合得分		22.12	23.38	22.29	4.89

与 2014 年的情况相比较，2015 年信息技术行业上市公司除盈利现金保障倍数外，扣除非经常性损益净资产收益率、总资产报酬率、营业利润率和股本收益率等指标均高于 2014 年行业值，其中股本收益率上升幅度最大，为 11.59%。这与信息技术行业 2015 年业务规模扩大、技术不断创新有着密切联系。

（二）资产质量状况

从综合得分来看，信息技术行业上市公司资产质量状况平均得分为 9.71，高于上市公司平均得分。

表 10-3 列示了信息技术行业上市公司资产质量状况评价结果。在信息技术行业上

市公司资产质量状况指标中，航天信息和波导股份得分为满分 15 分。其中航天信息总资产周转率 1.78，流动资产周转率 2.12，应收账款周转率 20.6 次，存货周转率 20.99 次，在行业经营中保持了较高的水平。

表 10 – 3　信息技术行业资产质量状况比较表

分析指标		2015 年上市公司平均值	2015 年行业值	2014 年行业值	增长率 (%)
基本指标	总资产周转率（次）	0.64	0.63	0.67	–5.97
	流动资产周转率（次）	1.30	1.39	1.51	–7.95
	得分	9.44	9.60	9.14	5.03
修正指标	应收账款周转率（次）	8.25	4.87	5.14	–5.25
	存货周转率（次）	2.74	5.54	6.06	–8.58
综合得分		9.17	9.71	9.51	2.10

与 2014 年相比较，2015 年信息技术行业上市公司总体上资产质量略有下降，但变化不大。在 2015 年整个宏观经济环境影响下，信息技术上市公司依靠创新技术、加大投资力度推动行业发展，因而资产周转率下降。信息技术上市公司存货周转率远远高于上市公司平均水平，这主要与信息技术行业公司主要经营方式和特点有关。

（三）偿债风险状况

从综合得分来看，2015 年信息技术行业上市公司偿债风险状况优于全国上市公司平均水平，与 2014 年相比，略高于同行业水平。

表 10-4 列示了信息技术行业上市公司偿债风险状况评价结果。在信息技术行业上市公司偿债风险状况指标中，全志科技等 16 家上市公司取得接近满分的 14.99 分。企业在运营中保持了较高的速动比率，京天利、天孚通信 2015 年速动比率分别为 2130.96、1697.79，大大高于行业平均水平 73.47。基于信息技术行业的特点，行业现金流动负债比率、带息负债比率等指标均优于上市公司及行业平均水平。

表 10 – 4　信息技术行业偿债风险状况比较表

分析指标		2015 年上市公司平均值	2015 年行业值	2014 年行业值	增长率 (%)
基本指标	资产负债率（%）	60.36	51.29	52.65	–2.58
	获利倍数	3.74	6.86	6.47	6.03
	得分	8.95	9.91	10.10	–1.88
修正指标	速动比率（%）	73.47	83.09	77.01	7.90
	现金流动负债比率（%）	13.88	19.42	20.16	–3.67
	带息负债比率（%）	51.38	37.84	36.22	4.47
综合得分		8.89	9.96	10.00	–0.40

与2014年相比较，2015年信息技术行业上市公司偿债风险状况平均得分略有下降，但高于上市公司平均水平，说明在信息技术行业业务扩大的过程中，各个公司的营运资金需求增加，相应增大了偿债风险。

（四）发展能力状况

从综合得分来看，2015年信息技术行业上市公司发展能力状况优于全国上市公司的平均水平，且高于与同行业上年水平。

表10-5列示了信息技术行业上市公司发展能力状况评价结果。在信息技术行业上市公司发展能力状况指标中，东方财富得分排名第一，得分为18.98分，主要原因是其在2015年积极抓住互联网金融及牛市行情的发展机遇，在去年火爆股市行情中公司作为龙头企业大力发展各项金融业务。根据其2015年报披露，其互金商务平台共计实现基金认购及定期定额申购交易逾4700万笔，基金销售额逾7400亿元。行业综合评价排名第1的网宿科技名列发展能力第6位，得分为17.59分。

表10－5 信息技术行业发展能力状况比较表

分析指标		2015年上市公司平均值	2015年行业值	2014年行业值	增长率(%)
基本指标	营业收入增长率（%）	−1.98	11.27	6.13	83.85
	资本扩张率（%）	16.96	24.72	15.57	58.77
	得分	12.26	14.09	12.89	9.31
修正指标	累计保留盈余率（%）	42.27	28.56	26.64	7.21
	三年营业收入增长率（%）	3.77	9.76	10.05	−2.89
	总资产增长率（%）	15.69	22.98	12.82	79.25
	营业利润增长率（%）	−12.37	6.28	45.50	−86.20
综合得分		12.24	13.30	13.15	1.14

2015年信息技术行业上市公司资本扩张率从2014年的15.57%升至24.72%，增长速度为58.77%。虽然营业收入增长率较2014年有很大提升，但三年营业收入增长率和利润增长率与2014年相比，都有所下降。这说明随着信息技术行业不断扩张，更多企业涌入市场，竞争加剧，利润率下降。

（五）市场表现状况

2015年，我国经济呈现稳中趋缓的发展态势。1-5月份上证综指出现大幅上涨，而后骤然下跌，在第四季度有所恢复，市场波动较大。随着工业信息化部和政府对信息技术行业的重视，以及“制造2025”和“互联网+”等推动行业发展政策的出台，国内信息技术企业在2015年表现超过市场平均水平。同期信息技术业市场走势具体情况见图10-1。

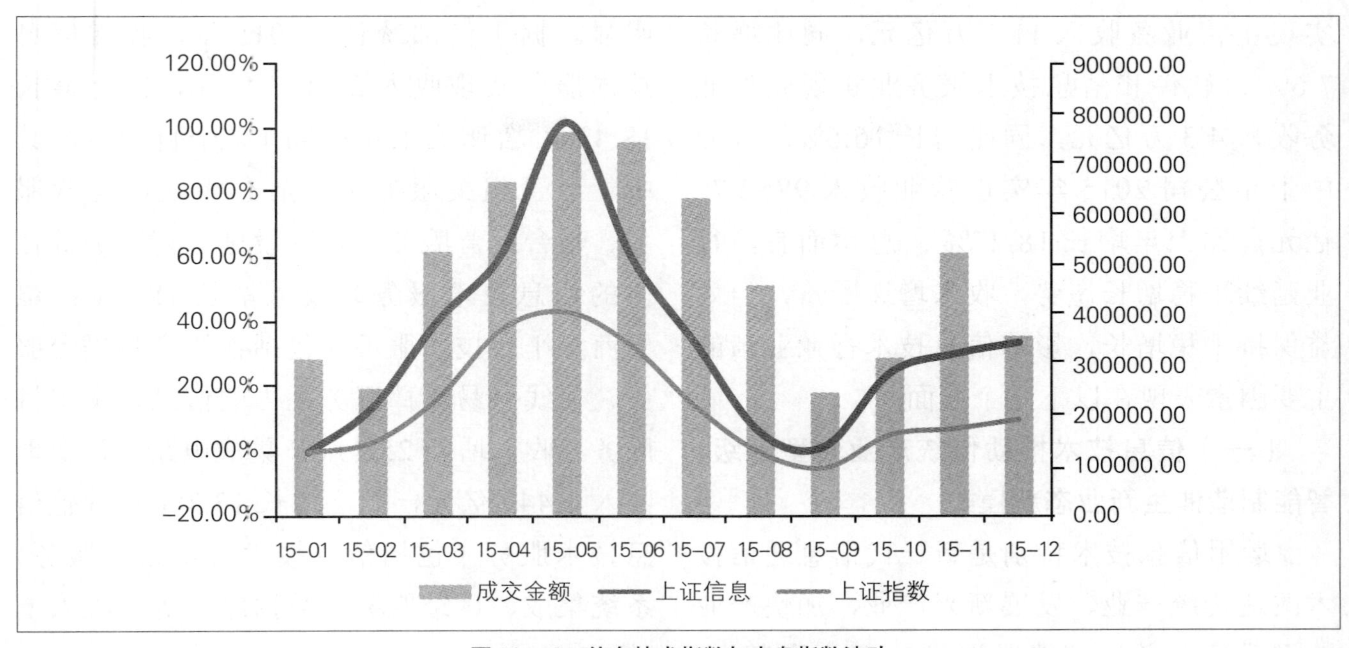

图 10－1　信息技术指数与大盘指数波动

从综合得分来看，信息技术行业上市公司市场表现状况略优于全国上市公司的平均水平。

表 10-6 列示了信息技术行业上市公司市场表现状况评价结果。在信息技术行业上市公司市场表现状况指标中银河电子得分名列第一，该公司已形成机顶盒、军工智能机电、新能源汽车三大业务板块，各自占比 1/3。公司近两年收购同智机电、福建俊鹏、洛阳嘉盛切入军工和新能源汽车，2015 年实现扣非净利润分别为 1.28 亿、6573 万、4250 万，均大幅超出业绩承诺。受益国防信息化、民参军和新能源汽车产业爆发，三家子公司有望迎来快速发展，驱动公司业绩持续高增长。

表 10－6　信息技术行业公司市场表现状况比较表

分析指标	2015 年上市公司平均值	2015 年行业值	2014 年行业值	增长率 (%)
市场投资回报率（%）	74.18	112.7	51.52	118.75
股价波动率（%）	182	216.29	138.39	56.29
得分	9.26	10.28	9.02	13.97

2015 年信息技术行业上市公司市场投资回报率为 112.7%，上涨幅度高于全部上市公司 74.18% 的水平，较 2014 年信息技术行业 51.52% 的水平大幅上涨。全行业有 151 家公司的市场投资回报率高于全部上市公司平均水平，其中最高的为光环新网 518.73%，另有 3 家公司的投资回报率为负。

二、2015 年度影响信息技术行业业绩因素分析

2015 年，信息技术行业经济呈快速增长趋势。据工信部统计，我国电子信息产业销售收入总规模达到 15.4 万亿元，同比增长 10.4%；其中，规模以上电子信息制造业

实现主营业务收入 11.1 万亿元，同比增长 7.6%；软件和信息技术服务业实现软件业务收入 4.3 万亿元，同比增长 16.6%。行业中上市公司 2015 年实现营业收入 9852.78 亿元，比上年增长 18.27%；总体而言，行业延续平稳增长态势，收入增速回落，但效益保持平稳增长，影响信息技术行业业绩的主要因素表现在以下几个方面：

（一）信息技术推动传统产业转型升级，智能制造催生新业态新模式

运用信息技术特别是新一代信息通信技术改造传统产业、发展新兴产业，加快产业转型升级，通过智能制造推动产业信息化，是实现我国经济健康发展的必然选择。据工信部统计，目前，我国主要行业大中型企业数字化设计工具普及率超过 72.3%，关键工艺流程数控化率达到 59.6%，用信息化手段对企业进行管理的 ERP（企业资源计划）系统普及率 62.7%。主要行业研发周期、财务决算、库存周转、劳动生产率、单位产品能耗等关键指标大幅改善；装备、石化、汽车、民爆、轻工等行业生产管理的科学化、精准化和智能化水平大幅提升；计算机辅助设计、系统仿真等技术广泛应用，极大提高了企业研发创新能力；物联网、云计算、大数据等新一代信息通信技术不断融入工业研发、生产、服务和管理等各个环节，并加速向集成应用阶段发展，智能制造与传统行业的融合催生出广阔的市场空间。

（二）适应经济新常态，加快调整优化产业结构

十八大以来，高技术产业迅速发展、效益提升，成为引领经济动能转换的优势产业，信息技术产业结构优化调整的趋势更加明显。据工信部统计，2015 年，我国信息技术服务实现收入 22,123 亿元，同比增长 18.4%，增速比上年提高 1.7 个百分点。其中，运营相关服务（包括在线软件运营服务、平台运营服务、基础设施运营服务等在内的信息技术服务）收入增长 18.3%；电子商务平台技术服务（包括在线交易平台服务、在线交易支撑服务在内的信息技术支持服务）收入增长 25.1%；集成电路设计实现收入 1,449 亿元，同比增长 13.3%；其他信息技术服务（包括信息技术咨询设计服务、系统集成、运维服务、数据服务等）收入增长 17.8%。

（三）信息消费规模扩张，拉动行业经济增长

近年来，我国信息消费规模不断壮大，市场供需两旺，商业模式与挖掘需求潜力日益契合，信息消费的需求溢出效应、增长效应日益显著，正成为扩大内需和增长提质升级的重要引擎之一。据商务部统计，2015 年全国实物商品网上零售额 3.2 万亿元，同比增长 31.6%，占社会消费品零售总额的比重超过 10%。信息消费的增速已经远远超过社会消费品零售总额的平均增速，成为 2015 年消费的最大亮点和消费增长的主要引擎。2015 年 11 月 17 日，为贯彻落实《国务院关于促进信息消费扩大内需的若干意见》，工信部组织开展信息消费创新应用项目示范和推广工作，并遴选出了包括电子商务、智能物流、互联网金融、公共服务信息化、智慧家庭、公共数据开放、数字文化、信息消费环境在内的八大领域，60 个示范项目。在其名单中，包含了互联网金融五大创新应用项目，为行业健康发展和拉动经济增长起到了良好的示范作用。

（四）信息通信业改革加速，信息安全管理持续强化

2015年，工信部狠抓网络提速降费，继续实施“宽带中国”专项行动，推进全光网城市建设，推动企业持续降费，取消京津冀长途漫游费，全国平均接入速率较2014年增长1.7倍，网间宽带扩容612G，截至10月底固定宽带和移动流量平均资费水平下降幅度已超过50%、39%，完成提速降费年度目标。发放了LTE-FDD牌照，4G网络覆盖全国城市。预计全年4G用户突破3.8亿。三网融合面向全国推广，IPTV用户超过4500万。电信普遍服务补偿机制取得实质性进展，初步形成中央、地方和企业共同促进农村宽带建设的格局。移动通信转售开放试点有序推进，宽带接入市场开放力度不断加大，在全国范围内放开了电子商务外资股比限制。开展中欧5G领域战略合作，与国际电信联盟启动共建东非信息高速公路项目，积极搭建海峡两岸产业交流合作平台。基础资源、网站备案、用户个人信息保护、移动智能终端等方面管理进一步加强，电话用户实名制和打击治理“黑卡”、垃圾短信、“伪基站”等专项行动成效显著，移动电话携号转网有序推进。配合相关部门处置违法违规网站4378家，竞争秩序进一步规范。另一方面，网络信息安全管理持续强化。全国人大于7月6日公布了《中华人民共和国网络安全法（草案)》，旨在于宣示国家网络安全工作的基本原则，明确建设网络安全保障体系的主要举措，从而为整体推进保障体系建设提供法律依据。随着信息安全质量稳步提升，更加规范的信息技术发展环境必然会促进信息通信和信息安全相关行业更好更快的发展。

三、2016年信息技术行业前景分析

随着信息技术领域前沿的不断突破创新和与不同行业的广泛融合应用，具有高技术含量、高附加值特点的信息技术产业越来越受到国家和市场的青睐，已在世界上成为众多发达国家保持经济持续增长的最重要的手段和拉动国民经济发展的强大动力。信息化成为全球经济社会发展的显著特征。未来，对于高科技产品研发以及信息技术平台建设和普及的投资力度将不断加大，一方面减少公司的营运成本，提高生产力，另一方面可以更好应对全球化发展下日益激烈的市场竞争。可见，信息技术产业已经成为推动全球经济的发展以及社会的前进的重要支撑。

2016年作为我国“十三五”开局之年，信息技术行业的发展潜力巨大，发展前景非常广阔。在国家“中国制造2025”、“互联网+”和相关产业扶持政策的推动下，我国信息技术行业将步入新的快速发展阶段，一批较具竞争实力的企业群体逐步形成，并拥有规模化的技术研发队伍，研发投入水平持续提高，创新能力不断增强，进一步激发传统产业的转型升级，成为推动我国经济发展的中坚力量。

（一）前沿信息技术不断突破，推动未来产业变革

1. 智能终端和云服务

随着智能手机、可穿戴设备、服务机器人的普及，人们已越发离不开这些智能终端。而云服务是这些智能终端发挥强大功能

的“大脑”。未来，智能终端与云服务的融合，将为人类开启智能社会的大门。

2. 下一代移动通信技术5G

中国信息通信研究院在2015年发布了5G无限技术架构白皮书和5G的网络技术架构白皮书，白皮书中提到，面向2020年以及未来，移动通信技术和产业将迈入第5代通信，也就是5G的发展阶段。与4G相比，5G将满足人们对超高流量密度、超高连接密度以及超高移动性的需求，能够为用户提供高清视频、虚拟现实、增强现实、云桌面以及在线游戏等极致业务体验。

3. 物联网技术（IoT）

物联网是新一代信息技术的重要组成部分，也是“信息化”时代的重要发展阶段。其通过智能感知、识别技术与普适计算等通信感知技术，广泛应用于网络的融合中，智能制造、智慧生活离不开物联网技术。可以说，先进物联网技术是实现《中国制造2025》战略的核心技术，也是造福民生的重要技术保障。

4. 无人系统

2015年的无人系统市场正进入爆发的前期：创业公司不断涌现、市场领跑者不断攻城略地，包括亚马逊、谷歌在内的互联网巨头从不同维度进入市场、大量消费级无人系统产品上架售卖。未来，无人系统必将在生产、生活中发挥更大的作用，大大加速人类社会的发展进程。

5. 人工智能

人工智能是计算机科学的一个分支，是一门研究机器智能的学科，即用人工的方法和技术，研制智能机器或智能系统，来模仿、延伸和扩展人的智能，实现智能行为。近年来，人工智能的发展极为迅速。谷歌于2015年开源了第二代机器学习平台TensorFlow，为用户们提供一种利用大量数据直接训练计算机完成任务的途径。软件可以和不同方法相结合，在不同计算机硬件基础上有效建立并训练模拟「深度学习」神经网络。人工智能的进一步发展已引发开发热潮。

6. 虚拟现实（Virtual Reality）

虚拟现实技术是一种可以创建和体验虚拟世界的计算机仿真系统。它利用计算机生成一种模拟环境，是一种多源信息融合的交互式的三维动态视景和实体行为的系统仿真，使用户沉浸到该环境中。这种具有沉浸式体验的虚拟现实技术是一种全新的人机交互方式，虽然目前集中出现在游戏领域，但是不能只将其当作一种游戏外设来看待，它的作用和意义远不止于游戏。作为一种容量极大的媒介载体，虚拟现实技术能够作用于娱乐、科研、教育等诸多领域，其未来应用范围不可限量。

7. 快数据

快数据指的是在数据流进入数据库时即刻进行分析和处理。目前，海量数据的使用并不充分和高效。因此，快数据成为大数据处理的研究方向。针对快数据处理模型的相关研究也逐步发展和成熟。如何快速、准确地处理数据将成为未来数据管理方向的主流。

8. 感测与识别技术

感测与识别技术的作用是扩展人类获取信息的感觉器官功能。它包括信息识别、信息提取、信息监测等技术。这类技术的总称就是“传感技术”。它几乎可以扩展到人类所有感觉器官的传感功能，从而识别来自人体各个部位的身体触觉。传感技术、测量技术和通信技术相结合而产生的遥感技术，更使得人类感知信息的能力得到了进一步的加强。随着信息技术的迅速发展，以及通信技术和传感技术的密切结合，在未来预见遥感技术将会在农田水利、地质勘探、气象预报、海洋开发、环境监测、地图测绘、土地利用调查、灾害性天气、森林防火，尤其是在地质找矿、森林和土地利用调查、气象预报、地下室和地热调查、地震研究、水利建设、铁路选线、工程地质以及城市规划与建设方面发挥更大的作用。

（二）信息安全问题凸显，激发行业步入新篇章

中国互联网络信息中心发布的报告指出，截至 2015 年 12 月，我国互联网普及率为 50.3%，网民总数达 6.88 亿人。随着互联网的普及，网络安全事件呈上升趋势。且自“棱镜门事件”与“RSA 后门算法”事件曝光后，全球对于信心数据安全的重视度不断升温。受该事件影响，国家对于网络信息安全电信、金融等核心领域对于信息系统的安全与可靠性给予高度重视，并造成了国内去除国外信息、数据服务的广泛影响。网络信息安全主要是由“软件”、“硬件及系统”、“数据库”及“处理器”四大核心部分构建。目前操作系统、处理器的技术壁垒相对较高，短时间内难以打破国际进口厂商的垄断。而信息化生态构建的硬件及集成系统是当前增长空间最大，最具突破潜力的板块，国内企业已经具备了一定的技术基础。而数据库方面国内企业已经占据了大部分中低端市场，取得了与国外厂商几乎相同的市场规模，下一步将是逐步完善中高端数据库市场。

全国人大于 2015 年 7 月 6 日公布了《中华人民共和国网络安全法（草案)》，该草案的出台预示着建设网络强国的制度保障正在努力迈出坚实的一步。在其立法说明中，清晰而明确的阐述了如何在现有条件下，尽力尝试将已经有的网络安全实践上升为法律制度，并使其符合中国的网络空间安全需求。主要内容包括维护网络主权和战略规划、保障网络产品和运行安全、保障网络数据和信息安全等，覆盖关键基础设施运营安全、网络信息安全和监测预警与应急处置，力度之大、范围之广前所未有。2015 年我国在网络安全方面的投入占整个 IT 比重仅为 2% 左右，远低于欧美国家 10% 左右的水平，潜在发展空间巨大。该草案的出台将加速进口替代，信息安全市场将迎来爆发式增长。

（三）密集出台政策措施，推动信息技术行业发展

2015 年政府接连出台国家级促进信息技术行业增长、提高信息技术行业水平的重大政策，政策环境持续优化。随着政策的逐步落实，2016 年信息技术行业的战略地位已提升到史无前例的高度。

1.《中国制造 2025》

2015 年 5 月 8 日，经李克强总理签批，国务院印发《中国制造 2025》，部署全面推进实施制造强国战略。这是我国实施制造强国战略第一个十年的行动纲领。《中国制造 2025》提出，坚持“创新驱动、质量为先、绿色发展、结构优化、人才为本”的基本方针，坚持“市场主导、政府引导，立足当前、着眼长远，整体推进、重点突破，自主发展、开放合作”的基本原则，通过“三步走”实现制造强国的战略目标：

第一步：力争用十年时间，迈入制造强国行列。

到2020年，基本实现工业化，制造业大国地位进一步巩固，制造业信息化水平大幅提升。掌握一批重点领域关键核心技术，优势领域竞争力进一步增强，产品质量有较大提高。制造业数字化、网络化、智能化取得明显进展。重点行业单位工业增加值能耗、物耗及污染物排放明显下降。

到2025年，制造业整体素质大幅提升，创新能力显著增强，全员劳动生产率明显提高，两化（工业化和信息化）融合迈上新台阶。重点行业单位工业增加值能耗、物耗及污染物排放达到世界先进水平。形成一批具有较强国际竞争力的跨国公司和产业集群，在全球产业分工和价值链中的地位明显提升。

第二步：到2035年，我国制造业整体达到世界制造强国阵营中等水平。创新能力大幅提升，重点领域发展取得重大突破，整体竞争力明显增强，优势行业形成全球创新引领能力，全面实现工业化。

第三步：新中国成立一百年时，制造业大国地位更加巩固，综合实力进入世界制造强国前列。制造业主要领域具有创新引领能力和明显竞争优势，建成全球领先的技术体系和产业体系。

围绕实现制造强国的战略目标，《中国制造2025》明确了9项战略任务和重点：一是提高国家制造业创新能力；二是推进信息化与工业化深度融合；三是强化工业基础能力；四是加强质量品牌建设；五是全面推行绿色制造；六是大力推动重点领域突破发展，聚焦新一代信息技术产业、高档数控机床和机器人、航空航天装备、海洋工程装备及高技术船舶、先进轨道交通装备、节能与新能源汽车、电力装备、农机装备、新材料、生物医药及高性能医疗器械等十大重点领域；七是深入推进制造业结构调整；八是积极发展服务型制造和生产性服务业；九是提高制造业国际化发展水平。

该政策的出台，通过推进信息化与工业化深度融合，将加快推动新一代信息技术与制造技术融合发展，把智能制造作为两化深度融合的主攻方向；着力发展智能装备和智能产品，推进生产过程智能化，培育新型生产方式，全面提升企业研发、生产、管理和服务的智能化水平。同时，加快制定智能制造技术标准，建立完善智能制造和两化融合管理标准体系。强化应用牵引，建立智能制造产业联盟，协同推动智能装备和产品研发、系统集成创新与产业化。促进工业互联网、云计算、大数据在企业研发设计、生产制造、经营管理、销售服务等全流程和全产业链的综合集成应用。加强智能制造工业控制系统网络安全保障能力建设，健全综合保障体系。

此外，通过信息技术与传统行业的融合建立优势互补、合作共赢的开放型产业生态体系。加快开展物联网技术研发和应用示范，培育智能监测、远程诊断管理、全产业链追溯等工业互联网新应用。实施工业云及工业大数据创新应用试点，建设一批高质量的工业云服务和工业大数据平台，推动软件与服务、设计与制造资源、关键技术与标准的开放共享。

《中国制造2025》还提出大力推动新一代信息技术产业领域的突破发展。

（1）集成电路及专用装备。着力提升集成电路设计水平，不断丰富知识产权（IP）核和设计工具，突破关系国家信息与网络安全及电子整机产业发展的核心通用芯片，提升国产芯片的应用适配能力。掌握高密度封装及三维（3D）微组装技术，提升封装产业和测试的自主发展能力。形成关键制造装备供货能力。

（2）信息通信设备。掌握新型计算、高速互联、先进存储、体系化安全保障等核心技术，全面突破第五代移动通信（5G）技术、核心路由交换技术、超高速大容量智能光传输技术、“未来网络”核心技术和体系架构，积极推动量子计算、神经网络等发展。研发高端服务器、大容量存储、新型路由交换、新型智能终端、新一代基站、网络安全等设备，推动核心信息通信设备体系化发展与规模化应用。

（3）操作系统及工业软件。开发安全领域操作系统等工业基础软件。突破智能设计与仿真及其工具、制造物联与服务、工业大数据处理等高端工业软件核心技术，开发自主可控的高端工业平台软件和重点领域应用软件，建立完善工业软件集成标准与安全测评体系。推进自主工业软件体系化发展和产业化应用。

2.《国务院关于积极推进“互联网+”行动的指导意见》

2015年7月1日，国务院印发《国务院关于积极推进“互联网+”行动的指导意见》，基本原则为坚持开放共享、坚持融合创新、坚持变革转型、坚持引领跨越和坚持安全有序。发展目标为：

到2018年，互联网与经济社会各领域的融合发展进一步深化，基于互联网的新业态成为新的经济增长动力，互联网支撑大众创业、万众创新的作用进一步增强，互联网成为提供公共服务的重要手段，网络经济与实体经济协同互动的发展格局基本形成。到2025年，网络化、智能化、服务化、协同化的“互联网+”产业生态体系基本完善，“互联网+”新经济形态初步形成，“互联网+”成为经济社会创新发展的重要驱动力量。

工信部围绕该政策制定出2015-2018年的行动计划，目标之一是到2018年，高性能计算、海量存储系统、网络通信设备、安全防护产品、智能终端、集成电路、平板显示、软件和信息技术服务等领域取得重大突破，涌现出一批具有自主创新能力的国际领先企业，安全可靠的产业生态体系初步建成。实现信息技术产业持续快速发展，围绕“互联网+”行动的软硬件技术、产业基础不断夯实。行动内容为：

（1）突破核心技术和产品。制定集成电路重点领域发展路线和实施路径，构建具备自主发展能力的通用基础软硬件平台。研究制定传感器发展战略，明确核心传感器阶段目标、重点任务和发展模式。加强可编程控制系统（PLC）、工控计算机、工业网络设备、安全防护产品攻关，支持高集成度低功耗芯片、底层软件、传感互联、自组网等共性关键技术创新。实施“芯火”计划，开发自动化测试工具集和跨平台应用开发工具系统，提升集成电路设计与芯片应用公共服务能力，加快核心芯片产业化。推动基于互联网的视听节目服务、智慧家庭服务等产品的研发和应用，加强互联网电视接收设备、智能音响、可穿戴设备等新型信息消费终端产品研发创新。

（2）发展软件和信息技术服务业。推动基础软件核心关键技术突破，加快新兴领域基础控制及应用软件发展。支持高端工业软件、新型工业APP的研发和应用，发展自主可控工业操作系统及实时数据库等基础软件，提升设计、仿真、管理、控制类工业软件的国产化率和应用水平。推进智能语音和新型人机交互、自然语言处理、智能决策控制等关键技术研发和产业化，推动人工智能在工业制造领域规模商用。研制和推广应用面向制造业的信息技术服务标准（ITSS）。

（3）构建安全可靠产业生态体系。以高端通用芯片和基础软件为抓手，构建安全可靠核心信息设备综合验证、集成测试、系统评测等公共服务平台和产业链协同创新平台。支持面向互联网的智能可穿戴、智慧家庭、智能音响、智能车载、智慧健康、智能无人系统等智能硬件核心关键技术突破，加强硬件样机设计平台、技术标准和知识产权等公共服务平台建设。加快安全可靠服务器、存储系统、桌面计算机及外部设备、网络设备、智能终端等终端产品、基础软件和信息系统的研发与推广。

（4）提升“云计算＋大数据”综合支撑能力。以云计算创新试点城市为重点，开展面向行业、区域的“云计算＋大数据”智能基础设施建设示范工程，建设智能制造公共云服务平台，加强制造资源和能力的共建共享，提升智能制造公共服务水平。实施大数据关键技术及产品研发与产业化工程、大数据产业支撑能力提升工程，推动大数据应用和产业发展。

该政策和行动的出台，明确了未来信息技术行业的发展方向，同时体现了我国政府对于信息技术产业的高度重视，符合我国现实发展要求，也将对信息技术行业产生长远影响。

2016年是“十三五”的开局之年，在政策驱动、产业变革、融合发展、智能转型的新形势下，信息技术行业将呈现高速发展的态势；同时，作为引领变革的主导力量，信息技术行业通过与制造业、能源、材料等领域的交叉融合和创新，将推动新一轮世界范围的科技革命和产业变革，为实现“中国制造2025”的国家战略目标奠定夯实的基础。

附表

2015年信息技术行业上市公司业绩评价结果排序表

行业排名	全部上市公司排名	股票代码	股票简称	综合得分（100分）	每股收益（元）	总资产报酬率（%）	净资产收益率（%）	总资产周转率（次）	流动资产周转率（次）	资产负债率（%）	获利倍数	营业收入增长率（%）	资本扩张率（%）	市场投资回报率（%）	股价波动率（%）	年末资产额（万元）	营业收入（万元）	净利润（万元）
1	2	300017	网宿科技	84.07	1.19	32.05	39.98	1.07	1.34	28.29	2822.88	53.43	53.67	127.60	158.38	350573.77	293166.15	82955.35
2	9	600271	航天信息	81.03	1.68	20.86	24.28	1.78	2.12	33.91	50.12	12.15	18.99	60.45	180.83	1449185.10	2238342.05	213954.42
3	16	002555	三七互娱	80.51	0.58	23.27	28.14	1.16	2.79	19.73	393.52	678.43	30.62	206.22	267.43	462331.08	465678.73	92173.71
4	20	300033	同花顺	80.06	1.78	43.59	57.69	0.56	0.66	40.22	0.00	442.91	78.53	173.07	271.04	355817.33	144194.49	95722.28
5	33	300113	顺网科技	78.89	0.98	20.41	24.59	0.63	1.28	21.91	0.00	57.49	43.90	346.36	281.54	190889.10	102214.73	31069.84
6	68	002153	石基信息	75.85	1.17	10.46	11.33	0.51	0.78	11.58	945.26	-9.12	143.76	118.83	181.76	527680.29	198666.36	37286.02
7	97	002635	安洁科技	74.35	0.82	14.78	16.63	0.69	1.28	24.36	15.35	157.14	79.85	97.05	154.30	308768.89	188043.05	30223.72
8	105	600522	中天科技	74.08	0.99	9.40	10.92	1.20	1.75	33.83	14.60	91.21	27.87	44.15	142.76	1570226.68	1652294.62	101074.10
9	106	002174	游族网络	74.01	1.86	23.89	32.76	0.71	2.22	25.19	26.62	81.94	144.18	81.69	198.04	292468.38	153468.75	50512.94
10	110	300271	华宇软件	73.91	0.69	10.81	15.42	0.61	0.87	42.01	744.15	49.75	34.61	137.19	207.45	267727.41	135166.99	20861.80
11	115	300292	吴通控股	73.66	0.61	8.65	9.92	0.67	1.77	21.73	27.14	91.41	143.46	148.40	167.86	305772.96	150099.11	16742.52
12	140	600487	亨通光电	72.98	0.46	8.26	14.05	0.97	1.48	65.72	3.42	30.17	16.29	153.00	197.52	1548218.11	1356327.27	69327.52
13	148	002195	二三四五	72.80	0.48	10.29	9.81	0.32	0.78	7.78	185.39	124.73	9.18	105.92	266.05	482151.30	146991.48	41767.41
14	154	300302	同有科技	72.68	0.34	10.05	12.22	0.48	0.56	37.74	0.00	46.48	13.57	482.14	362.36	92140.10	36111.64	6589.69
15	162	300231	银信科技	72.36	0.26	16.56	18.68	1.13	1.42	25.29	6279.79	37.15	23.10	148.35	235.08	65867.20	67105.93	8330.94
16	167	600804	鹏博士	72.31	0.53	5.33	13.67	0.47	2.14	70.14	8.57	13.83	12.09	27.45	187.29	1858971.80	792594.13	71772.42
17	173	002180	艾派克	72.21	0.52	18.12	23.30	1.08	1.24	37.53	58.05	327.30	233.49	96.59	241.53	311925.47	204902.01	29508.19
18	181	300250	初灵信息	71.94	0.76	10.44	11.07	0.51	0.75	14.28	36.18	58.45	89.66	103.24	182.59	95045.23	36638.73	6887.61
19	198	300182	捷成股份	71.54	0.39	14.89	17.69	0.53	0.89	28.02	19.45	79.17	150.88	185.63	238.67	602098.89	221061.47	53614.18
20	205	002609	捷顺科技	71.39	0.25	14.21	16.16	0.55	0.72	22.30	0.00	18.67	19.16	136.70	209.33	125396.50	65103.27	14476.54
21	213	002279	久其软件	71.25	0.68	9.14	9.49	0.43	0.87	20.82	327.37	119.38	160.46	130.11	266.08	249728.57	71667.93	12978.30
22	223	002354	天神娱乐	71.07	1.59	10.33	12.66	0.23	1.08	31.99	7.60	97.85	649.46	67.10	153.86	730584.49	94084.76	35642.30
23	225	300295	三六五网	71.01	0.66	14.02	13.28	0.64	0.67	15.15	0.00	34.71	15.59	42.53	246.88	108548.01	64146.03	11407.23
24	244	000997	新大陆	70.65	0.37	10.89	17.39	0.72	0.84	51.80	72.27	36.23	19.76	73.87	156.94	479790.17	304527.54	36896.58
25	246	300369	绿盟科技	70.60	0.55	13.00	14.54	0.52	0.70	20.77	71.83	24.90	74.09	105.23	245.50	213287.19	87766.48	19347.87
26	252	600570	恒生电子	70.43	0.73	14.71	19.56	0.64	1.17	35.80	0.00	56.52	25.37	10.30	276.86	397528.03	222553.24	44879.19

续表

行业排名	全部上市公司排名	股票代码	股票简称	综合得分（100分）	每股收益（元）	总资产报酬率（%）	净资产收益率（%）	总资产周转率（次）	流动资产周转率（次）	资产负债率（%）	获利倍数	营业收入增长率（%）	资本扩张率（%）	市场投资回报率（%）	股价波动率（%）	年末资产额（万元）	营业收入（万元）	净利润（万元）
27	257	300359	全通教育	70.33	0.43	10.31	9.77	0.32	0.73	14.86	2156.08	127.97	438.77	114.98	272.77	234880.34	43901.85	11586.67
28	262	300324	旋极信息	70.21	0.22	9.83	10.41	0.60	1.14	34.90	19.26	170.48	80.26	87.53	197.01	219347.63	98031.92	11560.15
29	265	300383	光环新网	70.16	0.21	11.27	12.34	0.49	1.76	26.86	23.60	36.13	65.09	518.73	320.59	157563.98	59153.04	11417.86
30	280	300367	东方网力	69.81	0.84	12.76	18.07	0.39	0.63	41.88	10.43	58.92	148.77	101.02	200.00	366814.53	101678.26	27009.42
31	291	002396	星网锐捷	69.59	0.49	11.45	16.37	0.98	1.24	36.85	316.81	24.02	33.52	32.86	200.52	534388.18	451650.51	48293.10
32	293	000063	中兴通讯	69.50	0.78	4.91	10.74	0.88	1.13	64.14	4.39	22.97	64.87	15.36	123.61	12089389.70	10018638.90	374027.00
33	306	002657	中科金财	69.28	0.51	7.94	10.21	0.54	0.99	36.00	11.08	20.87	10.11	203.73	293.76	258896.29	132755.44	16141.81
34	316	300188	美亚柏科	69.12	0.31	9.83	11.43	0.43	0.71	23.21	0.00	26.54	73.17	288.73	232.88	220246.58	76316.04	15247.56
35	342	300170	汉得信息	68.70	0.26	10.30	12.77	0.63	0.83	17.35	4210.67	20.79	7.33	125.25	231.23	210838.02	121879.81	21484.81
36	371	600446	金证股份	68.21	0.31	13.32	23.06	1.05	1.85	51.59	17.21	10.42	57.70	169.41	257.19	305526.21	261487.99	27868.85
37	376	002373	千方科技	68.10	0.58	10.86	15.40	0.47	0.57	28.69	40.02	13.35	201.14	68.14	193.29	434204.08	154235.86	31760.98
38	377	002230	科大讯飞	68.08	0.34	6.98	8.38	0.37	0.68	22.25	53.73	40.87	67.20	105.51	182.04	839034.14	250079.91	43658.43
39	380	300036	超图软件	68.02	0.30	6.68	8.55	0.49	0.86	32.07	190.84	29.36	6.85	175.87	234.54	103695.52	46715.10	5831.32
40	385	002465	海格通信	67.93	0.28	8.79	10.60	0.41	0.66	29.70	10.13	28.87	29.16	67.24	149.09	989506.35	380657.91	65431.43
41	400	002280	联络互动	67.61	0.45	27.20	32.14	0.48	0.58	37.86	87.40	109.72	36.79	286.72	271.06	185762.62	67635.53	32110.40
42	410	300166	东方国信	67.48	0.41	10.97	13.56	0.40	0.87	34.29	34.27	51.33	23.66	113.57	212.28	282994.32	93110.91	22797.80
43	428	002519	银河电子	67.18	0.41	10.11	12.66	0.51	1.01	45.22	38.08	29.84	-0.77	149.97	153.78	357728.89	152634.05	24910.22
44	430	002439	启明星辰	67.15	0.29	11.44	14.94	0.59	0.88	36.36	130.66	28.29	11.36	144.04	264.82	282761.66	153395.82	25512.55
45	435	600100	同方股份	67.08	0.44	6.30	11.38	0.53	1.01	60.16	3.41	9.44	47.46	53.50	164.62	5686083.59	2844728.42	216280.73
46	447	300365	恒华科技	66.94	0.46	16.50	15.64	0.61	0.71	11.36	1459.14	72.11	22.17	171.78	223.73	72271.38	39178.59	9108.49
47	449	600850	华东电脑	66.89	0.95	9.49	19.48	1.41	1.48	61.11	19.46	5.41	21.34	44.54	175.17	477232.69	606137.89	32975.01
48	456	300183	东软载波	66.82	0.62	14.39	13.16	0.36	0.43	8.10	1589.52	28.08	20.50	15.33	170.87	246889.04	82532.64	27314.41
49	472	300366	创意信息	66.58	0.84	10.06	11.65	0.57	0.90	21.45	89.60	122.62	286.80	214.23	272.65	169253.05	62073.26	9746.33
50	476	002368	太极股份	66.54	0.49	4.99	9.58	0.97	1.34	62.51	24.84	13.48	7.50	118.35	154.36	580650.52	482948.72	20117.75
51	483	300393	中来股份	66.37	0.90	10.51	13.26	0.55	0.78	44.74	18.19	54.24	19.11	40.78	153.32	159816.54	73403.52	10770.44

续表

行业排名	全部上市公司排名	股票代码	股票简称	综合得分（100分）	每股收益（元）	总资产报酬率（%）	净资产收益率（%）	总资产周转率（次）	流动资产周转率（次）	资产负债率（%）	获利倍数	营业收入增长率（%）	资本扩张率（%）	市场投资回报率（%）	股价波动率（%）	年末资产额（万元）	营业收入（万元）	净利润（万元）
52	489	600406	国电南瑞	66.22	0.53	9.91	17.25	0.62	0.68	49.99	185.07	8.66	12.92	10.42	150.88	1629928.19	967801.35	132528.23
53	499	000938	紫光股份	66.06	0.74	6.14	8.46	2.44	3.83	57.22	4.86	19.78	28.10	238.30	354.98	628351.94	1334990.48	20254.78
54	501	002446	盛路通信	65.98	0.32	6.32	6.87	0.41	0.80	21.61	56.08	72.98	86.92	154.39	248.73	293528.07	90979.95	12129.75
55	502	002649	博彦科技	65.97	1.09	9.79	11.02	0.77	1.42	27.33	25.89	10.03	10.48	74.99	212.98	236780.46	171808.92	18069.65
56	508	000801	四川九洲	65.88	0.43	7.52	12.16	0.86	1.05	51.79	9.92	48.98	48.35	83.53	156.18	475775.11	333503.69	23343.07
57	513	000688	建新矿业	65.74	0.25	20.24	21.33	0.61	1.95	22.25	31.98	10.51	23.90	42.52	219.93	192187.84	109065.21	28795.82
58	519	600498	烽火通信	65.62	0.64	4.85	9.53	0.78	0.92	59.37	11.81	25.82	9.29	77.06	153.86	1907856.16	1348963.69	70724.54
59	524	300290	荣科科技	65.54	0.17	8.03	8.85	0.63	0.81	18.26	13.47	31.55	97.65	127.03	201.35	107012.48	54187.30	5827.28
60	525	300042	朗科科技	65.51	0.18	3.39	2.90	0.46	0.67	4.38	3652.96	91.52	1.44	195.56	220.89	88254.59	40413.99	2428.72
61	530	600845	宝信软件	65.46	0.85	6.68	10.05	0.68	0.84	37.68	103.88	−3.30	51.39	73.37	147.99	637702.12	393768.48	33144.25
62	533	002065	东华软件	65.42	0.74	13.21	15.28	0.59	0.84	22.82	61.29	8.86	36.79	35.06	178.19	1115671.37	562941.66	113894.29
63	537	002268	卫士通	65.25	0.34	8.12	11.94	0.70	0.96	45.16	71.89	29.65	12.08	93.58	205.32	262370.11	160312.38	16255.91
64	540	600571	信雅达	65.21	0.59	11.19	14.86	0.77	1.11	29.96	21.31	−2.22	53.58	115.37	369.71	157943.46	107635.95	13568.04
65	545	300377	赢时胜	65.16	0.53	13.27	13.04	0.52	0.74	9.36	96.70	25.03	7.77	81.44	341.19	50754.81	25010.52	5783.45
66	553	300297	蓝盾股份	65.06	0.13	9.51	12.31	0.56	0.96	44.12	6.30	90.69	75.41	372.42	260.09	225666.25	100092.52	12182.39
67	555	000555	神州信息	65.03	0.38	7.02	11.88	0.97	1.24	55.23	18.98	2.35	11.45	119.92	193.33	737166.09	671285.58	37198.73
68	562	300311	任子行	64.97	0.26	6.05	7.34	0.33	0.75	30.39	378.87	21.27	144.72	232.87	273.55	158537.98	35991.24	5707.93
69	566	002281	光迅科技	64.88	1.16	7.42	9.67	0.80	0.98	37.04	225.70	29.06	11.67	77.13	157.69	421544.05	313997.87	24326.16
70	574	300059	东方财富	64.79	1.09	14.51	36.76	0.19	0.22	65.55	0.00	359.59	335.00	108.43	261.16	2373347.57	281271.27	184851.38
71	578	300353	东土科技	64.72	0.17	8.44	8.71	0.41	0.80	18.39	43.21	66.90	161.20	169.91	287.04	142282.28	40255.32	6996.39
72	588	300379	东方通	64.54	0.61	8.73	8.71	0.25	0.48	8.88	209.52	22.22	7.64	200.34	284.55	92288.89	23727.72	7068.64
73	599	300101	振芯科技	64.35	0.14	9.37	12.00	0.42	0.54	34.73	2076.86	31.42	10.72	153.60	202.48	135616.81	53515.00	10109.13
74	603	300248	新开普	64.29	0.21	7.16	8.83	0.51	0.95	38.73	42.49	61.86	49.63	134.31	306.77	134533.82	51044.33	6070.76
75	604	300299	富春通信	64.28	0.21	7.86	8.29	0.35	0.74	17.77	15.10	69.79	213.99	466.51	344.37	161756.51	37842.45	7265.44
76	605	000977	浪潮信息	64.28	0.47	9.33	17.27	1.47	1.81	63.66	6.91	38.55	21.69	54.16	149.92	781935.46	1012300.04	44703.44
77	607	002467	二六三	64.27	0.08	3.13	3.25	0.33	0.73	16.11	0.00	−3.90	55.40	136.66	206.85	262699.38	71636.18	5891.85

续表

行业排名	全部上市公司排名	股票代码	股票简称	综合得分（100分）	每股收益（元）	总资产报酬率（%）	净资产收益率（%）	总资产周转率（次）	流动资产周转率（次）	资产负债率（%）	获利倍数	营业收入增长率（%）	资本扩张率（%）	市场投资回报率（%）	股价波动率（%）	年末资产额（万元）	营业收入（万元）	净利润（万元）
78	623	600756	浪潮软件	64.06	0.39	6.26	11.64	0.64	1.22	46.82	9.43	13.31	13.56	128.18	179.96	181338.81	122992.66	10558.06
79	624	300229	拓尔思	64.06	0.26	8.22	8.21	0.23	0.47	15.22	393.60	33.74	8.20	211.89	217.37	180658.32	38796.15	12101.67
80	626	300085	银之杰	64.05	0.14	7.90	8.96	0.58	0.95	22.79	281.38	222.53	8.84	133.14	286.56	117850.20	61966.37	7823.48
81	629	300310	宜通世纪	64.04	0.27	6.55	8.50	1.15	1.40	33.14	0.00	30.07	7.75	309.92	253.08	108841.12	118443.42	5966.32
82	649	603019	中科曙光	63.70	0.59	6.49	13.45	0.97	1.45	68.09	5.72	30.94	23.46	102.73	239.37	462142.88	366211.39	17952.74
83	656	300339	润和软件	63.66	0.64	6.64	8.18	0.31	0.94	35.51	12.34	53.92	115.79	138.41	289.03	499862.51	112858.40	19305.10
84	664	002261	拓维信息	63.61	0.48	8.19	9.16	0.27	0.61	17.53	9966.11	16.85	220.88	113.90	283.33	432337.75	76867.22	21419.41
85	665	300315	掌趣科技	63.60	0.19	8.33	9.59	0.17	1.09	18.48	271.55	45.05	59.34	68.15	166.50	787824.93	112377.86	50119.40
86	677	002401	中海科技	63.48	0.18	6.01	8.31	0.57	0.72	41.11	0.00	17.26	6.03	66.92	141.92	121537.41	65056.72	5776.37
87	689	000810	创维数字	63.38	0.42	10.60	18.89	0.90	0.98	55.33	36.86	17.31	16.87	50.52	286.85	526897.38	410782.99	41259.12
88	690	600050	中国联通	63.37	0.16	3.33	4.49	0.48	4.76	61.96	3.54	−3.99	1.61	25.37	139.57	61531938.31	27704852.91	1043439.42
89	695	000748	长城信息	63.31	0.16	3.48	4.14	0.41	0.81	30.31	7.77	24.22	86.41	93.98	137.00	645492.85	212393.18	14304.26
90	698	002405	四维图新	63.25	0.19	5.92	5.22	0.44	0.67	20.49	53.61	42.22	12.71	98.15	250.52	372821.90	150615.34	14594.67
91	757	300044	赛为智能	62.46	0.35	8.88	11.51	0.59	0.79	39.77	34.83	7.32	11.76	112.14	225.63	126108.53	66494.36	8281.55
92	758	600105	永鼎股份	62.45	0.40	7.41	9.81	0.75	1.37	32.94	35.44	16.94	26.81	134.38	277.18	338069.26	225562.44	19887.53
93	770	002217	合力泰	62.37	0.19	5.59	5.91	0.80	1.56	39.56	6.04	62.22	203.97	66.05	181.71	915465.35	495317.35	21718.02
94	777	300098	高新兴	62.29	0.19	5.72	6.34	0.36	0.70	20.21	20.87	46.55	237.06	228.32	230.22	429540.50	108059.32	14087.56
95	782	002089	新海宜	62.26	0.20	6.60	8.17	0.41	0.76	58.99	3.03	52.50	6.95	96.02	188.82	487999.26	174198.12	15811.35
96	802	600130	波导股份	61.97	0.08	4.96	6.55	1.48	1.88	29.93	92.80	19.28	7.36	115.47	257.73	137665.02	191177.05	6098.24
97	805	300352	北信源	61.90	0.26	8.81	9.19	0.53	0.67	13.76	0.00	78.89	19.43	158.36	256.22	97134.73	47001.53	7071.96
98	811	002583	海能达	61.84	0.16	8.05	11.80	0.60	0.99	50.33	8.27	27.09	14.15	173.06	195.59	460371.06	247755.69	25318.37
99	822	300253	卫宁健康	61.66	0.28	10.68	17.56	0.51	0.86	39.61	50.22	53.26	32.27	39.78	216.68	173485.50	75315.77	16149.15
100	832	002642	荣之联	61.47	0.53	6.78	7.06	0.39	0.73	23.24	24.13	3.24	39.28	99.84	191.01	465984.87	154619.48	21702.69
101	844	300287	飞利信	61.36	0.16	5.88	8.64	0.33	0.61	46.61	8.03	99.17	138.78	158.79	249.68	559858.16	135614.80	18327.90
102	865	600728	佳都科技	61.13	0.34	6.85	12.97	0.86	1.05	58.39	9.26	17.77	17.88	174.13	252.45	352881.01	266716.64	17599.50

续表

行业排名	全部上市公司排名	股票代码	股票简称	综合得分（100分）	每股收益（元）	总资产报酬率（%）	净资产收益率（%）	总资产周转率（次）	流动资产周转率（次）	资产负债率（%）	获利倍数	营业收入增长率（%）	资本扩张率（%）	市场投资回报率（%）	股价波动率（%）	年末资产额（万元）	营业收入（万元）	净利润（万元）
103	872	300288	朗玛信息	60.99	0.29	9.27	9.93	0.27	0.66	18.27	0.00	160.94	7.90	7.33	247.72	120675.72	31662.65	9438.58
104	880	000836	鑫茂科技	60.92	0.36	8.30	9.77	0.57	0.78	44.21	3.57	59.72	117.31	182.65	206.47	334913.65	160797.32	13324.19
105	888	300050	世纪鼎利	60.83	0.46	5.63	5.68	0.29	0.44	15.00	52.10	55.70	5.38	125.75	205.23	243132.30	69604.24	11432.89
106	894	002253	川大智胜	60.75	0.24	3.17	3.43	0.20	0.41	18.17	79.49	18.23	56.02	117.92	207.84	160707.37	26123.98	3703.75
107	898	000070	特发信息	60.70	0.33	4.23	7.40	0.74	1.11	55.30	10.47	28.04	43.33	191.70	253.23	404445.13	244979.74	11361.99
108	901	300348	长亮科技	60.58	0.28	5.47	6.20	0.53	0.88	30.14	37.21	75.04	45.54	96.83	377.37	100627.21	43624.61	3674.28
109	902	002017	东信和平	60.57	0.19	5.53	8.87	0.92	1.23	46.67	14.06	11.84	8.96	73.73	197.59	154637.88	143934.80	7016.99
110	904	300245	天玑科技	60.53	0.17	5.72	6.19	0.49	0.62	14.75	500.60	–3.43	0.67	251.46	207.69	81591.50	39499.56	4289.83
111	912	000892	星美联合	60.45	0.00	47.76	35.87	2.28	2.32	50.87	0.00	0.00	43.75	178.23	222.31	870.29	1343.58	130.03
112	915	300349	金卡股份	60.41	0.46	8.65	9.24	0.49	0.86	20.52	448.70	0.65	7.07	43.32	206.62	125415.02	59269.96	8907.66
113	929	600718	东软集团	60.23	0.31	4.35	5.12	0.71	1.20	47.23	6.08	–0.57	14.66	88.65	188.45	1211272.05	775169.17	30644.77
114	930	300010	立思辰	60.22	0.20	7.48	8.46	0.44	0.85	34.96	7.94	20.79	28.45	232.43	253.68	271107.75	102314.55	13259.97
115	937	002376	新北洋	60.16	0.25	8.47	9.82	0.42	0.86	31.83	12.52	22.01	5.19	62.12	186.00	308655.60	121087.65	20141.97
116	940	300399	京天利	60.10	0.22	9.17	8.01	0.40	0.45	3.98	0.00	33.87	–6.29	105.52	358.16	45183.84	18539.60	3592.16
117	952	600118	中国卫星	59.99	0.32	5.58	8.58	0.59	0.75	43.79	32.05	16.82	9.32	51.91	202.80	962525.06	544838.09	44417.21
118	956	002410	广联达	59.85	0.22	9.15	9.22	0.49	0.78	10.63	7755.31	–12.73	–1.68	16.67	175.24	308782.02	153583.37	25652.43
119	982	300025	华星创业	59.58	0.51	7.75	13.38	0.65	0.80	61.65	6.85	21.03	9.07	50.82	189.00	220022.59	128145.72	10821.68
120	992	300079	数码视讯	59.48	0.16	6.46	7.28	0.28	0.41	20.41	29.06	87.98	8.30	95.47	174.88	411848.51	102887.23	22952.07
121	1000	300075	数字政通	59.42	0.32	8.97	9.98	0.40	0.56	31.93	15.34	19.24	10.03	124.22	269.22	186082.83	65113.53	12063.23
122	1007	002308	威创股份	59.31	0.14	5.50	5.61	0.36	0.69	24.70	55.27	16.71	4.44	199.04	275.69	288171.98	93714.68	11913.25
123	1015	600775	南京熊猫	59.13	0.16	4.76	5.53	0.76	1.13	29.27	57.37	3.61	2.26	75.26	173.13	489179.94	361348.29	18911.92
124	1024	300386	飞天诚信	59.00	0.88	11.62	12.34	0.54	0.57	13.12	1968082	–15.63	7.70	–8.29	216.62	175407.06	91159.61	18139.10
125	1031	002421	达实智能	58.92	0.27	5.19	7.24	0.46	0.69	44.81	113.47	35.49	52.97	62.64	240.86	484355.55	171130.87	15992.64
126	1036	600640	号百控股	58.85	0.09	1.87	1.78	0.91	1.32	16.75	0.00	41.98	1.11	31.37	129.99	368861.16	338098.91	5448.03
127	1054	600990	四创电子	58.53	0.84	5.52	12.06	0.86	1.19	67.52	5.71	48.30	11.97	15.64	177.68	319653.95	249813.86	11851.46
128	1067	002491	通鼎互联	58.40	0.16	6.54	8.50	0.60	0.97	45.03	3.97	3.01	30.40	190.22	373.71	523082.66	312232.73	21589.31

续表

行业排名	全部上市公司排名	股票代码	股票简称	综合得分（100 分）	每股收益（元）	总资产报酬率（%）	净资产收益率（%）	总资产周转率（次）	流动资产周转率（次）	资产负债率（%）	获利倍数	营业收入增长率（%）	资本扩张率（%）	市场投资回报率（%）	股价波动率（%）	年末资产额（万元）	营业收入（万元）	净利润（万元）
129	1072	002331	皖通科技	58.34	0.24	5.28	6.06	0.53	0.66	29.08	120.62	12.89	5.31	111.40	317.22	178763.67	88203.70	7485.47
130	1073	300038	梅泰诺	58.33	0.35	3.88	3.53	0.31	0.48	31.25	2.89	20.83	88.10	188.65	230.39	302275.53	76804.94	5617.35
131	1079	002315	焦点科技	58.26	1.34	8.15	8.07	0.22	0.26	17.61	2121.71	−3.02	10.49	81.00	181.27	245422.11	49451.52	15539.63
132	1106	300213	佳讯飞鸿	57.90	0.32	7.47	9.61	0.67	1.03	44.10	14.19	21.74	−6.05	63.16	137.76	165083.68	101253.23	9150.10
133	1132	000547	航天发展	57.64	0.23	5.13	5.45	0.22	0.35	18.91	15.87	31.16	125.90	37.06	178.00	678504.36	112272.55	21616.46
134	1144	300333	兆日科技	57.44	0.12	8.60	7.03	0.23	0.30	4.65	0.00	10.87	3.74	448.73	321.55	89102.29	20014.31	5861.98
135	1145	000851	高鸿股份	57.44	0.14	4.34	4.13	1.17	1.60	55.53	2.42	4.86	3.89	37.02	160.05	648779.61	742491.23	11705.70
136	1148	600485	信威集团	57.38	0.65	15.65	17.40	0.23	0.27	27.12	16.41	13.22	19.12	−31.30	221.43	1753511.16	357421.65	204474.19
137	1159	002184	海得控制	57.25	0.35	7.06	9.80	1.00	1.25	51.79	5.48	12.82	5.64	97.54	212.84	193916.87	174198.39	8914.76
138	1166	300380	安硕信息	57.17	0.16	4.14	4.74	0.59	0.68	16.60	0.00	37.82	5.56	106.09	354.73	53616.91	30325.19	2064.06
139	1171	000561	烽火电子	57.12	0.13	5.07	8.63	0.52	0.61	50.33	18.68	16.31	8.42	61.67	183.75	226640.46	107706.96	9335.92
140	1179	002232	启明信息	57.03	0.01	0.66	0.43	0.83	1.33	35.61	341.77	0.10	0.36	102.48	210.54	168094.73	138899.21	460.73
141	1181	600706	曲江文旅	57.00	0.27	5.43	5.79	0.57	1.64	51.75	2.88	−8.58	6.33	58.13	157.96	173255.49	98936.55	4699.03
142	1197	600654	中安消	56.84	0.22	7.26	10.12	0.37	0.54	54.62	6.52	71.01	10.52	186.27	284.40	640621.39	197616.43	28011.58
143	1210	300211	亿通科技	56.67	0.07	2.46	2.37	0.39	0.65	16.25	72.22	7.39	1.54	186.76	256.69	59498.77	22702.08	1173.31
144	1239	002063	远光软件	56.16	0.20	6.23	6.61	0.46	0.61	15.65	0.00	11.98	6.48	29.39	210.13	203590.73	91478.69	11001.15
145	1243	600289	亿阳信通	56.11	0.19	4.54	5.29	0.41	0.59	32.95	12.32	2.18	2.97	91.22	194.24	300474.89	119753.65	10511.85
146	1245	300370	安控科技	56.07	0.33	9.10	12.82	0.45	0.68	46.31	6.47	27.84	87.46	22.58	204.76	154210.93	54764.70	8137.05
147	1253	000021	深科技	55.96	0.12	2.60	3.52	1.07	1.39	63.69	3.87	−6.58	3.10	55.86	170.47	1433751.53	1536181.48	18066.03
148	1285	000682	东方电子	55.51	0.05	4.36	6.21	0.65	0.91	41.99	17.37	13.18	8.11	52.05	165.27	326842.53	208325.76	11340.39
149	1299	603636	南威软件	55.32	0.63	5.84	7.24	0.29	0.36	29.21	0.00	5.93	7.12	157.27	250.79	123227.65	34249.33	6107.76
150	1300	000670	*ST 盈方	55.32	0.03	3.11	3.45	0.51	0.75	21.40	40.12	114.80	5.65	51.77	165.85	72629.21	37572.10	1914.36
151	1303	600588	用友网络	55.28	0.23	4.91	6.53	0.45	0.77	44.47	3.98	1.76	36.47	38.54	201.66	1091858.53	445127.20	34299.25
152	1352	300074	华平股份	54.65	0.06	3.02	3.05	0.29	0.59	15.38	72.23	49.95	3.83	78.65	196.98	124450.79	33121.31	3150.80
153	1363	600776	东方通信	54.56	0.14	5.24	5.74	0.97	1.20	19.34	345.42	−3.92	3.18	35.70	209.66	371730.70	356592.55	16933.63

续表

行业排名	全部上市公司排名	股票代码	股票简称	综合得分（100分）	每股收益（元）	总资产报酬率（%）	净资产收益率（%）	总资产周转率（次）	流动资产周转率（次）	资产负债率（%）	获利倍数	营业收入增长率（%）	资本扩张率（%）	市场投资回报率（%）	股价波动率（%）	年末资产额（万元）	营业收入（万元）	净利润（万元）
154	1367	002316	键桥通讯	54.54	0.06	3.05	1.96	0.44	0.61	56.22	1.44	63.94	2.51	126.18	213.12	196043.22	84849.80	1663.25
155	1373	002339	积成电子	54.40	0.38	9.26	10.91	0.59	0.77	32.94	16.87	15.97	11.07	89.36	261.15	234416.37	128578.55	16298.50
156	1378	300065	海兰信	54.31	0.17	3.45	3.56	0.26	0.39	18.33	22.46	−16.55	98.45	114.25	179.95	165728.02	32781.25	3621.35
157	1380	002151	北斗星通	54.26	0.19	2.35	2.30	0.39	0.82	26.58	7.27	16.12	108.59	49.27	139.09	379180.32	110785.36	4741.75
158	1392	300184	力源信息	53.99	0.10	5.88	6.33	1.06	1.78	31.53	7.11	61.77	8.83	181.28	295.03	100481.53	102038.10	4180.02
159	1396	300096	易联众	53.96	0.05	2.61	2.63	0.41	0.51	21.88	99.96	−6.98	5.34	151.38	246.12	92622.82	37409.92	1856.20
160	1398	300168	万达信息	53.93	0.23	8.23	12.54	0.42	0.82	61.02	4.11	21.11	17.72	25.95	244.11	507608.24	186856.16	22942.30
161	1430	300212	易华录	53.39	0.37	6.16	8.00	0.41	0.52	43.75	3.75	2.15	137.99	62.95	207.20	465496.90	161393.07	14882.45
162	1447	300300	汉鼎股份	53.06	0.21	6.81	10.28	0.50	0.58	50.98	9.54	−4.49	6.58	203.62	231.65	161779.25	71260.51	7898.43
163	1469	300378	鼎捷软件	52.80	0.06	1.29	1.07	0.67	0.90	26.94	13.88	−3.14	−1.20	98.09	245.35	155070.79	102011.66	1215.69
164	1470	300047	天源迪科	52.80	0.20	4.10	5.74	0.78	1.19	43.90	4.80	41.29	7.64	141.13	265.38	241727.85	167661.50	7506.31
165	1482	002544	杰赛科技	52.66	0.21	5.39	9.09	0.71	0.88	64.98	2.99	17.82	8.26	11.06	135.45	351293.69	229377.75	10758.82
166	1501	600797	浙大网新	52.38	0.25	8.50	12.08	1.18	1.82	49.68	3.49	12.00	27.79	89.22	191.90	427838.91	526921.08	23189.02
167	1507	002383	合众思壮	52.29	0.31	3.58	3.84	0.35	0.81	26.20	9.01	54.54	25.50	63.50	170.41	248992.86	75706.92	6335.95
168	1512	300045	华力创通	52.22	0.06	2.94	3.28	0.37	0.57	21.43	33.54	2.88	7.49	184.36	226.37	115809.39	41499.34	2879.03
169	1514	002362	汉王科技	52.19	0.02	1.39	0.67	0.43	0.72	11.98	814.07	2.79	1.74	87.21	223.61	85067.75	36415.89	499.08
170	1517	300002	神州泰岳	52.17	0.18	6.01	5.92	0.48	1.08	15.60	148.36	8.81	1.08	3.29	190.54	590657.94	277348.73	29377.65
171	1526	300150	世纪瑞尔	52.03	0.21	8.14	7.75	0.24	0.26	10.68	0.00	17.85	4.63	72.51	155.61	170661.43	39189.02	11546.35
172	1547	002095	生意宝	51.67	0.07	3.61	3.56	0.30	0.39	14.16	0.00	10.30	1.79	177.50	205.76	59184.56	17613.59	1792.11
173	1548	300270	中威电子	51.66	0.16	5.81	7.43	0.35	0.47	25.51	70.81	24.15	9.70	193.08	234.85	77562.80	25245.28	4102.19
174	1574	600601	方正科技	51.26	0.05	3.23	3.09	0.70	1.43	61.37	2.12	−5.05	3.44	30.81	216.88	946228.84	651566.92	11106.79
175	1584	300277	海联讯	51.16	0.06	0.61	1.05	0.61	0.82	25.98	8.26	2.71	3.39	185.46	253.12	64045.15	41056.84	491.80
176	1591	002296	辉煌科技	51.13	0.20	5.59	5.28	0.28	0.36	32.27	4.44	7.69	4.58	35.25	170.69	214298.21	56602.69	7492.38
177	1592	002194	武汉凡谷	51.11	0.13	3.63	3.69	0.70	0.93	18.18	0.00	−0.07	0.96	53.66	213.21	249633.93	177118.34	7503.41
178	1644	600410	华胜天成	50.15	0.08	2.70	3.87	0.72	1.00	58.14	2.40	12.02	6.71	23.23	228.61	677763.37	479298.30	10631.16

续表

行业排名	全部上市公司排名	股票代码	股票简称	综合得分（100分）	每股收益（元）	总资产报酬率（%）	净资产收益率（%）	总资产周转率（次）	流动资产周转率（次）	资产负债率（%）	获利倍数	营业收入增长率（%）	资本扩张率（%）	市场投资回报率（%）	股价波动率（%）	年末资产额（万元）	营业收入（万元）	净利润（万元）
179	1649	600536	中国软件	50.11	0.12	2.83	4.00	0.73	0.91	49.06	4.57	12.31	21.05	-3.68	166.48	552302.57	363039.21	10268.70
180	1653	600552	方兴科技	50.09	0.29	5.24	5.99	0.32	0.54	48.58	5.63	19.90	37.00	19.04	198.36	460126.77	112965.27	12255.86
181	1680	300209	天泽信息	49.69	0.01	0.11	-0.10	0.31	0.44	7.74	57.29	70.51	6.42	126.51	248.65	100494.90	29458.67	-88.30
182	1684	000971	高升控股	49.63	0.01	1.31	0.31	0.16	0.74	8.48	4.26	199.70	6728.74	170.34	298.57	178042.66	15740.60	260.19
183	1693	002474	榕基软件	49.54	0.03	1.13	1.13	0.35	0.47	27.51	3.62	4.23	1.89	121.04	224.92	190647.12	62360.21	1545.02
184	1712	000586	汇源通信	49.11	0.09	3.94	7.23	0.81	0.97	51.76	13.14	-8.41	8.60	92.65	135.84	53045.67	43495.38	1775.88
185	1715	600288	大恒科技	49.06	0.06	2.50	2.51	0.86	1.27	40.60	3.41	-19.93	1.86	69.95	224.84	306621.64	268202.61	4536.13
186	1730	000045	深纺织A	48.81	0.02	1.73	0.39	0.42	0.71	26.77	7.31	1.30	-0.99	42.55	162.67	296939.50	122674.68	849.72
187	1744	002115	三维通信	48.56	0.05	2.25	1.99	0.42	0.56	53.10	1.70	-4.37	1.01	84.72	202.18	206779.07	86502.01	1918.03
188	1770	600345	长江通信	48.02	0.37	4.04	4.71	0.35	0.74	14.68	13.80	-33.33	4.09	59.46	156.43	167633.55	57733.32	6606.48
189	1777	300167	迪威视讯	47.97	0.03	2.95	2.26	0.29	0.43	37.44	3.62	43.70	5.24	69.33	257.37	121957.25	33637.97	1683.43
190	1784	002161	远望谷	47.87	0.02	0.88	0.69	0.28	0.66	13.53	3.43	-20.99	7.39	177.19	246.79	189002.04	50728.31	1082.16
191	1785	000948	南天信息	47.87	0.08	1.71	1.36	0.82	1.20	45.08	1.67	16.91	1.10	84.56	274.83	260762.40	213801.44	1942.14
192	1795	002231	奥维通信	47.76	0.02	1.16	0.71	0.46	0.52	22.07	5.95	-11.10	0.18	105.11	262.15	84945.84	38980.12	472.88
193	1814	300134	大富科技	47.29	0.15	3.91	3.81	0.53	1.41	41.33	3.12	-15.92	-1.05	31.64	187.53	434926.84	206076.04	9783.39
194	1834	300020	银江股份	46.85	0.18	3.28	4.75	0.44	0.53	43.11	4.89	-16.56	42.71	93.22	259.84	472962.07	193500.20	10861.82
195	1848	000066	长城电脑	46.48	-0.03	1.24	-2.26	1.84	2.39	77.94	1.24	-3.78	2.33	240.30	204.31	3945606.72	7293585.17	-19480.97
196	1894	300081	恒信移动	45.30	0.08	0.44	0.15	0.51	0.80	15.72	1.24	-28.84	3.22	87.98	285.57	97540.81	47488.01	117.44
197	1899	002052	同洲电子	45.21	0.10	4.40	5.63	0.34	0.50	49.82	2.29	-35.82	82.37	54.37	135.10	306752.90	102806.77	6713.67
198	1993	000909	数源科技	42.88	0.10	1.47	2.63	0.49	0.53	79.81	1.85	49.97	-0.33	129.28	227.19	439522.25	234568.14	2332.93
199	2001	300177	中海达	42.66	0.00	0.14	0.01	0.40	0.55	12.63	1.92	-7.16	49.19	36.83	162.97	190346.83	63798.47	15.91
200	2022	002312	三泰控股	42.05	-0.04	1.10	-1.25	0.29	0.44	35.48	0.70	13.52	169.38	103.83	291.64	687508.21	142629.14	-3792.79
201	2034	300052	中青宝	41.70	0.25	7.67	6.16	0.25	0.66	17.62	5.48	-29.91	3.53	34.59	158.10	125585.83	34309.09	6260.69
202	2037	300264	佳创视讯	41.68	0.03	0.54	0.23	0.22	0.26	6.15	0.00	-2.59	-2.50	209.97	231.57	66286.38	14603.78	145.37
203	2065	002313	日海通讯	40.73	-0.09	0.35	-2.21	0.65	0.80	49.73	0.41	18.14	-1.51	31.20	179.83	440245.59	286924.68	-4936.35

续表

行业排名	全部上市公司排名	股票代码	股票简称	综合得分（100分）	每股收益（元）	总资产报酬率（%）	净资产收益率（%）	总资产周转率（次）	流动资产周转率（次）	资产负债率（%）	获利倍数	营业收入增长率（%）	资本扩张率（%）	市场投资回报率（%）	股价波动率（%）	年末资产额（万元）	营业收入（万元）	净利润（万元）
204	2094	300312	邦讯技术	39.48	0.06	1.70	0.86	0.34	0.39	51.39	1.39	3.87	-0.90	106.58	233.47	165169.20	53345.09	696.86
205	2098	300076	GQY视讯	39.35	0.02	0.76	0.46	0.18	0.25	4.91	5.21	-23.01	-1.12	142.45	213.32	112021.01	20351.94	489.96
206	2111	600652	游久游戏	38.73	0.09	0.53	-0.90	0.41	1.72	15.19	0.45	-15.21	-22.33	228.61	304.50	244619.50	142047.70	-2144.02
207	2117	600198	大唐电信	38.53	0.03	3.43	1.04	0.62	0.99	68.55	1.22	7.75	1.58	49.05	229.72	1379458.08	860258.88	4497.86
208	2123	002417	三元达	38.38	0.11	5.79	6.65	0.44	0.47	57.24	3.78	-8.07	6.50	112.53	216.34	104585.95	47877.60	2883.63
209	2129	002093	国脉科技	38.25	0.05	3.69	2.94	0.19	0.38	52.61	1.57	8.09	2.96	139.79	252.60	284745.60	49750.11	3914.90
210	2139	600392	盛和资源	37.95	0.02	3.09	1.37	0.53	0.66	38.71	2.36	-27.49	8.41	4.08	107.43	229465.84	109815.43	1851.87
211	2145	300282	汇冠股份	37.77	-0.48	-2.60	-6.34	0.77	1.64	40.63	-5.57	98.57	-6.54	144.04	215.59	217286.07	163573.07	-8460.13
212	2147	002369	卓翼科技	37.76	-0.11	-0.90	-4.02	1.17	2.00	58.25	-0.92	5.37	-4.01	34.63	169.06	320856.69	377946.51	-5496.52
213	2158	300330	华虹计通	37.40	-0.08	-2.38	-3.19	0.36	0.46	24.61	0.00	-6.59	-4.87	74.29	167.66	55153.90	21209.12	-1361.48
214	2161	600608	*ST沪科	37.38	0.11	26.01	571.37	0.82	1.01	91.18	7.61	-68.15	0.00	49.79	177.31	26768.30	19017.16	3497.60
215	2200	300051	三五互联	34.98	-0.24	-8.14	-11.85	0.23	0.72	31.71	-50.70	-11.05	68.88	165.12	230.00	135400.47	24896.41	-8723.59
216	2219	300028	金亚科技	33.25	0.04	4.58	3.24	0.23	0.33	64.23	2.66	-53.22	-24.60	217.42	220.37	94990.59	24837.98	1280.75
217	2221	600462	石岘纸业	33.14	-0.07	-8.05	-11.38	0.60	0.97	27.30	-83.14	-13.38	-8.54	118.19	165.46	40319.54	25060.73	-3491.21
218	2270	002577	雷柏科技	30.41	-1.58	-29.92	-35.73	0.30	0.56	28.79	-7035.09	-4.04	-28.99	109.37	216.77	145278.17	50028.11	-44507.92
219	2288	600476	湘邮科技	29.46	-0.25	-9.92	-18.73	0.57	0.72	43.47	-9.54	25.81	-17.13	101.48	164.93	33844.02	20304.04	-3954.23
220	2290	300322	硕贝德	29.25	-0.26	-8.94	-19.93	0.64	1.36	56.65	-8.53	-8.06	-15.69	70.03	193.05	128591.44	77058.54	-12146.27
221	2300	002148	北纬通信	28.40	-0.07	-2.01	-2.20	0.17	0.37	8.66	0.00	-14.95	-1.69	18.78	215.23	111116.97	19360.52	-2252.04
222	2381	601519	大智慧	23.27	-0.23	-14.04	-16.09	0.21	0.32	10.03	-5849.90	-20.61	-14.40	114.36	312.44	289514.53	65134.11	-45424.27
223	2393	600764	中电广通	22.60	-0.38	-6.77	-18.25	0.31	0.64	50.79	-3.18	-43.09	-17.36	101.30	213.14	122404.28	40916.34	-12146.26
224	2421	600680	上海普天	21.23	-0.25	-1.65	-7.32	0.40	0.75	59.16	-1.14	-29.74	-7.60	231.57	342.22	317124.88	125546.30	-9870.59
225	2472	300275	梅安森	17.74	-0.40	-9.12	-10.67	0.17	0.25	29.88	-14.88	-49.40	-14.79	129.93	200.97	86185.71	13905.79	-7005.48
226	2499	300397	天和防务	15.34	-0.46	-3.70	-4.17	0.05	0.06	23.18	-12.11	-65.08	-3.87	2.44	230.66	162074.73	7787.38	-5296.03
227		603996	中新科技	61.15	0.72	7.06	10.17	1.59	1.90	50.01	5.78	43.85	77.49	73.07	26.66	271587.23	346316.33	10792.99
228		300496	中科创达	72.05	1.55	16.12	17.71	0.76	0.92	18.56	58.48	36.10	186.49	73.07	94.11	119626.97	61546.33	11638.28
229		603508	思维列控	73.71	2.25	17.68	17.68	0.42	0.48	10.06	11944.72	14.60	197.41	73.07	26.64	254407.50	73537.70	27037.07

续表

行业排名	全部上市公司排名	股票代码	股票简称	综合得分（100分）	每股收益（元）	总资产报酬率（%）	净资产收益率（%）	总资产周转率（次）	流动资产周转率（次）	资产负债率（%）	获利倍数	营业收入增长率（%）	资本扩张率（%）	市场投资回报率（%）	股价波动率（%）	年末资产额（万元）	营业收入（万元）	净利润（万元）
230		300456	耐威科技	66.18	0.63	10.75	11.56	0.32	0.42	12.08	37.66	0.93	116.95	73.07	121.54	66481.01	17097.39	4937.21
231		002777	久远银海	69.67	0.95	9.34	16.66	0.55	0.64	49.67	100.08	23.00	67.91	73.07	0.00	94425.67	44981.79	6317.58
232		300493	润欣科技	63.49	0.46	9.73	11.55	2.10	2.12	29.66	17.72	13.14	77.46	73.07	94.13	64843.76	114340.07	4118.56
233		603936	博敏电子	61.20	0.49	5.87	8.60	0.72	1.61	50.19	4.39	7.27	68.47	73.07	90.83	178520.47	113025.46	6095.85
234		300494	盛天网络	74.44	0.85	15.09	14.22	0.41	0.47	7.30	0.00	3.49	184.56	73.07	0.00	85890.92	23978.82	7650.99
235		300468	四方精创	69.21	0.57	9.38	9.21	0.51	0.63	5.36	0.00	−11.14	134.19	73.07	152.91	81463.50	30032.97	5063.82
236		603025	大豪科技	70.17	0.43	16.55	15.44	0.48	0.63	6.64	0.00	−6.30	59.91	73.07	161.19	158227.66	62172.70	18532.68
237		300458	全志科技	73.60	0.89	8.80	10.11	0.81	0.94	14.14	1212.24	−2.62	53.40	73.07	164.36	178505.71	120946.55	12797.54
238		300433	蓝思科技	74.35	2.35	9.68	17.28	0.89	2.31	49.09	13.81	18.83	40.64	73.07	165.22	2049183.65	1722738.47	154218.09
239		300465	高伟达	64.94	0.35	6.58	7.49	1.21	1.41	14.03	12.03	−5.75	109.64	73.07	184.37	86671.61	93862.40	4122.89
240		300440	运达科技	66.79	1.25	12.24	15.04	0.39	0.43	26.27	0.00	26.66	125.08	73.07	191.07	160125.94	45988.54	12822.76
241		300394	天孚通信	72.74	1.44	23.03	20.60	0.45	0.61	4.28	0.00	18.14	108.01	73.07	197.33	70742.44	23703.09	10326.56
242		300467	迅游科技	75.21	0.38	20.06	20.46	0.53	0.73	10.72	0.00	−3.48	320.46	73.07	199.71	49794.62	17186.79	5628.26
243		002771	真视通	66.34	0.86	7.67	14.77	0.78	0.85	48.94	414.75	21.82	101.54	73.07	203.78	106420.12	70871.55	6003.98
244		603118	共进股份	64.40	0.88	7.59	13.93	1.62	2.19	49.70	12.68	18.44	80.05	73.07	203.91	463390.29	653243.13	25249.48
245		300451	创业软件	65.33	0.82	8.42	10.52	0.62	0.75	32.54	0.00	5.01	73.79	73.07	210.27	88845.13	42597.16	4968.45
246		603918	金桥信息	61.98	0.47	6.86	10.08	0.93	1.05	40.29	10.65	8.83	74.70	73.07	211.64	77676.16	63983.62	3676.94
247		300479	神思电子	68.52	0.71	14.44	16.51	0.90	1.16	18.95	223.39	41.10	109.66	73.07	218.74	50024.93	34919.49	4942.49
248		300418	昆仑万维	69.30	0.37	15.66	21.96	0.67	1.20	31.08	123.15	−7.50	164.85	73.07	242.23	388848.43	178914.06	40528.84
249		300431	暴风科技	68.12	0.70	18.68	33.04	0.72	1.08	50.62	183.76	68.85	130.27	73.07	296.16	134850.52	65211.01	15779.10
250		300448	浩云科技	68.38	0.90	15.04	15.97	0.88	1.00	14.42	43.74	20.56	139.38	73.07	263.35	67996.95	46569.14	6588.39
251		300469	信息发展	57.49	0.65	9.20	15.16	0.79	0.89	49.37	6.10	18.89	109.26	73.07	265.45	68815.46	43790.00	3903.86
252		300419	浩丰科技	60.52	1.42	6.81	7.44	0.40	0.78	10.08	0.00	24.79	436.49	73.07	250.94	144174.89	35444.30	5722.04
253		600959	江苏有线	67.74	0.28	5.39	7.71	0.28	1.01	31.29	16.88	5.89	36.97	73.07	249.97	1858444.92	466145.39	85146.23
254		600074	保千里	65.92	0.18	25.31	33.96	0.90	1.41	45.60	13.71	124.03	94.35	178.20	257.98	266992.77	165699.35	37347.54
255		002036	联创电子	65.18	0.45	11.28	14.41	0.75	1.30	45.34	9.95	253.75	98.90	263.38	346.60	286608.41	142332.67	16963.28
256		002517	恺英网络	79.81	1.17	61.15	95.45	2.14	3.28	43.31	70.07	598.50	27.99	320.09	332.85	135488.37	233930.45	65297.39
257		002027	分众传媒	82.55	7.55	60.61	129.44	1.32	1.53	62.12	0.00	2075.08	856.00	465.10	479.84	1250166.80	862741.16	338577.28

第十一章 电力行业

2015年，在宏观经济增长放缓的大背景下，全国电力供需形势总体宽松，电力行业处于整体增长乏力、内部结构不断调整、改革持续推进的态势中。全国全社会用电量55500亿千瓦时，同比增长0.5%，增速同比回落3.3个百分点，用电需求增长乏力，电力消费需求的特点也随之发生转变。

从供给来看，火电发电量继续下滑，清洁能源发电占比逐步提升。全年电力供需总体宽松平衡。火电行业出现产能过剩。受煤炭价格维持低位、大型水电站投产、资金面宽松等方面利好因素影响，电力行业总体维持一定的盈利水平。

2015年，电改配套文件密集出台改革的步伐正在逐步加快。预计未来，在宏观经济增速放缓的新常态下，电力需求也将逐步放缓，改革将逐步深化，电力工业需抓住改革契机谋求转型。

一、电力行业上市公司业绩评价结果

截至2015年末，电力行业A股上市公司共计62家，其中盈利59家，亏损3家，即有95.16%的公司实现盈利，比2014年上升3.93%个百分点；电力行业上市公司总资产共计26417.29亿元，占全部上市公司总资产的6.64%。

2015年，全部上市公司共计完成营业收入237486.36亿元，电力行业62家全部上市公司完成营业收入7216.10亿元，占全部上市公司营业收入的3.04%，占比较去年略有上升；全部上市公司共计实现净利润10607.50亿元，电力行业上市公司实现净利润1170.60亿元，占全部上市公司实现净利润的11.04%。

2015年电力行业整体评价结果为，行业业绩综合得分67.1分，较全市场综合得分61.7分高8.75%。62家电力行业上市公司中有7家公司进入2015年上市公司业绩评价综合得分的百强名单，分别为桂冠电力、东方能源、华电国际、涪陵电力、福能股份、浙能电力和粤电力A。电力行业上市公司业绩为AAA的有1家；业绩为A的5家；业绩为B的共28家（其中BBB的14家；BB的5家；B的9家）；业绩为C的有28家（其中CCC的11家；CC的8家；C的9家）。

表 11 – 1　2014 年度电力行业中联十强排行榜

名次	股票代码	股票简称	业绩得分	在全部上市公司中排名
1	600236	桂冠电力	85.41	1
2	000958	东方能源	77.59	50
3	600027	华电国际	77.00	55
4	600452	涪陵电力	76.75	57
5	600483	福能股份	76.69	58
6	600023	浙能电力	75.58	72
7	000539	粤电力 A	74.56	91
8	600098	广州发展	73.99	108
9	600011	华能国际	73.67	114
10	600900	长江电力	73.32	125

基于对电力行业上市公司的整体评价，下面分别从财务效益状况、资产质量状况、偿债风险状况、发展能力状况、市场表现状况五个方面对电力行业上市公司进行具体分析。

（一）财务效益状况

表 11-2 列示了电力行业上市公司财务效益状况评价结果。从综合得分来看，2015 年电力行业上市公司财务效益优于上市公司平均水平，较 2014 年比较有所下降。

根据财务效益状况指标进行具体分析：与上市公司平均值比较，2015 年电力行业上市公司财务效益指标均高于上市公司平均水平；与 2014 年行业情况相比较，扣除非经常性损益净资产收益率、总资产报酬率、盈利现金保障倍数指标较去年有所下降，营业利润率较 2014 年增长 15.26%。从总体情况来看，电力行业上市公司财务效益状况较去年稍弱。就电力行业具体上市公司的财务效益得分情况而言，有 37 家上市公司财务效益超过全部上市公司平均水平。其中，华电国际、粤电力 A、华能国际和国投电力 4 家电力行业上市公司在财务效益方面获得 35 分满分。长源电力扣除非经常性损益净资产收益率、总资产报酬率、营业利润率和盈利现金保障倍数分别达到 26.63 %、16.26%、18.75% 和 2.90，与全体上市公司和电力行业上市公司相比表现较为突出。

表 11 – 2　电力行业财务效益状况比较表

分析指标		2015 年上市公司平均值	2015 年行业值	2014 年行业值	增长率（%）
基本指标	扣除非经常性损益净资产收益率 (%)	5.61	12.96	13.66	–5.12
	总资产报酬率 (%)	5.11	8.54	8.63	–1.04
	得分	20.79	28.92	29.87	–3.18
修正指标	营业利润率 (%)	5.06	19.11	16.58	15.26
	盈利现金保障倍数	2.2	2.42	2.43	–0.41
	股本收益率 (%)	30.96	47.75	49.84	–4.19
综合得分		22.12	28.37	29.36	–3.37

（二）资产质量状况

表 11-3 列示了电力行业上市公司资产质量状况评价结果。从综合得分来看，电力行业上市公司资产质量状况优于上市公司平均水平。从资产质量状况指标来看，流动资产周转率、应收账款周转率和存货周转率高于上市公司平均值，总资产周转率指标低于上市公司平均水平。与 2014 年行业情况相比，除应收账款周转率指标外，其他指标均显示电力行业上市公司在资产周转性较上年呈现

下降趋势，总资产周转率和流动资产周转率分别较去年下降了15.15%和13.06%。电力行业中有50家上市公司超过全部上市公司平均水平，其中涪陵电力、申能股份、金山股份、通宝能源、明星电力、岷江水电、西昌电力、文山电力和乐山电力9家电力行业上市公司在资产质量方面获得15分满分。涪陵电力总资产周转率为1.21，流动资产周转率为3.46，显著高于行业内其他公司。

表 11－3 电力行业资产质量状况比较表

分析指标		2015年上市公司平均值	2015年行业值	2014年行业值	增长率（%）
基本指标	总资产周转率（次）	0.64	0.28	0.33	−15.15
	流动资产周转率（次）	1.3	2.33	2.68	−13.06
	得分	9.44	9.41	9.98	−5.71
修正指标	应收账款周转率（次）	8.25	9.06	9.02	0.44
	存货周转率（次）	2.74	10.24	13.84	−26.01
综合得分		9.17	12.69	13.11	3.20

（三）偿债风险状况

表11-4列示了电力行业上市公司偿债风险状况评价结果。电力行业公司一直是资产负债率较高的行业，从综合得分来看，电力行业得分值低于全部上市公司平均值，偿债风险状况仍然高于上市公司平均水平。与2014年的情况相比，资产负债率下降了1.65%，获利倍数、速动比率、现金流动负债比率和带息负债比率分别较去年提高5.21%、2.45%、7.87%和3.46%。受2015年央行降息的影响，电力行业企业在资本结构上较往年有进一步优化的趋势，但资产负债率仍高于全部上市公司的平均值。从行业内具体公司来看，电力行业上市公司中有18家企业大于等于上市公司平均水平。

其中该指标得分较高的公司有涪陵电力、联美控股、宁波热电等，东方市场资产负债率和已获利息倍数分别为26.45%和13.95，均明显高于行业平均水平。

表 11－4 电力行业偿债风险状况比较表

分析指标		2015年上市公司平均值	2015年行业值	2014年行业值	增长率（%）
基本指标	资产负债率(%)	60.36	65.15	66.24	−1.65
	获利倍数	3.74	3.23	3.07	5.21
	得分	8.95	7.27	6.78	7.23
修正指标	速动比率(%)	73.47	39.75	38.8	2.45
	现金流动负债比率(%)	13.88	41.39	38.37	7.87
	带息负债比率（%）	51.38	76.02	73.46	3.46
综合得分		8.89	5.9	5.56	6.12

（四）发展能力状况

表 11-5 列示了电力行业上市公司发展能力状况评价结果。从综合得分来看，电力行业上市公司发展能力与全部上市公司平均水平持平。从具体指标来看，电力行业在营业收入增长率及营业利润增长率指标上优于整体平均水平，其余指标低于全部上市公司平均水平。与 2014 年电力行业上市公司发展能力状况相比，除三年营业收入增长外，其他指标较去年有均有所回升。其主要原因是由于宏观经济增速放缓，全社会用电需求乏力，导致全行业营业收入较去年有所下降，营业收入增长率继续呈下降趋势。但受益于电煤价格低位运行，火电成本依然在低位徘徊，水电发电量快速增长，因此电力行业整体保持了较好的盈利水平。

在电力行业上市公司中，17 家企业在发展能力方面得分超过全部上市公司平均水平，桂冠电力、中国核电、金山股份、华电国际在发展能力方面得分较高。其中，桂冠电力表现较为突出，2015 年营业收入增长率达 80.78%，营业利润增长率达到 263.35%，资本扩张率达到 151.84 %。

表 11－5　　电力行业发展能力状况比较表

分析指标		2015 年上市公司平均值	2015 年行业值	2014 年行业值	增长率（%）
基本指标	营业收入增长率 (%)	−1.98	−0.75	−1.27	−
	资本扩张率 (%)	16.96	16.3	13.8	18.12
	得分	12.26	12.28	11.09	10.73
修正指标	累计保留盈余率 (%)	42.27	35.08	34.84	0.69
	三年营业收入增长率 (%)	3.77	1.57	5.08	−69.09
	总资产增长率 (%)	15.69	8.82	6.41	37.60
	营业利润增长率 (%)	−12.37	13.52	11.14	21.36
综合得分		12.24	12.03	11.22	7.22

（五）市场表现状况

2015 年，A 股上证综指全年累计上涨了 9.43%，电力行业走势与大盘走势保持着较大的相关性。在整体货币政策宽松、电煤价格低位徘徊、清洁能源发电量不断增加以及电改政策不断推进等利好因素推动下，从二季度以来，电力板块保持强于大盘的走势。具体情况见图 11-1。

表 11-6 列示了电力行业上市公司市场表现状况评价结果。从综合得分来看，电力行业上市公司市场表现得分略低于全国上市公司平均水平。从公司来看，电力行业有 12 家上市公司在市场表现方面优于全部上市公司平均得分，涪陵电力、中国核电、湖南发展等在市场表现方面得分较高，其市场投资回报率分别为 117.46%、73.07%、128.03，高于市场及行业内其他公司投资回报率平均水平。

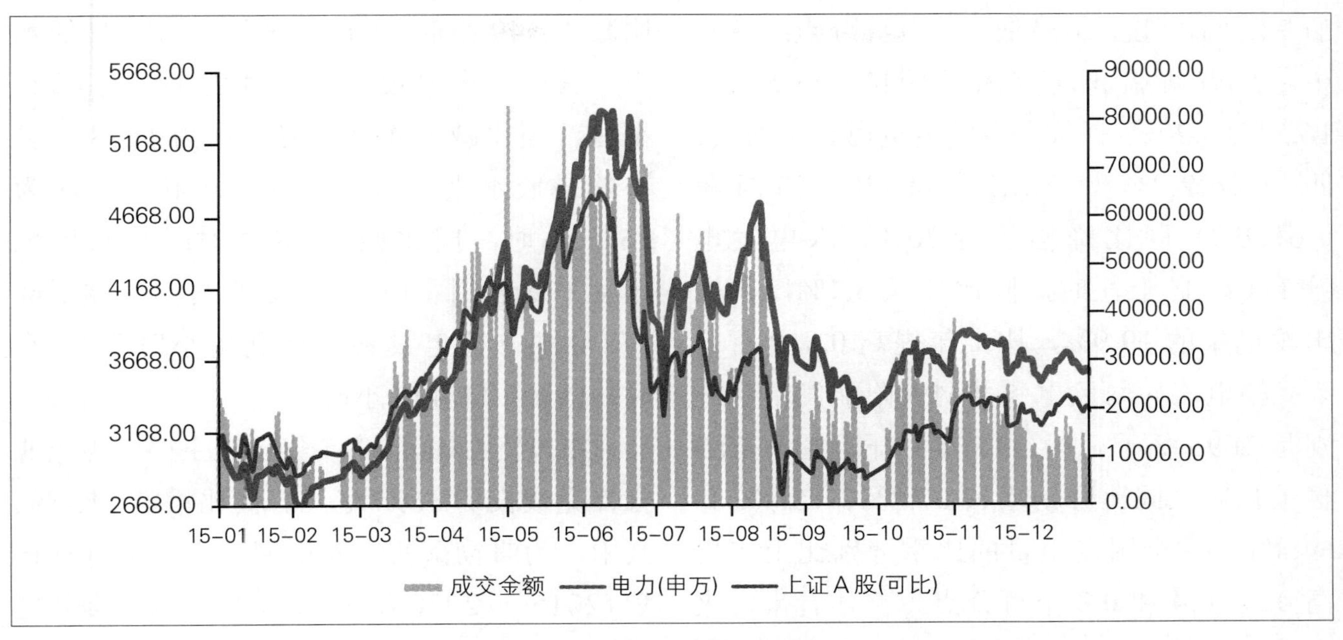

图 11－1　电力指数与大盘指数波动

表 11－6　电力行业公司市场表现状况比较表

分析指标	2015 年上市公司平均值	2015 年行业值	2014 年行业值	增长率（%）
市场投资回报率（%）	74.18	36.54	70.76	1797.05
股价波动率 (%)	182	157.71	148.9	130.50
得分	9.26	8.06	10.31	20.44

二、2015 年度电力行业上市公司影响因素分析

2015 年，在宏观经济增长放缓的大背景下，全国电力供需形势总体宽松，电力行业处于整体增长乏力、内部结构不断调整、改革持续推进的态势中。全年电力行业数据整体情况如下：

2015 年，全国全社会用电量 55500 亿千瓦时，同比增长 0.5%, 增速同比回落 3.3 个百分点。分产业看，第一产业用电量为 1020 亿千瓦时，同比增长 2.5%，占全社会用电量的比重为 1.8%；第二产业用电量 40046 亿千瓦时，同比下降 1.4%，占全社会用电量的比重为 72.2%；第三产业用电量 7158 亿千瓦时，同比增长 7.5%，增速同比提高 1.1%，用电量占全社会用电量的比重为 12.9%，对全社会用电量增长的贡献率为 174%；其中信息传输、计算机服务和软件业用电量保持在 14% 左右的高速增长势头。城乡居民生活用电量 7276 亿千瓦时，同比增长 5%，增速同比提高 2.7 个百分点，占全社会用电量的比重为 13.2%，对全社会用电量增长的贡献率为 121%。

在供给方面，2015 年全国全口径发电量 56045 亿千瓦时，比上年增长 0.6%, 增幅同比回落 3 个百分点。其中，火电 40972 亿千瓦时，同比下降 2.3%，占全国发电量的 73.1%，比上年降低 2.2 个百分点；各省中，只有新疆和北京增长较快（18.5% 和 16.3%），22 个省份火电发电量出现负增长，四川（-22.0%）、云南（-33.1%）和西藏（-61.2%）同比降幅超过 20%。水电发电量 11143 亿千瓦时，同比增长 5.1%，占全国发电量的 19.9%，比上年提高 0.9 个百分点；核电、并网风电和并网太阳能发电量分别是 1695 亿千瓦时、1851 亿千瓦时和 383 亿千瓦时，同比分别增长 27.2%、15.8% 和 64.4%，占全国发电量的比重分别比上年提高 0.6、0.4 和 0.3 个百分点。整体看来，火电发电量连续 13 个月负增长，非化石能源发电量逐步提升，核电、风电发电量增长显著，电力供应结构逐年优化。

装机总量方面，截至 2015 年底，全国发电装机容量 150673 万千瓦，同比增长 10.4%；其中，火电发电容量 99021 万千瓦，水电 31937 万千瓦，核电 2608 万千瓦，并网风电 12934 万千瓦，并网太阳能 4173 万千瓦。非化石能源发电容量 51652 千瓦，占总装机容量比重 34.3%，比上年提高约 1.7 个百分点，电源结构继续优化，清洁能源发电装机容量占比上升。新增装机方面，2015 年全国基建新增发电装机容量 12974 万千瓦。其中，新增火电 6400 万千瓦，同比大幅上升 33.6%；新增水电 1608 万千瓦，同比下降 26.2%；核电 724 万千瓦，并网风电 2691 万千瓦，并网太阳能发电 4158 万千瓦。

从机组利用小时来看，各类型发电设备利用小时均同比降低，利用小时降幅继续扩大。2015 年，全国 6000 千瓦及以上电厂发电设备累计平均利用小时为 3969 小时，同比减少 349 小时，为 1978 年以来的最低水平。其中，火电设备平均利用小时为 4329 小时，同比减少 410 小时，也为 1978 年以来的最低水平。水电设备平均利用小时为 3621 小时，同比减少 48 小时；并网风电设备平均利用小时为 1728 小时，同比下降 172 小时；核电设备平均利用小时 7350 小时，同比下降 437 小时。

在投资方面，2015 年全国主要电力企业合计完成投资 8694 亿元、同比增长 11.4%。其中，为贯彻落实《配电网建设改造行动计划 (2015 ～ 2020 年)》等文件要求，提升电网配电能力，电网公司进一步加大电网基础设施投资力度，全年完成电网投资 4603 亿元、同比增长 11.7%；水电、核电投资同比下降，火电、风电投资同比增长。全年完成电源投资 4091 亿元、同比增长 11.0%。在电源完成投资中，2015 年全年水电完成投资 782 亿元，同比减少 17%；火电完成投资 1396 亿元，同比增长 22%；1-11 月，风电完成投资 938 亿元，同比增长 26.8%；核电完成投资 419 亿元，同比降低 10.9%。水电、核电、风电等清洁能源完成投资占电源完成投资的 68.2%，比上年同期降低 4.7 个百分点。

总体来说，电力行业在 2015 年宏观经济增速继续放缓、流动性总体宽松、电价基本平稳的背景下，能够保持一定盈利水平和市场表现，主要影响因素分析如下：

1. 宏观经济增速下滑，电力消费“换档减速”

电力需求增长与宏观经济整体状况有密不可分的关系。在我国宏观经济进入增长放缓、结构调整的“新常态”背景下，电力消费需求的特点也随之发生转变。

从总体需求来看，2015 年，全国全社会用电量 55500 亿千瓦时，同比增长 0.5%，增速是 1978 年以来增速最低的年份，全社会用电量增长乏力。“十二五”时期，全社会用电量年均增长 5.7%，比“十一五”时期回落 5.4 个百分点，电力消费换档减速趋势明显。

进一步分产业来，全社会用电需求的乏力主要是由于第二产业用电量增速下降所致。2015 年第二产业用电量 40046 亿千瓦时，同比下降 1.4%，也是唯一出现第二产业用电负增长的年份。第二产业内部行业用电量增速也呈现分化。第二产业中，工业用电增速为 -1.4%，其中，占比 81% 左右的重工业用电量比上年减少 1.9%，占比 17% 左右的轻工业增长 1.3%，高于全社会及第二产业的用电增速。二者增速差距从 13、14 年的不到 1 个百分点扩大至 3.2 个百分点，相比可见国内外需求不足及结构调整对重工业的影响明显大于轻工业。与此同时，高耗能行业用电量减少，尤其是黑色金属和建材行业。国家电网公司经营区域的化工、建材、黑色金属、有色金属行业合计用电量比上年减少 4.0%。其中化工行业用电量实现 3.1% 的正增长，有色金属行业用电量减少 0.7%，黑色金属和建材行业用电量分别减少 9.6% 和 7.2%。

与此同时，第三产业和居民生活用电成为拉动全社会用电量增长的主要动力。第三产业用电量增速达 7.5%，比上年提高 1.1 个百分点，占全社会用电量的比重上升至 12.9%，对全社会用电量增长的贡献率达到 174%。受国家大力发展战略性新兴产业等政策影响，交通运输与电气电子设备制造业、医药制造业、石油加工与炼焦及核燃料加工业等用电量保持较快增长；信息传输、计算机服务和软件业用电量保持在 14% 左右的高速增长势头，表明我国大数据、“互联网 +”等新业态、新产业发展迅速。

总体来看，用电增速大幅回落，传统产能谋求转型升级，用电结构进一步优化，用电格局进一步调整，是经济新常态下的必然结果。此外，2015 年暖冬凉夏的气温因素也在一定程度上影响了用电量增速。

2. 火电发电量连续负增长，低价煤仍是主要赢利点

2015 年，全国规模以上电厂发电量达到 56054 亿千瓦时，同比上升 0.6%，增速同比降低 3.6 个百分点。其中，1-12 月份全国规模以上电厂火电发电量 40972 亿千瓦时，同比下降 2.3%，增速较去年同期降低 2.2 个百分点，火电发电量连续两年负增长，火电发电设备利用小时为 4329 小时，同比降低 410 小时，利用小时创 1969 年以来的年度最低值。火电设备利用小时持续下降，主要是电力消费增速降低、煤电机组投产过多、煤电机组承担高速增长的非化石能源发电深度调峰和备用等功能的原因。此外，火电中的气电装机比重逐年提高，也在一定程度上拉低了火电利用小时。发电量及利用小时的下降造成火电企业营业收入的降低。

在成本方面，低价的煤炭目前仍是电厂的主要盈利点。在煤炭需求方面，全国煤炭消费量已经连续两年下降，当前主要耗煤行业市场低迷。由于经济转型和产业结构的不断调整，伴随环境治理力度加大和能源结构的优化，除库存以外，2015 年全年我国煤

炭工业的产量、进出口量、价格、投资、效益等指标均呈现下行。全国规模以上煤炭企业原煤产量36.85亿吨，同比减少1.34亿吨，下降3.5%。2015年末，秦皇岛港5500大卡市场动力煤平仓均价370元／吨，比年初降低155元／吨，下降29.5%，已跌至2004年水平。2015年，国内下水煤价格持续下跌。12月16日，环渤海动力煤平均价格指数为371元/吨，较去年同期下跌29.5%。与此同时，煤炭库存到2015年末已持续48个月超过3亿吨，比年初增加1443万吨，增长16.7%。

因此，从整体盈利情况来看，受益于电煤成本的大幅降低的利好，火电企业整体保持了一定的盈利水平。以上市公司华能国际为例，2015年，公司实现营业收入1289.05亿元，同比下降7.94个百分点。但由于燃料成本大幅下降，2015年公司营业成本为915.21亿元，同比下降12.45%。其中，主营业务电力热力的营业收入同比下降8.04%，燃料成本比去年同期下降12.61%，毛利率为28.98%，较去年增长3.72个百分点。总体实现归属于母公司的净利润为137.86亿元，比上年同期增长13.16%。

3. 电价下调，发电企业盈利缩减

2015年12月，国家发改委出台《国家发展改革委关于完善煤电价格联动机制有关事项的通知》，明确煤电联动周期及测算方法。同月，国家发改委下发《关于降低燃煤发电上网电价和工商业用电价格的通知》（发改价格【2015】748号），根据煤电价格联动机制有关规定，决定下调全国燃煤发电上网电价和一般工商业用电价格，全国平均降幅为每千瓦时人民币0.03元。2016年1月1日，燃煤机组电价已依据中国电煤价格指数进行了下调；部分地区市场交易电量的电价水平进一步下滑，也将对电价造成一定的影响。根据市场测算，燃煤发电上网电价下调0.03元／千瓦时将带来发电企业利润缩减30%～40%的影响（以2014年为基数），并将在2016年有所体现。

4. 水电发电量较快增长，整体盈利向好

水电企业2015年全年市场表现继续上一年的向好趋势。由于雅砻江下游水电站、向家坝和溪洛渡等大型水电站在2014年下半年陆续投产，2015年全年贡献产能，水电发电量总体保持较快增长。2015年全口径水电装机容量3.2亿千瓦，全国规模以上电厂水电发电量11143亿千瓦时、同比增长5.1%，增速同比降低13.9个百分点；设备利用小时3621小时，较去年有所下降，但仍保持在较高水平，为近二十年来的年度第三高水平（2005年、2014年分别为3664和3669小时）。

尽管与上一年度相比，2015年全年来水量偏低，但由于发电量的大幅增长，水电行业整体仍然实现了较好的盈利和业绩。以黔源电力为例，公司2015年完成发电量101.04亿千瓦时，同比增25.51%；公司实现营业收入为27.00亿元，同比增长25.75%；利润总额为7.28亿元，同比增长35.60%；归属于上市公司股东的净利润为3.59亿元，同比增22.18%；

5. 融资环境较为宽松，资金成本持续减少

从资金市场看，2014年11月以来，中长期贷款利率合计下调6次，下调幅度合计1.65个百分点。目前行业融资环境相对宽松，资金成本仍处于下降通道，根据分析师

测算，降准降息带来的融资成本下降将增厚火电、水电公司利润 分别约11%、19%（以2014年为基数）。实际情况中，电厂的长期贷款通常每年重新核定利率，在国家继续实施积极的财政政策和稳健的货币政策的大背景下，中国人民银行在连续降准、降息带来的利润节省，预计在2016年将继续释放，在财务费用的减少中有显著体现。

6. 电改加速，配套文件密集出台

2015年3月《关于进一步深化电力体制改革的若干意见》（简称9号文）发布，明确“三放开、一独立、三加强”的改革路径，标志着电力体制改革进入新的阶段。为有序加快推进改革，国家有关部门开展了各种试点，包括深圳市、内蒙古西部输配电价改革试点，在甘肃、内蒙古开展可再生能源就近消纳的试点等。同时，2015年11月，国家发改委、国家能源局发布了6个电力体制改革配套文件《关于推进输配电价改革的实施意见》、《关于推进电力市场建设的实施意见》、《关于电力交易机构组建和规范运行的实施意见》、《关于有序放开发用电计划的实施意见》、《关于推进售电侧改革的实施意见》、《关于加强和规范燃煤自备电厂监督管理的知道意见》。政策着重强调还原电力商品属性，对市场交易主体、交易模式、交易品种、交易方式、交易周期、电能电量平衡机制、电力价格平衡机制、交易机构、风险规避方式、市场监管以及自备电厂的规范化管理等方面做了详细说明。有力推动电力供应使用从传统方式向现代交易模式转变，加快了电力市场建设进度。新电改方案直面电力市场化核心，预计将改变电力产业链的竞争态势和定价方式，重新分配参与各方利益，部分参与主体在其中能够获得的巨大成长空间。

资料链接：

➢ 中国已全面解决无电人口用电问题

2013年，国家能源局制定了《全面解决无电人口用电问题三年行动计划(2013-2015年)》，吹响了为最后273万无电人口通电战役的冲锋号。3年来，国家能源局按照党中央国务院的部署和要求，高度重视，加强组织协调，加大支持力度，加快通电进程，到2015年6月份，四川全部人口通电，8月份，国家能源局组织了为青海最后无电人口通电的攻坚战，由国家电网公司实施援建代建，承担最后攻坚战电网延伸主战场任务，并由国电投集团承担光伏独立供电工程任务。截至目前，青海省最后3.98万无电人口通电，全国全面解决无电人口用电问题任务圆满完成。

资料来源：中电联

三、2016年电力行业前景分析

2016年，是我国“十三五”规划的开局之年，也是新一轮电力体制改革元年。“十三五”是我国经济增长新旧动力转换的关键阶段，速度变化、结构优化、动力转换是经济发展新常态的三大特征。预计2016年我国经济仍将总体保持平稳，GDP增速保持在6.5%-7%，随着电力供需进一步宽松和电力消费换挡到中速甚至低速增长，电力工业发展应主动适应经济发展新常态，在牢固树立创新、协调、绿色、开放、共享 五大发展理念的基础上，紧密结合电力工业发展现状，积极推进供给侧结构性改革，系统扎实地推进电力工业转型和发展方式转变。

1. 电力需求低速增长，全年供需总体宽松

从需求角度看，“十三五”时期经济社会发展工作重要着力点之一，在于大力推进供给侧结构性改革，“去产能”必不可少地成为了2016年经济工作会议确定下来的五大重点任务之一。在宏观经济增速总体呈现稳中缓降的大背景下，预计2016年会继续2015年的整体态势和特点，全年用电需求仍较低迷，第三产业和居民生活用电量保持较快增长，用电结构的调整仍会持续。根据中电联预测，2016年全社会用电量同比增长1%-2%（在电量低速增长情况下，如果气温波动较大，其对全社会用电量增幅的影响程度可能达到1个百分点左右）。目前，1-2月全国工业用电量5792亿千瓦时，用电量同比下降2%，增速同比回落3.3个百分点，占全社会用电量的66.1%。工业用电量增长持续不振，轻、重工业用电量均负增长，除化工用电保持正增长外，其他高耗能行业用电量大幅回落。

在供给方面，预计全年新增发电装机1亿千瓦左右，其中非化石能源发电装机5200万千瓦左右；年底全国发电装机达到16.1亿千瓦、同比增长6.5%左右，其中水电3.3亿千瓦、核电3450万千瓦、并网风电1.5亿千瓦、并网太阳能发电5700万千瓦左右，非化石能源发电装机比重提高到36%左右。电源结构将持续优化，全年供需总体较宽松。

2. 火电产能过剩初现，行业急待转型升级

尽管由于燃料价格一直处于低位运行，煤电行业在2015年依然保持了一定的经营业绩，但煤电行业目前面临的危机和困境非常严峻。火电机组产能过剩情况从2014年开始初步显现，2015年随着需求下降表现较为突出。

一方面，由于需求增速下“台阶”、装机容量增速大于用电需求增速，利用小时持续下降的趋势在短期内难以改变。2016年1-2月，全国火电设备平均利用小时为656小时，同比下降83小时，火电设备利用小时数的降幅进一步扩大，降幅比2015年同期扩大31小时。从供给方面来看，火电发电量负增长，非化石能源发电量高速增长，对火电挤压明显。且清洁能源发电机组目前利用小时数仍然相对偏低，未来随着利用小时数的不断提高将会对火电产生更为明显的影响。

另一方面，火电基于燃煤价格超低而大幅盈利的“黄金时代”不可持续。未来几年里，在经济增长速度放缓和环保刚性约束等多重因素影响下，煤炭需求低迷、供给总量宽松、结构性过剩的态势短期内不会发生根本性改变，电煤价格仍将保持低位运行。但从长期来说，目前煤炭行业利润率达过去10年最低点，逼近盈亏平衡，限产减亏压力大，未来或引发供给收缩。政府的干预及煤炭行业自身去产能、限产自救等措施的实施，使煤炭价格进一步下跌的空间有限，

上涨预期可能逐步提升。根据能源局测算，“十三五”期间留给煤电的增长空间不超过1.9亿千瓦，但目前在建与核准的装机容量却高达3亿千瓦，远远超过用电需求量。近日，国家发改委、国家能源局联合下发特急文件，督促各地方政府和企业放缓燃煤火电建设步伐，以应对目前日益严重的煤电产能过剩局面，以期化解由此带来的能源行业运行风险。

3. 水电迎来黄金期，清洁能源发展潜力巨大

2015年全年，尽管来水较往年偏少，但水电行业实现较好的盈利水平。随着新一轮电力体制改革的启动，放开发电侧和售电侧的竞争，水电作为最具竞争力的清洁能源，在电价市场化的过程中将明显受益。首先，从上网电价方面，我国水电上网平均电价相比火电较低。为了合理反映水电市场价值，更大程度地发挥市场在资源配置中的作用，促进水电产业健康发展，2014年国家发展改革委下发了《关于完善水电上网电价形成机制的通知》，决定进一步完善水电上网电价形成机制。随着改革力度的加大，电力市场化推进，水电竞价上网优势明显，电价水平提升有仍有较大空间。第二，根据国家出台的鼓励清洁能源发展的支持政策，电网企业全额采购清洁能源发电，水电等可再生能源优先并网。这就意味着水电发电量可以被全额消纳，不受电力市场供需情况的限制。同时，水电优先上网大幅提高了水电的产能利用率，保障了水电企业的电量销售。此外，2014年财政部下发了关于大型水电增值税返还政策对水电行业的发展起到支持作用。

与此同时，2000—2015年，全球新能源发电增长34倍，电能占终端能源消费比重提高了3个百分比。联合国环境规划署（UNEP）的年度报告“2016年全球可再生能源投资趋势”中指出，2015年新增可再生能源容量首次超过所有传统发电技术新增容量。全年全球清洁能源投资达2860亿美元，中国占36%。新增可再生能源发电134吉瓦。随着单位发电成本进一步下降，特别是在太阳能光伏发电领域，可再生能源发展得到进一步推动。去年，可再生能源（除大型水电外）占所有新增容量的54%。发展中国家破纪录的投资主要发生在中国。2015年中国投资增长17%达1029亿美元，占全球投资的36%。

中央提出“适应引领新常态推进供给侧结构性改革”，电力行业可抓住这次契机，加速电力行业体系的优化升级，寻找电力行业新的经济增长点。

4. 新电改持续推进，构建电力市场新体系

2016年是新一轮电力体制改革元年。目前，国家发改委、能源局正式公布了6大电力体制改革配套文件，在电力市场建设、输配电价改革、售电侧改革、交易机构组建和规范运行、发电计划改革以及燃煤自备电厂监管等方面都给出了较为明确的指导意见。新增配电市场和售电侧市场放开，在提供新的产业发展机遇的同时，也将驱动行业竞争格局发生演变，推动产业链重心后移，廉价可靠的电力及客户资源将成为发电企业竞争力的核心要素，竞争格局也将由过去以规模发展为重心的外延式竞争，转变为以低成本为核心的内涵和结构调整发展并重的深层次全面竞争格局。继售电侧改革等六个配套文

件下发后，目前《电力市场运营基本规则》、《电力市场监管办法》、《电力中长期交易基本规则》公开征求意见完成，《售电公司准入与退出管理办法》、《有序放开配电业务管理办法》等多个配套细则正在拟定中，新电改持续推进。

电力行业由于其特殊性，在很长的一段时间内，具有垄断性质，在新一轮的电改中，提出要打破部分现有格局，还原电力商品属性，形成由市场决定电价的机制，同时，构建电力市场体系，促进资源的优化配置，在电力市场疲软的当下，一定的市场竞争为行业健康发展注入新的活力，为电力市场发展带来新契机。

5. 推进供给侧结构性改革，电力工业需抓住转型契机

2015 年 11 月，中央明确提出“供给侧结构性改革”。相对于我国原有以刺激需求为主的经济政策，供给侧改革将关注点放在供给侧，一方面通过供给结构的调整，缩减传统消费的过剩产能，满足升级需求和新兴需求；另一方面通过经济发展方式的变革，摒弃原有的以消耗资源为主的粗放型经济增长方式，发展新的以提质增效为主的精细型经济增长方式。

目前电力行业供给结构不合理，煤炭转化为电力产能过剩，水能、风能、光能在我国能源结构中储量相对丰富，但由于富集区与需求区逆向分布不匹配，外送渠道受阻导致弃风、弃水、弃光现象较严重。要解决“供需错位”导致的结构性失衡，完善能源供给规划，促进多类型能源的相互补充与供需系统的协调发展，需要应用前瞻性视角、系统性思维来思考包括能源生产、运输、消费全行业在内的广义能源系统运作问题。

借能源供给侧改革的契机，电力工业要把电力发展的重心从规模扩张为主转向系统优化、提质增效为主，增量、存量资产并重，进一步提高电力工业发展的质量和效益。电力工业要适应新的电力投资体制要求，科学预测“十三五”及中长期电力需求，合理规划每年基建和技改的投资规模，提高电力投资的有效性和精准性。同时要优化结构和布局，积极发展清洁能源发电，提高电力增量中非化石能源发电的比重，加强调峰电源建设和运行效率，加强跨省跨区域的通道建设和配电网的建设改造。消化煤电阶段性过剩产能，加大对煤电节能减排关键技术和设备研发及应用力度，加快现役煤电机组超低排放等节能环保改造，提效升级。同时抓住“一带一路”战略推进跨境电力与输电通道建设、推进能源国际合作及推动能源生产和消费革命带来的发展新机遇，积极带动相关装备、技术、标准和管理“走出去”，培育海外盈利增长点。积极参与全球能源治理，谋求国际话语权，提高国际市场份额、业务收入和利润比重，逐步提升国际化经营水平。

资料链接：

➢ 我国核电项目和技术获得重大突破

2015年3月10日，国家发展改革委发布文件确定红沿河核电厂二期项目两台百万千瓦核电机组已获核准。这是4年来我国真正意义上新批的核电项目。2015年4月15日，国务院常务会议决定核准建设“华龙一号”三代核电技术示范机组，落地项目为福清核电站二期5、6号机组。英国当地时间2015年10月21日，在国家主席习近平和英国首相卡梅伦的见证下，中国广核集团与法国电力集团在伦敦正式签订英国新建核电项目的投资协议，其中布拉德韦尔B核电项目拟采用“华龙一号”技术，这是我国核电走出去的里程碑式事件，也标志着“华龙一号”技术得到了欧洲发达国家的认可。

资料来源：中电联

附表

2015年度电力行业上市公司业绩评价结果排序表

序号	全部上市公司排名	股票代码	股票简称	综合得分	每股收益	加权平均净资产收益率	总资产报酬率(%)	总资产周转率(次)	流动资产周转率(次)	资产负债率(%)	已获利息倍数	营业收入增长率(%)	资本扩张率(%)	市场投资回报率(%)	股价波动率(%)	年末资产总额(万元)	营业收入(万元)	净利润(万元)
1	1	600236	桂冠电力	85.40	0.54	31.21	19.37	0.31	2.61	66.25	3.97	80.78	151.84	61.39	170.63	4,340,438.64	1,031,074.87	400,637.05
2	50	000958	东方能源	77.60	0.81	28.03	18.89	0.68	3.70	56.24	6.29	229.21	179.33	87.08	184.97	530,136.81	256,040.93	44,703.42
3	55	600027	华电国际	77.00	0.84	20.79	9.86	0.36	3.18	72.95	3.16	3.83	30.02	8.02	111.88	20,665,519.60	7,101,469.30	1,047,999.90
4	57	600452	涪陵电力	76.80	1.16	30.51	18.70	1.21	3.46	43.56	–	–1.47	32.12	117.46	164.41	123,003.29	124,996.39	18,610.36
5	58	600483	福能股份	76.70	0.85	17.15	12.14	0.49	2.43	52.72	5.07	23.21	14.48	84.31	169.47	1,482,168.44	715,756.67	112,376.48
6	72	600023	浙能电力	75.60	0.54	14.08	11.38	0.38	1.71	38.39	6.99	–10.17	24.91	7.86	129.06	10,366,230.55	3,968,793.38	840,592.74
7	91	000539	粤电力A	74.60	0.62	14.37	10.26	0.36	2.32	57.98	4.23	–11.44	8.77	18.31	169.14	7,191,993.41	2,572,381.08	463,014.34
8	108	600098	广州发展	74.00	0.48	9.09	8.49	0.62	2.60	47.26	4.95	8.59	5.82	54.13	140.81	3,486,127.28	2,111,665.07	183,819.04
9	114	600011	华能国际	73.70	0.95	18.55	10.90	0.45	3.76	67.99	3.68	2.79	15.01	5.28	105.80	29,972,972.26	12,890,487.25	1,754,967.71
10	125	600900	长江电力	73.30	0.70	12.98	12.24	0.17	4.06	35.66	6.33	–9.88	6.06	30.22	101.47	14,199,789.56	2,423,907.27	1,152,021.36
11	129	000543	皖能电力	73.20	0.65	12.87	12.43	0.49	4.63	42.49	7.77	–12.19	4.69	19.32	131.94	2,277,914.87	1,129,772.70	198,098.84
12	135	000600	建投能源	73.10	1.14	20.89	14.86	0.38	2.39	51.36	7.07	–11.62	14.66	4.11	127.90	2,584,523.70	962,590.70	262,426.14
13	141	600167	联美控股	73.00	0.84	16.39	7.27	0.25	0.50	63.86	147.91	14.55	17.83	53.17	148.19	323,025.38	75,772.51	17,661.43
14	182	600642	申能股份	71.90	0.47	9.05	7.43	0.61	2.92	40.12	8.82	12.76	3.26	21.35	128.85	5,156,262.82	2,864,892.84	262,401.38
15	185	600021	上海电力	71.80	0.62	13.31	8.58	0.34	2.14	69.70	2.95	5.62	9.92	75.21	229.31	5,199,075.34	1,700,634.39	222,979.85
16	187	000966	长源电力	71.80	1.72	34.64	16.24	0.61	4.97	64.10	5.13	–7.19	35.99	21.31	113.56	958,202.39	612,126.67	95,252.26
17	212	002039	黔源电力	71.30	1.18	17.71	8.20	0.15	2.34	76.43	1.93	25.75	10.28	41.68	104.26	1,822,995.77	269,994.05	63,347.86
18	229	000899	赣能股份	70.90	0.89	24.30	15.60	0.43	3.27	56.08	5.12	–4.36	24.13	61.03	165.53	597,408.09	255,263.29	57,455.90
20	239	600116	三峡水利	70.70	0.64	12.19	6.94	0.33	1.37	47.55	4.93	1.38	88.22	54.30	127.23	433,694.30	131,575.29	18,146.75
19	243	600578	京能电力	70.70	0.57	17.27	11.14	0.28	2.04	48.66	5.43	–16.13	10.98	2.89	102.01	3,877,681.24	1,087,321.77	319,074.88
21	269	001896	豫能控股	70.00	0.65	15.54	8.37	0.29	1.48	66.34	3.44	8.93	19.00	25.28	124.75	1,313,528.18	365,552.42	62,466.99
22	336	600886	国投电力	68.80	0.80	21.84	9.42	0.18	2.50	72.00	2.86	–5.09	20.31	–25.52	145.95	18,354,478.12	3,127,969.98	1,010,258.28

续表

序号	全部上市公司排名	股票代码	股票简称	综合得分	每股收益	加权平均净资产收益率	总资产报酬率(%)	总资产周转率（次）	流动资产周转率（次）	资产负债率(%)	已获利息倍数	营业收入增长率(%)	资本扩张率(%)	市场投资回报率(%)	股价波动率(%)	年末资产总额（万元）	营业收入（万元）	净利润（万元）
23	375	600396	金山股份	68.10	0.22	8.98	8.32	0.41	5.14	78.12	1.85	55.10	49.12	9.52	143.85	2,022,975.46	715,390.98	49,436.87
24	506	000027	深圳能源	65.90	0.45	9.08	6.77	0.23	0.79	57.17	4.76	−11.00	22.17	35.11	160.88	5,806,742.74	1,112,998.30	205,769.27
25	579	000690	宝新能源	64.70	0.37	12.79	11.10	0.37	1.60	47.86	4.43	−23.91	0.89	55.45	187.47	970,152.82	357,411.44	64,431.54
26	602	600674	川投能源	64.30	0.88	23.30	18.65	0.05	1.03	23.30	13.68	1.25	20.57	3.35	80.28	2,421,462.78	111,659.19	391,944.75
27	634	600780	通宝能源	63.90	0.32	8.29	7.40	0.66	3.15	47.12	4.46	−11.40	5.19	5.30	135.43	876,763.61	567,283.45	35,912.63
28	644	000601	韶能股份	63.80	0.26	7.28	7.19	0.35	2.54	50.66	3.10	−0.08	5.02	88.02	189.06	850,765.48	300,722.18	30,154.33
29	721	600101	明星电力	62.90	0.27	4.79	3.68	0.46	3.28	31.13	16.23	1.85	4.26	48.74	124.56	278,263.55	126,797.26	8,178.07
30	749	600131	岷江水电	62.60	0.25	14.79	8.34	0.40	6.41	62.21	3.02	12.79	12.28	49.31	158.70	238,467.86	93,593.34	12,377.33
31	808	600795	国电电力	61.90	0.22	8.95	6.25	0.22	3.44	72.21	2.68	−11.21	5.71	−7.04	151.52	25,018,481.09	5,458,255.88	714,724.38
32	850	600505	西昌电力	61.30	0.18	6.81	4.32	0.41	4.05	50.66	6.38	9.68	10.07	16.01	140.92	227,135.86	83,697.81	6,097.43
33	917	000883	湖北能源	60.40	0.29	8.71	7.14	0.18	1.42	43.14	3.79	−2.55	55.93	−3.74	179.25	4,298,780.77	708,511.97	161,803.48
34	981	600969	郴电国际	59.60	0.40	3.80	3.13	0.29	0.76	62.24	4.27	1.35	22.10	18.56	130.49	902,966.62	230,047.15	16,893.35
35	1074	600979	广安爱众	58.30	0.22	10.52	5.30	0.27	1.74	69.42	1.89	12.38	1.86	16.73	124.62	644,942.65	170,055.21	14,271.92
36	1109	601991	大唐发电	57.90	0.21	6.32	4.71	0.20	2.76	79.12	1.58	−11.83	0.38	−19.12	107.58	30,336,834.80	6,189,028.50	328,335.30
37	1111	000767	漳泽电力	57.90	0.18	7.51	5.76	0.29	1.50	77.57	1.94	−16.71	22.23	13.14	192.18	3,319,595.32	909,749.49	60,000.53
38	1160	000720	新能泰山	57.20	0.09	8.95	6.81	0.61	3.34	76.55	1.98	4.69	12.15	110.08	302.05	538,255.92	329,316.90	13,570.88
39	1180	600995	文山电力	57.00	0.22	7.21	6.22	0.68	5.36	48.70	3.25	−3.09	5.16	14.03	144.53	285,978.21	195,383.75	10,315.96
40	1215	600310	桂东电力	56.60	0.45	11.66	8.47	0.39	1.58	67.12	3.14	69.81	−26.74	64.45	182.06	924,585.07	359,060.38	39,925.47
41	1217	600719	大连热电	56.50	0.03	1.49	1.42	0.50	1.40	51.01	4.04	−1.45	0.56	82.30	136.48	146,637.37	68,437.40	1,064.14
42	1228	000722	湖南发展	56.30	0.28	5.12	6.03	0.09	0.56	6.94	10.88	1.79	8.15	128.03	222.36	289,919.02	27,609.59	12,722.91
43	1249	600744	华银电力	56.00	0.23	14.57	6.61	0.42	1.67	80.34	1.62	19.26	176.80	77.93	212.45	1,982,028.46	740,635.35	38,180.15

续表

序号	全部上市公司排名	股票代码	股票简称	综合得分	每股收益	加权平均净资产收益率	总资产报酬率(%)	总资产周转率(次)	流动资产周转率(次)	资产负债率(%)	已获利息倍数	营业收入增长率(%)	资本扩张率(%)	市场投资回报率(%)	股价波动率(%)	年末资产总额(万元)	营业收入(万元)	净利润(万元)
44	1273	600863	内蒙华电	55.70	0.12	6.69	6.36	0.28	5.74	64.13	2.71	-20.57	-4.28	3.65	133.68	3,821,459.24	1,082,935.30	121,940.90
45	1384	600644	乐山电力	54.20	0.21	12.13	8.18	0.65	2.22	54.05	6.76	7.48	12.72	-4.31	165.27	241,916.70	165,491.74	12,664.90
46	1417	000531	穗恒运A	53.60	0.66	13.38	9.30	0.28	1.08	52.85	4.31	-49.35	13.52	-1.49	156.14	837,237.78	222,594.44	49,033.39
47	1431	600982	宁波热电	53.40	0.12	3.86	4.14	0.32	0.53	20.02	9.54	-9.03	4.96	-11.99	136.41	328,070.16	100,179.85	10,275.53
48	1457	601016	节能风电	53.00	0.11	4.30	4.45	0.09	0.48	61.26	1.75	14.88	81.09	40.04	257.06	1,781,702.82	135,936.99	26,619.63
49	1463	000301	东方市场	52.90	0.14	5.26	6.44	0.17	0.54	26.45	13.95	-11.64	3.40	33.14	174.10	439,733.05	69,406.59	16,713.10
50	1532	600509	天富能源	51.90	0.35	6.93	4.38	0.22	1.15	72.68	2.17	-2.11	4.14	-0.75	131.87	1,730,151.22	348,396.91	31,305.27
51	1604	000692	惠天热电	51.00	0.14	5.61	4.52	0.39	1.21	67.28	2.59	-0.27	8.21	50.43	243.41	427,877.77	156,899.22	7,975.75
52	1616	000875	吉电股份	50.70	0.08	3.10	4.08	0.20	1.89	79.23	1.21	-9.49	4.24	92.55	230.92	2,287,249.69	430,202.19	14,646.32
53	1721	000791	甘肃电投	49.00	0.04	0.89	4.08	0.10	2.04	71.86	1.12	-9.66	-0.42	10.79	132.45	1,339,311.48	132,562.46	3,066.53
54	1734	000695	滨海能源	48.70	0.02	1.07	2.58	0.54	1.72	70.99	1.21	-7.64	1.33	91.70	166.70	111,641.67	60,739.34	342.71
55	1797	600726	华电能源	47.70	0.01	0.74	3.84	0.38	2.19	84.36	1.12	-6.40	0.91	54.56	232.01	2,453,276.04	920,072.97	2,763.35
56	1969	000993	闽东电力	43.30	0.06	1.54	3.84	0.25	0.68	54.22	1.84	-21.50	0.95	22.38	145.91	342,056.92	91,013.47	1,483.07
57	2035	600864	哈投股份	41.70	0.20	2.54	1.85	0.17	0.85	35.74	12.69	-2.09	-16.24	-23.15	190.76	623,220.80	116,650.51	12,406.51
58	2052	600758	红阳能源	41.20	-0.43	-17.53	1.08	0.63	1.53	72.28	0.23	2,170.37	1,358.60	51.19	188.23	1,792,128.27	592,199.47	-46,536.67
59	2089	600868	梅雁吉祥	39.7	0.01	0.92	1.51	0.09	1.05	16.72	1.48	-37.91	0.59	70.03	192.07	260,483.70	24,849.97	1,284.59
60	2350	000862	银星能源	25.8	-0.22	-7.17	3.09	0.13	0.87	81.57	0.70	-16.22	-7.41	25.79	137.49	936,188.35	120,517.64	-12,304.76
61	2433	000037	*ST南电A	20.4	-1.05	-66.57	-12.44	0.28	0.47	88.01	-2.52	8.99	-60.17	53.56	187.03	457,985.37	134,501.82	-82,932.45
62	-	601985	中国核电	68.7	0.28	12.59	4.86	0.11	0.92	75.18	3.24	39.37	40.31	73.07	72.66	26,322,294.82	2,620,203.11	710,876.36

第十二章　建筑行业

受中国经济总体下行、基础设施建设和房地产市场调控的影响，2015年中国建筑行业的发展速度持续下降。根据国家统计局2月29日发布的2015年国民经济和社会发展统计公报，2015年全社会建筑业增加值46,456亿元，占国内生产总值GDP（676,708亿元）的6.87%，比上年增长了3.87%，增长速度比去年下降了5.03个百分点；2015年全国建筑业总产值达180,757亿元，比上年增长2.29%，与2014年同期增长的10.2%相比，2015年建筑业总产值的增速首次跌进个位数，且增速大幅跳水。全国建筑业房屋建筑施工面积124.3亿平方米，比上年增长-0.6%，主要原因是固定资产投资增速明显回落和房地产投资的放缓。2015年全国固定资产投资增速也明显回落，这也对建筑业增速的大幅下降产生较大的影响。全年固定资产投资（不含农户）551,590亿元，比上年名义增长10.0%，扣除价格因素实际增长12.0%，实际增速比上年回落2.9个百分点。2015年全年全国房地产开发投资95,979亿元，比上年名义增长1.0%（扣除价格因素实际增长2.8%），其中住宅投资增长0.4%。房屋新开工面积154,454万平方米，比上年下降14.0%，其中住宅新开工面积下降14.6%。房地产开发企业土地购置面积22,811万平方米，比上年下降31.7%。

总体来说，2015年在中国经济的新常态下，面对错综复杂的国际形势和不断加大的经济下行压力，投资结构逐步变化，这些变化带来建筑业总产值增速的大幅度下滑。

一、建筑行业上市公司业绩评价结果

（一）建筑行业上市公司整体价值概述

截至2015年末，建筑行业在A股上市公司共148家。在148家建筑上市公司中，有128家实现盈利，20家亏损，即建筑业上市公司有85.81%的公司实现盈利，与2014年的87.83%下降了2.02个百分点。建筑行业上市公司总资产共计5.65万亿元，占上市公司总资产的14.20%；归属于母公司的所有者权益12,097.12亿元，占上市公司所有者权益的8.70%。2015年全部上市公司共计完成营业收入23.75万亿元，建筑行业上市公司完成营业收入3.89万亿元，占全部上市公司营业收入的16.37%；全部上市公司共计实现净利润10607.50亿元，建筑行业上市公司实现净利润1237.08亿元，占全部上市公司实现净利润的11.66%。

2015年建筑行业整体评价结果较为低，行业业绩综合得分57.71分，比全部上市公司的61.68分低6.44%，建筑行业上市公司中有2家企业进入2014年上市公司业绩评价综合得分的百强名单，但2015年却只有伟星新材一家进入上市公司业绩评价综合得分的百强企业（本年借壳上市的重组企业未参与本评价年度的排名），名次为比较靠后的第92名。2014年列为上市公司业绩评价第59名的中国建筑今年下滑到第256名。中国的发展进入新常态后的经济下行对建筑业的冲击明显。

表12－1 2015年度建筑行业中联十强排行榜

名次	股票代码	股票简称	在全部上市公司中排名	评价得分
1	002372	伟星新材	92	74.54
2	002718	友邦吊顶	101	74.18
3	002043	兔宝宝	186	71.81
4	000065	北方国际	202	71.45
5	002047	宝鹰股份	220	71.14
6	002713	东易日盛	231	70.85
7	601668	中国建筑	256	70.33
8	002116	中国海诚	282	69.79
9	600585	海螺水泥	303	69.33
10	002314	南山控股	398	67.68

资料链接

浙江伟星新型建材股份有限公司，公司前身临海建材，系由伟星集团前身浙江伟星集团有限公司和塑材科技前身临海市伟星工艺品厂于1999年10月12日共同出资组建。公司是国内最早、规模最大的塑料管道生产企业之一，是国内PP-R管道行业的技术先驱与龙头企业、中国塑料加工工业协会副理事长单位、中国塑料加工工业协会塑料管道专业委员会副理事长单位，主编、参编多项国家标准及行业标准。

通过十余载发展，伟星新材打造了一支经验丰富、高素质、有较强自主创新能力的研发团队，搭建了引领行业的研发平台。公司系高新技术企业、浙江省企业技术中心、省级高新技术企业研发中心、浙江省创新型试点企业、浙江省专利示范企业，拥有CNAS认可实验室、3500平方米的科研场所、一流的小试、中试基地及AIP、Moldflow等国际先进设计软件。

公司技术研发中心拥有高分子材料、机械设计、模具设计、暖通设计等各类专业人才，100多名技术研发人员，其中两名骨干受聘为中国塑料加工工业协会塑料管道专家。同时，公司外聘了10多名行业协会、大专院校、设计院的专家为技术顾问，精英集萃，着力提升研发实力。

基于对建筑行业上市公司的整体评价，下面分别从财务效益状况、资产质量状况、偿债风险状况、发展能力状况、市场表现状况五个方面对建筑行业上市公司进行具体分析。

（二）财务效益状况

在综合得分方面，2015年建筑业上市公司财务效益状况基本与全部上市公司平均水平一致。表12-2列示了2015年建筑业上市公司财务效益状况评价结果（满分为35分）。从基本指标来看，建筑业上市公司财务效益状况虽然达到了全国上市公司平均水平，但增长率较2014年相比下降了9.53%。以中国建筑为例，2015年实现营业收入8,805.77亿元，比上年同期8,000.28亿元增长10.07%，增速同比减少5.3个百分点；实现营业利润470.85亿元，比上年同期增长11.54%，为其财务效益的优异提供了坚实的支撑。从修正指标来看，除营业利润率外，建筑行业其他指标达到或高于全国上市公司平均水平，但股本收益率较去年同期有所下降。

与2014年相比，2015年建筑业上市公司总资产报酬率比去年增长13.25%，扣除非经常性损益净资产收益率却下降47.69%，营业利润率较去年提高15.05%、股本收益率较去年下降26.08%、盈利现金保障倍数较去年增长168.29%。但总体说明建筑业在2015年的财务收益总体状况有所下滑。

表12－2　　建筑行业财务效益状况比较表

评价指标		2015年上市公司平均值	2015年行业值	2014年行业值	增长率(%)
基本指标	扣除非经常性损益净资产收益率(%)	5.61	6.00	11.47	−47.69
	总资产报酬率(%)	5.11	4.70	4.15	13.25
	得分	20.79	20.80	22.99	−9.53
修正指标	营业利润率(%)	5.06	4.28	3.72	15.05
	盈利现金保障倍数	2.2	2.2	0.82	168.29
	股本收益率(%)	30.96	41.70	56.41	−26.08
综合得分		22.12	22.44	22.85	−1.79

（三）资产质量状况

表12-3列示了建筑行业上市公司资产质量状况评价结果（满分为15分）。从基本指标来看，建筑行业上市公司资产质量状况略低于全国上市公司平均水平，较2014年有所下降，从修正指标来看，2015年建筑行业上市公司资产质量状况建筑行业上市公司低于全部上市公司平均水平。应收账款周转率与上市公司平均水平差异较大，说明建筑企业结算进度偏慢，应收账款回收时间长，资金面仍然偏紧。总体来说，下游需求放缓和国家经济下行的影响已传导至建筑业公司业绩。

与2014年相比，2015年建筑行业上市公司总体上资产质量略有下降，各项周转率指标分别有不同程度下降。

表 12－3　建筑行业资产质量状况表

评价指标		2015 年上市公司平均值	2015 年行业值	2014 年行业值	增长率 (%)
基本指标	总资产周转率（次）	0.64	0.61	0.83	−26.51%
	流动资产周转率（次）	1.3	1.06	1.11	−4.50%
	得分	9.44	8.74	9.24	−5.41%
修正指标	应收账款周转率（次）	8.25	5.78	5.37	7.64%
	存货周转率（次）	2.74	2.25	2.26	−0.44%
综合得分		9.17	8.14	9.89	−17.69%

（四）偿债风险状况

从综合得分来看，2015 年建筑行业上市公司偿债风险状况低于全国上市公司平均水平，但较 2014 年有所好转。

从表 12-4 建筑行业上市公司偿债风险状况评价结果中（满分为 15 分）看出，该行业上市公司偿债风险状况低于全国所有上市公司的平均水平，共有 14 家公司超过全国上市公司平均水平，在所有行业中处于中等水平。其中，资产负债率为 65.94%，处于较高水平。资产负债率较高与建筑业行业属性有关，获利倍数低于全国所有上市公司的平均水平，且比去年有 35.86% 的大幅下降。

与 2014 年相比较，2015 年建筑业上市公司偿债风险状况变化增大，说明多数上市公司为了企业发展仍需负债。

表 12－4　建筑行业偿债风险状况表

评价指标		2015 年上市公司平均值	2015 年行业值	2014 年行业值	增长率 (%)
基本指标	资产负债率 (%)	60.36	65.94	80.33	−17.91
	获利倍数	3.74	2.79	4.35	−35.86
	得分	8.95	6.10	4.27	42.86
修正指标	速动比率 (%)	73.47	70.78	67.87	4.29
	现金流动负债比率 (%)	13.88	9.23	2.96	211.82
	带息负债比率（%）	51.38	49.68	34.32	44.76
综合得分		10.1	7.40	5.51	34.30

（五）发展能力状况

从综合得分来看，2015 年建筑行业上市公司发展能力状况略低于全国上市公司的平均水平，较去年同期有 11.18% 的下浮。

从表 12-5 可知，建筑行业上市公司发展能力状况（满分为 20 分）低于全国上市公司平均水平。在基本指标方面，上市公司主营业务增长率 2015 年总体出现下滑，虽然建筑业的下滑幅度要小于整体水平，但较去年同期出现 109.50% 的下浮，资本扩张率亦低于上市公司平均水平，其中资本扩张率较 2014 年有 38.27% 的下浮，主要是受国家经济发展总体环境和经济下行的影响。

从修正指标来看，建筑行业上市公司发展能力状况要低于全国上市公司平均水平，三年营业收入增长率好于上市公司整体水平，总资产增长率和营业利润增长率均低于上市公司整体水平，与2014年相比，建筑行业上市公司发展能力状况有所下降。

表 12－5 建筑行业发展能力状况表

评价指标		2015年上市公司平均值	2015年行业值	2014年行业值	增长率(%)
基本指标	主营业务增长率(%)	−1.98	−0.95	10	−109.50
	资本扩张率(%)	16.96	12.10	19.6	−38.27
	得分	12.26	14.07	14.07	0.00
	累计保留盈余率(%)	42.27	43.45	42.39	2.50
修正指标	三年营业收入增长率(%)	3.77	7.82	11.3	−30.80
	总资产增长率(%)	15.69	11.59	15.17	−23.60
	营业利润增长率(%)	−12.37	−21.79	12.98	−267.87
综合得分		12.24	11.92	13.42	−11.18

（六）市场表现状况

2015年12月31日，上证指数报收3539.18，全年涨幅达到9.41%。而建筑行业受大盘的影响全年上涨19.63%。其主要原因是2014年国家在“一带一路”精神指导下基础设施的稳定投资及海外工程的稳定增长，市场对投资力度的看好以及城镇化持续推进投资增速的信心的回升，建筑业率先受益回暖。

从表12-6列示的建筑行业上市公司市场表现状况评价结果（满分为15分）来看，2015年建筑业市场表现积极，较2014年有较大幅度变化。建筑行业在A股上市公司共148家，有40家公司高于上市公司平均水平，其中科达股份营业收入增长116.68%，净利润增长137.81%，业绩表现较为突出，市场投资回报率197.82 %，股价波动率251.17 %，优于上市公司整体水平及行业平均水平。

2015年建筑业上市公司市场投资回报率为57.70%，不仅低于上市公司的平均水平，而且较2014年下降14.8%。

表 12－6 建筑行业公司市场表现表

评价指标	2015年上市公司平均值	2015年行业值	2014年行业值
市场投资回报率(%)	74.18	57.70	67.72
股价波动率(%)	182	169.50	144.47
得分	9.26	8.79	10.21

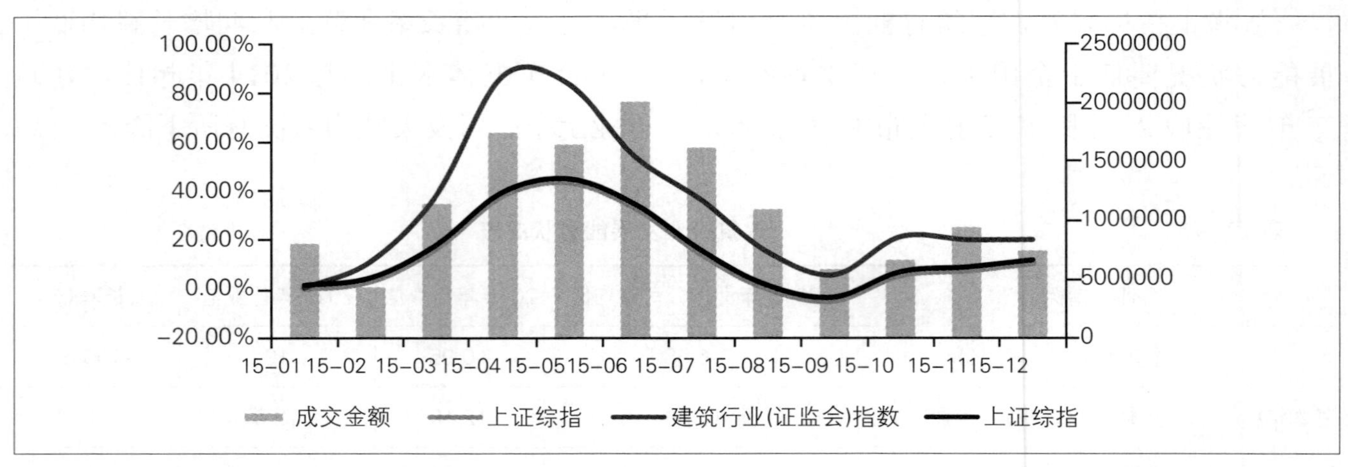

图 12 – 1 上证综指与建筑业指数变化情况

二、2015 年建筑行业上市公司业绩的影响因素分析

建筑行业是典型的投资驱动行业，受国内外宏观经济政策影响很大，与基础设施建设、房地产、铁路、公路等行业高度相关。2015 年，在全球经济下行、国内经济增长趋缓、固定资产投资减速、房地产调控持续深入等背景下，建筑行业业绩增速迟缓。2015 年全国建筑业总产值 180,757 亿元，仅比上年增长 2.3%，与 2014 年同期增长的 10.2% 相比有大幅下降。其中，固定资产投资、交通基础设施建设和房地产市场发展等因素对建筑行业业绩有显著影响。影响建筑行业业绩的因素主要有以下几方面：

（一）固定资产投资持续增长延续回落态势，直接影响了建筑业上市公司业绩增速

全年全社会固定资产投资 562,000 亿元，比上年增长 9.8%（详见图 12-1），扣除价格因素，实际增长 11.8%。其中，固定资产投资（不含农户）551,590 亿元，比上年名义增长 10.0%，扣除价格因素实际增长 12.0%，实际增速比上年回落 2.9 个百分点。分区域看，东部地区投资 232,107 亿元，比上年增长 12.4%；中部地区投资 143,118 亿元，增长 15.2%；西部地区投资 140,416 亿元，增长 8.7%；东北地区投资 40806 亿元，下降 11.1%。

受上述主要因素影响，2015 年全年全社会建筑业增加值 46,456 亿元，比上年增长 6.8%，同比减少 2.1 个百分点。全国具有资质等级的总承包和专业承包建筑业企业实现利润 6,508 亿元，比上年增长 1.6%，同比减少 7.9 个百分点，其中国有控股企业 1,676 亿元，增长 6.0%。

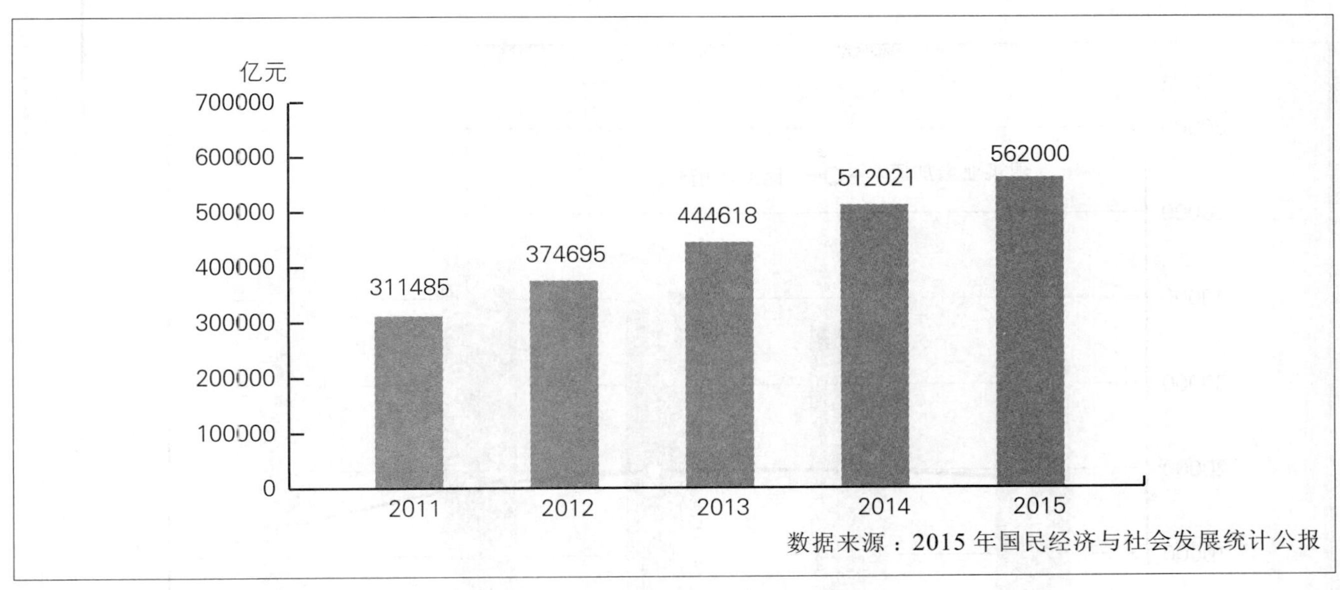

数据来源：2015 年国民经济与社会发展统计公报

图 12－2　全社会固定资产投资

在固定资产投资（不含农户）中，第一产业投资 11,983 亿元，比上年增长 33.9%；第二产业投资 208,107 亿元，增长 13.2%；第三产业投资 281,915 亿元，增长 16.8%。民间固定资产投资达到 321,576 亿元，增长 18.1%，占固定资产投资（不含农户）的比重为 64.1%。

表 12－7　2015 年分行业固定资产（不含农户）增长速度

行业	投资额（亿元）	比上年增长（%）
总计	551590	10.0
农、林、牧、渔业	19061	30.8
采矿业	12971	–8.8
制造业	180365	8.1
电力、热力、燃气及水生产和供应业	26621	16.6
建筑业	4895	10.2
批发和零售业	18682	20.1

续表

行业	投资额（亿元）	比上年增长（%）
交通运输、仓储和邮政业	48972	14.3
住宿和餐饮业	6504	5.1
信息传输、软件和信息技术服务	5517	34.5
金融业	1367	0.3
房地产业 [22]	126674	2.5
租赁和商务服务业	9436	18.6
科学研究和技术服务业	4752	12.6
水利、环境和公共设施管理业	55673	20.4
居民服务、修理和其他服务业	2628	15.5
教育	7723	15.2
卫生和社会工作	5175	29.7
文化、体育和娱乐业	6724	8.9
公共管理、社会保障和社会组织	7851	9.1

数据来源：2015 年国民经济与社会发展统计公报

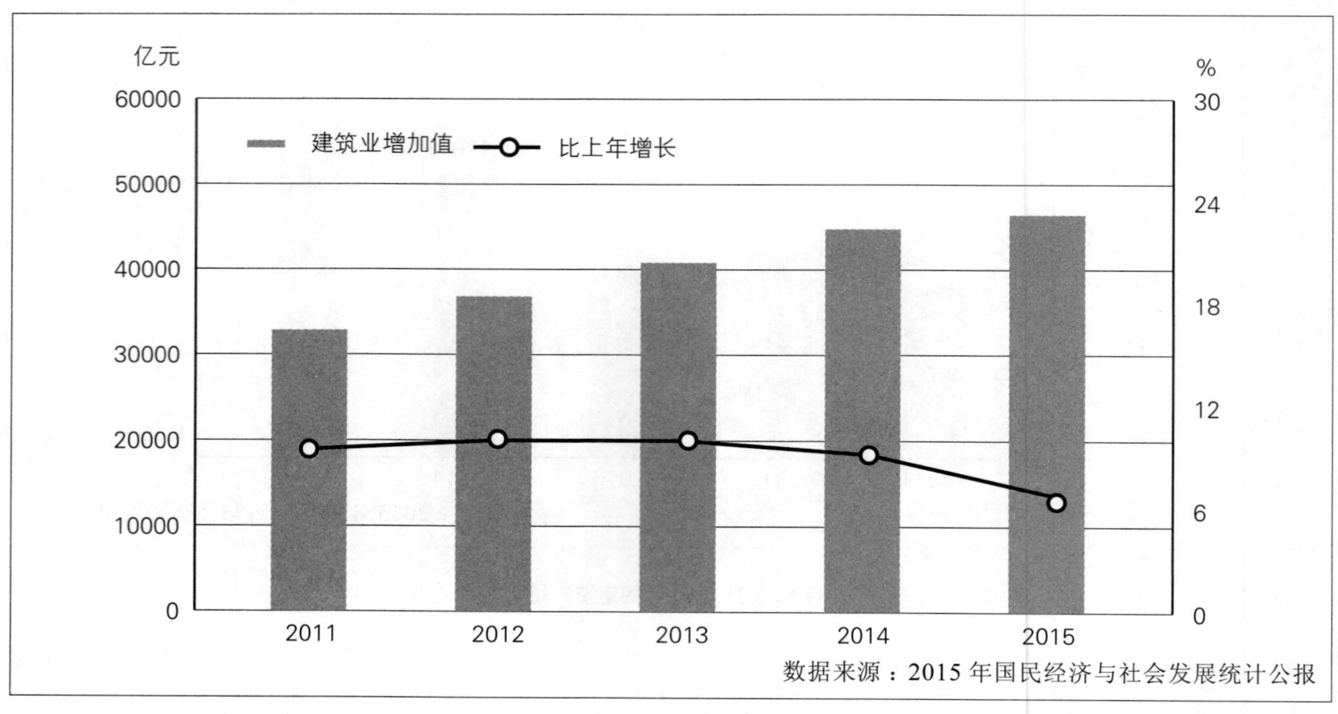

图 12 – 3 2011–2015 年建筑增加值及增长情况

由于固定资产投资占建筑业产值比重较大，其投资增长速度的变化直接会影响到建筑业的发展速度，建筑业上市公司的营业收入由 2014 年的增长率 10% 下降到 2015 年的 1.98%。

（二）轨道交通建设兴起，取代公路和铁路成为新的增长

中国经济从高速发展走向平稳运行后，扩大内需、投资基础设施以及技术创新等成为拉动经济增长的重要手段，基础设施建设投资仍然是短期内“稳增长”见效最快的重要手段之一。

其中，交通运输基础设施是经济发展的重要条件，是公共服务的重要基础。2015 年交通运输部统计公报数据显示，全年全国完成铁路公路水路固定资产投资 26,659.00 亿元，比上年增长 5.5%，占全社会固定资产投资的 4.7%。主要表现为：铁路完成固定资产投资 8,238 亿元，投产新线 9,531 公里，其中高速铁路 3306 公里。全年完成公路建设投资 16,513.30 亿元，比上年增长 6.8%。其中，高速公路建设完成投资 7,949.97 亿元，增长 1.7%，普通国省道建设完成投资 5,336.07 亿元，增长 15.7%，农村公路建设完成投资 3,227.27 亿元，增长 6.5%，新改建农村公路 25.28 万公里。纳入《集中连片特困地区交通建设扶贫规划纲要（2011-2020）》的 505 个贫困县完成公路建设投资 3,474.72 亿元，增长 0.9%，占全国公路建设投资 21.0%。

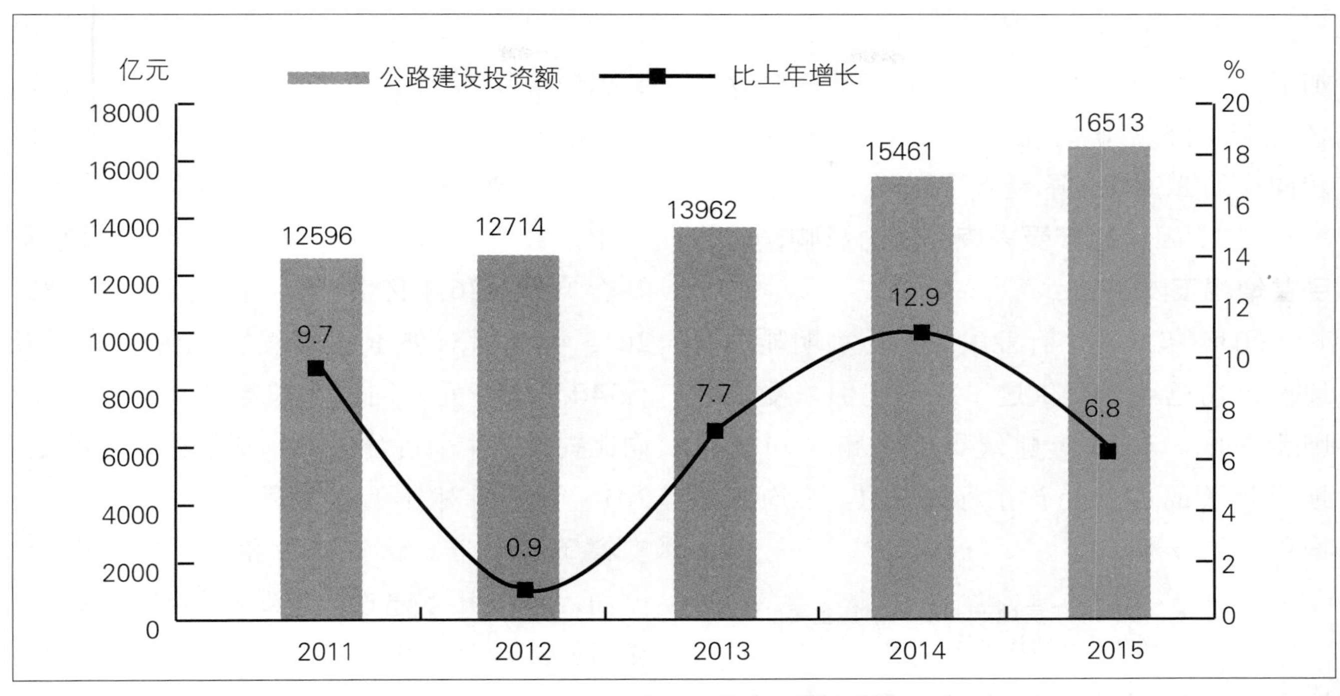

图 12－4　2011–2015 年公路投资及增长情况

全年内河及沿海建设完成投资 1,457.17 亿元，比上年下降 0.2%。其中，内河建设完成投资 546.54 亿元，上升 7.6%。内河港口新建及改（扩）建码头泊位 161 个，新增吞吐能力 5079 万吨，其中万吨级及以上泊位新增吞吐能力 2,981 万吨。全年新增及改善内河航道里程 932 公里。沿海建设完成投资 910.63 亿元，下降 4.3%。沿海港口新建及改（扩）建码头泊位 130 个，新增吞吐能力 42,026 万吨，其中万吨级及以上泊位新增吞吐能力 30,381 万吨。505 个贫困县完成水运建设投资 25.90 亿元，全部为内河建设投资，增长 4.9%，占全国内河建设投资 4.7%。

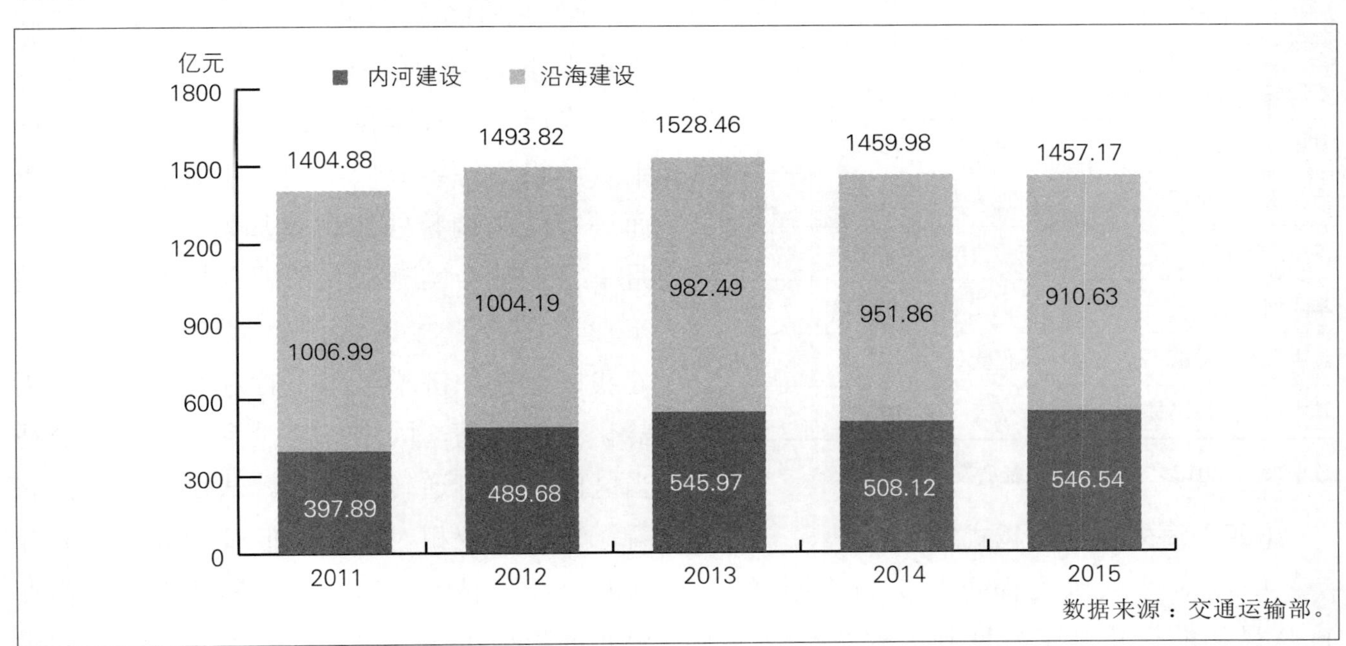

图 12－5　水路固定资产投资完成情况

受上述主要因素影响2015年建筑业增加值完成46,456亿元，较2014年的44,725亿元增加5,730亿元，比上年增长3.9%，较同比的8.9%下降5个百分点。

（三）因房地产受去库存压力影响，建筑受益增幅下降

2015年房地产行业去库存压力明显，房地产市场已经形成供过于求的局面。受上述因素影响，2015年建筑行业上市公司与房地产相关的各项经营指标较2014年均有不同程度的下滑。

表12－8　2015年房地产开发和销售主要指标及其增长速度

指标	单位	绝对数	比上年增长（%）
投资额	亿元	95979	1.0
其中：住宅	亿元	64595	0.4
其中：90平方米及以下	亿元	24646	21.2
房屋施工面积	万平方米	735693	1.3
其中：住宅	万平方米	511570	−0.7
房屋新开工面积	万平方米	154454	−14.0
其中：住宅	万平方米	106651	−14.6
房屋竣工面积	万平方米	100039	−6.9
其中：住宅	万平方米	73777	−8.8
商品房销售面积	万平方米	128495	6.5
其中：住宅	万平方米	112406	6.9
本年到资金	亿元	125203	2.6
其中：国内贷款	亿元	20214	−4.8
其中：个人按揭贷款	亿元	16662	21.9

数据来源：2015年国民经济与社会发展统计公报

（四）海外市场跨越式发展

中国对外承包工程企业实力不断增强，已从最初的土建施工发展到工程总承包、项目融资、设计咨询、运营维护管理等高附加领域，对世界经济发展和实现互利共赢做出了积极贡献。

按商务部业务统计，2015年中国对外承包工程业务新签合同额2,100.7亿美元，其中，在“一带一路”相关的60个国家新签合同额926.4亿美元，占比高达44.1%。2015年我国对外承包工程完成营业额折合1,540.7亿美元，同比增长8.2%，增长率较同比提高4.4个百分点。特别值得一提的是，2015年我国对外承包工程亮点纷呈，有力支撑了“一带一路”建设和国际产能合作。比如，去年开工建设的巴基斯坦拉合尔轨道交通橙线项目是中巴两国领导人达成共识的重要合作项目，是“一带一路”战略框架下中巴经济走廊首个正式启动的交通基础设施项目，该项目的建设实施将有力促进中国轨道交通标准、装备和运营服务“走出去”，进一步深化中外经贸合作。

三、2016年建筑行业业绩前景分析

展望2016年，全球经济复苏乏力，“新常态”下的中国经济发展增速将持续放缓，在“去产能、去库存、去杠杆”的压力下固定资产投资持续放低，制造业面临产能过剩而进行结构调整的压力更加增大，加之自5月1日全社会实施税收的营改增的变化，建筑业将面临严峻的挑战。从中长期看，随着我国潜在经济增长率下行以及人口结构老龄化程度提高，固定资产投资增速放缓至适当区间是不可逆转的趋势。从投资增长点来看，传统产业相对饱和，但基础设施互联互通和一些新技术、新产品、新业态、新商业模式的投资机会大量涌现。因此在当前的国内外经济形势下，建筑行业的发展是机会与

压力并存，要勇于改革和创新，使行业的技术和管理水平得以转型升级的同时捕捉国内新的增长点，沿着中央规划的“一带一路”迈出国门、走向全球，这样才能冲出重围创出一片新天地。

作为2015年12月20-21日在北京举行的中央城市工作会议的配套意见，建筑工业化未来10年的目标，恰好反映了随着国内产业转型，城乡人口结构发生巨变，整个建筑产业链面临人力结构性改革，建筑业发展面临环境资源压力的现状。建筑工业化正是可以带来改变的一个有效途径。日前，国务院在其颁布的《关于进一步加强城市规划建设管理工作的若干意见》（简称《意见》）中明确指出，要发展新型建造方式，大力推广装配式建筑，10年内使装配式建筑占新建建筑比率达30%。

随着我国新型城镇化的逐步推进、“一带一路”战略落地，基础设施的投资、城市综合管廊、海绵城市的建设也会给建筑业带来新的前景。

2016年是“十三五”开局之年，从“十三五”时期投资形势看，固定资产投资有望筑底企稳。一方面，推动经济转型升级和降杠杆将抑制投资增长；另一方面，改革红利释放、新兴产业以及服务业快速发展等将支撑投资增长。展望2016年，固定资产投资增速还将继续探底，预计回落到9.5%左右，并将延续“一高两低”的基本格局，即基础设施投资高增速，制造业投资低增速，房地产开发投资极低增速，甚至大概率出现下降态势。

建筑业是典型的靠投资拉动型的行业，下面就2016年国内的投资利弊因素进行分析。

（一）投资稳定增长的有利因素

1. 推进重大项目建设

“11+6+3+1”重大工程建设。国家大力推进11大类重大工程包建设，建立重大工程“开工建设一批、投产达标一批、储备报批一批”的滚动机制。同时，积极推进六大领域消费工程、三大战略、重大装备走出去和国际产能合作重点项目建设。这些重大工程建设将对促进投资稳定增长发挥关键作用。

为此，国家将采取以下有效措施：一是完善重大项目的政银企社合作对接机制，细化重大工程项目清单，搭建信息共享、资金对接的平台，保障重大项目的资金供应；二是积极引导金融机构的信贷投向，鼓励金融机构建立绿色通道，加快重大项目等领域的贷款审评审批；三是投放专项建设基金，给予国开行、农发行适当的流动性支持；四是统筹落实重大项目建设用地，及时为重点项目建设办理用地手续；五是制定三年滚动投资计划，充实重点产业、基础设施和民生领域的重大项目储备库。

2. 用好积极财政政策

这包括几个方面：一是发挥好中央预算内投资的带动作用。优化调整中央预算内投资安排，重点用于国家重大工程特别跨地区、跨流域的投资项目以及外部性强的重点项目，减少竞争性领域投入和对地方的小、散项目投资补助。二是加大盘活财政存量资金力度，清理财政专户。清理结转结余资金和财政专户，将盘活的财政资金重点投向民生改善、公共服务和基础设施等领域，提高财政资金使用效益。三是实行结构性减税。适当调高工薪所得税起征点，扩大税前扣除项目范围，增加养老、教育、住房等支出能力。完善研发费用计核办法，扩大企业研发费用扣除范围。四是推动普遍性降费。减免涉及小微企业的有关行政事业性收费和政府性基金，取缔乱收费，切实减轻小微企业负担。

3. 降低企业融资成本

一是灵活运用降准降息，引导商业银行降低信贷资金成本，加大金融对实体经济的服务。二是扩大专项贷款规模，推动资产证券化，增强开发性、政策性金融资源服务实体经济的作用。三是督察金融机构整改违规收费、以贷转存、存贷挂钩等行为。四是完善多层次资本市场，继续壮大主板市场，积极推动创业板和战略新兴板市场，有序发展新三板市场，规范区域性股权交易中心形成的四板市场，降低中小企业参与资本市场的门槛。五是充分发挥社会资本在普惠金融中的积极作用，支持民营银行、小额贷款公司、村镇银行、P2P 公司等金融机构发展，推动民间金融阳光化。

4. 推进 PPP 模式

一是中央层面安排 PPP 项目前期工作费，支持地方政府开展 PPP 项目的前期工作，推进项目签约及落地实施。二是加大专项转移支付资金、税收优惠政策、PPP 引导基金对 PPP 项目的支持力度。三是规范地方政府行为，加强政府承诺的约束机制，对地方政府违约行为，实施上级财政对下级财政的结算扣款惩罚，切实保障社会资本的合法权益。四是制订 PPP 项目标准化合同范文和分行业合同，提供更加细化可操作的实施指引。五是开展 PPP 项目的推介会和业务培训班，介绍可复制、可推广经验，引导民营资本积极参与 PPP 项目建设。

5. 深化投资审批制度改革

一是进一步取消和下放投资审批权限。清理和规范核准后、开工前的一些报建手续，切实解决前置手续繁杂、效率低下、依附于行政审批的中介服务不规范和收费不合理等问题。二是解决不同审批部门权限下放不同步的问题，促进土地、环评、安全等审批权限同步下放，提高简政放权的综合成效。三是彻底清理审批事项互为前置、互相掣肘的情况，提高审批效率。

（二）投资增长的不利因素

1. 房地产市场运行态势的影响

由于地方几经发展和资源配置的不平衡，致使国内一线城市和二三线城市之间的房地产形成冰火两重天的状况。一线城市房源仍然呈现供不应求的态势，而且即使在限购政策的前提下价格依然保持稳中有升；二三线城市积压待售房屋存量很大，面临去库存的压力明显。一线城市市场虽然叫好，但由于土地资源的紧缺，从长远来看新开工的面积必然出现下降趋势。因此从总量上来讲，2016 年国内房地产新开工面积会呈现明显的减少，这无疑将会对建筑业造成不利的影响。

2. 融资平台转型改制难度大

地方政府融资平台正在推动转型改制，剥离政府融资职能，成为独立运营的市场主体。融资平台脱钩政府信用后融资成本和难度大幅提高，部分在建项目后续融资困难，新增投资能力明显减弱，或将影响基建投资高速增长的可持续性。此外，地方政府融资平台普遍缺少突出的主营业务和充足的固定资产，参与市场化竞争存在先天不足，转型改制难度较大。

3. 投资项目储备不足

受市场需求低迷、融资成本较高、预期收益率走低、库存积压等影响，具备可行性的投资项目仍然较少。一般来说，投资项目通常在两年半内完成。2015 年新开工项目计划总投资额、房屋新开工面积均处在极低水平，反映出投资项目储备不足，将间接影响 2016 年投资增速。

4. 产能过剩、地方政府性债务风险持续发酵

2016 年投资形势仍然将受到产能过剩、地方政府性债务风险矛盾的拖累。外需缓慢复苏低于预期，内需依旧低迷，工业领域产能过剩状况难以有效缓解。受经济下行影响，公共财政收入增速降低，地方政府债券融资模式有待成熟，加上正值债务偿还高峰期，地方政府性债务风险不容忽视。这些是建筑行业在 2016 年的发展过程中不得不面临和考虑的风险因素。

5. 税制的改革对建筑业的影响

自 2016 年 5 月 1 日起，建筑业也将面临税制的改革，由以前缴纳营业税改为缴纳增值税。这不仅仅是缴费基数和税率的变化，将对建筑企业的总体收入、企业的财务状况、建筑行业总体税负、建筑行业税收筹划、建筑行业投标工作、建筑企业海外经营、建筑企业经营管理以及建筑企业核心竞争力等方面都会带来极大的影响。营业税改征增值税是一项十分复杂的系统工程，涉及到国家、地方政府和企业三方共同利益，建筑施工企业应当顺势而为，只有积极地学习和研究在新的税收体制下如何提高企业的经营管理水平和市场对策，才能够顺利地度过营改增的过渡期，否则将会对本来利润就极为地下的行业带来新的冲击。

综上所述，2015 年对建筑企业发展是机会与风险并存，不仅将受到国家产业政策的调整、原材料价格波动、劳动力成本提高、劳动力资源短缺、应收账款等因素的影响，更重要的是要通过自身的改革与创新提高市场竞能力。海外市场拓展需防范世界宏观经济大幅波动、政治因素及汇率风险和违约风险。

附表

2015年度建筑业行业上市公司业绩评价结果排序表

行业排名	全部上市公司排名	股票代码	单位名称	年末资产总额	营业收入	净利润	市场投资回报率(%)	每股收益_wind	综合得分	总资产报酬率—wind	资产总计增长率_wind	流动资产周转率_wind	资产负债率(%)	已获利息倍数_wind	三年营业收入增长率_wind	资本扩张率(%)	股价波动率	净资产收益率(测算标准值用)
1	92	002372	伟星新材	290094.88	274650.15	48441	41.33	0.84	74.5	20.92	13.35	1.68	17.5	0	47.88	13.05	122.32	21.48
2	101	002718	友邦吊顶	69221.61	41070.82	12078.55	45.58	1.46	74.2	20.64	18.36	0.87	10.18	0	78.28	18.03	149.13	21.03
3	186	002043	兔宝宝	116564.96	164680.7	9715.39	155.15	0.2	71.8	10.24	7.2	2.04	21.32	0	47.01	11.32	208.64	11.16
4	202	000065	北方国际	661755.08	428557.4	23044.96	74.52	0.82	71.5	3.96	34.56	0.87	67.3	0	158.11	83.21	215.21	13.78
5	220	002047	宝鹰股份	689563.66	685366.13	37680.86	103.59	0.27	71.1	9.57	40.22	1.34	62.42	7.77	382.18	19.39	210.97	15.83
6	231	002713	东易日盛	211716.83	225732.55	11571.06	75.38	0.39	70.9	7.81	27.39	1.7	53.35	0	64.02	6.23	222.95	12.07
7	256	601668	中国建筑	107490489.9	88057713.4	3594280.8	−3.04	0.84	70.3	5.4	16.95	1.14	77.79	4.38	54.08	21.26	134.12	16.5
8	282	002116	中国海诚	352511.55	469302.08	22800.03	47.1	0.56	69.8	7.21	8.81	1.58	68.76	0	−10.28	24.34	113.56	22.95
9	303	600585	海螺水泥	10578139.16	5097603.6	762795.17	−20.48	1.42	69.3	10.14	3.45	1.99	30.13	20.45	11.38	6.18	90.52	10.63
10	398	002314	南山控股	1138510.75	488310.24	22572.65	70.47	0.12	67.7	6.16	262.99	0.84	47.54	4.14	110.72	320.61	235.08	6.11
11	403	300284	苏交科	544568.31	256256.91	33944.44	89.19	0.58	67.6	8.39	26.79	0.71	48.44	0	117.35	33.17	176.85	13.81
12	425	000786	北新建材	1360436.83	755117.88	121578.1	−4.27	0.63	67.2	11.37	1.73	1.62	31.92	12.17	12.95	8.64	133.37	13.67
13	462	002504	弘高创意	414112.98	328888.72	27000.93	77.35	0.65	66.8	11.12	61.12	1.03	77.97	50.64	2002.98	33.45	196.43	33.83
14	493	002271	东方雨虹	608405.97	530399.04	72881.46	10.8	0.89	66.1	15.44	18.34	1.41	33.13	29.77	78.07	17.51	115.8	19.36
15	497	002233	塔牌集团	603495.14	383374.68	38046.57	50.86	0.43	66.1	9.28	11.59	1.97	27.41	29.69	9.98	2.96	197.14	8.81
16	541	002641	乾景园林	144377.87	60753.84	9332.51	73.07	1.56	66	9.56	58.5	0.54	39.65	28.98	30.64	95.96	0	14.18
17	569	000498	奇信股份	344886.02	334019.42	13034.79	73.07	0.72	65.4	8.49	33.06	1.14	55.74	5.13	49.58	76.48	26.65	10.9
18	621	002081	永高股份	397472.19	353344.33	25941.19	111.08	0.3	65.2	9.21	14.47	2.05	40.39	15.01	40.54	7.2	181.44	11.33
19	628	000546	三圣特材	214057.1	141085.44	12324.64	73.07	0.88	65.2	9.53	47.39	1.19	42.49	6.21	32.88	78.89	146.4	12.84
20	636	601800	航天工程	414306.27	155021.19	29596.44	73.07	0.73	65.1	9.92	56.41	0.64	45.25	0	102.82	123.93	149.48	18.04
21	662	601186	山东路桥	1041588.22	741869.01	37769.61	93.25	0.34	64.8	5.84	3.89	0.8	70.82	9.26	13.19	14.46	144.87	13.26
22	663	002542	美尚生态	173798.4	58034.66	11024.91	73.07	2.21	64.6	9.77	80.54	0.69	40.96	66.05	59.73	144.34	26.64	15.25
23	670	600170	金螳螂	2480488.58	1865409.26	160568.23	1.12	0.91	64.1	8.29	14.27	0.93	64.74	59.48	33.8	19.39	214.25	19.98
24	683	300197	金圆股份	437418.44	186523.65	29025.04	70.29	0.44	64.1	10.1	6.96	1.79	54.33	5.7	1470.31	16.64	194.31	15.65
25	699	002398	中国交建	73105081.13	40442045.2	1578256.96	−4.32	0.95	63.9	3.65	15.97	1.08	76.81	2.45	36.52	28.27	133.91	10.46

续表

行业排名	全部上市公司排名	股票代码	单位名称	年末资产总额	营业收入	净利润	市场投资回报率(%)	每股收益_wind	综合得分	总资产报酬率—wind	资产总计增长率_wind	流动资产周转率_wind	资产负债率(%)	已获利息倍数_wind	三年营业收入增长率_wind	资本扩张率(%)	股价波动率	净资产收益率(测算标准值用)
26	700	002717	全筑股份	241465.72	218493.04	8198.05	73.07	0.55	63.8	6.27	47.23	1.28	64.1	6.87	65.87	104.64	214.25	12.71
27	722	000928	中国铁建	69609633	60053873	1337443.4	−7.5	0.98	63.6	3.08	12.82	1.1	81.49	2.65	24	25.2	154.51	11.54
28	737	002178	中化岩土	474845.68	193079.5	22522.69	122.47	0.22	63.6	8.24	56.7	0.74	43.34	5.89	328.12	59.66	205.58	10.29
29	743	600970	上海建工	14220024.71	12543070.74	197106.5	18.18	0.31	63.5	2.58	21.47	1.23	83.26	4.41	34.65	24.16	137.13	9.17
30	753	601390	铁汉生态	693829.83	261327.3	30410.14	74.11	0.39	63.4	7.85	37.01	0.75	53	3.5	117	59.42	203.29	11.46
31	764	002051	建研集团	247760.35	134532.07	20469.7	39.7	0.59	63.3	10.09	1.84	0.83	17.63	247.07	2.82	9.26	183.26	10.47
32	775	601117	岭南园林	363566.46	188886.12	16854.25	256.1	0.52	63.2	8.25	90	0.98	73.58	8.73	168.76	27.52	267.17	19.67
33	792	002302	中钢国际	1344501.41	975128.2	47457.23	33.2	0.73	62.9	5.54	25.55	0.85	78.55	22.03	549.66	19.3	164.56	17.9
34	794	600326	山鼎设计	40323.82	18546.83	2684.7	73.07	0.43	62.8	10.74	51.66	0.74	27.36	8.48	−4.24	85.35	26.6	11.91
35	795	601636	中材国际	2853513.13	2259622.77	64942.55	−4.88	0.6	62.7	3.11	13.68	1.01	76.19	51.88	6.4	51.08	148.82	11.5
36	847	600986	延华智能	211579.34	111659.35	11465.72	108.94	0.15	62.7	7.41	55.79	0.88	40.13	0	85.39	58.72	248.36	11.11
37	869	600039	中国中铁	71366770.5	62108831.4	1178611.7	27.07	0.53	62.5	2.83	4.48	1.12	80.47	2.46	28.67	27.82	208.06	9.49
38	870	002619	中工国际	1984041.53	811994.05	98632.08	−7.65	1.36	62.4	5.23	10.84	0.5	67.56	0	−20.04	12.15	151.73	16.2
39	906	600668	中国化学	8174641.92	6353233.97	296457.65	−22.04	0.58	62.3	4.57	0.43	0.96	65.92	31.65	17.4	10.23	154.28	11.16
40	911	002310	西部建设	1255622.08	1029492.92	36668.05	23.34	0.67	62.1	5.17	15.48	1.17	65.2	4.31	385.89	8.59	172.69	8.74
41	919	603017	旗滨集团	1245005.06	516946.15	17133.26	52	0.07	62.1	4.8	33.77	2.17	58.85	1.86	92.56	27.93	135.74	3.75
42	928	000619	西藏天路	496485.7	208696.92	20110.45	30.75	0.26	62.1	6.67	56.59	0.93	47.19	6.55	27.23	82.86	173.06	9.92
43	944	603018	华建集团	418838.11	426780.19	16001.27	49.14	0.42	61.9	7.04	169.07	2.07	81.63	0	713.29	−29.01	184.78	17.27
44	951	600502	科达股份	888452	241696.48	12256.97	197.82	0.23	61.3	2.85	91.42	0.5	56.5	9.25	60.23	389.04	251.17	5.27
45	968	002469	文科园林	176962.07	104594.38	9692.18	73.07	0.92	61.2	9.32	36.44	0.7	37.74	6.14	48.27	103.91	120.4	11.8
46	988	601669	四川路桥	5504233.52	3077118.42	102121.3	−3.73	0.34	61.1	4.49	5.5	1.13	82.91	1.83	23.43	13.26	131.21	11.53
47	1002	600820	巨龙管业	368027.35	48954.15	15891.99	62.31	0.59	61.1	8	257.06	0.65	12.94	9.37	58.78	464.91	166.42	8.43
48	1023	600318	东方园林	1769563.56	538067.78	60007.94	47.89	0.6	60.5	5.92	35.43	0.4	63.83	4.57	36.62	11.89	174.23	9.9
49	1026	600068	尖峰集团	363148.22	225853.45	22308.54	31.91	0.58	60.5	8.47	−3.47	2.62	36.01	8.03	36.96	3.9	137.07	9.78

续表

行业排名	全部上市公司排名	股票代码	单位名称	年末资产总额	营业收入	净利润	市场投资回报率(%)	每股收益_wind	综合得分	总资产报酬率—wind	资产总计增长率_wind	流动资产周转率_wind	资产负债率(%)	已获利息倍数_wind	三年营业收入增长率_wind	资本扩张率(%)	股价波动率	净资产收益率(测算标准值用)
50	1028	002596	中衡设计	200304.3	63618.13	6904.79	85.4	0.56	60.4	4.98	91.62	0.78	55.98	0	45.88	7.31	196.12	8.11
51	1032	002652	海螺型材	390929.72	342909.64	11780.78	56.2	0.26	60.3	5.2	−3.71	1.66	32.13	4.78	−18.29	1.13	158.2	4.47
52	1059	002325	设计股份	372532.22	139728.9	16031.61	33.73	1.54	60.1	5.74	21.87	0.51	53.16	32.61	33.3	7.66	104.76	9.53
53	1090	601618	安徽水利	1357403.8	915012.23	25856.15	18.81	0.5	60	3.02	10	0.87	78.77	8.44	40.98	42.19	117.32	10.54
54	1096	000012	三维工程	157286.81	62649.54	13306.05	15.46	0.38	59.7	9.5	1.95	0.46	17.29	0	37.76	11.64	170.02	10.79
55	1162	002082	中国电建	40510283.48	21092129.15	580339.96	4.76	0.38	59.5	3.54	41.27	1.04	82.79	2.75	66.03	45.02	206.12	9.85
56	1182	002062	隧道股份	6288691.81	2680317.46	150430.49	33.1	0.47	59.4	4.78	6.92	0.86	73.15	3.04	21.89	5.8	186.11	9.16
57	1211	300355	葛洲坝	12762977.1	8227493.24	343127.92	−11.15	0.58	59	4.86	21.67	1.16	77.98	4.51	53.68	6.78	144.64	12.61
58	1225	600477	新力金融	731435.63	94459.76	19972.59	172.9	0.31	59	8.09	284.88	1.72	69.09	3.94	−7.49	108.47	226.53	11.94
59	1238	002482	海南瑞泽	316936.25	177528.57	8805	301.84	0.29	59	5.61	51.79	1.13	33.79	3.9	69.13	61.95	302.15	5.19
60	1261	600284	扬子新材	180811.05	145099.77	6955.39	49.01	0.13	58.9	6.96	81.88	1.63	62.03	8.64	7.88	17.17	166.14	10.93
61	1266	002333	洪涛股份	673628.59	300634.03	34260.4	81.35	0.36	58.5	7.09	24.45	0.59	51.68	23.65	5.79	11.77	240.19	11.11
62	1271	601886	中国中冶	34376281.9	21732397.2	494874.4	30	0.24	58.2	2.82	5.46	0.83	79.3	1.86	−1.72	22.63	180.1	7.66
63	1287	000789	南玻 A	1548960.02	743088.91	63983.27	55.38	0.3	58.1	6.48	2.47	4.21	49.14	3.84	6.24	−8.97	151.52	7.74
64	1301	002088	柯利达	230585.96	162771.59	5514.77	73.07	0.47	57.2	3.24	22.2	0.86	57.01	77.65	43.41	107.1	141.85	7.5
65	1304	002140	栋梁新材	161727.08	1157219.78	6843.34	7.72	0.26	57.2	5.16	4.27	10.92	16.71	0	5.46	3.91	158.09	5.18
66	1329	300234	宏润建设	1489723.53	850798.43	21283.96	68.76	0.27	57	2.66	7.11	0.7	81.64	3.26	24.66	3.04	192.79	7.9
67	1355	000885	蒙草抗旱	455075.48	176839.65	17358.07	12.07	0.36	56.6	6.5	29.82	0.55	51.2	6.01	181.59	40.12	146.26	9.12
68	1381	002060	杭萧钢构	642298.56	378643.47	14353.85	162.18	0.17	56.4	4.49	−1.72	0.69	68.94	2.66	24.44	25.88	227.68	8.02
69	1383	300198	广田股份	1365647.51	801001.09	31085.53	75.43	0.51	56.2	4.06	20.56	0.71	56.5	3.7	18.18	38.68	172.13	6.08
70	1386	002620	浦东建设	1336437.5	316361.25	48025.78	21.48	0.55	55.9	5.1	−10.33	0.51	49.11	6.75	161.86	5.49	129.91	7.25
71	1425	600496	罗普斯金	162570.77	108016.74	20612.72	86.04	0.82	55.8	13.66	−10.21	1.64	9.59	0	−5.14	9.76	149.19	14.68
72	1454	601789	江河集团	2233235.48	1615658.96	34447.04	51.97	0.27	55.7	2.6	12.66	0.9	71.2	3.59	79.73	11.15	189.63	5.64
73	1478	002586	万年青	900807.51	558302.81	34291.68	−4.34	0.41	55.5	7.32	1.94	1.86	54.64	3.51	19.85	−2.79	151.82	8.27

续表

行业排名	全部上市公司排名	股票代码	单位名称	年末资产总额	营业收入	净利润	市场投资回报率(%)	每股收益_wind	综合得分	总资产报酬率—wind	资产总计增长率_wind	流动资产周转率_wind	资产负债率(%)	已获利息倍数_wind	三年营业收入增长率_wind	资本扩张率(%)	股价波动率	净资产收益率(测算标准值用)
74	1481	002346	东华科技	574336.13	363296.77	18053.87	15.78	0.4	55.3	2.9	−19.93	0.62	65.34	0	19.1	7.56	123.53	9.4
75	1499	601992	鲁阳节能	210145.7	113274.65	5754.57	40.37	0.25	55.3	4.02	6.51	1.05	23.74	6.38	12.9	2.18	133.21	3.63
76	1585	600801	开尔新材	87603.23	42116.27	6512.02	72.6	0.25	54.9	9.75	15.04	0.71	33.09	79.26	196.79	10.25	166.15	11.65
77	1594	002375	同力水泥	593497.31	323177.78	8369.37	34.46	0.08	54.6	3.88	23.07	3.22	52.45	4.74	−21.56	3.72	148.14	3.02
78	1601	002623	粤水电	1459444.35	668578.2	10931.42	30.75	0.18	54.3	3.41	15.76	1.09	81.96	1.5	48.18	4.09	152.83	4.24
79	1607	600853	瑞和股份	213276.3	181986.65	6480.83	129.77	0.54	54.2	4.4	5.73	1.11	49.39	6.87	35.54	5.96	297.04	6.18
80	1619	300117	纳川股份	207700.08	130794.81	5315.04	113.78	0.06	54.2	3.9	33.5	1.23	40.61	3.77	229.71	9.85	173.64	4.51
81	1624	000023	精工钢构	1044376.76	720533.74	19159.6	29.66	0.13	53.5	3.41	6.69	0.89	66.11	2.48	17.51	4.77	159.39	5.54
82	1646	002457	宁波建工	1222984.04	1327623.05	19765.56	35.6	0.39	53	3.63	17.95	1.33	80.35	2.82	40.09	6.25	201.95	8.47
83	1653	600552	万里石	109506.61	64261.02	2154.94	73.07	0.14	53	4.56	17.16	0.83	40.11	2.8	−17.78	20.87	26.62	3.6
84	1668	002135	围海股份	445623.82	189686.63	6431.55	47.68	0.09	52.7	4.01	30.36	0.9	63.1	2.39	35.56	1.87	190.24	3.95
85	1697	002545	柘中股份	200098.96	43757.26	11582.23	62.13	0.26	52.7	7.1	5.8	0.41	25.6	30.6	42.55	3.87	98.8	7.93
86	1735	600491	金隅股份	13074670.43	4092534.09	195106.78	−5.75	0.42	52.4	3.6	13.02	0.5	67.74	1.88	20.18	16.37	109.47	4.98
87	1756	002694	东方新星	71642.39	27815.72	1886.45	73.07	0.21	52.4	3.35	22.96	0.46	29.04	0	−43.72	52.38	157.42	4.48
88	1759	601226	恒通科技	114075.14	45066.02	4313.57	73.07	0.23	52	6.78	20.6	0.71	31.87	7.33	50.53	69.75	180.48	6.99
89	1774	600586	华新水泥	2548667.18	1327131.92	22559.26	−18.53	0.07	51.2	3.31	−2.19	2.34	56.93	1.65	6	−0.68	130.81	2.05
90	1793	000010	亚厦股份	1841625.83	896852.37	58969.76	15.72	0.43	51.1	4.03	3.81	0.58	60.73	19.1	−6.35	7.08	215.09	8.43
91	1796	002468	亚玛顿	266891.4	109213.44	5455.27	114.59	0.34	51	2.09	2.69	0.83	19.18	0	79.37	2.43	179.97	2.56
92	1798	002659	龙建股份	768848.57	671634.47	2003.9	52.44	0.04	50.9	2.16	12.36	1.12	89.45	1.29	3.28	1.41	159.2	2.49
93	1818	600720	嘉寓股份	424463.71	209803.76	6788.39	92.53	0.21	50.6	3.64	18.33	0.67	67.85	2.27	89.05	4.43	198.95	5.08
94	1857	002663	深天地 A	156586.56	103780.41	2663.39	69.51	0.19	50.6	3.94	6.23	0.76	71.48	3.53	18.21	5.18	139.32	6.11
95	1861	600876	青龙管业	247363.82	81627.83	4693.36	28.65	0.14	50.2	2.94	10.15	0.63	27.23	11.08	5.34	3.07	125.68	2.65
96	1870	002225	方兴科技	460126.77	112965.27	12255.86	19.04	0.29	50.1	4.8	89.24	0.54	48.58	9.82	16.35	37	198.36	5.99
97	1897	000055	东南网架	902378.27	519604.31	3749.19	124.43	0.05	49.8	1.83	19.02	0.85	73.27	1.77	55.08	27.23	211.99	1.74
98	1901	002541	东方铁塔	406188.28	118653.29	6034.21	116.34	0.08	49.4	2.34	1.14	0.51	36.26	2.98	−29.76	−9.82	139.97	2.21

续表

行业排名	全部上市公司排名	股票代码	单位名称	年末资产总额	营业收入	净利润	市场投资回报率(%)	每股收益_wind	综合得分	总资产报酬率—wind	资产总计增长率_wind	流动资产周转率_wind	资产负债率(%)	已获利息倍数_wind	三年营业收入增长率_wind	资本扩张率(%)	股价波动率	净资产收益率(测算标准值用)
99	1916	002524	龙元建设	2438282.04	1602876.81	19833.46	41.41	0.22	48.7	1.85	16.98	0.74	85.08	4.32	14.55	8.57	194.72	5.68
100	1922	600248	顾地科技	224277.09	177172.05	1903.08	108.24	0.07	48.4	2.96	-6.26	1.33	56.54	1.65	17.41	-9.11	192.12	1.86
101	1958	002200	华电重工	835617.13	514085.76	26266.24	2.64	0.23	48.3	4.13	-4.45	0.72	55.56	8.26	16.14	4.17	144.25	7.22
102	1970	600449	金晶科技	978362.44	332468.88	3672.07	51.24	0.02	48	2.78	9.26	1.23	57.97	1.27	11.31	0.98	186.41	0.9
103	2002	002628	深华新	517465.59	95737.93	3244.71	36.49	0.05	47.8	2.93	543.44	0.46	57.82	3.01	408.79	295.72	208.34	2.37
104	2016	300093	中泰桥梁	256456.25	76335	251.98	133.98	0.01	47.7	1.97	30.99	0.58	66.33	1.15	0.38	35.64	279.29	0.34
105	2032	002162	艾迪西	157036.24	144663.99	3.09	155.81	0.01	47.7	1.49	-3.09	1.43	51.61	0.87	20.79	-0.61	226.35	0
106	2071	002307	祁连山	1084027.72	484254.16	13498.15	-14.02	0.23	47.1	3.78	0.03	2.09	48.69	1.64	13.99	5.8	127.42	2.5
107	2073	600512	普邦园林	643690.83	243263.16	19914.75	37.87	0.12	46.3	3.98	17.34	0.48	34.07	11.78	31.44	17.38	204.94	5.07
108	2091	000672	洛阳玻璃	131403.51	66215.66	13441.1	228.77	0.28	46.1	12.31	24.31	1.54	78.82	88.4	19.59	0	348.92	112.5
109	2099	000935	濮耐股份	515485.5	279373.5	8880.4	11.03	0.1	45.9	3.32	5.21	0.81	48.9	3.04	30.2	7.73	122.03	3.5
110	2107	002431	韩建河山	148700.71	60722.95	2090.32	73.07	0.16	45.9	3.3	4.9	0.64	43.69	1.94	29.4	82.89	113.82	3.23
111	2177	600539	富煌钢构	345702.24	149474.73	3152.58	73.07	0.27	45.4	3.48	13.39	0.59	77.92	1.44	-7.86	40.27	197.03	4.82
112	2187	002392	鸿路钢构	708302.86	319263.24	17673.52	46.43	0.66	45.2	4.83	-4.21	0.57	64.4	2.52	-14.68	6.68	139.6	7.24
113	2189	600145	方大集团	446414.78	255046.75	6821.54	46.27	0.14	45.2	3.74	21.88	0.84	70.12	1.96	82.45	2.58	189.54	5.18
114	2194	002671	光正集团	192496.18	55518.53	2545.11	64.84	0.01	44.7	2.89	-5.5	0.89	45.56	2.05	19.19	1	204.09	2.44
115	2197	600678	延长化建	502765.97	381730.33	12113.56	30.07	0.26	44.5	2.64	-1.1	0.89	63.69	0	-15.08	6.3	167.83	6.84
116	2211	600545	云投生态	288463.23	84326.74	3703.76	45.36	0.06	43.6	3.74	19.41	0.4	67.92	1.8	145.38	4.19	150.49	4.08
117	2214	000509	宁夏建材	776639.65	318449.95	5490.83	-3.13	0.04	43.2	2.31	-4.47	1.41	42.82	1.77	1.16	-1.31	118.44	1.23
118	2218	600528	成都路桥	567692.8	144497.63	1874.44	33.71	0.03	42.7	1.07	-9.86	0.34	53.92	1.54	-63.33	-0.64	105.1	0.71
119	2278	600610	金刚玻璃	162497.76	34988.65	461.85	203.52	0.02	42.2	1.56	1.8	0.34	46.25	1.3	-2.25	-0.17	205.93	0.53
120	2284	600321	悦心健康	214363.17	68420.22	1429.6	152.16	0.02	41.7	3.35	-3.65	0.9	61.9	1.4	-22.65	0.38	226.43	1.75
121	2305	600209	北新路桥	1270805.29	511471.09	907.38	-2	0.06	40.5	1.17	26.59	0.67	79.91	1.19	46.46	86.05	149.41	0.46
122	2322	600881	腾达建设	544734.76	292106.49	-6122.11	34.88	-0.03	40.5	1.25	-3.78	0.65	63.55	0.65	112.7	69.52	173.03	-3.88
123	2324	002066	上峰水泥	467806.4	202554.47	6007.37	-4.85	0.08	39.6	3.82	21.5	1.63	60.14	2.03	2636.81	4.99	126.34	3.3

续表

行业排名	全部上市公司排名	股票代码	单位名称	年末资产总额	营业收入	净利润	市场投资回报率(%)	每股收益_wind	综合得分	总资产报酬率—wind	资产总计增长率_wind	流动资产周转率_wind	资产负债率(%)	已获利息倍数_wind	三年营业收入增长率_wind	资本扩张率(%)	股价波动率	净资产收益率(测算标准值用)
124	2340	600293	四川双马	545148.51	197456.63	−10565.48	11.86	−0.16	39.3	−0.35	15.81	2.32	40.09	−0.19	5.88	−3.99	132.92	−3.17
125	2367	002163	棕榈股份	1224505.88	440050.75	−20282.75	27.26	−0.4	39	−0.74	30.79	0.5	64.78	−0.75	37.82	41.65	189.79	−5.51
126	2377	002205	*ST 狮头	97850.22	9165.1	241.31	79.91	0.06	36.4	0.4	6.17	0.57	28.06	2.75	−67.28	0.34	159.51	0.34
127	2391	600819	北京利尔	470992.03	176518.2	−4589.28	19.92	−0.04	35.9	−0.45	16.6	0.59	39.31	−1.84	60.36	−2.58	137.11	−1.58
128	2407	600802	*ST 新亿	88500.18	390.28	5908.2	58.12	0.16	35.6	13.12	2677.29	0.01	31.66	55.88	−86.96	0	104.36	−14.16
129	2435	300344	龙泉股份	246731.41	49178.06	2071.9	77.54	0.06	35.3	2.66	3.34	0.34	40.38	1.87	−19.98	−2.83	200.46	1.39
130	2474	000877	四川金顶	37580.45	5272.42	189.29	152.42	0.01	35.1	4.98	4.2	1.09	92.03	1	334.45	8.33	242.59	6.57
131	2493	600681	新疆城建	1044908.2	437972.6	6011.67	2.41	0.05	33.7	2.02	9.07	0.55	78.91	1.42	69.27	1.41	186.58	2.75
132	2513	000401	华塑控股	56782.71	17683.67	1984.86	77.7	0.02	33.6	5.3	−9.38	0.46	94.15	2.63	−41.84	169.34	199.39	87.2
133	2520	600425	中铁二局	5644719.81	5778744.17	−9713.13	−1.13	0.12	33.3	0.93	−4.3	1.09	88.59	0.9	−13.25	−6.38	211.97	−1.46
134		603778	中毅达	124190.98	6716.74	−654.63	65.79	−0.01	29.8	−0.35	8.7	0.06	6.68	−2.98	−19.71	15.27	235.56	−0.6
135		002781	国栋建设	341192.95	56442.57	−5707.9	40.56	−0.04	29.6	−0.9	−2.13	0.86	21.6	−1.22	19.3	24.81	219.64	−2.37
136		002742	罗顿发展	97578.49	10976	−593.37	41.58	0.01	28.1	−0.35	−1.75	0.37	16.7	0	−67.09	−1.67	124.9	−0.72
137		603698	亚泰集团	5379010.66	1101166.9	−52098.43	1.97	−0.08	27.2	1.41	0.71	0.37	73.27	0.59	−5.28	18.9	184.71	−3.94
138		300495	瑞泰科技	351065.09	184546.69	−5583.42	89.58	−0.35	27.2	1.58	7.76	0.81	75.47	0.54	24.17	−9.03	183.44	−6.18
139		603030	三峡新材	260411.91	100735.07	−6640.72	125.57	−0.19	26.2	0.06	1.42	1.22	73.7	0.02	−2.19	−9.19	246.74	−9.23
140		300492	中航三鑫	702048.61	453912.77	−55643.32	53.85	−0.29	24.1	−5	−3.72	1.44	81.71	−1.75	37.86	−29.32	211.46	−35.89
141		600629	国统股份	167743.14	39298.48	−6086.89	125.65	−0.46	23.5	−2.41	−4.67	0.34	42.81	−2.19	−16.8	−7.85	164.38	−6.09
142		002775	耀皮玻璃	820265.22	274774.33	−48890.83	−7.03	−0.39	22.8	−4.05	3.06	0.93	57.66	−2.37	19.07	−10.87	168.19	−13.27
143		603828	福建水泥	504652.5	152446.63	−53546.79	23.78	−1.02	21.7	−7.79	−6.59	1.96	68.66	−3	−5.83	−25.51	153.25	−28.91
144		002785	太空板业	86998.56	11736.19	−6656.61	75.45	−0.27	20.2	−7.76	−3.83	0.33	25.67	−327.25	−58	−9.33	218.77	−9.79
145		002755	天山股份	2053036.64	504665.04	−66974.27	−17.05	−0.6	17.5	−0.6	−5.07	1.1	63.79	−0.23	−34.45	−8.05	152.51	−8.63
146		300374	百川能源	19402.76	1772.64	−448.14	86.53	−0.02	16.1	−2.15	5.65	0.28	84.06	−5.39	−79.42	10.04	110.17	−15.18
147		603616	冀东水泥	4128123.38	1110824.78	−215034.41	−13.53	−1.27	12.5	−0.81	−6.29	1.16	72.55	−0.25	−23.99	−15.66	192.2	−17.36
148		002743	青松建化	1119803.58	175477.29	−93136.05	−10.4	−0.49	11.9	−5.67	−7.14	0.7	56.45	−2.51	−23.72	−16.94	175.12	−17.33

第十三章 银行业

2015年，世界经济复苏与增长依然乏力，国内外经济形势严峻复杂，中国经济进入增速换挡、结构调整、新旧动能转换的新常态，我国金融改革的步伐加快，银行业面临前所未有的挑战：资本市场、非银行金融机构、互联网金融机构与传统银行业之间的竞争日益激烈，资产增速继续呈下滑趋势，资金来源稳定性下降，资产质量压力持续加大，利润增速明显放缓。处在新的发展环境中，这些都将考验银行在资本管理、流动性管理和不良资产处置等方面的抗压能力。

目前，国家一方面推进“去产能、去库存、去杠杆、降成本、补短板”的供给侧结构性改革，另一方面加强金融改革和综合监管改革，这些将为银行业的长期发展带来机遇和挑战。2015年上市银行总体保持稳健运行，准备金水平和资本充足水平持续较好，银行间市场流动性总体平稳，但“不良双升”、“利润增长率下降”是不争的事实。2015年16家上市银行归属母公司股东净利润12,696.67亿元，同比仅增长1.79%。

2016年是国家“十三五规划”的开局之年，外部经济形势依旧会复杂多变，尽管复苏之路上挑战重重，但全球经济的温和增长态势不会改变。我国经济将进一步迈入新常态，核心是经济结构调整和经济发展方式转变，我国政府将继续坚持稳中求进的工作总基调，适度扩大总需求的同时，加强供给侧结构改革，提高供给体系质量和效率，实施宏观政策要稳、产业政策要准、微观政策要活、改革政策要实、社会政策要托底的宏观调控政策。我国银行业要主动适应经济金融发展新形势、新变化和新特征，坚持稳中求进，以改革创新转型的全面推进和基础管理全面提升为新动力，推进综合化经营，强化风险管控，提升发展质效，向集约式发展转变。

一、2015年银行业上市公司业绩评价结果

截至2015年末，银行业的A股上市公司共16家，其中：沪市14户，占87.5%，深市2户，占12.5%。截至2015年末，16家银行上市公司资产总额1188446.68亿元，较2014年增长12.37%；归属母公司股东权益合计85982.48亿元，较2014年增长17.43%；发放贷款及垫款590081.36亿元，较2014年增长10.33%；吸收存款815892.34亿元，较2014年增长7.78%；2015年实现营业收入36436.83亿元，同比增长9.32%；归属母

公司股东净利润12696.67亿元，同比增长1.79%。

2015年上市银行业整体评价结果与2014年相比有升有降，进入2015年上市公司业绩评价综合得分百强名单较2014年增加了南京银行，南京银行在2015年排名上升到61位，工商银行、建设银行、招商银行3家仍在百强之列，但除工商银行排名上升1位，其他两家银行排名都有一定程度下降，其中建设银行下降17位至34位，招商银行下降13位至78位。

表13－1　2015年度银行业十强排行榜

名次	股票代码	股票简称	2014全部上市公司中排名	2015全部上市公司中排名
1	601398	工商银行	30	29
2	601939	建设银行	17	34
3	601009	南京银行	141	61
4	600036	招商银行	65	78
5	601988	中国银行	101	117
6	002142	宁波银行	138	143
7	600000	浦发银行	208	164
8	601166	兴业银行	126	183
9	600016	民生银行	178	209
10	601288	农业银行	137	226

结合银行业上市公司的整体评价，下面分别从安全性状况、流动性状况、盈利能力状况、发展能力状况以及市场表现状况五个方面对银行业上市公司进行具体分析。

（一）安全性状况

1. 资本充足率

由于全行业积极推进新资本管理办法的实施工作，2015年16家A股上市银行资本充足率高于监管标准值，与2014年相比，16家A股上市银行的资本充足率增长幅度为2.26%。在上市银行资本充足率排名中名列前三位的是：建设银行（15.39%）、工商银行（15.22%）、中国银行（14.06%）；资本充足率排名后三位的分别为：华夏银行（10.85%）、平安银行（10.94%）、兴业银行（11.19%）；16家上市银行仅建设银行、工商银行、交通银行、宁波银行、南京银行、中国银行的资本充足率在13%以上，其他10家银行资本充足率均在13%以下。

2. 不良贷款率

受国际金融危机和经济下行等因素的影响，2015年我国银行不良贷款率出现了反弹的情况，与2014年相比，16家A股上市银行的不良贷款率增长幅度为30.09%，增速明显加大，不良贷款率普遍达到了1.5%以上。16家A股上市银行中不良贷款较低的前三位分别为：南京银行（0.83%）、宁波银行（0.92%）、北京银行（1.12%）；不良贷款率较高的三家分别为：农业银行（2.39%）、招商银行（1.68%），光大银行（1.61%）。大部分银行的不良贷款率达到1.5%以上水平，风险监管亟待加强。

表13－2　行业安全性状况表

分析指标	2014年行业平均值（%）	2015年行业平均值（%）	增长率幅度（%）
资本充足率	12.38	12.66	2.26
不良贷款率	1.13	1.47	30.09

（二）流动性状况

1. 短期资产流动性比率

与2014年相比，2015年16家A股上市银行的短期资产流动性比率增幅为1.65%。大部分上市银行的短期流动性比率较高，还款能力较强。在上市银行短期资产流动性比率排名中名列前三位分别为：招商银行（65.67%）、兴业银行（56.80%）、南京银行（55.44%）。流动性比率名列后三位的分别为：浦发银行（34.06%）、北京银行（34.76%）、工商银行（35.50%）。

2. 流动性覆盖率

2015 年上市银行流动性覆盖率排名前三位分别为工商银行（145.10%）、平安银行（140.82%）、建设银行（132.91%）。流动性覆盖率较低的后三位分别为：华夏银行（75.54%）、浦发银行（78.31%）、光大银行（84.78%）。

表 13－3　行业流动性状况表

分析指标	2014 年行业	2015 年行业	增长率
	平均值（%）	平均值（%）	幅度（%）
短期资产流动性比率	45.39	46.14	1.65
流动性覆盖率	–	107.20	

注：由于 2015 年取消存贷比监管，本次剔除其指标，增加了流动性覆盖率指标

（三）盈利能力

1. 净资产收益率

2015 年，资本市场、非银行金融机构、互联网金融机构对传统银行业的竞争日益激烈，资产增速继续呈下滑趋势，资金来源稳定性下降，资产质量压力持续加大，利润增速明显放缓，净资产收益率下降明显。2015 年 A 股 16 家上市银行净资产收益率排名中位居前三位的分别是：浦发银行（17.53%）、兴业银行（17.51%）、华夏银行（17.19%）；后三位分别是：交通银行（13.21%）、中国银行（14.12%）、中信银行（14.22%）；2015 年净资产收益率相比 2014 年下滑明显，表明银行业受利率市场化、互联网金融等因素的影响，盈利能力开始下降。

2. 总资产回报率

受净利润增速放缓的影响，2015 年总资产回报率行业平均值相比 2014 年下调近 10%。2015 年 A 股 16 家上市银行总资产回报率排名中的前三位分别为：建设银行（1.30%）、工商银行（1.30%）、招商银行 (1.14%)；排名后三位分别为：中信银行（0.90%），平安银行（0.93%）、华夏银行（0.98%），其余各银行总资产回报率均高于 1%。

表 13－4　行业盈利状况表

分析指标	2014 年行业	2015 年行业	增长率
	平均值（%）	平均值（%）	幅度（%）
净资产收益率（%）	18.49	16.01	–13.41
总资产回报率（%）	1.17	1.07	–8.55

（四）发展能力

1. 总资产增长率

2015 年，我国上市银行资产规模继续增长，资产质量总体保持稳定。其中，南京银行通过客户结构和业务结构的成功调整带来了收入结构的显著调整，按规模系数调整后的资本扩张率（35.93%）在 16 家上市银行排名中位居第一，其后两位分别为工商银行（20.54%）、宁波银行（19.20%）；排名后三位的分别为：华夏银行（10.37%）、招商银行（12.60%）、北京银行（12.90%）。

2. 营业收入增长率

2015 年，我国上市银行业绩增长的驱动因素主要为营业收入的增长。在 16 家上市银行按规模系数调整后的营业收入增长率的排名中，位于前三位的分别为：南京银行（25.66%）、平安银行（21.70%）、兴业银行（18.86%）。而后三位分别为：农业银行（3.23%）、中国银行（4.33%）、华夏银行（4.69%）。

表 13－5　　行业发展能力状况表

分析指标	2014 年行业平均值（%）	2015 年行业平均值（%）	增长率幅度（%）
总资产增长率	17.47	17.57	0.57
营业收入增长率	20.66	12.51	−39.45

（五）市场表现状况

1. 市场投资回报率

2015 年，从市场投资回报率看，在 16 家上市银行中，位于前三位的分别为：南京银行（24.81%）、浦发银行（21.85%）、宁波银行（20.95%）；而后三位分别为：中信银行（-11.30%）、建设银行（-10.33%）、光大银行（-10.21%）。

2. 股价波动率

2015 年，从二级市场来看，银行业股价波动率低于 2014 年。从波动性指标看，股价波动最大的前三家分别为南京银行（229.51%）、平安银行（195.52%）、宁波银行（189.39%）；排名后三家分别为农业银行（12.91%）、工商银行（15.64%）、中国银行（24.35%）。

表 13－6　　行业市场表现状况表

分析指标	2014 年行业平均值（%）	2015 年行业平均值（%）	增长率幅度（%）
市场投资回报率	76.07	3.37	−95.57
股价波动率	150.15	89.76	−40.22

二、银行业上市公司业绩影响因素分析

目前，我国 A 股 16 家上市银行中，5 家为国有银行，分别是工行、建行、农行、中行和交行；3 家为城市商业银行，分别是南京银行、宁波银行和北京银行；还有 8 家股份制商业银行，分别是：招行、民生、兴业、平安、中信、光大、华夏、浦发。2015 年，16 家上市商业银行实现营业收入 36436.83 亿元，同比增长 9.32%；归属母公司股东净利润 12696.67 亿元，同比增长 1.79%。影响上市银行业绩的因素主要有以下几方面：

（一）宏观经济下行，银行业首当其冲

2015 年中国经济进入增速换挡、结构调整、新旧动能转换的新常态。2015 年，我国经济继续下滑，企业经营持续恶化。经历四万亿的政策刺激，我国宏观经济增长在重回 2008 年金融危机之后的最高峰之后迅速回落，呈现出类似“断崖式”的急剧下滑。GDP 已经由 2010 年第一季度的 11.9% 迅速回落到 2015 年的 6.9%。在经济增速下行压力加大、结构调整走向深入的背景下，银行业面临着息差收窄、负债成本大幅上升、收费业务监管从严以及不良贷款加速暴露等多方面的压力，整体盈利增速急剧下降。

（二）利率市场化压缩息差空间

2015 年以来，央行几次降息的同时，逐步放开存款利率浮动区间，金融机构存款利率浮动上限由 2014 年 11 月 22 日的 1.2 倍，到 2015 年 3 月 1 日的 1.3 倍，再到 2015 年 5 月 11 日的 1.5 倍。2015 年 10 月 24 日，央行在宣布“双降”的同时，指出“对商业银行和农村合作金融机构等不再设置存款利率浮动上限”，宣告了我国利率管制时代的基本结束。利率市场化之后，商业银行的利差收窄，利息收入将有所下降，2015 年 16 家上市银行净息差为 2.45%，较 2014 年的 2.53% 下降了 8 个 bp。

表 13－7　　2014—2015 年上市银行净息差表

证券代码	证券简称	2014 年（%）	2015 年（%）
000001.SZ	平安银行	2.5700	2.7700
002142.SZ	宁波银行	2.5100	2.3800
600000.SH	浦发银行	2.5000	2.4500
600015.SH	华夏银行	2.6900	2.5600
600016.SH	民生银行	2.5900	2.2600
600036.SH	招商银行	2.5200	2.7500
601009.SH	南京银行	2.5900	2.6100
601166.SH	兴业银行	2.4800	2.4500
601169.SH	北京银行	2.3645	2.3256
601288.SH	农业银行	2.9200	2.6600
601328.SH	交通银行	2.3600	2.2200
601398.SH	工商银行	2.6600	2.4700
601818.SH	光大银行	2.3000	2.2500
601939.SH	建设银行	2.8000	2.6300
601988.SH	中国银行	2.2500	2.1200
601998.SH	中信银行	2.4000	2.3100
均值		2.5315	2.4510

数据来源：wind 资讯

（三）不良双升、减值损失吞噬利润

2015 年我国银行不良贷款率出现了不良贷款反弹的情况。与 2014 年相比，16 家 A 股上市银行的不良贷款率增长幅度为 30.09%，增速明显加大，不良贷款率普遍达到了 1.5% 以上。2015 年不良贷款余额达到了 9942.01 亿元，较 2014 年 6683.40 亿元增幅达到了 48.76%，2015 年减值损失达到了 6518.67 亿元，占 2015 年归属于母公司股东净利润的 51.34%。

表 13－8　　2014—2015 年上市银行不良贷款余额表

单位：亿元

证券代码	证券简称	2014 年	2015 年	增幅（%）
000001.SZ	平安银行	105.01	176.45	68.03
002142.SZ	宁波银行	18.63	23.62	26.78
600000.SH	浦发银行	215.85	350.54	62.40
600015.SH	华夏银行	102.45	162.97	59.07
600016.SH	民生银行	211.34	328.21	55.30
600036.SH	招商银行	279.17	474.10	69.82
601009.SH	南京银行	16.39	20.82	27.00
601166.SH	兴业银行	175.44	259.83	48.10
601169.SH	北京银行	57.84	86.55	49.64
601288.SH	农业银行	1,249.70	2,128.67	70.33
601328.SH	交通银行	430.17	562.06	30.66
601398.SH	工商银行	1,244.97	1,795.18	44.19
601818.SH	光大银行	155.25	243.75	57.00
601939.SH	建设银行	1,131.71	1,659.80	46.66
601988.SH	中国银行	1,004.94	1,308.97	30.25
601998.SH	中信银行	284.54	360.50	26.70
合计		6,683.40	9,942.01	48.76

数据来源：wind 资讯

三、2016 年银行业前景分析

（一）净利润增速步入“个位数”时代

根据中国银监会公布的数据，截至 2015 年底，我国商业银行实现净利润 15926 亿元，同比增速 2.43%；其中，2012 ～ 2015 年我国商业银行净利润增速分别为 18.96%、14.48%、9.65%、2.43%。银行业净利润增速下滑的原因主要有：经济增速放缓和结构调整、互联网金融冲击影响、净息差的相对大幅下滑。

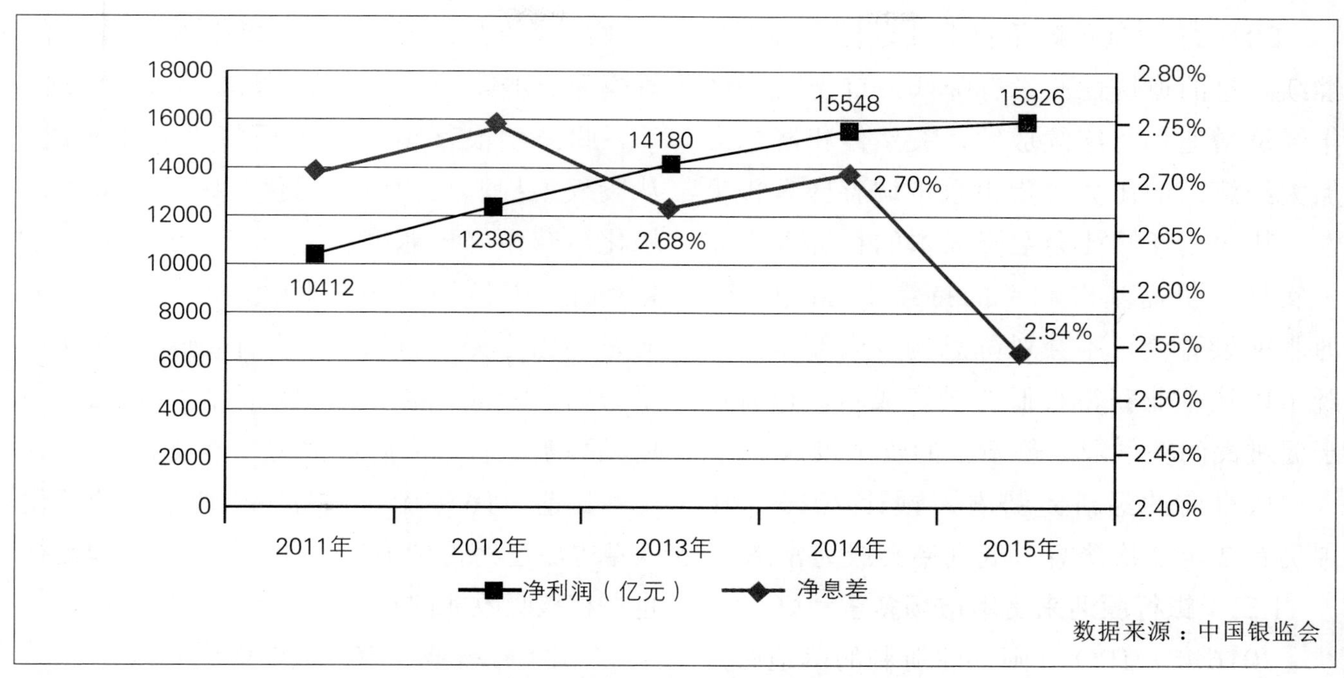

图 13－1　近 5 年我国商业银行效益指标情况

2016 年，随着 2015 年我国利率市场化改革的基本完成，随之而来的价格竞争导致银行利差和盈利空间收窄，这将对商业银行经营提出新的考验。

（二）低利率将持续

2015 年，央行连续 5 次降息。同时，利率市场化完成最后一跃，央行取消存款利率浮动上限，对商业银行和农村合作金融机构等不再设置存款利率浮动上限，并抓紧完善利率的市场化形成和调控机制，加强央行对利率体系的调控和监督指导，提高货币政策传导效率。

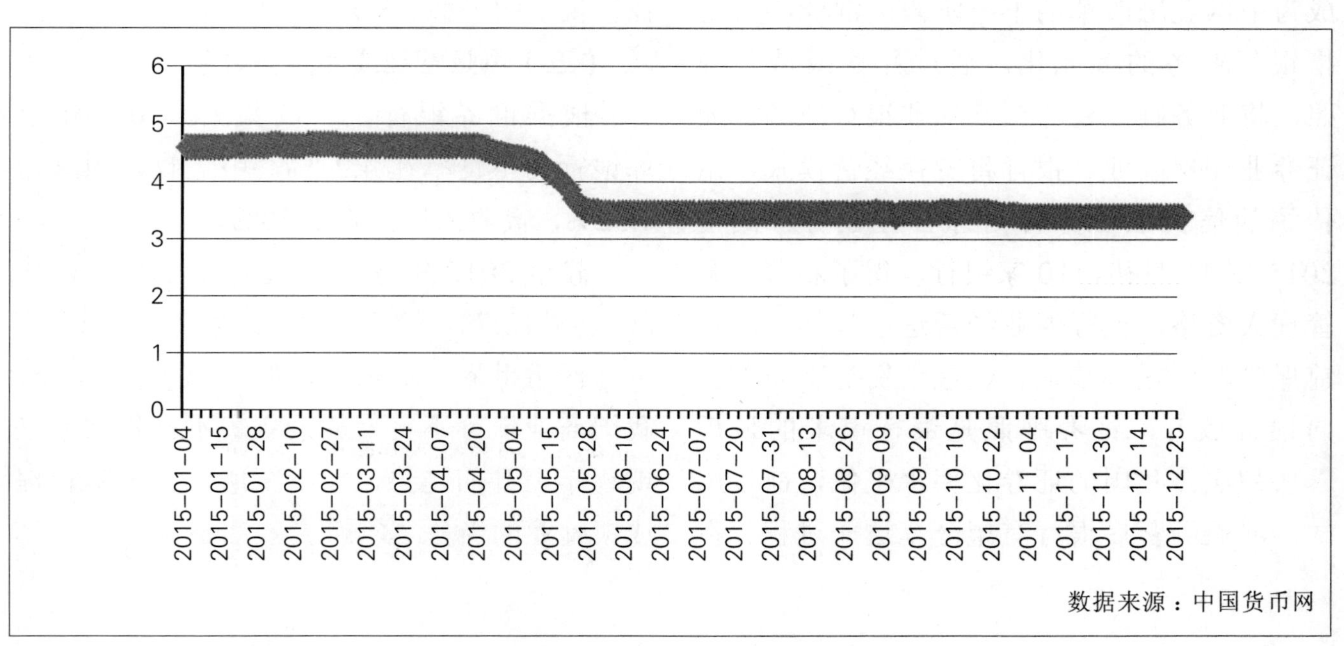

图 13－2　2015 年 1 年期 Shibor 数据

2016年，货币政策将继续宽松，特别是继续降息的迫切性并没有降低。首先，2016年经济增速仍将继续放缓，突然停止降息会加大经济面的压力，货币政策调整应有预见性；其次，降低社会融资成本的目标并未完全实现，仍需基准利率的持续引导；再次，通胀前景看淡，不会对降息构成限制。降息既可以让企业获得较低的融资成本，也有利于促进民间在创业、创新上的资金投入。

从目前的经济走势看，预计2016年中国仍有2至3次降息，低利率会成为常态。

（三）银行股迎来资本市场多重利好

2016年，IPO开闸、注册制的落地必然带来银行股供给大幅增加，更多优质投资标的可供选择；亚投行投入运行、"一带一路"战略推进，将为银行缓和资产困境，拓展业务空间；自贸区推进资本开放等金改政策、深港通落地将利于引进境外增量资金，银行是主导且优质的金融资源，必会得到境外资本青睐。

随着利率市场化的全面完成，混业经营成为中国金融改革的下一阶段。混业经营泛指银行业务的多元化，通过并购或持有牌照，将业务触角延伸至其他非银行业务，如证券业和保险业。银行将变换经营模式，由传统的信贷汇业务转向综合性业务。截至2015年11月初，10家银行获得了私募基金管理人资格，银行混业经营进一步加快。目前保险、信托、基金、金融租赁等牌照都已向银行放开，证券牌照是银行谋求的最后一块牌照。我国的证券化率水平低，前景广阔，混业经营后银行有望分享这一进程。在混业经营的背景下，银行有望凭借其出色的规模与资本优势更容易获得更多的市场份额。

此外，银行国企改革还将进一步推进，从股权结构源头激活市场化基因，为适应市场化运营做好机制准备。银行子公司分拆还将增加，互联网金融、理财、信用卡等子公司将层出不穷，将核心业务条线装入独立的子公司，专业化和市场化运行做大做强，利用私募基金管理人牌照大力发展资管业务。

目前，16家上市银行中交通银行的深化改革方案已经得到国务院批准同意，其他银行也在积极吸收非国有资本，但方式各有不同。

（四）银行业"营改增"影响有限

2016年3月23日，财政部、国家税务总局联合发布了《关于全面推开营业税改征增值税试点的通知》，从2016年5月1日起，将金融业纳入增值税试点，明确金融业增值税适用税率为6%，此前大部分银行采用5%的营业税率。银行业营改增在税率和税基方面的细则基本符合预期。银行业主要收入基本都纳入增值税征收范围，总体可看做是营业税税基的平移，差别不是特别大。

（五）风险管理成为当务之急

根据世界银行发布的数据，2014年全球银行的不良率在4.23%，中等收入国家为4.32%，高收入国家在3.50%。

截至2015年底，我国商业银行不良贷款余额12,744亿元，不良贷款率1.67%。虽远低于世界平均水平，但是2011年至今，我国商业银行不良贷款余额、不良贷款率呈现逐年上升的趋势，如下图所示。风险管理成银行业的当务之急。

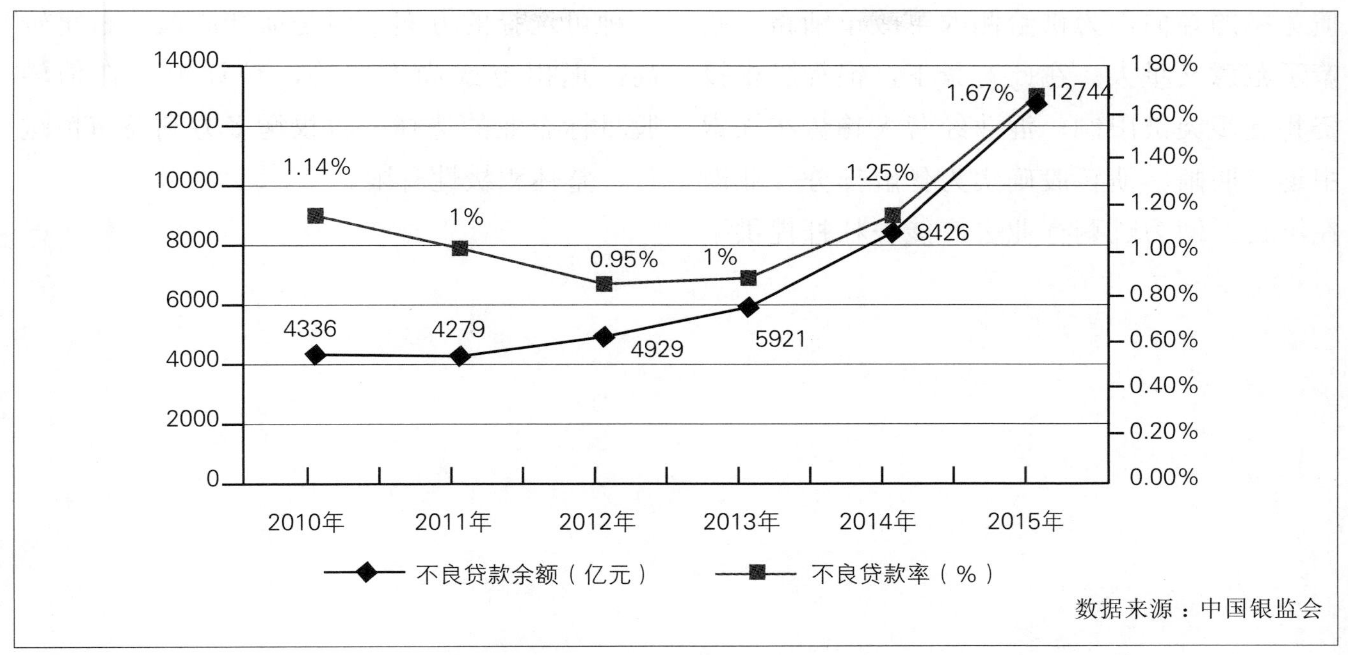

图 13－3　近 6 年我国商业银行不良贷款情况

随着中国经济增速放缓，银行业面临着利率市场化、金融脱媒、监管趋紧等诸多挑战，规模高速扩张和盈利高速增长的时代已结束，利润增速“个位数时代”已来临。八成左右的银行将风险管理作为 2016 年的首要工作之一。

2016 年，受实体经济去产能、房地产去泡沫等因素影响，各类隐性的风险正在加速暴露。传统产业产能严重过剩，企业的投资回报降低甚至出现大规模亏损，企业偿债压力加大，债务违约风险上升；三、四线城市房地产市场持续去库存，土地出让收入不断减少，地方政府还债压力加大；股市、汇市异常波动风险犹存，债市调整压力也将有所增大，这将加大金融体系的流动性风险。此时，防范和化解不良贷款风险的任务更加艰巨，守住风险底线的问题值得银行业高度关注。

1. 不良资产证券化试点重启

受经济下行影响，2015 年企业经营状况明显出现恶化，直接导致银行的不良资产规模不断扩张，我们预计这样的情况在 2016 年很难出现改善，因此银行在无法“节流”的情况下，只有“开源”加速处理不良资产，不良资产证券化重启箭在弦上。2016 年 4 月 19 日，中国银行间市场交易商协会发布《不良贷款资产支持证券信息披露指引（试行）》（以下简称《指引》）和配套表格体系。而指引的下发意味着不良资产证券化时隔 8 年将重启在即。

2.“债转股”卷土重来

随着不良持续反弹，在化解潜在不良方面，根据 2016 年 3 月 16 日李克强总理讲话：不管市场发生怎样的波动，还是要坚定不移地发展多层次资本市场，而且也可以通过市场化的债转股方式，来逐步降低企业的杠杆率。债转股试点推行在即，其最大的特点是将采用市场化方式进行，与年初启动的科技创新型企业投贷联动融资试点工作一脉相承，符合国家提高直接融资，降低企业债务率的导向，为供给侧改革改革铺路，政策示范意义重大。在此背景下，银行股权投资将逐步突破限制，混业经营大趋势在探索中逐步明晰。债转股确实为化解部分行业潜在不良，助力过剩行业去产能去杠杆提供了一种可选择的方案。但是债转股风险权重较高，退出方式尚不明确，预计银行在债转股目标企业的选择上将权衡多方利益审慎进行，整体积极性有限。

附表

2015 年度银行业上市公司业绩评价结果排序表

序号	全部上市公司排名	股票代码	股票简称	综合得分	资本充足率（%）	不良贷款率（%）	短期资产流动性比例（%）	流动性覆盖率（%）	净资产收益率（%）	总资产收益率（%）	资本扩张率（%）	营业收入增长率（%）	收益率（%）	波动性（%）	年末资产总额（亿元）	营业收入（亿元）	归属母公司股东净利润（亿元）
1	29	601398	工商银行	79.28	15.22	1.50	35.50	145.10	16.64	1.30	17.12	5.88	-1.62	15.64	222,097.80	6,976.47	2,771.31
2	34	601939	建设银行	78.84	15.39	1.58	44.17	132.91	16.97	1.30	15.44	6.09	-10.33	27.75	183,494.89	6,051.97	2,281.45
3	61	601009	南京银行	76.36	13.11	0.83	55.44	118.88	16.59	1.03	59.88	42.77	24.81	229.51	8,050.20	228.30	70.01
4	78	600036	招商银行	75.20	11.91	1.68	65.67	119.71	17.14	1.14	14.82	21.47	12.48	108.75	54,749.78	2,014.71	576.96
5	117	601988	中国银行	73.64	14.06	1.43	48.60	119.33	14.12	1.12	14.72	3.94	0.44	24.35	168,155.97	4,743.21	1,708.45
6	143	002142	宁波银行	72.88	13.29	0.92	42.44	100.34	16.57	1.03	32.00	27.09	20.95	189.39	7,164.65	195.16	65.44
7	164	600000	浦发银行	72.35	12.23	1.56	34.06	78.31	17.53	1.10	21.01	18.97	21.85	108.76	50,443.52	1,465.50	506.04
8	183	601166	兴业银行	71.92	11.19	1.46	56.80	90.35	17.51	1.04	21.56	23.58	6.48	138.81	52,988.80	1,543.48	502.07
9	209	600016	民生银行	71.32	11.49	1.60	44.72	88.21	16.87	1.10	25.04	13.99	-9.73	37.78	45,206.88	1,544.25	461.11
10	221	601998	中信银行	71.14	11.87	1.43	42.48	87.78	14.22	0.90	19.58	16.37	-11.30	71.16	51,222.92	1,451.34	411.58
11	226	601288	农业银行	71.01	13.40	2.39	44.50	127.50	16.11	1.07	17.36	2.94	-8.92	12.91	177,913.93	5,361.68	1,805.82
12	277	601818	光大银行	69.85	11.87	1.61	54.90	84.78	14.66	1.00	24.83	18.63	-10.21	53.13	31,677.10	931.59	295.28
13	284	601328	交通银行	69.75	13.49	1.51	42.90	115.60	13.21	1.00	13.62	9.26	-1.74	52.91	71,553.62	1,938.28	665.28
14	292	601169	北京银行	69.53	12.27	1.12	34.76	90.11	15.86	1.00	21.50	19.53	17.93	77.43	18,449.09	440.81	168.39
15	322	000001	平安银行	69.00	10.94	1.45	52.14	140.82	14.95	0.93	23.33	31.00	-8.36	195.52	25,071.49	961.63	218.65
16	500	600015	华夏银行	66.01	10.85	1.52	39.14	75.54	17.19	0.98	15.95	7.21	11.18	92.35	20,206.04	588.44	188.83

第十四章　证券行业

2015年，A股市场在多种因素作用下，大幅波动，振幅高达72%。证券行业的业绩也跟随市场经历了“过山车”式的变化，但全年整体业绩同比仍增长明显。这主要受益于经纪业务、自营业务和融资融券业务的增长。根据证券行业协会统计数据显示，2012—2014年，证券公司营业收入和净利润加速增长，2015年迎来了爆发式增长，124家证券公司共实现营业收入5751.55亿元，同比增加121%，净利润2447.63亿元，同比增加153%。2015年证券行业资产管理业务大幅度提升，实现净收入275亿元，同比增长121%。

总体来看，整个证券行业仍呈健康发展态势，行业整体实力大幅提升，但随着资本市场改革不断深入，行业竞争将更加激烈，转型和创新仍是行业发展的主旋律。在创新改革大周期下，证券公司的业务模式进入全面革新，经纪新模式、投行市场化、业务规模化引领券商进入新时代。同时，券商步入加杠杆化周期，业务模式加杠杆、资本加杠杆和人力加杠杆激活券商经营活力。

一、证券行业上市公司总体分析

截至2015年末，纳入本次评价范围的证券行业的A股上市公司共19家，19家证券行业上市公司资产总额37134.95亿元，所有者权益合计7645.50亿元，2015年实现营业收入3075.42亿元；实现净利润1268.67亿元。

按照中国上市公司业绩评价指标体系，19家证券行业上市公司中，国信证券、广发证券2家进入2015年上市公司业绩评价综合得分的百强名单，年度证券行业前十强见表14-1。

表14－1　2015年度证券行业中联十强排行榜

行业排名	股票代码	股票简称	全部上市公司排名
1	002736	国信证券	5
2	000776	广发证券	73
3	600837	海通证券	112
4	600030	中信证券	113
5	601788	光大证券	124
6	002673	西部证券	270
7	601377	招商证券	298
8	000750	国海证券	317
9	600109	国金证券	386
10	601688	华泰证券	431

下面分别从安全性状况、流动性状况、盈利能力状况、发展能力状况以及市场表现状况五个方面对证券行业上市公司进行具体分析。

（一）安全性状况

1. 证券自营规模比率

2015 年，除东北证券外，其余上市证券公司的证券自营规模比率均低于监管标准值。

与 2014 年相比，2015 年证券自营规模比率有较大幅度的提升，主要原因为多家券商提高权益类证券投资比例及自营业务规模。证券自营规模比率名列前三位的分别是东北证券（103.5%）、华泰证券（79.5%）、东吴证券（76.4%）。东北证券由于 2015 年年底公开发行公司债券导致债券投资在自营证券总规模比重较高，从而自营规模比率超过了行业监管标准值。

2. 净资本和各项安全准备之和比率

2015 年，全部证券公司的净资本和各项安全准备之和的比率均高于监管标准值。

2015 年与 2014 年比，净资本和各项安全准备之和比率增长 23.81%，主要是由于 2015 年整体证券行业收益大幅度上升。净资本和各项安全准备之和比率名列前三位分别为：海通证券（1269.4%）、山西证券（1131.2%）、光大证券（1118.7%）。

表 14－2 行业安全性状况表

分析指标	行业标准值	2015 年行业平均值（%）	2014 年行业平均值（%）	增长率（%）
证券自营规模比率	≤ 100%	55.9	42.7	30.94
净资本 / 各项安全准备之和	≥ 100%	822.7	664.5	23.81

（二）流动性状况

1. 净资本比率

从表 14-3 可以看出，2015 年与 2014 年相比，净资本比率有较大幅度的提高，主要原因是 2015 年证券市场整体利润增长明显，资本积累效应比较明显。

2. 资产负债率

表 14-3 显示，2015 年与 2014 年相比，资产负债率下降了 16.4%，由于 2015 年整个证券行业利润增长明显，资本积累导致负债比率减小。

表 14－3 行业流动性状况比较表

分析指标	2015 年行业平均值（%）	2014 年行业平均值（%）	增长率（%）
净资本比率	83.7	69.24	20.86
资产负债比率	45.7	54.72	−16.4

（三）盈利能力状况

表 14-4 列示了证券行业上市公司盈利能力评价结果。从基本指标来看，净资产收益率和总资产报酬率有较大程度的上涨，主要是 2015 年上市证券公司的经纪、自营、资管业务收入增加，同时创新业务亦为券商贡献了一定的收入，因而整体盈利能力有所上升。

表 14 – 4　　行业盈利能力比较表

分析指标	2015 年行业平均值（%）	2014 年行业平均值（%）	增长率（%）
净资产收益率	20.03	7.30	174.39
总资产报酬率	4.50	3.30	36.30

（四）发展能力状况

2015 年资本扩张率和营业收入增长率与 2014 年指标值相比，差异较大。主要由于 2014 年只有 18 家上市证券公司，2015 年有 19 家上市证券公司，统计口径不同，造成差异较大。

从表 14-5 可知，2015 年，证券行业上市公司的资本扩张能力由于行业景气程度的整体回升，传统业务及创新业务均有较大程度增长，因而有较大幅度上升。营业收入增长能力的上涨幅度较大，主要原因是统计口径不一致，2014 年少一家上市公司所致。

表 14 – 5　　行业发展能力比较表

分析指标	2015 年行业平均值（%）	2014 年行业平均值（%）	增长率（%）
资本扩张率	48.72	39.80	22.42
营业收入增长率	119.58	3.60	3221.68

（五）市场表现状况

在收益率方面，相对 2014 年，2015 年的收益率有较大程度下降，由于 2015 年 A 股市场整体振幅较大，受下半年股灾的影响，证券公司整年收益率呈现负值，19 家上市证券公司的收益率只有两家收益为正（国信证券和西部证券）。

在波动性方面，整体的波动性比 2014 年也有较大幅度的增长。

表 14 – 6　　行业市场表现比较表

分析指标	2015 年行业平均值（%）	2014 年行业平均值（%）	增长率（%）
收益率	–11.95	51.30	–123.29
波动性	828.02	139.10	495.27

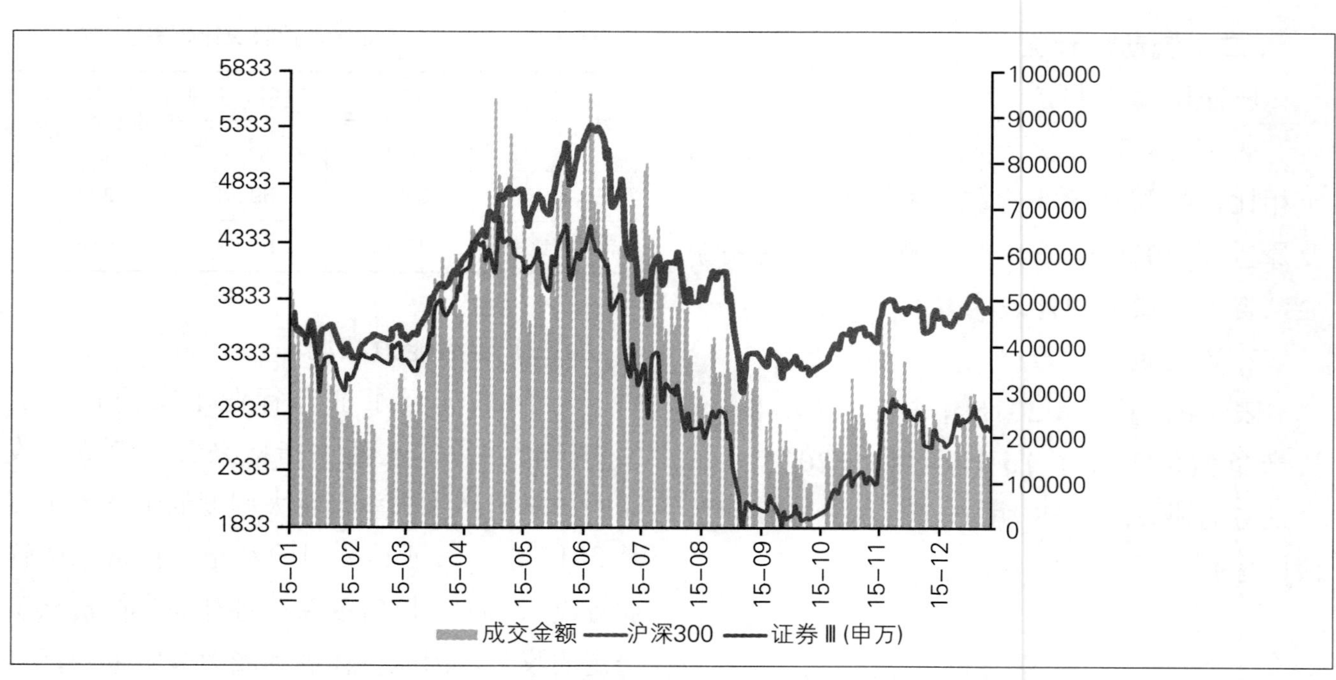

图 14 – 1　2015 年证券行业和沪深 300 指数走势比较图（wind 数据）

二、2015 年证券行业业绩的影响因素分析

（一）各项业务结构趋于均衡，投行和资管业务显著提升

1. 经济业务

2015 年经纪业务受益二级市场牛市行情，成交金额较 2014 大幅增长，达到 151.5%，自营业务亦同比大增 109.1%。2015 年 A 股市场日均成交金额为 11079 亿元，同比增长 243.7%，其中二季度日均成交额为 16681 亿元，较 2014 年日均成交额多了 4 倍。

从已经公布的券商 2015 年业绩来看，证券经纪业务仍是证券公司的核心主业。证券业协会数据显示，2015 年证券公司代理买卖证券业务净收入 2690 亿元，在全行业总收入中的占比达 47%。

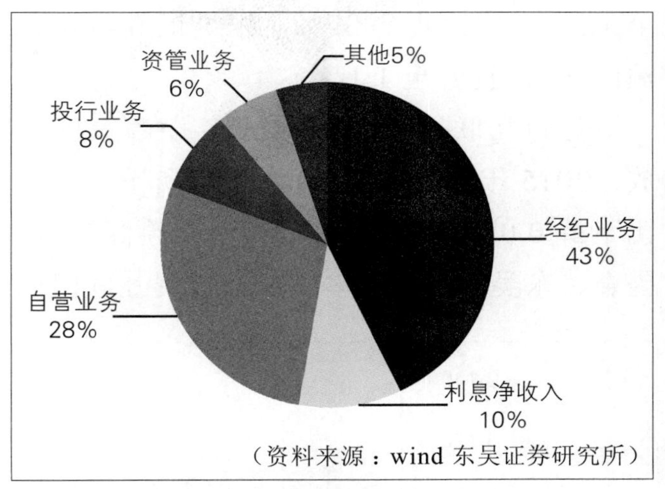

图 14－2 2015 上市券商业务收入结构

2015 年，上市券商全年实现经纪业务收入 1753.9 亿元，同比大幅增长 151.5%，占整体营业收入比重达到 42.8%。中信证券经纪业务收入 183.7 亿元，位居第一，国金证券经纪业务收入同比增长 207.7% 至 31.3 亿元，增速领先。

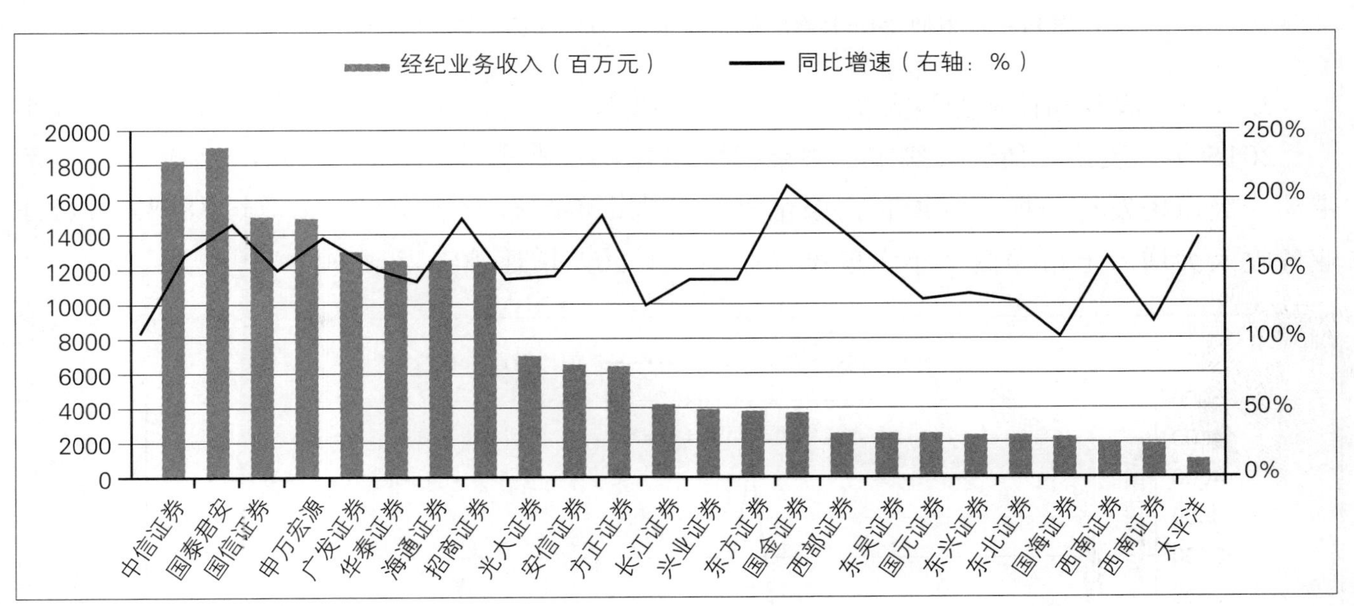

图 14－3 2015 上市券商经济业务（wind 东吴证券研究所）

从整体市场日均成交量来看，2015 年全年股票＋基金日均成交额为 1.04 万亿元，同比爆发式增长 248.5%，推动券商经纪业务大幅增长。

从市场份额来看，华泰、海通、广发、中信等大型券商 2015 年股基交易市场份额均有所提升，华泰 2015 年市场份额高达 8.4%，领先优势显著。此外，国金、东吴等积极开展互联网证券的券商经纪业务市场份额提升显著，国金证券 2015 年市场份额升

至 1.3%，同比提高 32%，东吴证券市场份额由 0.9% 提升至 1.1%。

受到互联网冲击和一人多户政策的开放，2015 年佣金率较 2014 年有所下降，同比下降 0.017 个百分点，从各家券商来看，国金、东吴、华泰等多家积极开展互联网证券的券商佣金率较低，华泰证券 2016 年一季度佣金率降至 0.026%，为上市券商中最低。华泰证券、国元证券、东吴证券佣金率较低主要源于大力布局互联网金融，预计未来券商仍将不断深入“互联网 +”战略，从而降低佣金率，提高经纪业务市场份额占比。

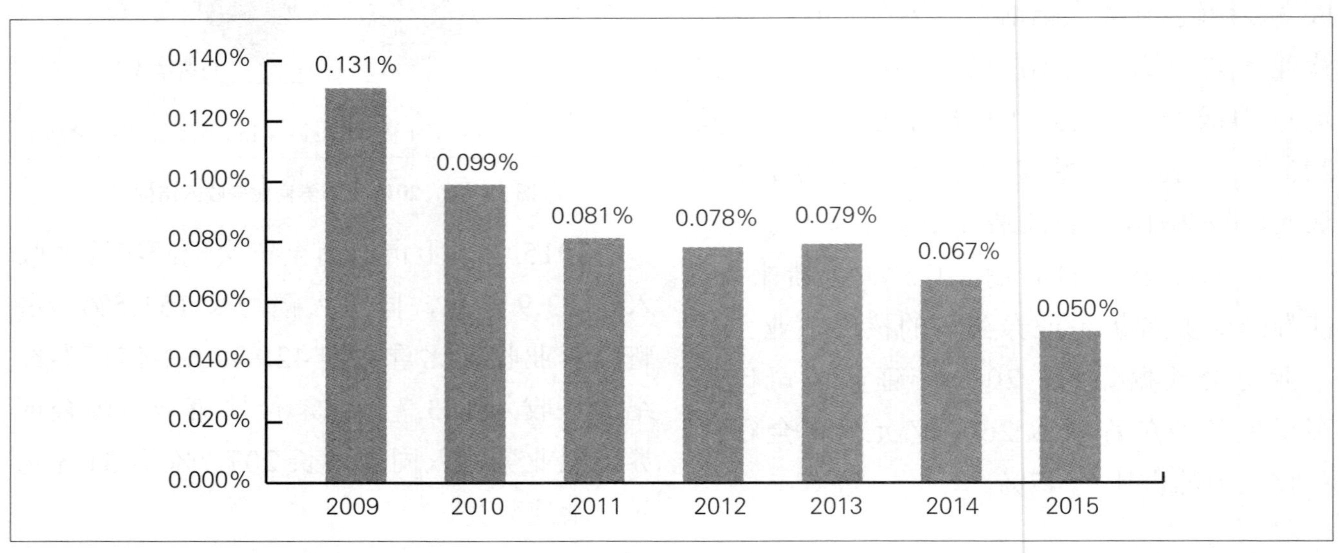

图 14 – 4　2009–2015 证券行业整体佣金率（wind 数据，东吴证券行业研报）

2. 投行：股权和债务融资大幅增长

2015 年，股票、债券二级市场牛市行情带动一级市场发行规模大幅增长，助推投行业务收入大增。上市券商全年实现投行业务收入 323.2 亿元，同比增长 66.6%，中信证券投行业务收入 44.8 亿元，位居第一，光大证券投行业务收入同比增长 385% 至 12.1 亿元，增速领先。

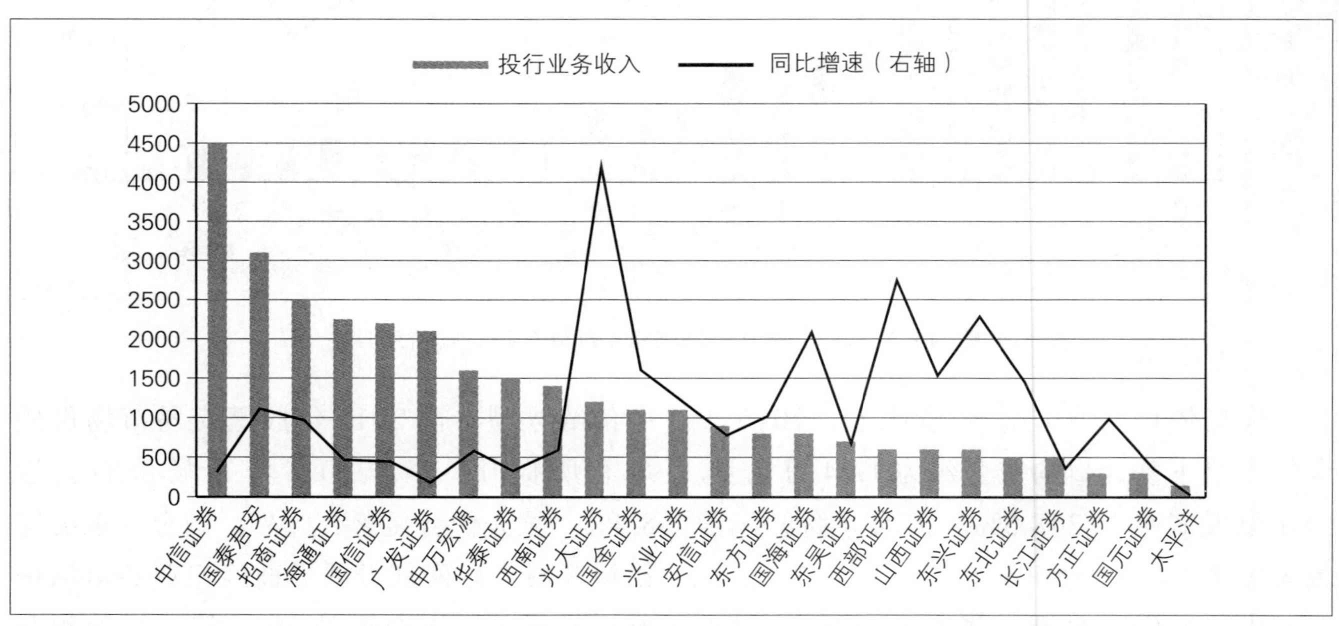

图 14 – 5　2015 上市券商投行业务（东吴证券行业研报）

受三季度股灾影响，IPO 暂停 4 个多月对整体业绩略有影响，但全年发行规模仍大幅增长，全年首发 224 单，同比增长 79.2%，股权融资规模约 1.4 万亿元，同比增长 84%。其中 IPO 共募集资金 1578 亿元，为股权融资规模带来 14% 的增长，另外 86% 的增长由股权增发导致。由上市券商中，光大证券作为主承销商承销规模 129.9 亿元，市场份额 7.7%，位居首位，中信、华泰亦位列前三，市场份额均超过 7%。债券融资规模达到 19.2 万亿，同比增长将近一倍。

2015 年，直接债务融资市场呈现快速增长态势，我国债券市场总计发行规模人民币 12.45 万亿元，同比增长 82.55%。交易所公司债新政推出后，公司债呈现爆发式增长，合计发行规模 1.03 万亿元，同比增长 633%。两者的大幅增长为券商带来了 394 亿的承销保荐收入。资产证券化仍是市场的热点，基础资产创新层出不穷，保险公司资本补充债券、永续中期票据、熊猫债、同业存单等创新品种陆续推出，成为市场新的增长点。

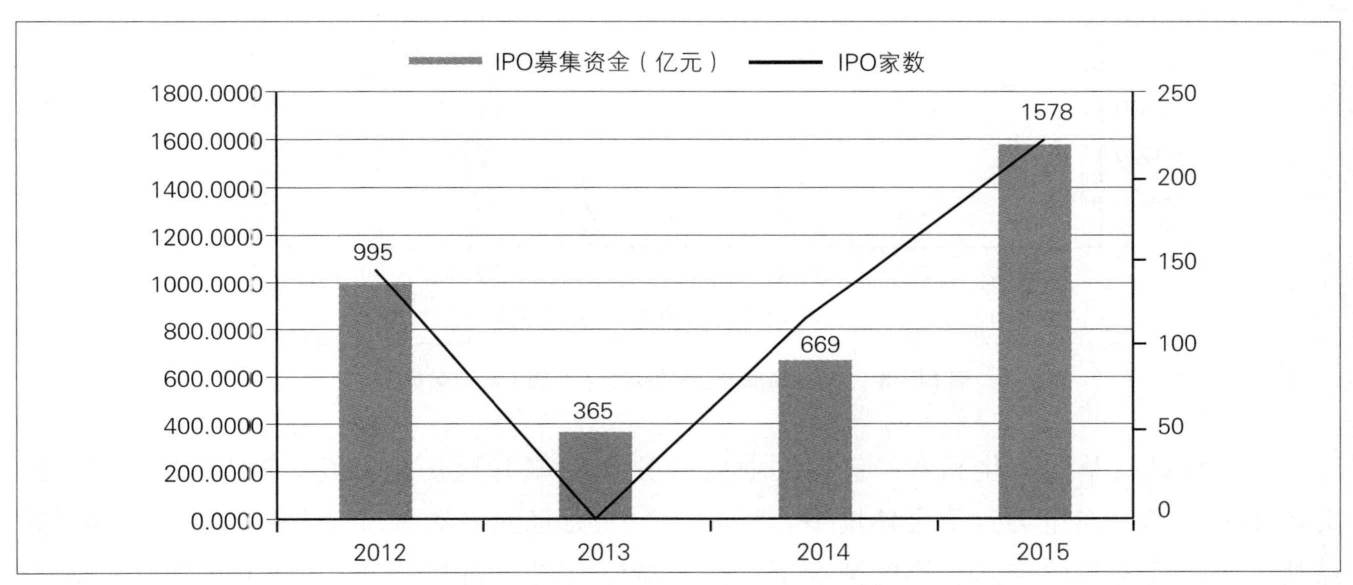

图 14－6 2012-2015 募资及 IPO 发行量（wind 数据，东吴证券行业研报）

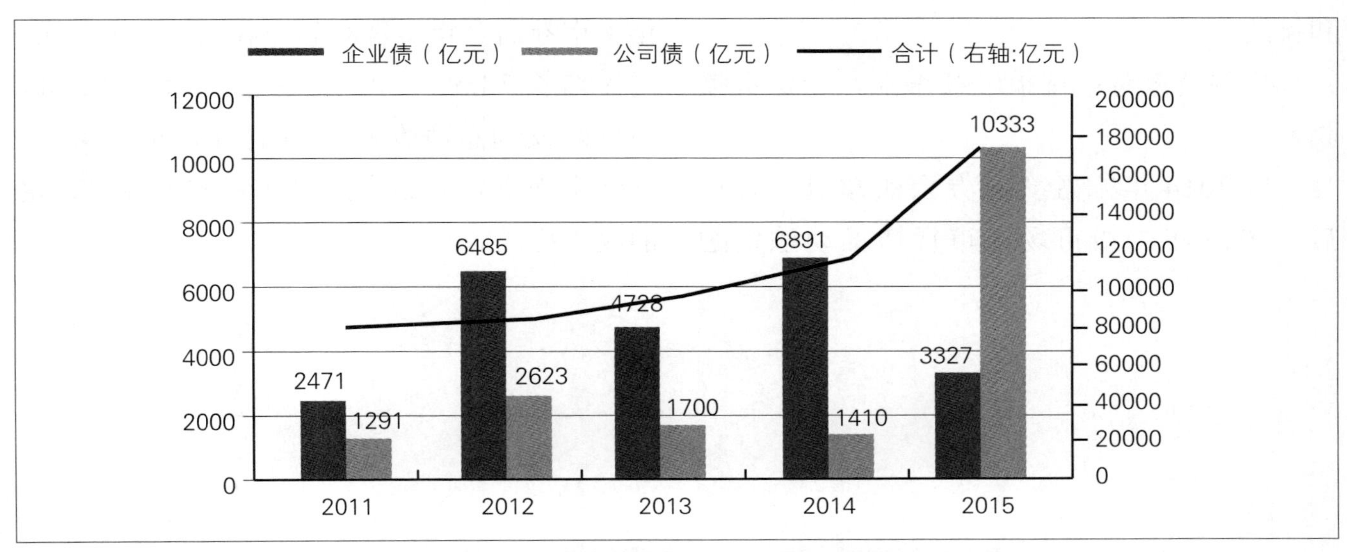

图 14－7 2011-2015 债券发行规模（wind 数据，东吴证券行业研报）

3. 资产管理：业务发展迅速，比重显著提升

券商的资管业务正处于快速发展的周期，2015年证券行业资产管理业务大幅提升，实现净收入275亿元，同比增长121%。受托管理资本金总额达到11.88万亿元，同比增长49%。日前，中国证券投资基金业协会发布了资产管理行业统计简报（2015年）。简报显示，截至2015年底，我国资产管理规模已达38万亿元，相当于去年我国国内生产总值（GDP）67.67万亿元的一半。具体来看，公募基金8.34万亿元，券商资管11.89万亿元，私募基金占5.07万亿元，基金专户4.16万亿元，基金子公司专户8.57万亿元，期货资管0.1万亿元。

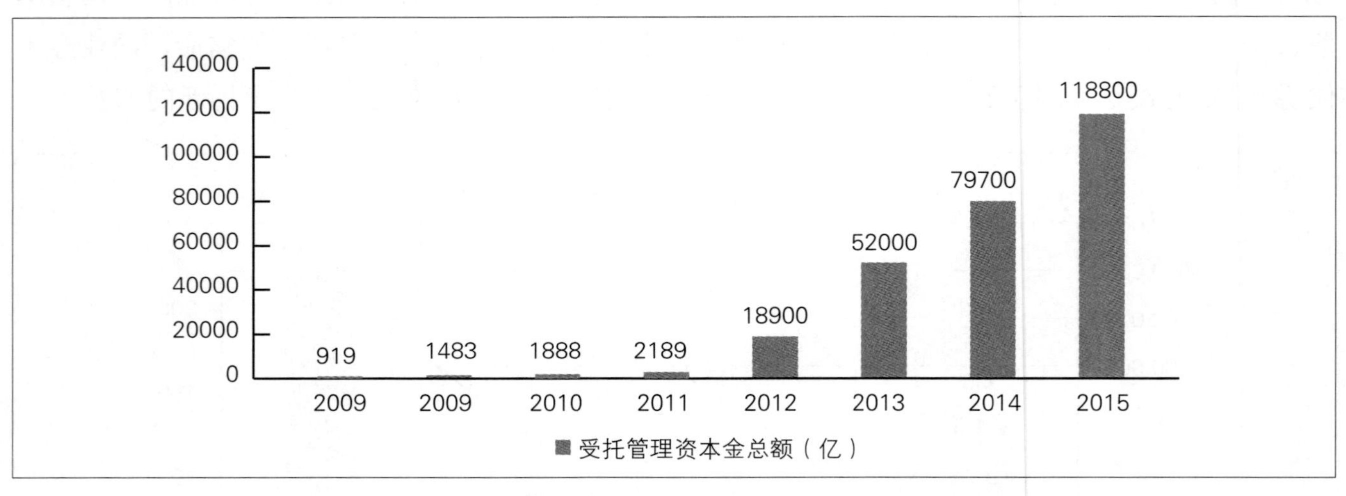

图14－8　2008–2015年受托管理资金总额（wind数据）

随着金融改革的深化和资产管理行业监管政策的变革，在市场竞争主体增多、产品结构丰富、业务经营形态多样的情况下，证券公司资产管理业务的发展面临着重大机遇和挑战。

4. 融资融券：规模继续增加，稳定贡献收入

自2014年末融资融券余额超过1万亿后，2015年二级市场牛市行情推动融资融券余额飙升至历史峰值，2015年余额达到2.27万亿元，随着市场大幅调整，两融规模持续缩减，规模回落至9000亿以内。融资融券业务占券商收入比重逐年提升，2015年上市券商全年实现利息净收入404.3亿元，同比增长78.5%，占营业收入比重为9.9%。国泰君安利息净收入54.3亿元，位居第一。预计未来融资融券利息收入将成为券商稳定的收入构成。

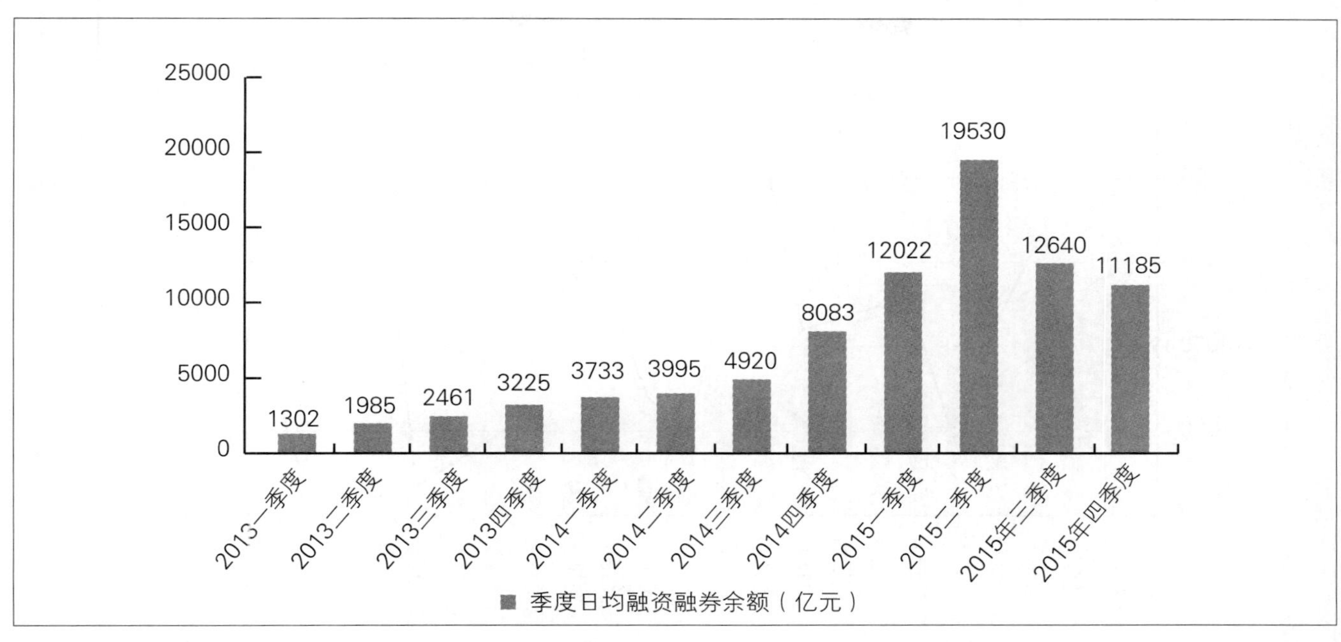

图 14－9　日均融资融券余额（资料来源：申万宏源行业年报）

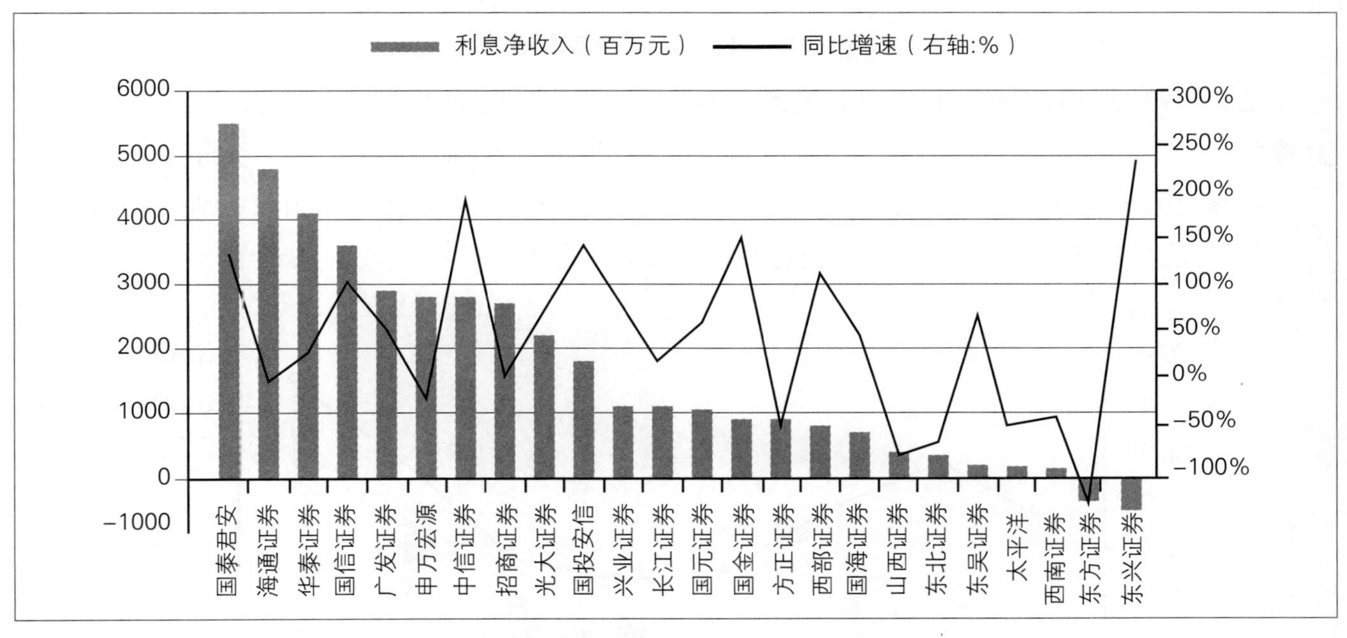

图 14－10　2015 年上市券商利息净收入（资料来源：wind 数据，东吴证券行业研报）

市场份额来看，2016 年一季度末，上市券商中，广发证券两融余额为 507.8 亿元，市场份额达到 5.77%，位居第一。2015 年以来，广发、海通、中信、华泰、国泰君安市场份额始终保持前五位，均超过 5%。

5. 自营：随市场行情大幅波动

2015 年上证指数涨幅 9.41%，创业板指数涨幅巨大，全年涨幅 84.41%，同时债券市场也有 3.91% 的涨幅。2015 年上市券商全年实现自营投资收入 1162.4 亿元，同比增长 109.1%，投资收入大增充分受益于上半年牛市行情，占营业收入比重提升至 28.4%。中信证券自营投资收入 195.1 亿元，位居第一，光大证券自营投资收入同比增长 257% 至 39.7 亿元，增速领先。

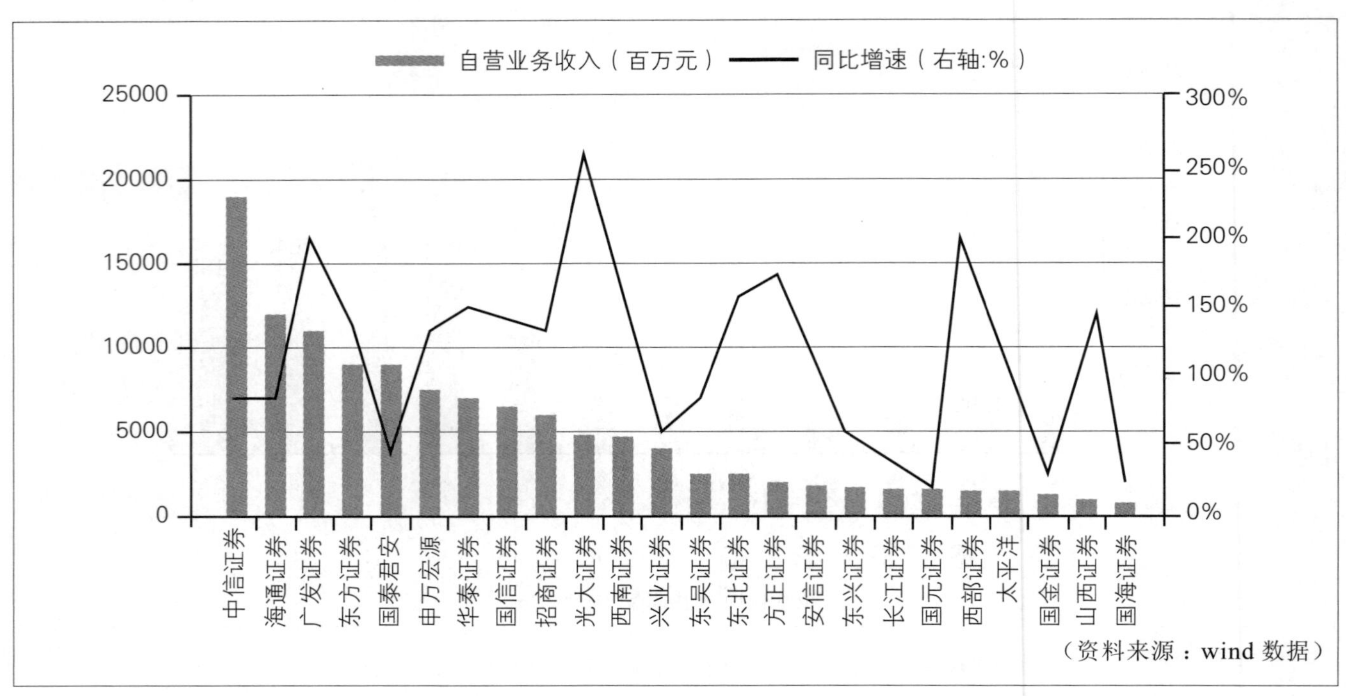

图 14－11　2015 年上市券商自营业务收入

（二）资产规模总体偏小，抵御风险的能力较弱

截至 2015 年 12 月末，银行业金融机构总资产达 199.30 万亿元；而同期证券公司总资产仅为 6.42 万亿元，仅占银行业总资产的 3.22%。中国证券公司净资本总体较小，整体抗风险能力相对其他金融机构较弱，尤其是净资本较小的证券公司。

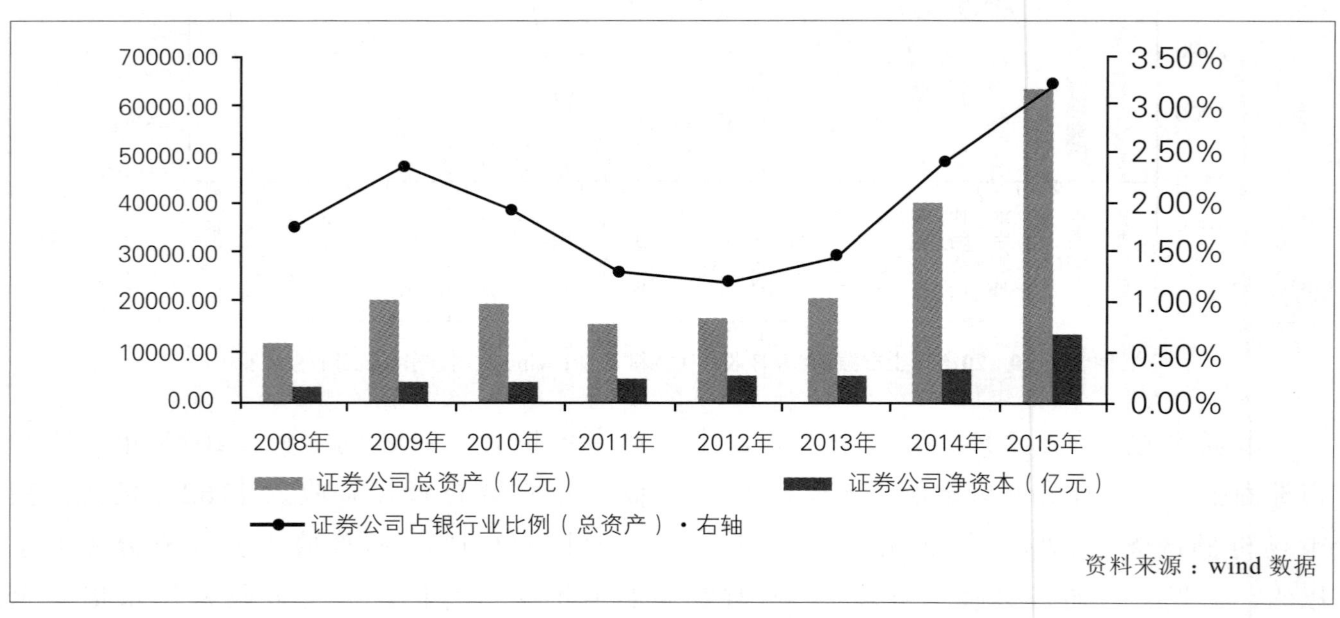

图 14－12　中国证券公司总资产和净资本发展情况

三、2016 年证券行业前景分析

2016 年中国资本市场迎来改革攻坚关键年。人民币国际化、资本账户开放、注册制改革、国有企业改革等多项改革全面推进，资本市场将迎来历史发展新机遇。证券行业是资本市场的核心载体，是改革的受益者之一。2015年以来，证券行业相继推出代客理财征求意见、证券开户一人多户政策、两融业务展期、新三板分层管理制度等政策，2016年预期将出台股票发行注册制、深港通、降低新三板交易门槛等利好政策，进一步打开证券行业发展空间。

1. 股票发行注册制推出

十三五规划明确指出：推进股票和债券发行制度改革，提高直接融资比重。过去20年我国核心资本支持是以银行信贷为标志的间接融资。社会融资过于依赖商业银行导致金融体系风险集中、杠杆水平过高和系统风险高。随着股票和债券发行交易制度改革的推进，企业更多通过发行股票和债券进行融资。直接融资代替简介融资是必然趋势。可以预计，2016年股票和债券融资都将扩大规模，券商投行业务将直接受益。而改变券商投行的项目选择标准，将推动监管导向转为市场导向，改变投行的盈利模式，IPO和通道业务价值降低，投行竞争将更具差异性。

2. 深港通开通

深港通试点初期标的范围有可能是深证100指数、深证300指数成分股，以及深港两地均同步上市的A+H股票。深港通实施后，将对股市有提振作用，利好券商。

3. 养老金入市

根据wind数据统计，2014年底企业职工基本养老保险基金滚存结余30376亿元，城乡居民基本养老保险基金滚存结余3854亿元，合计滚存结余34230亿元。由于每年需要预留支付资金，扣除这部分资金，则可用于投资的养老金既模约2万亿～3万亿元左右。按照30%的权益投资比例限制，则最多可投资股市6000亿～9000亿元。

养老金入市短期内对股市的实质影响有限，但在心理层面上对股市有显著提振作用，且养老金投资注重稳健和长期性，更倾向于配置低估值高流动性的蓝筹股，这将长期对股市回归价值投资产生一定影响，利好证券公司经纪业务。

4. 新三板投资门槛降低以及转板制度推出

近年来，国家逐步强化多层次资本市场体系建设，场外市场支撑国民经济的地位不断提升。随着监管政策红利加快释放，场外市场业务迎来了业务创新、产品创新和规模迅速扩张的重大机遇。

《关于进一步推进全国中小企业股转系统发展的若干意见》明确将研究推出新三板挂牌公司转板创业板试点以及在新三板内分层、大力发展和培育机构投资者队伍。这些举措有利于新三板挂牌企业的价值提升，提高新三板流动性，从而吸引更多的企业参与新三板，提高券商新三板挂牌收入和做市收入。

2016年新三板分层管理制度的正式实施，投资者门槛有望降低，可能优先在企业质量较高、风险相对较低的创新层实行降低投资者门槛，可能会分阶段多次的逐步降低，将显著提升新三板的流动性，虽然新三板目前的定位得到提升，企业挂牌新三板就是上市，但由于新三板缺乏流动性的现状短期内难以显著改善，因此转板制度的推出对很多挂牌新三板企业而言具备很大吸引力。

5. 国企改革背景下券商激励机制有望突破

由于大部分上市券商都具有国资背景，国企改革给券商带来两个方面的利好：一方面，上市券商自身有国企改革预期，另一方面，上市券商所属地方国资体系的国企改革会给券商带来大量的业务机会。同时，在券商行业自身的国企改革方面，券商员工激励机制的突破也值得期待。证券公司的员工持股计划将激励员工积极性，利好证券公司。

6. 证券牌照放开

2015 年 12 月 23 日，国务院召开常务会议，提出“研究证券、基金、期货经营机构交叉持牌，稳步推进符合条件的金融机构在风险隔离基础上申请证券业务牌照。”在此之前，证券公司的牌照有严格的监管和控制，一方面数量严格控制，每年新设证券公司不超过 5 家；另一方面是法律法规的限制，我国金融行业实行分业经营分业监管模式，对金融机构设立证券公司严格限制。监管部门有望就金融机构设立证券公司的政策进行修订，证券公司牌照放开将迎来重大进展。不过，由于我国银行、保险的规模远大于证券机构，如果一下子放开券商牌照，会对证券行业形成巨大冲击，因此我们认为证券公司的牌照会有控制的放开，分批次试点，并且会先放开单一业务牌照，如收入占比不高的保荐、承销业务牌照，而收入占比最高的经纪业务牌照放开预计会需要一些时日。

预计放开券商牌照会对现有证券公司形成冲击，加剧行业竞争，但各类金融机构的经营理念和风控体系均不相同，因此银行、保险取得经营证券业务，在经营方向未必能优于证券公司。

7. 股指期权推出

衍生品是资本市场重要的风险管理工具，目前我国 A 股已成为全球第二大股票市场，随着“沪港通”、“深港通”的开展，A 股的全球影响力不断提升，市场承载能力显著提高，在此基础上推出各类衍生品，有利于丰富风险管理手段，促进投资策略多元化发展，与国际市场接轨。

8.A 股纳入 MSCI 指数

Morgan Stanley Capital International，简称 MSCI，是一家提供全球指数及相关衍生金融产品标的国际公司，其推出的 MSCI 指数广为投资人参考，全球的投资专业人士，包括投资组合经理、经纪交易商、交易所、投资顾问、学者及金融媒体均会使用 MSCI 指数。MSCI 指数是全球投资组合经理中最多采用的投资标的。参考对台湾、韩国市场的研究报告可以看到，MSCI 指数是全球机构投资人重要的参考标准，特别对跟踪指数的被动投资者影响尤其显著，当 MSCI 调高相关国家股票计算比重时，其在 MSCI 相关指数之权重也相对提高，导致大量国际资金投资该国股市，对活跃市场及市场的国际化，改善证券市场投资者结构，起了重要作用，此外，MSCI 指数也推动了相关国家指数衍生产品的发展。

根据 MSCI 估计，A 股被纳入 MSCI 的决定将为 A 股带来海外资产管理公司、养老基金和险资的流动性 4000 亿美元，将对股市有显著的提振作用。

9.T+0 时间表推出

目前沪港通已经推行，深港通也在推进。我国资本市场不断与国外接轨，而大部分海外市场都是实行 T+0 制度的。T+0 制度推出后，高频交易就有了可能。根据芝加哥联储银行的报告，2009 年高频交易占美国股票市场总交易量的 70%，因此，T+0 制度的推进，对于券商而言，可以增加券商的收入，当然会同时增加券商的 IT 投入。

附表

2015年度证券行业上市公司业绩评价结果排序表

行业排名	全部上市公司排名	股票代码	股票简称	综合得分（100分）	证券自营规模比率	净资本/各项安全准备之和（%）	净资本比率	资本负债比率（%）	净资产收益率（%）	总资产报酬率（%）	资本扩张率	营业收入增长率（%）	收益率（%）	波动性（%）	年末资产额（万元）	营业收入净额（万元）	净利润（万元）
1	5	002736	国信证券	82.77	41.78	912.47	99.21	52.37	33.75	6.88	52.18	147.11	95.74	770.09	24,435,291.43	2,913,913.16	1,394,877.87
2	73	000776	广发证券	75.52	47.83	888.27	88.95	31.55	22.46	4.13	92.91	149.70	-24.50	819.78	41,909,701.47	3,344,663.99	1,361,235.34
3	112	600837	海通证券	73.79	46.93	1,269.37	84.57	44.59	17.80	3.63	61.81	111.85	-33.45	882.68	57,644,889.23	3,808,626.77	1,684,131.57
4	113	600030	中信证券	73.68	54.29	663.49	76.94	33.43	16.77	3.72	40.15	91.84	-42.19	1,443.08	61,610,824.22	5,601,343.60	2,036,034.40
5	124	601788	光大证券	73.34	53.65	1,118.70	93.00	55.54	22.44	4.97	59.37	151.04	-19.42	888.60	19,707,282.07	1,657,108.72	774,685.52
6	270	002673	西部证券	69.97	40.63	759.96	97.02	49.16	22.35	4.52	125.27	191.07	76.08	1,742.62	5,823,647.24	564,087.88	196,784.59
7	298	600999	招商证券	69.41	57.36	728.19	80.29	25.58	24.28	4.51	16.43	129.89	-20.34	990.77	29,165,558.48	2,529,179.41	1,092,825.45
8	317	000750	国海证券	69.12	29.65	1,040.90	113.00	69.02	17.55	4.66	92.95	94.85	-25.55	632.06	5,252,009.23	495,915.72	184,097.27
9	386	600109	国金证券	67.92	30.32	1,102.77	91.07	100.27	17.86	5.71	67.07	147.91	-18.46	1,167.53	5,635,185.26	674,845.27	235,815.07
10	431	601688	华泰证券	67.15	79.45	880.74	70.34	39.67	17.49	2.98	94.38	117.73	-18.07	804.65	45,261,461.53	2,626,193.99	1,079,790.82
11	600	000783	长江证券	64.31	53.01	711.42	95.66	33.38	22.57	4.17	21.97	86.90	-25.51	360.69	9,962,502.22	849,964.38	349,594.88
12	735	600369	西南证券	62.76	74.54	892.89	74.68	52.07	19.26	5.46	13.76	131.21	-9.84	185.34	7,174,943.82	849,679.92	354,506.01
13	745	601377	兴业证券	62.63	70.71	594.86	84.08	25.94	26.07	4.80	26.68	105.76	-27.01	489.77	11,381,805.27	1,154,061.27	449,898.33
14	806	002500	山西证券	61.89	44.92	1,131.23	80.02	65.96	14.04	3.91	67.80	95.97	-4.39	733.10	4,818,064.90	383,850.03	148,136.92
15	1060	000728	国元证券	58.45	53.08	949.84	65.72	59.97	14.84	4.43	14.91	65.61	-27.34	1,254.52	7,255,064.30	577,338.21	278,441.45
16	1071	601901	方正证券	58.35	41.74	731.83	53.59	33.18	12.36	3.40	15.32	122.76	-31.87	551.23	15,442,520.64	1,091,498.97	409,849.36
17	1360	601555	东吴证券	54.60	76.36	509.94	89.04	45.66	17.64	3.96	17.70	110.74	-27.94	899.25	8,058,913.65	683,016.19	273,329.30
18	1513	601099	太平洋	52.20	62.49	452.92	90.59	35.31	14.98	4.70	11.01	101.84	-30.74	437.64	3,409,216.41	274,337.07	113,475.64
19	1538	000686	东北证券	51.81	103.54	291.49	62.23	16.45	26.07	4.95	34.04	118.25	-12.22	678.86	7,400,595.02	674,576.02	269,214.44

第十五章　医药生物行业

2015 年，在医保控费、药品降价、屠呦呦因青蒿素获得诺贝尔奖和反商业贿赂事件等的背景下，竞争激烈、成本上升等市场因素对医药行业了产生了重大的影响。但随着医疗卫生体制改革的稳步推进、单独二胎放开及大健康领域消费升级等利好因素的逐步释放，未来医药生物行业和医药生物类上市公司将在 2016 年度保持稳步快速的增长。

一、医药生物行业上市公司业绩评价

截至 2016 年 4 月末，209 家医药上市公司公布了 2015 年业绩情况，其中 145 家公司业绩实现同比增长。其中，业绩增幅超过 20% 的上市公司有 95 家，占比为 45.45%；业绩增幅超过 50% 的上市公司有 40 家，包括上海莱士、海王生物等 16 家上市公司的业绩增幅超过 100%。

2015 年医药生物行业整体评价结果较好，209 家医药生物行业上市公司中共有恒瑞医药、爱尔眼科、通策医疗、云南白药等 9 家公司进入 2015 年全部上市公司业绩评价综合得分的百强名单，恒瑞医药、爱尔眼科、通策医疗、云南白药这 4 家上市公司连续两年进入医药生物行业中联十强排行榜，其中云南白药和通策医疗更是连续三年进入行业十强，并连续两年进入行业前三。209 家医药生物行业上市公司中业绩为 BBB 以上的有爱尔眼科、通策医疗等 31 家，业绩为 B 至 BB 的有 81 家，业绩为 CCC 的有 25 家，业绩为 C 至 CC 的有 72 家。

表 15－1　2014 年度医药生物行业中联十强排行榜

名次	股票代码	股票简称	在全部上市公司中排名
1	600276	恒瑞医药	17
2	300015	爱尔眼科	30
3	600763	通策医疗	31
4	000423	东阿阿胶	43
5	000538	云南白药	45
6	600085	同仁堂	64
7	002294	信立泰	80
8	300267	尔康制药	96
9	600518	康美药业	98
10	603168	莎普爱思	102

基于对医药生物行业上市公司的整体评价，下面分别从财务效益状况、资产质量状况、偿债风险状况、发展能力状况、市场表现状况五个方面对医药生物行业上市公司进行具体分析。

（一）财务效益状况

由表 15-2 可以看出，医药生物行业上市公司整体财务效益状况优于全国全部上市公司平均水平，除盈利现金保障倍数外，扣除非经常性损益净资产收益率、总资产报酬率、营业利润率和股本收益率指标均高于全部上市公司平均水平。

表 15－2　医药生物行业财务效益状况比较表

分析指标		2015 年全部上市公司平均值	2015 年行业值	2014 年行业值	增长率(%)
基本指标	扣除非经常性损益净资产收益率(%)	5.61	10.6	10.77	–1.6
	总资产报酬率(%)	5.11	9.25	9.33	–0.08
	得分	20.79	27.54	27.53	0.04
修正指标	营业利润率(%)	5.06	9.72	9.23	5.30
	盈利现金保障倍数	2.2	0.8	0.74	8.11
	股本收益率(%)	30.96	58.35	59.81	–2.44
综合得分		22.12	25.14	25.82	–2.63

与 2014 年的情况相比较，2015 年医药生物行业上市公司各项财务效益指标高于 2014 年行业值。盈利现金保障倍数同比增幅最大，为 8.11%，反映了医药行业的整体业绩持续改善。

（二）资产质量状况

由表 15-3 可以看出，2015 年医药生物行业上市公司总体上资产质量有所下滑，医药生物行业上市公司平均应收账款周转率 5.39，比 2014 年低出 6.75%，降幅较大。医药生物行业上市公司中仅有爱尔眼科、通策医疗和蓝光发展得到满分，除蓝光发展外，爱尔眼科、通策医疗均为行业前十强，表明了优秀的经营能力。

表 15－3　医药生物行业资产质量状况比较表

分析指标		2015 年上市公司平均值	2015 年行业值	2014 年行业值	增长率(%)
基本指标	总资产周转率(次)	0.64	0.8	0.87	–8.04
	流动资产周转率(次)	1.30	1.35	1.46	–7.53
	得分	9.44	10.42	10.05	3.68
修正指标	应收账款周转率(次)	8.25	5.39	5.78	–6.75
	存货周转率(次)	2.74	3.5	4.23	–17.26
综合得分		9.17	9	8.80	2.27

（三）偿债风险状况

由表 15-4 可以看出，2015 年医药生物行业上市公司偿债风险状况显著好于全国全部上市公司的平均水平，共有恒瑞医药、康弘药业等 25 家医药生物行业上市公司获得满分。

表 15－4　　医药生物行业偿债风险状况比较表

分析指标		2015 年上市公司平均值	2015 年行业值	2014 年行业值	增长率 (%)
基本指标	资产负债率 (%)	90.36	44.69	42.21	5.88
	获利倍数	3.74	9.06	11.7	2.26
	得分	8.95	10.55	11.67	−9.60
修正指标	速动比率 (%)	73.47	116.62	127.09	−8.24
	现金流动负债比率 (%)	13.88	13.22	13.81	−4.27
	带息负债比率（%）	51.38	46.65	37.99	22.80
综合得分		8.89	11.12	10.33	7.65

与 2014 年相比较，除资产负债率和获利倍数略有提升外，其他指标均有所下降。2015 年医药生物行业上市公司偿债风险状况总体上差异不大，略有下降。

（四）发展能力

从表 15-5 可知，医药生物行业上市公司发展能力状况优于全部上市公司平均水平。其中最高分为化学制药板块的恒瑞医药，受到国家支持行业发展的政策影响，公司 2015 年收入增长率达 25%。与 2014 年相比，2015 年医药生物行业上市公司发展能力状况总体有所上升，反映了医药生物行业良好的发展潜力。

表 15－5　　医药生物行业发展能力状况比较表

分析指标		2015 年上市公司平均值	2015 年行业值	2014 年行业值	增长率 (%)
基本指标	营业收入增长率 (%)	−1.98	15.07	14.21	6.05
	资本扩张率 (%)	16.96	24.72	20.92	18.16
	得分	12.26	14.37	14.83	−0.46
修正指标	累计保留盈余率 (%)	42.27	45.25	45.15	0.22
	三年营业收入增长率 (%)	3.77	15.81	17.19	−8.03
	总资产增长率 (%)	15.69	30.31	19.65	54.25
	营业利润增长率 (%)	12.37	18.53	16.81	10.23
综合得分		12.24	14.63	13.78	6.17

（五）市场表现

2015 年，A 股上证综指全年上涨 9.41%，市场投资回报率达 65.14%，作为重要的稳定增长型防御品种，虽然市场回报率不错，但是医药生物上市公司市场表现则不及整体市场表现，全年市场回报率达 68.02%。具体情况见图 15-1。

表 15－6　医药生物行业市场表现状况比较表

分析指标	2015 年上市公司平均值	2015 年行业值	2014 年行业值	增长率 (%)
市场投资回报率（%）	74.18	65.14	29.29	122
股价波动率 (%)	182.00	163.79	100.66	62.72
得分	9.26	9.28	8.57	8.28

与 2014 年相比，2015 年医药生物行业上市公司的市场表现情况好于去年，主要原因是医药生物行业的弱周期和强防御特点，市场表现得到很大的改善。

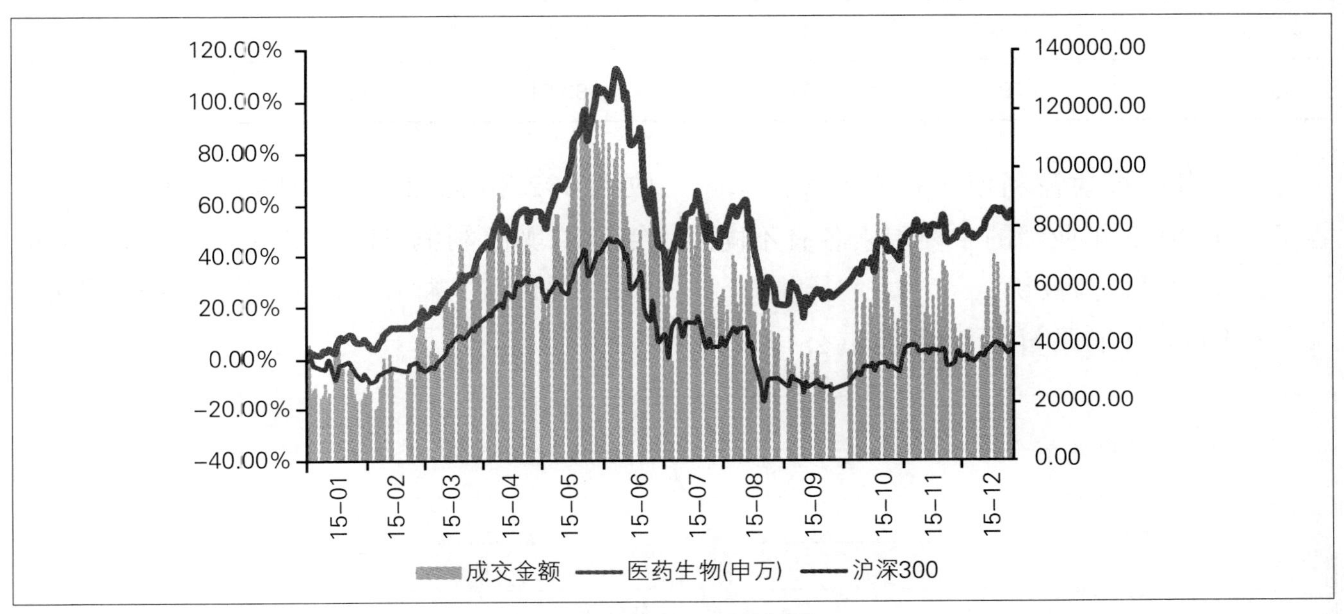

图 15－1　医药生物指数与大盘指数波动

二、2015 年医药生物行业上市公司业绩的影响因素分析

虽然医药行业受到国家医保控费导致医院需求放缓，以及药品招标进程滞后、药品降价的影响，但是行业相关法规制度的不断完善，将促进行业的长期健康发展并且不断做大做强，市场份额进一步向行业龙头集中。

（一）行业平稳增长，支撑行业各子板块业绩持续增长

2015 年医药生物行业上市公司保持了平稳、迅速发展态势，2015 年全年医药生物行业上市公司营业收入 7290.9 亿元，同比增长 15.07%，相比去年同期增长率下降了了 5.23%，实现净利润 580.51 亿元，同比增长 7.96%，相比同期下降 0.2%。虽然相比同期增长率有所下降，但是在国民经济增速换挡的大环境下，医药生物行业上市公司依然保持了较高的增长率，这反应了我国医药生物行业上市公司优良的业绩及较好的发展前景。

表 15－7　　2015 年医药生物行业中各细分行业收入及净利润增长情况

行业	营业收入（亿元）	收入同比（%）	净利润（亿元）	利润同比（%）	净利率（%）
化学原料药	692.80	0.42	51.78	17.52	7.47
化学制剂	1055.58	17.55	107.97	7.73	10.23
中药	1446.56	6.93	192.13	–11.73	13.28
生物制品	481.15	11.28	86.50	21.20	17.98
医药商业	3214.52	14.43	97.97	28.92	3.05
医疗器械	258.44	20.26	31.38	7.14	12.14
医疗服务	141.85	48.47	12.78	–5.12	9.01
行业总计	7,290.9	17.04	580.51	9.38	7.96

由于各子板块盈利模式有所差异，影响各子板块 2015 年业绩的主要因素各有不同：

1. 化学原料药板块

2015 年全年原料药板块上市公司实现收入 692.80 亿元，较 2014 年增长 0.42 %，全年实现净利润 51.78 亿元，较 2014 年增长了 17.52%。行业市场表现如图 15-2 所示：

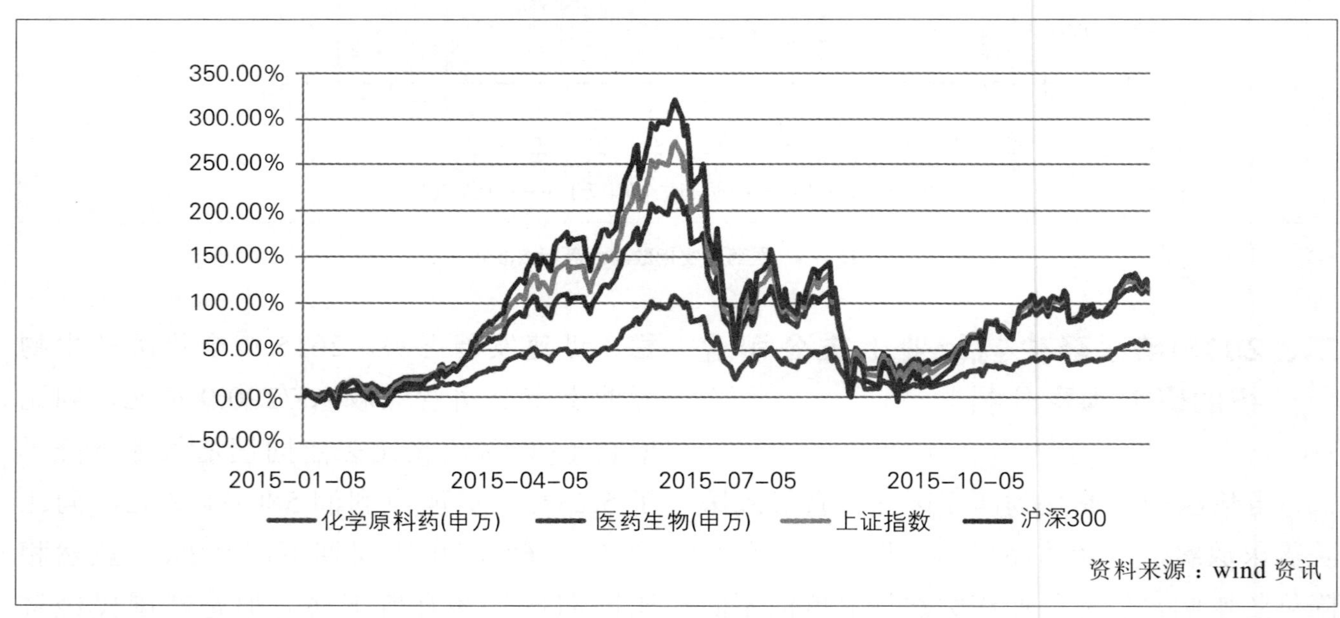

资料来源：wind 资讯

图 15－2　2015 年化学原料药板块市场表现

受产能过剩、竞争加剧和出口行情低迷等因素影响，原料药行业整体表现低于医药生物行业平均水平。2015 年，我国原料药出口进入第二个平台期，国际市场对低端基础原料药的需求趋于饱和，根据医保商会数据显示，我国原料药出口额继 2014 年增幅大幅度下滑后，2015 年仅维持了 0.42% 的增长幅度，市场形势低迷。另一方面，由于持续受到 2012 年 8 月出台的“限抗令”（即《抗菌药物临床应用管理办法》）影响，加之在国家实施新版药品 GMP 的背景下，各家抗菌药生产企业在新建厂房时，多数企业选择了扩大产能，从而造成行业产能过剩。

2. 化学制剂板块

2015 年化学制剂板块上市公司全年实现收入 1055.58 亿元，较 2014 年增长 17.55%，净利润 107.97 亿元，较 2014 年增长 7.73 %。化学制剂板块业绩水平略低于医药生物行业整体，净利率 10.23 %。在中联行业十强中有三家化学制剂类上市公司，表现了化学制剂行业正不断加强产业整合，实现做大做强。行业市场表现如图 15-3：

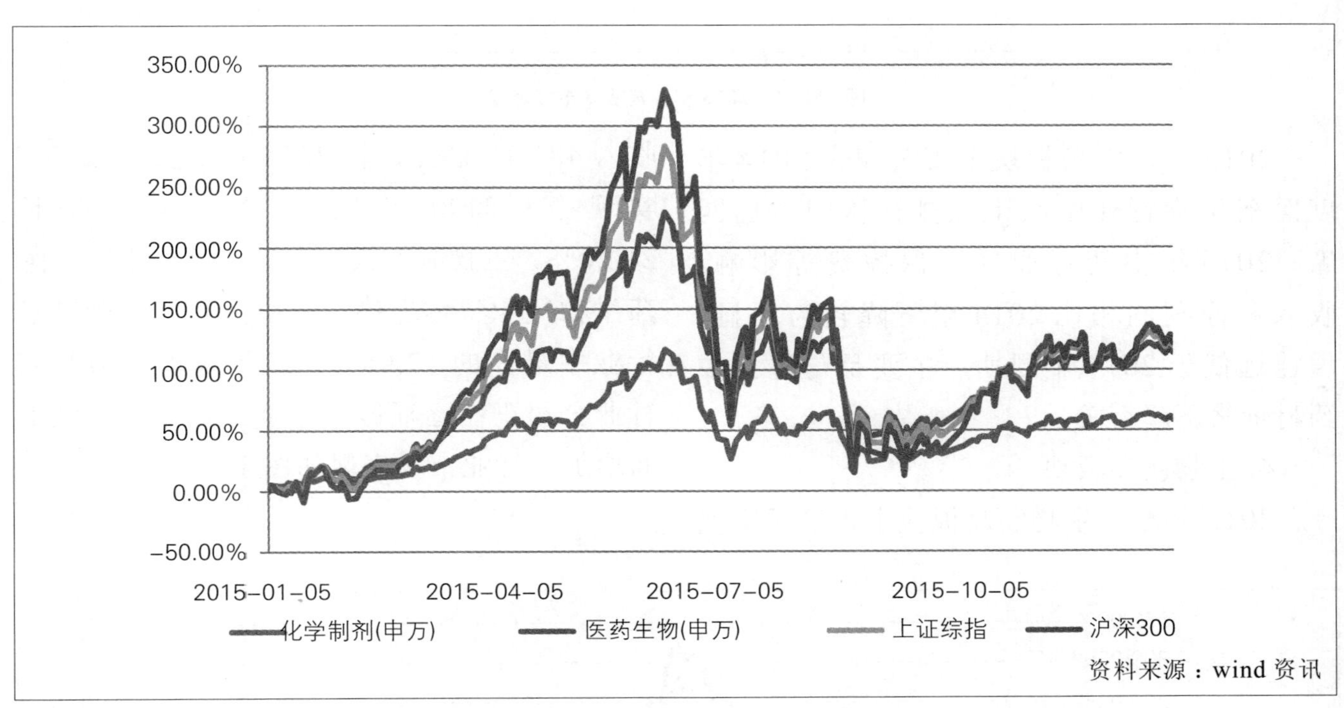

资料来源：wind 资讯

图 15 – 3　2015 年化学制剂板块市场表现

化学制剂是化学原料药的产业链下游，按照药物作用分类，大约覆盖了 22 个制剂大类，其中包括调节免疫功能制剂、激素及调节内分泌功能类制剂和抗生素制剂等。在 2013“限抗令”影响和药品低价采购的影响逐渐减轻后，2015 年出现了较大幅度的恢复性增长。

3. 中药板块

2015 年全年中药板块上市公司实现收入 1446.56 亿元，较 2014 年增长 6.93 %。2015 年全年中药板块上市公司实现净利润 192.13 亿元，较 2014 年减少 11.73%，利润增速相比收入增速减少了 17 个多百分点。中药板块业绩水平高于医疗生物行业整体走势，净利率高达 13.28 %。行业市场表现如图 15-4：

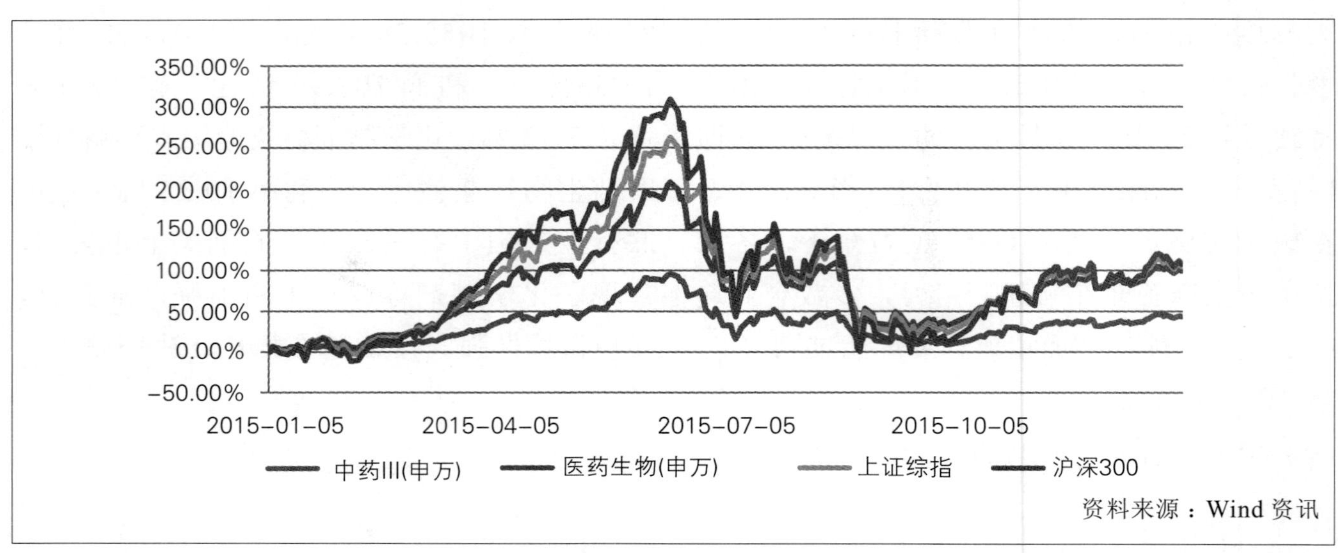

图 15－4　2015 年中药板块市场表现

2015 年，中药板块上市公司在 2014 年度医药生物行业中联十强排行榜中占据四席。2015 年中药行业受医保控费等影响，收入和净利润相比 2014 年下降较为明显，增速远低于 2014 年同期，主要是与过去中药材价格下降有关。

4. 生物制品板块

2015 年全年生物制品板块上市公司实现收入 481.15 亿元，较 2014 年增长 11.28%，实现净利润 86.50 亿元，较 2014 年增长 21.20%。生物制品板块全年业绩水平高于医药生物行业整体走势，板块净利率为所有子行业中最高的 17.98%。这体现了生物制品行业公司正在逐渐做大做强，行业集中度不断增加。行业市场表现如图 15-8：

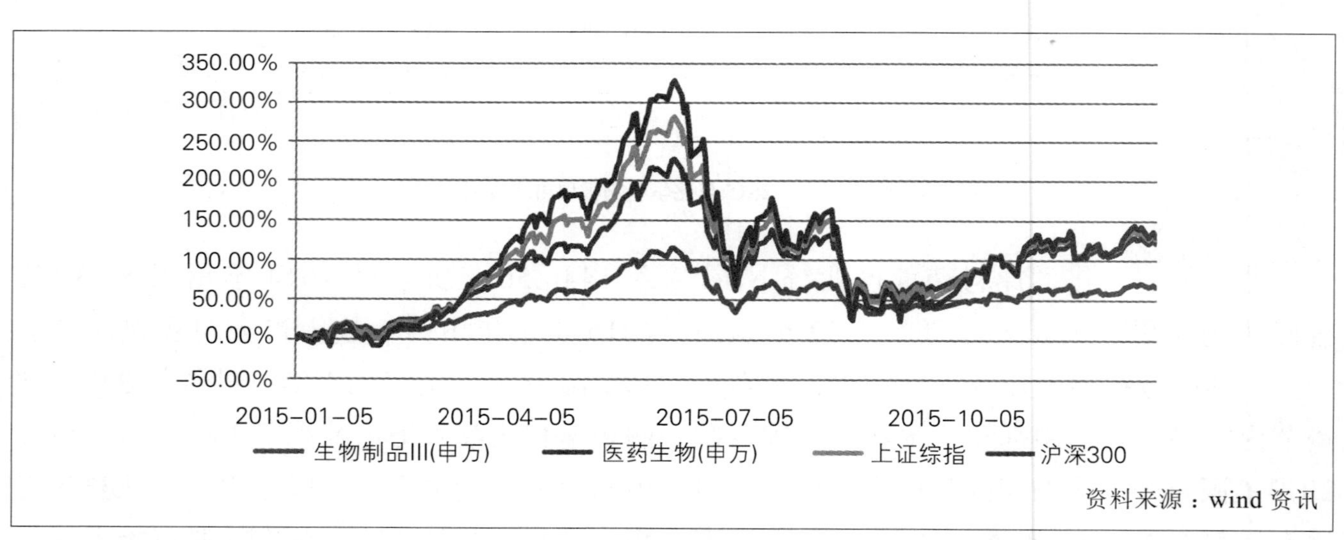

图 15－5　2015 年生物制品板块市场表现

2015 年，生物制品行业进入了并购、重组的活跃期。生物制药等大企业的跨界投资成为并购重组中的主力军。这个板块的行业洗牌才刚开始，未来并购重组会越来越多，那些规模小、没有独特产品的生物制品企业将成为整合目标。

5. 医药商业板块

2015年全年医疗商业板块上市公司实现收入3214.52亿元，较2014年增长14.43%，实现净利润97.97亿元，较2014年增长28.92%。医药商业板块全年业绩水平低于医药生物行业整体，主要由于该行业净利率水平较低，运营效率偏低。行业市场表现如图15-6：

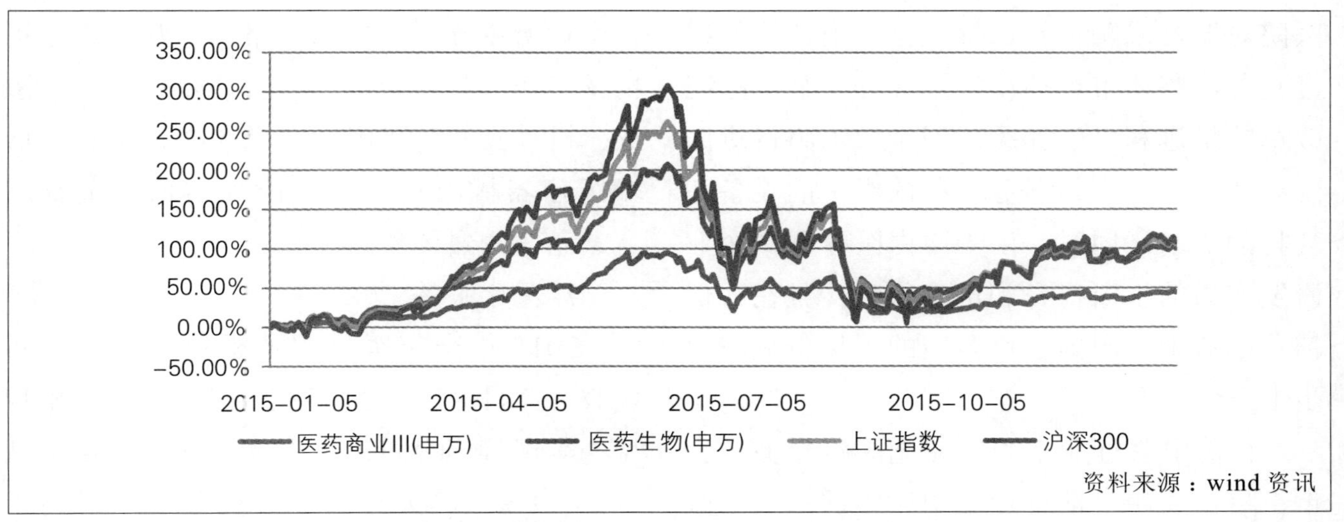

图15－6　2015年医药商业板块市场表现

医药商业行业整体销售规模保持较快发展，然而由于目前医药商业行业净利润率较低，仅有3.05%，平均费用率较高且毛利率持续下降，行业业绩表现仍低于医药行业总体水平。

6. 医疗器械板块

2015年全年医疗器械板块上市公司实现收入258.44亿元，较2014年增长20.26%，实现净利润31.38亿元，较2014年增长7.14%。医疗器械板块业绩水平普遍高于医药生物行业整体，行业净利率12.14%。行业市场表现如图15-7：

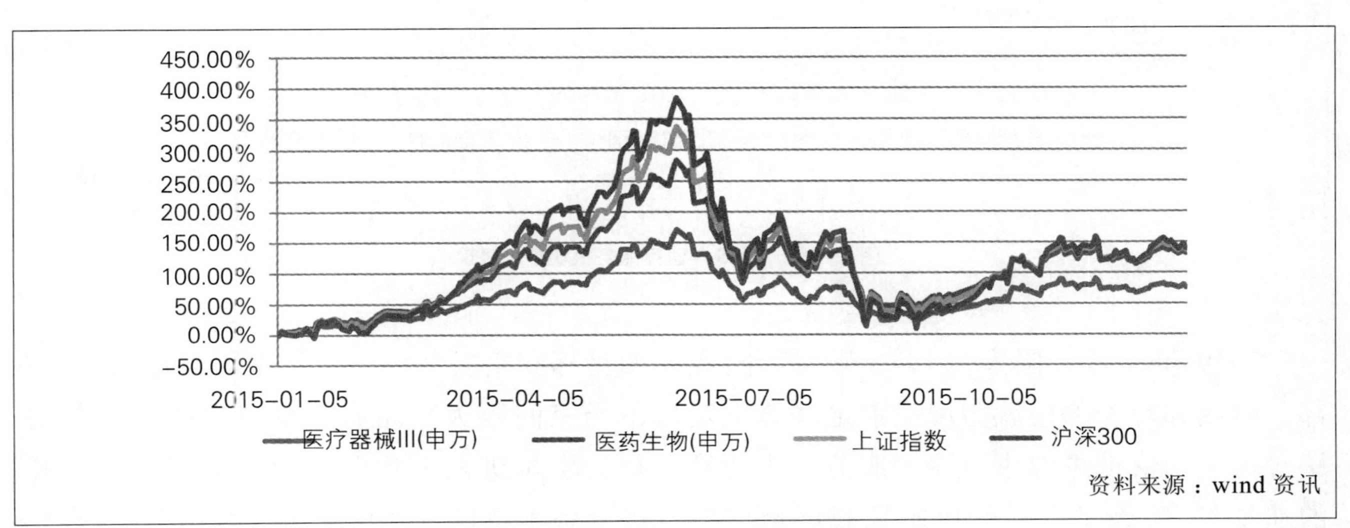

图15－7　2015年医疗器械板块市场表现

在过去15年中，中国医疗器械市场销售规模由2001年的179亿元增长到2015年的3080亿元，剔除物价因素影响，15年间增长了近16.2倍。该板块受到的政策扰动较小，降价的压力相对较小。另外，基层医院对器械采购依然保持旺盛，出口开始缓慢复苏，整体市场环境持续向好。公立医院改革的推进和以药养医的逐步取消将促进医院更加重视检查与服务，释放更多的设备和耗材的需求。同时，由于国内医疗器械企业研发实力的不断提升和价格优势，且在医保控费趋势下，国内医疗器械的市场份额将逐步上升。

目前中联行业十强中并无医疗器械类上市上榜，表明目前行业集中度不够。我国医疗器械产业技术水平仍处于比较低端的状态。截至2015年底，我国医疗器械生产企业规模已达1.7万余家，其中90%左右的医疗器械生产企业是年收入在一两千万以内的生产技术含量较低的中小企业，营业收入超过10亿元的企业约有20家。除此之外，我国中高端医疗器械市场长期以来主要为外资企业所主导，其产品价格虽高却被医疗机构及工作人员所青睐，且正逐步向“下”渗透；相对应的，我国企业则主要盘踞在中低端医疗器械市场，产品附加值低、重复度高、竞争激烈、利润率低。

7. 医疗服务

2015年全年医疗服务板块上市公司实现收入141.85亿元，较2014年增长48.47%，实现净利润12.78亿元，较2014年减少-5.12%。但医疗服务板块业绩水平高于医药生物行业整体，净利率为9.01%。行业市场表现如下图：

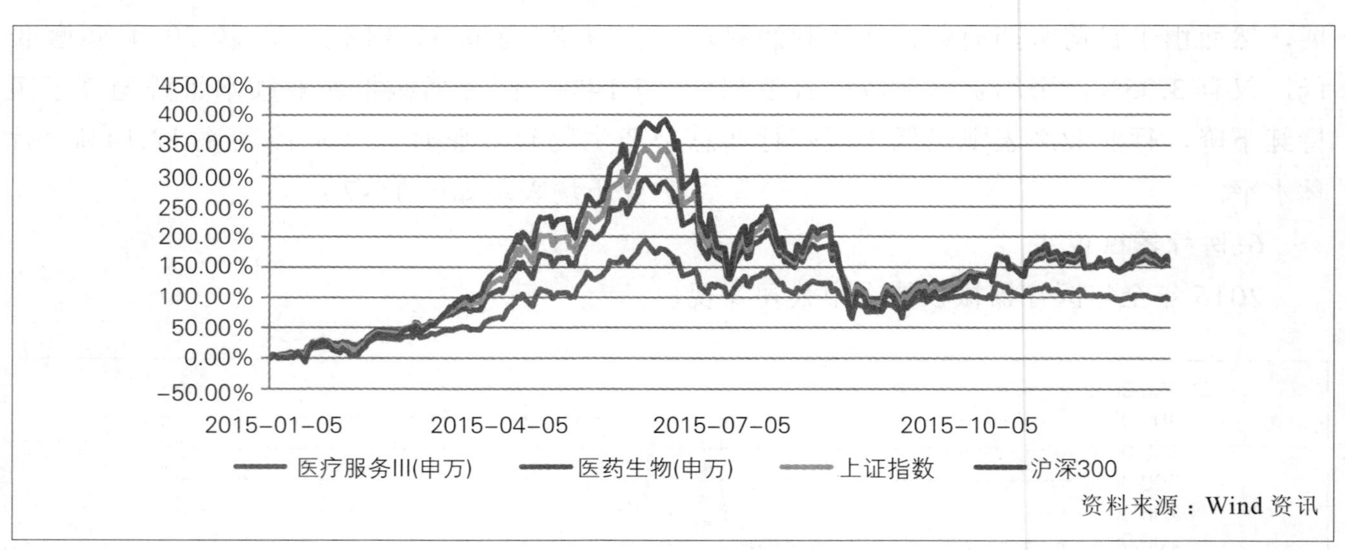

图15－8 2015年医疗服务板块市场表现

2014年9月，国家发展改革委、民政部、财政部等十部门就力度空前地联合下发了《关于加快推进健康与养老服务工程建设的通知》。明确了今后一段时期我国健康服务体系、养老服务体系和体育健身设施建设的目标和主要任务。由于中国医疗服务行业市场空间巨大，随着支持政策的逐步落实，社会资本进入医疗服务业的大门正式打开。民营资本可以进入该领域，再加上医疗服务行业本身良好的盈利性，医疗服务行业前景被普遍看好。

受到该政策利好影响，医疗服务行业快速发展，在2015年中联行业十强中，医疗服务行业上市公司占据2席，分别为爱尔眼科和通策医疗，其中爱尔眼科、通策医疗连续两年位于行业前三，表现了强劲的的发展趋势。

（二）医药卫生体制深化改革取得突破，促进市场健康发展

2015年是深化医药卫生体制改革的关键之年。国务院办公厅于2015年5月9日印发《深化医药卫生体制改革2014年工作总结和2015年重点工作任务》，全面总结了2014年深化医改取得的积极进展和成效，分析了医改面临的形势和挑战，在此基础上提出了2015年重点工作任务。具体措施参见表15-8。

表15－8　2015年医药卫生体制改革重点工作任务

政策	举措	影响
全面深化公立医院改革	破除以药补医机制，推动建立科学补偿机制，进一步理顺医疗服务价格，深化编制人事制度改革，建立符合医疗卫生行业特点的薪酬制度，优化医疗卫生资源结构布局，加快建立完善现代医院管理制度和加强绩效考核评估等。	随着公立医院改革的逐步深入和药品加成的逐步取消，药品价格管理将延续“扶低就高”的原则，药品价格整体仍将维持下降趋势。
健全全民医保体系	完善筹资机制和管理服务，全面实施城乡居民大病保险制度，健全重特大疾病保障机制，深化医保支付制度改革，大力发展商业健康保险。	我国医保支付能力将稳步提升，将为医药制造业的较快发展奠定坚实的基础。
大力发展社会办医	进一步完善社会办医政策，加强监督管理，规范服务行为。	社会办医有望在你较长时期内迎来持续发展的良好机遇。
健全药品供应保障机制	落实公立医院药品集中采购办法，深化药品生产流通领域改革，积极推进药品价格改革，保障药品供应配送，完善创新药和医疗器械评审制度等。	国家对医疗购销领域商业贿赂的治理仍将延续，对医药企业的营销推广的影响也将持续。
完善分级诊疗体系	提升基层服务能力和加快建立基层首诊、双向转诊制度。	分级诊疗体系建设将会有利于基层医疗服务能力的提高。
深化基层医疗卫生机构综合改革	调动基层积极性，加强乡村医生队伍建设，加快促进基本公共卫生服务均等化。	对基层医疗卫生机构综合的改革，有利于乡村医疗基础设施建设和人才队伍的培养。
统筹推进各项配套改革	推进卫生信息化建设，加强卫生人才队伍建设，健全医药卫生监管体制等有关工作。	做好配套设施的改革，有利于提高我国医药体制的健全。

整体来看，2015年医改工作已进入政策执行阶段，尽管城镇居民和新农合医保政府补助标准的进一步提高使得医保盘子再度扩大，但降低药品和高值医用耗材价格已是大势所趋；随着严控医疗购销领域商业贿赂与医疗服务行为激励约束机制的建立，医疗服务业将获得新机会，医药制造业及医药流通业存在的问题也将逐步解决，医药制造业将呈现整体继续平稳发展以及结构性增速提升并存的新局面。2015年深化医改要全面落实“十二五”医改规划，继续坚持“保基本、强基层、建机制”的总体要求，推进医疗、医保、医药三医联动，不断提高医疗卫生服务水平，加快健全基本医疗卫生制度，打造健康中国。

表 15－9　　2015 年国家医药生物行业重大政策

时间	政策	目的
2015 年 2 月 28 日	国务院医改办印发《关于完善公立医院药品集中采购工作的指导意见》(7 号文)。	明确了招标实行分类采购、落实带量采购，以及取消政府定价、发挥医保控费作用，旨在砍杀药价。
2015 年 3 月 2 日	中国科技部发布《数字诊疗装备重点专项实施方案征求意见稿》。	旨在通过科技创新，提升我国医疗器械产业自主研发技术水平，促进产业转型升级、培育新的经济增长点，加快推进我国医疗器械领域的国产化和创新转型。
2015 年 5 月 1 日	《国务院关于大力发展电子商务加快培育经济新动力的意见》。	制定完善互联网药品经营监督管理办法，规范药品、医疗器械等网络经营行为，加强互联网药品市场监测监管体系建设。
2015 年 5 月 5 日	国家发展改革委会同国家卫生计生委等部门联合发出《关于印发推进药品价格改革意见的通知》。	完善药品采购机制，发挥医保控费作用，药品实际交易价格主要由市场竞争形成。
2015 年 5 月 8 日和 5 月 17 日	国务院办公厅分别印发《关于全面推开县级公立医院综合改革的实施意见》及《关于城市公立医院综合改革试点的指导意见》两份文件。	以破除以药养医和公立医院逐利机制为目标，从医院体制、运行机制、医保支付、人事薪酬、分级诊疗、社会办医等方面提出改革意见，巩固和扩大改革成效。
2015 年 6 月 5 日	国家食品药品监督管理总局关于发布《中华人民共和国药典》(2015 年版)的公告(2015 年第 67 号)。	新版药典的颁布标志着我国用药水平、制药水平以及监管水平的全面提升，将促进药品质量的整体提高，对于保障公众用药安全有效意义重大。
2015 年 6 月 15 日	国务院办公厅正式印发《关于促进社会办医加快发展若干政策措施》。	促进社会办医成规模、上水平发展，加快形成公立医院与社会办医相互促进、共同发展格局。
2015 年 6 月 19 日	国家卫计委发布《关于落实完善公立医院药品集中采购工作指导意见的通知》(70 号文)。	为贯彻落实《国务院办公厅关于完善公立医院药品集中采购工作的指导意见》(国办发〔2015〕7 号，以下简称《意见》)。
2015 年 7 月 4 日	《国务院关于积极推进“互联网＋”行动的指导意见》。	进一步鼓励医疗产业互联网化。。
2015 年 8 月 18 日	国务院办公厅发布《国务院关于改革药品医疗器械审评审批制度的意见》。	提高新上市药品审批标准、推进仿制药质量一致性评价工作、鼓励创制新药、解决注册申请积压、加强药品技术审评能力和提高审批透明度等。
2015 年 8 月 21 日	国家卫生和计划生育委员会、国家食品药品监督管理总局联合发布《干细胞临床研究管理办法(试行)》。	旨在规范干细胞临床研究行为，保障受试者权益，促进干细胞研究健康发展。
2015 年 8 月 21 日	《国家食品药品监督管理总局关于征求加快解决药品注册申请积压问题的若干政策意见的公告》。	提高仿制药审批标准、规范改良型新药的审评审批、允许申请人主动撤回不符合条件的药品注册申请、严格审查药品的安全性和有效性、严惩临床试验数据造假行为等。
2015 年 9 月 11 日	国务院办公厅印发《关于推进分级诊疗制度建设的指导意见》。	部署加快推进分级诊疗制度建设，形成科学有序就医格局，提高人民健康水平，进一步保障和改善民生。

续表

时间	政策	目的
2015 年 10 月 30 日	国家食品药品监督管理总局《关于授权国务院开展药品上市许可持有人制度试点和药品注册分类改革试点工作的决定（草案）》。	提高仿制药上市审批标准和提高仿制药的质量水平，缩小中国与发达国家在药品质量上的差距，对制药工业产业结构调整和转型升级影响深远。
2015 年 11 月 18 日	国家食品药品监督管理总局关于征求《关于开展仿制药质量和疗效一致性评价的意见（征求意见稿）》意见的公告(2015 年 第 231 号)。	为贯彻落实《国务院关于改革药品医疗器审评审批制度的意见》（国发〔2015〕44 号）提出的开展仿制药质量和疗效一致性评价工作的相关要求。
2015 年 12 月 8 日	人社部出台《关于完善基本医疗保险定点医药机构协议管理的指导意见》。	全面取消社会保险行政部门实施的两定资格审查项目。各统筹地区要在认真总结经验的基础上，完善经办机构与医药机构的协议管理，提高管理服务水平和基金使用效率，更好地满足参保人员的基本医疗需求。
2015 年 12 月 9 日	《中医药法（草案）》。	鼓励和引导社会力量发展中医药，保持和发挥中医药特色与优势，强化中医管理局职能，并在中医药服务、中药资源保护等方面都有所规定。

国家卫生计生委等八部门联合印发《关于做好常用低价药品供应保障工作的意见》，从改进价格管理、完善采购办法、建立常态短缺药品储备等多方面提出了保障常用低价药品生产供应的政策措施，推进常用低价药品供应保障。这些举措一方面有利于充分调动企业生产的积极性以保证临床用药需求，促进合理用药并降低医药费用总体水平，降低药品面临的降价威胁，给终端维护能力较强的普药企业和低价独家药品生产企业带来实质性正面影响。

政府通过推进公立医院改革、放开医生自由执业，通过市场机制理顺医药价格，有效减少乃至消除“以药养医”现象，使医生能够完全通过自身提供的医疗服务获取阳光、体面的收入，避免药品成为医疗机构和医生的牟利工具。同时加快推进医保付费方式改革，药品价格定价取消等政策，以缓解医患矛盾，促进医药卫生事业的健康发展，促进医药生物行业的持续健康发展。

三、2016 年医药生物行业前景分析

自 2006 年医改大转折以来，我国医药生物行业的整体增速显著高于宏观经济增长，在近几年 GDP 增速放缓的背景下，依然保持了较快的发展。2012 年至今，医改进入深水区，改革重点由“量”到“质”。盈利增幅由于宏观经济情况，虽然有所降低，但依然稳定增长。

医药生物行业作为较为稳定的弱周期行业，未来的成长性较为确定，虽然药品降价、医保控费等因素会对行业的增长产生一定的负面效应，但随着人口老龄化程度的提高，医改和基本药物制度的快速推进，以及行业整合转型将带来的产业规模化等，为医药生物行业在 2016 年及以后的发展带来了重要的机遇。

（一）人口老龄化加快带动行业需求进一步提升

国际上通常把 60 岁以上的人口比例达

到10%，或65岁以上人口比例达到7%作为国家或地区进入老龄化社会的标准。按照这一标准，我国2000年开始进入老龄化社会。根据国家统计局最新数据显示，2014年末我国65周岁及以上人口数为13755万人，占比10.1%，首次突破10%。

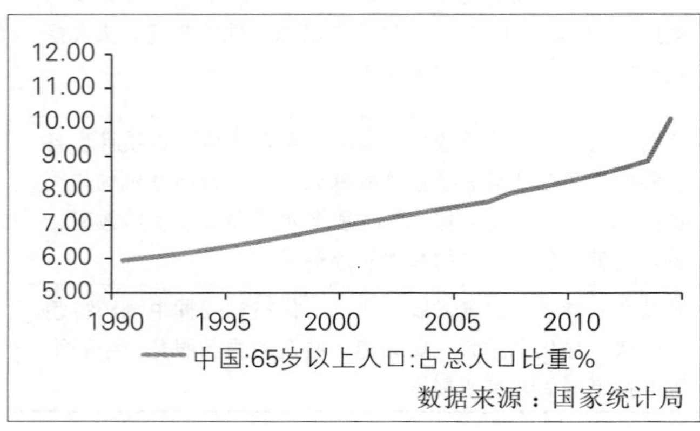

图15－9 我国65岁以上人口占比

根据全国老龄工作委员会办公室的预测，到2020年，老年人口将达到2.48亿，老龄化水平将达到17.17%，其中，80岁及以上老年人口将达到3067万人，占老年人口的12.37%。

随着人口老龄化、医疗保障制度的完善及居民收入水平的提高，我国药品市场持续快速扩张。从老年人慢性疾病患病率来看，老年人的患病率高达64.5%，而且多数疾病疗程长，愈后差，费用大；从老年人药品消费比例来看，老年人的药品消费占据药品市场消费的50%以上。近两年国务院、各部委制定发布了养老相关政策十余条，从养老服务体系建设、养老金并轨等多方面指导和支持养老产业的发展。其中，2016年3月21日，人民银行、民政部等五部门联合发布《关于金融支持养老服务业加快发展的指导意见》（以下简称《意见》）。五部委联合发布“金融支持养老”意见，体现了养老产业快速发展的内在要求，也为银行业机构转型发展带来巨大机遇。《意见》重点强调，加快养老服务业发展需要金融服务创新。同时，它也预示我国养老产业迎来新的阶段。因此，老龄化进程的加速势必带动药品的需求量。

（二）药品价格改革促使行业持续健康发展

2014年的价格改革扩展到医药领域。医药价格新政从国家发改委中止药品最高零售限价定价权入手，迈出了改革的第一步。2015年5月5日，经国务院批准，国家发展改革委会同国家卫生计生委、人力资源社会保障部等部门发出通知，决定自2015年6月1日起取消绝大部分药品政府定价，同步完善药品采购机制，强化医保控费作用，强化医疗行为和价格行为监管，建立以市场为主导的药品价格形成机制。

取消药品政府定价后，政府的职能重心从事前定价加快向事中事后监管转变，工作重点从监管价格水平加快向监管价格行为转移。药品价格改革的实施将有效地维护市场价格秩序，规范市场价格行为，为包括上市公司在内的药品生产经营企业和医疗机构提供公平、合法的经营环境，也将有效促进医药生物类上市公司加大科研投入、加强新药研发，从而改善上市公司经营业绩，促进医药生物市场的持续健康发展。

（三）药品招标采购政策将继续深入调整

2015年各项医改政策频出，包括分级诊疗、精准医疗计划等，引导行业向更高效、更合理的方向发展。分级诊疗是医改重点推进的工作，旨在将倒三角的格局扭转过来，对患者流的转移分流作用将对整个行业带来全方位的影响；精准医学国内迎来了多项政策支持，包括高通量测序临床试点的发布、资金投入计划、取消第三类医疗技术临床应用准入等。据国家卫计委最新消息，目前我国正在制定“精准医疗”战略规划，这一规划或将被纳入到“十三五”重大科技专项。

2015 年药品采购招标具有如下趋势：降价是主旋律，降价手段也更趋多元化；带量采购成杀手锏；药占比压力山大；价格联动频繁；招标目录范围缩小；药品配送成考核指标。

通过药品招标采购政策的不断完善，配合医保、医疗和医药的联动改革，落实医院补偿机制、改革医保付费机制、完善医务人员分配激励机制，调动医院参与药品集中采购、降低药品虚高价格的内生积极性。

（四）并购整合仍将是行业发展主题

在经济转型下，无论是政策层面、资本市场层面还是行业经营层面均有利于兼并重组的大规模开展。政策面鼓励产业整合，行政审批逐渐松绑，有利于缩短企业的操作周期降低时间成本与不确定性；二级市场对企业兼并重组行为的良好反应，使得一二级市场套利空间长期存在，在并购整合是大势所趋。

据万得数据统计，2015 年以来，医药行业的并购案共 275 起，较 2014 年增加 31 起；涉及金额 1246.49 亿元，比 2014 年的并购还要活跃，较 2014 年同比增长 71.28%。今年的并购呈现出新的特点，一是其他行业跨界进入医药领域增多，二是除了制药和器械类企业基于批文、技术、产品、渠道之间的兼并之外，企业在产业链上下游的并购增多，尤其是涉足医疗服务业、新兴技术领域等。这也在一定程度上反映出，医药行业已经踏上从赚制造业差价，到赚服务价值的阶段。

综上，尽管 2015 年以来，医保控费、药品降价、以及反商业贿赂事件等因素均对医药行业销售增长带来了较大影响，但展望 2016 年，在医保控费、支付方式改革的主流趋势下，医药行业仍然稳定增长。招标在 2015 年年底快速推进，渠道可能有补库存需求，2016 年医药行业的收入增长或能回升至 10% 以上、利润增速预计维持在 14% 左右。

附表

2015 年度医药生物行业上市公司业绩评价结果排序表

	全部上市公司排名	股票代码	股票简称	综合得分(100 分)	每股收益(元)	总资产报酬率(%)	净资产收益率(%)	总资产周转率(次)	流动资产周转率(次)	资产负债率(%)	获利倍数	营业收入增长率(%)	资本扩张率(%)	市场投资回报率(%)	股价波动率(%)	年末资产总额(万元)	营业收入(万元)	净利润(万元)
1	17	600276	恒瑞医药	80.30	1.11	24.89	23.85	0.91	1.12	9.91	85400.02	25.01	24.94	63.19	114.1	1149670.04	931596.02	222396.98
2	30	300015	爱尔眼科	79.14	0.44	18.95	19	1.09	2.32	23.26	0	31.79	19.16	62.57	121.79	325662.52	316558.05	43658.15
3	31	600763	通策医疗	79.10	0.6	22.74	24.51	0.72	2.26	32.81	143.81	30.59	30.18	105.29	176.93	132997.05	76235.57	19364.14
4	43	000423	东阿阿胶	77.99	2.48	24.02	24.98	0.68	0.92	17.73	698.04	35.94	17.51	35.85	89.59	860901.64	544966.32	163781.36
5	45	000538	云南白药	77.81	2.66	18.49	22.2	1.16	1.34	29.87	41.81	10.22	19.77	12.82	50.85	1929094.04	2073812.62	275558.11
6	64	600085	同仁堂	76.04	0.65	13.15	15.01	0.79	0.99	24.19	117.53	11.59	25.72	90.5	144.51	1433986.92	1080876.12	146509.79
7	80	002294	信立泰	75.08	1.21	29.82	29.93	0.7	1.29	12.83	0	20.64	23.96	33.68	93.4	538688.27	347769.29	126967.37
8	96	300267	尔康制药	74.35	0.66	19.12	20.18	0.5	0.88	11.33	55.9	28.14	153.72	76.26	157.55	480135.54	175599.89	59898.54
9	98	600518	康美药业	74.34	0.62	11.61	15.5	0.55	0.72	50.56	6.51	13.28	12.68	107.83	165.27	3810522.93	1806682.8	275645.63
10	102	603168	莎普爱思	74.14	1.08	19.44	21.28	0.86	2.02	30.07	3399.22	20.39	16.87	74.29	179.85	127498.86	92167.09	17603.63
11	126	600750	江中药业	73.28	1.22	15.76	16.4	0.87	1.5	12.09	14.34	−8.35	10.38	73.93	143.17	267829.76	259735.14	36802.01
12	127	300294	博雅生物	73.26	0.66	12.4	11.8	0.34	0.65	12.8	177.53	24.07	106.52	87.62	143.35	218821.56	54318.27	16704.51
13	128	600422	昆药集团	73.24	1.07	13.18	16.02	1.23	2.01	32.59	26.82	19.3	62.75	53.55	114.59	494827.1	491568.59	43131.52
14	131	600332	白云山	73.20	1.01	11.1	16.17	1.27	2.05	45.28	40.99	1.73	9.11	12.65	99.83	1587057.73	1912465.83	134528.7
15	142	000999	华润三九	72.88	1.28	13.73	17.38	0.7	1.53	36.15	55.84	8.57	9.7	16.63	95.39	1201925.87	790018.96	127469.87
16	146	002099	海翔药业	72.87	0.71	14.29	15.09	0.55	1.52	26.04	34.5	86.83	12.4	166.33	231.83	483076.34	246449.55	50949.67
17	168	300003	乐普医疗	72.31	0.64	12.91	13.81	0.48	1	30.94	16.47	65.93	62.14	64.96	141.89	772989.24	276871.75	59599.1
18	171	600566	济川药业	72.22	0.88	23.1	27.29	1.09	2.04	24.34	356.68	26.17	18.26	37.18	92.11	358542.21	376783.64	68311.92
19	193	002287	奇正藏药	71.70	0.65	15.12	16.33	0.52	0.73	20.24	521.21	4.7	6.54	84.21	149.18	207013.24	99472.78	26135.74
20	195	300009	安科生物	71.59	0.36	13.46	13	0.55	1.45	9.76	0	17.21	63.48	217.49	255.72	140129.27	63575.51	13243.1
21	206	600436	片仔癀	71.37	1.16	14.74	14.73	0.49	0.73	18.54	31.32	29.7	10.58	95.16	152.82	405492.24	188567.47	46334.06
22	208	300204	舒泰神	71.36	0.63	12.55	13.1	0.64	0.78	18.69	374.86	14.17	11.19	101.08	177.28	207085.59	124789.18	20941.64
23	214	300347	泰格医药	71.24	0.36	15.11	17.54	0.64	1.3	33.8	56.43	53.23	16.25	103.85	203.32	161003.12	95699.77	17389.15
24	217	002252	上海莱士	71.16	0.52	16.92	15.31	0.19	0.54	7.3	81.1	52.55	24.21	75.11	148.77	1155601.17	201332.16	148042.82
25	219	600079	人福医药	71.14	0.52	8.67	11.45	0.66	1.28	49.42	5.42	42.58	60.31	69.55	118.88	1815180.68	1005397.84	85322.39
26	236	000513	丽珠集团	70.80	1.62	10.91	14.83	0.86	1.96	40.45	26.79	19.41	17.82	47.75	121.76	807753.78	662051.65	65956.34

续表

	全部上市公司排名	股票代码	股票简称	综合得分（100分）	每股收益（元）	总资产报酬率(%)	净资产收益率(%)	总资产周转率(次)	流动资产周转率(次)	资产负债率(%)	获利倍数	营业收入增长率(%)	资本扩张率(%)	市场投资回报率(%)	股价波动率(%)	年末资产总额(万元)	营业收入(万元)	净利润(万元)
27	241	603998	方盛制药	70.69	0.64	11.5	10.93	0.47	0.71	12.65	0	12.74	10.66	98.21	202.56	106667.53	46855.86	9691.12
28	242	002223	鱼跃医疗	70.68	0.62	16.56	18.83	0.83	1.23	27.13	36.26	25.09	21.04	62.67	210.57	292587.43	210373.73	36668.11
29	245	000661	长春高新	70.62	2.93	18.88	24.04	0.69	1.16	36.18	141.00	6.18	19.1	34.42	131.21	381550.19	240208.96	53849.75
30	249	002219	恒康医疗	70.55	0.19	13.36	13.26	0.35	0.75	20.45	9.87	72.35	260.35	84.81	121.86	478034.66	118172.82	32211.05
31	263	002007	华兰生物	70.21	1.01	17.78	15.48	0.38	0.57	3.41	0	18.36	6.83	29.23	128.62	402149.35	147176.33	58199.86
32	271	002437	誉衡药业	69.95	0.95	14.02	21.66	0.41	1.5	58.08	10.57	41.71	12.34	27.78	104.84	831268.11	270065.31	71324.11
33	279	300357	我武生物	69.83	0.73	24.26	21.49	0.47	0.57	4.67	0	11.52	13.51	49.13	123.46	61148.75	26710.56	11781.66
34	295	000650	仁和药业	69.46	0.32	19.89	18.29	0.88	1.59	17.6	0	12.01	20.3	62.2	232.66	315627.07	252384.27	43558.87
35	304	300298	三诺生物	69.32	0.55	12.7	12.17	0.51	0.74	7.04	0	18.46	11.59	45.2	101.39	133401.25	64550.07	14311.36
36	319	002019	亿帆鑫富	69.05	0.82	11.83	13.35	0.62	1.78	36.65	21.39	44.51	13.25	74	136.84	454673.66	243492.98	36196.15
37	321	300244	迪安诊断	69.03	0.65	13.6	20.31	1.09	1.91	53.81	11.09	39.18	50.86	87.22	229.94	229218.29	185818.09	17878.54
38	338	300026	红日药业	68.82	0.6	13.2	14.02	0.7	1.19	18.27	66.35	16.93	124.28	25.52	99.29	647257.43	334825.07	53623.44
39	366	002275	桂林三金	68.32	0.64	15.98	16.15	0.49	0.86	15.1	166.04	-6.45	0.97	28.81	130.43	275971.32	137182.12	37667.28
40	384	300396	迪瑞医疗	67.93	0.71	9.75	10.88	0.4	0.72	27.22	447.93	16.62	39.8	53.9	115.69	176694.09	56732.6	11994.8
41	387	600196	复星医药	67.89	1.07	10.46	14.44	0.34	1.48	45.89	8.09	4.85	8.2	7.56	93.85	3820172.58	1260864.83	287066.09
42	389	002317	众生药业	67.89	0.41	12.43	14.75	0.56	1.15	36.73	39.94	20.57	11.1	35.56	116.02	333402.72	157773.66	29563.28
43	390	002020	京新药业	67.87	0.58	8.15	9.11	0.57	1.1	23.11	27.99	14.59	61.63	91.04	112.69	293989.21	141569.64	16661.72
44	393	002262	恩华药业	67.76	0.54	14.22	17.69	1.24	1.89	28.37	18.64	10.6	72.54	35.01	116.86	255092.24	276656.76	25528.14
45	399	300406	九强生物	67.67	0.98	24.86	22.67	0.49	0.54	6.86	0	11.4	19.07	29.4	165.09	126176.52	56620.17	24504.34
46	402	002038	双鹭药业	67.58	0.84	18.89	16.99	0.33	0.48	3.95	0	-6.95	13.58	26.48	119.61	376161.93	115654.82	57721.71
47	412	000623	吉林敖东	67.46	2.9	16.02	17.21	0.14	0.77	11.35	124.96	4.23	38.9	-6.92	120.2	1983401.63	233476.08	260182.94
48	414	300238	冠昊生物	67.38	0.26	10.54	10.84	0.32	0.67	23.1	77.32	18.82	16.74	136.73	179.16	80702.37	22617.25	6247.72
49	419	300412	迦南科技	67.27	0.44	12.03	13.65	0.44	0.61	26.3	700.52	18.28	10.92	218.36	225.94	53799.53	21741.84	5145.43
50	420	000989	九芝堂	67.27	1.03	16.72	17.46	0.26	0.49	15.28	0	-37.99	135.39	75.69	179.97	447083.53	87151.27	47103.15
51	433	000908	景峰医药	67.11	0.41	18.05	22.83	0.92	1.64	34.69	9.7	25.63	126.19	12.41	126.74	344264.75	245903.87	37019.35
52	436	600572	康恩贝	67.07	0.28	9.39	12.69	0.67	1.48	52.29	5.54	48.03	35.46	45.55	130.18	956879.86	530197.01	50371

续表

	全部上市公司排名	股票代码	股票简称	综合得分(100分)	每股收益(元)	总资产报酬率(%)	净资产收益率(%)	总资产周转率(次)	流动资产周转率(次)	资产负债率(%)	获利倍数	营业收入增长率(%)	资本扩张率(%)	市场投资回报率(%)	股价波动率(%)	年末资产总额(万元)	营业收入(万元)	净利润(万元)
53	443	603456	九洲药业	66.97	0.96	8.8	9.74	0.52	1.07	24.57	18.25	12.31	58.9	123.66	179.82	333522.41	144451.11	19969.21
54	459	002022	科华生物	66.77	0.42	13.62	14.02	0.66	1.04	16.7	0	−5.1	36.13	33.76	189.75	207159.14	115578.33	20985.74
55	460	300289	利德曼	66.76	0.4	13.65	15.14	0.42	0.98	24.04	15.45	26.95	15.3	73.15	163.92	165867.99	68167.58	17812.27
56	461	300171	东富龙	66.76	0.62	11.15	14.05	0.38	0.46	27.43	812.23	23.58	10.14	153.2	248.9	406221.38	155555.61	39523.37
57	464	601607	上海医药	66.70	1.07	6.9	10.37	1.52	2.02	54.52	7.8	14.2	8.71	18.65	126.34	7434421.05	10551658.73	336436.81
58	471	600062	华润双鹤	66.58	0.91	11.31	10.97	0.71	1.34	17.12	125.25	20.03	13.19	6.04	96.1	776310.72	513839.54	66482.16
59	473	000963	华东医药	66.58	2.53	15.81	39.99	2.13	2.73	71.59	8.32	14.67	28.77	49.77	91.88	1141717.78	2172738.35	115216.65
60	477	002107	沃华医药	66.48	0.2	12.79	13.9	0.7	1.2	18.1	106860.88	48.72	−13.37	105.94	237.76	66822.8	46892.37	8192.84
61	478	600535	天士力	66.47	1.38	14.56	23.85	0.93	1.5	50	7.72	5.21	52.06	−3.68	92.97	1541269.12	1322166.68	152366.99
62	479	600329	中新药业	66.46	0.6	9.91	12.99	1.23	1.92	32.36	17.44	−0.09	39.32	39.03	133.89	606887.71	708055.22	45786.81
63	482	000915	山大华特	66.40	0.85	15.45	16.54	0.61	1.14	19.29	39.93	−10.26	13.31	29.82	193.69	208090.94	123296.63	26147.29
64	484	000150	宜华健康	66.33	0.12	3.84	4.39	0.29	0.35	63	1.99	554.03	103.7	134.05	182.35	454964.1	103122.63	5506.09
65	485	000028	国药一致	66.31	2.1	8.3	15.12	2	2.34	57.89	9.05	8.51	14.74	32.89	119.54	1321834.97	2599313.93	78734.79
66	495	600993	马应龙	66.11	0.52	11.12	11.77	0.78	1.05	21.72	33.16	10.05	11.05	34.61	151.59	240986.68	178368.24	21094.35
67	510	600511	国药股份	65.80	1.07	11.68	17.47	2	2.48	46.4	18.3	4.68	36.17	14.01	99.91	655605.4	1207819.41	53230.91
68	514	002737	葵花药业	65.72	1.05	11.22	13.39	0.81	1.31	30.66	21.41	11.62	14.51	51.48	150.89	376462.69	303477.05	32751.57
69	526	600521	华海药业	65.49	0.56	10.85	12.5	0.7	1.35	32.55	27.16	35.41	13.91	73.39	148.02	551549.57	350036.21	43672.09
70	535	300199	翰宇药业	65.32	0.34	14.18	15.53	0.29	0.78	25.63	11.11	83.17	103.47	63.59	236.26	354599.94	76826.38	30534.2
71	538	600613	神奇制药	65.23	0.44	10.69	10.19	0.65	1.07	14.41	60.53	23.13	14.41	53.24	121.13	267081.7	159291.25	21826.57
72	554	300039	上海凯宝	65.03	0.34	14.83	14.48	0.61	0.77	17.36	150.66	−5.76	6.41	35.63	150.06	242666.85	139578.86	28164.85
73	568	002424	贵州百灵	64.84	0.29	14.09	16.55	0.51	0.69	30.21	17.54	20.6	14.19	83.43	185.03	384151.3	189908.76	41614.87
74	577	600529	山东药玻	64.73	0.56	6.85	6.63	0.6	1.09	24.74	63.17	1.9	5.26	59.16	117.41	297307.09	172320.72	14467.25
75	587	600211	西藏药业	64.54	0.63	12.66	20.16	1.58	2.14	31.21	23.81	−17.1	17.32	22.35	150.6	70633	138275.58	9073.73
76	591	600645	中源协和	64.47	0.54	10.42	15.29	0.27	0.77	40.28	25.99	48.68	45.45	64.75	144.33	281614.72	70899.49	21703.88
77	615	300233	金城医药	64.12	0.68	9.99	13.94	0.62	1.29	34.36	11.96	12.16	17.34	69.46	225.11	199629.22	117856.03	16920.49
78	616	002412	汉森制药	64.12	0.33	8.66	8.34	0.57	1.22	9.19	71.82	5.93	8.7	72.25	147.54	138031.64	78112.79	10029.9

续表

	全部上市公司排名	股票代码	股票简称	综合得分（100分）	每股收益（元）	总资产报酬率(%)	净资产收益率(%)	总资产周转率（次）	流动资产周转率（次）	资产负债率(%)	获利倍数	营业收入增长率(%)	资本扩张率(%)	市场投资回报率(%)	股价波动率(%)	年末资产总额（万元）	营业收入（万元）	净利润（万元）
79	640	000566	海南海药	63.81	0.36	8.14	9.27	0.38	0.73	48.04	3.15	22.38	46.75	144.71	212.48	488219.92	164382.26	19769.25
80	651	600380	健康元	63.70	0.26	8.65	11.87	0.67	1.51	47.03	8.11	16.5	11.7	80.55	253.01	1379558.16	864189.14	82179.32
81	661	002653	海思科	63.62	0.35	14.09	17.46	0.4	0.69	33.18	29.24	0.15	2.34	14.9	112.88	322754.62	121245.33	37215.79
82	681	300326	凯利泰	63.42	0.34	12.45	12.42	0.31	0.82	22.36	13.26	108.17	20.23	55.47	205.18	169574.19	46288.52	14981.75
83	694	600351	亚宝药业	63.34	0.32	8.08	9.7	0.56	1.34	37.01	5.69	9.31	47.15	78.51	131.21	425182.36	206562.71	21804.82
84	701	600867	通化东宝	63.23	0.43	17.46	21.13	0.5	1.13	34.56	32.34	15.02	14.74	92.11	146.66	378812.98	166931.24	49006.43
85	711	002603	以岭药业	63.07	0.39	9.34	9.1	0.59	1.4	15.41	103.08	9.02	6	21.52	151.54	570695.87	318475.24	42680.49
86	723	000919	金陵药业	62.91	0.41	8.98	9.23	0.86	1.4	24.04	52.86	16.21	6.31	26.49	140.54	385025.76	322137.54	26200.43
87	726	600557	康缘药业	62.86	0.71	10.97	13.46	0.67	1.28	33.31	10.22	10.05	12.3	3.13	102.92	430450.3	282044.63	36524.34
88	730	600513	联环药业	62.82	0.3	8.13	8.27	0.77	1.13	22.55	9.79	-3.93	78.44	72.03	209.66	100053.66	64243.29	5000.58
89	731	002550	千红制药	62.81	0.42	12.13	11.85	0.29	0.4	19.01	34.5	-7.07	7.59	103.87	204.32	283313.77	75705.11	26229.2
90	744	600420	现代制药	62.64	0.77	11.19	19.41	0.68	1.51	61.05	4.84	-2.42	15.77	56.66	173.59	413741.01	268224.47	29155.49
91	751	002727	一心堂	62.54	1.33	11.52	15.91	1.49	1.97	45.7	20.11	20.16	9.14	43.32	155.88	418625.56	532115.23	34643.86
92	767	300049	福瑞股份	62.39	0.35	7.1	7.41	0.36	0.6	19.13	38.62	-6.4	80.37	76.08	271.27	204094.62	60419.13	9505.73
93	772	002551	尚荣医疗	62.35	0.31	7.59	10.28	0.63	0.89	46.51	14.14	42.81	7.03	79.75	194.51	291485.44	166631.95	15507.47
94	778	600285	羚锐制药	62.28	0.25	6.44	8.14	0.41	1.21	36.35	13.92	29.59	10.46	55.69	134.94	270862.92	107076.72	13370.62
95	789	300358	楚天科技	62.19	0.62	9.21	13.04	0.51	0.89	36.33	32.67	-3.02	82.41	84.05	201.53	238637.23	97482.87	15338.9
96	796	002462	嘉事堂	62.03	0.72	9.23	15.55	1.57	1.93	62.59	6.13	47.16	31.5	91.45	162.13	588688.03	819983.19	30134.49
97	818	300381	溢多利	61.70	0.7	6.03	7.64	0.41	1.01	42.27	11.37	95.51	106.54	77.65	154.34	245226.24	70347.27	8026.7
98	835	600479	千金药业	61.45	0.29	4.67	5.27	0.98	1.45	28.4	17.82	11.5	41.73	45.02	151.51	274322.74	244668.41	8833.82
99	839	600976	健民集团	61.39	0.56	6.54	8.7	1.45	1.9	37.75	23.72	30.1	-0.47	23.57	126.8	160208.01	228122.06	8699.95
100	840	300314	戴维医疗	61.39	0.16	7.33	6.57	0.3	0.44	7.29	0	-3.41	4.33	169.08	285.06	75277.41	21942.74	4493.42
101	852	000078	海王生物	61.25	0.65	7.89	26.42	0.99	1.16	83.21	3.48	13.42	20.22	138.17	252.07	1276225.92	1111773.5	51848.8
102	855	002728	台城制药	61.21	0.41	8.18	10.53	0.43	0.78	49.67	25.31	49.83	9.33	38.44	164.37	159808.38	51654	8110.53
103	860	002399	海普瑞	61.16	0.72	6.73	6.63	0.21	0.35	27.74	14.03	17.02	5.27	33.37	126.59	1216848.86	229230	56807.8
104	867	600664	哈药股份	61.10	0.3	5.29	7.56	1.06	1.68	45.64	96.03	-3.95	-14.68	48.24	101.76	1376600.87	1585620.78	61447.92
105	883	600056	中国医药	60.86	0.61	6.75	12.48	1.36	1.67	62.63	11.02	15.19	10.17	-4.64	95.44	1615828.76	2057022.6	71876.7

续表

	全部上市公司排名	股票代码	股票简称	综合得分（100分）	每股收益（元）	总资产报酬率（%）	净资产收益率（%）	总资产周转率（次）	流动资产周转率（次）	资产负债率（%）	获利倍数	营业收入增长率（%）	资本扩张率（%）	市场投资回报率（%）	股价波动率（%）	年末资产总额（万元）	营业收入（万元）	净利润（万元）
106	896	603368	柳州医药	60.70	1.85	7.54	17.85	1.62	1.77	68.39	8.65	15.07	15.91	97.64	173.49	430498.41	650765.95	22624.11
107	907	300147	香雪制药	60.51	0.28	6.5	7.44	0.36	0.87	23.78	5.31	−3.9	89.5	61.48	176.35	465200.22	146460.48	20164.63
108	923	300016	北陆药业	60.33	0.11	5.29	3.87	0.5	1.03	11.18	13.64	11.69	39.96	149.45	250.82	105002.04	49143.1	3091.61
109	924	002030	达安基因	60.33	0.15	6.96	8.25	0.64	0.89	36.23	6.56	35.74	112.07	148.64	191.74	304173.62	147433.91	11775.26
110	932	300122	智飞生物	60.21	0.25	8.63	8.01	0.26	0.48	7.92	113.97	−11.01	0.47	78.85	164.07	268163.08	71273.81	19740.19
111	933	002589	瑞康医药	60.21	0.44	5.59	9.3	1.34	1.56	61.58	4.61	25.23	86.51	125.94	212.56	886169.38	974995.79	24313.37
112	947	000591	太阳能	60.04	0.65	8	14.73	0.28	0.97	72.65	2.02	−23.55	1201.63	59.29	198.31	2273721.37	363028.06	49317.27
113	959	002370	亚太药业	59.84	0.27	4.77	7.33	0.32	0.69	61.52	20.39	23.31	6.13	124.03	161.08	206094.91	46314.55	5648.9
114	973	600385	山东金泰	59.68	0.04	3.25	7.51	2.79	3.02	70.14	0	−68.51	23.77	114.41	199.18	22668.36	63875.72	459.23
115	985	002393	力生制药	59.53	0.63	4.26	3.89	0.23	0.52	12.89	22.1	0.14	2.06	47.09	115.61	340944.71	77478.22	11421.65
116	1027	300181	佐力药业	58.97	0.15	7.73	8.12	0.44	0.81	22.42	9.99	30.28	64.68	52.07	182.6	185054.66	67085.71	9363.64
117	1039	002422	科伦药业	58.81	0.45	5.36	4.9	0.35	0.87	50.57	2.38	−3.24	1.76	21.29	94.51	2258334.73	776334	54188.94
118	1055	002332	仙琚制药	58.53	0.2	6.12	6.19	0.79	1.42	37.41	3.02	0.39	75.3	42.99	199.02	343894.32	248024.62	10460.19
119	1056	002644	佛慈制药	58.52	0.09	4.16	4.36	0.27	0.41	9.45	50.77	−17.91	67.79	101.98	223.98	136241.85	32758.45	4294.76
120	1078	600587	新华医疗	58.26	0.69	6.82	9.77	0.84	1.39	59.61	4.6	20.23	14.88	11.58	161.84	982307.31	755444.43	36237.98
121	1097	600998	九州通	58.07	0.43	5.3	7.85	1.75	2.11	69.78	2.75	20.75	21.74	15.42	138	3258496.61	4958924.63	70386.98
122	1103	002390	信邦制药	58.03	0.14	6.03	6.57	0.71	1.17	58.97	2.82	68.8	8.59	83.77	217.79	650489.36	417975.61	16840.91
123	1110	300363	博腾股份	57.86	0.27	7.55	10.29	0.48	1.29	50.43	5.7	3.44	34.89	62.4	178.63	237940.13	102120.92	10563.45
124	1141	300246	宝莱特	57.53	0.16	6.04	6.59	0.69	1.04	20.63	1823.54	31.67	7.69	80.25	255.69	58064.7	38050.55	2929.17
125	1143	002626	金达威	57.45	0.2	6.53	7.43	0.55	1.09	44.44	13.41	43.61	8.42	63.29	139.17	277315.27	120380.91	10998.47
126	1147	600594	益佰制药	57.38	0.24	5.02	5.46	0.6	1.25	35.83	5.46	4.61	4.18	18.87	159.74	558757.9	330251.92	19199.48
127	1152	002001	新和成	57.35	0.37	5.52	5.54	0.41	0.74	27.47	13.35	−8.2	0.54	13.34	120.84	972426.15	382254.3	38983.59
128	1167	300239	东宝生物	57.17	0.03	2.38	1.12	0.45	0.75	9.42	1.9	16.28	107.47	66.37	186.86	78004.33	29191.61	588.96
129	1173	000403	ST 生化	57.08	0.28	10.05	13.58	0.41	1.33	58.47	3.95	2.2	14.57	62.55	106.14	126530.92	50026.93	6684
130	1192	000756	新华制药	56.91	0.18	4.61	4.83	0.82	2.31	55.83	2.41	0.2	3.78	66.86	146.56	449212.24	359703.32	9400.88
131	1195	600829	人民同泰	56.88	0.24	6.54	7.41	2.37	3.14	66.37	15.09	412.38	−33.89	40.52	167.83	423251.01	890931.53	13254.28

续表

	全部上市公司排名	股票代码	股票简称	综合得分（100分）	每股收益（元）	总资产报酬率（%）	净资产收益率（%）	总资产周转率（次）	流动资产周转率（次）	资产负债率（%）	获利倍数	营业收入增长率（%）	资本扩张率（%）	市场投资回报率（%）	股价波动率（%）	年末资产总额（万元）	营业收入（万元）	净利润（万元）
132	1241	002198	嘉应制药	56.13	0.13	7.74	7.4	0.46	1.59	11.29	33.48	−15.91	7.69	17.27	177.68	104799.74	47580.5	6635.49
133	1246	300206	理邦仪器	56.06	0.44	7.42	8.49	0.39	0.57	16.28	31.66	5.23	4.61	75.33	230.53	145255.77	55013.64	10100.05
134	1256	002166	莱茵生物	55.93	0.17	5.28	14.55	0.29	0.44	60.79	12.12	−19.31	232.89	101.34	180.13	202992.74	51447.12	7529.03
135	1258	002365	永安药业	55.92	0.09	1.75	1.54	0.47	1.13	6.94	0	−15.57	1.05	79.85	173.54	120298.85	55589.37	1718.26
136	1264	300158	振东制药	55.85	0.22	3.04	2.76	0.65	1.5	50.12	2.88	17.85	3.06	53.03	80.91	407045.38	226209.31	5516.59
137	1288	300194	福安药业	55.45	0.24	3.87	3.41	0.33	0.63	13.83	11.91	57.86	25.11	−6.48	164.22	247908.64	70809.6	6555.62
138	1334	002349	精华制药	54.87	0.3	4.56	4.34	0.36	0.69	10.86	28.91	35.06	45.56	74.78	201.99	250608.54	78033.4	8184.2
139	1351	000990	诚志股份	54.66	0.31	5.44	5.95	0.91	1.66	46.78	4.19	0.79	11.99	51.78	116.99	492835.56	404245.37	14772.23
140	1370	600833	第一医药	54.52	0.18	4.72	5.74	1.29	2.51	36.34	0	5.39	20.3	57.12	196.07	123013.47	149095.98	4116.85
141	1374	600796	钱江生化	54.37	0.09	4.7	5.52	0.44	0.89	44.38	4.41	19.07	5.3	83.32	197.43	107319.11	47402.01	3214.12
142	1412	600080	金花股份	53.65	0.08	2.54	2.49	0.58	1.58	16.86	0	2.43	2.52	46.36	168.59	125809.17	73014.45	2575.68
143	1419	600055	华润万东	53.54	0.19	5.12	6.14	0.64	1.13	46.54	4.21	10.59	4.85	117.78	233.19	133030.81	81821.81	4265.89
144	1429	300261	雅本化学	53.39	0.16	6.37	8.54	0.43	1.24	52.11	4.57	19.21	6.7	50.69	186.11	157876.36	62715.1	6254.42
145	1456	000004	国农科技	52.98	0.01	3	4.28	0.33	0.41	59.04	47.43	49.43	3.76	179.36	213.44	39867.35	12045.44	685.72
146	1493	000590	启迪古汉	52.48	0.1	5.97	11.48	0.5	1.19	64.97	8.43	45.09	11.78	62.86	162.24	58743.46	29471.96	2237.23
147	1496	000739	普洛药业	52.45	0.18	5.99	8.82	0.83	1.81	55.2	4.74	2.48	4.81	5.9	134.11	539493.87	433794.12	20823.03
148	1524	300254	仟源医药	52.07	0.14	3.82	3.43	0.55	1.59	33.32	5.19	4.63	5.99	55.55	189.26	130843.06	68393.49	2905.48
149	1535	002433	太安堂	51.84	0.26	4.54	4.72	0.46	0.71	23.15	18.21	93.19	19.48	25.07	138.33	586885.84	237164.78	19557.83
150	1536	300030	阳普医疗	51.82	0.13	4.9	4.82	0.44	1.03	35.35	5.77	18.09	18.98	52.34	181.76	143934.08	54534.89	4128.22
151	1569	600216	浙江医药	51.31	0.17	2.68	2.4	0.56	1.33	19.81	9.29	−6.95	0.81	11.53	123.82	824881.36	449666.24	15822.31
152	1578	000411	英特集团	51.23	0.33	5.88	10.68	2.73	3.04	75.26	2.81	9.9	10.89	24.42	144.04	612497.38	1546643.69	15390.24
153	1608	300255	常山药业	50.85	0.33	9.98	10.45	0.42	0.69	32.52	6.82	12.91	10.11	29.24	237.51	232827.14	91598.72	15667.39
154	1612	600781	辅仁药业	50.82	0.16	4.97	8.27	0.41	1.35	64.33	3.97	6.27	11.95	10.37	145.83	117944.64	46205.98	3291.43
155	1620	600488	天药股份	50.61	0.08	3.5	3.25	0.47	0.98	19.27	6.19	1.14	2.23	24.05	156.22	303317.9	140471.99	7880.76
156	1631	600161	天坛生物	50.43	0.02	5.52	5.19	0.28	0.84	60.29	2.6	−11.42	0.84	24.85	155.86	563192.64	161798.6	11558.15
157	1636	002693	双成药业	50.36	0.13	6.28	5.79	0.19	0.42	40.16	4.88	43.28	3.81	64.67	175.58	155016.09	23097.04	5267.91

续表

	全部上市公司排名	股票代码	股票简称	综合得分(100分)	每股收益(元)	总资产报酬率(%)	净资产收益率(%)	总资产周转率(次)	流动资产周转率(次)	资产负债率(%)	获利倍数	营业收入增长率(%)	资本扩张率(%)	市场投资回报率(%)	股价波动率(%)	年末资产总额(万元)	营业收入(万元)	净利润(万元)
158	1641	300216	千山药机	50.28	0.17	5.85	6.23	0.24	0.38	63.31	2.63	−7.69	7.58	138.5	201.45	287030.41	54587.58	6328.34
159	1660	600789	鲁抗医药	49.94	0.01	1.9	0.44	0.59	1.3	52.58	1.28	4.25	26.66	76.38	193.73	401827.18	241028.77	756.95
160	1681	000705	浙江震元	49.68	0.11	2.3	2.96	1.16	1.9	34.03	298.74	3.95	4.59	84.84	200.97	193819.19	216350.55	3706.73
161	1695	300086	康芝药业	49.50	0.15	4.35	3.67	0.2	0.3	11.88	101.34	0.3	2.05	96.54	264.4	208986.48	40975.73	6698.89
162	1709	600771	广誉远	49.22	0.01	3.39	2.27	0.56	0.69	30.88	5.91	20.97	760.64	34.26	204.6	106643.64	42843.61	932.7
163	1716	000952	广济药业	49.04	0.08	3.39	3.61	0.35	1.23	68.29	1.51	15.33	1.66	118.63	189.61	162072.09	56035.55	1841.57
164	1720	300318	博晖创新	48.99	0.03	1.03	1.54	0.19	0.55	38.01	219.67	166.26	76.62	184.51	272.24	207019.71	26884.6	1548.06
165	1736	600713	南京医药	48.66	0.18	4.2	7.52	2.07	2.32	78.67	2.17	12.4	10.23	47.33	184.07	1259478.8	2481308.73	19268.68
166	1739	300401	花园生物	48.64	0.07	1.53	1.7	0.2	0.42	9.62	0	−4.8	0.42	66.24	170.97	78783.76	15122.11	1207.47
167	1828	300273	和佳股份	46.91	0.14	5.14	5.9	0.26	0.49	35.48	6.03	−14.93	94.07	13.89	160.37	372983.81	79104.64	10763.26
168	1852	300006	莱美药业	46.43	0.1	2.91	1.51	0.36	0.84	45.54	1.47	5.72	66.17	38.99	225.5	310276.35	96397.52	2039.74
169	1887	600812	华北制药	45.57	0.04	2.23	0.97	0.5	1.27	67.06	1.26	−15.94	0.45	35.37	145.9	1599723.01	790250.23	5085.07
170	1952	000153	丰原药业	43.72	0.1	3.26	2.7	0.68	1.64	48.63	2.32	−8.51	3.25	−14.7	143.47	230528.07	155429.45	3146.78
171	1953	600267	海正药业	43.67	0.01	2.47	1.54	0.48	1.27	57.42	1.87	−13.17	−1.2	−6.58	167.56	1917442.63	876742.81	12630.07
172	1962	300110	华仁药业	43.52	0.03	3.09	1.52	0.41	1	47.61	1.41	20.63	−2.69	89.8	254.07	274876.69	110589.6	2217.66
173	1964	600222	太龙药业	43.51	0.01	2.31	0.33	0.41	0.73	43.2	0.89	−18.88	26.41	32.2	209.21	263955.83	101738.08	440.57
174	1981	600252	中恒集团	43.05	0.15	9.81	9.57	0.19	0.35	19.17	15.47	−58.22	−16.27	37.75	134.36	613009.71	134308.51	52005.95
175	2088	002118	紫鑫药业	39.79	0.08	4.04	1.96	0.14	0.19	59.68	1.32	−18.36	0.99	54.2	144.01	499810.7	63326	3923.21
176	2092	000766	通化金马	39.56	0.01	0.29	0.47	0.07	0.33	45.94	3.72	−5.21	240.62	152.94	233.05	415568.71	19755.87	686.31
177	2156	600530	交大昂立	37.47	0.32	5.58	4.51	0.09	0.58	27.03	11.92	−25.44	−11.55	81.62	204.23	268803.71	25174.62	9422.68
178	2170	002566	益盛药业	36.96	0.03	2.14	0.6	0.32	0.39	33.74	1.39	4.02	−0.34	23.39	120.73	263372.56	81959.81	1051.45
179	2172	600129	太极集团	36.69	0.54	5.73	15.86	0.7	1.19	86.96	2.72	2.97	−18.26	25.61	212.53	1002996.08	716463.3	23055.13
180	2229	000788	北大医药	32.78	0.04	2.67	1.04	0.52	0.79	63.81	1.49	−11.26	−0.26	4.88	146.07	312386.26	201072.64	1172.31
181	2316	000606	*ST 明胶	27.65	−0.34	−10.52	−18.98	0.23	0.67	30.66	−6.02	−25.05	−18.76	177.18	209.89	101341.21	26890.28	−14879.6
182	2326	000518	四环生物	26.97	−0.07	−10.83	−16.97	0.29	0.6	27.06	−15.31	−1.4	−15.65	31.01	81.95	83452.77	23784.38	−11290.34
183	2333	300142	沃森生物	26.66	−0.6	−11.97	−29.66	0.16	0.44	51.68	−4.78	39.92	−5.86	100.41	213.96	625784.06	100602.7	−92465.28

续表

	全部上市公司排名	股票代码	股票简称	综合得分（100分）	每股收益（元）	总资产报酬率（%）	净资产收益率（%）	总资产周转率（次）	流动资产周转率（次）	资产负债率（%）	获利倍数	营业收入增长率（%）	资本扩张率（%）	市场投资回报率（%）	股价波动率（%）	年末资产总额（万元）	营业收入（万元）	净利润（万元）
184	2346	000790	华神集团	26.02	−0.09	−2.04	−6.15	0.47	0.76	36.99	−2.21	−12.29	−7.74	83.24	172.07	92584.7	46331.19	−3740.8
185	2428	002432	九安医疗	20.79	−0.41	−16.6	−22.05	0.44	0.67	25.73	−83.84	−6.49	−19.74	6.53	203.23	81986.72	39785.8	−15076.13
186	2464	000597	东北制药	18.20	−0.81	−2.52	−15.19	0.44	0.95	72.38	−1.15	−11.51	−13.04	0.22	166.24	869263.43	383443.2	−39215.01
187	2488	600671	天目药业	16.55	−0.18	−5.07	−30.39	0.33	0.83	77.62	−2.09	−36.28	−26.38	63.59	134.79	28038.22	9476.58	−2249.19
188		600466	蓝光发展	79.84	0.4	6.36	15.97	0.62	0.71	79.82	5.8	4309.37	1797.38	84.9	161.41	5624392.99	1759836.12	95424.2
189		002773	康弘药业	78.94	0.93	18.86	19.19	0.86	1.25	12.97	3580.48	23.88	56.66	73.07	129.97	290119.01	207435.21	39698.65
190		300436	广生堂	78.34	0.92	29.44	30.62	0.75	1.12	13.57	0	21.4	230.97	73.07	170.84	60069.98	30892.34	10349.46
191		300482	万孚生物	76.3	1.63	23.86	24.72	0.71	1.07	12.26	0	17.35	123.54	73.07	154.59	79856.88	42877.98	12535.15
192		300452	山河药辅	75.58	1.07	14.3	16.39	0.71	1.25	20.71	0	8.16	104.97	73.07	197	45806.22	25891.92	4427.3
193		300485	赛升药业	74.64	1.99	18.27	16.54	0.46	0.55	3.19	0	2.93	191.17	73.07	159	194481.03	60713.83	20922.87
194		603309	维力医疗	74.21	0.48	14.38	15.9	0.78	1.33	11.63	172.43	10.57	110.34	73.07	141.45	88107.96	54887.11	9132.29
195		300439	美康生物	74.17	0.52	18.75	18.73	0.66	0.87	11.01	81.8	14.27	210.13	73.07	167	144679.16	68314.12	15946.22
196		603669	灵康药业	73.28	0.64	19.06	20.04	0.58	0.98	16.67	37.98	−4.47	199.23	73.07	96.1	134350.67	55064.49	14969.43
197		002750	龙津药业	71.5	0.32	12.88	13.96	0.32	0.66	14.23	169.94	−3.19	109.9	73.07	161.54	69885.88	18142.82	6176.28
198		300453	三鑫医疗	71.39	0.73	12.7	13.27	0.64	1.29	10.2	43.09	−3.21	112.52	73.07	172.84	59227.81	31184.82	5187.64
199		300497	富祥股份	70.42	1.73	14.96	21.29	0.71	1.25	40.95	10.93	13.51	110.48	73.07	26.64	100965.86	57974.31	9360.18
200		300463	迈克生物	69.63	1.47	17.36	17.97	0.59	0.82	15.67	34.24	13.94	152.57	73.07	111.02	237218.1	106516.9	25096.25
201		600666	奥瑞德	68.16	0.5	10.01	23.79	0.29	0.72	63.58	11.27	−17.9	433.76	264.67	240.41	582651.5	115083.69	29966.51
202		603883	老百姓	67.25	0.98	11.57	16.45	1.44	2.27	39.69	45.65	15.87	111.12	73.07	153.81	380057.73	456848.29	27773.31
203		603567	珍宝岛	66.93	1.45	15.57	18.84	0.43	0.67	33.08	14.93	30.14	83.26	73.07	155.53	594967.49	207305.99	57976.7
204		603939	益丰药房	65.75	0.57	12.99	17.69	1.54	2.16	41.75	0	27.59	138.25	73.07	177.82	243668.97	284551.59	17823.74
205		603222	济民制药	63.81	0.34	8.27	8.67	0.61	1.05	11.02	131.99	−8.13	70.08	73.07	204.91	84401.4	44859.56	5171.11
206		002675	东诚药业	63.5	0.49	7.14	6.52	0.4	0.77	12.24	22.67	5.84	88.8	132.28	222.55	254791.48	79491.58	11154.02
207		002758	华通医药	60.53	0.94	7.72	11.6	1.44	1.91	43.53	13.66	6.65	89.95	73.07	170.69	93901.65	121993.56	4695.07
208		603108	润达医疗	57.86	1.09	11.52	13.16	1.17	1.62	45.18	4.69	19.89	95.23	73.07	132.66	169381.56	162864.19	9242.55
209		300404	博济医药	57.76	0.2	7.14	7.88	0.3	0.4	16.82	0	−11.99	98.04	73.07	224.48	52015.19	12662.6	2566.38

第十六章　农林牧渔行业

国家统计局的数据显示，2015 年全国粮食总产量达 62143.5 万吨。这是自 2004 年以来全国粮食连续第十二年获得丰收，也是自 2013 年全国粮食产量历史上首次突破 12000 亿斤后，连续第三年突破 12000 亿斤大关。这标志着我国粮食综合生产能力实现了质的飞跃。

2015 年党中央始终坚持把解决好“三农”问题作为全党工作的重中之重，提出了关于“三农”发展的新理念新思想新战略，出台了一系列强农惠农富农政策，农业稳定增长，为经济社会持续稳定健康发展奠定了坚实的基础，提供了强大支撑。2016 年随着我国农业改革的继续推进和中央多项政策的实施，农业现代化将进一步推进，农业的规模化经营将进一步发展，农业的信息化水平将进一步提高，我国农林牧渔行业将迎来更快的发展。

一、2015 年农林牧渔行业上市公司业绩评价结果

截至 2015 年末，农林牧渔行业 A 股上市公司共计 84 家，其中盈利 68 家，亏损 16 家，80.95% 的公司实现盈利，比 2014 年增加了 0.70%；农林牧渔行业上市公司总资产共计 3648.86 亿元，占上市公司总资产的 0.92%。2015 年全国 2759 家上市公司共计完成营业收入 237486.36 亿元，84 家农林牧渔行业上市公司完成营业收入 3428.40 亿元，占上市公司全部营业收入的 1.44%；全部上市公司共计实现净利润 10607.50 亿元，农林牧渔行业上市公司实现净利润 143.97 亿元，占上市公司全部实现净利润的 1.36%。

2015 年农林牧渔行业整体评价结果为 BB，行业业绩综合得分 68.11 分，高于全部上市公司的 61.68 分，84 家农林牧渔行业上市公司（在业绩排名时，剔除了其中 6 家当年上市或借壳上市的公司）中有海大集团、生物股份两家进入 2015 年上市公司业绩评价综合得分的百强名单。业绩评价综合得分超过 70 分的有七家，海大集团、生物股份、新希望、福成股份、登海种业、牧原股份、康达尔，得分分别为 76.31、74.34、73.97、72.83、72.22、72.01 和 71.31，在全部上市公司中排名分别为第 62 位、第 99 位、第 109 位、第 147 位、第 172 位、第 179 位和第 211 位；全行业 60 分至 70 分的有 17 家；60 分以下的有 54 家。

表 16－1　2015 年度农林牧渔行业中联十强排行榜

名次	股票代码	股票简称	业绩得分	在全部上市公司中排名
1	002311	海大集团	76.31	62
2	600201	生物股份	74.34	99
3	000876	新希望	73.97	109
4	600965	福成股份	72.83	147
5	002041	登海种业	72.22	172
6	002714	牧原股份	72.01	179
7	000048	康达尔	71.31	211
8	002548	金新农	69.46	294
9	002385	大北农	68.94	328
10	002157	正邦科技	68.61	348

基于对农林牧渔行业上市公司的整体评价，下面分别从财务效益状况、资产质量状况、偿债风险状况、发展能力状况、市场表现状况五个方面对农林牧渔行业上市公司进行具体分析。

（一）财务效益状况

从综合得分来看，2015 年农林牧渔行业上市公司财务效益状况平均得分为 21.21 分，低于上市公司平均得分 22.12 分。

表 16－2　农林牧渔行业财务效益状况比较表

分析指标		2015 年上市公司平均值	2015 年行业值	2014 年行业值	增长率 (%)
基本指标	扣除非经常性损益净资产收益率 (%)	5.61	5.49	3.32	65.36
	总资产报酬率 (%)	5.11	6.20	4.77	29.98
	得分	20.79	21.58	17.50	23.31
修正指标	营业利润率 (%)	5.06	3.81	2.56	48.83
	盈利现金保障倍数	2.2	2.02	1.48	36.49
	股本收益率 (%)	30.96	24.49	16.27	50.52
综合得分		22.12	21.21	17.80	19.16

表 16-2 列示了 2015 年农林牧渔行业上市公司财务效益状况评价结果。在农林牧渔行业上市公司的财务效益状况指标中，温氏股份财务效益排名第一。温氏股份 2015 年实现营业收入 482.37 亿元，比 2014 年增长 26.8%；实现营业利润 67.21 亿元，比上年增长 143.8%，归属母公司所有者的净利润 20.20 亿元，比上年增加 130.77%；2015 年，公司资产规模同比增长 18.24%，现金流情况保持稳健，比 2014 年期末现金净增加 0.26 亿元。

2015 年农林牧渔行业上市公司总体上财务效益状况有较大幅度增长，扣除非经常性损益净资产收益率和股本收益率增长超过了 50%，其他也都增长超过 20%。2015 年畜禽价格上涨带动了养殖板块，尤其是生猪养殖板块，养殖板块的增长带动了饲料、疫苗等后周期行业的复苏，天康养殖的利润贡献和生物股份等市场苗销量的提升推动动物疫苗板块业绩上扬，因此 2015 年农林牧渔行业财务效益状况得到较大改善。

表 16－3　2015 年度农林牧渔行业财务效益中联五强排行榜

名次	股票代码	股票简称	财务效益得分
1	300498	温氏股份	32.38
2	000876	新希望	28.98
3	002714	牧原股份	27.79
4	002041	登海种业	27.44
5	600201	生物股份	26.85

（二）资产质量状况

从综合得分来看，农林牧渔行业上市公司资产质量状况平均得分为 15 分，高于上市公司平均得分 9.17 分。

表 16－4　　农林牧渔行业资产质量状况比较表

分析指标		2015 年上市公司平均值	2015 年行业值	2014 年行业值	增长率（%）
基本指标	总资产周转率（次）	0.64	1.00	1.03	–2.91
	流动资产周转率（次）	1.30	2.12	2.06	2.91
	得分	9.44	13.09	12.33	6.16
修正指标	应收账款周转率（次）	8.25	22.08	20.95	5.39
	存货周转率（次）	2.74	4.74	4.32	9.72
综合得分		9.17	15	15	—

与 2014 年比较可知，2015 年农林牧渔行业上市公司总体上资产质量有所上升，农林牧渔行业上市公司 2015 年平均存货周转率 4.74 次，比 2014 年增加 9.72%，涨幅最大。

表 16-4 列示了农林牧渔行业上市公司资产质量状况评价结果。在农林牧渔行业上市公司资产质量状况指标中，温氏股份、新希望、海大集团、通威股份、唐人神、农发种业、仙坛股份、大康牧业、东陵国际、圣农发展和益生股份 11 家得分均为满分 15 分。企业在运营中保持了较高的应收账款周转率，温氏股份、新希望、唐人神和东陵国际 2015 年应收账款周转率分别为 403.46、149.82、129.14 和 203.75，大大高于行业平均水平 42.09，主要原因为农产品是人们生活的必需品，农产品的消费频率较高，农产品含水量高、保鲜期短、易腐败变质，其流通环节相对于其他行业较少，加上近年来农产品直销模式的推广，减少了传统批发中的诸多中间环节，缩短了流通时间，因此 2015 年该行业继续保持了较高的应收账款周转率并且有所提高。

表 16－5　2015 年度农林牧渔行业资产质量中联五强排行榜

名次	股票代码	股票简称	资产质量得分
1	300498	温氏股份	15
2	000876	新希望	15
3	002311	海大集团	15
4	600438	通威股份	15
5	002567	唐人神	15

（三）偿债风险状况

从综合得分来看，2015 年农林牧渔行业上市公司偿债风险状况平均得分为 11.07 分，高于上市公司平均得分 8.89 分。

表 16-6 列示了农林牧渔行业上市公司偿债风险状况评价结果。在农林牧渔行业上市公司偿债风险状况指标中，普莱柯、量子高科和香梨股份并列排名第一，得分为 14.99 分，其资产负债率分别为 11.07%、4.26% 和 7.46%，低于上市公司及行业平均；速动比率分别为 637.01%、1452.12% 和 894.37%，远远高于上市公司及行业平均。

与 2014 年相比较，2015 年农林牧渔行业上市公司偿债风险状况平均得分上升 35.33%，其中现金流动负债比率涨幅最大，达到 133.73%，速动比率也有所增加，涨幅 13.67%。

表 16－6　农林牧渔行业偿债风险状况比较表

分析指标		2015 年上市公司平均值	2015 年行业值	2014 年行业值	增长率（%）
基本指标	资产负债率 (%)	60.36	41.30	46.8	–11.75
	获利倍数	3.74	4.33	3.3	31.21
	得分	8.95	10.06	9.26	8.64
修正指标	速动比率 (%)	73.47	88.40	77.77	13.67
	现金流动负债比率 (%)	13.88	23.49	10.05	133.73
	带息负债比率（%）	51.38	58.44	60.37	–3.20
综合得分		8.89	11.07	8.18	35.33

表 16－7　2015 年度农林牧渔行业偿债风险中联五强排行榜

名次	股票代码	股票简称	偿债风险得分
1	603566	普莱柯	14.99
2	300149	量子高科	14.99
3	600506	香梨股份	14.99
4	002041	登海种业	14.93
5	600201	生物股份	14.85

（四）发展能力状况

从综合得分来看，2015 年农林牧渔行业上市公司发展能力状况平均得分为 12.83 分，比 2014 年有所提高，且高于 2015 年上市公司的平均得分 12.24 分。

表 16-8 列示了农林牧渔行业上市公司发展能力状况评价结果。在农林牧渔行业上市公司发展能力状况指标中，温氏股份排名第一，得分为 18.40 分，主要原因是温氏股份实施了“公司＋农户”的生产模式，形成了产、供、销一体化产业链，实现了农业领域的规模经济效益，2015 年 11 月 2 日，公司在深交所成功挂牌上市，目前已在全国 23 个省（市、自治区）建成 170 多家一体化公司，成为全国规模最大的种猪育种和肉猪生产企业。

表 16－8　农林牧渔行业发展能力状况比较表

分析指标		2015 年上市公司平均值	2015 年行业值	2014 年行业值	增长率（%）
基本指标	营业收入增长率 (%)	–1.98	2.7	1.94	39.18
	资本扩张率 (%)	16.96	22.18	15.01	47.77
	得分	12.26	13.17	12.06	9.20
修正指标	累计保留盈余率 (%)	42.27	29.42	28.9	1.80
	三年营业收入增长率 (%)	3.77	4.03	6.22	–35.21
	总资产增长率 (%)	15.69	13.34	10.36	28.76
	营业利润增长率 (%)	12.37	33.65	16.23	107.33
综合得分		12.24	12.83	11.93	7.54

2015 年农林牧渔行业上市公司营业利润增长率从 2014 年的 16.23% 升至 33.65%，营业利润实现超大幅增长，主要原因是我国农村改革的推进和规模化经营主体的进一步发展，物联网、云计算、大数据、移动互联等现代信息技术推动农业技术水平的进一步提高，加上农业信息化和互联网的蓬勃发展，2015 年农林牧渔行业上市公司业绩成长较快，预计未来在国家政策的利好下，农林牧渔行业将继续保持良好的发展势头。

表 16－9　2015 年度农林牧渔行业发展能力中联五强排行榜

名次	股票代码	股票简称	发展能力得分
1	300498	温氏股份	18.40
2	002714	牧原股份	17.02
3	002477	雏鹰农牧	16.82
4	000663	永安林业	15.58
5	002772	众兴菌业	15.00

（五）市场表现状况

2015 年，受我国货币政策持续宽松、改革预期和融资杠杆资金的影响，上证指数在前半年里表现抢眼，而农林牧渔指数也随着大幅上升。下半年里，由于过快上涨之后出现回调、降杠杆的影响和股民信心受挫，我国资本市场开始降温，大盘指数和农林牧渔指数都同步下跌，到 2015 年底，大盘指数和农林牧渔指数下降到 3000 点左右。具体情况见图 16-1。

图 16－1　农林牧渔指数与大盘指数波动

从综合得分来看，农林牧渔行业上市公司市场表现状况平均得分为 9.72 分，高于全国上市公司 9.26 分的平均水平。

表 16－10　农林牧渔行业公司市场表现状况比较表

分析指标	2015 年上市公司平均值	2015 年行业值	2014 年行业值	增长率（%）
市场投资回报率（%）	74.18	81.76	25.35	222.52
股价波动率 (%)	182.00	178.09	113.8	56.49
得分	9.26	9.72	7.99	21.65

2015 年上市公司市场投资回报率为 66.19%，远高于 2014 年 44.68% 的回报率。2015 年，农林牧渔行业在资本市场的发展较为迅速，全行业有 38 家公司的市场投资回报率高于全国上市公司平均水平，其中最高的为益生股份 246.8%。

表 16-10 列示了农林牧渔行业上市公司市场表现状况评价结果。在农林牧渔行业上市公司市场表现状况指标中，星河生物名列第一，得分为 12.85 分。

表 16 – 11　2015 年度农林牧渔行业市场表现中联五强排行榜

名次	股票代码	股票简称	市场表现得分
1	300143	星河生物	12.85
2	600265	*ST 景谷	12.50
3	002124	天邦股份	12.36
4	002086	东方海洋	12.18
5	600191	华资实业	12.04

二、2015 年度农林牧渔行业业绩影响因素分析

（一）国家政策支持为农业稳定发展提供了良好的保障

农业是国家的基础产业，也是关联群体最多的产业。2015 年，国家以推动农村改革与发展为主线，相继出台了一系列重要政策和文件，为推动我国农业的稳定健康发展提供了强大的助力。

2015 年 2 月 1 日，国家出台了中央一号文件《关于加大改革创新力度加快农业现代化建设的若干意见》，再次聚焦了“农业现代化”，并强调规模化的、高标准化的新型农业经营主体是农业未来的发展方向。为进一步促进规模化经营的发展，国家调整了“三项补贴”政策，加大了对粮食适度规模经营的支持力度，出台了耕地抵押和促进土地流转的政策，多次对农业发展银行额外降准，加低息杠杆。受政策影响，规模化生产经营企业普遍受益。2015 年，农发种业积极推进内部资源向核心主业集中，向产业链的关键环节集中，形成主业发展的规模优势，实现营业收入增长 23.69%，营业利润增长 22.54%；温氏股份作为我国规模化的种猪育种和肉猪生产基地，2015 年实现营业收入同比增长 41.06%；牧原股份作为一家大规模现代化养殖企业，2015 年实现营业收入 300347.47 万元，同比增长 15.31%。2015 年，国家加大了对农村互联网的投入。2015 年 5 月 8 日，国务院出台“电商国八条”，中央财政拿出 20 亿元专项资金用于农村电商基础设施建设，加强互联网与农业的融合发展，7 月 4 日，国务院就积极推进“互联网 +”行动明确了“互联网 +”现代农业等 11 项重点任务。受国家互联网政策趋势影响，新希望打造养猪服务公司 + 和创科技为依托的线上数据挖掘 + 线下实地服务模式，并积极探索以 O2O 模式重构消费端，2015 年实现营业利润 314225.35 万元，同比增长 8.7%；史丹利以现有经营管理系统为基础初步建立起面向经销商及种植大户的封闭电商平台，2015 年实现营业收入同比增长 24.53%，营业利润同比增长 23.19%；以销售杀菌剂和除草剂为主的辉丰股份，积极推进电子商务平台建设，并推出“农一网”以促进销售模式创新，2015 年杀菌剂收入增加 11.76%，除草剂收入增加 10.55%。

（二）受市场价格、供需变化、国际贸易等多重因素影响，行业内各公司业绩增长情况有所分化

从农林牧渔整个行业来看，2015 年该行业的市场状况表现较好，除了资产质量得分与去年相同外，其他指标都优于去年。与 2015 年所有行业上市公司相比，该行业表现仍较好，除财务效益方面，在综合得分、资产质量、偿债风险、发展能力和市场表现上都优于上市公司平均值。因此，从整体看，2015 年该行业取得了良好的发展，但受政府收储、补贴、制度改革等政策、行业周期、进出口变化、宏观经济放缓等因

素的影响，行业内各公司的业绩增长情况有所分化。

农业方面，受价格增长、市场供需结构变化、农业科技水平提升、行业周期等多方面因素影响，2015 年整体表现良好。农业主要产品方面，玉米价格大幅下降，由年初 1.12 元 / 斤下降到 0.98 元 / 斤；小麦价格有所下降，由 1.21 元 / 斤下降到 1.14 元 / 斤；稻谷价格基本没变，保持在 1.41 元 / 斤左右；大豆的价格有所下降，由 2.19 元 / 斤下降到 2.06 元 / 斤；棉花价格有所下降，由 6.67 元 / 斤下降到 6.81 元 / 斤；另外，蔬菜的价格有所上升，比去年上升了 3.6% ；糖料的价格上升了 7.5%。上市公司业绩方面，各公司业绩有所分化，2015 年，众兴菌业业绩状况较好，实现营业收入 47952.02 万元，同比增长 25.04%，实现营业利润 10442.20 万元，同比增长 4.07%。这一方面是由于餐饮业快速发展和居民收入水平提高带动了食用菌需求量的上升，另一方面是公司通过生产基地的合理布局和技术创新建立了自己的成本优势；2015 年登海种业财务状况良好，全年完成营业总收入 153077.84 万元，较上年度增长 3.43 % ；归属于上市公司股东的净利润 39107.11 万元，较上年度增长 2.81%。业绩增长的主要原因在于公司的技术创新，2015 年玉米种子业务收入占营业总收入的绝大部分，其中公司研发的登海 605 销售超过千万亩，并保持增长势头，公司研发的登海先锋玉米种子业务收入较上年度稳中有增。2015 年新农开发财务状况较差，营业收入同比下降 5.46%，净利润同比下降 33.94%。公司业绩下滑主要是因为：随着区域经济结构的调整，农业种植品种发生变化，种棉积极性的下滑，导致公司种业发展面临较大压力；纤维素纤维原料与制造业自身供大于求的态势显著，化纤市场整体处于下行通道，主要品种市场价格快速下跌。

林业方面，受房地产市场回暖导致的需求量增加、林权制度改革等因素影响，整体呈上升趋势，但增长有限。2015 年林业产品价格下降了 5.3%，其中木材价格下降了 5.8%，竹材价格下降了 4.2%。2015 年，永安林业实现营业利润 4,480 万元，同比增长 217.26%。业绩的上升主要得益于居民购买力提升导致的家庭装饰品需求上升和房地产市场的回暖。另外，平潭发展和福建金森分别实现营业利润 2,339 万元和 1,066 万元，但利润增长率分别为 -21.34% 和 -50.07%。

畜牧业方面，受行业周期、肉类产品价格上升、饲料成本下降和进出口因素等影响，整体表现良好，但内部有分化。主要产品价格方面，2015 年猪肉价格为 11.35 元 / 斤，同比上涨了 19.8%，牛肉价格大体不变，到年底为 26.84 元 / 斤；羊肉价格有所下降，降为 24.24 元 / 斤；鸡肉的价格基本持平，2015 年为 7.36 元 / 斤。上市公司业绩方面，行业整体实现营利，但个别公司出现亏损。2015 年牧原股份实现营业收入 30 亿元，同比增长 15.3%，实现净利润 6 亿元，同比增长 643%，这主要得益于猪价的上涨和养殖成本的下降。2015 年生猪均价达到 15.3 元 / 公斤，同比上涨 15.5%，粮食价格大幅下跌，玉米均价下降 6.3%，豆粕均价下降 23%，销售端和成本端两端的同时发力大大提升了牧原股份的业绩。

而受价格持续低迷的影响和成本上升的

拖累，2015年圣农发展营业收入增长缓慢，根据公司年报，2015年营业收入仅增加了7.83%，同时营业利润下滑，下降了6.9亿。由于公司现金较为充裕，因此公司抵御市场风险的能力较强，随着行业去产能的持续，加上美国祖代鸡进口短期难以恢复和饲料粮价的下滑，预计2016年圣农发展有望实现反转。2015年雏鹰农牧实现业绩扭亏为盈，实现营业收入105.34%的增长和净利润214.26%的提高。从行业上来看，猪价进入上升周期和玉米价格的下降带来成本大幅下跌提升了生猪的养殖利润；从公司来看，近年来，公司在国内多地成功复制了以轻资产运营为特色的“雏鹰模式”，并且通过收购引入互联网平台，这些资源的积累为公司日后的发展提高了良好的条件。

渔业方面，受政策导致的需求偏紧、贸易因素等影响，整体表现低迷。2015年，水产品价格有所下降，2015年的价格为10.19元/斤。上市公司业绩方面，行业整体比较低迷，有近半数企业出现亏损。2015年百洋股份实现营利5,236.6万元，这得益于公司具有的规模优势和产业链优势，但由于近年来我国严格限制三公消费导致水产品需求下降，公司营业利润出现负增长。2015年千足珍珠营业收入下降了25.24%，归属于母公司净利润同比下降502.66%。这主要是由于国内外经济放缓，需求下降，网络零售快速发展而传统零售承压，进一步带来国内外珍珠市场需求的低迷。

（三）居民收入增加和需求结构的变化驱动行业消费升级

根据国家统计局数据，2015年全年全国居民人均可支配收入21,966元，比上年名义增长8.9%，扣除价格因素实际增长7.4%。按常住地分，城镇居民人均可支配收入31,195元，比上年增长8.2%，扣除价格因素实际增长6.6%；农村居民人均可支配收入11,422元，比上年增长8.9%，扣除价格因素实际增长7.5%。城乡居民人均收入倍差2.73，比上年缩小0.02。经济的发展和居民生活水平的提高带动了我国农产品消费结构的升级，目前我国居民消费中一般性、温饱性的支出比例在逐渐减少，而体现生活质量和生活方式的消费支出比例在逐年增加，中国农产品消费正在由“数量驱动”逐渐转化为“价值驱动”，由“吃得多”向“吃得好”转换，居民更加重视食品安全、产品多样化、营养和食用便捷等方面的因素，未来市场价值的增长将远远超过数量的增长速度。从细分行业来看，在谷物和油籽消费中，稻谷和小麦整体持平，玉米和大豆继续增长，但增速放缓；在肉类消费中，猪肉的人均消费量已经达到较高水平，其增长已基本饱和，牛羊肉和禽肉还有很大的正常空间；在乳制品消费中，乳制品消费总体放缓但乳制品高端化的趋势非常明显，包括进口牛奶、奶酪和国内高端牛奶，在婴幼儿配方奶粉领域，高端化的趋势和进口偏好则尤为明显。

三、2016年农林牧渔行业前景展望

（一）政府支持力度继续增加，行业长期趋势向好

2016年1月1日，新《种子法》实施，国家继续推进种业体制改革，强化种业政策支持，促进现代种业发展。一是深入推进种业领域科研成果权益改革；二是推进现代种业工程建设；三是继续实施中央财政对国家

制种大县奖励政策，采取择优滚动支持的方式加大奖补力度，支持制种产业发展。国家政策的支持，有望促进登海种业、神农基因、丰乐种业、敦煌种业等种业企业发展，并进而推动我国种业健康发展。

2016年1月27日，中共中央、国务院发布了题为《关于落实发展新理念加快农业现代化实现全面小康目标的若干意见》的中央一号文件。文件明确提出完善农业产业链与农民的利益联结机制，促进农业产加销紧密衔接、农村一二三产业深度融合，推进农业产业链整合和价值链提升，让农民共享产业融合发展的增值收益。国家有关部委将深入开展土地经营权入股发展农业产业化经营试点，引导农户自愿以土地经营权等入股龙头企业和农民合作社，采取“保底收益＋按股分红”等方式，让农民参与企业经营、分享二三产业增值收益。一二三产业融合发展是拓宽农民增收渠道、构建现代农业产业体系的重要举措，是推进农业现代化的有效途径。一二三产业融合发展有利于综合农业服务商企业的发展，隆平高科依托水稻种植方面的专业技术，积极建立包括农资采购、耕地修复、仓储物流、田间指导等在内的一体化农业服务体系，其未来市场前景看好。北大荒通过农垦改革积极进行产业链扩张并努力打造农产品品牌，其发展前景也较好。

2016年4月27日，国务院通过了《农田水利条例（草案）》，明确了农田水利建设实行政府投入和社会投入相结合的机制。农田水利是基础性的公益事业，加强农业用水管理，推进农业水价改革，有利于推动节水农业的发展，有利于改善行业粗放发展的局面，有利于品牌好、质量优的龙头企业发展。农资平台、农田水利运营商、智慧水利＋大数据将成为行业发展的重要方向，大禹节水作为农田节水的行业龙头，有望在此轮政策中获益。

（二）受不同因素的影响，行业主要产品价格走势仍有所差别

农业方面，玉米价格面临下跌走势。2015年我国玉米收储价格首次从2200元/吨下调至2000元/吨，随着我国临储政策逐步调整，“市场化收购＋补贴”形式日渐明朗，玉米市场有望重回市场化。加上近年来供过于求的情况较为严重，国内外价格差距不断扩大，库存不断走高，我国玉米价格下跌将成为大概率事件。下游饲料和畜禽养殖企业，如金新农、天康生物、通威股份、民和股份等有望因此受益。小麦和水稻两大口粮的价格将出现一定程度的下跌。目前我国对小麦和稻米仍然采用最低收购价格的支持政策以确保我国粮食安全，但由于前期收购价的不断提升，国内外价差拉大，国内库存压力逐渐增大。市场化是农产品市场的未来趋势，随着国家托市收购的结束，国内价格与国际接轨，小麦和水稻将出现一定的程度的过剩局面。糖业市场价格有望提升。近些年来我国糖业连年亏损，致使四大产区产量下降，供给收缩，农民种蔗积极性下降，加上受气候因素影响，是我国甘蔗产糖率下降，供给大幅收窄。由于糖业市场触底，随着供需矛盾向价格上的传导，2016年糖业市场有望逆势而上。华资实业、南宁糖业有望实现业绩增长。

林业方面，林业产业结构将进一步调整优化，地板、成品家居等林产品市场将保持良好的发展态势。2015年我国木材及其制品的国内消费迅速增长，目前人造板、纸浆及纸张消费已居世界第二位，预计到2020年，我国木材消费总量将提高到4.57亿～4.77亿立方米，木材供应缺口将长期保持在1亿～1.5亿立方米左右。近期，一系列房地产利好政策频频出台，显示国家对楼市调控由限购从严到政策支持的转变，预计2016年我国房地产销售将有所回暖，房地产市场的回暖将进一步带动家装市场需求和林产品需求的回升。目前，我国林业产业体系已初步建立，以资源培育和加工利用为主体的产业链雏形已逐步形成。2016年，在政策扶持和市场规模化影响下，我国林业产业链条中的营林业、加工制造业和第三产业结构将进一步调整，上下游产业将进一步相互延伸和拓展，林业经济总量持续提升、林业深加工产业快速发展、特色林业产业逐步形成将成为我国林业建设发展的总体趋势。

畜牧业方面，猪价、鸡价将保持震荡上行趋势并持续全年，生猪、肉禽养殖将迎来周期性机遇。目前生猪存栏和能繁殖母猪存栏均已降至有数据统计以来的最低水平，随着供需矛盾逐步显现，2015年猪肉价格开始进入上升通道。但猪肉价格的回升并没有引起生猪补栏意愿的同步回升，能繁母猪存栏尚未出现拐点，因此预计2016年商品猪供应都将保持偏紧的局面，猪价将保持上涨的趋势。上市公司中温氏股份、牧原股份、雏鹰农牧将因此受益。2015年是我国祖代鸡产能释放的高峰期，受此影响，2015年鸡肉价格和肉鸡养殖企业利润都经历了滑铁卢。2016年产能释放已接近尾声，加上由于2015年和2016年法国和美国分别发生高致病性禽流感致使我国祖代鸡进口受阻，我国鸡将出现供应缺口，鸡价也将保持上涨态势。受此影响，海大集团、圣农发展、民和股份有望获益。饲料需求有望回暖。由于前期亏损较多，许多养殖户逐渐使用便宜的自配料代替单价较高的全价料，有的地区自配料使用比例高达70%-80%，目前全价料与自配料的价差已经回落到合理区间，而养殖企业的利润也日渐丰厚，资金压力也得到了有效缓解，这在一定程度上支持了饲料需求的上升。受此影响，康达尔、大北农、天邦股份等公司业绩有望提升。

渔业方面，需求疲软压制价格回升，水产养殖业业绩难以改善。2015年水产养殖板块虽实现扭亏为盈，但整体业绩低迷，獐子岛扭亏、好当家预增、壹桥海参略增，但其余公司业绩均表现欠佳。水产养殖板块业绩低迷主要源于国内严格限制三公消费导致高端水产品需求疲软，高端水产品的消费受限在很大程度上打压了高端水产品的需求，海参、鲍鱼等价格承受较大上行压力，年均价下滑均超过15%。2016年，在国内严格限制三公消费以及整体经济景气度不佳的情况下，水产品的需求仍将受到限制，水产品价格仍将持续萎靡，相关公司业绩将很难出现大幅改善。

（三）农业信息化全面拓展，互联网＋加速推进

我国农业资源禀赋一般，提升经营效率是强化农业竞争力的唯一途径。我国农业经营中从上游的生产要素土地、农民、农资，到中游的种植、养殖，再到下游的农产品流通均存在巨大的信息不对称。在生产要素环节，农业信息化将有效解决种子选择、贷款融资等问题；在生产环节中，物联网、大数

据和机械化相结合的精准农业能够有效提高产出效率；到了农产品流通环节，电商有助于缩短渠道层级，提高流通效率。

近年来，农业信息化受到中央政府的高度重视。2015 年 8 月 21 日，商务部等 19 部门联合发布了《关于加快发展农村电子商务的意见》，指出争取到 2020 年，在全国培育一批具有典型带动作用的农村电子商务示范县，并针对目前农村电子商务发展中存在的问题提出了 10 项举措。2016 年 1 月 27 日《中共中央国务院关于落实发展新理念加快农业现代化实现全面小康目标的若干意见》明确指出：要大力推进“互联网 + 联现代农业，应用物联网、云计算、大数据、移动互联等现代信息技术，推动农业全产业链改造升级；要大力发展智慧气象和农业遥感技术应用；要深化农业科技体制改革，完善成果转化激励机制，制定促进协同创新的人才流动政策。

目前，我国农业信息化和互联网蓬勃发展，各大企业纷纷涉足农业互联网 +。一方面，传统农业企业纷纷转型，打造各具特色的农资商业模式，例如智慧大北农”（大北农）、“农商一号”（金正大）、“哈哈农庄”（新都化工）、“农一网”（辉丰股份）、“田田圈”（诺普信）、“农仁街”（辉隆股份）、“福达计划”（新希望）等相继推出自己的线上平台，史丹利、司尔特、芭田股份等也积极使用信息化手段升级销售体系。另一方面，传统的 BAT 巨头及京东、淘宝等凭借其庞大渠道网络优势先后战略布局农业。2015 年，京东迅疾下乡，快速拓展农村电商业务，4 月上旬，京东自营的县级服务中心已突破百家，服务范围覆盖了 100 余县市的 10000 多个村庄；与此同时，整合了大量社会资源的京东帮服务店也已超过 400 家，服务范围辐射已超过 10 万个行政村。2015 年苏宁计划建成 1500 家苏宁易购服务站，并计划在 5 年内建立 1 万家，深入全国乡村，从渠道建设层面打通“农村电商”发展壁垒。

农业信息化的发展将有效降低农业生产、流通环节的信息不对称性，减少行业中间环节，使信息更加透明化，促进集约化经营和提高农业生产经营效率，极大降低农村的生产和生活成本。2015 年是农业推进信息化的元年，2016 年农业信息化发展将更加迅速，并成为农业农村经济发展的强大的催化剂和助推器。

附表

2015年度农林牧渔行业上市公司业绩评价结果排序表

行业排名	全部上市公司排名	股票代码	股票简称	综合得分（100分）	每股收益（元）	总资产报酬率（%）	净资产收益率（%）	总资产周转率（次）	流动资产周转率（次）	资产负债率（%）	获利倍数	营业收入增长率（%）	资本扩张率（%）	市场投资回报率（%）	股价波动率（%）	年末资产总额（万元）	营业收入（万元）	净利润（万元）
1	62	002311	海大集团	76.3	0.51	13.49	16.67	3.23	6.65	37.72	13.29	21.23	15.8	55.91	124.49	818466.76	2556740.25	79189.21
2	99	600201	生物股份	74.3	0.85	25.55	25.83	0.54	0.86	18.89	3065.27	17.27	26.87	90.11	142.58	255021.99	124650.58	47775.77
3	109	000876	新希望	74	1.06	10.12	12.86	1.79	5.94	31.46	11.95	-12.13	10.27	31.95	96.11	3521707.65	6151964.98	295966.31
4	147	600965	福成股份	72.8	0.2	13.77	12.99	0.83	1.48	19.22	36.98	22.14	75.05	81.22	151.14	201634.1	134381.24	16624.54
5	172	002041	登海种业	72.2	0.44	13.53	17.45	0.37	0.45	23.58	6801.57	3.42	11.2	29.59	115.44	422444.13	153077.33	53495.99
6	179	002714	牧原股份	72	1.23	12.86	21.79	0.54	1.49	50.17	5.84	15.31	80.78	77.69	184.37	706753.32	300347.47	59585.08
7	211	000048	康达尔	71.3	0.52	13.67	29.82	1.17	1.86	58.66	29.77	7.35	32.69	244.69	248.97	194080.13	230201.76	20977.64
8	294	002548	金新农	69.5	0.33	8.6	8.65	1.46	2.85	32.22	9.83	26.01	99.76	78.34	220.47	244337.59	250485.32	10751.37
9	328	002385	大北农	68.9	0.28	8.11	9.11	1.32	2.45	33.14	7.92	-12.72	47.05	32.57	140.73	1384930.53	1609808.52	70822.67
10	348	002157	正邦科技	68.6	0.52	6.62	11.25	1.92	4.96	63.62	2.86	-0.41	46.68	100.67	174.85	976351.6	1641626.72	33589.66
11	392	603609	禾丰牧业	67.8	0.38	11.65	11.78	2.5	4.84	28.9	10.36	6.09	13.55	36.82	149.3	411235.7	969630.66	32399.96
12	450	000639	西王食品	66.9	0.39	10.04	11.34	1.25	2.17	21.96	12.39	19.97	11.53	97.49	180.23	174247.86	224378.1	14627.98
13	467	600195	中牧股份	66.6	0.64	7.96	8.62	0.98	2.15	23.57	39.21	4.93	5.91	30.12	179.59	439036.14	423418.99	28117.03
14	498	600438	通威股份	66.1	0.41	8.85	13.71	2.3	5.03	57.61	4.52	-8.63	7.54	43.31	174.94	608974.01	1407924.65	34157.3
15	517	000998	隆平高科	65.7	0.49	12.81	20.89	0.44	0.82	51.15	5.26	11.59	21.45	17.64	119.37	502376.05	202582.47	46742.13
16	528	002124	天邦股份	65.5	0.51	9.23	12.33	1.11	2.49	42.79	3.42	-17.75	81.51	177.62	206.66	196730.23	214129.37	10760.3
17	532	300149	量子高科	65.4	0.14	9.42	8.55	0.43	0.72	4.26	1293.43	13.33	3.92	241.52	281.84	75600.38	31864.5	6070.54
18	542	002567	唐人神	65.2	0.19	6.79	6.43	2.45	6.03	32.24	5.16	-6.52	37.47	43.88	162.73	403116.3	941266.15	15179.48
19	606	600313	农发种业	64.3	0.22	5.31	6.45	1.24	2.06	32.72	18.82	23.69	48.2	30.79	144.45	376624.26	377297.79	13692.11
20	675	300087	荃银高科	63.5	0.07	4.15	5.66	0.56	0.82	29.05	53.28	29.51	7.87	117.34	216.12	110779.62	60744.8	4287.35
21	719	600298	安琪酵母	63	0.85	7.74	10.12	0.68	1.97	47.27	4.55	15.3	7.78	60.21	130.19	619676.48	421336.03	31871.07
22	724	300119	瑞普生物	62.9	0.28	6.76	7.01	0.37	0.88	24.69	30.56	35.48	2.5	106.04	179.92	234859.89	79283.45	12247.62
23	823	600598	北大荒	61.6	0.37	8.18	11.14	0.47	1.2	23.61	0	-28.48	-1.99	41	158.55	723473.46	365377.47	62181.5
24	893	002688	金河生物	60.8	0.48	9.18	11.51	0.73	1.6	44.06	5.64	48.9	10.29	60.68	185.31	188520.26	125046.85	11575.7
25	967	002696	百洋股份	59.7	0.32	5.45	5.94	1.04	1.86	43.29	3.68	4.66	7.5	111.06	209.62	188619.35	186373.95	6130.35
26	1040	300143	星河生物	58.8	0.07	2.61	1.66	0.21	1.34	19.73	1.78	-9	331.47	184.55	187.27	184885.92	28013.72	1514.28
27	1049	002477	雏鹰农牧	58.6	0.22	5.69	6.06	0.42	0.87	53.72	2.24	105.43	63.59	79.13	235.68	1018138.19	361902.12	23010.54
28	1057	600975	新五丰	58.5	0.13	1.66	0.68	0.89	1.73	33.17	1.2	1.81	87.69	42.56	192.13	169085.76	132603.67	584.78
29	1068	002286	保龄宝	58.4	0.11	3.03	2.8	0.65	1.87	22.76	7.07	31.36	2.06	78.02	150.41	191355.04	119628.17	4094.6

续表

行业排名	全部上市公司排名	股票代码	股票简称	综合得分（100分）	每股收益（元）	总资产报酬率（%）	净资产收益率（%）	总资产周转率（次）	流动资产周转率（次）	资产负债率（%）	获利倍数	营业收入增长率（%）	资本扩张率（%）	市场投资回报率（%）	股价波动率（%）	年末资产总额（万元）	营业收入（万元）	净利润（万元）
30	1178	300138	晨光生物	57	0.38	5.41	5.61	0.72	1.13	28.33	6.15	5.01	41.51	94.75	160.23	199126.98	126762.92	6836.66
31	1208	300021	大禹节水	56.7	0.22	8.25	12.02	0.72	0.97	67.99	2.77	47.01	13.22	18.47	147.76	169510.5	116009.79	6141.74
32	1251	002447	壹桥海参	56	0.26	9.65	11.11	0.18	0.76	27.54	6.64	7.27	12.58	27.69	197	327148.72	57926.31	24862.58
33	1321	600371	万向德农	55	0.03	0.93	1.57	0.51	0.91	40.73	11.78	−15.17	−1.01	112.64	247.39	66831.53	37171.59	623.98
34	1328	002086	东方海洋	54.9	0.2	4.05	2.36	0.21	0.38	25	1.65	11.6	97.49	169.57	213.7	376774.48	67460.64	5032.16
35	1335	002220	天宝股份	54.9	0.33	5.31	8.47	0.35	0.76	58.29	3.11	−4.38	8.01	84.4	210.58	456976.89	153691.12	15550.07
36	1415	002505	大康牧业	53.6	0	1.19	0.08	0.52	0.66	30.28	1.34	561.54	−0.4	18.41	153.94	832058.49	386738.09	492.92
37	1435	600737	中粮屯河	53.3	0.04	2.39	1.15	0.8	1.29	59.4	1.96	30.52	−0.14	63.12	187.05	1469656.62	1166755.21	6845.75
38	1449	000663	永安林业	53.1	0.2	4.5	3.96	0.33	0.62	48.69	2.17	93.84	477.33	25.43	153.83	398367.14	89166.13	4749.52
39	1485	300175	朗源股份	52.6	0.08	4.53	4.06	0.55	0.82	39.67	2.27	4.62	5.47	111.11	210.88	157540.07	84652.89	3759.03
40	1487	000713	丰乐种业	52.6	0.1	2.11	2.25	0.59	1.1	26.88	4.78	−19.3	1.28	24.14	141.58	186286.71	111265.56	3043.44
41	1529	600257	大湖股份	52	0.01	2.89	0.63	0.55	1.02	46.98	1.35	19.58	−0.78	110.23	187.85	150357.62	80892.47	502.88
42	1552	600226	升华拜克	51.6	0.13	7.05	9.38	0.44	1.1	36.52	6.11	−24.84	−2.1	252.8	265.67	223587.81	101010.24	13455.11
43	1556	600695	绿庭投资	51.5	0.07	6.01	7.3	0.25	0.67	38.48	5.82	−10.49	50.79	97.2	198.02	128196.48	24216.92	4785.75
44	1614	002604	龙力生物	50.8	0.1	3.87	2.57	0.29	0.63	29.79	2.58	2.54	2.23	80.92	233.99	269686.04	77630.47	4807.92
45	1630	002321	华英农业	50.4	0.04	2.82	1.14	0.4	0.7	69.09	1.16	0.78	1.28	68.75	147.82	496352.19	185749.95	1732.52
46	1707	600962	国投中鲁	49.3	0.12	5.42	5.01	0.53	0.84	47.74	2.33	25.1	5.04	32.11	135.68	187540.77	109790.82	4790.16
47	1717	000911	南宁糖业	49	0.19	3.88	3.73	0.62	1.06	70.97	1.32	16.55	37.62	79.87	173.52	566973.89	313842.34	5294.58
48	1768	300094	国联水产	48.1	0.06	1.85	1.32	0.77	1	33.24	1.67	−2.77	1.06	163.94	254.09	259605.9	207046.99	2276.57
49	1775	000034	神州数码	48	0.06	5.46	12.12	1.01	1.52	58.26	84.37	−10.02	12.9	315.2	324.71	44800.83	45806.34	2136.32
50	1835	000893	东凌国际	46.8	0.09	2.7	1.67	1.55	2.52	26.78	1.33	−12.89	758.36	47.71	186.95	635122.19	1115405.51	4335.46
51	1841	600467	好当家	46.7	0.05	2.13	1.04	0.2	0.67	42.71	1.52	12	0.82	62.17	155.95	513510.43	98696.74	3060.42
52	1842	600191	华资实业	46.6	0.3	7.09	6.99	0.01	0.06	15.6	6.19	−88.17	19.61	142.56	215.75	272631.61	3276.72	14758.93
53	1877	000592	平潭发展	45.7	0.04	2.68	1.72	0.32	0.4	9.8	2.47	11.38	139.54	13.86	205.43	379789.56	96318.17	4179.06
54	1879	600108	亚盛集团	45.7	0.06	3.22	2.58	0.29	0.68	37.61	2.2	−2.39	−0.14	−22.24	145.12	761938.8	219111.76	12279.61
55	1884	300189	神农基因	45.6	0.01	0.19	0.01	0.17	0.29	10.05	1.2	−6.44	52.87	172.32	295.19	228150.67	33274.54	15.67
56	1902	600506	香梨股份	45.2	0.02	0.94	0.87	0.18	0.55	7.46	0	−51.82	0.87	99.74	167.22	29628.47	5386.58	237.57
57	1963	002299	圣农发展	43.5	−0.37	−2.12	−10.82	0.66	2.93	49.1	−0.81	7.83	53.22	56.05	102.29	1096083.91	693982.53	−49903.72

续表

行业排名	全部上市公司排名	股票代码	股票简称	综合得分（100分）	每股收益（元）	总资产报酬率（%）	净资产收益率（%）	总资产周转率（次）	流动资产周转率（次）	资产负债率（%）	获利倍数	营业收入增长率（%）	资本扩张率（%）	市场投资回报率（%）	股价波动率（%）	年末资产总额（万元）	营业收入（万元）	净利润（万元）
58	1991	600354	敦煌种业	42.9	0.05	5.45	3.8	0.36	0.53	51.51	1.91	3.84	37.59	14.89	140.85	352736.05	130402.67	5613.38
59	1992	000702	正虹科技	42.9	0.02	1.71	0.96	1.97	5.48	26.68	2.67	-26.89	-6.38	78.56	144.25	62847.12	131688.01	455.32
60	2014	600189	吉林森工	42.3	0.14	4.41	1.99	0.32	0.6	68.63	1.17	-4.9	1.48	52.88	145.82	460417.34	134798.44	2846.61
61	2047	300106	西部牧业	41.3	0.14	3.12	2.82	0.3	0.59	67.79	1.39	-22.23	-3.12	56.58	165.87	227087.75	59990.2	2097.18
62	2135	002679	福建金森	38.1	0.27	5.84	5.19	0.13	0.15	56.2	1.73	4.51	3.5	38.58	178.29	165300.67	19878.67	3697.61
63	2169	000798	中水渔业	37	-0.75	-39.52	-51.46	0.59	1.06	35.68	-63.79	37.69	-35	49.1	171.87	85150.43	52152.33	-35772.12
64	2208	000972	新中基	34.3	-0.06	-1.2	-6.58	0.3	0.64	60.82	-0.88	63.85	34.25	182.74	234.08	262983.46	68289.67	-5916.01
65	2223	300313	天山生物	33.1	-0.2	-4.59	-11.16	0.32	0.63	54.54	-2.93	102.45	-5	49.69	178.23	91191.28	24686.79	-4749.88
66	2230	600127	金健米业	32.7	-0.27	-10.34	-20.66	1.59	3.14	50.23	-7.91	35.95	-18.49	22.62	157.63	150474.9	228524.36	-17228.08
67	2231	600265	*ST 景谷	32.5	-0.7	-16.81	230.53	0.23	0.38	124.9	-2.32	-8.42	-1481.61	198.5	201.28	34293.99	8784.72	-9132.03
68	2245	600097	开创国际	31.9	-0.55	-7.86	-12.9	0.53	1.21	32.64	-9.07	-18.77	-13.72	42.96	207.93	117651.09	67504.79	-11033.52
69	2252	002234	民和股份	31.2	-1.04	-13.45	-30.5	0.45	1.19	51.54	-5.89	-24.07	-26.47	97.62	151.67	180905.69	90079.97	-31552.73
70	2264	600359	新农开发	30.6	0.04	1.64	-1.64	0.24	0.46	69.39	0.74	-5.46	-1.63	10.77	116.7	274528.23	63126.86	-1390.09
71	2271	600540	新赛股份	30.3	-0.23	-4.1	-11.58	0.38	0.77	57.15	-4.92	8.08	-10.95	34.36	135.74	291794.72	119242.07	-15366.92
72	2272	002069	獐子岛	30.3	-0.34	2.6	-23.77	0.58	1.02	79.75	0.67	2.43	-21.48	12.15	153.02	448538.71	272678.02	-24543.9
73	2315	000735	罗牛山	27.7	0.07	3.11	3.54	0.17	0.5	59.34	2.3	-27.42	1.04	-1.48	137.02	450260.16	72999.89	6453.98
74	2321	000930	中粮生化	27.2	-1.47	-20.72	-63.92	1.03	3.23	72.14	-7.3	-9.73	-49.3	92.13	220.93	564820.96	645728.34	-149495.23
75	2354	601118	海南橡胶	25	-0.25	-7.11	-11.41	0.67	1.59	36.96	-6.81	-24.99	-10.71	-12.16	143	1289157.89	840012.15	-98294.7
76	2355	002458	益生股份	25	-1.43	-19.72	-78.5	0.34	2.07	81.68	-6.97	-28.22	-54.55	246.8	263.75	175479.57	60429.03	-40376.86
77	2456	300268	万福生科	18.5	-0.74	-28.55	-39.04	0.02	0.06	22.96	-95.29	-91.06	-32.66	132.09	220.43	26612.09	692.49	-9944.32
78	2492	002173	*ST 千足	16.1	-0.32	-3.56	-14.65	0.13	0.15	61.48	-1.42	-25.24	-13.63	99.82	209.63	107308.08	13704.18	-6533.77
		300498	温氏股份	89.5	1.71	23.75	34.82	1.66	3.64	29.65	33.13	26.81	52.58	73.07	20.45	3273496.56	4823736.98	663647.69
		002772	众兴菌业	77.2	0.88	10.14	14.98	0.35	1.11	38.32	5.78	25.04	108.4	73.07	128.84	168272.86	47952.02	11500.7
		603566	普莱柯	73.2	0.99	14.4	14.03	0.41	0.7	11.07	0	0.51	95.62	73.07	133.16	150370.38	47813.82	14174.22
		603718	海利生物	69.7	0.38	11.45	12	0.33	0.56	22.33	1149.93	10.97	72.48	73.07	161.11	124031.71	31657.76	9133.35
		002100	天康生物	66.1	0.27	9.18	11.51	1.22	2.34	37.32	7.3	3.8	27.55	57.54	181.46	380526.18	416728.94	24481.36
		002746	仙坛股份	57.1	0.15	2.13	2.5	1.19	3.06	31.2	3.55	1.22	24.37	73.07	194.19	145110.9	175578.8	2255.33

第十七章 房地产行业

房地产行业是国民经济的重要支柱产业，在国民经济中具有举足轻重的地位。从国民经济上下游产业链的关系看，房地产行业承上启下，在经济建设、社会发展、财政税收、国防建设以及稳定就业等方面发挥着重要作用。

2015 年中央对房地产行业的态度发生了颠覆性变化，全面支持自住和改善型购房需求，从供应端、需求端和企业端三方面齐抓共管。在利好政策不断推动下，一线和部分二线城市市场成交量逐月好转，全国的商品房销售面积增速也开始转正，在三季度小幅回调后，四季度成交持续走高。以上市公司为代表的房地产公司通过调整售价、提升质量等有效手段加快去库存化。宏观与微观因素综合影响着房地产行业上市公司的管理战略、经营业绩和市场表现。

一、房地产行业上市公司业绩评价结果

截至 2015 年末，房地产行业 A 股上市公司共计 129 家，其中盈利 108 家，亏损 21 家，实现盈利的公司占 83.72%，房地产行业上市公司总资产共计 48645.15 亿元，占全部上市公司总资产的 12.24%。

2015 年，全国 2,759 家上市公司共计完成营业收入 237486.36 亿元，129 家房地产行业上市公司完成营业收入 11782.09 亿元，占全部上市公司全部营业收入的 4.96%；全部上市公司共计实现净利润 10607.50 亿元，房地产行业上市公司实现净利润 1147.37 亿元，占全部上市公司全部实现净利润的 10.82%。

2015 年，房地产行业整体评价结果较为一般，行业业绩综合得分 50.06 分，低于全部上市公司综合评分的 61.68 分，129 家房地产行业上市公司中有 10 家进入 2015 年上市公司业绩评价综合得分的百强名单，高于 2014 年的 8 家，综合得分最高的万科 A 在全部上市公司中排名第 10。全行业业绩评价综合得分超过 70 分的有 21 家；60 分至 70 分的有 25 家；60 分以下的有 83 家。

表 17－1　2015 年度房地产行业中联十强排行榜

名次	股票代码	股票简称	业绩得分	在全部上市公司中排名
1	000002	万科 A	81.00	10
2	600240	华业资本	80.23	18
3	002244	滨江集团	77.70	47
4	000718	苏宁环球	77.49	51
5	600340	华夏幸福	77.39	53
6	600658	电子城	76.11	63
7	600177	雅戈尔	75.97	65
8	000540	中天城投	75.93	66
9	002285	世联行	75.41	74
10	600053	九鼎投资	74.88	84

基于对房地产行业上市公司的整体评价，下面分别从财务效益状况、资产质量状况、偿债风险状况、发展能力状况、市场表现状况五个方面对房地产行业上市公司进行具体分析。

（一）财务效益状况

从综合得分来看，2015 年房地产行业上市公司财务效益状况平均得分为 17.80 分，略高于上市公司平均得分 17.78 分。

表 17-2 列示了 2015 年房地产行业上市公司财务效益状况评价结果（满分为 35 分）。在房地产行业上市公司财务效益状况指标中，有 66 家得分高于全部上市公司平均水平；有 9 家公司得分超过 30 分。

在财务效益状况指标得分排名前五位的公司中，有两家的行业综合评价得分亦在前五名之列，其中保利地产财务效益排名第一。保利地产 2015 年实现营业收入 1234.29 亿元，比 2014 年增长 13.18%；实现营业利润 227.24 亿元，比上年增长 19.72%；扣除非经常性损益净资产收益率 18.78%，盈利现金保障倍数 1.06。

表 17 – 2　　房地产行业财务效益状况比较表

分析指标		2015 年上市公司平均值	2015 年行业值	2014 年行业值	增长率（%）
基本指标	扣除非经常性损益净资产收益率 (%)	5.61	9.46	10.45	–9.48
	总资产报酬率 (%)	5.11	5.00	4.67	7.07
	得分	20.11	17.85	22.40	–20.31
修正指标	营业利润率 (%)	5.06	13.11	15.76	–16.83
	盈利现金保障倍数	2.20	0.03	–0.73	–104.27
	股本收益率 (%)	30.96	52.56	57.05	–7.87
综合得分		17.78	17.80	23.54	–24.38

数据来源：wind 资讯

与 2014 年的情况相比较，2015 年房地产行业上市公司总体上财务效益状况有所下降，大部分指标均低于 2014 年行业值，也低于 2015 年全部上市公司平均值。

表 17 – 3　2015 年度房地产行业财务效益中联五强排行榜

名次	股票代码	股票简称	财务效益得分
1	600048	保利地产	33.50
2	000002	万科 A	33.25
3	600340	华夏幸福	32.62
4	002244	滨江集团	31.98
5	001979	招商蛇口	31.63

（二）资产质量状况

表 17-4 列示了房地产行业上市公司资产质量状况评价结果。从综合得分来看，房地产行业上市公司资产质量状况平均得分为 6.80，远低于全部上市公司平均得分 8.25 分。

在房地产行业上市公司资产质量状况指标中，有光明地产等 21 家得分均为满分 15 分，另有 53 家得分为 0。这说明房地产行业上市公司在资产质量上有较显著的差异，资产质量较低的上市公司占比较大，有待进一步提升资产质量。

表 17－4　　房地产行业资产质量状况比较表

分析指标		2015 年上市公司平均值	2015 年行业值	2014 年行业值	增长率（%）
基本指标	总资产周转率（次）	0.62	0.24	0.26	−7.69
	流动资产周转率（次）	1.24	0.32	0.29	10.34
	得分	8.16	2.26	2.56	−11.72
修正指标	应收账款周转率（次）	8.25	25.20	23.77	6.02
	存货周转率（次）	2.74	0.33	0.27	20.65
综合得分		8.25	6.80	6.31	7.77

数据来源：wind 资讯

与 2014 年比较可知，2015 年房地产行业上市公司总体上资产质量有小幅的上升。

（三）偿债风险状况

从综合得分来看，2015 年房地产行业上市公司偿债风险状况平均得分为 5.99 分，低于上市公司平均得分 8.94 分。

表 17-5 列示了房地产行业上市公司偿债风险状况评价结果。在房地产行业上市公司偿债风险状况指标中，海德股份排名第一，得分为 14.99 分，其资产负债率为 4.63%，远低于全部上市公司及行业平均值；速动比率为 1866.19%，远远高于上市公司及行业平均。

表 17－5　　房地产行业偿债风险状况比较表

分析指标		2015 年上市公司平均值	2015 年行业值	2014 年行业值	增长率（%）
基本指标	资产负债率 (%)	43.11	65.08	75.40	−13.69
	获利倍数	3.74	4.37	8.70	−49.77
	得分	9.80	6.51	5.54	17.51
修正指标	速动比率 (%)	39.70	46.20	41.11	12.39
	现金流动负债比率 (%)	22.15	−2.73	−3.77	−27.59
	带息负债比率（%）	43.24	46.39	45.30	2.41
综合得分		8.94	5.99	5.57	7.54

数据来源：wind 资讯

与 2014 年相比较，2015 年房地产行业上市公司偿债风险状况综合得分上升了 7.54%，调控政策下房地产行业销售情况开始回暖，相对缓解了一定资金压力，相应偿债风险也随之有所降低。

表 17－6　2015 年度房地产行业偿债风险中联五强排行榜

名次	股票代码	股票简称	偿债风险得分
1	000567	海德股份	14.99
2	600734	实达集团	13.54
3	600576	万家文化	13.21
4	600658	电子城	12.72
5	000965	天保基建	12.31

（四）发展能力状况

从综合得分来看，2015 年房地产行业上市公司发展能力状况平均得分为 11.06 分，比 2014 年有所下降，但高于 2015 年全部上市公司的平均得分 10.64 分。

表 17-7 列示了房地产行业上市公司发展能力状况评价结果。在房地产行业上市公司发展能力状况指标中，蓝光发展、绿地控股和光明地产排名第一，得分均为满分 20 分。其中：蓝光发展资本扩张率 1797.38%、累计保留盈余率 73.71%、三年营业收入平均增长率 263.96%；绿地控股资本扩张率 3730.37%、累计保留盈余率 82.76%、三年营业收入平均增长率 677.92%；光明地产总资产增长率为 7960.30%，各项指标均比较靠前，规模的稳定扩张和业绩不断提高为企业发展提供了强大的动力。

表 17－7　房地产行业发展能力状况比较表

分析指标		2015 年上市公司平均值	2015 年行业值	2014 年行业值	增长率 (%)
基本指标	营业收入增长率 (%)	−1.98	42.11	24.50	71.88
	资本扩张率 (%)	50.09	76.54	16.37	368
	得分	11.82	11.34	14.12	−20
修正指标	累计保留盈余率 (%)	−12.30	24.81	50.47	−51
	三年营业收入增长率 (%)	13.34	22.59	23.37	−3
	总资产增长率 (%)	43.74	148.69	16.91	779
	营业利润增长率 (%)	−12.37	17.43	0.53	23521
综合得分		10.64	11.06	14.29	−23

数据来源：wind 资讯

2015 年房地产行业上市公司营业收入增长率从 2014 年的 24.50% 升至 42.11%，营业利润增长率由 0.53% 增至 17.43%，主要是由于贯穿 2015 年全年的房地产宏观调控政策使得销售情况有所改善，销售收入有所增长。

表 17－8　2015 年度房地产行业发展能力中联五强排行榜

名次	股票代码	股票简称	发展能力得分
1	600466	蓝光发展	20.00
2	600606	绿地控股	20.00
3	600708	光明地产	20.00
4	600340	华夏幸福	19.62
5	000732	泰禾集团	19.60

（五）市场表现状况

2015 年，受调控政策的影响，房地产市场低迷态势得到了一定程度的改善，但房地产行业的市场表现与整体经济相关度较高，房地产指数随市场行情同步变化。

从综合得分来看，房地产行业上市公司市场表现状况平均得分为 8.40 分，略低于全部上市公司 8.54 分的平均水平。

表 17-9 列示了房地产行业上市公司市场表现状况评价结果。在房地产行业上市公司市场表现状况指标中，皇庭国际名列第一，得分为 12.50 分，受益于 2015 年改名和定增，该公司核心项目的公允价值和新业务的积极落地。其市场投资回报率达到了 149.10%。

2015年上市公司市场投资回报率为74.18%，高于2014年的44.68%。房地产行业上市公司2015年市场投资回报率为77.31%，远高于2014年的62.72%。

表17－9　房地产行业公司市场表现状况比较表

分析指标	2015年上市公司平均值	2015年行业值	2014年行业值	增长率（%）
市场投资回报率（%）	74.18	77.31	62.72	23.26
股价波动率(%)	182.00	186.59	141.07	32.27
得分	8.54	8.40	9.94	−15.49

数据来源：wind资讯

表17－10　2015年度房地产行业市场表现中联五强排行榜

名次	股票代码	股票简称	市场表现得分
1	000056	皇庭国际	12.50
2	000150	宜华健康	12.38
3	600565	迪马股份	12.28
4	600696	匹凸匹	12.26
5	600641	万业企业	11.98

数据来源：wind资讯

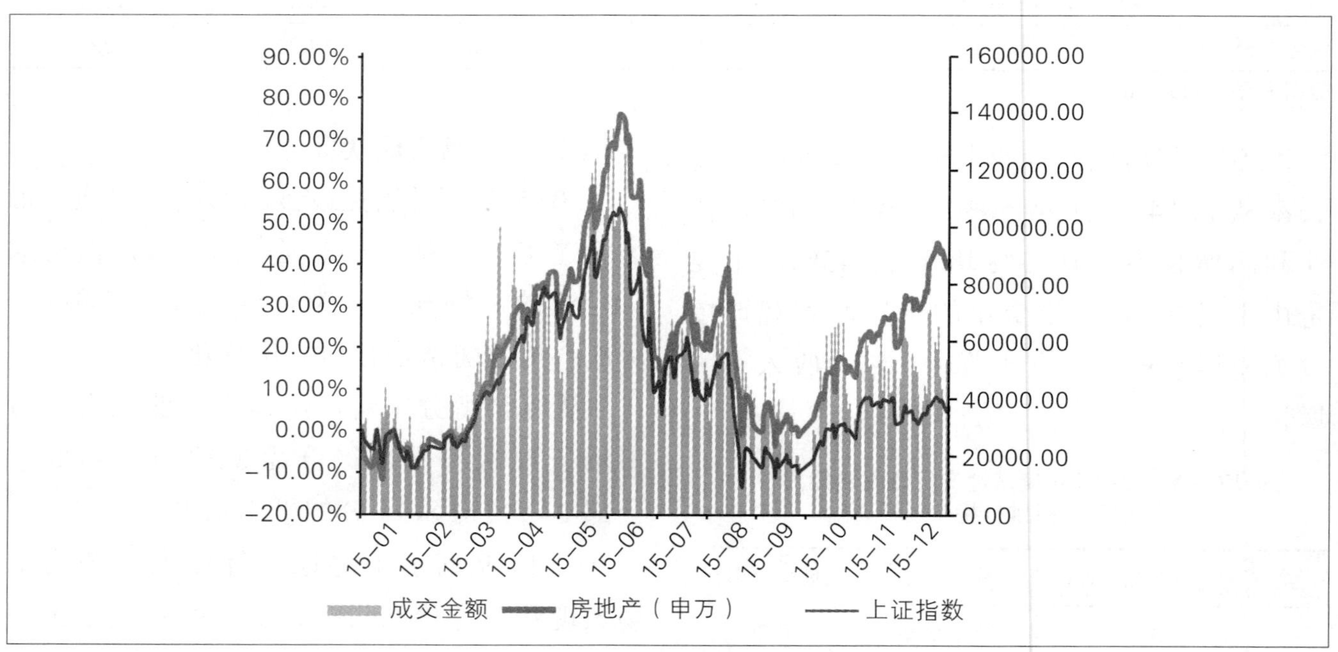

图17－1　房地产行业指数与上证综指指数波动

二、房地产行业上市公司业绩影响因素分析

2015年房地产行业上市公司业绩评价结果呈现出以下特点：财务效益状况下降，资产质量状况小幅上升，偿债风险下降，发展能力下降，市场表现状况略有下降。

在房地产行业去库存和增需求促投资这

两大政策背景下，2015年整个房地产行业逐步复苏，市场环境、宏观政策和企业行为都相应出现了较大的变化，企业销售收入有所增长但利润率整体下降。

受2015年股市剧烈振荡的影响，上市公司整体市场表现状况波动率较大。同时，房地产市场城市间分化趋势越来越显著，一线城市、部分二线城市房地产市场出现好转，全国的商品房销售面积增速也开始转正，热点城市房价平稳向上，三四线城市库存依然高企。相较去年而言，房地产行业业绩产生重要影响的变化趋势主要表现为以下几个方面：

（一）经济发展进入“新常态”，房地产行业开始告别高速增长，上市公司财务效益状况进一步下降

2015年以来，中国经济运行遭遇到不少预期内和预期外的冲击与挑战，经济下行压力持续加大。产业结构持续优化，结构性衰退和结构性繁荣并存。区域经济增长差距显著，多速增长格局出现。随着中国经济步入新常态，经济增长从高速转为中高速，从规模速度型粗放增长转向质量效率型集约增长，从要素投资驱动转向创新驱动。房地产行业也开始告别高速增长，行业改革的需求不断加大。

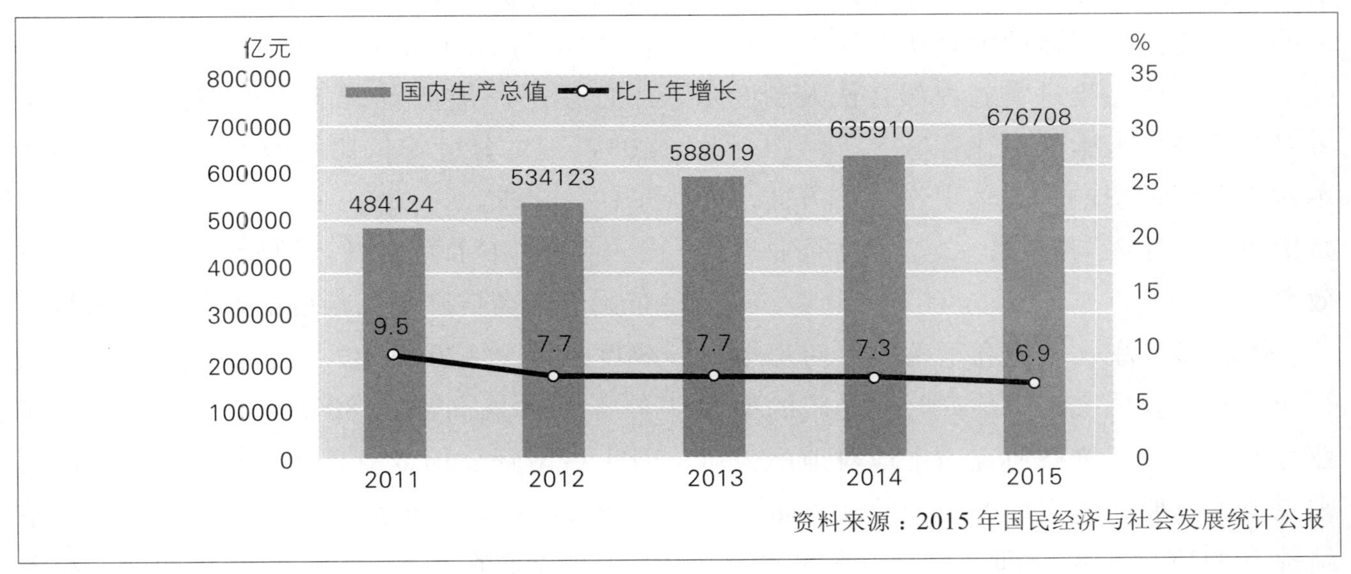

资料来源：2015年国民经济与社会发展统计公报

图17－2

根据wind统计数据，分析2015年房地产上市公司行业数据可以发现，2015年房地产行业上市公司营业收入增长率从2014年的24.50%增长至42.11%，营业利润率由15.76%下降至13.11%，核心原因是在经济增速下滑之际，房地产行业仍被当成经济的“稳定器”。2015年中央全面支持自住和改善型购房需求，从供应端、需求端和企业端三方面齐抓共管。导致全年市场成交量稳步提高，但是政策刺激带来的销售温和回暖并不能改变整个行业下行的趋势，行业营业利润率进一步下降。房地产企业的高库存和资金压力都在持续加码，同时城市间分化加剧的趋势并没有改变。整体来说，房地产市场结构性回暖的特点在短期内难有改变。

（二）国企改革的推进刺激房地产行业的发展，行业整合提升资产质量

2015年是国企全面深化改革方案出台之年。两会以后，相关政策开始密集出台。2015年8月24日，中共中央办公厅秘书局印发了《中共中央、国务院关于深化国有企业改革的指导意见》（中发[2015]22号），对深化国有企业改革作出了重大部署，文件中系统阐述了全面改革的总体要求、原则和整体思路，勾勒了国有企业改革发展路径。国企所在的各个行业中，房地产行业市场化程度较高，国企改革对于房地产行业意义重大。房地产国企也在国企改革中属于走得最快的一批，例如2015年招商局旗下地产资产的整合重组、绿地的混合所有制改革和借壳上市、华侨城推进实施内部合伙人制度和方兴联手腾讯探索智慧化住区等等。国企改革对于公司的影响主要体现在两个方面，一是优质资产注入与整合，二是提高企业运营效率。

优质资产注入和提高运营效率对房地产行业具有重要意义。房地产行业是资源型行业，地段优良、价格便宜的土地对地产公司来说至关重要，优质地产资源的注入带来业绩提升的巨大想象空间。此外，薪酬改革、股权激励能够将管理者的利益与公司利益相绑定，增强公司市场活力和市值管理动力；混合所有制改革、引入战略投资者同样能够提升国企活力，增强企业竞争力。在行业重组整合的大背景下，未来房地产行业将通过兼并重组、优胜劣汰的方式进行整合，房地产行业整体资产质量有望进一步提升。

（三）金融政策的调整改善了房地产企业的投资、融资环境，降低企业偿债风险

2015年央行累计四次降准及五次降息，力度非常之大。利率已降至历史低位，央行降准降息释放了大量的流动性，改善了房地产企业融资环境。国务院总理李克强6月24日主持召开国务院常务会议，通过了《中华人民共和国商业银行法修正案（草案）》。草案借鉴国际经验，删除了贷款余额与存款余额比例不得超过75%的规定，将存贷比由法定监管指标转为流动性监测指标，促进形成经济发展新动能，进一步减轻企业负担。

3月30日，《中国人民银行住房城乡建设部中国银行业监督管理委员会关于个人住房贷款政策有关问题的通知》发布，其中针对商业贷款，提出“对拥有1套住房且相应购房贷款未结清的居民家庭，为改善居住条件再次申请商业性个人住房贷款购买普通自住房，最低首付款比例调整为不低于40%。”二套房首付比例放宽，进一步刺激了住房需求。

2015年1月1日，国管公积金中心发布关于提高贷款最高额度的通知，贷款最高额度上调至120万元，首付降两成；以及二套房贷款最高额度80万元，首付三成。6月1日国管公积金中心又发布除此前的政策继续实施外，即使此前有过公积金贷款记录的，也不必在等5年之后再使用国管公积金贷款购买政策房。各地政府在中央公积金调整之后积极跟进，通过降首付、提额度等公积金信贷政策调整鼓励住房消费。

2015年全年政府通过多种途径释放流动性，一定程度上既缓解了房地产开发企业融资难的问题，也进一步刺激了改善性的购房需求。房地产行业偿债风险有望进一步降低。

（四）中央着力稳定住房销售，改善市场环境以刺激改善性需求释放，提高企业发展能力

2015年，在整体宏观环境压力仍存的背

景下，中央着力稳定住房消费，盘活存量。2015 年 3 月，全国两会召开，确立了今年政府工作的 10 项主要任务，焦点仍聚焦在全面深化改革，并且明确提出要保持房地产市场的平稳发展，稳定住房消费成为房地产业的重要任务。4 月 30 日，中央政治局召开会议分析研究当前经济形势和经济工作，会议在全年首次提出要盘活存量，建立房地产健康发展的长效机制。

从供应层面来看，2015 年 3 月 25 日国土资源部、住房城乡建设部联合下发了《关于优化 2015 年住房及用地供应结构促进房地产市场平稳健康发展的通知》（国土资发〔2015〕37 号），提出有供、有限，因地制宜确定住房用地规模，保证市场供需平衡。从需求层面来看，3 月 30 日财政部、国家税务总局联合发布《关于调整个人住房转让营业税政策的通知》，提出个人购买 2 年以上（含 2 年）的普通住房对外销售的，免征营业税，免征期限由 5 年下调为 2 年，进一步加快二手房流通速度，活跃市场。

2015 年 10 月 29 日，十八届五中全会通过"全面实施一对夫妇可生育两个孩子政策"，该政策进一步提升了对居住功能需求和住房的升级需求。同时，各地方也陆续出台措施稳楼市，涉及财政补贴、税费减免等多方面，加大库存去化力度。在各地库存压力大的背景下，除放松限购限贷、调整公积金外，各地根据不同的情况，通过财政补贴、契税减免和调整普通住房认定标准等手段，多重利好政策叠加，释放改善性需求稳定市场。

新的调控政策和手段照顾了多方面的利益，避免了房地产市场大的震动，为我国房地产行业和企业逐步树建起健康、规范的行业环境，促进我国房地产行业平稳健康发展。

表 17－11　　2015 年房地产开发和销售主要指标完成情况及增长速度

指标	单位	绝对数	比上年增长（%）
投资源	亿元	95979	1.0
其中：住宅	亿元	64595	0.4
其中：90 平方米及以下	亿元	24646	21.2
房屋施工面积	万平方米	735693	1.3
基中：住宅	万平方米	511570	−0.7
房屋新开工面积	万平方米	154454	−14.0
基中：住宅	万平方米	106651	−14.6
房屋竣工面积	万平方米	100039	−6.9
基中：住宅	万平方米	73777	−8.8
商品房销售面积	万平方米	128495	6.5
基中：住宅	万平方米	112406	6.9
本年到位资金	亿元	125203	2.6
基中：内国贷款	亿元	20214	−4.8
其中：个人按揭贷款	亿元	16662	21.9

资料来源：2015 年国民经济与社会发展统计公报

2015 年房地产行业之十大事件

○ 2 月 28 日，央行决定自 2015 年 3 月 1 日起下调金融机构人民币贷款和存款基准利率。截至 12 月底，已累计实施了五次降息和四次降准。

○ 3 月 30 日，央行、住建部、银监会联合发文指出，为进一步完善个人住房信贷政策，支持居民自住和改善性住房需求，促进房地产市场平稳健康发展，经国务院批准，就相关事项进行通知。

○ 3 月 1 日，北京房地产中介老大链家地产与上海第二大房地产中介德佑地产正式宣布合并，共同打造新链家平台，这是继 2015 年 2 月链家成功并购成都最大的二手房中介伊诚地产之后又一重大举措。

○ 7 月 11 日，中共北京市委十一届七次全会审议通过了《京津冀协同发展规划纲要》，通州正式定位于北京市行政副中心。此政策出台后，通州核心区项目价格快速走高、外围项目捂盘惜售现象愈演愈烈，楼市急剧升温。2015 年 8 月 14 日，北京市住建委、通州区政府发布《关于加强通州区商品住房销售管理的通知》，暂停向无法提供近 3 年在通州连续缴纳社会保险和个人所得税缴纳证明的非本市户籍居民家庭出售通州商品房。

○ 11 月 10 日，中央财经领导小组第十一次会议，提出要化解房地产库存，促进房地产持续健康发展，这是中央首次明确要去库存。

○ 12 月 18 日，国家统计局发布的 70 个大中城市房价数据显示：今年 11 月份，深圳房价同比上涨 44.6%，全国涨幅排名第一。

○ 12 月 13 日，上海公积金 2015 年第一期个人住房贷款资产支持证券（“沪公积金ABS”）在全国银行间债券市场发行。

○ 12 月 6 日，万科发公告称，钜盛华及其一致行动人前海人寿保险合计持有公司总股本的 20%，超过华润的 15.2%，成为公司第一大股东。随后反对宝能系成为万科第一大股东，并采取了反击措施。

○ 统计局数据显示，2015 年全国市场总体复苏。在市场总体复苏的局面下，由于区域经济发展水平以及市场供求等因素的影响，全国房地产市场整体呈现东中西部区域、一二三线城市进一步分化的趋势。

○ 统计局数据显示，2015 年房地产开发投资现历史低谷，房地产拖累稳增长，房地产高增长的阶段已终止。

三、2016 年房地产行业发展趋势分析

从整体来看，2016 年的房地产市场仍将以稳为主，且分化明显。

预计稳定和促进房地产市场发展的政策仍将会在 2016 年继续出台，但由于贷款政策和税收政策等相对较为宽松，预计进一步放松的空间有限。2016 年将会在一些配套

改革政策如户籍制度、住房制度、保障房建设等方面进行更多的调整，房地产市场将迎来政策最为宽松的时期。随着这些措施的出台，预计2016年房地产市场的销售形势相对较好，去库存步伐有所加快，这有助于房地产市场早日实现出清，市场将重新寻求新的平衡，在经济下行、产能过剩影响下，去库存依然将是2016年房地产市场的重要任务。

（一）经济由常年高速增长转为中高速增长、经济下行的压力下使得房地产投资趋于谨慎

中国人民大学《中国宏观经济分析与预测》一书表明，2016年是中国经济持续探底的一年。一方面很多宏观经济指标将出现进一步的回落，另一方面很多微观指标可能出现全面的变异，这将给中国进行实质性的存量调整、全面的供给侧改革以及更大幅度的需求性扩展带来契机，从而为中高速经济增长的常态化打下基础。随着内部结构调整的深化、新的增长点形成以及外部环境出现边际改善，2016年中国经济将在持续探底中开始出现底部趋稳的迹象。预计2016年中国GDP下行压力增加，预测2016年第二产业增速将降至5.4%，较2015年进一步回落0.5个百分点。在房地产下滑、制造业低迷的影响下，固定资产投资将持续放缓，预计2016年固定资产投资增速为9.6%，考虑到价格效应，实际增速与2015年基本持平。目前房地产投资占中国总投资的比重仍然达到约18%，同时房地产投资还会通过产业链影响其他行业的生产和投资。投资人投资意向及规模趋于谨慎。另外受全球经济复苏缓慢我国房地产市场资本成本过高、需求相对不足、物价增长放缓、产能过剩等影响，房地产调整预期较长。

2016年，从趋势来看，房地产开发投资速度受以下几个因素的影响：中国过高的库存强烈影响了房地产商资金的回笼；人口红利的消失强烈影响了房地产投资商的投资预期；传统房地产开发商与政府官员、权贵的关系在反腐运动中被打破，竞争模式已发生变异；过度的区域分化导致中国房地产周期调整比以往要漫长并存在复苏夭折的风险。

2016年投资增速预期会进一步下降，也降低了房地产开发投资速度，上半年行业开发投资、新开工等指标在惯性影响下，仍将延续回落格局，下半年，随着市场预期和信心都有所回升，加之贷款持续宽松格局，行业将持续“盘整”，平稳运行，房地产投资趋于谨慎。

（二）灵活多样的政策调控会引导房地产行业总体平稳运行

新的适应新常态发展的宏观经济政策也逐步成型，成为保持经济平稳增长、促进经济活力增强、结构不断优化升级的有力支撑。在长效机制未完全建立前，差异化行政调控政策不会完全从一线城市退出。地方救市应考虑长期效果，让市场在资源配置中发挥决定作用。

1. 制定配套政策，盘活企业存量土地，合理确定地价水平，综合考虑房地产去库存和加快农民工市民化进程，实施有保有压的用地政策是今年土地工作重点领域

当前结构性改革的重点是化解过剩产能，当务之急是处置“僵尸企业”。根据《2016年国土资源工作要点》，2016年国土资源工作要点主要为，从严落实和创新耕地

保护制度，深入推进土地资源集约利用，巩固不动产统一登记改革成果，深化行政审批制度改革。在少增加土地供应的前提下，查清已有土地、盘活废置土地、打击囤地，增强对土地出让、开发、发售环节的制度和程序监管，打击非法、无证少证等开发，保障好房地产开发环境和秩序。不动产登记制度的进一步完善和主管部门的确定使得全国不动产信息联网整合成为趋势，也是完善我国不动产税收体系的重要前戏，必然会极大打击投机性炒房，正确引导和规范人民群众理性刚需。

2. 宽松多元的财政货币及信贷政策会持续为房地产业回暖供血

首先，近几年来全国范围内房地产限购政策趋于灵活，多地多种金融信贷及公积金政策因地制宜进行调整，既避免一刀切式的调控，又能使中央和地方政府在不同侧面根据所面临的实际情况做出合理预判及调控。

2015 年全国房地产开发投资增速继续回落，但房屋销售形势有所好转的个别城市房价甚至出现较大涨幅。除北上广深一线城市外的其他城市都在不同程度上放开了限购令，同时 2015 年 3 月 30 日央行、住建部和银监会三部门联合发布降低首付款比例和调整免征营业税年限的政策，覆盖自住房以及改善性住房的购房需求，对于改善性需求人群有比较大的利好带动作用，有助于自住和投资的库存量的消化。

其次，央行不对称降息降准，释放了大量的货币流动性，有利于营造房地产企业适宜的融资环境，刺激市场需求，加快高库存压力的释放，提高回款率。在“稳增长和调结构”的经济目标下，政府将扩大投资以及提供更为宽松的货币环境，尤其是在当前大宗商品价格下降以及低通胀的情况下，为宽松的货币政策提供了充足的操作空间，在稳健货币政策及灵活多样的金融工具运作下，资金面会更加宽松，房地产行业也将在低迷的表现中迎来一定程度的回暖。

再次，金融危机以来，全球经济逐渐复苏，房地产仍然处于价值低估阶段，尤其以美国经济复苏速度为快，美元走强，使得我国国内资本流出加快，大量房地产企业借机加快了在海外房地产投资的步伐，动作频繁，多维度进行国际化战略布局，可以加快我国国际化品牌的建立，推进走出去战略。

最后，在由管理型政府到服务型政府转型过程中，政府将更多地加强制度和法制建设，下放权力、简化审批，降低房地产准入资格，鼓励创新发展。例如，如何把传统房企与互联网融合并落地操作成为未来众多房地产企业发展的创新探索途径。

（三）需求多元化和理性化使得资本运营和开发布局作出改变

房地产行业的调整的根本决定导向因素还是需求，国内庞大的消费群体数量和需求一方面给予房地产行业发展提供了巨大的发展基础和动力，但同时也对房地产行业提出了更高要求，消费者及投资人对住房保障、投资兴趣和享受精神文化生活的多元差异化要求，使得旅游地产、院线等文化地产、养老地产、产业园地产等逐渐摆脱概念层面，真正在实操中不断得到理念创新和升华，促使房地产企业将由价格竞争转为战略合作。

5 月 14 日，全球商业地产龙头万达和全球住宅地产龙头万科在北京签订战略合作框架协议，双方宣布建立战略合作关系，计划在国内外项目开展深度合作。未来的万达和万科势必凭借自身的专业优势和专业资源进行整合并适度共享，进而为双方各项目的产品提升其核心的影响力和竞争力，即通过上下游的联合，垂直一体化的整合而形成协同效应，发挥规模优势，降低共享成本，进而取得竞争优势。

（四）房地产行业竞争将进一步加剧

多年来，我国房地产市场持续高速增长，涉足其中企业众多，良莠不齐，开发简单粗暴，模式单一。当企业利润率下行、规模化达到一定阶段时，房地产企业势必会面临多元化转型问题，尤其是在传统住宅市场已经进入"白银时代"的大背景下，多元化布局无疑将是挖掘"黄金"的关键点。2015年房地产市场加速分化，北京等一线城市供小于求，房价持续领涨。部分二线及三四线城市市场恢复缓慢，滞销严重。房地产开发企业之间，利润率普遍下调，大型房企集中度进一步增加，而中小房企则纷纷剥离地产业务谋划转型。进入房地产行业调整期间，趋于完善的政策环境和调控手段、严峻的融资环境和多样化开发能力的要求、规范的市场监管和避险能力，将加剧房地产企业间的竞争，特别是在当前巨量的库存面前，开发商能够"快速去化"提高周转已经成为王道。大批竞争能力弱、创新发展意识差、资本运作水平低的企业将会被淘汰出局。行业洗牌加速，产业链重构，个性化需求及其派生出的新技术、新服务、新产品、新模式成为房地产企业调整的难点但同时也是房地产企业进行探索创新的机遇。持续的创新能力、成熟的融资渠道和平台搭建能力、资源汇集并有效配置、高效运营资本并完成资本扩张和增值仍旧是房地产企业在激烈的竞争中立于不败之地的保障。

附表

2015 年房地产行业上市公司业绩评价结果排序表

行业排名	全部上市公司排名	股票代码	股票简称	综合得分	每股收益（元）	净资产收益率	总资产报酬率（%）	总资产周转率（次）	流动资产周转率（次）	资产负债率（%）	已获利息倍数	营业收入增长率（%）	资本扩张率（%）	市场投资回报率（%）	股价波动率（%）	年末资产总额（万元）	营业收入（万元）	净利润（万元）
1	10	000002	万科 A	81.00	1.64	20.18	6.9	0.35	0.39	77.7	7.97	33.58	17.62	87.75	142.84	61,129,556.77	19,554,913.00	2,594,943.80
2	18	600240	华业资本	80.23	0.62	10.3	8.67	0.25	0.42	77.35	4.67	70.17	19.17	111	182.81	2,026,308.27	468,136.58	87,922.06
3	47	002244	滨江集团	77.70	0.37	14.82	5.58	0.31	0.34	74.11	13.02	7.31	18.73	102.2	181.57	4,223,021.76	1,261,755.52	150,385.65
4	51	000718	苏宁环球	77.49	0.34	12.28	6.33	0.32	0.33	61.41	12.26	35.16	96.19	182.3	251.75	2,478,372.21	737,518.38	88,235.50
5	53	600340	华夏幸福	77.39	1.81	21.97	5.05	0.27	0.29	84.8	37.57	42.58	47.33	43.66	78.92	16,862,335.21	3,833,468.97	498,709.13
6	63	600658	电子城	76.11	0.9	15.55	14.65	0.37	0.46	33.13	197.45	25.97	15.4	18.77	153.31	521,737.77	174,050.01	51,342.09
7	65	600177	雅戈尔	75.97	1.96	11.92	10.89	0.26	0.55	69.27	7.41	–8.65	21.65	46.82	158.4	6,627,728.31	1,452,739.26	437,601.47
8	66	000540	中天城投	75.93	0.61	22.01	6.26	0.31	0.38	76.61	18.16	35.07	69.71	102.94	212	5,540,014.59	1,538,609.47	261,433.73
9	74	002285	世联行	75.41	0.38	18.74	14.29	0.82	0.99	50.74	12.1	42.39	74.57	76.34	229.4	739,802.33	471,055.32	54,400.79
10	84	600053	九鼎投资	74.88	0.66	14.59	9.83	0.32	0.41	73.83	18.19	39.91	37.06	571.07	631.46	459,222.09	112,376.43	28,562.12
11	123	600048	保利地产	73.36	1.15	18.78	6.53	0.32	0.34	75.95	11.36	13.18	20.12	1.27	116.63	40,383,320.30	12,342,878.42	1,682,771.79
12	138	000029	深深房 A	73.04	0.3	14.21	10.74	0.51	0.59	47.29	9.29	1.46	8.38	95.8	199.5	417,993.71	216,336.56	30,106.91
13	155	000671	阳光城	72.65	0.44	16.53	8.43	0.38	0.39	80.42	1.93	61.08	94.14	70.23	146.4	7,017,329.66	2,237,996.92	173,271.79
14	174	600823	世茂股份	72.17	1.16	8.04	6.67	0.24	0.41	62.27	27.15	18.36	23.06	30.66	112.25	6,534,777.67	1,503,280.48	291,910.15
15	254	600684	珠江实业	70.40	0.4	12.18	6.02	0.39	0.41	66.42	16.17	56.27	38.94	45.7	191.83	1,034,847.55	332,913.14	36,492.13
16	266	600641	万业企业	70.14	0.26	6.1	5.25	0.35	0.36	41.6	27.53	33.5	3.85	163.22	221.49	674,937.05	243,764.52	26,363.40
17	272	600683	京投银泰	69.93	0.16	21.9	4.19	0.29	0.31	89.82	5.4	141.99	29.26	41.87	142.68	2,757,644.90	843,607.63	61,572.06
18	347	600663	陆家嘴	68.61	1.02	12.9	7.58	0.11	0.42	69.04	3.95	10.05	6.53	42.34	131.18	5,244,890.28	563,135.79	212,190.49
19	360	600743	华远地产	68.38	0.4	18.03	5.37	0.35	0.37	78.16	69.39	10.2	10.02	55.91	165.67	2,155,258.13	744,900.24	81,785.06
20	362	600576	万家文化	68.33	0.05	1.29	3.41	0.28	0.62	9.55	21.48	2930.57	235.19	237.96	304.89	192,216.98	36,164.73	1,990.96
21	406	000056	皇庭国际	67.56	0.09	–1.39	2.8	0.03	1.72	37.47	1.31	171.17	70.9	149.1	201.13	799,571.43	26,828.80	3,834.50
22	411	002146	荣盛发展	67.48	0.64	13.32	3.92	0.26	0.27	78.6	15.29	1.35	42.26	17.78	110.92	10,287,133.14	2,343,194.59	257,216.55
23	484	000150	宜华健康	66.33	0.12	4.66	3.84	0.29	0.35	63	1.99	554.03	103.7	134.05	182.35	454,964.10	103,122.63	5,506.09
24	593	600383	金地集团	64.46	0.71	7.52	6.98	0.25	0.29	65.83	3.14	–28.27	17.51	36.07	102.02	13,934,614.61	3,273,326.72	484,331.69
25	622	000981	银亿股份	64.08	0.2	2.19	3.14	0.33	0.38	78.06	5.57	33.99	8.59	78.76	150.68	2,471,598.00	845,946.04	43,516.35
26	641	600113	浙江东日	63.80	0.29	6.4	17.29	1.01	2.19	46.06	6.9	122.58	–27.36	22.08	165.45	88,181.18	98,844.80	10,347.73

续表

行业排名	全部上市公司排名	股票代码	股票简称	综合得分	每股收益（元）	净资产收益率	总资产报酬率(%)	总资产周转率(次)	流动资产周转率(次)	资产负债率(%)	已获利息倍数	营业收入增长率(%)	资本扩张率(%)	市场投资回报率(%)	股价波动率(%)	年末资产总额（万元）	营业收入（万元）	净利润（万元）
27	654	000006	福星股份	63.69	0.66	3.74	6.84	0.24	0.3	72.61	1.62	20.08	34.22	58.42	130.08	3,939,520.31	802,886.97	61,161.73
28	658	000926	中洲控股	63.65	0.84	9.16	6.75	0.25	0.28	77.19	1.81	66.44	70.15	48.22	153.99	2,462,139.35	504,782.40	39,985.16
29	659	000042	深振业 A	63.65	0.31	10.1	7.28	0.3	0.37	64.62	3	56.92	6.66	72.99	192.45	1,270,350.42	365,430.95	43,878.59
30	673	000667	美好集团	63.51	0.17	7.31	4.01	0.28	0.3	65.21	7.91	122.23	7.52	58.98	175.69	1,745,465.75	467,880.59	42,480.67
31	687	600734	实达集团	63.38	0.44	−27.45	17.9	0.32	0.36	29.65	5.88	59.12	132.34	375.12	298.85	36,735.98	31,033.80	13,990.15
32	712	600565	迪马股份	63.03	0.2	7.55	3.45	0.31	0.32	76.69	4.92	7.65	2.32	136.55	192.22	2,677,150.52	773,124.00	46,592.68
33	716	000732	泰禾集团	63.00	1.23	11.02	2.65	0.2	0.22	79.87	7.23	76.93	153.91	55.42	134.91	8,478,162.79	1,481,325.84	126,452.24
34	729	600533	栖霞建设	62.82	0.18	3.63	2.61	0.41	0.48	69.44	3.55	101.91	9.9	45.36	160.75	1,346,662.72	573,664.03	17,647.06
35	756	600376	首开股份	62.47	0.89	11.08	6.75	0.2	0.21	82.7	1.95	13.27	50.67	28.72	148.31	14,051,541.12	2,361,788.26	255,425.66
36	793	000631	顺发恒业	62.10	0.22	9.22	3.89	0.29	0.32	68.36	23.31	−29.2	6.63	113.88	184.61	1,189,184.03	347,411.52	32,688.44
37	797	000038	深大通	62.02	0.06	6.45	2.44	0.43	0.43	79.21	0	43.26	5.49	230.82	245.35	74,477.75	30,543.09	806.24
38	877	000040	香江控股	60.93	0.33	5.04	6.36	0.27	0.33	71.77	2.32	−4.44	108.19	39.87	162.03	1,723,251.08	421,165.39	32,816.23
39	881	600162	宝安地产	60.90	0.13	5.09	2.92	0.3	0.32	80.42	2.71	60.7	4.5	135.95	230.89	676,890.93	166,572.92	6,204.46
40	903	600748	上实发展	60.56	0.48	5.84	6.03	0.29	0.32	79.79	3.4	74.05	−0.28	11.9	131.69	2,727,518.41	661,917.51	60,457.27
41	963	000046	泛海控股	59.81	0.44	15.36	4.7	0.1	0.12	87.19	3.54	55.72	21.16	28.44	152.32	11,835,620.04	944,049.35	236,645.59
42	970	002208	合肥城建	59.72	0.29	5.59	3.39	0.3	0.31	75.37	2.34	6.86	9.61	209.23	247.06	669,736.19	188,112.35	8,782.42
43	1081	600807	天业股份	58.23	0.15	10.3	4.86	0.27	0.34	68.72	2.73	43.32	127.11	160.15	310.67	523,679.63	121,314.42	11,456.01
44	1101	600064	南京高科	58.03	1.1	6.26	5.92	0.18	0.36	58.16	6.34	18.38	8.85	65.38	156.44	2,264,755.56	383,812.13	88,097.34
45	1142	600185	格力地产	57.51	2.37	12.4	9.31	0.13	0.14	80.78	24.55	73.56	19.23	7.23	162.06	2,061,264.18	254,492.38	136,956.37
46	1151	600648	外高桥	57.35	0.48	5.76	3.66	0.29	0.51	67.57	6.52	1.72	1.44	−19.77	132.44	2,897,998.28	789,484.60	58,309.20
47	1157	000031	中粮地产	57.33	0.4	3.54	3.8	0.27	0.3	79.96	3.65	49.32	3.95	57.75	189.36	5,532,165.10	1,349,954.27	100,122.23
48	1236	600730	中国高科	56.17	0.22	2.05	4.61	0.48	0.66	48.33	6.84	18.42	3.67	220.89	277.6	280,564.34	131,210.26	7,584.22
49	1305	002016	世荣兆业	55.26	0.08	3.48	2.75	0.28	0.31	66.06	6.14	220.39	−1.43	59.44	194.53	504,075.77	134,901.80	6,194.53
50	1324	000043	中航地产	54.97	0.6	1.43	4.56	0.26	0.39	79.48	2.62	−11.36	13.01	47.55	171.75	2,288,101.86	551,875.90	37,071.09
51	1356	000011	深物业 A	54.63	0.26	0.89	5.24	0.26	0.31	52.03	0	−15.06	1.24	55.3	166.74	437,976.35	107,741.85	15,682.00
52	1387	000691	亚太实业	54.12	0.04	4.07	6.06	0.35	0.44	67.19	4.84	205.07	−34.51	95.46	163.21	28,690.42	10,471.61	1,420.94

续表

行业排名	全部上市公司排名	股票代码	股票简称	综合得分	每股收益（元）	净资产收益率	总资产报酬率(%)	总资产周转率(次)	流动资产周转率(次)	资产负债率(%)	已获利息倍数	营业收入增长率(%)	资本扩张率(%)	市场投资回报率(%)	股价波动率(%)	年末资产总额（万元）	营业收入（万元）	净利润（万元）
53	1402	000537	广宇发展	53.84	0.28	8.72	6.45	0.23	0.26	65.71	4.03	12.5	9.73	36.2	160.02	799,459.23	144,364.36	24,300.86
54	1418	600510	黑牡丹	53.62	0.34	3.13	2.86	0.25	0.29	62.05	4.71	−18.03	39.66	57.75	193.95	1,839,209.33	432,347.77	28,167.35
55	1427	000656	卧龙地产	53.47	0.08	3.31	3.11	0.35	0.36	62.94	8.45	−21.27	1.51	53	189.82	440,176.95	153,001.73	6,052.12
56	1428	600173	金科股份	53.45	0.27	7.92	2.4	0.22	0.24	83.95	6.16	11.98	16.5	5.12	188.19	9,555,279.67	1,939,857.33	123,364.61
57	1443	600077	宋都股份	53.17	0.06	1.75	1.43	0.25	0.26	71.43	2.76	49.52	1.28	34.82	200.63	1,376,798.55	347,349.02	8,217.02
58	1520	000965	天保基建	52.13	0.19	4.3	4.45	0.22	0.26	33.38	15.78	−17.3	3.66	−28.36	209.9	661,576.21	130,630.74	18,687.64
59	1568	600639	浦东金桥	51.37	0.47	5.99	5.35	0.1	0.44	48.6	4.35	−21.66	45.2	3.46	96.71	1,770,166.08	149,964.41	47,151.95
60	1618	600604	市北高新	50.68	0.2	4.37	4	0.16	0.27	59.31	3.42	704.27	167.98	193.34	247.74	880,556.18	99,119.60	11,772.01
61	1622	600325	华发股份	50.57	0.84	3.93	1.35	0.1	0.11	79.3	10.3	17.43	46.08	36.84	104.66	9,163,607.65	834,233.91	68,878.68
62	1637	000036	华联控股	50.35	0.06	3.64	2.59	0.07	0.09	58.49	6.64	99.26	7.61	110.05	193.42	646,374.08	40,902.79	9,469.54
63	1677	600238	海南椰岛	49.72	0.03	−1.54	1.4	0.32	0.49	32.36	3	−10.77	1.48	44.6	163.27	133,133.68	43,860.23	1,327.99
64	1803	600657	信达地产	47.48	0.56	8.87	3.06	0.18	0.2	83.24	4.39	67.73	6.24	−2.33	124.73	5,218,412.55	813,559.29	81,273.16
65	1807	600463	空港股份	47.43	0.09	1.78	2.67	0.2	0.26	60.77	1.89	−15.87	70.43	97.34	191.01	368,733.79	63,773.23	3,025.87
66	1850	000620	新华联	46.45	0.17	2.63	2.02	0.16	0.21	80.05	2.95	32.72	80.86	49.8	165.34	3,399,415.30	464,668.35	28,792.28
67	1853	000609	中国武夷	46.42	0.33	4.44	3.7	0.27	0.3	86.16	1.83	13.43	−19.75	110.42	213.57	998,914.47	240,900.03	12,913.81
68	1856	000797	绵世股份	46.36	0.08	0.81	2.08	0.24	0.29	34.21	0	−26.51	1.35	9.66	156.32	198,236.02	45,467.61	1,815.16
69	1872	600266	北京城建	45.90	0.91	7.71	3.62	0.16	0.2	68.13	14.17	−8.32	22.28	−29.95	156.71	6,403,455.95	917,820.40	148,359.66
70	1889	002305	南国置业	45.49	0.02	2.71	1.34	0.21	0.21	83.27	47.36	15.25	5.97	36.98	198.22	1,908,666.03	305,088.19	8,376.38
71	1928	600094	大名城	44.30	0.23	7.86	3.87	0.18	0.19	73.03	3.66	−3.95	38.22	19.25	260.09	3,647,638.31	516,757.19	64,065.97
72	1929	000838	财信发展	44.28	0.39	2.86	1.63	0.17	0.18	69.66	19.72	12.1	238.13	357.38	301.94	522,010.82	66,787.71	7,751.52
73	1934	000711	京蓝科技	44.15	0.23	−208.75	5.58	0.09	0.4	2.82	0.88	4.86	−9.14	51.18	114.52	29,762.26	7,208.83	−1,000.59
74	1944	000567	海德股份	43.99	0.15	−6.84	9.01	0.06	0.08	4.63	140	5.9	−8.08	147.41	275.04	22,899.30	1,559.42	2,322.86
75	1951	600638	新黄浦	43.75	0.4	2.11	3.44	0.12	0.16	58.05	5.9	18.05	4.13	−14.1	128.84	937,881.20	119,444.13	23,338.55
76	1972	600208	华丽家族	43.18	0.01	0.23	1.18	0.09	0.11	32.55	3.37	4.43	1.68	114.05	324.62	541,748.81	43,022.92	1,805.18
77	1974	600503	新湖中宝	43.16	0.14	3.88	3.13	0.15	0.18	71.48	2.48	5.42	23.87	−30.73	168.46	8,906,743.93	1,163,629.88	104,167.96
78	1980	601588	北辰实业	43.05	0.18	5.45	5.22	0.17	0.21	74.97	1.64	15.28	7.18	17.03	147.24	4,741,312.81	718,597.32	63,533.64

续表

行业排名	全部上市公司排名	股票代码	股票简称	综合得分	每股收益（元）	净资产收益率	总资产报酬率(%)	总资产周转率(次)	流动资产周转率(次)	资产负债率(%)	已获利息倍数	营业收入增长率(%)	资本扩张率(%)	市场投资回报率(%)	股价波动率(%)	年末资产总额（万元）	营业收入（万元）	净利润（万元）
79	1987	000517	荣安地产	42.97	0.03	2.47	2.54	0.16	0.18	54.34	3.02	−67.5	−1.52	171.2	229.86	793,461.62	112,446.10	10,326.52
80	2013	600766	园城黄金	42.42	0.07	10.31	9.6	0.09	0.12	71.35	7.54	−64.03	35.95	76.45	137.78	16,542.33	1,689.80	1,471.31
81	2023	000736	中房地产	42.01	0.1	0.93	1.02	0.16	0.16	63.44	2.71	57	0.74	87.21	148.97	812,693.80	111,226.92	2,778.43
82	2031	600223	鲁商置业	41.74	0.11	6.79	1.01	0.18	0.18	93.06	4.4	3.21	7.04	44.56	172.06	3,476,090.38	586,443.47	14,098.34
83	2041	000402	金融街	41.60	0.75	2.2	6.62	0.16	0.21	72.55	2.01	−29.37	8.21	7.8	113.14	10,567,867.59	1,556,475.00	226,505.54
84	2046	000014	沙河股份	41.37	0.26	5.07	5.84	0.19	0.21	64.39	2.27	−19.27	6.85	68.94	172.71	217,051.50	41,321.37	5,341.08
85	2056	600159	大龙地产	41.08	0.07	2.27	2.75	0.23	0.25	26.29	0	−45.06	0.86	40.56	179.1	292,092.95	66,891.98	5,977.31
86	2076	000668	荣丰控股	40.43	0.17	0.57	3.83	0.07	0.07	49.48	2.84	885.1	4.17	156.55	235.72	144,122.89	10,662.07	2,913.28
87	2105	600665	天地源	39.07	0.24	5.66	1.88	0.19	0.2	84.22	14.63	−7.55	4.69	42.7	207.11	1,734,498.72	297,453.49	20,329.11
88	2108	002133	广宇集团	38.91	−0.08	−2.28	−0.08	0.2	0.21	63.42	−0.2	2.14	−4.36	105.05	225.34	873,502.05	171,953.72	−5,802.20
89	2122	600393	东华实业	38.45	0.22	2.6	4.62	0.19	0.22	78.32	1.65	−6.76	4.23	70.59	185.33	528,608.87	83,105.38	6,034.57
90	2136	000882	华联股份	38.05	0.1	−6.32	3.94	0.09	0.39	51.05	1.67	−20.54	−0.63	43.53	217.25	1,360,658.34	119,174.84	19,444.00
91	2178	000534	万泽股份	36.34	0.09	−1.03	3.07	0.15	0.16	49.6	3.46	−6.61	1.7	25.9	199.79	328,942.06	49,181.08	3,780.00
92	2185	600773	西藏城投	35.99	0.09	1.13	1.45	0.07	0.07	76.66	2.62	−27.42	5.88	51.36	151.49	1,106,477.66	76,152.46	5,728.63
93	2192	600791	京能置业	35.53	0.17	5.79	3.71	0.15	0.16	60.94	6.29	−56.15	2.5	46.54	193.98	530,421.59	82,972.09	13,738.26
94	2195	000616	海航投资	35.27	0.16	−4	4.84	0.14	0.16	49.43	5.74	−38.45	4.54	65.14	268.88	876,374.33	123,134.63	22,109.22
95	2196	600322	天房发展	35.24	0	2.06	2.2	0.18	0.19	77.03	2.71	19.53	−5.71	19.45	160.91	2,439,101.31	380,217.63	18,226.03
96	2198	600239	云南城投	35.06	0.26	−4.71	1.85	0.1	0.12	87.64	1.93	1.66	12.91	42.25	159.28	4,519,229.97	401,290.99	21,132.88
97	2213	600890	中房股份	33.62	0.02	−5.41	3.93	0.04	0.1	9.77	6.99	3.66	3.82	−10.02	154.28	36,514.29	1,591.93	1,213.29
98	2217	600215	长春经开	33.33	0.01	0.26	1.52	0.09	0.14	40.22	1.21	−62.38	0.08	96.24	182.15	404,625.24	37,288.85	465.69
99	2226	600736	苏州高新	32.96	0.17	−9.94	3.73	0.16	0.19	70.79	2.23	−9.06	33.2	100.1	200.34	2,024,259.25	325,072.00	23,446.75
100	2239	000608	阳光股份	32.30	0.03	−1.8	5.33	0.06	0.16	59.71	1.61	−52.33	−5.18	25	173.78	1,025,232.40	64,760.00	6,833.10
101	2257	000558	莱茵体育	30.89	−0.42	−22.72	−8.13	0.67	0.84	52.13	−10.14	−31.99	−22.53	364.32	345.48	283,074.01	252,813.99	−35,216.00
102	2269	000979	中弘股份	30.44	0.06	−5.87	2.95	0.07	0.07	70.66	7.39	−48.08	3.82	45.55	181.42	2,005,458.81	129,012.18	29,250.00
103	2289	600082	海泰发展	29.32	0.02	−0.87	1.68	0.2	0.2	50.77	1.24	−25.79	0.59	3.03	153.05	356,737.28	68,375.11	1,038.35
104	2301	000514	中茵股份	28.29	−0.3	−3.16	−1.04	0.08	0.14	47.46	−2.05	−55.88	58.54	202.01	302.46	1,118,326.54	71,601.04	−14,384.66

续表

行业排名	全部上市公司排名	股票代码	股票简称	综合得分	每股收益（元）	净资产收益率	总资产报酬率(%)	总资产周转率(次)	流动资产周转率(次)	资产负债率(%)	已获利息倍数	营业收入增长率(%)	资本扩张率(%)	市场投资回报率(%)	股价波动率(%)	年末资产总额（万元）	营业收入（万元）	净利润（万元）
105	2303	600745	渝开发	28.26	0.01	-2.97	0.9	0.15	0.22	54.76	0.49	-40.68	-1.62	62.83	166.15	735,816.42	115,504.00	-10,065.26
106	2308	600052	浙江广厦	28.06	-0.75	-50.84	-4.63	0.31	0.35	77.84	-1.46	33.14	-35.19	39.08	163.66	587,029.81	234,209.64	-65,620.10
107	2336	000505	*ST 珠江	26.42	-0.25	240.5	-0.45	0.16	0.27	113.6	-0.07	11.79	-1323.79	42.45	208.19	171,444.40	26,706.88	-12,712.14
108	2373	600696	匹凸匹	23.73	-0.3	-26.88	-11.62	0.02	0.02	57.32	-128.83	109.45	-10.41	146.5	210.86	137,120.96	2,104.58	-16,804.13
109	2399	000863	三湘股份	22.23	0.11	-8.98	2.6	0.04	0.05	77.64	1.46	-59.12	-1.87	69.39	212.24	1,347,658.05	51,950.29	7,958.78
110	2423	000502	绿景控股	21.08	-0.13	-13.27	-7.12	0.06	0.06	47.54	0	-67.69	-5.78	233	309.93	40,469.95	1,976.45	-2,420.37
111	2425	600716	凤凰股份	20.96	-0.1	-3.45	3.05	0.13	0.15	73.02	0.85	-41.81	-13.36	22.71	205.43	773,153.90	106,447.62	-7,788.42
112	2444	000573	粤宏远 A	19.47	-0.15	-6.41	-1.54	0.1	0.15	52.12	-0.79	-64.43	-5.5	73.74	183.02	318,672.85	30,956.74	-9,884.48
113	2467	000803	金宇车城	18.03	-0.26	-20.22	-2.77	0.22	0.25	75.11	-0.72	-37.24	-22.03	168.47	271.38	47,369.01	10,229.13	-3,331.81
114	2487	600246	万通地产	16.65	-0.5	-16.93	-2.31	0.19	0.21	76.63	-1.67	37	-16.21	42.86	85.34	1,366,789.80	261,886.13	-58,901.34
115	2490	600732	*ST 新梅	16.47	-0.25	-32.16	-10.2	0.13	0.42	52.41	-3.85	-32.54	-22.96	5.19	105.35	78,472.71	11,027.58	-11,186.03
116	2491	600225	天津松江	16.29	-0.77	-50.79	-0.35	0.04	0.05	85.89	-0.07	-75.16	84.36	14.19	175.3	1,479,894.56	63,276.01	-75,634.00
117	2503	600733	S 前锋	15.02	-0.15	-5.94	-6.95	0.02	0.03	41.08	0	-64.28	-12.15	5.43	209.77	46,328.56	1,064.97	-3,776.68
118	2509	600675	*ST 中企	13.78	-1.33	-59.99	-3.45	0.12	0.14	88.35	-1.14	5.42	-41.96	19.11	155.44	3,661,757.33	465,446.89	-280,081.41
119	2510	600767	运盛医疗	13.25	-0.21	-20.33	-10.6	0.08	0.12	37.55	-10.16	-72.55	-8.19	83.08	242.14	58,330.96	5,033.80	-7,096.42
120	2531	000918	嘉凯城	8.19	-1.3	-63.29	-5.71	0.11	0.12	90.51	-3.27	-52	-44.83	51.29	180.72	3,468,431.00	405,565.49	-268,358.41
121	2532	600724	宁波富达	7.26	-0.8	-30.12	-4.14	0.15	0.18	81.99	-3.54	-48.05	-28.85	28.74	174.45	1,775,551.65	274,649.34	-111,643.51
122	2533	000897	津滨发展	3.32	-0.12	-8.35	-0.59	0.11	0.12	75.12	-0.35	-59.3	-16.82	-24.51	168.69	629,093.66	74,047.12	-18,662.83
		600466	蓝光发展	79.84	0.4	17.59	6.36	0.62	0.71	79.82	5.8	4309.37	1797.38	84.9	161.41	5,624,392.99	1,759,836.12	95,424.20
		001979	招商蛇口	77.03	0.88	14.12	6.26	0.26	0.3	70.52	8.16	8.21	36.92	73.07	0	21,089,922.64	4,922,241.50	804,657.36
		601155	新城控股	75.83	1.51	13.82	5.84	0.4	0.51	79.54	19.36	14	13.24	73.07	29.75	6,780,211.56	2,356,879.31	239,960.47
		600708	光明地产	75.16	0.46	13.21	4.08	0.45	0.49	83.15	3.97	173.67	333.01	43.64	137.95	4,992,481.81	1,238,728.51	50,281.19
		000615	湖北金环	73.17	0.61	3.88	8.7	0.55	0.74	73.39	14.43	247.29	150.15	61.53	203.48	734,294.06	241,328.13	26,348.86
		600606	绿地控股	68.92	0.58	16.62	4.45	0.68	0.76	88.04	4.57	187837.21	3730.37	11.32	251.03	60,043,607.04	20,725,659.48	738,477.22
		600848	上海临港	57.31	0.47	13.03	8.73	0.21	0.28	49.65	6.54	-12.88	2507.45	104.57	197.88	698,003.95	90,107.83	24,239.93

第十八章　环保行业

从“十二五”开始，政府对环保行业的重视程度有显著的提升，环保投资占GDP的比重显著上升。受益于此，与市政相关的环保领域在过去十年中快速发展，包括污水处理、垃圾焚烧等大部分项目都伴随着政府投资而落定。

目前我国环保行业总体规模不断扩大，产业领域不断扩展，整体水平不断提高，初步形成了包括环保产品设计、生产、工程、环保服务等门类齐全的产业体系，成为我国国民经济不可或缺的新兴产业。

一、环保行业上市公司业绩评价结果

截至2015年末，环保行业（包括环保工程、环保服务、环保设备行业）A股上市公司共31家，其中盈利29家；截止2015年末，环保行业上市公司资产总额为1,672.20亿元，2015年度实现营业利润78.43亿元，实现净利润73.98亿元。环保行业整体表现与全部上市公司表现基本相当。

环保行业的综合评价得分值为56.87分，低于全部上市公司的61.68分。有1家环保行业上市公司进入2015年上市公司业绩评价综合得分的百强名单。在27家环保上市公司中（在业绩排名时，剔除了其中4家当年上市或重组借壳上市的公司），业绩为A级以上的有1家；业绩为B级以上的有11家；业绩为C级以上的有15家。

2015年，环保行业排名前十的上市公司见表18-1：

表18－1　2015年度环保行业十强排行榜

名次	股票代码	股票简称	在全部上市公司中排名
1	300070	碧水源	6
2	000826	启迪桑德	107
3	002573	清新环境	232
4	300203	聚光科技	427
5	002672	东江环保	601
6	300137	先河环保	691
7	000035	中国天楹	696
8	300332	天壕环境	710
9	300156	神雾环保	780
10	002479	富春环保	868

基于对环保行业上市公司的整体评价，下面分别从财务效益状况、资产质量状况、偿债风险状况、发展能力状况、市场表现状况五个方面对环保行业上市公司进行具体分析。

（一）财务效益状况

从综合得分来看，2015年环保行业上市公司财务效益略高于全国上市公司平均水平，也略高于同行业上年水平。表 18-2 列示了 2015 年环保行业上市公司财务效益状况评价结果。

与 2014 年的情况相比较，2015 年环保行业上市公司财务效益略有提高，但是幅度不大。从下表可以看出，在财务效益中，环保行业营业利润率比上市公司整体水平高约 3 倍，但是盈利现金保障倍数仅为上市公司整体水平的 1/3。以上数据反映出环保行业虽然经营中产生大量利润，但是现金流状况却没有相应改善。

在环保行业上市公司财务效益状况指标中，碧水源的财务效益得分为 30.77，财务效益在环保行业排名第一。碧水源主营业务是膜器组的销售和污水处理方案设计，近年来逐项扩展到整个污水处理产业链，并开始向固废领域扩张。碧水源表现了较强的财务效益，其净利润增长率大幅降低。

碧水源在国内大中型膜工程市场中，市场份额位列同业前茅。环保部等部委按照国务院的要求编制的《水污染防治行动计划》出台后，推进了可污水处理乃至整个环保行业的市场化进程，与此同时，在国家政策的大力推动下，PPP 模式（公私合营模式）正在成为污水处理行业的主要模式。PPP 模式有助于引入社会资本和专业环保力量，缓解政府的资金压力。在这种模式的推广下，综合实力较强的环保企业将获得先发优势，中小环保企业的市场空间将被挤占，从而将深刻影响行业的发展格局。基于以上原因，碧水源公司在 2015 年业绩仍然向好。

表 18－2　　环保行业财务效益状况比较表

评价指标		2015 年上市公司平均值	2015 年行业值	2014 年行业值	增长率（%）
基本指标	扣除非经常性损益净资产收益率（%）	5.61	7.14	9.30	−23.23
	总资产报酬率（%）	5.11	7.11	7.02	1.28%
	得分	20.11	23.23	23.66	
修正指标	营业利润率（%）	5.06	14.00	12.59	11.20
	盈利现金保障倍数	2.20	0.16	0.58	−72.41
综合得分		17.78	19.57	21.67	

（二）资产质量状况

从综合得分来看，环保行业上市公司资产质量低于上市公司平均水平，略好于同行业上年水平。

表 18-3 列示了环保行业上市公司资产质量状况评价结果。在环保行业上市公司资产质量状况指标中，总资产周转率、流动资产周转率、应收账款周转率及存货周转率均大幅低于上市公司平均水平。随着 2015 年多项利好政策的出台，与 2014 年相比，除总资产周转率外，2015 年各项周转率指标均有好转，整体行业的资产质量有所提升。

表 18－3　　环保行业资产质量状况比较表

分析指标		2015 年上市公司平均值	2015 年行业值	2014 年行业值	增长率 (%)
基本指标	总资产周转率（次）	0.62	0.38	0.43	−11.63
	流动资产周转率（次）	1.24	0.82	0.82	0.00
	得分	8.16	6.51	7.02	
修正指标	应收账款周转率（次）	8.25	3.09	2.71	14.02
	存货周转率（次）	2.74	4.68	2.54	84.25
综合得分		8.25	7.16	6.61	

（三）偿债风险状况

从综合得分来看，2015 年环保行业上市公司偿债风险状况与全国上市公司平均水平基本持平，低于同行业上年水平。

表 18-4 列示了环保行业上市公司偿债风险状况评价结果。在环保行业上市公司偿债风险状况指标中，碧水源得分排名第一，资产负债率、获利倍数、速动比率等指标均好于上市公司及行业平均水平，这与其产品优势、经营状况有很大关系。

表 18－4　　环保行业偿债风险状况比较表

评价指标		2015 年上市公司平均值	2015 年行业值	2014 年行业值	增长率 (%)
基本指标	资产负债率 (%)	43.11	45.55	52.01	−12.42
	获利倍数	3.74	15.51	6.05	156.36
	得分	9.80	10.10	10.01	
修正指标	速动比率 (%)	39.7	139.17	98.32	41.55
	现金流动负债比率 (%)	22.15	11.68	6.55	78.32
	带息负债比率（%）	43.24	46.19	43.15	7.05
综合得分		8.94	8.83	9.14	

由表 18-4 可见，2015 年环保行业获利倍数与现金流动负债比例在 2014 年基础上均发生不同程度的提高，这反映了环保行业财务费用增长速度低于利润增长速度。同时，由于应收账款回款期缩短，现金流量状况逐步向好。环保行业公司在宏观环境以及利好政策不断推出的情况下，业绩水平逐步提高，相应偿债风险也随之有所降低。

（四）发展能力状况

从综合得分来看，2015 年环保行业上市公司发展能力状况优于全国上市公司的平均水平，且高于同行业上年水平。

表 18-5 列示了环保行业上市公司发展能力状况评价结果。在环保行业上市公司发展能力状况指标中，碧水源得分 18.40，排名第一。2015 年，公司环保类主营业务继续保持稳健的经营态势，公司环保类各项细分业务经营业绩均保持了持续稳定的增长，在固废处置、水务运营、环卫一体化、再生资源以及环保设备制造方面都有了新的进展以及突破。

表 18－5 环保行业发展能力状况比较表

分析指标		2015 年上市公司平均值	2015 年行业值	2014 年行业值	增长率 (%)
基本指标	营业收入增长率 (%)	−1.98	41.07	23.01	78.49
	资本扩张率 (%)	50.09	40.90	24.03	70.20
	得分	11.82	14.15	16.31	
修正指标	累计保留盈余率 (%)	−12.30	−25.17	34.53	−172.89
	三年营业收入平均增长率 (%)	13.34	22.92	18.72	22.44
	总资产增长率 (%)	43.74	67.29	33.86	98.73
	营业利润增长率 (%)	−12.37	40.70	32.19	26.44
综合得分		10.64	12.65	12.96	

2015 年环保行业上市公司营业收入增长率从 2014 年的 23.01% 升至 41.07%，同时三年营业收入平均增长率从 2014 年的 18.72% 提高至 22.92%，营业收入呈现大幅增长的态势。随着中国利好政策的推出，国家对环保行业的支持力度的增加，环保行业迎来了重大的发展机遇。

（五）市场表现

2015 年行业整体走势较好，明显强于 2014 年的市场表现，但劣于大盘的表现。主要原因是环保行业 2015 年水处理板块和大气治理板块利润增速较快，固废板块利润增速下滑，监测板块净利润继续维持 40% 以上的增长。同时，并购和再融资提速，PPP 发展迅速。

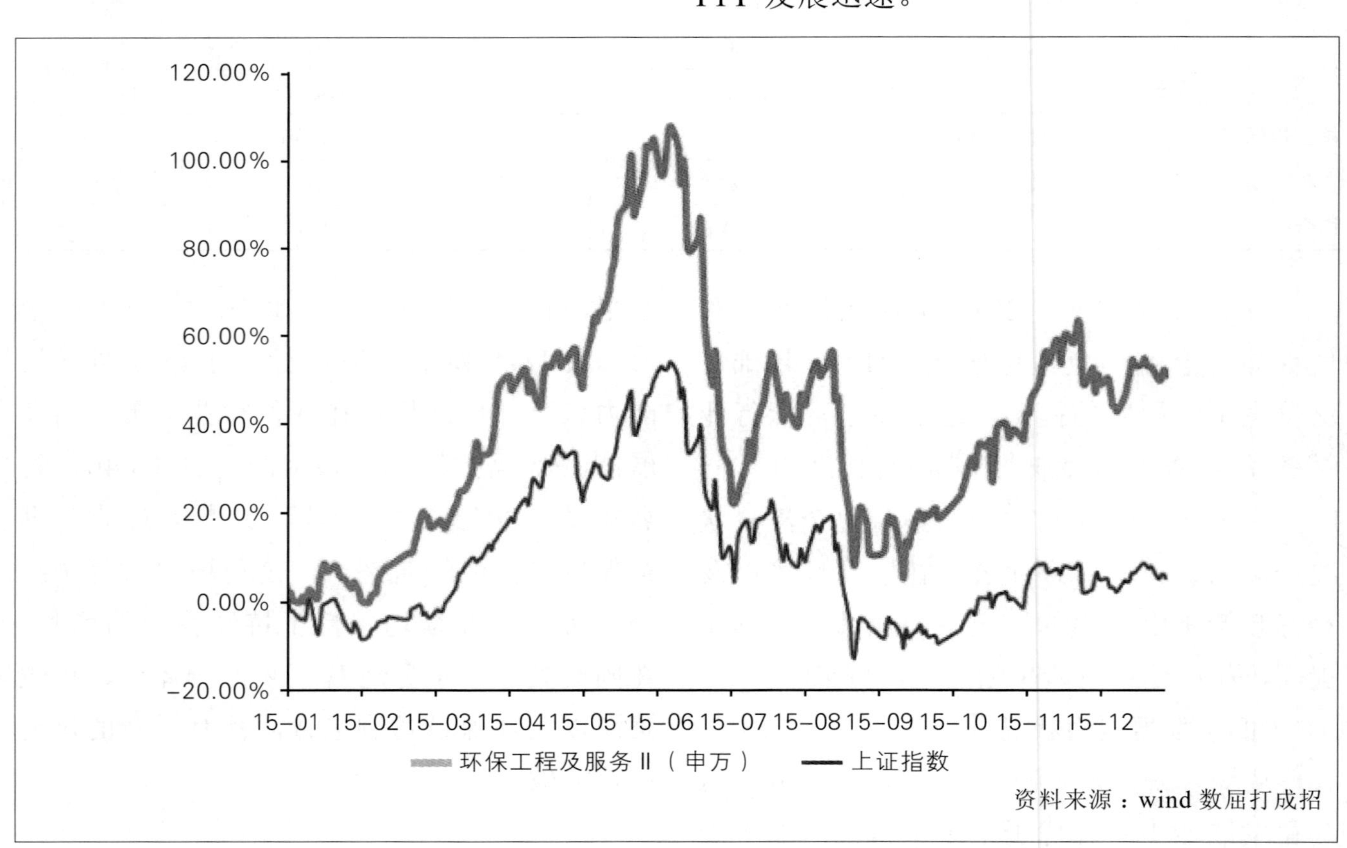

图 18－1 保指数与大盘指数波动

从综合得分来看，环保行业上市公司市场表现状况劣于全国上市公司的平均水平。表 18-6 列示了环保行业上市公司市场表现状况评价结果。

表 18 – 6　　环保行业公司市场表现状况比较表

分析指标	2015 年上市公司平均值	2015 年行业值	2014 年行业值	增长率 (%)
投资回报率 (%)	74.18	58.04	31.61	83.61
股价波动率 (%)	182.00	165.27	71.11	132.41
得分	8.54	8.66	8.72	

二、2015 年环保行业业绩的影响因素分析

经过 30 多年的发展，我国的环保产业已经从初期以“三废治理”为主，发展为包括环保产品、环境服务、洁净产品、废物循环利用，跨行业、跨地区，产业门类基本齐全的产业体系。总的来说，在内外部的压力之下，2015 年中国环保行业上市公司的基本面以增长为主，但各细分环保行业发展受到诸多因素影响而发展不均衡。大气领域（以脱硫、除尘脱硫改造为主）和废固领域中垃圾焚烧行业的市场全面启动，使得大气及废固处理公司业绩有明显改善。受多项行业政策出台影响，水处理行业增速提高。

（一）污水行业市场环境良好

2015 年利好水务的大型政策颇多，诸如《水污染防治行动计划》、《环保法修订案》、《环保税》、《国家新型城镇化规划 (2014-2020 年)》、《推进价格机制改革的若干意见》、《十三五规划建议》等，以及多项排放标准，这些都为水务带来新的市场需求，并增加市场需求的刚性。

2015 年 5 月，环保部对“十三五”全社会环保投资的预测达 17 万亿元。其中水务市场约 5 万亿元，可见市场体量巨大。

（二）竞争惨烈致大气治理毛利下降

1. 大气治理竞争惨烈，导致行业毛利率下降

大气治理行业的客户主要面向企业，缺乏地方保护效应，这是大气治理市场不同于其它子行业的特点。市场竞争过于激烈，导致价格战，降低了毛利率。而市场资源也不断向有规模、有品牌、有技术优势的企业聚集，集中度呈上升趋势，出现马太效应，致使规模小的企业越发艰难。

2. 利好政策不断，拉动大气治理行业整体不断前行

大气十条带来政策强力支持，并打开大气治理市场，脱硫脱硝标准不断提高，带来提标改造增量，越来越多的行业制定大气排放标准，拉动大气治理市场增量，其中仅 2015 年 11 月，就有 11 项通用核算方法与报告要求 VOC（挥发性有机化合物）、汞等成为“十三五”的控制指标，拓展新市场。这些因素使大气治理行业整体的体量呈上升趋势。

3. 大气治理行业需要技术突破

当前大气治理行业在脱硫、脱硝、除尘等方面的技术较为单一，缺乏技术拉动

力，该方向有所突破的企业，能获得市场认可，比如清新环境，且技术的控制，需要过程前、过程中和过程后的控制联动，特别是VOC类的新增市场。

4. 大气治理经营范围逐步向运营市场过渡

大气治理的治污设施数量，出现增速放缓，逐渐市场容量趋于饱和，说明需要寻找新的增长点，通过管理面放宽、标准趋严等试来实现。运行费用增速快于设施数量增长，说明管理上得到了加强，建而不运的现象有所改善，说明市场在向运营市场过渡。

（三）垃圾焚烧逼近固废处理业绩分化阶段

1. 垃圾焚烧业绩分化逐渐逼近

垃圾焚烧行业在经过前一阶段的“跑马圈地”之后，资本市场对相关标的的预期与认知已经到达相当水平。尽管当前我国垃圾焚烧处理能力相较相关规划仍有较大的提升空间，但一二线城市的剩余大项目数量开始下降，新签项目中三四线城市甚至更小县市的占比开始提升，同时垃圾处理费逐渐下降，导致后续项目订单的业绩验证承受的压力增强。我们因此判断，垃圾焚烧项目正在逐步演化进入题材的业绩验证与分化阶段，手握优质项目并开始验证业绩的标的将更多受到市场的亲睐，而手中虽有项目、推进速度和业绩释放却不及预期的标的，受到的市场关注度反而可能下降。

2. 垃圾焚烧行业仍有较大市场

2015年，生活垃圾焚烧领域实现进一步增长。根据循环经济协会的统计，截至2015年8月底，中国建成投产的垃圾焚烧电厂共207座，处理规模约为19.9万吨/天；在建垃圾焚烧电厂36座，处理规模约为3.58万吨/天。这些垃圾焚烧电厂主要分布在经济发达地区，其中江浙粤三省的垃圾焚烧厂数量最多。随着中国城市化进程的加快，中国垃圾焚烧厂的数量还会继续增加。根据《“十二五”全国城镇生活垃圾无害化处理设施建设规划》，预计到2015年年底，中国投产和在建的生活垃圾焚烧发电厂将超过300座。

3. 集中度提升、处理费下降加速业绩分化趋势

在行业跑马圈地的同时，市场参与者的分化随着市场上剩余优质项目数量的减少而开始悄然显现。手握优质、大型项目的企业占据市场份额进一步提升，体现出强者愈强，业绩分化的趋势。

与此同时，作为垃圾焚烧项目收入的重要组成部分，处理费历年来呈现不断下滑的趋势，也进一步推动行业加速进入业绩分化阶段。2015年以来，市场报价不断刷新垃圾焚烧项目处理费新低。行业整体处理费收入的下滑将对项目盈利能力造成压力，相较而言，规模经济效应略逊一筹的中小型项目（尤其是500吨以下项目）将受到更大影响。

（四）国家推进环境监管工作，为监测市场带来增量

2015年以来，国家加强了对环境的监管工作，包括对水环境、空气质量的监测，以及对企业层面的监管工作等。截至目前，全国已建立各级监测站2700多家，监测人员近6万名，监测仪器设备26.8万台（套）；全国338个地级及以上城市实时发布1436个环境空气自动站点6项污染物浓度和环境空气质量指数。国家监管系统建设工作的推进，也会倒逼企业做更多的自我监测，从而打开环境监测市场。

2015年的环境政策中有一个很大的变

动，即不再以环保设施数量为考核依据，而是以最终实现的环保效果为考核依据，而如何考评这些效果，只能通过环境监测来完成，这是环境监测刚性需求的基础。

2015年环保行业大事件

1.新《环保法》正式实施

2015年1月1日，被称为“史上最严”的新《环境保护法》正式实施。这次环保法的修订，主要包括加强环境保护宣传，提高公民环保意识；明确生态保护红线；对雾霾等大气污染的治理和应对；明确环境监察机构的法律地位；完善行政强制措施等十二个方面。

2.环保部首次“约谈”地方政府一把手

2015年2月25日下午，针对临沂市部分企业存在未批先建、批建不符、久试不验、偷排漏排、超标排放和在线监测设施运行不规范等环境违法行为，受环境保护部委托，华东环保督查中心对山东省临沂市主要领导进行了约谈，并且提出了限期整改要求，启动了新《环境保护法》实施后华东区域内的首场环保约谈。

3.“水十条”正式出台

《水污染防治行动计划》（简称“水十条”）2015年4月16日正式出台，明确取缔污染企业、专项整治造纸、印染、化工等重点行业；加快水价改革，完善污水处理费、排污费和水资源费等收费政策；健全税收政策；加大政府和社会投入，促进多元投资等多项内容。强调从全面控制污染物排放、推动经济结构转型升级、着力节约保护水资源、严格环境执法监管、强化公众参与和社会监督等十个方面开展防治行动。

4.北京上空再现“阅兵蓝”

自2015年8月20日启动中国人民抗日战争暨世界反法西斯战争胜利70周年纪念活动空气质量保障措施以来，机动车限行、企业停限产、工地停工等减排措施落实到位，再加上周边部分省市也提前启动保障措施，使得北京的空气质量持续优良，pm2.5浓度水平创有观测记录以来连续5日浓度最低值。继“APEC蓝”后，“阅兵蓝”成为首都新目标。

5.《生态文明体制改革总体方案》出台

2015年9月，中共中央、国务院印发了《生态文明体制改革总体方案》，要求为加快建立系统完整的生态文明制度体系，加快推进生态文明建设，增强生态文明体制改革的系统性、整体性、协同性，树立发展和保护相统一的理念，发展必须是绿色发展、循环发展、低碳发展，平衡好发展和保护的关系，按照主体功能定位控制开发强度，调整空间结构，给子孙后代留下天蓝、地绿、水净的美好家园，实现发展与保护的内在统一、相互促进。

6. 环保首次改革实行“垂直管理”

第十八届五中全会审议通过的《中共中央关于制定国民经济和社会发展第十三个五年规划的建议》，提出实行省以下环保监测监察执法垂直管理，地市级环保局实行以省级环保厅局为主的双重管理体制，县级环保局作为地市环保局的派出机构，不再单设。

7. 北京首发红色预警

2015 年 12 月 7 日晚，北京市空气重污染应急指挥部（以下简称应急办）发布空气重污染红色预警，全市从 12 月 8 日 7 时至 10 日 12 时启动最高预警等级。这是北京自 2013 年《北京市空气重污染应急预案》通过以来首次启动红色预警。12 月 19 日早 7 时，北京第二次启动红色预警。12 月 23 日，天津和河南首次启动了重污染天气红色应急响应。

8.PPP 模式全面展开

2015 年开始，PPP 模式在各地全面展开，业内人士称之为 PPP 元年。12 月中旬，发改委公布了第二批 PPP 推介项目，共计 1488 个、总投资 2.26 万亿元，加上第一批次项目总投资已达到 3.5 万亿元。如果再加上财政部公布的两批次示范项目，PPP 总投资额超过了 4 万亿元。在可以预见的未来，PPP 将成为环保产业的主流模式之一。

三、2016 年环保行业前景展望

从行业整体来看，我国仍然处于环保投资增速阶段。

（一）多项政策利好水务行业

1. 价格机制改革明确利好水务行业

2015 年 10 月，国务院发布《关于推进价格机制改革的若干意见》，提出到 2017 年，竞争性领域和环节价格基本放开；到 2020 年，市场决定价格机制基本完善，价格调控机制基本健全。同时，要求完善环境服务价格政策，合理提高污水处理收费标准，城镇污水处理收费标准不应低于污水处理和污泥处路成本；并要求全面实行居民用水阶梯价格。“意见”进一步明确了价格机制改革的目标和方向，或将加快推动我国水价形成机制的完善，利好水务行业发展。随着水价改革的推进，价格机制的有效发挥，水务行业整体盈利能力有望获得提升。

2. 排放标准将收严将促进城镇污水处理厂改造

2015 年 11 月，环保部发布《城镇污水处理厂污染物排放标准》（征求意见稿），启动标准修订稿意见征求程序。相比现行排放标准，此次修订标准大大收严了污染物排放要求，其变化主要体现在：1）新修订标准将对污染物控制项目进行扩容，其中基本控制项目在现行标准 19 项的基础上，增加总镍和苯并（a）芘 2 项，达到 21 项；选择控制项目则由现行标准的 43 项扩展至 82 项，新增加项目主要集中在金属类与农药类等项目上。扩容后，污染物控制项目将由现行标准的 62 项扩展至 103 项。2）新修订标准在基本控制项目排放限值方面，将新增特别排放限值，特别限值与将与现行的《地表水环境质量标准》中的 IV 类水对接。3）新修订标准要求，自 2016 年 7 月 1 日起，新建城镇污水处理厂执行一级 A 标准；自 2018 年 1

月1日起，敏感区域内的现有城镇污水处理厂执行一级A标准；生态环境承载力脆弱地区的城镇污水排放执行特别排放限值，执行的地域、时间由国务院环保行政主管部门或省级人发政府规定。

我国目前的城镇污水处理厂污染物排放执行一级A标准的比例较低，多数执行的则是一级B及以下的标准。截至2014年8月，住建部实时管理的城镇污水处理厂共有3900座，日处理能力1.55亿立方米。其中，一级A污水厂约860座，日处理能力2925万立方米。一级A污水厂的数量占比约22%，若按日处理能力计，则比例不足20%。这意味着全国尚有约8成的城镇污水处理厂的污水排放标准低于一级A。因此，新修订标准落地后，有望掀起大规模的污水处理厂提标改造热潮，同时，根据新标准的时限要求，2016-2017年将迎成为改造的高峰。

（二）超低排放和VOCs将为大气治理新的增长点

1. 超低排放全面提速扩围

2015年12月11日，环保部、发改委、能源局联合印发了《全面实施燃煤电厂超低排放和节能改造工作方案》（“工作方案”）。这是煤电领域超低排放改造计划的全面升级。

在超低排放方面，“工作方案”提出到2020年，全国所有具备改造条件的燃煤电厂力争实现超低排放。全国有条件的新建燃煤机组达到超低排放水平，现役煤电机组的超低排放改造，东、中部地区分别提前至2017年前和2018年前完成，西部地区在2020年前完成，力争在2020年前完成改造5.8亿kW。工作方案同时明确将在电价补贴、发电量奖励、财政、融资等7大方面对超低排放改造给予支持。与2014年9月出台的《煤电节能减排升级与改造行动计划（2014-2020年）》相比，工作方案在超低排放改造时间和目标任务上均提出了更严格的要求，超低排放改造提速扩围将全面推进。政策的再度加码，必将催生超低排放领域高景气度。

2. 政策助力推动，VOCs治理行业发展加速

2015年6月，财政部等三部委联合印发《挥发性有机物排污收费试点办法》（“试点办法”），“试点办法指出”将于2015年10月1日起，对石油化工行业和包装印刷行业征收VOCs排污费；而在地方上，根据“试点办法”北京和上海率先制定了相关的VOCs收费办法，北京最高收费标准40元/千克，上海则将分三阶段收费，从10元/千克逐步提升至20元/千克。排污收费的实施，将倒逼排放企业加大VOCs的治理力度，从而将加快推动包括治理基础与保障的监测细分领域在内的整个VOCs治理行业的发展。此外，环保“十三五”规划。或将对VOCs排放实施总量控制并纳入约束性指标，政策的再度加码，则有望使VOCs治理（包括监测细分领域）行业在“十三五”期间迎来爆发式增长。

（三）PPP模式下海绵城市进入加速建设期

目前海绵城市的PPP方式主要有两种：政府购买公共服务和资源补偿。海绵城市通过低影响开发和减少地表径流具有很高的外部性的生态效益，通过可靠、强有力的监测数据将海绵城市所发挥的生态价值量化后列入政府财政服务清单，政府分期对海绵城市的运营维护支付费用，这就是政府购买公共服务方式。资源补偿是指通过提供土地开发

权的直接资源补偿、旅游景区开发权的捆绑资源补偿、或授予特许经营权等可以实现海绵城市的另一种运作方式。目前行业内已有一些企业，参与到基于 PPP 模式的流域治理、河道整治、河道截污工程、河流沿岸景观建设等项目中。

根据《关于推进海绵城市建设的指导意见》，2015 年 16 个试点城市计划 3 年内投资 865 亿元，每平方公里投资约 1.9 亿元。首批海绵城市试点项目申请时全国共有 130 城市制定方案，行业普适性强。预计第一批申请的城市对应市场空间约为 7028 亿元，全国所有地级以上城市对应市场空间将达到 1.56 万亿元。

巨额的投资与当前地方政府财政紧张相对应的情况下，PPP 将成为海绵城市建设的主要模式。

（四）环境监测业务将迎来快速增长

2015 年 11 月发布了《中共中央关于制定国民经济和社会发展第十三个五年规划的建议》，习近平主席对全部建议做出九点说明，其中一点就是针对环境监测的，要求实行省以下环保机构监测监察执法垂直管理制度，足以见得环境监测的重要性。

1. 各项质量标准的出台和升级，为环境监测注入发展动力

环保相关的质量标准在不断的出台、完善和提标，每一次的提标和规范，不仅是对水务、大气、固废、修复等行业的促进，更是要和环境监测行业相匹配、相互配合。所出台的标准，需要当前的监测技术能有效进行监测，才具备可行性，这就要求环境监测行业走在行业发展的前沿。

一方面，监测技术要走在环保产业的前沿，为产业的进化提出新的目标，并为各项标准提供评判依据，辅助管理层进行监管；另一方面，标准需要具备可行性，那么要求产业进步的速度能跟上，产业的进步才能打开监测设备的需求，使监测行业获利，从而继续进行高精尖的技术突破。故产业和监测相互促进发展，而标准的出台，是打开监测行业获利的时点。

2. 环境监测为环境产业融入经济体系提供丈量方法

排污权交易制度、环保税等的出台，为环境污染治理定价，将环保产业逐步融入经济体系，这也是发展环保产业，不再让环保成为经济对立面的宏观思路。但这些价值的衡量，必须依靠环境监测；而从监测行业来说，必须提升技术，增加时效性和连续性，才能应对需求。

2015 年 6 月国务院法制办发布了《环境保护税法（征求意见稿）》，对直接向环境排放应税污染物的企业事业单位和其他生产经营者征收环保税。其中明确写出各级政府对企事业单位，用于污染源自动监控专用设备的投资予以资金和政策支持，利好环境监测子行业。

附表

2015年度环保行业上市公司业绩评价结果排序表

行业排名	全部上市公司排名	股票代码	股票简称	综合得分（100分）	每股收益（元）	总资产报酬率（%）	净资产收益率（%）	总资产周转率（次）	流动资产周转率（次）	资产负债率（%）	获利倍数	营业收入增长率（%）	资本扩张率（%）	市场投资回报率（%）	股价波动率（%）	年末资产总额（万元）	营业收入净额（万元）	净利润（万元）
1	6	300070	碧水源	81.75	1.21	12.35	14.11	0.36	0.78	23.27	19.73	51.17	118.75	48.63	109.44	1,838,877.21	521,426.03	145,741.90
2	107	000826	启迪桑德	74.01	1.10	10.79	15.94	0.50	1.21	60.35	5.25	44.95	19.11	41.71	137.03	1,584,869.72	634,050.72	93,476.08
3	232	002573	清新环境	70.85	0.48	11.06	18.42	0.40	1.05	53.71	15.27	77.62	16.29	61.10	133.06	654,143.83	226,780.02	51,760.03
4	427	300203	聚光科技	67.18	0.55	9.44	12.40	0.52	0.82	40.50	66.82	48.97	16.08	75.70	146.88	411,346.90	183,325.20	26,956.54
5	601	002672	东江环保	64.30	0.39	9.08	11.57	0.41	1.05	51.84	6.56	17.36	13.42	40.44	134.99	668,521.72	240,298.64	38,517.41
6	691	300137	先河环保	63.37	0.25	8.03	6.76	0.44	0.63	13.77	197.68	42.56	35.04	39.13	110.97	162,891.44	62,814.12	9,181.76
7	696	000035	中国天楹	63.31	0.37	9.40	12.41	0.22	1.07	57.94	3.99	49.83	14.07	21.41	156.69	439,902.44	82,539.91	22,819.52
8	710	300332	天壕环境	63.07	0.41	5.91	7.10	0.29	1.58	43.07	5.00	112.94	69.34	77.45	195.56	414,071.26	95,343.02	13,869.43
9	780	300156	神雾环保	62.27	0.45	8.06	3.92	0.44	0.70	42.12	8.64	303.00	18.70	115.67	214.94	313,987.85	121,468.03	17,548.22
10	868	002479	富春环保	61.08	0.24	7.91	7.90	0.65	2.18	37.16	6.01	−22.87	26.77	48.13	171.95	498,783.84	287,683.35	23,307.94
11	921	300190	维尔利	60.34	0.35	6.88	7.85	0.40	0.78	42.02	11.11	47.70	7.71	95.29	206.07	277,756.53	96,090.90	12,709.87
12	926	300187	永清环保	60.28	0.55	6.65	6.67	0.40	0.58	42.34	0.00	−14.18	46.48	77.95	157.29	231,070.50	77,332.15	11,013.68
13	1003	300172	中电环保	59.41	0.30	8.42	9.31	0.43	0.59	31.14	0.00	0.08	9.25	61.00	196.09	151,063.94	60,761.42	10,390.08
14	1017	300090	盛运环保	59.12	0.70	12.48	−0.65	0.18	0.34	52.54	4.71	35.55	169.76	64.99	133.18	1,190,615.42	164,032.50	74,048.46
15	1021	300055	万邦达	59.04	0.39	7.94	10.06	0.41	0.70	49.48	8.27	91.54	14.73	42.89	250.92	599,093.87	197,128.32	29,005.52
16	1102	300262	巴安水务	58.03	0.21	8.30	11.18	0.46	0.75	60.86	5.50	93.68	13.86	33.04	121.66	176,804.99	67,926.74	7,620.90
17	1126	600292	中电远达	57.71	0.37	5.36	3.89	0.41	0.90	40.33	7.61	1.49	3.10	22.49	116.54	856,021.63	353,613.79	31,332.49
18	1129	300056	三维丝	57.69	0.21	8.07	10.15	0.57	0.94	50.65	6.83	51.41	59.80	104.79	164.28	152,825.66	68,820.67	7,110.31
19	1137	300335	迪森股份	57.57	0.14	3.41	2.68	0.34	0.57	16.13	11.79	−11.24	106.50	51.44	169.26	193,810.19	50,891.60	4,212.53
20	1168	603588	高能环境	57.15	0.66	4.50	5.60	0.32	0.61	43.31	7.33	31.15	5.54	108.79	167.06	327,345.18	101,843.35	10,649.37
21	1343	603126	中材节能	54.73	0.18	5.18	6.39	0.45	0.78	46.78	11.32	−9.73	5.54	47.00	173.13	297,653.11	137,346.87	12,051.21
22	1550	000939	凯迪生态	51.64	0.28	4.57	3.11	0.15	0.54	75.87	1.60	22.71	135.58	30.94	139.06	3,289,219.35	349,567.63	34,077.68
23	1690	300152	科融环境	49.55	0.04	1.95	1.59	0.33	0.52	47.17	3.34	18.53	3.17	152.68	234.18	325,806.32	99,864.26	3,203.18
24	1851	300334	津膜科技	46.43	0.20	4.53	2.88	0.36	0.51	38.07	3.99	15.28	48.34	17.47	173.65	211,828.49	60,462.04	5,330.08
25	2241	300125	易世达	32.14	0.07	1.84	−4.37	0.17	0.39	43.30	1.23	38.13	−11.36	70.85	229.49	197,101.39	37,441.05	979.09
26	2504	002341	新纶科技	15.01	−0.29	−1.86	−6.93	0.29	0.66	58.59	−1.05	−24.08	−7.38	6.85	224.20	363,539.00	102,409.86	−12,030.03
27	2512	600656	博元	13.06	−0.12	1.06	−48.62	0.00	0.00	53.93	0.21	−100.00	0.00	0.00	49.81	99,838.86	–	−2,226.94

第三部分
中国上市公司税收分析报告

第十九章 A股上市公司税收负担率分析

一、2015年度我国税收宏观环境

2015年度我国开征税种共16个，包括增值税、消费税、营业税、企业所得税、个人所得税、关税、资源税、车辆购置税、印花税、城市维护建设税、房产税、土地增值税、契税、耕地占用税、车船税、烟叶税。2015年度税收体系建设工作中需要关注的有以下几个方面：

（一）税收现代化建设

主要是“互联网+税务”和金税工程三期建设。根据《国务院关于积极推进“互联网+”行动的指导意见》，2015年9月28日，税务总局制定并印发《“互联网+税务”行动计划》，积极推进社会协作、办税服务、发票服务、信息服务和智能应用5大板块，涵盖了在线受理、监督维权、数据共享和智能咨询等在内的20项具体行动。金税工程是国家电子政务“十二金”重点工程之一，税务总局把推广金税三期工程作为税收信息化建设的龙头。金税三期实现了国税、地税及其他部门的联网。

2015年1月1日，全国推行增值税发票系统升级版，通过互联网实时上传税务机关，生成增值税发票电子底账，实现了开票和抄报税的远程办理，为将来逐步取消认证创造条件。2015年11月，推行通过增值税电子发票系统开具的增值税电子普通发票，法律效力、基本用途、基本使用规定等与税务机关监制的增值税普通发票相同。2015年12月，税务总局已在宁波市开展取消增值税专用发票认证试点。

◇“千户计划”

依托于“金税三期”系统和“互联网+”等税收现代化信息手段建立现代化税收监控。2015年，国家税务总局推行了“千户集团税收风险分析”计划。该计划由中国国家税务总局省级大企业分局执行，通过对企业申报到税务局的经营数据进行有效抓取、分析和深度挖掘，将其经营数据、利润指标和纳税状况汇总成一个“大资料库”，首先对企业进行税务分析，其次是进行风险管控。纳入该计划的企业将被相关财税部门通过更加多样的、现代的技术手段进行检查和监控，成为中央政府税源检测的“重点照顾对象”。

按照中国国家税务总局的要求，“千户集团”的选择有其具体标准，大企业司为此设定了一个总方案和六个分方案，并且已将初步选择的名单下发到各个省国税局、省地税局。按照这份名单，并不是所有的企业都能入选千户，而且最终名单也不会仅仅局限于1000户企业。总体来看，千户集团是指在国际或国内企业排名靠前、税收规模大、且具有行业代表性与良好成长型的企业集团及其成员单位。名单是根据最新的世界500强、中国500强、民营企业500强等权威信息发布中，排名靠前的国际或国内企业，从前往后进行筛选。而税收规模大，是指2014年度集团企业纳税总额排名前3000位以内的企业集团。另外，行业代表性则是指企业集团在同行业中位居领导者或第一方阵，其产品具有品牌号召力和较强的定价能力，主要依据行业协会的统计数据。良好的成长性则是指新兴业态比如电子商务、国家七大战略新兴产业，以及契合国家重大战略布局比如“一带一路”的企业集团。

“千户计划”将对具有一定规模的企业提出更高的财税合规性管理和风险控制规范，企业将面临更严峻的合规要求与挑战，如何以最低的税务成本防范税务风险，提高自身纳税遵从度成为大企业管理者们尤为关注的问题。

（二）企业所得税优惠统一备案管理，进一步还权还责于纳税人

2015年11月，国家税务总局印发《企业所得税优惠政策事项办理办法》，明确对企业所得税优惠事项全部取消审批，一律实行事后备案管理，并编制《企业所得税优惠事项备案管理目录》，从备案时间、备案资料、留存备查资料等方面规范了备案的操作要点。企业根据目录自行判断符合税收优惠条件的，可以自行享受优惠，并履行备案手续。年度终了汇算清缴结束后，税务机关根据备案资料等进行审核，实施后续管理。据统计，经分拆后的55项税收优惠中，3项无需备案，28项只需填报1张备案表，进一步减轻了企业和基层税务机关的办税负担。

需要注意的是纳税人在获得便利和相对自由的同时，自身的税收风险也大大提高了，审批制改为备案制，纳税人自身应对报送的备案资料、留存备查资料的真实性、合法性承担法律责任，一旦税务机关在后续管理中，发现纳税人享受的税收优惠不符合税收规定，当责令其停止享受优惠，追缴税款及滞纳金。属于弄虚作假的，按照税收征管法有关规定处理。

加强后续管理已成为当前和今后一个时期企业所得税及其他取消行政审批事项相关涉税事项管理的一项重要任务，各级税务机关已将其列入税源专业化管理工作的重要议程，我们再次提醒纳税单位在越“自由”的时候越要注意税收风险的防范。

（三）税收诚信体系建设

2015年度全国主管税务机关共对符合条件的892万户企业进行了纳税信用评价，评出A级纳税人70.2万户，占7.9%，占比上升0.3个百分点；B级纳税人539.7万户，占60.5%。

2015年7月，国家税务总局开展“银税互动”，由税务部门、银监会派出机构和银行业金融机构通过协商，共享区域内小微企业纳税信用评价结果，促进小微企业融资的可获得性，降低融资成本。2016年2月25日国家税务总局表示，从3月1日起纳税信用A级纳税人取消增值税发票认证；自5月1日起，此项措施推广至B级纳税人。

需要注意的是，2016年2月，《国家税务总局关于完善纳税信用管理有关事项的公告》（国家税务总局公告2016年第9号）中，明确税务机关对纳税人的纳税信用级别实行动态调整的方法和程序。主管税务机关按月开展纳税信用级别动态调整。

（四）营改增继续开展，纳税人积极准备迎接全面营改增

2011 年始，经国务院批准，财政部、国家税务总局联合下发营业税改征增值税试点方案，2012 年财政部启动营改增试点工作，至 2015 年年末，我国共完成了交通运输业、部分现代服务业、铁路运输和邮政业以及电信业的相关改革。据统计，到 2015 年底，营改增已累计减税 6400 多亿元，惠及 592 万户试点纳税人。

目前仅剩金融业、房地产业、建筑业、生活服务业未开始营改增工作，这四个行业是营业税的“主力军”，占全国营业税规模的 80% 以上，年营业税额约 1.9 万亿元（该数据来自金融时报报道）。这四个行业在社会经济中覆盖面广、业务金额大，基本与其他行业均有业务交叉，营改增的全面打通和实行，对四个行业、全部行业都有不可忽视的影响，企业对营改增政策的掌握、营改增后发票的管理、合同条款细节的关注等事项将会对营改增后企业的增值税税负产生重要的影响。

（五）新增税收规章

2015 年度新发布的与经济事项相关的较为重要的有 19 款。主要集中在以下几个方面：

1. 鼓励绿色发展，优化增量调结构

①财政部、国家税务总局发布《关于创新药后续免费使用有关增值税政策的通知》（财税〔2015〕4 号）

②财政部、国家税务总局、工业和信息化部发布《关于节约能源使用新能源车船车船税优惠政策的通知》（财税〔2015〕51 号）

③财政部、国家税务总局发布《关于高新技术企业职工教育经费税前扣除政策的通知》（财税〔2015〕63 号）

④财政部、国家税务总局发布《关于印发〈资源综合利用产品和劳务增值税优惠目录〉通知》财税〔2015〕78 号）

⑤财政部、国家税务总局发布《关于进一步完善固定资产加速折旧企业所得税政策的通知》（财税〔2015〕106 号）

⑥财政部、国家税务总局公布了《关于将国家自主创新示范区有关税收试点政策推广到全国范围实施的通知》（财税〔2015〕116 号）

⑦国家税务总局出台《关于许可使用权技术转让所得企业所得税有关问题的公告》（税总公告 2015 年第 82 号）

⑧《关于贯彻落实研发费用加计扣除和全国推广自主创新示范区所得税政策的通知》（税总发〔2015〕146 号）

⑨财政部、国家税务总局、科技部发布《完善研究开发费用税前加计扣除政策》（财税〔2015〕119 号）

2. 降低税收负担，鼓励消费，刺激出口，缓解产能过剩

①财政部、国家税务总局发布《关于调整个人住房转让营业税政策的通知》（财税〔2015〕39 号）

②财政部、国家税务总局发布《关于调整铁矿石资源税适用税额标准的通知》（财税〔2015〕46 号）

③财政部、国家税务总局发布《关于减征 1.6 升及以下排量乘用车车辆购置税的通知》（财税〔2015〕104 号）

④财政部、国家税务总局发布《关于煤炭采掘企业增值税进项税额抵扣有关事项的通知》（财税〔2015〕117 号）

3. 完善税收优惠政策，促进消费和相关产业发展

①财政部、国家税务总局、保监会发布《关于开展商业健康保险个人所得税政策试点工作的通知》(财税〔2015〕56号)

②财政部、国家税务总局发布《关于体育场馆房产税和城镇土地使用税政策的通知》(财税〔2015〕130号)

4. 完善促进就业和小微企业发展的税收优惠

①财政部、国家税务总局、人力资源社会保障部、教育部发布《关于支持和促进重点群体创业就业税收政策有关问题的补充通知》(财税〔2015〕18号)

②国家税务总局、财政部、人力资源社会保障部、教育部、民政部发布《关于支持和促进重点群体创业就业有关税收政策具体实施问题的补充公告》

③国家税务总局出台《关于促进残疾人就业税收优惠政策相关问题的公告》(国家税务总局公告2015年第55号)

④财政部和国家税务总局发布了《关于小型微利企业所得税优惠政策的通知》(财税〔2015〕34号)

⑤《关于进一步扩大小型微利企业所得税优惠政策范围的通知》(财税〔2015〕99号)

二、企业税负影响因素分析

(一)制度因素

1. 税收法律

毫无疑问，企业税收负担天然来源于国家指定的税收法律制度，税收制度体系的改变带来的税负变化。1994年我国实行了分税制改革，2008年开始实施内外资企业的企业所得税两税合并，2009年开始实施增值税从生产型向消费型全面转型，2012年实施营业税改征增值税试点，2016年5月，营改增全面实现。从理论预期和政策目标来讲，上述改革措施有利于降低我国企业的税收负担水平，有助于我国经济结构的调整与优化。

2. 政治关联

我国是一个处于经济转型的国家，市场制度尚未完善，社会资本等非市场力量有着重要的影响，税收制度作为政府宏观经济管理的工具，不可避免地带有不完善的色彩。国内相关研究发现，虽然在我国市场化进程中不同企业之间的制度、政策差异已经消除，但是非市场力量仍然发挥着作用（陆铭和李爽，2008）。作为非市场力量，企业寻求与政府的关系成为公司治理的一种重要外部机制，对公司业绩有着重要影响（李维安等，2010）。例如，它有助于企业获得贷款便利、税收优惠、政府补助等政策资源（白重恩等，2005；吴文锋等，2009；潘越等，2009）。除此之外，企业税负高低与具体征管过程中政策的执行程度密切相关，我国存在着较大的税收征管空间（高培勇，2006），意味着在实际税收征管中操作弹性很大。

(二)企业特征因素

1. 企业客观因素

企业客观因素包括了企业所处的行业、地域、经营的业务类型等，这些会显著地影响企业的税收负担情况。就企业所得税而言，比较典型的区域税收差别是西部大开发适用15%税率的优惠政策，比较典型的行业税收差别是符合条件并履行了相关税收手续的，可减按15%的优惠税率；就消费税、资源税而言，其课税对象对应的是某些行业

中特定的某种或某类对象，不在该范围内即不纳税，税负差异明显；就增值税而言，不同类别的业务所适用的销项税率也不尽相同，有生产经营规模等经营管理确定的增值税纳税人身份不同，对进项税的处理也大相径庭。

鉴于以上原因，在同样的政策环境和税收制度环境下，企业自身的一些“天然”特点将造成企业之间税收负担最原始的差异。

2. 经营管理状况

企业的经营管理状况对税收负担率的影响主要反映在两个地方。一是由于企业自身的经营状况良好，财税管理合规，取得不同的纳税人身份而带来的税收负担的减轻或纳税便利降低的机会成本。最典型的莫过于增值税一般纳税人和小规模纳税人的纳税身份。另一个是由于企业内部管理和操作流程的规范合理，及更加重视经营过程中涉及到的税收处理，而使得应纳税额更加合理有效、税收风险降低减少的税收成本。

（三）时间因素

限于国家政策实施的时效性，一般而言，政策变动的效果并不能立刻显现出来，实际税负变化相比政策的发布和实施具有一定的滞后性、递延性，在本次研究的时间范围内，涉及到2012—2015年之间处于营业税改征增值税，这将作为特定政策变动期间因素，对上市公司税收负担变化产生影响。

三、上市公司年度税负研究指标

（一）一般税负率评价指标

有效税率是企业实际税收负担的一个重要测度，即企业实际缴纳的税收占企业税前收益/利润总额的比例。许多学者尝试基于财务报告建立科学的计量企业有效税率的指标，这些指标主要包括两类：平均有效税率和边际有效税率，平均有效税率侧重于对税收负担的测量，边际有效税率侧重于税收对新增投资和劳动供应的刺激的分析。根据研究对象的不同进一步可以分为四类：宏观的平均有效税率、宏观的边际有效税率、微观的平均有效税率以及微观的边际有效税率。前两个概念主要是应用国家国民账户数据和税收统计数据对国家层面的税收负担进行测度，后两个概念则是应用企业的财务数据、税收数据进行企业税收负担的测度。

建立企业税负率评价指标时，除考虑资产负债表和利润表中的相关数据建立指标外，选取现金流量表中的对象建立指标也具有相当的实际意义。现金流量表是基于收付实现制基础编制而成的，它提供了会计期间企业实际支付的各项税费金额，是构建、计量税收负担指标最可靠的信息来源。本次对上市公司的税收负担分析指标体系即是主要依靠现金流量表的中“支付的各项税费”作为企业的税费来源，与上市公司的营业收入、利润总额、年度增加值和现金净流出额共同考察上市公司2015年度的税收负担情况。

（二）本次分析指标介绍

本次上市公司税收负担率综合以上税负评价指标的研究内容，基于税收中性原则，以公开的财务数据为基础，依据企业经营逻辑，特选择上市公司在一个会计年度内实际支付的各项税费为核心，考核税收成本在营业收入、利润总额、年度增加值以及经营活动现金流中所占比重来判断上市公司的税收负担程度。

指标体系涵盖收入、利润、增加值和现金流四大方面，建立了营业收入税收负担率、利润总额税收负担率、年度增加值税收负担率、经营活动现金流出税收负担率四个税收负担衡量指标。

1. 营业收入税收负担率

收入税收负担率反映上市公司支付的各项税费在每一个经营年度内的财务账面收入中所占比例，即企业利润表中每获得 100 元营业收入中需支付的税费金额。

营业收入税收负担率 = 现金流量表中支付的各项税费 ÷ 利润表中的营业收入 ×100%

2. 利润总额税收负担率

利润税收负担率反映上市公司支付的各项税费在每一个经营年度内的财务账面利润总额中所占比例，即企业利润表中每获得 100 元利润总额需支付的税费。

利润税收负担率 = 现金流量表中支付的各项税费 ÷ 利润表中的利润总额 ×100%

3. 年度增加值税收负担率

年度增加值税收负担率反映上市公司支付的各项税费在每一年度创造的增加值中所占的比例，即企业每获得 100 元增加值付出的税收成本。

年度增加值税收负担率 = 现金流量表中支付的各项税费 ÷ 年度增加值 ×100%

其中：

①年度增加值 = 利润 + 人工成本 + 折旧 + 摊销 + 税金

②利润 = 利润表中的归属于母公司的净利润

③人工成本 = 现金流量表中的支付给职工以及为职工支付的现金

④税金：现金流量表中支付的各项税费

⑤折旧：现金流量表附表中的固定资产折旧、油气资产折耗、生产性生物资产折旧摊销、无形资产摊销。

4. 经营活动现金流出税收负担率

经营活动现金流出税收负担率反映上市公司支付的各项税费在该年度经营活动现金流出总量中所占的比例，即企业在主营业务过程中支付的每 100 元付现成本中的税收金额。

经营活动现金流出税收负担率 = 现金流量表中支付的各项税费 ÷ 年度经营活动现金流出 ×100%

（三）本次研究指标体系的特点介绍

税收是为维持国家机器运转而在经济事项征收的一种额外的成本。在经济学上，税收具有“中性”原则。所谓中性原则首先要求税收尊重效率，以效率为前提，表面来看，绝对数值可能出现出收入越大，税收越多的现象，但是税收与效率之间是呈现匹配关系的。因为税收中性的第二个原则是普适性，如所得税率，2008 年新的所得税法实施之后，居民企业不区分规模、不区分行业、不区分性质，法定税率为 25%。

指标具有考核的一致性和全面性。一致性体现在考核的核心指标是上市公司在一个会计年度和不同的会计年度中均采用了实际支付的各项税费为基础，该指标为上市公司现金流量表中的现金流出额；全面性体现在考核边界以年度为限，包括年度的流量指标和存量指标。年度的流量指标主要采信了利润表中的营业收入、现金流量中的经营活动产生的现金流量和统计口径下的年度经济增加值；存量指标采信了资产负债表中资产总额、归属于母公司的所有者权益以及股本。

（四）税收负担率各指标间的逻辑关系

从现代公司制企业来看，资本作为企业经营的第一要素，是股东投入的。资本是股份公司的最核心资源，是生产经营的最基础条件。资本的属性是增值，资本要求回报。股东具有投资偏好，同时也有风险偏好，根据金融学原理，资本回报与风险呈现出正相关关系，风险越大，资本要求的回报越高。但是现实是不以资本意志为转移的，投资在同一领域或者同一个行业内的资本具有相似的回报率。

资本在年度经营内得以积累的部分是留存收益，留存收益是企业年度经营成果分配后的结果，是企业能够再生产的投入资源。归属于母公司的所有者权益是股本与各年度留存收益之和（暂且把资本公积作为资本的溢价不予以考虑）。

自有资金与外来资金之和共同构成企业的资金来源，是企业生产的起点，企业开始使用资金，资金于是转化为资产，体现为各种生产要素，物体性的生产要素即产权能够转移的要素构成企业的资产负债表左侧的资产。作为生产中能够创造价值的要素——生产力，即人力资源，不构成企业的资产，其价值表现在运用资产创造效益中的“成本”。生产力驾驭生产要素在年度内形成企业的营业收入，购买生产要素的成本构成利润表中的成本，其中以现金支付的部分构成现金流量中经营活动产生的现金流量。

税收以资产的获取、保有和交易等各个环节征收流转税、所得税、财产税、行为税和特殊目的税，是生产经营的额外支出。

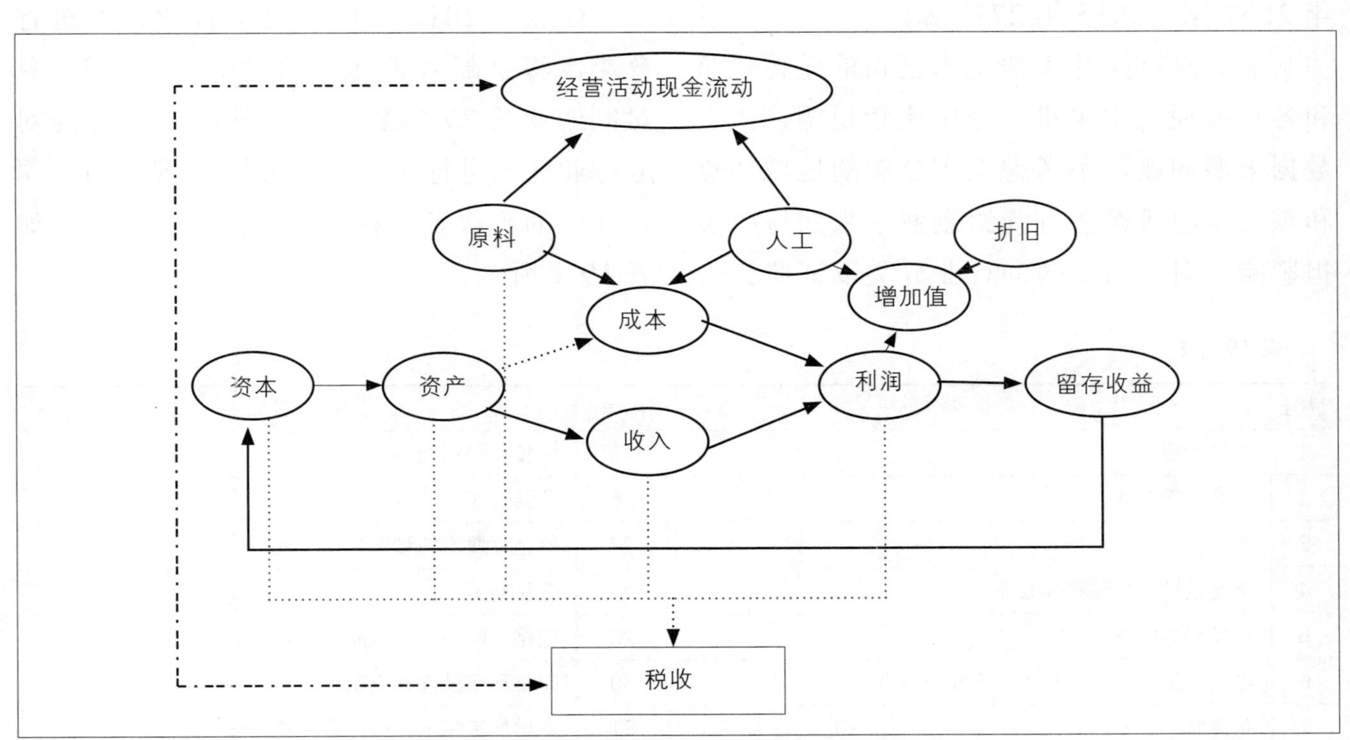

图 19－1　上市公司税收负担率指标体系关系图

构建恰当的衡量指标，是使用数据对企业税收负担水平进行实证分析的基础，由于本文主要采用上市公司和新三板企业的面板数据，因此，所能构建的指标受到企业财务报表内容的影响。目前我国上市公司分别在利润表中报告“所得税费用”和“营业税金及附加”，在现金流量表中报告“支付的各项税费”三个与企业税费负担相关的会计科目，根据数据对企业实际税收成本的涵盖程度和本文的分析目的，选取现金流量表中报告的“支付的各项税费”作为企业实际税收支出成本进行税收负担的测算。

四、2015年度A股上市公司税收负担率分析

（一）研究范围介绍

本次研究选取A股上市公司，选择2015年度，并对2011-2015年度之间作比较。

A股上市公司为我国沪深两市2011-2015所有公布财报数据的A股上市公司（剔除ST企业）。2011-2015年A股上市公司历年数量和构成如下：2011年2341家，2012年2461家，2013年2423家，2014年2537家，2015年2779家。

本章内容仅对A股上市公司的整体税负和各行业税负水平进行分析比较说明，由于数据来源问题，不考虑上市公司的地域特点和重大重组等经济行为给企业带来的税收负担影响，对上市公司的行业分类以证监会的行业分类为准。

（二）研究方法介绍

对A股上市公司的税负分析主要利用上市公司2011-2015年度的面板数据分析，从宏观层面上把握我国上市公司整体税收负担水平和各行业的差异之处，因此本次分析从以下两个方面进行研究：

不分行业或者全行业的整体税收负担分析；

收入增加值、利润增加值、年度增加值增加值、经营活动现金净流出增加值对支出税费增幅的影响；

按照2013年度证监会行业分类进行行业税收负担分析。

行业以2013年度证监会行业分类进行分类，将全部A股上市公司分为18类汇总对制造业的29类细分，以序号1-47作为对应行业代码进行作图比较分析A股上市公司各行业的税收负担在年度间的变化情况。如表19-1所示。

表19－1

序号	行业名称	序号	行业名称
1	房地产业	25	橡胶和塑料制品业
2	住宿和餐饮业	26	仪器仪表制造业
3	综合	27	黑色金属冶炼和压延加工业
4	交通运输、仓储和邮政业	28	食品制造业
5	批发和零售业	29	铁路、船舶、航空航天和其他运输设备制造业
6	电力、热力、燃气及水生产和供应业	30	印刷和记录媒介复制业
7	制造业	31	木材加工和木、竹、藤、棕、草制品业
8	医药制造业	32	纺织服装、服饰业
9	专用设备制造业	33	文教、工美、体育和娱乐用品制造业
10	非金属矿物制品业	34	家具制造业
11	计算机、通信和其他电子设备制造业	35	废弃资源综合利用业
12	酒、饮料和精制茶制造业	36	皮革、毛皮、羽毛及其制品和制鞋业
13	其他制造业	37	租赁和商务服务业

续表

序号	行业名称	序号	行业名称
14	金属制品业	38	建筑业
15	农副食品加工业	39	水利、环境和公共设施管理业
16	电气机械和器材制造业	40	文化、体育和娱乐业
17	石油加工、炼焦和核燃料加工业	41	采矿业
18	有色金属冶炼和压延加工业	42	信息传输、软件和信息技术服务业
19	化学原料和化学制品制造业	43	农、林、牧、渔业
20	纺织业	44	科学研究和技术服务业
21	汽车制造业	45	卫生和社会工作
22	通用设备制造业	46	教育
23	化学纤维制造业	47	金融业
24	造纸和纸制品业		

（三）研究数据来源

税收负担率的分析、计算以A股上市公司年报中披露的合并资产负债表、利润表和现金流量表为基础。

2011-2015年度A股上市公司的审计报告大部分为标准无保留意见，审计报告类型情况统计见表19-2：

表19－2

单位：%

类型	2011年	2012年	2013年	2014年	2015年
标准无保留意见	96	97	97	96	95
带强调事项段的无保留意见	3	2	2	3	4
保留意见	1	0	1	1	0.3
无法表示意见	0	0	0	0	0.5
合计	100	100	100	100	100.00

本次研究分析是建立在外部独立审计机构审计的基础上，财务数量的质量是能够得以保证的。本次分析过程中对于保留意见的审计报告进行了分析，保留事项对于税收成本不构成重大影响，因此不影响本次研究的财务数据安全。

（四）A股上市公司税收负担分析

1.2015年度国家总体税收情况

根据中华人民共和国国家统计局发布的《中华人民共和国2015年国民经济和社会发展统计公报》，2015年全年国内生产总值676708亿元，比上年增长6.9%。据统计，A股上市公司2015年度共实现营业收入29.32万亿元，同比营业收入增长率1.65%，远远低于2014年度6.02%的增长率；共实现净利润约3.49万亿元，同比利润总额增长率3.74%，仅为2014年度增长速度的一半。整体看，2015年度A股上市公司盈利都呈现增速明显放缓态势。近5年A股上市公司的收入、利润情况如表19-3所示：

表 19 – 3

金额单位：万亿元

年度	2011	2012	2013	2014	2015
支付的各项税费	1.92	2.25	2.36	2.54	2.71
营业收入总额	22.76	24.80	27.20	28.84	29.32
利润总额	2.70	2.74	3.16	3.36	3.49
年度增加值总额	6.27	6.94	7.68	8.35	8.92
经营活动现金流出总额	31.14	34.21	36.88	38.39	46.62
营业收入增长率	23.99%	8.96%	9.69%	6.02%	1.65%
利润总额增长率	15.77%	1.63%	15.04%	6.55%	3.74%
年度增加值总额增长率	20.61%	10.66%	10.71%	8.68%	6.86%
经营活动现金流出总额增长率	16.83%	9.86%	7.78%	4.11%	21.43%

数据来源于 wind

根据国家税务局的数据，2015 年全国税务部门组织税收收入 11.0604 万亿元，比 2014 年增长 6.6%。从税收比重看，第三产业税收占全部税收的比重达 54.8%，较上年提高 1.3 个百分点，比第二产业高 9.7 个百分点。从税收增速看，第三产业税收增长 7.6%，比第二产业高 5.5 个百分点。从增收贡献看，第三产业税收增量占全部税收增量的 80%，较上年提高 13 个百分点。从行业发展情况看，互联网、商务服务等现代服务业发展势头较好，如租赁和商务服务业税收增长 23.8%，软件和信息技术服务业税收增长 21.2%，互联网及相关服务业税收增长 19%。

根据中华人民共和国财政部 2016 年 1 月 29 日发布的《2015 年财政收支情况》，2015 年 1-12 月累计，全国一般公共预算收入 152217 亿元，比上年增长 8.4%。全国一般公共预算收入中的税收收入 124892 亿元，同比增长 4.8%。各税种主要收入情况：

表 19 – 4

序号	税种	金额 / 亿元	在全部税收收入中的占比（%）
1	增值税	31109.00	21.91
2	消费税	10542.00	7.43
3	营业税	19313.00	13.60
4	企业所得税	27125.00	19.11
5	个人所得税	8618.00	6.07
6	进口货物增值税、消费税	12517.00	8.82
7	关税	2555.00	1.80
8	出口退税	12867.00	9.06
9	车辆购置税	2793.00	1.97
10	证券交易印花税	2553.00	1.80
11	契税	3899.00	2.75
12	土地增值税	3832.00	2.70
13	耕地占用税	2097.00	1.48
14	城镇土地使用税	2142.00	1.51
小计		141962.00	100.00

数据来源于财政部

根据《2015 年财政收支情况》中各项税收收入明细可以看出，流转税和所得税是我国一般公共预算收入的主要来源，合计占总收入的68.12%。其中，2015年增值税在一般公共预算收入占比21.91%，企业所得税为19.11%。

从2012年1月1日财政部启动营改增试点之后，4年时间里，我国共完成了交通运输业、部分现代服务业、铁路运输和邮政业以及电信业的相关改革。据统计，到2015年底，营改增已累计减税6400多亿元，惠及592万户试点纳税人。我国经济生活中仅剩下建筑业、房地产业、金融业和生活服务业还没推行营业税改征增值税，上表中的营业税收入金额可以推算绝大部分来自该四个未营改增的行业，其在财政收入中占比大，是营业税的主要纳税人。我国的营改增是一次深刻的税制改革。在2016年的《政府工作报告》中，国务院总理李克强指出："全面实施营改增，从2016年5月1日起，将试点范围扩大到建筑业、房地产、金融业、生活服务业，并将所有企业新增不动产所含增值税纳入抵扣范围，确保所有行业税负只减不增。"截至发稿日，我国已经全面推开营改增。

2. 总体税负分析

2015年度全部A股上市公司（剔除63家ST企业），按照其已经公布的2015年度财务报表（合并口径）统计，支付的各项税费为27132.95亿元、营业总收入293182.24亿元、利润总额34879.73亿元，年度增加值89217.10亿元，根据中国国家统计局公布数据，2015年度全面居民价格比2014年上涨1.4%。具体情况如表19-5所示。

表19－5　2011–2015上市公司相关财务数据

金额单位：人民币亿元

年度	数量	支付的各项税费	营业收入总额	利润总额	年度增加值总额	经营活动现金流出总额
2011	2618	19237.53	227594.92	23313.25	51986.87	266564.93
2012	2618	22529.54	247990.69	26990.54	62703.62	311427.94
2013	2618	23643.57	272030.61	27431.03	69388.78	342134.82
2014	2643	25391.09	288419.27	31556.68	76820.84	368758.32
2015	2779	27132.95	293182.24	33623.46	89217.10	466188.46
以上年度比较		6.86%	1.65%	3.74%	6.86%	21.43%

数据来源于wind

根据前述本次税收负担率指标的计算方法计算得出，2015年全行业的税收负担率，如表19-6所示。

表19－6　2011–2015上市公司税收负担率总览

单位：%

项目	2011	2012	2013	2014	2015
收入税收负担率	8.45	9.08	8.69	8.8	9.24
利润税收负担率	71.28	82.13	74.92	75.52	78.58
年度增加值税收负担率	30.68	32.47	30.78	30.41	30.48
经营活动现金流出税收负担率	6.18	6.58	6.41	6.61	5.82

数据来源于wind

2011-2015年，A股上市公司的收入、利润、年度增加值和经营活动现金流出四个税负率指标呈现如下结果：利润税负率＞年度增加值税负率＞收入税负率＞经营活动现金流出税负率。利润税负率、收入税负率笔2013、2014年度有明显的增加，这与我国2015年度的经济发展态势有密不可分的关联；年度增加值相比2014年有轻微的上升，与2013年相比有相对明显的下降；经营活动现金净流出税负率比以前年度有较大幅度的下降。

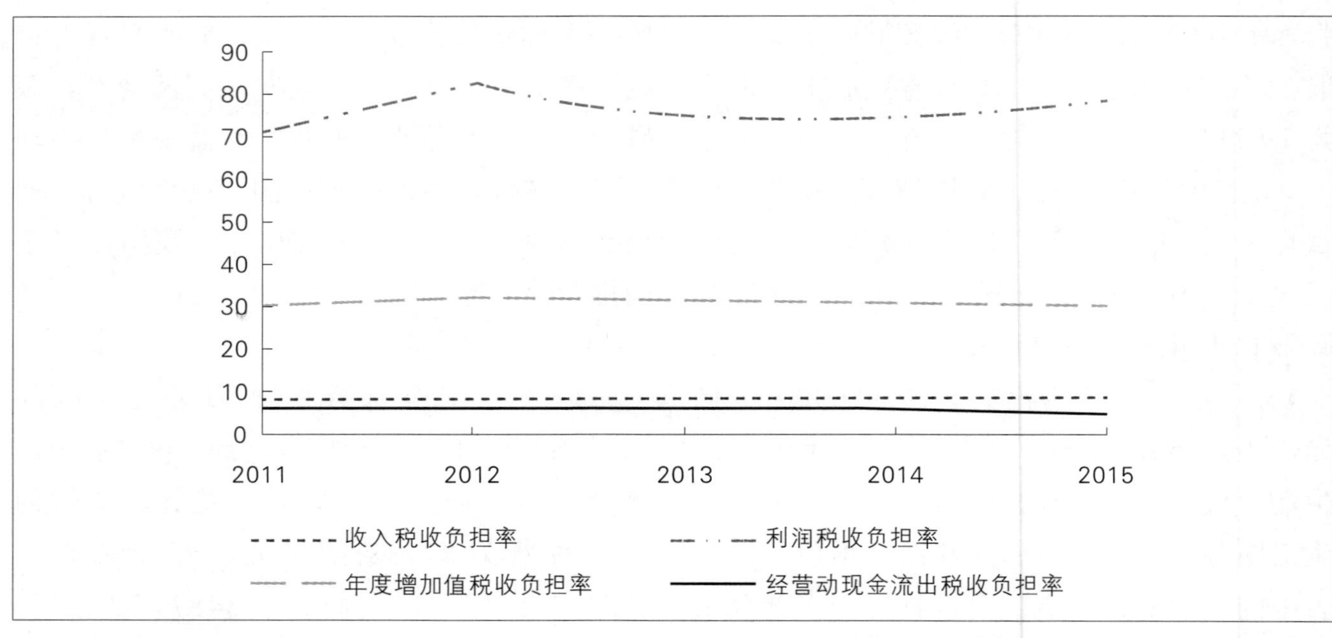

图 19－2　2011 年到 2015 年上市公司税收负担率趋势图

可观察到：①税负率值中最为接近的指标是收入税负率和经营活动现金流出税负率。②年度增加值税负率最高，即相比收入、利润和经营活动现金流，企业每获得 1 元的增加值所耗费的成本的中税收占据了 50% 以上；③经营活动现金流出税负率最低，即税收费用在企业经营活动现金流出中所占的比重相对较小，税收支出对企业的日常经营活动现金流的影响较小。④从收入、利润、年度增加值、经营活动现金流出对上市公司税负程度的分析结果具有较高的一致性，即以 2012 年为转折点，2011—2012 三年连续上升，2012—2015 年三年连续下降。

3. 我国 GDP 和税收收入的对比分析

对上市公司税收负担率进行分析，旨在考量我国上市公司的整体税负水平，倡导上市公司的税法遵从度，降低资本市场的涉税风险，实现国家与企业的双赢，促进我国经济进一步繁荣昌盛。

在我国，上市公司是优秀企业的代表，是中国经济发展的脊梁。2015 年我国 GDP 达到 67.67 万亿元。2016 年 1 月 26 日，中国上市公司市值管理研究中心发布的《2015 年 A 股市值年度报告》，我国 A 股上市公司年末 A 股市值总额创出新高 52.96 万亿元，股市的证券化率为 87.57%。而 2014 年我国 GDP 为 63.65 万亿元，A 股股票市值为 37.11 万亿元，股市的证券化率为 58.30%。一年的时间，证券化率提高了 29.3 个百分点，证券化率的提高速度远远超过经济增长速度。有关资料显示，美国股市市值占 GDP 的比重为 130%，日本、韩国、印度等国约为 100%，东盟国家则大约为 70% ～ 80%。尽管股市证券化率并非越高越好，但是该指标与经济的发达程度还是表现出较强的相关性，股票总市值占 GDP 的比例越高的国家，经济发达程度越高。

从 2011 年到 2014 年连续五年，分析范围内的上市公司支付的税费与全国税收收入的比值稳定在 21% 左右，2014-2015 年有了较大幅度的上升，达到 24% 以上。

本次分析范围内的上市公司支付的各项税费在全国税收收入中的比重如图 19-3 所示。

表 19 - 7

单位：人民币亿元

年度	上市公司支付的各项税费	上市公司户均支付税费	全国税收收入	上市公司支付税费在税收收入中占比
2011	19237.53	7.35	89738.39	21.44%
2012	22529.54	8.61	100614.28	22.39%
2013	23643.57	9.03	110530.70	21.40%
2014	25391.09	9.61	103768.00	24.47%
2015	27132.95	9.76	110604.00	24.53%

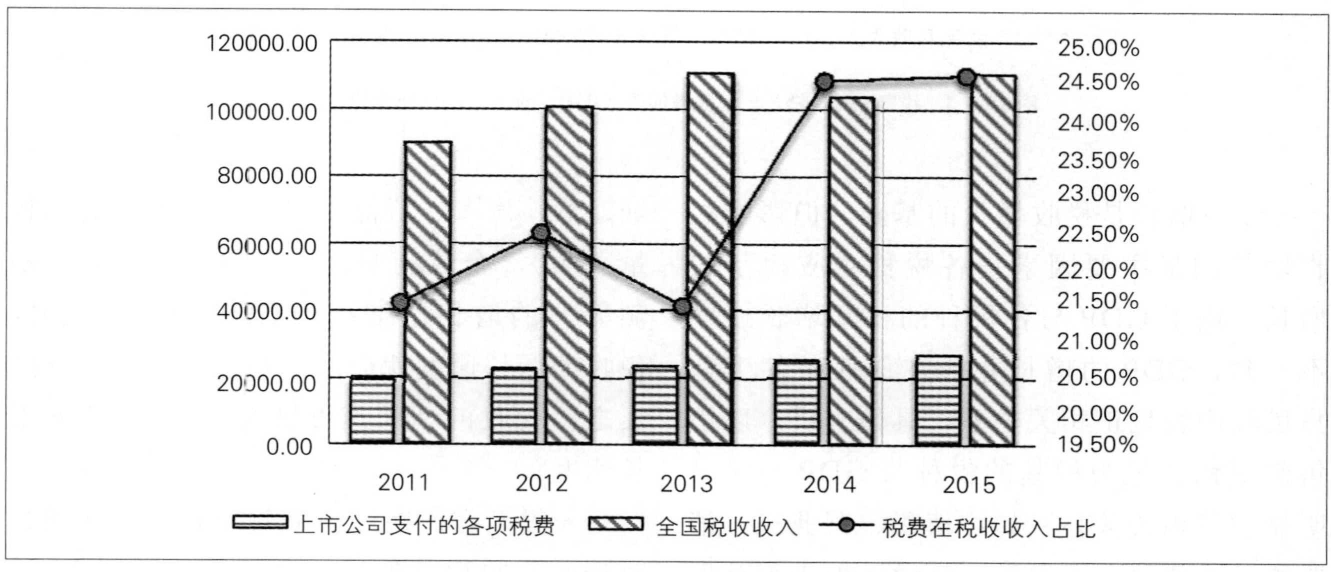

图 19 - 3 支付的各项税费与税收收入的比值图

上市公司创造的年度经济增加值与我国GDP的比值在13.18%左右，年度创造的收入与GDP也基本保持在47%左右，逐年略有提高，2014-2015年有相对明显的下降，详见表19-8、图19-9。

表 19 - 8

单位：人民币亿元

年度	营业收入	年度增加值	我国 GDP	营业收入在 GDP 中占比（%）	年度增加值在 GDP 中占比（%）
2011	227594.92	62703.62	473104.00	48.11	13.25
2012	247990.69	69388.78	519322.00	47.75	13.36
2013	272030.61	76820.84	568845.00	47.82	13.50
2014	288419.27	83488.50	636463.00	45.32	13.12
2015	293182.24	89217.10	676708.00	43.32	13.18

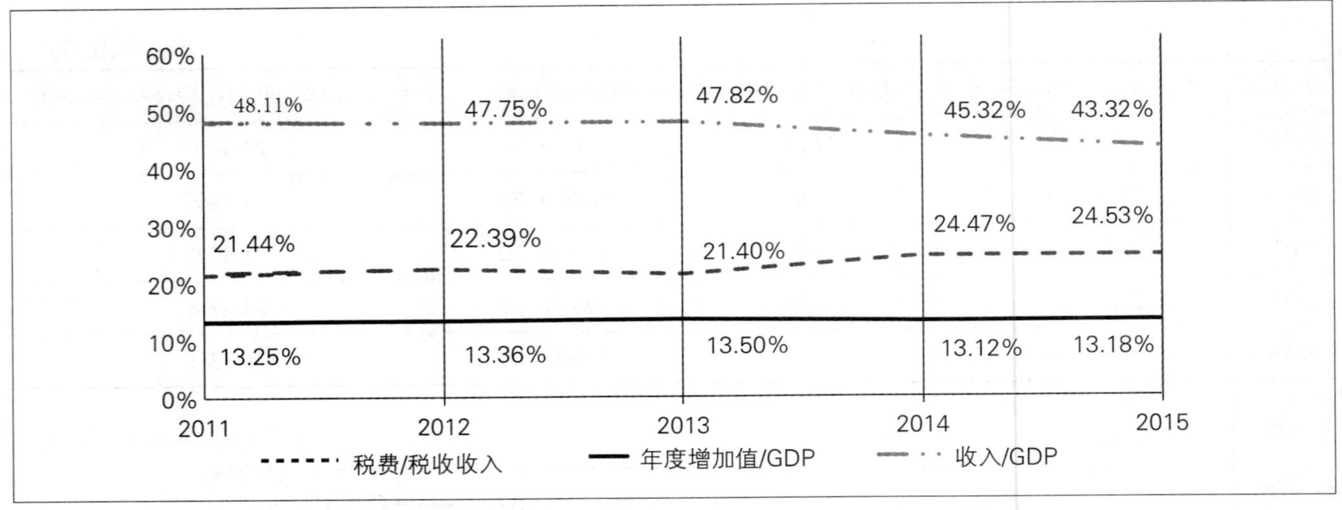

图 19－4 税费 / 税收收入、年度增加值 /GDP、收入 /GDP 年度比较图

经济增长是税收增长的基础，但影响税收增长的最主要因素是各税种对应税基的增长。由于 GDP 与各税种的税基增长速度不一致，GDP 的增长并非在任何条件下都与税收增长呈正相关关系。具体来讲，以销售额或销售量为税基的税种与 GDP 一般呈明显的正相关关系，如增值税、营业税、消费税、城建税、资源税。当经济处于上升期时，GDP 增长较快，这些税种的税基一般较快增长；当经济处于下行期时，GDP 增速减缓，这些税种的税基的增速一般也会减缓。另外，一些税种与 GDP 有一定的相关关系，但相关度比较小，如企业所得税，其税基是企业的利润，与经济发展的质量密切相关，但其增速与 GDP 增速的关联度很小；还有一些税种与 GDP 没有明显的相关关系，如财产税、行为税等税种，与财产的存量和行为发生的数量等密切相关，与 GDP 没有直接的数量对比关系。

当反映主要税种税基的经济指标（如工业增加值、社会消费品零售总额，交通运输、金融保险、邮电通讯、建筑业、文化体育业、娱乐业、房地产业等的营业收入，烟、酒、汽车、成品油等大宗消费品的销售量（额），企业利润，进出口额，证券交易额等）的增长速度高于 GDP 增长速度时，税收的增长速度就会高于 GDP 的增长速度。反之，税收的增长速度就会低于 GDP 的增长速度。

一般而言，在经济恢复增长或快速增长时期，反映税基的经济指标会快于 GDP 的增长。相应地，税收的增长速度也会高于 GDP 的增长速度。如 1999 年～ 2007 年，国家为应对亚洲金融危机而采取的调控措施逐步发挥作用，经济出现恢复性增长且增速逐年加快。这一时期，主要税种税基的增长速度高于 GDP 的增长速度，从而税收增长速度也高于当期的 GDP 增长速度。当经济增长放缓时，反映税基的经济指标的增长速度会低于 GDP 的增长速度，从而使税收的增长速度低于 GDP 的增长速度。在分析范围内支付的各项税费增长率与 GDP 增长率的关系如下图所示，上市公司支出的各项税费、我国税收收入的增长速度与我国 GDP 的增长幅度保持一致。

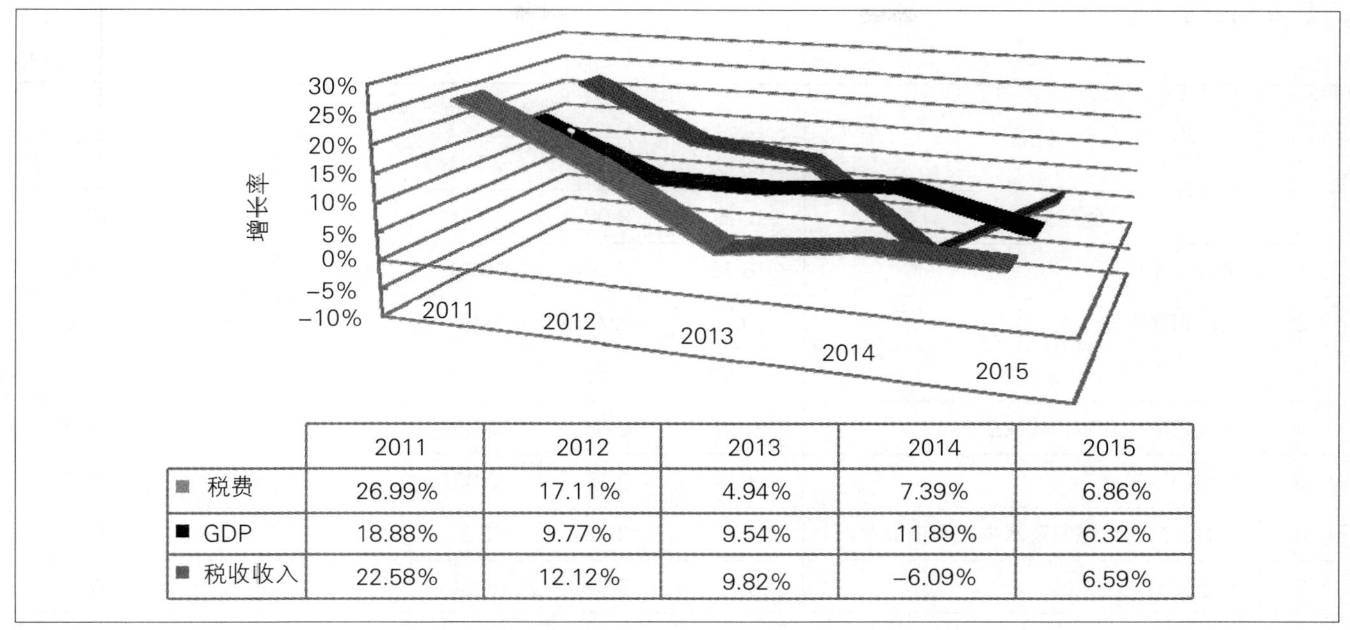

	2011	2012	2013	2014	2015
■ 税费	26.99%	17.11%	4.94%	7.39%	6.86%
■ GDP	18.88%	9.77%	9.54%	11.89%	6.32%
■ 税收收入	22.58%	12.12%	9.82%	−6.09%	6.59%

图 19－5　税费与 GDP 连续五年增长率比较图

4. 行业税收负担分析

（1）收入税收负担率分析

就全行业而言，2011 年到 2015 年营业收入税收负担率表现出一定的波动，2011 至 2012 年逐年增加，2013 年有所下降，2014-2015 年再度上升达到峰值 9.24，2011-2015 年的平均值为 8.75。2011 年和 2013 年税收负担率低于 8.66，2015 年收入税收负担率最大 9.24。

就具体行业而言，2011-2015 年度收入税收负担率表现如下表。

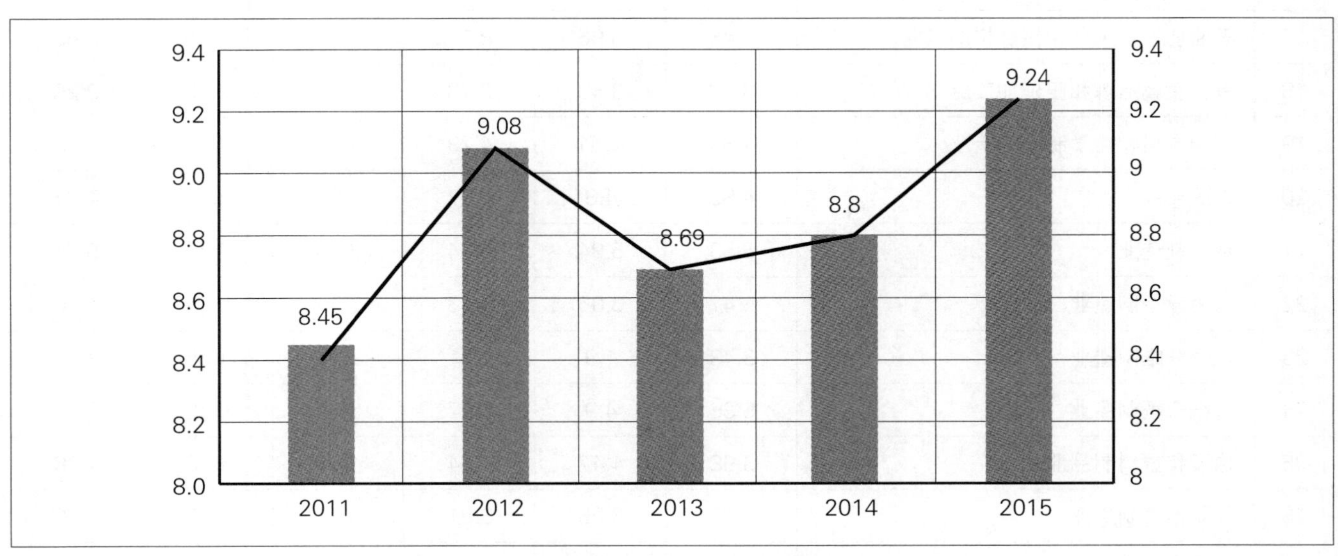

图 19－6　2011–2015 收入税负率

表 19-9

单位：%

序号	行业	收入税收负担率					均值
		2011	2012	2013	2014	2015	
全行业		8.45	9.08	8.69	8.8	9.24	8.75
1	房地产业	18.73	17.33	16.41	16.41	14.04	16.41
2	住宿和餐饮业	10.11	10.09	9.68	9.84	9.81	9.82
3	综合	6.73	7.58	7.42	7.22	7.06	7.13
4	交通运输、仓储和邮政业	6.08	5.88	4.95	5.34	5.79	5.48
5	批发和零售业	3.23	3.15	2.83	3.03	2.96	3.03
6	电力、热力、燃气及水生产和供应业	7.17	8.23	10.31	9.04	13.81	9.41
7	制造业	5.28	5.38	5.24	5.33	5.71	5.34
8	医药制造业	9.42	9.71	9.72	9.57	10.48	9.75
9	专用设备制造业	6.21	6.54	6.4	5.85	6.16	6.17
10	非金属矿物制品业	10.41	10.21	9.13	9	9.34	9.51
11	计算机、通信和其他电子设备制造业	4.03	4.27	4.11	3.56	4.56	4.01
12	酒、饮料和精制茶制造业	27.61	28.89	29.58	25.16	27.91	27.38
13	其他制造业	2.93	2.88	2.85	3.2	2.98	3.01
14	金属制品业	3.28	3.36	3.46	3.15	4.15	3.43
15	农副食品加工业	2.2	2.84	2.87	2.81	3.26	2.80
16	电气机械和器材制造业	4.74	5.29	5.47	4.81	6.67	5.30
17	石油加工、炼焦和核燃料加工业	7.45	5.96	8.22	8.39	13.38	8.63
18	有色金属冶炼和压延加工业	3.56	3.48	2.73	3.61	2.75	3.29
19	化学原料和化学制品制造业	4.89	4.54	4.29	4.45	4.84	4.58
20	纺织业	4.82	4.8	4.97	4.67	5.87	4.97
21	汽车制造业	6.53	5.94	5.14	6.08	4.70	5.75
22	通用设备制造业	5.41	6.05	5.73	5.34	6.34	5.70
23	化学纤维制造业	3.43	1.9	1.21	2.81	1.95	2.35
24	造纸和纸制品业	5.36	4.9	5.07	5.75	5.62	5.41
25	橡胶和塑料制品业	3.98	4.47	4.54	4.04	5.08	4.36
26	仪器仪表制造业	8.36	8.65	8.81	8.38	9.03	8.60
27	黑色金属冶炼和压延加工业	2.46	2.33	2.46	2.85	3.11	2.68
28	食品制造业	6.89	7.72	7.03	6.32	6.97	6.87
29	铁路、船舶、航空航天和其他运输设备制造业	3.94	3.99	4.28	3.94	4.48	4.09

续表

序号	行业	收入税收负担率					均值
		2011	2012	2013	2014	2015	
30	印刷和记录媒介复制业	11.3	11.6	11.02	10.78	11.54	11.17
31	木材加工和木、竹、藤、棕、草制品业	6.79	7.44	6.52	7.06	7.27	7.02
32	纺织服装、服饰业	9.58	8.92	9.53	7.73	7.98	8.58
33	文教、工美、体育和娱乐用品制造业	7.12	6.7	5.93	5.54	7.36	6.37
34	家具制造业	5.29	5.78	6.67	5.46	7.84	6.08
35	废弃资源综合利用业	5.2	5.7	3.14	6.78	2.78	5.06
36	皮革、毛皮、羽毛及其制品和制鞋业	6.54	8.14	9.79	6.36	8.85	7.67
37	租赁和商务服务业	7.33	6.88	5.67	4.96	4.37	6.97
38	建筑业	4.05	4.22	4.31	4.44	4.68	4.24
39	水利、环境和公共设施管理业	13.19	12.78	13.68	15.48	14.68	13.46
40	文化、体育和娱乐业	6.14	5.43	5.9	5.14	4.79	5.60
41	采矿业	13.85	14.53	13.53	13.45	16.43	14.43
42	信息传输、软件和信息技术服务业	5.22	5.16	5.21	5.44	4.84	5.09
43	农、林、牧、渔业	1.11	1.21	1.31	1.52	1.04	1.23
44	科学研究和技术服务业	6.66	6.37	5.9	6.13	6.39	6.30
45	卫生和社会工作	6.48	5.66	5.42	5.24	4.08	5.28
46	教育	6.01	5.29	4.7	5.67	5.14	5.42
47	金融业	12.67	14.78	14.56	14.88	14.29	13.86

可观察到，全行业中税收负担率最高的前三位分别是：酒、饮料和精制茶制造业（27.91%）、采矿业（16.43%），水利、环境和公共设施管理业（14.68%），最低的是农、林、牧、渔业（1.04%）及化学纤维制造业（1.95%）。房地产行业为14.04%，属于较高的税负水平。

从表19-9可以看到，在制造业整体收入税收负担率（5.71%）大大低于平均税收负担率的情况下，其细分出来的酒、饮料和精制茶制造业税收负担率高达27.91%，超过平均值（8.75%）3倍多，在全行业中位居第一，同在制造业中收入税收负担率最低的是化学纤维制造业（1.95%）。

（2）利润税收负担率分析

利润税收负担率指标的立脚点是从股东回报的角度来看，在股东获取100元利润总额的时候，企业为此支付的税收成本。这个成本在2011-2012年度间大幅上涨后出现降低，2014-2015年小幅度上升。

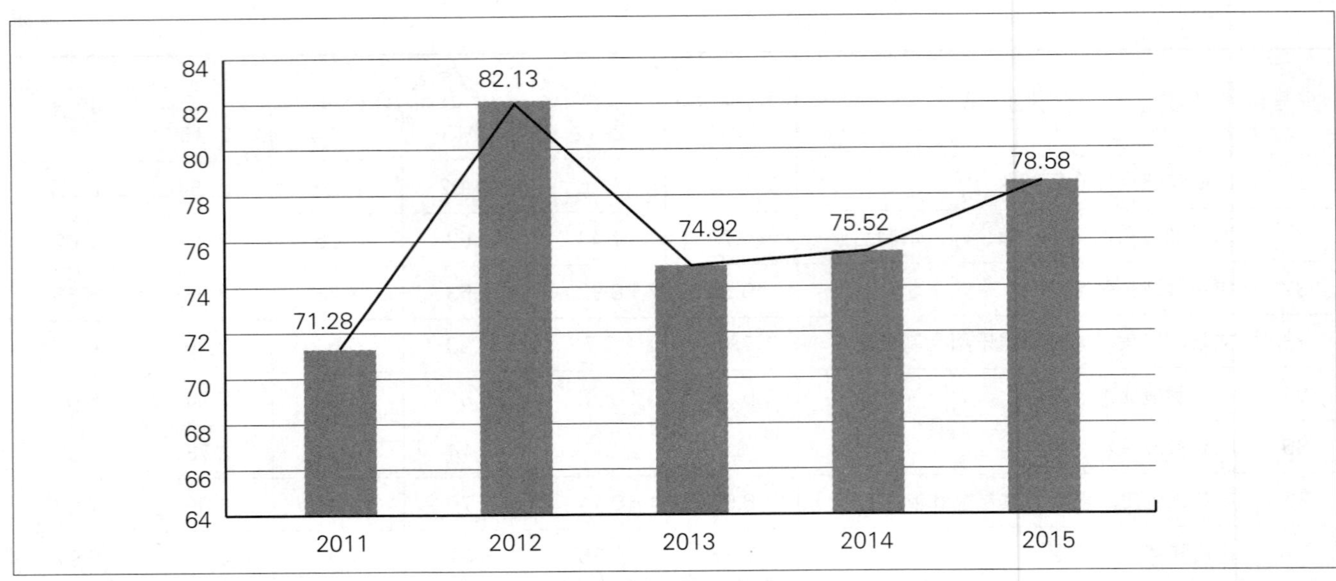

图 19－7 2010–2014 年利润税收负担率

不同行业 2011-2015 年度利润税收负担率表现如表 19-10。

表 19－10

单位：%

序号	行业	利润税收负担率					均值
		2011	2012	2013	2014	2015	
全行业		71.28	82.13	74.92	75.52	78.58	76.49
1	房地产业	86.43	85.95	88.24	92.55	101.92	91.02
2	住宿和餐饮业	76.85	77.9	162.45	429.39	83.49	166.02
3	综合	51.17	72.26	66.89	68.41	251.99	102.14
4	交通运输、仓储和邮政业	53.57	61.44	51.08	46.15	46.46	51.74
5	批发和零售业	91.96	121.31	106.28	112.5	140.05	114.42
6	电力、热力、燃气及水生产和供应业	100.22	74.34	66.3	65.38	68.06	74.86
7	制造业	72.75	97.97	86.89	88.92	104.93	90.29
8	医药制造业	60.08	69.46	71.19	58.88	69.07	65.74
9	专用设备制造业	47.31	64.57	84.41	46.14	139.34	76.35
10	非金属矿物制品业	57.89	110.16	77.2	55.22	118.49	83.79
11	计算机、通信和其他电子设备制造业	62.85	98.88	67.86	60.75	71.97	72.46
12	酒、饮料和精制茶制造业	91.28	83.37	93.8	94.35	96.11	91.78
13	其他制造业	45.18	63.79	63.31	64.11	58.70	59.02
14	金属制品业	48.47	68.91	66.74	44.21	72.55	60.18
15	农副食品加工业	53.06	69.42	61.44	63.88	58.60	61.28
16	电气机械和器材制造业	71.42	76.14	76.1	59.53	72.73	71.18
17	石油加工、炼焦和核燃料加工业	312.83	−529.54	614.39	210.5	−763.21	−31.00
18	有色金属冶炼和压延加工业	78.37	668.45	141.14	88.92	−321.94	130.99

续表

序号	行业	利润税收负担率					均值
		2011	2012	2013	2014	2015	
19	化学原料和化学制品制造业	63.03	84.91	91.96	55.17	91.40	77.29
20	纺织业	59.83	123.77	69.64	52.33	92.94	79.70
21	汽车制造业	76.27	81.99	69.25	68.3	65.25	72.21
22	通用设备制造业	70.46	89.24	83.49	62.71	105.71	82.32
23	化学纤维制造业	59.26	286.91	171.88	33.97	82.98	127.00
24	造纸和纸制品业	205.8	157.14	157.77	99.71	123.02	148.69
25	橡胶和塑料制品业	46.02	72.43	60.78	54.11	67.61	60.19
26	仪器仪表制造业	61.17	61.82	57.88	56.78	56.37	58.80
27	黑色金属冶炼和压延加工业	173.36	−448.52	392.31	96.2	−46.60	33.35
28	食品制造业	95.64	110.98	95.11	81.75	81.86	93.07
29	铁路、船舶、航空航天和其他运输设备制造业	59.83	74.61	74.04	61.81	134.64	80.99
30	印刷和记录媒介复制业	52.62	55.8	52.19	52.09	49.95	52.53
31	木材加工和木、竹、藤、棕、草制品业	168.38	249.54	143.93	117.1	94.39	154.68
32	纺织服装、服饰业	65.86	71.18	87.84	50.54	65.52	68.19
33	文教、工美、体育和娱乐用品制造业	57.04	53.62	53.2	43.09	50.76	51.54
34	家具制造业	46.29	64.08	59.34	49.63	52.62	54.39
35	废弃资源综合利用业	35.89	50.47	60.44	39.81	57.23	48.77
36	皮革、毛皮、羽毛及其制品和制鞋业	48.85	61.38	90.24	60.8	93.59	70.97
37	租赁和商务服务业	105.95	91.88	75.72	75.2	89.74	87.70
38	建筑业	108.75	126.95	110.49	112.0	116.43	114.93
39	水利、环境和公共设施管理业	58.35	60.67	54.13	68.15	70.39	62.34
40	文化、体育和娱乐业	44.17	41.56	39.28	31.35	30.69	37.41
41	采矿业	161.81	208.59	207.07	256.3	518.35	270.44
42	信息传输、软件和信息技术服务业	74.54	74.87	74.06	65.39	53.00	68.37
43	农、林、牧、渔业	14.13	26.02	48.19	80.62	15.61	36.91
44	科学研究和技术服务业	51.11	52.18	48.12	51.22	55.37	51.60
45	卫生和社会工作	33.63	32.21	30.94	29.46	22.85	29.82
46	教育	174.39	−57.05	101.14	92.43	137.19	89.62
47	金融业	32.61	37.98	36.4	38.31	38.72	36.80

从表中可看出，采矿业的利润税收负担率最高达518.35%，农、林、牧、渔业的利润税收负担率最低为15.61%；最高值是最低值的33倍尚多；金融业的利润税收负担率为38.72%，属于较低水平；房地产行业84.78%，比平均值稍高，但从全行业来看其并不属于税收负担率高的行业，与收入税收负担率进行对比，也许可以说明房地产行业

的利润水平。

从制造业数据中看出其利润税收负担率最高值为763.21%，是石油加工、炼焦和核燃料加工业；利润税收负担率最低值为49.95%，是印刷和记录媒介复制业。制造业的整体利润税收负担率均高于行业水平。

（3）年度增加值税收负担率分析

2011-2015年连续5年分析范围内的上市公司年度增加值的税收负担率总体呈下降趋势，2015年为30.48%，税收负担率较2014年稍有提高，指标值年度间有较小差异，2012年度达到峰值，与2011年和2013年差异较大，且与年度增加值在税收收入所占比例的变化的未呈现出一致趋势。年度增加值税负率在2012年达到峰值，而年度增加值在税收收入所占比例在2013年达到峰值。

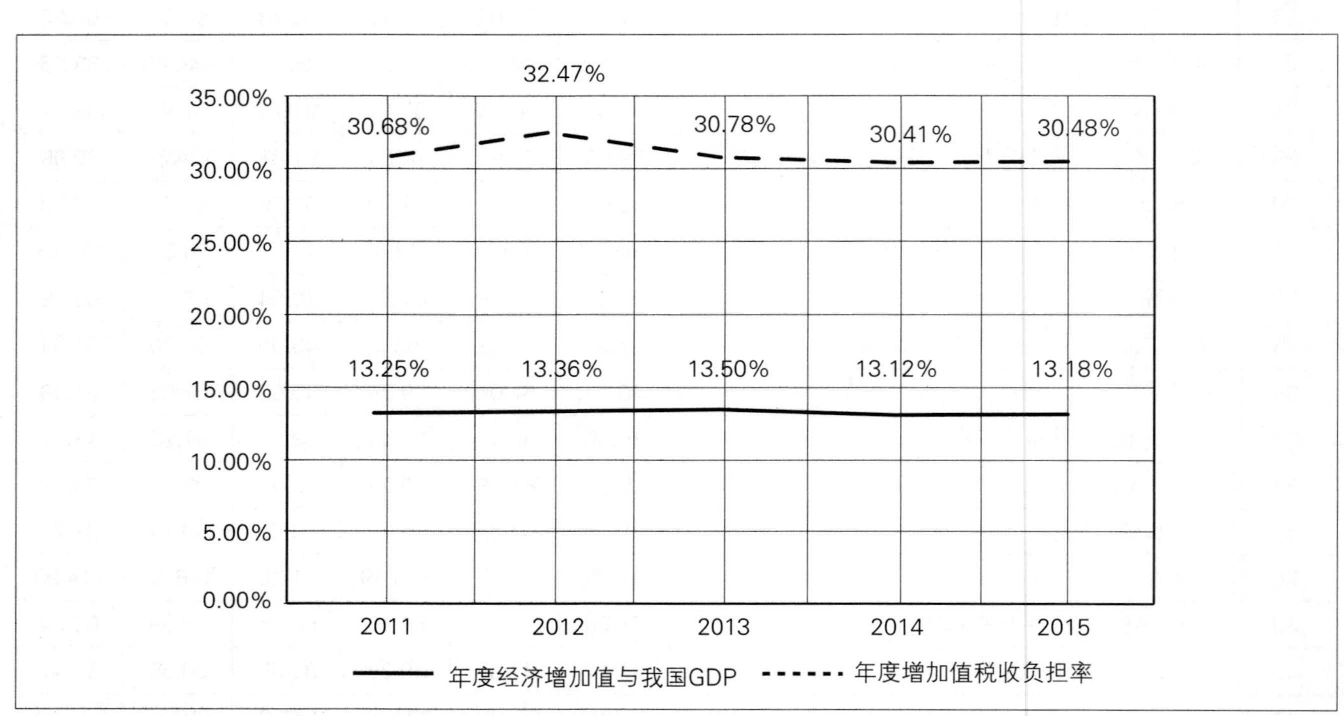

图19－8 年度增加值与年度增加值税负率5年变化比较图

年度增加值反映企业在经营中创造价值并承担一定社会责任，年度增加值从2011年的62703.62亿元提高到2015年的89217.10亿元，提高了42.23%，税收成本在其中的份额基本能够保持在30.97%的比重，这意味着企业新创造的100元价值中，其中三分之一是用来给国家缴纳税收的，该指标与经营活动现金流量的税负率体现的都是税收刚性约束。

在行业分布上，47个行业的年度增加值税收负担率苦乐不均，具体数据见表19-11。

表 19－11

单位：%

序号	行业	年度增加值税收负担率					均值
		2011	2012	2013	2014	2015	
全行业		30.68	32.47	30.78	30.41	30.48	30.96
1	房地产业	48.17	48.4	49.24	48.97	51.36	49.23
2	住宿和餐饮业	22.19	21.42	22.08	22.48	17.10	21.05
3	综合	24.54	28.49	27.82	25.83	30.44	27.42
4	交通运输、仓储和邮政业	17.93	17.7	14.71	13.9	14.45	15.74
5	批发和零售业	34.84	36.16	33.91	33.15	33.83	34.38
6	电力、热力、燃气及水生产和供应业	26.26	26.66	27.84	27.91	28.76	27.49
7	制造业	26.67	27.72	26.15	25.31	25.78	26.33
8	医药制造业	27.57	28.93	28.77	27.5	27.83	28.12
9	专用设备制造业	23.38	24.66	24.72	22.67	22.30	23.55
10	非金属矿物制品业	28.35	31.23	27.57	26.13	27.93	28.24
11	计算机、通信和其他电子设备制造业	18.77	20.13	17.74	19.16	18.14	18.79
12	酒、饮料和精制茶制造业	44.7	43.59	44.79	43.38	42.37	43.77
13	其他制造业	26.3	31.31	31.91	29.85	30.15	29.90
14	金属制品业	20.25	20.92	20.61	18.45	19.86	20.02
15	农副食品加工业	20.12	22.35	21.32	23.27	20.74	21.56
16	电气机械和器材制造业	26.49	26.75	26.97	26.35	27.25	26.76
17	石油加工、炼焦和核燃料加工业	46.91	47.97	50.42	44.12	63.41	50.57
18	有色金属冶炼和压延加工业	28.15	36.09	26.09	26.57	30.56	29.49
19	化学原料和化学制品制造业	24.32	24.27	23.69	21.8	23.00	23.42
20	纺织业	19.67	21.43	19.24	18.01	20.78	19.83
21	汽车制造业	34.18	32.28	28.55	32.95	24.08	30.41
22	通用设备制造业	24.4	26.45	24.71	24.36	26.28	25.24
23	化学纤维制造业	26.12	21.22	14.79	17.1	15.02	18.85
24	造纸和纸制品业	27.47	23.4	24.76	26.02	24.64	25.26
25	橡胶和塑料制品业	19.68	23.41	21.48	21.07	19.90	21.11
26	仪器仪表制造业	23.72	23.66	22.36	23.51	22.18	23.09
27	黑色金属冶炼和压延加工业	19.86	21.09	20.32	19.85	31.17	22.46
28	食品制造业	30.12	31.76	28.18	27.84	25.31	28.64
29	铁路、船舶、航空航天和其他运输设备制造业	19.05	18.88	18.76	19.35	20.50	19.31
30	印刷和记录媒介复制业	25.63	26.09	24.77	25.63	24.04	25.23
31	木材加工和木、竹、藤、棕、草制品业	27.9	31.61	27.29	27.6	24.98	27.88

续表

序号	行业	年度增加值税收负担率					均值
		2011	2012	2013	2014	2015	
32	纺织服装、服饰业	28.43	27.7	30.65	24.34	25.37	27.30
33	文教、工美、体育和娱乐用品制造业	21.74	20.9	19.55	17.75	19.68	19.92
34	家具制造业	17.72	20.52	21.68	19.01	21.44	20.07
35	废弃资源综合利用业	14.29	18.2	17.03	17.57	15.81	16.58
36	皮革、毛皮、羽毛及其制品和制鞋业	23.68	26.55	29.3	24.16	25.58	25.85
37	租赁和商务服务业	41.43	37.17	32.44	31.85	32.58	35.09
38	建筑业	28.98	30.38	30.16	30.29	30.20	30.00
39	水利、环境和公共设施管理业	29.21	30.23	30.12	34.65	33.18	31.48
40	文化、体育和娱乐业	19.5	17.51	18.23	14.88	14.70	16.96
41	采矿业	48.01	50.69	48.8	49.43	51.49	49.68
42	信息传输、软件和信息技术服务业	11.85	12.47	13.16	12.68	11.50	12.33
43	农、林、牧、渔业	5.08	6.29	6.68	7.18	4.72	5.99
44	科学研究和技术服务业	19.86	18.94	17.45	17.99	15.72	17.99
45	卫生和社会工作	13.32	11.76	11.4	11	8.27	11.15
46	教育	24.83	33.09	16.84	11.63	9.32	19.14
47	金融业	21.66	24.35	23.64	24.76	25.20	23.92

由以上数据看出，年度增加值税收负担率指标中，石油加工、炼焦和核燃料加工业，采矿业、房地产行业、饮料和精制茶制造业的年度增加值税收负担均在40%以上，农、林、牧、渔业及卫生和社会工作分别以4.72%、8.27%位居最后。

（4）现金流量税负率分析

现金流量税负率反映的是企业经营活动发生的付现成本中税收所占的比重。这个指标与其他指标相比有其独特性，因为只有该指标是从付现角度来衡量，其他指标都是以权责发生制为前提。在现代企业经营中，企业追求的不再是“纸面富贵”，而是“现金为王”。2008年金融危机中破产的雷曼兄弟不是因为其资产质量恶化，而是因为其流动性发生了问题，在利润为正数的情况下出现了“黑字破产”。经营活动的现金流出代表的是企业在主营业务过程中支付的购买原料、支付员工薪酬等成本，税收也是其中的一个因素。该指标能够说明企业付现成本中税收成本的压力。相比以往年度，2015年度该指标有大幅度的降低，2011年到2015年该指标变化如图19-9所示。

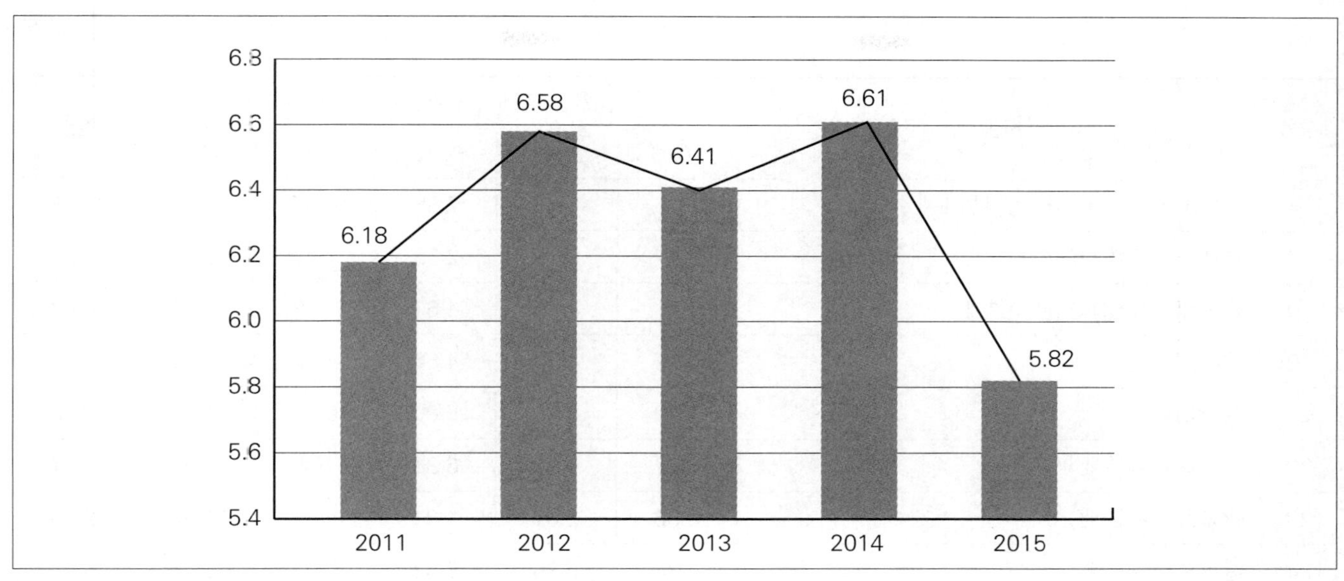

图 19－9　各年度经营活动现金流出税负率比较图

该指标在各行业比较中也表现出较强的行业特征，2011 至 2015 年度各行业经营活动现金流量税负率计算结果如下。

表 19－12

单位：%

序号	行业	经营活动现金流出税收负担率					均值
		2011	2012	2013	2014	2015	
全行业		6.18	6.58	6.41	6.61	5.82	6.32
1	房地产业	12.43	13.83	11.1	11.75	10.54	11.62
2	住宿和餐饮业	11.93	11.44	10.26	10.66	8.93	10.64
3	综合	5.5	6.63	6.54	6.79	6.01	6.29
4	交通运输、仓储和邮政业	6.44	6.08	–	5.34	5.21	5.77
5	批发和零售业	2.91	2.87	2.56	2.62	2.50	2.69
6	电力、热力、燃气及水生产和供应业	7.34	9	12.25	13.7	11.77	10.81
7	制造业	5.43	5.5	5.44	5.48	5.30	5.43
8	医药制造业	10.01	10.22	10.06	10.41	9.99	10.14
9	专用设备制造业	6.34	6.88	6.95	6.5	6.07	6.55
10	非金属矿物制品业	11.13	10.26	9.6	9.31	6.85	9.43
11	计算机、通信和其他电子设备制造业	4.04	4.25	4.15	3.53	4.23	4.04
12	酒、饮料和精制茶制造业	28.14	30.93	30.25	26.13	23.68	27.83
13	其他制造业	2.49	2.49	2.47	2.64	2.47	2.51
14	金属制品业	3.24	3.58	3.79	3.08	4.36	3.61
15	农副食品加工业	2.03	2.71	2.74	2.6	2.98	2.61
16	电气机械和器材制造业	5.85	6.41	6.78	5.77	6.34	6.23

续表

序号	行业	经营活动现金流出税收负担率					均值
		2011	2012	2013	2014	2015	
17	石油加工、炼焦和核燃料加工业	7.15	5.53	7.88	8.09	12.14	8.16
18	有色金属冶炼和压延加工业	3.37	3.16	2.53	3.31	2.42	2.96
19	化学原料和化学制品制造业	5.2	4.81	4.61	4.58	4.92	4.82
20	纺织业	4.57	4.69	4.86	4.41	5.39	4.78
21	汽车制造业	6.59	5.79	5.06	6.43	4.40	5.65
22	通用设备制造业	5.52	6.22	6.31	5.4	6.09	5.91
23	化学纤维制造业	3.96	2.01	1.31	3.42	1.62	2.46
24	造纸和纸制品业	5.34	5.36	5.52	5.92	5.73	5.57
25	橡胶和塑料制品业	4.01	4.7	4.86	4.1	4.85	4.50
26	仪器仪表制造业	8.21	9.11	9.26	8.57	9.16	8.86
27	黑色金属冶炼和压延加工业	2.65	2.49	2.68	3.06	2.91	2.76
28	食品制造业	6.33	7.27	6.6	5.85	6.11	6.43
29	铁路、船舶、航空航天和其他运输设备制造业	3.89	4.12	4.35	3.86	4.28	4.10
30	印刷和记录媒介复制业	11.27	12.52	12.39	11.12	10.33	11.53
31	木材加工和木、竹、藤、棕、草制品业	6.91	7.43	6.77	6.04	6.41	6.71
32	纺织服装、服饰业	8.69	9.19	9.85	7.42	7.08	8.45
33	文教、工美、体育和娱乐用品制造业	6.8	6.51	5.53	5.34	6.78	6.19
34	家具制造业	4.77	5.85	6.47	5	6.87	5.79
35	废弃资源综合利用业	5.26	4.97	2.82	3.97	2.63	3.93
36	皮革、毛皮、羽毛及其制品和制鞋业	7.11	7.36	8.76	5.98	7.41	7.32
37	租赁和商务服务业	5.26	5.46	4.54	3.94	2.97	4.43
38	建筑业	4.25	4.23	4.43	4.71	4.84	4.49
39	水利、环境和公共设施管理业	11.93	14.91	15.73	16.48	14.44	14.70
40	文化、体育和娱乐业	5.93	5.47	6.05	5.54	4.46	5.49
41	采矿业	13.42	13.73	12.92	13.04	14.15	13.45
42	信息传输、软件和信息技术服务业	6.96	6.8	6.65	6.92	4.43	6.35
43	农、林、牧、渔业	1.11	1.24	1.29	1.54	0.98	1.23
44	科学研究和技术服务业	7.82	7.89	7.51	8.01	7.14	7.67
45	卫生和社会工作	7.66	6.37	6.55	6.15	4.01	6.15
46	教育	5.35	4.64	4.15	5.61	4.22	4.79
47	金融业	3.56	4.25	4.42	4.95	3.94	4.22

在各行业中酒、饮料和精制茶制造业、水利、环境和公共设施管理业和采矿业经营活动现金流量税负率分别以23.68%、14.44%、14.15%位列前三名；农、林、牧、渔业以0.98%稳坐最低宝座，化学纤维制造业以1.62%、租赁和商务服务业以2.97%紧随其后。

根据2013年度证监会行业分类，将全部A股上市公司分为18类汇总对制造业的29类细分，以序号1-47作为对应行业代码进行作图比较分析A股上市公司各行业的税收负担在年度间的变化情况。

表19－13

序号	行业名称	序号	行业名称
1	房地产业	25	橡胶和塑料制品业
2	住宿和餐饮业	26	仪器仪表制造业
3	综合	27	黑色金属冶炼和压延加工业
4	交通运输、仓储和邮政业	28	食品制造业
5	批发和零售业	29	铁路、船舶、航空航天和其他运输设备制造业
6	电力、热力、燃气及水生产和供应业	30	印刷和记录媒介复制业
7	制造业	31	木材加工和木、竹、藤、棕、草制品业
8	医药制造业	32	纺织服装、服饰业
9	专用设备制造业	33	文教、工美、体育和娱乐用品制造业
10	非金属矿物制品业	34	家具制造业
11	计算机、通信和其他电子设备制造业	35	废弃资源综合利用业
12	酒、饮料和精制茶制造业	36	皮革、毛皮、羽毛及其制品和制鞋业
13	其他制造业	37	租赁和商务服务业
14	金属制品业	38	建筑业
15	农副食品加工业	39	水利、环境和公共设施管理业
16	电气机械和器材制造业	40	文化、体育和娱乐业
17	石油加工、炼焦和核燃料加工业	41	采矿业
18	有色金属冶炼和压延加工业	42	信息传输、软件和信息技术服务业
19	化学原料和化学制品制造业	43	农、林、牧、渔业
20	纺织业	44	科学研究和技术服务业
21	汽车制造业	45	卫生和社会工作
22	通用设备制造业	46	教育
23	化学纤维制造业	47	金融业
24	造纸和纸制品业	48	橡胶和塑料制品业

（5）收入税收负担率年度变化比较

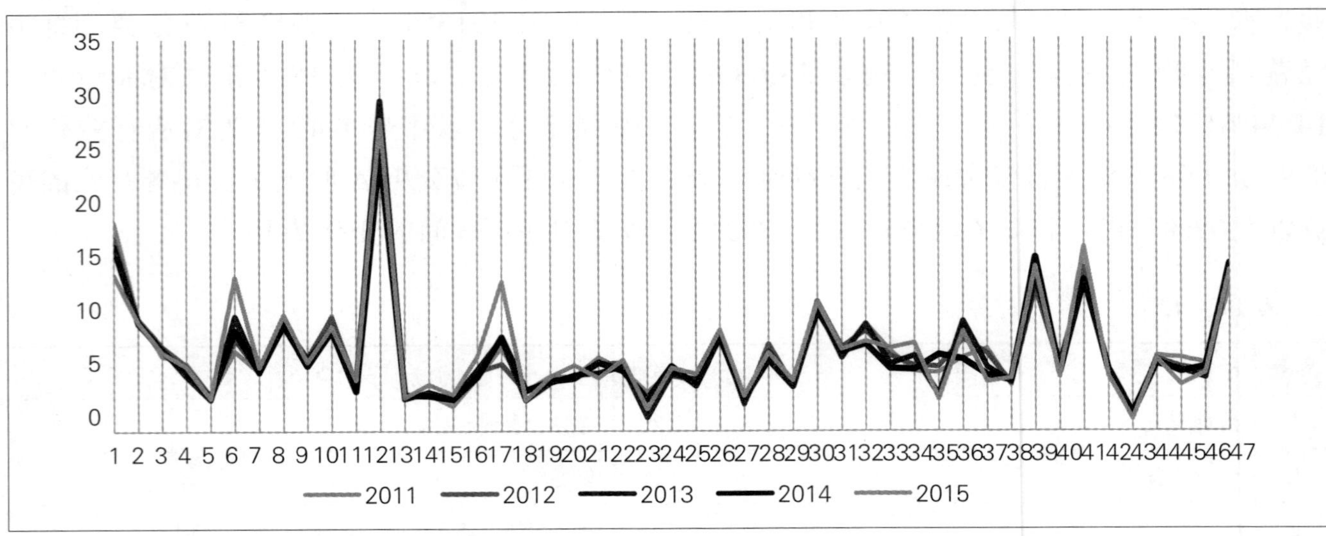

图 19－10 2011–2015 年收入税负率五年比较图

A 股上市公司实现的营业收入自 2011 年开始到 2015 年连续 5 年增长率为分别 -8.96%、-9.69%、6.02%、1.65%， 支付的各项税费从 2011 年起连续 5 年增长率为 -12.12%、-9.82%、6.09%、6.86%。2011—2015 年度间，除个别行业外 (行业代码 17 的石油加工、炼焦和核燃料加工业)，行业年度间内的变化趋势统一，如图 19-10 所示。一方面说明我国的税收环境和各行业的税收负担近 5 年的变化波动范围不大，酒、饮料和精制茶制造业（行业代码 12）稳居收入税收负担率第一位，农、林、牧、渔业（行业代码 43）均为税负最低的行业；另一方面说明税负对于企业经营构成刚性约束。营业收入增长率大于支付的各项税费的增长率大抵得益于三个因素，一是成本费用的降低，二是营业外收支的增大，三是企业存在投资收益。

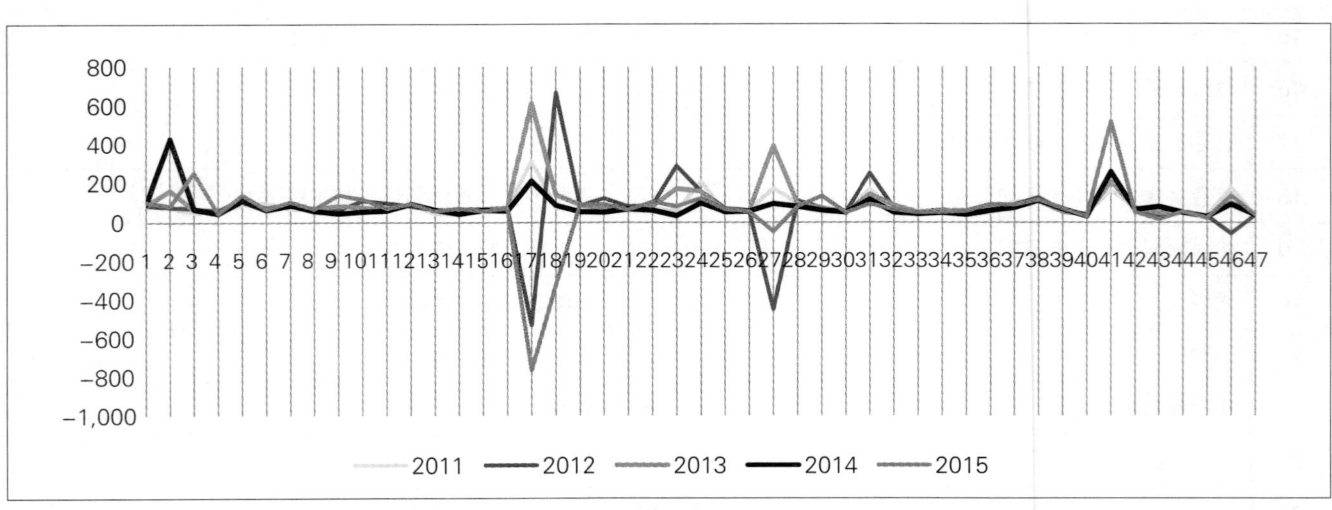

图 19－11 2011–2015 年利润税收负担率五年比较图

（6）利润税收负担率年度变化比较

2015 年度序号 17 即石油加工、炼焦和核燃料加工业，序号 41 采矿业、序号 27 黑色金属冶炼和压延加工业利润税收负担率变化较大。排除个别年度个别行业的极端数据后，行业间利润税收负担率年度差异相对较小，利润税收负担率 2011-2015 连续五年均处于高位的是序号 17 石油加工、炼焦和核燃料加工业、序号 41 采矿业。

（7）年度增加值税收负担率年度变化比较

2011 年度至 2015 年度各行业年度增加值税负率变化图如图 19-12。

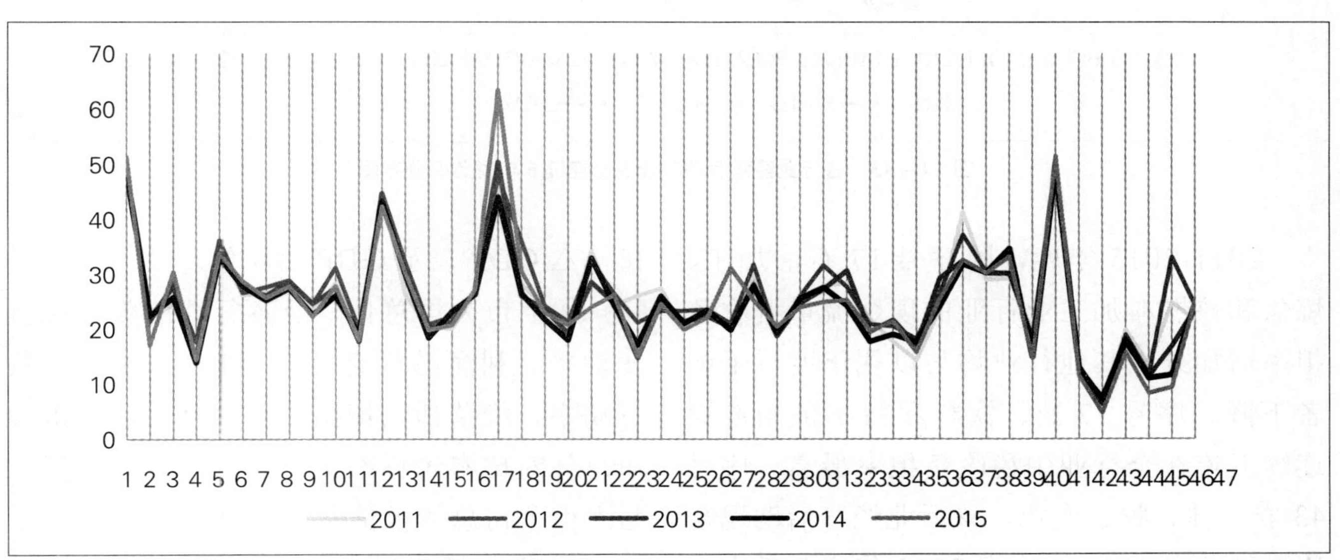

图 19－12　2011–2015 年度年度增加值税负率变化比较图

由图 19-12 可观察到各年度间行业年度增加值税负率变化一致。2015 年度序号 17 石油加工、炼焦和核燃料加工业，序号 27 仪器仪表制造业行业的年度增加值税收负担率增加；而序号 2 住宿和餐饮业、序号 21 汽车制造业，序号 31 木材加工和木、竹、藤、棕、草制品业，序号 45 卫生和社会工作、序号 46 教育行业的税收负担率继续降低。

序号 41 采矿业是 2011-2015 近 5 年度内增加值税负率最大的行业，序号 43 农、林、牧、渔业依然是增加值税收负担率最小的行业。

（8）经营活动现金流出税收负担率年度变化比较

各行业在年度间的变化不均，2010 年度至 2014 年度序号 4 交通运输、仓储和邮政业，序号 37 租赁和商务服务业、序号 39 水利、环境和公共设施管理业和序号 8 税收负担率变化较大。

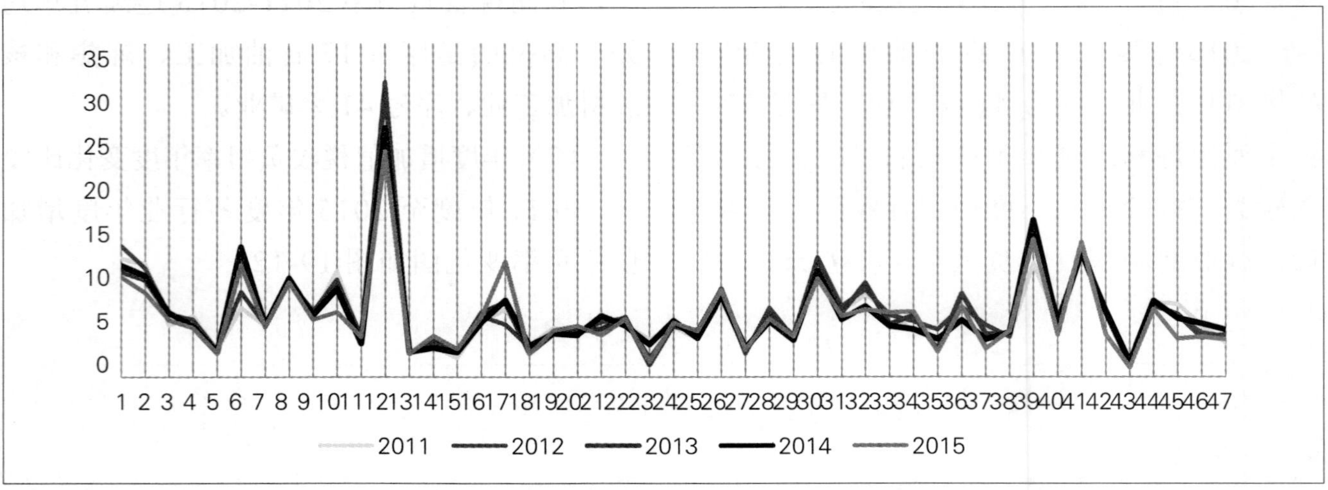

图 19 – 13 各行业经营活动现金流出连续 5 年税负率分布图

2011-2015 年度，除序号 17 石油加工、炼焦和核燃料加工业行业的现金流量税收负担率增加外，其他行业均与以往年度持平或者下降。序号 12 酒、饮料和精制茶制造业连续五年在全行业中税收负担率最高，序号 43 农、林、牧、渔业，该行业经营活动现金流量税负率 2011 年度至 2015 年度几乎完全重合，年度间基本无变化。

5. 指标参数相互影响分析

中联税务在本次上市公司税负分析中，试图建立一系列动态指标，以反映上市公司收入、利润、年度增加值、经营活动现金净流出的发生增减变动时，企业支出的税费金额的会如何增减变动，并比较各行业支付的各项税费对收入、利润、年度增加值、经营活动现金净流出变动的敏感性、变动性。

（1）相互影响指标介绍

①总体对比参考标准：GDP 税收收入变动率，表示每增加单位 GDP 带来的全国税收收入的增减变动，计算过程如下：

GDP 税收收入变动率 = △税收收入 ÷ △ GDP×100%，

其中，△税收收入指税收收入的增减值，△ GDP 表示 GDP 增减值。

②上市公司总体、及各行业的收入税负变动率、利润税负变动率、年度增加值税负变动率、经营活动流出税负变动率，上市公司总体对比参考标准比较，上市公司各行业与上市公司总体税负变动情况对比分析。

A. 收入税负变动率，表示每增加单位收入带来的企业税费支出的增减变动，计算过程如下：

收入税负变动率 = △税费支出 ÷ △收入 ×100%，

其中，△税费支出指企业支出的各项税费的增减值，△收入表示企业收入金额的增减变动值。

B. 利润税负变动率，表示每增加单位利润带来的企业税费支出的增减变动，计算过程如下：

利润税负变动率 = △税费支出 ÷ △利润 ×100%，

其中，△税费支出指企业支出的各项税费的增减值，△利润表示企业利润总额的增减变动值。

C. 年度增加值税负变动率，表示每增加

单位年度增加值带来的企业税费支出的增减变动，计算过程如下：

年度增加值税负变动率 = △税费支出 ÷ △年度增加值 ×100%，

其中，△税费支出指企业支出的各项税费的增减值，△年度增加值表示企业年度增加值的增减变动值。

D. 经营活动现金流出税负变动率，表示每增加单位经营活动现金流出带来的企业税费支出的增减变动，计算过程如下：

经营活动现金流出税负变动率 = △税费支出 ÷ △经营活动现金流出 ×100%

其中，△税费支出指企业支出的各项税费的增减值，△经营活动现金流出表示企业经营活动现金流出的增减变动值。

（2）总体情况分析

我们选取了2010-2015年度的相关数据，计算出2011-2015年度各相关项目每年相对上年的增减变化金额。从我国宏观经济出发，计算2011-2015年度GDP和税收收入增减变动情况，从中观角度出发，计算A股上市公司2011-2015年度支付的各项税费、收入、利润、年度增加值、经营活动现金流出的增减变动情况，结果如表19-14所示。

表 19 – 14　　　　　　　　　　　　**金额单位：人民币亿元**

年度	2011	2012	2013	2014	2015
△全国税收收入	16527.60	10875.89	9882.72	6729.00	6836.00
△ GDP	75121.00	46218.00	49523.00	67618.00	40245.00
△税费支出	4088.90	3292.01	1114.03	1747.52	1741.85
△营业收入	44038.48	20395.77	24039.92	16388.66	4762.98
△利润总额	3677.29	440.49	4125.65	2066.78	1256.27
△年度增加值	10716.75	6685.16	7432.06	6667.66	5728.60
△经营活动现金流出	44863.01	30706.88	26623.50	15153.06	82277.08

基础数据来源：WIND 软件

其中2014年度的税收收入较2013年减少6729.00亿元，本次为了更好地反映参数的增减变动情况，对其取绝对值进行分析比较。

根据前述计算公式计算以上指标，得到如下结果。

表 19 – 15

年度	2011	2012	2013	2014	2015
GDP 税收收入变动率	22.00%	23.53%	19.96%	9.95%	16.99%
收入税负变动率	9.28%	16.14%	4.63%	10.66%	36.57%
利润税负变动率	111.19%	747.35%	27.00%	84.55%	138.65%
年度增加值税负变动率	38.15%	49.24%	14.99%	26.21%	30.41%
经营活动现金流出税负变动率	9.11%	10.72%	4.18%	11.53%	2.12%

由以上结果，2011-2015年度我国GDP税收收入税负变动率整体呈现下降的趋势，即新增的GDP收入中，税收收入贡献的增加值是逐步降低的。从总体上看，上市公司收入税负变动率、利润税负变动率、年度增加值税负变动率、经营活动现金流出税负变动率四个指标参数均为正值，表明2011-2015年间伴随着A股上市公司收入、利

润、年度增加值、经营活动现金流出的逐年增加，企业支出的各项税费也逐年增多。收入税负变动率、利润税负变动率、年度增加值税负变动率变动趋势一致，从2011-2012年度明显增加，2013年降至低点后，2014、2015逐年增加；经营活动现金流出税负变动率与其他三个指标基本保持一致的变动趋势，但是在2015年出现大幅下降至近五年的最低点。示意图如图19-14。

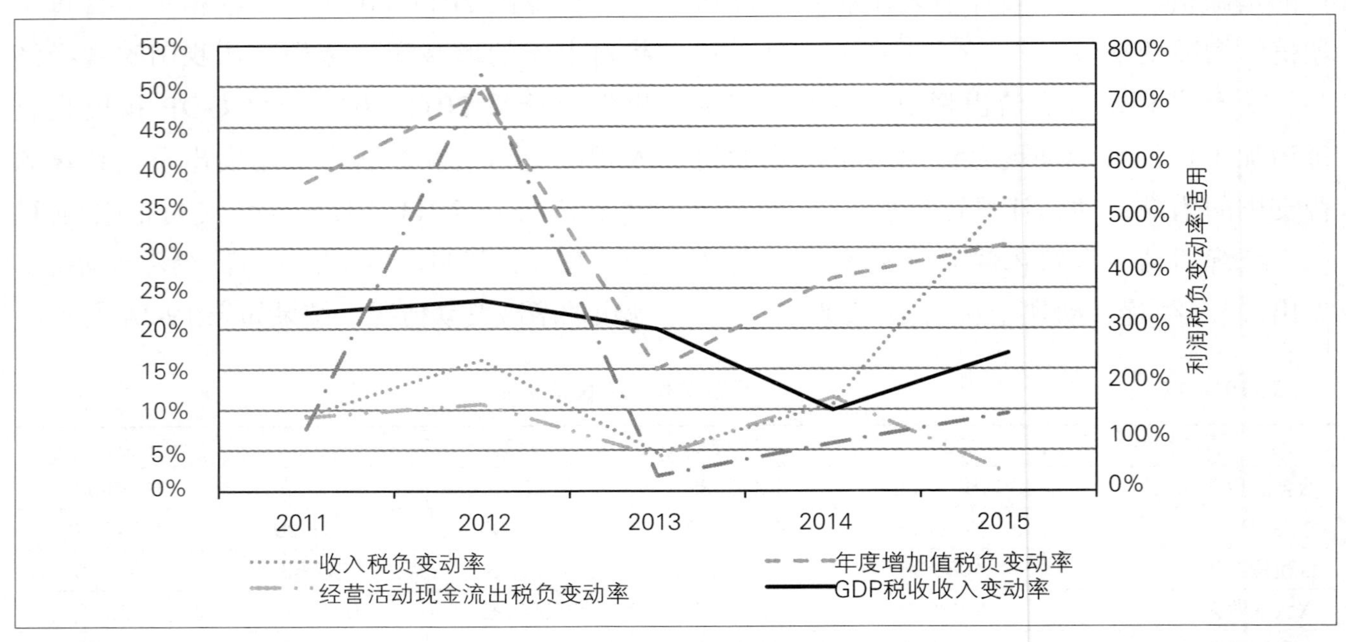

图19－14　总体税负变动率示意图

四个指标中，相同时点上，利润税负变动率的金额是最大，即相同幅度的变动，利润的增减变动将会使税费支出的变动幅度更大，反之在四个考察参数中，税费支出对利润的变动和影响最大。下面将以利润税负率对A股上市公司各行业的税负变动率进行比较。

（3）上市公司2015年度税负变动率分析

2015年度A股上市公司中金融业支付的各项税费增额最多，其次是采矿业、制造业、房地产业、建筑业；2015年度收入、经营活动现金流出、年度增加值、利润税负变动率结果如表19-16所示。

表 19－16　　金额单位：人民币亿元

2015 年增加值	2015 年度支付的各项税费增加额	2015 年度营业收入增加额	收入税负变动率	2015 年度经营活动现金流出增值额	经营活动现金流出税负变动率	2015 年度年度增加值增加额	年度增加值税负变动率	2015 年度利润增加额	利润税负变动率
房地产业	15496.97	3945.10	3.93	148039.34	0.10	817.76	18.95	371.77	41.68
住宿和餐饮业	105.89	21.24	4.98	1179.75	0.09	23.85	4.44	10.79	9.81
综合	208.10	−2.45	−84.80	3545.34	0.06	−16.89	−12.32	−21.87	−9.51
交通运输、仓储和邮政业	4315.27	−102.31	−42.18	83080.47	0.05	338.50	12.75	133.60	32.30
批发和零售业	5837.10	2631.40	2.22	234896.44	0.02	173.26	33.69	−41.20	−141.68
电力、热力、燃气及水生产和供应业	10175.76	311.62	32.65	87342.96	0.12	667.17	15.25	274.96	37.01
制造业	48159.62	−517.11	−93.13	909865.79	0.05	1102.64	43.68	−277.43	−173.59
租赁和商务服务业	1032.19	722.03	1.43	35484.52	0.03	56.11	18.40	2.91	355.05
建筑业	15410.41	2053.72	7.50	317767.72	0.05	597.30	25.80	100.01	154.09
水利、环境和公共设施管理业	909.67	34.01	26.75	6386.19	0.14	12.19	74.64	−5.09	−178.76
文化、体育和娱乐业	516.29	303.60	1.70	11792.20	0.04	82.19	6.28	40.83	12.65
采矿业	67900.31	−14411.58	−4.71	475079.47	0.14	−1735.70	−39.12	−1695.96	−40.04
信息传输、软件和信息技术服务业	2444.33	765.31	3.19	57243.91	0.04	286.96	8.52	109.82	22.26
农、林、牧、渔业	110.32	539.19	0.20	11622.19	0.01	123.88	0.89	66.21	1.67
科学研究和技术服务业	179.93	46.16	3.90	2545.51	0.07	35.89	5.01	4.21	42.75
卫生和社会工作	33.50	38.99	0.86	857.85	0.04	20.14	1.66	7.00	4.78
教育	5.33	−0.00	−1336.24	130.05	0.04	0.75	7.15	−0.28	−19.17
金融业	73096.85	8379.91	8.72	1891110.06	0.04	3140.61	23.27	2174.99	33.61

第二十章　中国新三板上市公司年度税收负担率分析

一、新三板上市公司整体情况

(一)新三板上市公司管理方式发生变化

2015 年 11 月全国中小企业股份转让系统在落实《国务院关于全国中小企业股份转让系统有关问题的决定》和《中国证监会关于进一步推进全国中小企业股份转让系统发展的若干意见》精神，起草了关于就《全国股转系统挂牌公司分层方案（征求意见稿）》公开征求意见的通知，意在加强新三板企业的质量提升，有针对性的提高对新三板企业的服务及监管水平。征求意见稿中提出依据净利润、净资产收益率、营业收入复合增长率和市值指标等指标值对新三板企业进行分层管理，分为创新层与普通层两个层级，不同层级所享受的资本市场待遇也有所区别，根据 2015 年已经公布的年报数据，满足创新层的企业有 583 家（数据来源：wind 资讯），占总体的比例为 8.37%，这一提案更有利于新三板企业的自律管理。

(二)新三板企业发展动态

1.2015 年新三板上市公司数量增长迅猛

新三板上市公司在 2015 年数据已经达到 6962 家，比 2014 年 2327 家增加了 4365 家，数量的增长一方面表明新三板的市场规模已经比之前年度更加具有代表性，数据信息更加丰富，另一方面表明新三板公司的融资需求激增，越来越多的公司通过新三板来获取资金。

2015 年新增加的新三板上市公司前三位行业是：房地产业、教育、住宿和餐饮业；2015 年行业企业总数量排居前三的行业是：信息传输、软件和信息技术服务业，占比 19.97%，专用设备制造业，占比 6.92%，计算机、通信和其他电子设备制造业，占比 6.16%。

2. 新三板公司整体特征

①相较 A 股上市公司，轻资产公司占比高。新三板起步于为高新区的创新性公司服务，因此公司资产多以技术研发而形成的无形资产为主，轻资产占比高。

②相较 A 股上市公司，发展机遇与风险并存状况更加突出。新三板企业多数司龄短，着眼于细分市场，面临的外部环境变化多，机会多相对市场风险也大，新三板企业处于发展上升期，风险也相对比较高。

(三)相关政策法规

2015 年颁布的与新三板上市公司相关的主要税收政策有：

1. 小型微利企业减半征收所得税优惠政策范围扩大

国税总局通知，支持和鼓励小微企业发展，是当前促进经济企稳回升、改善社会就业和维护社会稳定的有效措施，有利于进一步涵养就业潜力和经济发展的持久耐力。2015 年 8 月 19 日，国务院第 102 次常务会议决定，把小型微利企业减半征收所得税优惠政策范围扩大到年应纳税所得额 30 万元以下的纳税人，包括核定征收企业，以进一步释放政策红利，切实减轻小微企业税收负担，为小微企业发展和创业创新营造良好环境。

①财政部 国家税务总局关于进一步扩大小型微利企业所得税优惠政策范围的通知》（财税〔2015〕99 号）规定：

第一条，为进一步发挥小型微利企业在推动经济发展、促进社会就业等方面的积极作用，经国务院批准，现就小型微利企业所得税政策通知如下：

自 2015 年 10 月 1 日起至 2017 年 12 月 31 日，对年应纳税所得额在 20 万元到 30 万元（含 30 万元）之间的小型微利企业，其所得减按 50% 计入应纳税所得额，按 20% 的税率缴纳企业所得税。

②国家税务总局公告 2015 年第 61 号：

自 2015 年 10 月 1 日至 2017 年 12 月 31 日，符合规定条件的小型微利企业，无论采取查账征收还是核定征收方式，均可以享受财税〔2015〕99 号文件规定的小型微利企业所得税优惠政策（以下简称减半征税政策）。

2. 研发费加计扣除项目范围扩大

①费用的扣除范围更加宽泛，明确了可加计扣除的费用范围：

财税〔2015〕119 号第一条第一项第六点：

第一项，研发活动及研发费用归集范围。

其他相关费用。

与研发活动直接相关的其他费用，如技术图书资料费、资料翻译费、专家咨询费、高新科技研发保险费，研发成果的检索、分析、评议、论证、鉴定、评审、评估、验收费用，知识产权的申请费、注册费、代理费，差旅费、会议费等。此项费用总额不得超过可加计扣除研发费用总额的 10%。

②加计扣除适用范围扩大，明确了不能扣除的活动范围：

财税〔2015〕119 号第二项明确了不可以加计扣除的范围，相对应的可扣除范围将扩大，规定如下：

第二项，下列活动不适用税前加计扣除政策。

A. 企业产品（服务）的常规性升级。

B. 对某项科研成果的直接应用，如直接采用公开的新工艺、材料、装置、产品、服务或知识等。

C. 企业在商品化后为顾客提供的技术支持活动。

D. 对现存产品、服务、技术、材料或工艺流程进行的重复或简单改变。

E. 市场调查研究、效率调查或管理研究。

F. 作为工业（服务）流程环节或常规的质量控制、测试分析、维修维护。

G. 社会科学、艺术或人文学方面的研究。

③明确了追溯扣除部分也可以适用加计扣除

财税〔2015〕119 号第五条第 4 点，明确规定了追溯的研发费用也适用加计扣除，原文如下：

第五条，管理事项及征管要求。

企业符合本通知规定的研发费用加计扣除条件而在2016年1月1日以后未及时享受该项税收优惠的，可以追溯享受并履行备案手续，追溯期限最长为3年。

3. 营改增政策继续深入

财政部2016年3月官网信息显示，2012年1月开始实施营改增试点以来，营改增累计减税6412亿，2016年将进一步降低企业税负，2016年5月1日起在全国范围推行无形资产、固定资产等不动产列入增值税抵扣范围，行业范围增加金融业、建筑安装业、房地产业及生活服务业，双扩政策预计在2016年减税额达到5000多亿。

整体上，国家税务部门在2015年对落实对中小企业的税收优惠出台了相关政策。除上述政策外，小微企业在流转税方面的优惠依旧持续至2017年12月31号。

二、税负分析

（一）年度税负研究指标

新三板上市公司税负研究指标同A股选择指标一致，在此不做赘述。

（二）研究范围介绍

本次研究选取2012-2015年度新三板企业为对象，数据取自wind资讯公布的2012-2015年数据。

新三板企业2012-2015年度研究涵盖数量如下：2012年度2288家，2013年度2301家，2014年度2327家，2015年6962家，历年企业数净增加比例：2013年0.57%，2014年1.13%，2015年199.18%，2015年的企业数据比2014年底的增长了将近2倍。

本次分析仅对新三板企业的整体税负和各行业税负水平进行分析比较说明，不考虑新三板企业的地域特点和重大重组等经济行为给企业带来的税收成本影响（可再根据实际需要再对某行业、某地区、某一经济行为给企业带来的税收负担影响作进一步研究），亦不考虑税收返还及退税对所选指标的影响，对新三板企业的行业分类以证监会的分类为准。

（三）研究方法介绍

本次对新三板企业的税负分析主要利用新三板企业2012-2015年度的面板数据分析，从宏观层面上把握我国新三板企业整体税收负担水平和各行业的差异之处，因此本次分析从以下两个方面进行研究：

不分行业或者全行业的整体税收负担分析；

按照2013年度证监会行业分类进行行业税收负担分析。

（四）研究数据来源

税收负担率的分析、计算以新三板公司年报中披露的合并资产负债表、利润表和现金流量表为基础。

2012-2015年度新三板企业的审计报告大部分为标准无保留意见，审计报告类型情况统计见表20-1：

表 20－1 新三板上市公司审计意见类型

单位：%

类型	2012 年	2013 年	2014 年	2015 年
标准无保留意见	99.7	99.5	35.9	18.6
带强调事项段的无保留意见	0	0.1	0	0
空白	0.3	0.2	64.1	81.4
无法表示意见	0	0.2	0	0
合计	100	100	100	100

数据来自 wind 咨讯

本次研究分析是建立在外部独立审计机构的审计的基础上，财务数量的质量是能够得以保证的。本次分析过程中对于保留意见的审计报告进行了分析，保留事项对于税收成本不构成重大影响，因此不影响本次研究的财务数据安全。

（五）新三板上市公司税收负担分析

1. 总体税负分析

2012-2015 年，对新三板企业的收入、利润、年度增加值和经营活动现金流出四个税负率指标取平均值比较，呈现如下结果：利润税负率＞年度增加值税负率＞收入税负率＞经营活动现金流出税负率，利润税负率指标在 2012-2015 年呈现持续下降趋势，收入税负率与经营活动现在流出税负率在 2012-2014 年略有下降后在 2015 年略有上升，整体变动幅度较低，年度增加值税负率在 2012-2015 年呈现波动性下降。整体来看新三板企业在 2012-2015 年期间税负水平呈下降趋势，尤其利润税负率下降明显。

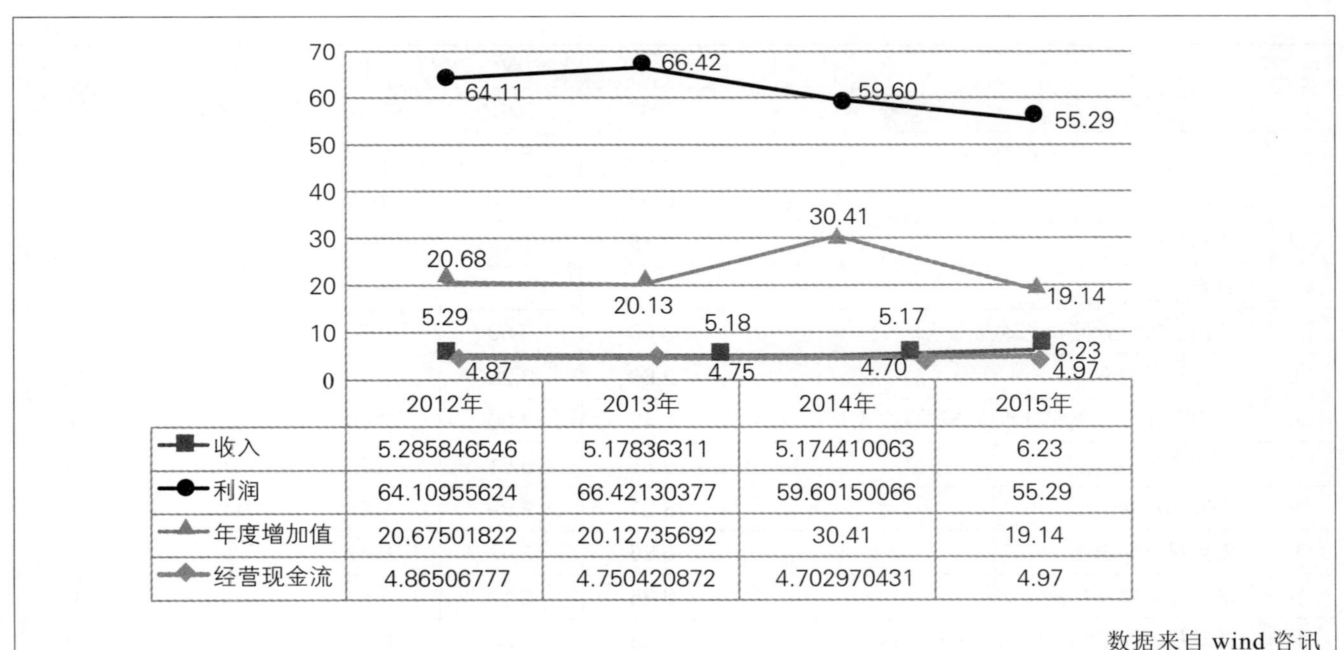

	2012年	2013年	2014年	2015年
收入	5.285846546	5.17836311	5.174410063	6.23
利润	64.10955624	66.42130377	59.60150066	55.29
年度增加值	20.67501822	20.12735692	30.41	19.14
经营现金流	4.86506777	4.750420872	4.702970431	4.97

数据来自 wind 咨讯

图 20－1 2012 年到 2015 年新三板企业税收负担率总览

可观察到：①新三板企业的四个指标税负率指标中最为接近的指标是收入税负率和经营活动现金流出税负率，指标走向及变化趋势基本一致。②利润税负率最高，即相比收入、年度增加值和经营活动现金流，企业每获得 1 元的利润所耗费的成本的中税收占据了 50% 以上；经营活动现金流出税负率最低，即税收费用在企业经营活动现金流出中所占的比重相对较小，税收支出对企业的日常经营活动现金流的影响相对较小。③新三板从收入、利润、年度增加值、经营活动现金流出对上市公司税负程度的分析结果具有高度的一致性，且均从 2012 年出现下降的趋势，与 A 股上市公司同期保持了一致的走向。④与 A 股上市公司相比，新三板企业的税收负担率指标平均值较低，说明普遍来看，新三板企业的税收负担低于 A 股上市公司。

新三板公司的税收优惠政策体现越来越明显，包括研发费加计扣除、小微企业所得税税率优惠，在 2015 年度对小微企业的优惠已经一步加大至应纳税所得额在 30 万以下实行 10% 的所得税优惠税率，对于提升新三板部分企业的活力具有很好的促进作用。

2. 行业税收负担分析

（1）收入税收负担率分析

就全行业而言，2012 年到 2015 年营业收入税收负担率保持平稳下降趋势，均值为 5.47%。全行业中税收负担率最高的前三位分别是：酒、饮料和精制茶制造业（18.10%）、金融业（11.52%）和采矿业（10.36%），最低的是农、林、牧、渔业（1.32%）及农副食品加工业（1.69%），与 A 股企业上市公司基本保持一致。

2012-2015 年度各行业收入税收负担率表现如表 20-2。

表 20 – 2　　新三板上市公司收入负担率

单位：%

序号	行业	收入税收负担率				均值
		2012	2013	2014	2015	
全行业		5.29	5.18	5.17	6.23	5.47
1	房地产业	6.30	6.60	7.52	8.11	7.13
2	住宿和餐饮业	6.36	7.14	7.34	7.16	7.00
3	综合					
4	交通运输、仓储和邮政业	3.00	3.60	3.52	3.94	3.52
5	批发和零售业	2.60	2.26	2.12	2.77	2.44
6	电力、热力、燃气及水生产和供应业	8.45	7.00	7.66	5.28	7.10
7	制造业	5.85	5.61	5.77	5.43	5.67
8	医药制造业	8.87	8.89	8.85	9.04	8.91
9	专用设备制造业	6.85	6.52	6.47	7.32	6.79
10	非金属矿物制品业	6.35	6.19	7.41	7.74	6.93
11	计算机、通信和其他电子设备制造业	5.46	4.94	5.25	5.17	5.21
12	酒、饮料和精制茶制造业	23.49	18.31	18.77	11.84	18.10
13	其他制造业	6.84	6.23	6.23	6.03	6.33

续表

序号	行业	收入税收负担率				均值
		2012	2013	2014	2015	
14	金属制品业	3.78	3.21	4.14	5.01	4.04
15	农副食品加工业	1.91	1.43	1.64	1.77	1.69
16	电气机械和器材制造业	5.76	5.84	6.04	4.80	5.61
17	石油加工、炼焦和核燃料加工业					
18	有色金属冶炼和压延加工业	3.06	2.95	3.12	1.80	2.74
19	化学原料和化学制品制造业					
20	纺织业	6.30	6.13	5.48	4.91	5.71
21	汽车制造业	3.64	3.97	5.16	6.36	4.78
22	通用设备制造业	6.73	6.59	6.82	7.33	6.87
23	化学纤维制造业	3.02	2.56	2.76	5.95	3.57
24	造纸和纸制品业					
25	橡胶和塑料制品业	4.71	4.28	4.69	5.52	4.80
26	仪器仪表制造业	8.57	8.97	9.11	9.53	9.04
27	黑色金属冶炼和压延加工业	3.47	3.34	2.28	4.25	3.34
28	食品制造业	9.33	8.42	9.26	6.09	8.28
29	铁路、船舶、航空航天和其他运输设备制造业	7.25	8.32	7.98	9.12	8.17
30	印刷和记录媒介复制业	5.74	7.06	5.71	6.45	6.24
31	木材加工和木、竹、藤、棕、草制品业					
32	纺织服装、服饰业	9.24	9.77	8.18	6.68	8.47
33	文教、工美、体育和娱乐用品制造业	5.79	4.27	3.73	4.41	4.55
34	家具制造业	8.34	6.09	4.03	6.61	6.27
35	废弃资源综合利用业	2.40	3.49	3.43	4.18	3.37
36	皮革、毛皮、羽毛及其制品和制鞋业	10.55	10.45	6.75	7.40	8.79
37	租赁和商务服务业	5.07	5.62	6.77	5.33	5.70
38	建筑业	4.07	4.64	4.11	4.30	4.28
39	水利、环境和公共设施管理业	6.60	5.74	7.48	6.48	6.58
40	文化、体育和娱乐业	7.21	4.36	5.60	7.92	6.27
41	采矿业	8.93	10.93	11.21	10.39	10.36
42	信息传输、软件和信息技术服务业	6.88	6.52	6.44	4.75	6.15
43	农、林、牧、渔业	1.42	1.17	1.33	1.34	1.32
44	科学研究和技术服务业	6.26	5.60	4.85	5.67	5.60
45	卫生和社会工作	4.16	3.54	4.50	5.93	4.53
46	教育	7.62	10.22	10.69	6.67	8.80
47	金融业	10.19	16.97	6.29	12.64	11.52

数据来源：wind 资讯

另外，我们选取了利润总额为负值的行业数据，对行业收入税收负担率按年度进行比较，其支付的各项税费跟流转税等税费相关程度比较高，数据如下：

表 20 - 3　　利润总额为负值的新三板公司收入税收负担率

序号	行业	收入税收负担率				均值
		2012	2013	2014	2015	
全行业		3.76	4.30	4.45	3.47	4.00
1	房地产业			7.77	8.25	4.01
2	住宿和餐饮业			10.64	6.30	4.24
3	综合					
4	交通运输、仓储和邮政业	1.45	6.11	1.93	2.24	2.93
5	批发和零售业	1.78	2.71	2.7	2.59	2.45
6	电力、热力、燃气及水生产和供应业	0.40		16.66	10.04	6.78
7	制造业	3.96	4.09	4.76	5.84	4.66
8	医药制造业	4.94	7.34	4.3	6.52	5.71
9	专用设备制造业	7.60	4.32	4.62	6.79	5.70
10	非金属矿物制品业	3.67	3.93	3.70	6.30	4.18
11	计算机、通信和其他电子设备制造业	3.58	4.22	4.11	4.46	4.90
12	酒、饮料和精制茶制造业	1.72		19.69	16.18	9.40
13	其他制造业	3.56	6.17	3.64	8.76	5.53
14	金属制品业	4.73	4.7	4.75	7.13	5.17
15	农副食品加工业	0.54	2.95	3.67	3.00	2.54
16	电气机械和器材制造业	3.47	7.20	6.86	6.98	6.13
17	石油加工、炼焦和核燃料加工业				8.48	2.12
18	有色金属冶炼和压延加工业	0.69	4.83	3.54	5.70	3.69
19	化学原料和化学制品制造业				4.21	1.50
20	纺织业	0.90	1.58	4.41	2.82	2.43
21	汽车制造业	1.78	3.74	5.92	5.50	4.24
22	通用设备制造业	6.69	6.71	6.83	7.63	6.97
23	化学纤维制造业				2.90	0.73
24	造纸和纸制品业				3.81	0.95
25	橡胶和塑料制品业	1.18	1.60	3.30	4.63	2.68
26	仪器仪表制造业	3.32	5.38	5.73	8.15	5.65
27	黑色金属冶炼和压延加工业	3.70	3.40	6.24	5.44	4.70
28	食品制造业	4.41	4.17	5.41	5.34	4.83
29	铁路、船舶、航空航天和其他运输设备制造业		42.00		8.40	12.6
30	印刷和记录媒介复制业	2.30	4.68	2.16	4.89	3.44
31	木材加工和木、竹、藤、棕、草制品业				8.2	2.10
32	纺织服装、服饰业			5.91	7.19	3.28
33	文教、工美、体育和娱乐用品制造业	1.40	1.10	5.55	1.76	2.45
34	家具制造业	1.46			2.26	0.93
35	废弃资源综合利用业	5.80	8.74	1.35	6.44	5.40

续表

序号	行业	收入税收负担率				均值
		2012	2013	2014	2015	
36	皮革、毛支、羽毛及其制品和制鞋业	3.74	1.88		5.22	2.71
37	租赁和商务服务业	7.32	8.49	5.64	1.97	5.86
38	建筑业	2.40	4.46	4.75	5.01	4.16
39	水利、环境和公共设施管理业	3.09	32.16	10.56	6.60	13.10
40	文化、体育和娱乐业	3.68	7.80	6.570	5.10	5.79
41	采矿业	7.71	9.44	9.19	9.74	9.02
42	信息传输、软件和信息技术服务业	4.97	6.82	5.02	1.50	4.58
43	农、林、牧、渔业	1.22	0.45	3.69	1.15	1.63
44	科学研究和技术服务业	8.06	7.82	5.97	6.99	7.21
45	卫生和社会工作	2.85	6.41	5.00	5.45	4.93
46	教育	17.71	8.35	3.16	8.19	9.35
47	金融业	5.37	7.11		7.94	5.11

数据来源：wind 资讯

（2）利润税收负担率分析

不同行业2012-2015年度利润税收负担率表现如下表。从表中可看出，酒、饮料和精制茶制造业的利润税负率均值最高，为533.67%，住宿和餐饮业居第二位，为228.93%；农、林、牧、渔业最低，为15.95%，金融业次之，为29.02%，上述排名与14年表现一致。

选取的利润总额为负数的企业行业数据显示，百元收入税收负担率在2012年到2015年的数据分别为3.76、4.30、4.45、3.47，在2012到2014年呈上升趋势，在2015年下降至最低值，一方面表明税收收入的刚性，无论企业是否盈利，纳税人都有按税法规定的纳税义务，另一方面表明在2012年实施营改增以来，企业流转税在收入中的占比是有所下降的，营改增在降低企业税负中有一定作用。

表 20－4　　新三板上市公司利润税收负担率

单位：%

序号	行业	利润税收负担率				均值
		2012	2013	2014	2015	
全行业		64.11	66.42	59.60	55.29	61.36
1	房地产业	91.44	66.85	110.67	62.65	82.90
2	住宿和餐饮业	111.66	202.49	301.85	299.70	228.93
3	综合					
4	交通运输、仓储和邮政业	63.65	63.13	80.18	84.75	72.93
5	批发和零售业	129.33	127.98	153.65	105.46	129.11
6	电力、热力、燃气及水生产和供应业	62.99	47.89	62.68	42.26	53.95
7	制造业	70.55	71.84	71.11	65.24	69.68

续表

序号	行业	利润税收负担率				均值
		2012	2013	2014	2015	
8	医药制造业	53.96	53.82	52.60	60.28	55.17
9	专用设备制造业	71.60	73.10	71.78	78.19	73.67
10	非金属矿物制品业	65.56	77.12	97.11	66.95	76.69
11	计算机、通信和其他电子设备制造业	64.99	65.49	72.12	60.26	65.71
12	酒、饮料和精制茶制造业	959.88	845.50	−271.57	57.74	533.67
13	其他制造业	65.85	71.08	89.72	65.79	73.11
14	金属制品业	75.69	65.16	73.31	70.83	71.24
15	农副食品加工业	33.28	50.14	29.06	33.42	36.48
16	电气机械和器材制造业	83.59	80.95	91.11	59.98	78.91
17	石油加工、炼焦和核燃料加工业					
18	有色金属冶炼和压延加工业	43.27	65.39	55.91	92.39	64.24
19	化学原料和化学制品制造业					
20	纺织业	101.19	117.07	379.44	49.98	161.92
21	汽车制造业	72.97	53.90	55.97	55.84	59.67
22	通用设备制造业	91.50	97.27	83.53	81.31	88.40
23	化学纤维制造业	53.79	53.79	54.97	−110.76	12.95
24	造纸和纸制品业					
25	橡胶和塑料制品业	58.31	58.68	67.56	65.23	62.44
26	仪器仪表制造业	63.97	66.37	66.62	63.54	65.13
27	黑色金属冶炼和压延加工业	−91.46	−232.31	255.13	152.98	182.97
28	食品制造业	75.04	67.88	79.61	60.39	70.73
29	铁路、船舶、航空航天和其他运输设备制造业	65.11	81.47	64.99	70.90	70.62
30	印刷和记录媒介复制业	116.18	128.79	160.43	111.65	129.26
31	木材加工和木、竹、藤、棕、草制品业					
32	纺织服装、服饰业	66.72	84.21	130.55	109.73	97.80
33	文教、工美、体育和娱乐用品制造业	49.39	41.87	45.22	41.27	44.44
34	家具制造业	−543.32	118.24	61.17	67.21	197.48
35	废弃资源综合利用业	−356.51	132.37	55.53	88.10	158.13
36	皮革、毛皮、羽毛及其制品和制鞋业	63.35	111.97	75.74	116.97	92.01
37	租赁和商务服务业	40.76	51.52	43.43	41.05	44.19
38	建筑业	68.73	82.61	66.88	58.76	69.25
39	水利、环境和公共设施管理业	61.48	45.37	44.07	41.49	48.10
40	文化、体育和娱乐业	50.66	38.61	28.45	47.04	41.19
41	采矿业	62.20	88.07	102.79	144.94	99.50
42	信息传输、软件和信息技术服务业	61.69	63.58	59.60	59.57	61.11
43	农、林、牧、渔业	17.48	16.07	17.22	13.04	15.95

续表

序号	行业	利润税收负担率				均值
		2012	2013	2014	2015	
44	科学研究和技术服务业	56.76	53.46	38.94	38.05	46.80
45	卫生和社会工作	–136.37	–43.86	66.83	48.30	73.84
46	教育	128.96	65.25	53.51	32.77	70.12
47	金融业	29.69	44.72	11.72	29.94	29.02

数据来源：wind 资讯

（3）年度增加值税收负担率分析

2012 年到 2015 年，分析范围内的新三板上市公司年度增加值的税收负担率均值从 19.96% 下降到 19.76%，税收负担率呈下降趋势，指标值年度间有较小差异。行业具体数据见下表。

表 20 – 5　新三板上市公司年度增加值税收负担率

单位：%

序号	行业	年度增加值税收负担率				均值
		2012	2013	2014	2015	
全行业		20.68	20.13	19.08	19.14	19.76
1	房地产业	12.04	12.30	13.45	12.33	12.53
2	住宿和餐饮业	20.93	21.27	22.30	20.87	21.34
3	综合					
4	交通运输、仓储和邮政业	17.17	17.91	16.51	20.45	18.01
5	批发和零售业	29.66	28.61	27.98	29.17	28.86
6	电力、热力、燃气及水生产和供应业	26.34	21.73	24.06	17.53	22.42
7	制造业	22.59	21.51	21.27	20.76	21.53
8	医药制造业	23.53	22.89	22.45	23.15	23.00
9	专用设备制造业	23.74	22.25	21.96	21.96	22.47
10	非金属矿物制品业	21.98	22.63	26.53	26.53	24.42
11	计算机、通信和其他电子设备制造业	19.42	17.71	18.07	18.07	18.32
12	酒、饮料和精制茶制造业	53.63	39.77	49.71	49.71	48.20
13	其他制造业	20.78	19.73	19.88	19.88	20.07
14	金属制品业	23.92	20.50	22.63	22.63	22.42
15	农副食品加工业	13.63	12.40	11.66	11.66	12.34
16	电气机械和器材制造业	23.00	22.35	23.04	23.04	22.86
17	石油加工、炼焦和核燃料加工业					
18	有色金属冶炼和压延加工业	17.41	17.82	17.05	17.05	17.33
19	化学原料和化学制品制造业					
20	纺织业	22.62	22.62	21.86	21.86	22.24
21	汽车制造业	14.41	14.44	16.07	16.07	15.25

续表

序号	行业	年度增加值税收负担率				均值
		2012	2013	2014	2015	
22	通用设备制造业	22.02	21.76	20.75	20.75	21.32
23	化学纤维制造业	21.56	20.37	17.75	17.75	19.36
24	造纸和纸制品业					
25	橡胶和塑料制品业	21.24	19.79	21.41	21.41	20.96
26	仪器仪表制造业	23.51	24.07	23.34	23.34	23.56
27	黑色金属冶炼和压延加工业	48.03	28.60	17.07	17.07	27.69
28	食品制造业	28.33	26.20	26.16	26.16	26.71
29	铁路、船舶、航空航天和其他运输设备制造业	25.12	27.70	24.82	24.82	25.62
30	印刷和记录媒介复制业	20.28	21.77	18.00	18.00	19.51
31	木材加工和木、竹、藤、棕、草制品业					
32	纺织服装、服饰业	26.70	27.95	26.68	26.68	27.00
33	文教、工美、体育和娱乐用品制造业	17.89	14.07	13.38	13.38	14.68
34	家具制造业	28.35	18.15	13.15	13.15	18.20
35	废弃资源综合利用业	37.01	27.44	23.02	23.02	27.62
36	皮革、毛皮、羽毛及其制品和制鞋业	27.70	31.50	24.40	24.40	27.00
37	租赁和商务服务业	14.04	14.89	15.15	13.74	14.68
38	建筑业	21.95	23.98	21.12	23.09	22.53
39	水利、环境和公共设施管理业	19.81	19.00	19.54	18.76	19.28
40	文化、体育和娱乐业	20.62	14.31	14.59	17.17	16.67
41	采矿业	22.55	26.91	25.31	23.10	24.47
42	信息传输、软件和信息技术服务业	16.77	16.19	15.90	15.41	16.07
43	农、林、牧、渔业	8.98	7.37	7.13	5.73	7.30
44	科学研究和技术服务业	18.08	16.48	14.60	13.03	15.55
45	卫生和社会工作	10.05	11.15	10.33	13.98	11.38
46	教育	16.35	18.60	19.46	11.77	16.55
47	金融业	15.01	22.48	9.56	21.02	17.04

数据来源：wind 资讯

由以上数据看出，年度增加值税收负担率指标中，酒、饮料和精制茶制造业和批发和零售业分别以 48.20% 和 28.86% 位居第一和第二；农、林、牧、渔业的年度增加值税收负担率 7.30% 最小，卫生和社会工作业以 11.38% 次之。批发和零售业排名上升替代了黑色金属冶炼和压延加工业，其他三个行业与 14 年排名没有变化。

（4）经营活动现金流出税负率分析

2012 至 2015 年度新三板企业按行业分类其经营活动现金流出税负率计算结果如表 20-5。

表 20－6 新三板上市公司经营活动现金流税收负担率

单位：%

序号	行业	经营活动现金流税收负担率				均值
		2012	2013	2014	2015	
全行业		4.87	4.75	4.70	4.97	4.82
1	房地产业	5.76	6.36	7.32	7.28	6.68
2	住宿和餐饮业	6.57	6.72	7.69	6.65	6.91
3	综合					
4	交通运输、仓储和邮政业	2.67	3.30	3.22	3.42	3.15
5	批发和零售业	2.29	2.03	1.86	2.35	2.13
6	电力、热力、燃气及水生产和供应业	7.60	5.96	7.14	5.65	6.59
7	制造业	5.56	5.50	5.66	5.31	5.51
8	医药制造业	9.08	9.26	9.50	8.89	9.18
9	专用设备制造业	6.74	6.33	6.15	7.07	6.57
10	非金属矿物制品业	5.34	5.97	7.64	7.72	6.67
11	计算机、通信和其他电子设备制造业	5.50	4.80	5.08	5.08	5.12
12	酒、饮料和精制茶制造业	21.07	10.66	14.34	11.48	14.39
13	其他制造业	6.36	5.74	5.12	5.92	5.79
14	金属制品业	3.39	3.01	3.97	5.07	3.86
15	农副食品加工业	1.67	1.32	1.50	1.66	1.54
16	电气机械和器材制造业	5.26	5.65	5.88	4.91	5.43
17	石油加工、炼焦和核燃料加工业					
18	有色金属冶炼和压延加工业	3.01	2.87	3.29	1.68	2.71
19	化学原料和化学制品制造业					
20	纺织业	5.27	4.95	4.54	4.48	4.81
21	汽车制造业	3.77	4.09	5.51	6.67	5.01
22	通用设备制造业	6.33	6.31	6.41	7.57	6.66
23	化学纤维制造业	2.80	2.50	2.53	5.68	3.38
24	造纸和纸制品业					
25	橡胶和塑料制品业	4.04	3.87	4.61	5.21	4.43
26	仪器仪表制造业	7.97	8.56	9.07	9.15	8.69
27	黑色金属冶炼和压延加工业	6.68	6.10	4.88	5.67	5.83
28	食品制造业	8.86	8.15	8.93	5.09	7.76
29	铁路、船舶、航空航天和其他运输设备制造业	7.19	7.60	6.59	8.58	7.49
30	印刷和记录媒介复制业	4.99	6.03	5.46	6.23	5.68
31	木材加工和木、竹、藤、棕、草制品业					
32	纺织服装、服饰业	8.40	8.39	8.13	5.78	7.67
33	文教、工美、体育和娱乐用品制造业	4.87	3.77	3.30	4.07	4.00
34	家具制造业	6.02	4.85	3.67	6.01	5.14

续表

序号	行业	经营活动现金流税收负担率				均值
		2012	2013	2014	2015	
35	废弃资源综合利用业	1.73	2.67	2.56	3.49	2.61
36	皮革、毛皮、羽毛及其制品和制鞋业	9.11	8.95	6.84	6.17	7.77
37	租赁和商务服务业	3.00	3.47	2.81	3.41	3.17
38	建筑业	3.97	3.78	3.72	4.22	3.92
39	水利、环境和公共设施管理业	6.44	5.52	7.97	7.31	6.81
40	文化、体育和娱乐业	6.62	3.83	5.39	6.70	5.63
41	采矿业	10.40	11.87	11.80	8.72	10.70
42	信息传输、软件和信息技术服务业	6.21	5.92	5.79	4.14	5.52
43	农、林、牧、渔业	1.33	1.04	1.10	1.41	1.22
44	科学研究和技术服务业	5.74	4.96	4.98	5.54	5.31
45	卫生和社会工作	4.24	3.79	4.94	5.52	4.62
46	教育	7.62	9.31	11.26	7.74	8.98
47	金融业	4.98	6.86	3.03	5.48	5.09

数据来源：wind 资讯

2012-2015 新三板上市公司经营活动现金流出税收负担率均值为 4.82%，行业间收入税负率差异较大，收入税负率最高的是酒、饮料和精制茶制造业，为 14.39%，采矿业次之，为 10.70%；经营活动现金流出税收负担率最低的是农、林、牧、渔行业，为 1.22%，农副食品加工业次之，为 1.54%。

从上述几张表中看到，四个指标均显示酒、饮料和精制茶制造业税负率最高，采矿业次之；农、林、牧、渔业税负率最低，农副食品加工业次之。金融业在收入税负率排第二位，在利润总额税负率中排名倒数第二位，原因在于金融业的经营净收益相对其他企业要高。

3. 各行业年度变化比较

依照证监会行业分类，去掉 2012-2015 年度新三板企业不涉及到的行业类型，并将行业按照顺序编码，有如下行业，各行业数量按照 2015 年底本次样本数量计算：

表 20－7　　证监会行业分类及 2015 年新三板上市公司数量

序号	行业分类	数量	序号	行业分类	数量
1	房地产业	41	26	仪器仪表制造业	171
2	住宿和餐饮业	21	27	黑色金属冶炼和压延加工业	14
4	交通运输、仓储和邮政业	89	28	食品制造业	74
5	批发和零售业	266	29	铁路、船舶、航空航天和其他运输设备制造业	41
6	电力、热力、燃气及水生产和供应业	61	30	印刷和记录媒介复制业	36

序号	行业分类	数量	序号	行业分类	数量
7	制造业	3611	32	纺织服装、服饰业	29
8	医药制造业	203	33	文教、工美、体育和娱乐用品制造业	30
9	专用设备制造业	482	34	家具制造业	15
10	非金属矿物制品业	170	35	废弃资源综合利用业	39
11	计算机、通信和其他电子设备制造业	429	36	皮革、毛皮、羽毛及其制品和制鞋业	12
12	酒、饮料和精制茶制造业	16	37	租赁和商务服务业	302
13	其他制造业	121	38	建筑业	211
14	金属制品业	142	39	水利、环境和公共设施管理业	125
15	农副食品加工业	111	40	文化、体育和娱乐业	146
16	电气机械和器材制造业	401	41	采矿业	31
18	有色金属冶炼和压延加工业	66	42	信息传输、软件和信息技术服务业	1390
20	纺织业	47	43	农、林、牧、渔业	156
21	汽车制造业	134	44	科学研究和技术服务业	308
22	通用设备制造业	323	45	卫生和社会工作	36
23	化学纤维制造业	383	46	教育	39
25	橡胶和塑料制品业	138	47	金融业	113

数据来源：wind 资讯

依次将收入税收负担率、利润总额税收负担率（对利润为负的企业取绝对值）、年度增加值税收负担率和经营活动现金流出税收负担率做折线图，比较其在2012-2015年的变化趋势，图标依次如下所示。

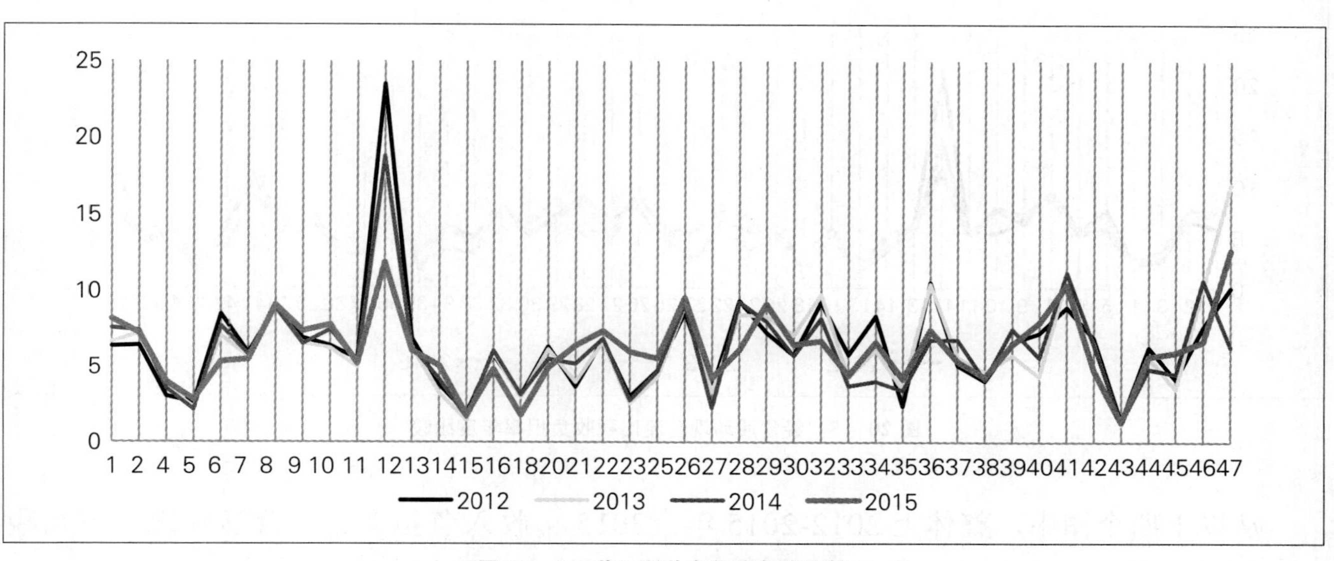

图 20－2 收入税收负担率年度比较

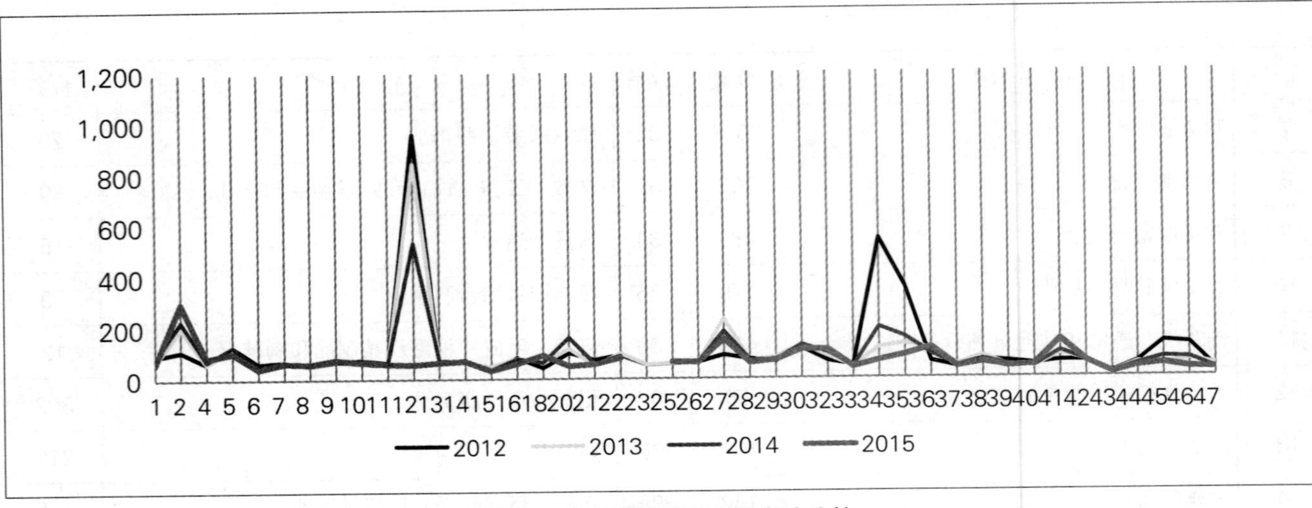

图 20－3　利润税收负担率年度比较

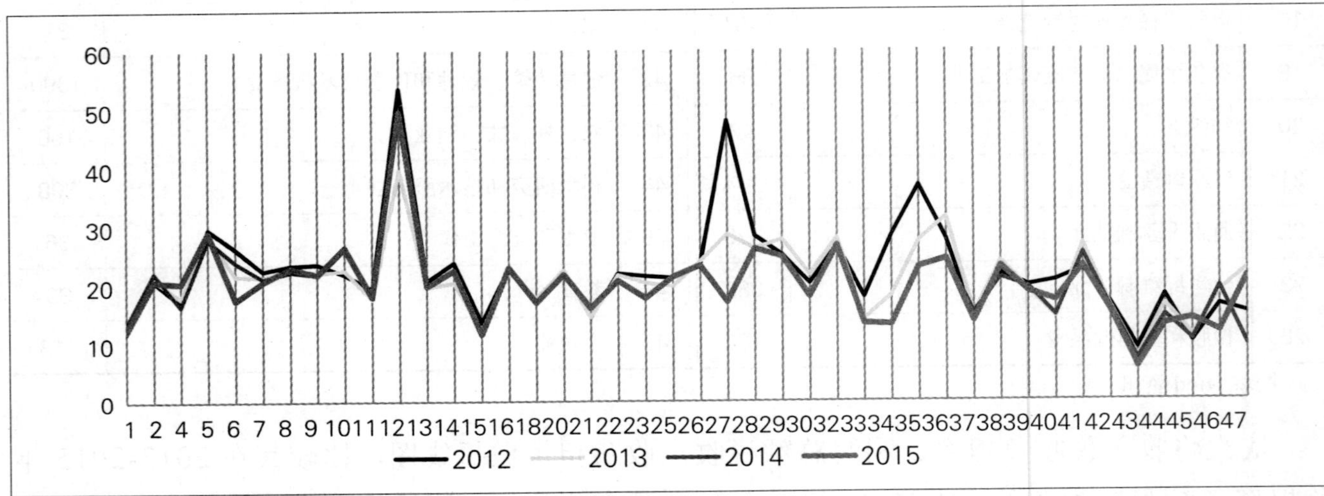

图 20－4　年度增加值税收负担率年度比较

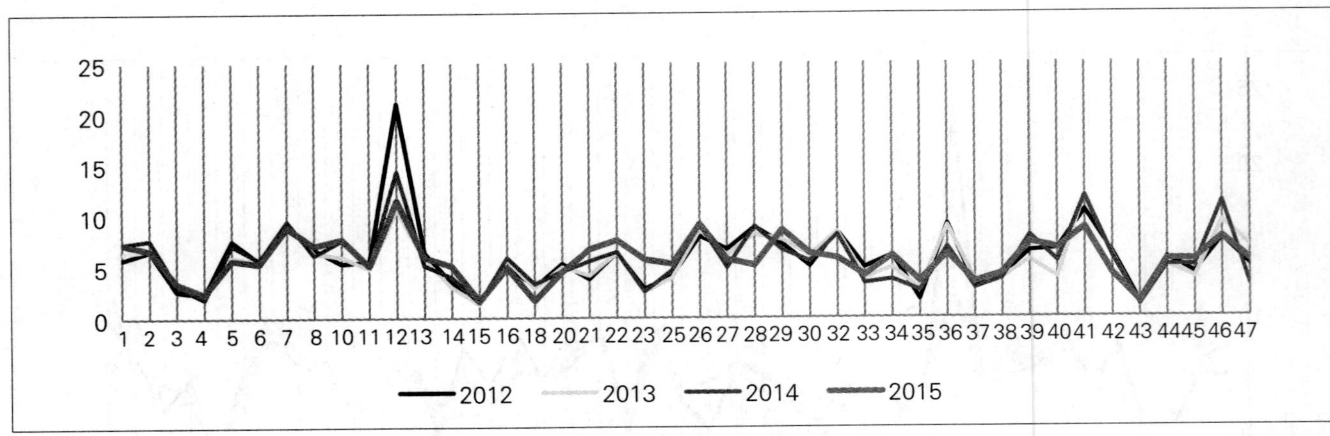

图 20－5　经营活动现金流出税收负担率年度比较

从以上四个图中，整体上2012-2015年新三板企业的税收负担均呈现下降的趋势，2015年收入负担率、经营活动现金流出税收负担率跟历年情况走势基本一致，序号12

酒、饮料和精制茶制造业、序号46教育业、序号18有色金属冶炼和压延加工业下降明显。利润税收负担率中，序号12酒、饮料和精制茶制造业税收负担率指标从2012年度959.88下降至2015年57.74，主要原因是该行业15年新增企业数量比较多，从3家增加到16家，新增13家企业中茶制造4家，饮料制造5家，葡萄酒制造4家，均不涉及消费税，行业税费负担率明显下降。总体上，序号12酒、饮料和精制茶制造业税收负担在行业中最高、序号41采矿业次之；序号43农、林、牧、渔业的税收负担均为最低，序号15农副食品加工业次之。

4.“营改增”过渡阶段主要相关行业分析

从47个行业分类中，与“营改增”政策过渡阶段主要相关行业，有交通运输、仓储和邮政业、租赁和商务服务业、信息传输、软件和信息技术服务业，这三个行业与交通、部分现代服务业、邮政及电信业营改增政策的关联性比较高，因此我们对这三个行业重点分析：

依次将收入税收负担率做折线图，比较其在2012-2015年的变化趋势，图表依次如下所示。（数据来源：wind资讯）

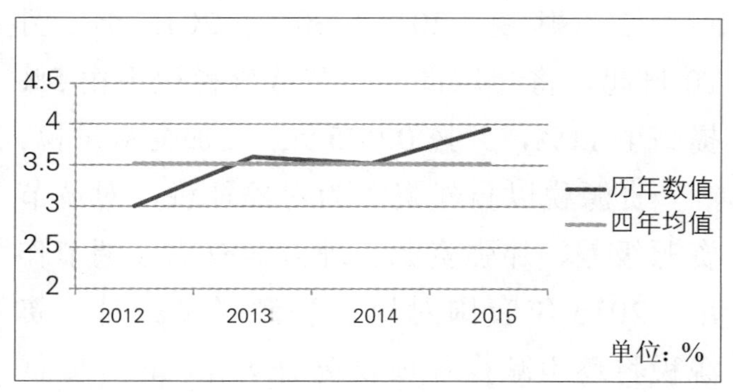

图20－6　交通运输、仓储和邮政业收入税收负担率年度比较

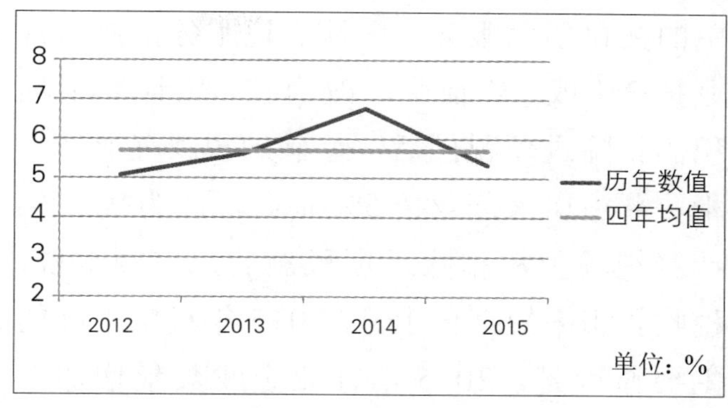

图20－7　租赁和商务服务业收入税收负担率年度比较

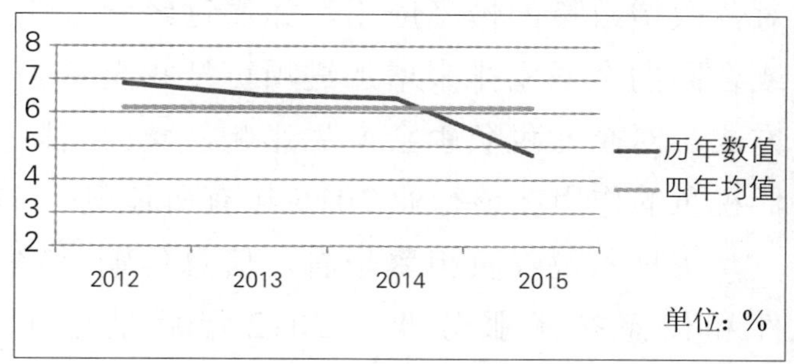

图20－8　信息传输、软件和信息技术服务业收入税收负担率年度比较

从收入税收负担率来看，交通运输、仓储和邮政业在2012年后呈现逐步缓慢上升的趋势，主要原因是部分现代服务业中的物流辅助服务由原来营业税按3%或5%征收，改为按6%计算销项税额扣除进项税额后，差额纳税；交通运输服务业、邮政服务业由原来营业按3%征收，改为按11%计算销项税额扣除进项税额后，差额纳税，单从税率来看，交通运输服务业、邮政服务业增值税税率比营业税税率增长较高，若增值税进项税额抵扣不足时，营改增降低税负的效果在短期内实现困难。

从收入税收负担率来看，租赁和商务服务业在2012年后表现为收入税收负担率上升后在2015年下降至均值税负以下，2012-2014年呈现上升的原因主要是：现代服务业中的文化创意服务、广播影视服务由原来营业按3%或5%征收，改为按6%计算销项税额扣除进项税额后，差额纳税；有形动产租赁业由原来营业按5%征收，改为按17%计算销项税额扣除进项税额后，差额纳税，税收负担率短期内上升；2015年税负下降的主要原因是，2015年行业企业数量增加对整体行业实际税负拉低的影响外，企业自身对营改增政策的恰当应用，如通过经营方式或合同的合同安排来增加进项可抵扣金额等方式，对企业税负也会产生影响，营改增降低税负的作用在该行业2015年有所体现。

从收入税收负担率来看，信息传输、软件和信息技术服务业在2012年后呈逐年下降趋势，尤其在2015年下降幅度明显，主要原因是2015年该行业企业数量增加，2015年总体行业税负水平更具有代表性，另一方面税收政策的影响，营改增政策：电信业由原来营业税按3%征收，改为按6%或11%计算销项税额扣除进项税额后，差额纳税；现代服务业中的研发和技术服务、信息技术服务由原来营业按5%征收，改为按6%计算销项税额扣除进项税额后，差额纳税；营改增降低对降低企业税收负担有一定作用，另外，所得税政策：税研发费加计扣除政策、小微企业所得税优惠税率政策等适用范围更加宽泛，对降低税负亦起到一定作用。

三、结论小结

从分析结果来看，新三板的税收负担情况反衬出我国税收的以下特点：

1. 税负结果明确体现了消费税、资源税的特殊调节作用

在本次分析中，行业的表现一直是酒、饮料和精制茶制造业和的税收负担率最高，采矿业次之，这两个行业分别征收了消费税、资源税。

消费税是在流转环节中除增值税之外增加的又一道流转税，主要针对特定商品，如零售和进口烟酒、化妆品、汽油等消费品征收，最终转嫁给消费者承担，对调节消费结构、保护资源、增加税收等方面起到特殊调节作用。随着社会的发展，需要征税的消费品也在发生变化，2015年我国对消费税的变化点有：

（1）财税〔2015〕11号：自2015年1月13日起，汽油、石脑油、溶剂油和润滑油的消费税单位税额由1.4元/升提高到1.52元/升；柴油、航空煤油和燃料油的消费税单位税额由1.1元/升提高到1.2元/升。航空煤油继续暂缓征收。

（2）财税〔2015〕16号：自2015年2月1日起，将电池、涂料列入消费税征收范围(具体税目注释见附件)，在生产、委托加工和进口环节征收，适用税率均为4%。

（3）财税〔2015〕60号：2015年5月10日起，将卷烟批发环节从价税税率由5%提高至11%，并按0.005元/支加征从量税。

资源税以自然资源为对象征税，对调节资源级差、加强资源管理方面有明显调节作用，2015年我国对煤炭资源税费改革，资源税将逐步减少各项收费而从价计征，降低税负。上面的分析数据能充分证明消费税、资源税对某些行业的税负影响，并反映出相

应的调节作用。

2. 营业税改征增值税的效果显现

我国目前仍是间接税（主要是流转税）占税收收入比例比较高的国家，从4个指标在连续年度间的表现来看，新三板上市公司的税收负担率在2012年后，呈现逐步下降趋势，主要受益于流转税政策的影响，尤其是“营改增”截止2015年底已经累计减税金额达6400多亿，2016年预计还将逐步释放5000亿税改红利，从新三板的税收负担趋势来看，尤其2015年的变化，已经证明营改增确实减轻了企业税负。

以上反映的是我国税收现阶段的特点，从中国中小企业发展促进中心发布的《2015年全国企业负担调查评价报告》中可以看到，80%的中小企业被调查者对加大税费减免力度，建立减负长效机制的需求呼声很高，因此预计在未来一段时间内，中小企业税收负担将会进一步降低，营改增的效果将会进一步体现。同时税收结构优化体现税收中性，加强税收立法、简化税收征收等将面临新的考验与挑战。

第二十一章　中国 A 股上市公司并购重组税制研究

一、2015 年上市公司并购重组情况

（一）基本情况

我国高度重视企业兼并重组的发展，2010 年 8 月，国务院发布《关于促进企业兼并重组的意见》，明确提出要充分发挥资本市场推动企业重组的作用，促进经济发展方式转变和经济结构调整。2014 年 3 月，《国务院关于进一步优化企业兼并重组市场环境的意见》（国发 [2014]14 号，以下简称 14 号文）发布，进一步强调要营造良好的市场环境，发挥资本市场作用。2014 年 5 月，《国务院关于进一步促进资本市场健康发展的若干意见》（国发 [2014]17 号）出台，要求充分发挥资本市场在企业并购重组过程中的主渠道作用。为落实国务院文件要求，结合对实践需求和市场各方意见的分析研究，对《重组办法》、《收购办法》进行了修订。

上市公司并购重组已经成为资本市场配置资源的重要手段，是上市公司增强竞争力、提升公司价值的有效方式，是促进经济发展方式转变和经济结构调整的重要途径。近两年，上市公司将并购重组作为公司转型升级、投资整合的重要手段之一。2015 年毋庸置疑是中国上市公司并购重组的大年，证监会全年共召开了 113 次并购重组委会议，共审核 339 单重组，其中：194 单无条件通过，占比 57.23%；123 单有条件通过，占比 36.28%；22 单未通过，占比 6.49%。和 2014 年相比，2014 年证监会 78 次会议审核了 194 单重组，2015 年数量猛增 70%。根据万德软件统计，2015 年 A 股上市公司全年共完成并购交易 6469 次，交易总金额 3.05 万亿元，上市公司的并购交易实现数量规模连续双增的总体态势。

表 21－1　2013–2015A 股上市公司并购重组交易情况

时间	数量	金额（亿元）	同比增长 (%)
合计	18519	158103.72	—
2015	6469	30483.61	17.17
2014	4136	26016.70	66.18
2013	2497	15655.76	–17.62

说明：货币转换汇率以最新汇率为计算依据

数据来源：wind 资讯

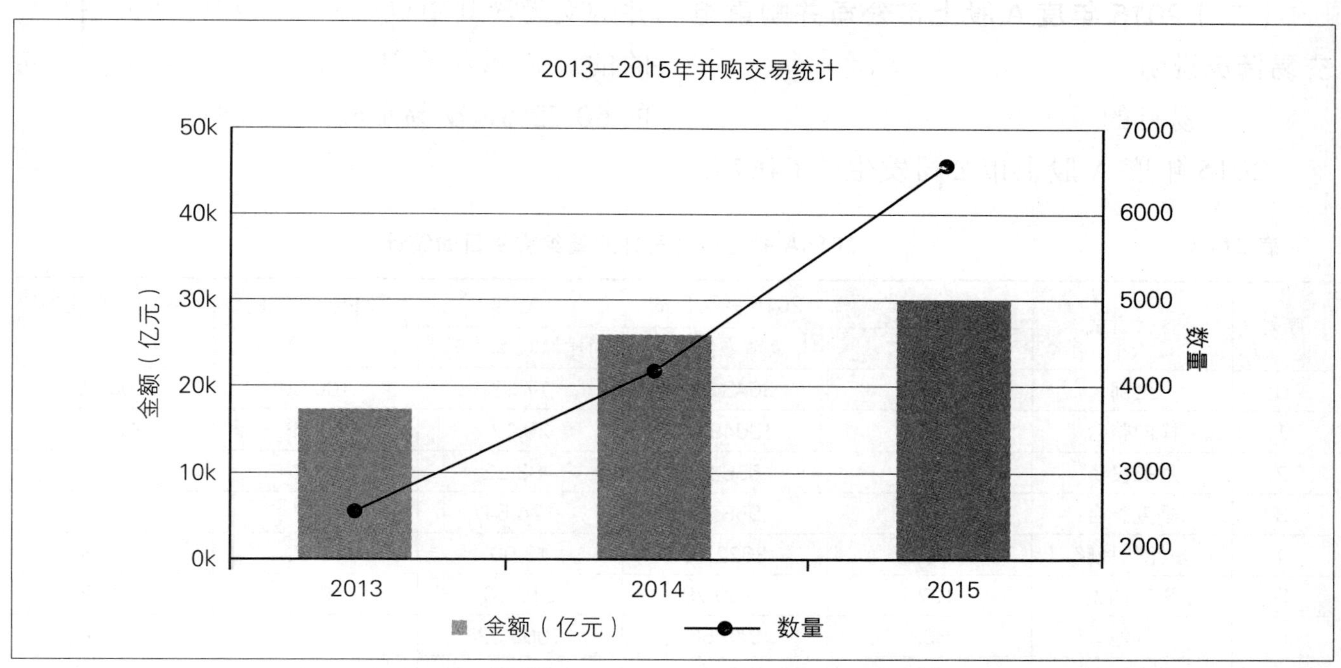

图 21－1　2013–2015A 股上市公司并购交易变化

根据 2013-2015 年度万德统计的行业并购数据，A 股上市公司并购重组发生行业分化明显并加剧，并购重组的发生集中在新兴行业如信息技术和传统行业如金融和工业。机构认为，A 股并购重组的浪潮还只是开始，2016 年将继续推进。2013-2015 年度 A 股上市公司各行业并购交易明细如表 21-2 所示。

表 21－2　　2015A 股上市公司各行业并购重组交易统计

行业	2015			2014			2013		
	数量	金额（亿元）	数量占比	数量	金额（亿元）	数量占比	数量	金额（亿元）	数量占比
电信服务	9	24.98	0.17%	14	316.31	0.36%	10	274.86	0.42%
信息技术	896	2857.89	16.76%	632	2153.53	16.27%	334	1806.13	14.08%
可选消费	732	4489.63	13.69%	552	3055.92	14.21%	269	1551.91	11.34%
公用事业	143	1750.21	2.67%	144	927.97	3.71%	87	734.54	3.67%
材料	590	3626.83	11.04%	504	2319.49	12.97%	311	1533.04	13.11%
日常消费	225	945.66	4.21%	177	656.68	4.56%	118	459.95	4.97%
医疗保健	319	1397.46	5.97%	229	556.15	5.89%	159	428.31	6.70%
金融	1225	7099.59	22.91%	741	7638.92	19.07%	481	5360.18	20.28%
工业	1119	6301.68	20.93%	813	6566.96	20.93%	551	1631.46	23.23%
能源	88	409.47	1.65%	79	1133.65	2.03%	52	701.81	2.19%

数据来源：wind 资讯

（二）2015 年度 A 股上市公司并购重组交易情况说明

1. 交易目的

2015 年度 A 股上市公司发生的 6467 次并购交易，其中以横向整合和资产调整为目的的并购重组合计 3927，占全部交易数量的 60.72%，交易金额的 55.8%。

表 21-3 2015A 股上市公司并购重组交易目的统计

序号	支付方式	2015 并购目的			数量计算比例（%）	金额计算比例（%）
		数量	金额（亿元）	同比增长率（%）		
0	全部	6467	30484.35	17.17	100.00	100.00
1	横向整合	2651	13049.62	20.12	40.99	42.81
2	财务投资	260	556.26	–83.22	4.02	1.82
3	垂直整合	160	958.73	124.54	2.47	3.15
4	多元化战略	707	3622.13	13.99	10.93	11.88
5	资产调整	1276	3959.79	516.16	19.73	12.99
6	其他	862	379.56	1063.32	13.33	1.25
7	买壳上市	51	3700.81	59.77	0.79	12.14
8	战略合作	323	1306.11	–36.34	4.99	4.28
9	业务转型	55	1106.61	135.98	0.85	3.63
10	私有化	1	6.97	–97.75	0.02	0.02
11	管理层收购	6	51.47	5736.63	0.09	0.17
12	获取知识产权	2	0.55	1.29	0.03	0.00
13	获取资格牌照	3	6.26	81.00	0.05	0.02
14	整体上市	23	691.98	–71.24	0.36	2.27
15	获取资质	10	17.47	17366.50	0.15	0.06
16	收购品牌	20	1066.75	383070.51	0.31	3.50
17	获取做市库存股	56	3.31	–	0.87	0.01
18	避税	1	0.00	–	0.02	0.00

数据来源：wind 资讯

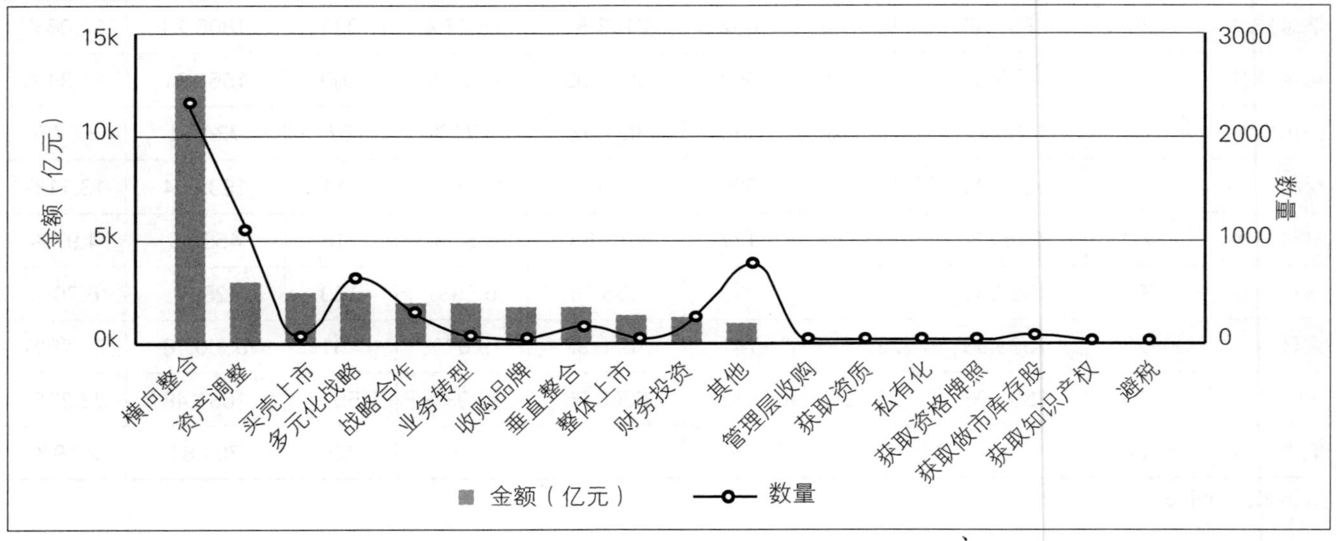

图 21－2 2015A 股上市公司并购重组交易目的统计图

2. 交易方式

2015 年度 A 股上市公司发生的并购交易中，协议购买为最主要的购买方式，发生数量 3232 次，涉及金额 11088.68 亿元，数量占比 49.95%，金额占比 36.37%。其次的交易方式为增资和二级市场收购（含产权交易所），分别发生 1385 次、1094 次，涉及交易金额 4896.35 亿元、753.05 亿元。相对而言，发行股份购买资产虽然发生数量不多，但是其涉及的交易金额最大，超过发生交易并购数量最多的协议购买涉及到的交易金额，达到 2015 年所有交易金额的 37.29%。

表 21 - 4　　2015A 股上市公司并购重组交易方式统计

序号	支付方式	2015 并购方式			数量计算比例（%）	金额计算比例（%）
		数量	金额（亿元）	同比增长率 (%)		
0	全部	6470	30484.35	17.17	99.95	100.00
1	增资	1385	4896.35	99.92	21.41	16.06
2	协议收购	3232	11088.68	0.35	49.95	36.37
3	二级市场收购（含产权交易所）	1094	753.05	-12.91	16.91	2.47
4	国有股权行政划转或变更	46	–	–	0.71	0.00
5	发行股份购买资产	473	11367.01	37.29	7.31	37.29
6	继承	10	–	–	0.15	0.00
7	要约收购	48	472.60	-59.59	0.74	1.55
8	赠与	4	–	–	0.06	0.00
9	资产置换	15	236.18	135.98	0.23	0.77
10	间接收购	22	85.51	27.76	0.34	0.28
11	取得公众公司发行的新股	91	775.35	714.11	1.41	2.54
12	吸收合并	19	760.63	-60.51	0.29	2.50
13	管理层收购	1	–	–	0.02	0.00
14	司法裁定	14	42.98	287.70	0.22	0.14
15	其他	10	2.54	-36.41	0.15	0.01
16	回购	3	3.47	–	0.05	0.01

数据来源：wind 资讯

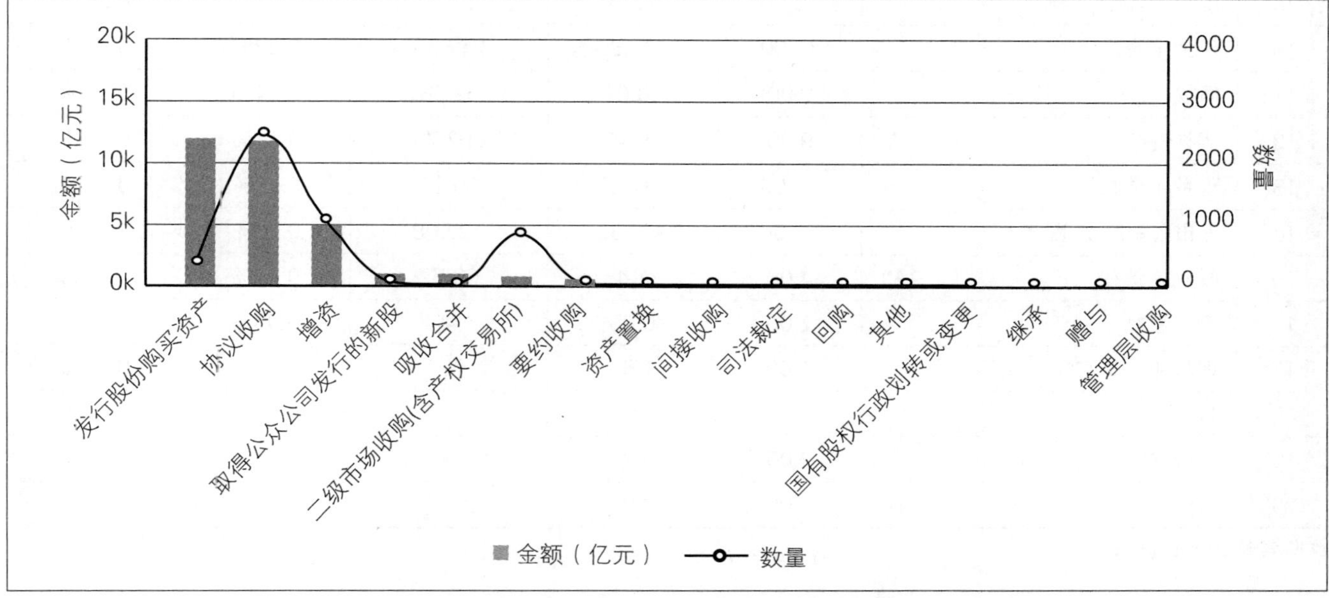

图 21 - 3　2015A 股上市公司并购重组交易方式统计

3. 支付方式

2015年度A股上市公司发生的并购交易中，采用现金支付的交易数量4758次，涉及交易金额17418.95亿元，分别占整个市场的73.54%和57.14%。采用股权支付的并购交易171次，涉及交易金额3743.46亿元，占比12.28%。采用现金+股权的支付方式的并购交易295次，涉及交易金额5931.08亿元，数量占比4.56%，交易金额占比19.46%。

在所有的并购支付方式中，现金并购、股权并购、综合证券并购和杠杆收购是西方国家企业并购的主要支付方式，资产置换、承债并购、国家无偿划拨等具有中国特色的支付方式。我国税法中对股权支付、非股权支付给出了较为详细的定义：

（1）股权支付，企业重组中购买、换取资产的一方支付的对价中，以本企业或其控股企业的股权、股份作为支付的形式。

（2）非股权支付，是指以本企业的现金、银行存款、应收款项、本企业或其控股企业股权和股份以外的有价证券、存货、固定资产、其他资产以及承担债务等作为支付的形式。

表21－5 2015A股上市公司并购重组支付手段统计

序号	支付方式	2015并购支付方式			数量计算比例（%）	金额计算比例（%）
		数量	金额（亿元）	同比增长率(%)		
0	全部	6470.00	30484.35	17.17	83.77%	99.62%
1	现金	4758.00	17418.95	14.55	73.54%	57.14%
2	实物资产＋负债	－	－	−100.00	0.00%	0.00%
3	无偿	71.00	－	－	1.10%	0.00%
4	股权	171.00	3743.46	10.59	2.64%	12.28%
5	资产	24.00	513.10	21.69	0.37%	1.68%
6	实物资产＋股权	5.00	204.10	36.42	0.08%	0.67%
7	股权现金	295.00	5931.08	22.79	4.56%	19.46%
8	上市公司股份现金＋资产	5.00	969.50	171.01	0.08%	3.18%
9	现金＋其他资产	15.00	68.02	87.77	0.23%	0.22%
10	现金＋资产	19.00	247.82	212.33	0.29%	0.81%
11	债权	9.00	30.01	52.68	0.14%	0.10%
12	实物资产	9.00	29.40	692.73	0.14%	0.10%
13	现金＋债权	11.00	181.82	95.26	0.17%	0.60%
14	上市公司股份 资产	17.00	955.38	−27.08	0.26%	3.13%
15	股权＋债权	4.00	71.43	68.77	0.06%	0.23%
16	承兑汇票	2.00	0.89	－	0.03%	0.00%
17	现款和承兑汇票	1.00	1.65	－	0.02%	0.01%
18	其他	1.00	1.27	－	0.02%	0.00%
19	银行支付或现金支付	2.00	0.24	－	0.03%	0.00%
20	支票	1.00	2.37	－	0.02%	0.01%

数据来源：Wind资讯

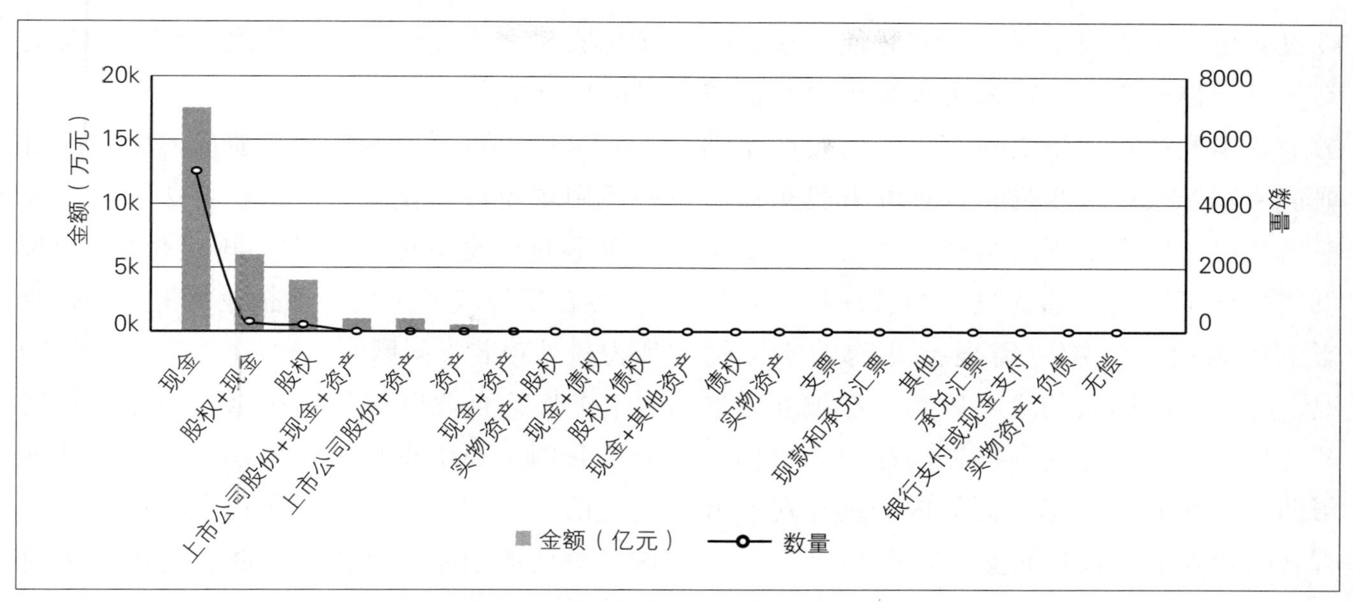

图 21－4　2015A 股上市公司并购重组支付方式统计

现金支付是我国企业并购实践中运用最多的一种支付方式，同时又是并购交易中最为便捷、清晰、方便的支付方式。现金支付一般只涉及被并方估价，双方一旦明确了交易价格，即可以迅速完成并购交易。所以在我国现金支付的适用范围较广：处在成熟期行业的并购公司通常采用现金支付方式；横向并购中；在敌意收购或竞购的情形下；企业处于内部积累资金较多、货币流动性好、中长期资产结构合理的；当并购公司的管理层确信市场严重低估了他们的股票价值，对并购抱有十足的信心时；当长期负债成本较低或者是上升较慢时。现金支付具有显著的优点：估价较为简单，程序便捷，不改变企业现有的股权结构，传递出企业现金流充足、有能力充分利用投资机会的信息。但现金支付的缺点也相当明显：随着并购规模的日益扩大，单纯使用现金支付会给企业带来巨大的现金压力，对于被并方而言现金支付会带来较重的所得税负担。

股权支付在我国的并购实践中也有多种形式，包括增资换股、库存股换股、股票回购换股等。股权支付适用于初创期和成长期的企业，它们大多需要大量现金投入研发和其他活动，而其股票由于具有较好的成长性也易于为被并方所接受；同样由于财务风险和违约风险的存在，股权支付也适用于资产负债率较高的企业；战略合作性并购由于需要并购双方密切合作，较适宜采用交叉持股的股权支付方式。并购双方在采用股权支付进行并购交易时，并购方不需支付大量现金，不会有大量现金流出企业，可以使并购交易规模相对较大，为合并后的企业提供了良好的财务环境，大大降低营运风险。被并方因持有并购方股权需承担合并后新企业的风险，但也可能享受到并购方股票上涨带来的额外收益，并能起到延迟纳税的作用；而并购方由于增发新股而改变了公司股权结构，原股东股权被稀释。同时，采用增发新股的方式程序繁琐，会延长并购时间，具有潜在的失败风险。

从并购税收原理上说，对于并购方而言，采用现金支付进行融资时由借款或发行债券而产生的利息可在税前抵扣，而采用股权支付产生的股权资本成本只能在税后列支。对于被并方而言，采用现金支付不仅需缴纳资本利得税，还需对其出让的资产缴纳增值税。若采用股权支付，被并方股东只需在未来出售股票实现收益时才纳税，因此可以享受到延迟纳税的优惠。在考虑税收政策影响因素时，并购方需根据并购的实际情况，考虑其他因素的交互影响，与被并方展开博弈或进行充分协商，在法律中介机构的帮助下，在并购法律的框架内，选择对己方有利的合理节约税款的支付方式。

二、并购重组税制介绍

（一）中国重组税制介绍

1. 中国并购重组税制特点

我国现行并购税制实现的主要形式是国家税务总局通过颁布一系列规范性文件，对企业在并购活动中产生的各项纳税义务进行确定，重点内容是对企业所得税和个人所得税的规范规定。我国并购重组税制的发展大致经历以下四个阶段：

（1）1997-2001 年，国家税务总局针对我国企业并购税收规范缺失的状况，开始陆续出台一些列并购行为的税收规范政策文件，对企业改组改制、合并分立、股权投资的交易行为中涉及到的企业所得税做了规范规定。

（2）2002-2003 年，并购税收规范文件增加、补充了相关商品税和财产行为税的税收政策，涉及契税、印花税、营业税、增值税、土地增值税等税种。

（3）2004-2007 年，财政部、国家税务总局根据我国国有企业股权分置改革的市场背景，以通知或函复的文件形式出台了关于转让股权、债转股、股权分置改革等相关交易的税收规定。

（4）2008 年至今，内外资统一企业所得税适用规定后，我国首次以税收法律的名义对并购重组交易中的原则性规定做出规定，《财政部国家税务总局关于企业重组业务企业所得税处理若干问题的通知》(财税 [2009]59 号)作为新企业所得税法的重要补充通知填充了我国企业所得税法对并购重组有关处理规定的一项空白，对我国所得税法相关内容做了重要的明晰和补充，同时也与国际上通行的做法接轨。该文件之后我国国家税务总局、财政部等有关部门以公告、通知、便函等多种形式对并购重组中的涉及涉税事项做了更详细的规定。

至 2015 年年末，我国并购重组税制形成了逐渐形成了一套初步体系化的公司并购税制。并购税制以财税 [2009]59 号《财政部国家税务总局关于企业重组业务企业所得税处理若干问题的通知》为框架和主干，以企业所得税为主要内容，包括个人所得税、增值税、营业税、印花税、契税、土地增值税在内的 27 个相关税收法规。

其中涉及到企业所得税的税收法规 15 个，个人所得税 3 个，增值税 3 个，营业税 2 个，印花税 1 个，契税 2 个，土地增值税 1 个。具体情况见后表。

2. 中国重组税制税种分析

我国税法中将并购重组定义为企业在日常经营活动以外发生的法律结构或经济结构重大改变的交易，包括企业法律形式改变、债务重组、股权收购、资产收购、合并、分立等。其中企业法律形式改变，是指企业注册名称、住所以及企业组织形式等的简单改变，但符合财税 [2009]59 号文规定的其他重组类型的除外。

（1）企业所得税

我国税法中将并购重组按照交易的不同条件和情况，对企业所得税的处理区分了适用一般性税务处理规定和适用特殊性税务处理两种情况。

①特殊性税务处理

企业并购重组同时符合下列 5 个条件，适用特殊性税务处理：

A. 具有合理的商业目的，且不以减少、免除或者推迟缴纳税款为主要目的。

B. 被收购、合并或分立部分的资产或股权比例符合本通知规定的比例。

C. 企业重组后的连续 12 个月内不改变重组资产原来的实质性经营活动。

D. 重组交易对价中涉及股权支付金额符合本通知规定比例。

E. 企业重组中取得股权支付的原主要股东，在重组后连续 12 个月内，不得转让所取得的股权。

实际中对符合条件的特殊性税务处理按照不同并购重组交易的类型不同制定了不同的税收处理：

债务重组。企业债务重组确认的应纳税所得额占该企业当年应纳税所得额 50% 以上，可以在 5 个纳税年度的期间内，均匀计入各年度的应纳税所得额。企业发生债权转股权业务，对债务清偿和股权投资两项业务暂不确认有关债务清偿所得或损失，股权投资的计税基础以原债权的计税基础确定。企业的其他相关所得税事项保持不变。

股权收购。收购企业购买的股权不低于被收购企业全部股权的 50%，且收购企业在该股权收购发生时的股权支付金额不低于其交易支付总额的 85%，可以：①被收购企业的股东取得收购企业股权的计税基础，以被收购股权的原有计税基础确定。②收购企业取得被收购企业股权的计税基础，以被收购股权的原有计税基础确定。③收购企业、被收购企业的原有各项资产和负债的计税基础和其他相关所得税事项保持不变。

资产收购。受让企业收购的资产不低于转让企业全部资产的 50%，且受让企业在该资产收购发生时的股权支付金额不低于其交易支付总额的 85%，可以选择按以下规定处理：a. 转让企业取得受让企业股权的计税基础，以被转让资产的原有计税基础确定。b. 受让企业取得转让企业资产的计税基础，以被转让资产的原有计税基础确定。

企业合并，企业股东在该企业合并发生时取得的股权支付金额不低于其交易支付总额的 85%，以及同一控制下且不需要支付对价的企业合并，可以选择按以下规定处理：a. 合并企业接受被合并企业资产和负债的计税基础，以被合并企业的原有计税基础确定。b. 被合并企业合并前的相关所得税事项由合并企业承继。c. 可由合并企业弥补的被合并企业亏损的限额 = 被合并企业净资产公允价值 × 截至合并业务发生当年年末国家发行的最长期限的国债利率。d. 被合并企业股东取得合并企业股权的计税基础，以其原持有的被合并企业股权的计税基础确定。

企业分立。被分立企业所有股东按原持股比例取得分立企业的股权，分立企业和被分立企业均不改变原来的实质经营活动，且被分立企业股东在该企业分立发生时取得的股权支付金额不低于其交易支付总额的

85%，可以选择按以下规定处理：a. 分立企业接受被分立企业资产和负债的计税基础，以被分立企业的原有计税基础确定。b. 被分立企业已分立出去资产相应的所得税事项由分立企业承继。c. 被分立企业未超过法定弥补期限的亏损额可按分立资产占全部资产的比例进行分配，由分立企业继续弥补。d. 被分立企业的股东取得分立企业的股权（以下简称“新股”），如需部分或全部放弃原持有的被分立企业的股权（以下简称“旧股”），“新股”的计税基础应以放弃“旧股”的计税基础确定。如不需放弃“旧股”，则其取得“新股”的计税基础可从以下两种方法中选择确定：直接将“新股”的计税基础确定为零；或者以被分立企业分立出去的净资产占被分立企业全部净资产的比例先调减原持有的“旧股”的计税基础，再将调减的计税基础平均分配到“新股”上。

特殊性税务处理的税收优惠主要是针对股权支付部分，非股权支付仍应在交易当期确认相应的资产转让所得或损失，并调整相应资产的计税基础。

非股权支付对应的资产转让所得或损失＝（被转让资产的公允价值－被转让资产的计税基础）×（非股权支付金额÷被转让资产的公允价值）

表 21－6　　2015A 股上市公司并购重组支付手段统计

特殊性税务处理	股权支付部分	非股权支付部分
债务重组	在 5 个纳税年度的期间内，均匀计入各年度的应纳税所得额。债权转股权业务，对债务清偿和股权投资两项业务暂不确认有关债务清偿所得或损失，股权投资的计税基础以原债权的计税基础确定。	非股权支付对应的资产转让所得或损失＝（被转让资产的公允价值－被转让资产的计税基础）×（非股权支付金额 ÷ 被转让资产的公允价值）
股权收购	被收购企业的股东取得收购企业股权的计税基础、收购企业取得被收购企业股权的计税基础，以被收购股权的原有计税基础确定。原有各项资产和负债的计税基础和其他相关所得税事项保持不变。	
资产收购	转让企业取得受让企业股权的计税基础、受让企业取得转让企业资产的计税基础，以被转让资产的原有计税基础确定。	
企业合并	合并企业接受被合并企业资产和负债的计税基础、被合并企业股东取得合并企业股权的计税基础，以被合并企业的原有 / 持有计税基础确定。合并企业承继被合并企业合并前的相关所得税事项。	
企业分立	分立企业接受被分立企业资产和负债的计税基础，以被分立企业的原有计税基础确定。被分立企业已分立出去资产相应的所得税事项由分立企业承继。“新股”的计税基础应以放弃“旧股”的计税基础确定。	

②一般税务处理

A. 法律结构改变。企业由法人转变为个人独资企业、合伙企业等非法人组织，或将登记注册地转移至中华人民共和国境外（包括港澳台地区），应视同企业进行清算、分配，股东重新投资成立新企业。企业的全部资产以及股东投资的计税基础均应以公允价值为基础确定。

B. 债务重组。以非货币资产清偿债务，应当分解为转让相关非货币性资产、按非货币性资产公允价值清偿债务两项业务，确认相关资产的所得或损失。发生债权转股权的，应当分解为债务清偿和股权投资两项业务，确认有关债务清偿所得或损失。债务人应当按照支付的债务清偿额低于债务计税基础的差额，确认债务重组所得；债权人应当按照收到的债务清偿额低于债权计税基础的差额，确认债务重组损失。债务人的相关所得税纳税事项原则上保持不变。

C. 股权收购、资产收购。被收购方应确认股权、资产转让所得或损失。收购方取得股权或资产的计税基础应以公允价值为基础确定。被收购企业的相关所得税事项原则上保持不变。

D. 企业合并。合并企业应按公允价值确定接受被合并企业各项资产和负债的计税基础。被合并企业及其股东都应按清算进行所得税处理。被合并企业的亏损不得在合并企业结转弥补。

E. 企业分立。被分立企业对分立出去资产应按公允价值确认资产转让所得或损失。分立企业应按公允价值确认接受资产的计税基础。被分立企业继续存在时，其股东取得的对价应视同被分立企业分配进行处理。被分立企业不再继续存在时，被分立企业及其股东都应按清算进行所得税处理。企业分立相关企业的亏损不得相互结转弥补。

表 21 – 7　　2015A 股上市公司并购重组支付手段统计

类型	一般企业所得税税务处理
法律结构改变	应视同企业进行清算、分配，股东重新投资成立新企业。计税基础均应以公允价值为基础确定，确认所得或损失
债务重组	分解为转让 / 清偿和投资两步，转让或清偿实际获得的金额与债务计税基础的差额确认所得或损失
股权收购、资产收购	取得股权或资产的计税基础应以公允价值为基础确定，确认所得或损失
企业合并	被合并企业各项资产和负债的计税基础以公允价值确定，被合并企业及其股东都按清算处理、亏损不得在合并企业结转弥补
企业分立	分立出去资产应按公允价值确认资产转让所得或损失。企业分立相关企业的亏损不得相互结转弥补

（2）增值税

纳税人在资产重组过程中，通过合并、分立、出售、置换等方式，将全部或者部分实物资产以及与其相关联的债权、负债和劳动力一并转让给其他单位和个人（含多次转让），不属于增值税的征税范围，其中涉及的货物转让，不征收增值税。

如果交易双方均是增值税一般纳税人，在资产重组过程中，将全部资产、负债和劳动力一并转让，且按程序办理注销税务登记的，其在办理注销登记前尚未抵扣的进项税额可结转至新纳税人处继续抵扣。

（3）土地增值税

由于企业生产经营的特殊性，改制重组中有关土地增值税的优惠政策不适用房地产开发企业。

A. 非公司制企业整体改建（不改变原企业的投资主体，并承继原企业权利、义务的行为）为有限责任公司或者股份有限公司，有限责任公司（股份有限公司）整体改建为股份有限公司（有限责任公司）。对改建前的企业将国有土地、房屋权属转移、变更到改建后的企业，暂不征土地增值税。

B. 两个或两个以上企业合并为一个企业，且原企业投资主体存续的，对原企业将国有土地、房屋权属转移、变更到合并后的企业，暂不征土地增值税。

C. 企业分设为两个或两个以上与原企

业投资主体相同的企业，对原企业将国有土地、房屋权属转移、变更到分立后的企业，暂不征土地增值税。

D. 单位、个人在改制重组时以国有土地、房屋进行投资，对其将国有土地、房屋权属转移、变更到被投资的企业，暂不征土地增值税。

（4）契税

自2015年1月1日起至2017年12月31日以下A-H事项免征契税，I征收契税。

A. 企业改制。按照《中华人民共和国公司法》有关规定整体改制，包括非公司制企业改制为有限责任公司或股份有限公司，有限责任公司变更为股份有限公司，股份有限公司变更为有限责任公司，原企业投资主体存续并在改制（变更）后的公司中所持股权（股份）比例超过75%，且改制（变更）后公司承继原企业权利、义务的，对改制（变更）后公司承受原企业土地、房屋权属，免征契税。

B. 事业单位改制。事业单位按照国家有关规定改制为企业，原投资主体存续并在改制后企业中出资（股权、股份）比例超过50%的，对改制后企业承受原事业单位土地、房屋权属，免征契税。

C. 公司合并。两个或两个以上的公司，依照法律规定、合同约定，合并为一个公司，且原投资主体存续的，对合并后公司承受原合并各方土地、房屋权属，免征契税。

D. 公司分立。公司依照法律规定、合同约定分立为两个或两个以上与原公司投资主体相同的公司，对分立后公司承受原公司土地、房屋权属，免征契税。

E. 企业破产。企业依照有关法律法规规定实施破产，债权人（包括破产企业职工）承受破产企业抵偿债务的土地、房屋权属，免征契税；对非债权人承受破产企业土地、房屋权属，凡按照《中华人民共和国劳动法》等国家有关法律法规政策妥善安置原企业全部职工，与原企业全部职工签订服务年限不少于三年的劳动用工合同的，对其承受所购企业土地、房屋权属，免征契税；与原企业超过30%的职工签订服务年限不少于三年的劳动用工合同的，减半征收契税。

F. 资产划转。对承受县级以上人民政府或国有资产管理部门按规定进行行政性调整、划转国有土地、房屋权属的单位，免征契税。同一投资主体内部所属企业之间土地、房屋权属的划转，包括母公司与其全资子公司之间，同一公司所属全资子公司之间，同一自然人与其设立的个人独资企业、一人有限公司之间土地、房屋权属的划转，免征契税。

G. 债权转股权。经国务院批准实施债权转股权的企业，对债权转股权后新设立的公司承受原企业的土地、房屋权属，免征契税。

H. 公司股权（股份）转让。单位、个人承受公司股权（股份），公司土地、房屋权属不发生转移，不征收契税。

I. 划拨用地出让或作价出资。以出让方式或国家作价出资（入股）方式承受原改制重组企业、事业单位划拨用地的，不属上述规定的免税范围，对承受方应按规定征收契税。

（5）印花税

A. 企业改制。在改制过程中成立的新企业（重新办理法人登记的），a) 其新启用的资金账簿记载的资金或因企业建立资本纽带关系而增加的资金，凡原已贴花的部分可不再贴花，未贴花的部分和以后新增加的资金按规定贴花。b）企业改制中经评估增加的资金按规定贴花。c）企业改制前签订但尚未履行完的各类应税合同，改制后需要变更执行主体的，对仅改变执行主体、其余条款未作变动且改制前已贴花的，不再贴花。d）企业因改制签订的产权转移书据免予贴花。

B. 企业合并与分立。以合并或分立方式成立的新企业，其新启用的资金账簿记载的资金，凡原已贴花的部分可不再贴花，未贴花的部分和以后新增加的资金按规定贴花。

C. 债转股。债权转股权新增加的资金按规定贴花。

（6）营业税

A. 以无形资产、不动产投资入股，参与接受投资方利润分配，共同承担投资风险的行为，不征收营业税。

B. 对股权转让不征收营业税。

C. 纳税人在资产重组过程中，通过合并、分立、出售、置换等方式，将全部或者部分实物资产以及与其相关联的债权、债务和劳动力一并转让给其他单位和个人的行为，不属于营业税征收范围，其中涉及的不动产、土地使用权转让，不征收营业税。

表 21 – 8

税种	数量	相关税收规定
企业所得税	1	财税 [2009]59 号财政部、国家税务总局关于企业重组业务企业所得税处理若干问题的通知
	2	财税 [2009]60 号财政部、国家税务总局关于企业清算业务企业所得税处理若干问题的通知
	3	国税函 [2009]375 号国家税务总局关于股权分置改革中上市公司取得资产及债务豁免对价收入征免所得税问题的批复
	4	国税函 [2010]79 号国家税务总局关于贯彻落实企业所得税法若干税收问题的通知
	5	国家税务总局 2010 年第 4 号公告国家税务总局关于发布企业重组业务企业所得税管理办法，的公告
	6	国家税务总局 2010 年第 19 号公告国家税务总局关于企业取得财产转让等所得企业所得税处理问题的公告
	7	国家税务总局公告 2013 年第 72 号国家税务总局关于非居民企业股权转让适用特殊性税务处理有关问题的公告
	8	财税 [2014]109 号财政部、国家税务总局关于促进企业重组有关企业所得税处理问题的通知
	9	财税 [2014]116 号财政部、国家税务总局关于非货币性资产投资企业所得税政策问题的通知
	10	国家税务总局公告 2015 年第 7 号国家税务总局关于非居民企业间接转让财产企业所得税若干问题的公告
	11	国家税务总局公告 2015 年第 33 号国家税务总局关于非货币性资产投资企业所得税有关征管问题的公告
	12	国家税务总局公告 2015 年第 40 号国家税务总局关于资产（股权）划转企业所得税征管问题的公告
	13	国家税务总局公告 2015 年第 48 号国家税务总局关于企业重组业务企业所得税征收管理若干问题的公告
	14	税总发 [2015]68 号国家税务总局关于印发非居民企业间接转让财产企业所得税工作规程（试行）的通知
	15	国家税务总局公告 2015 年第 22 号国家税务总局关于修改非居民企业所得税核定征收管理办法等文件的公告

续表

税种	数量	相关税收规定
个人所得税	1	国家税务总局公告 2013 年第 23 号国家税务总局关于个人投资者收购企业股权后将原盈余积累转增股本个人所得税问题的公告
	2	国家税务总局公告 2014 年第 67 号国家税务总局关于发布•股权转让所得个人所得税管理办法（试行）•的公告
	3	财税 [2015]41 号财政部、国家税务总局关于个人非货币性资产投资有关个人所得税政策的通知
增值税	1	国家税务总局 2011 年第 13 号公告国家税务总局关于纳税人资产重组有关增值税问题的公告
	2	国家税务总局 2012 年第 55 号公告国家税务总局关于纳税人资产重组增值税留抵税额处理有关问题的公告
	3	国家税务总局公告 2013 年第 66 号国家税务总局关于纳税人资产重组有关增值税问题的公告
营业税	1	国税函 [2000]961 号国家税务总局关于股权转让不征收营业税的通知
	2	财税 [2002]191 号财政部、国家税务总局关于股权转让有关营业税问题的通知
印花税	1	财税 [2003]183 号财政部、国家税务总局关于企业改制过程中有关印花税政策的通知
契税	1	财税 [2012]4 号财政部、国家税务总局关于企业事业单位改制重组契税政策的通知
	2	财税 [2015]37 号关于进一步支持企业事业单位改制重组有关契税政策的通知
土地增值税	1	财税 [2015]5 号财政部、国家税务总局关于企业改制重组有关土地增值税政策的通知
合计	27 个	

3.2015 年上市公司并购重组案例分析

2015 年 4 月 3 日晚，中国南车和中国北车分别发布公告，有关南北车合并事项分别获得证监会、商务部审核、审查通过。南车换股吸收北车的方式进行合并，合并后的新公司更名为“中国中车股份有限公司”。

根据《中国南车与中国北车股份有限公司合并报告书》，吸收合并的具体方式为，中国南车向中国北车全体 A 股、H 股股东采用同一换股比例进行换股。合并后新公司同时承继及承接中国南车与中国北车的全部资产、负债、业务、人员、合同、资质及其他一切权利与义务。合并后新公司中文名称拟更改为“中国中车股份有限公司”。

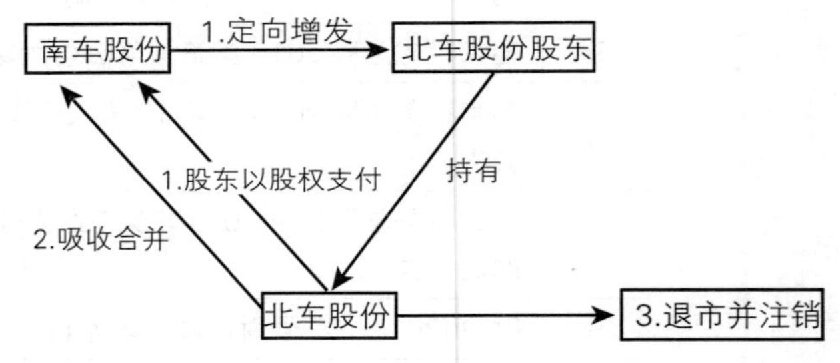

图 21－5 中国南车吸收合并中国北车交易图

（1）企业所得税

本次中国南车吸收合并中国北车，中国南车向中国北车的股东收购其合计持有的 100% 的股权，并以中国南车本企业自身增发股票作为股份支付手段，满足财税 [2009]59 号《财政部、国家税务总局关于企业重组业务企业所得税处理若干问题的通知》和财税 [2014]109 号《财政部、国家税务总局关于促进企业重组有关企业所得税处理问题的通知》中特殊性税务处理的条件。

表 21 – 8　　特殊性税务处理条件判断

适用特殊性税务处理条件	判断
A. 企业重组后的连续 12 个月内不改变重组资产原来的实质性经营活动	√
（一）重组交易的方式	吸收合并
（二）重组交易的实质结果	行业资源整合
（三）重组各方涉及的税务状况变化	无
（四）重组各方涉及的财务状况变化	–
（五）非居民企业参与重组活动的情况	无
B. 被收购、合并或分立部分的资产或股权比例符合规定的比例	√
C. 企业重组后的连续 12 个月内不改变重组资产原来的实质性经营活动	√
D. 重组交易对价中涉及股权支付金额符合本通知规定比例	√
E. 企业重组中取得股权支付的原主要股东，在重组后连续 12 个月内，不得转让所取得的股权	√

①中国接受中国北车的资产和负债的计税基础以中国北车原有计税基础确定，不产生所得，不缴纳企业所得税。

②中国北车的相关所得税事项由合并企业承继。

③可由中国南车弥补的中国北车亏损金额的限额 = 中国北车净资产公允价值 × 截至合并业务发生当年年末国家发行的最长期限的国债利率。

截至 2015 年年末，我国发行的最长期限的国债利率为 5.31%，见《中华人民共和国财政部公告 2013 年第 75 号》。

按照 4 月 28 日的收盘价计算，中国南车总市值超过 4300 亿元，中国北车的总市值超过 4000 亿元。如果本次中国南车吸收合并中国北车不符合企业所得税特殊性税务处理，按照一般性税务处理计算缴纳企业所得税将会给本次交易造成巨大的税收成本。按照一般性税务处理，中国北车的净资产按照合并日的公允价值确定为计税基础，与原账面计税基础之间的差额按照 25% 计征企业所得税，中国北车很难负担得起该笔税费支出。

（2）增值税和营业税

中国南车吸收合并中国北车中，接受中国北车全部的实物资产以及与其相关联的债权、债务和劳动力，该种行为不属于增值税和营业税征收范围，不产生增值税和营业税纳税义务。

（3）契税

中国南车吸收合并中国北车后继续存在，符合“两个或两个以上的公司，依照法律规定、合同约定，合并为一个公司，且原投资主体存续”的条件，免征契税。

（4）印花税

根据规定，以合并或分立方式成立的新企业，其新启用的资金账簿记载的资金，凡原已贴花的部分可不再贴花，未贴花的部分和以后新增加的资金按规定贴花。中国南车吸收合并中国北车后造成的实收资本、资本公积等科目金额发生的增加额应按照增加部分的万分之五贴花。

（5）土地增值税

根据财税 [2015]5 号《财政部、国家税务总局关于企业改制重组有关土地增值税政策的通知》：“按照法律规定或者合同约定，两个或两个以上企业合并为一个企业，且原企业投资主体存续的，对原企业将国有土地、房屋权属转移、变更到合并后的企业，暂不征土地增值税。”中国南车吸收合并中国北车不征收土地增值税。

（二）国际并购重组税制介绍

从国际财政文献局对国际上重点国家兼并与收购税制（Taxation System of MergersAnd Acquisition）法律法规进行归集所反映出的内容来看：深度细化是各国并购税收立法的主要趋势；一般采取以并购形态为分类主线确定税法结构，也有国家采取以税收待遇或混合标准为主线，设计不同的税收条款；大多数国家是在详细区分免税并购、应税并购的法律形态基础上，详细规定各方的税收待遇；越来越多的国家，尤其是美国等以所得税为主体税种的发达国家，均选择以公司并购的所得税规范为主导。

1. 美国的企业并购税制

美国税收制度将并购交易划分为两类，即免税并购和应税并购。应税并购和免税并购一般取决于交易的支付方式。应税并购的显著特点是并购方用现金或非权益性证券支付被并购方的资产或有投票权的股票。美国的免税并购有三种形式：第一种是目标企业的股东用其持有的目标企业股票换取并购企业的股票；第二种类似于股票交换，并购后，目标企业可以被清偿进入购并企业，或者保持独立经营；第三种是股票交换资产的交易，要求目标企业财产的公平市价 80% 以上被收购。一般情况下，是目标企业将资产出售给收购企业以换取收购企业的有投票权的股票，然后目标企业清偿，将收购企业的股票交给其股东以收回已被注销的目标企业的股票。

免税并购的显著特点是并购方用自己有投票权的股票支付被并购方的资产或有投票权的股票。目标公司及其股东均未被认为实现资本利得或亏损，无须缴纳资本利得税，而并购公司并购的资产或股票价值以目标公司的账面价值确定，相应的税收权利和义务均转移到并购公司。所谓免税并购其实并非真正意义上的“免税”，只是被并购企业的股东不需要立即出售其获得的并购企业股票而形成资本利得，从而实现避税。这种避税是暂时的，一旦股票卖出，资本利得被确认，就必须纳税。

2. 英国的企业并购税制

在英国，并购交易有三种方式可选：①用现金购买目标企业的股票或资产。②并购方通过股票交换，目标企业未实现资本收益，所以并购交易属于免税交易。③并购方先将目标企业的普通股转换为可转换债券，一段时间后再将它们转换为普通股票。不属于免税交易，但是可以实现延期纳税，而且企业付给这些债券的利息是预先从收入中减去的，具有抵税效应。

英国根据实际情况出发，在规范并购税收的时候充分考虑公司间的关系，主要原因是由于任何并购都可能涉及到公司集团的改变和建立。依据母公司直接或间接持有子公司股份的比例，将与并购有关的公司集团可分为以下三类：①预缴公司税集团，适用于母公司拥有子公司 50% 以上股份的集团。为了抵消子公司的税负，母公司可以缴子公司预缴公司税，集团内的公司可以选择支付红利，从而得到所得税税基扣除优惠。②亏损减免集团，当母公司拥有子公司 75% 的股份时，财务减免可以使营业亏损在集团公司内转移。③资本收益集团，要求母公司拥有子公司至少 75% 的股份，资产可以在集团内转移，但公司之间的资本收益和亏损则不能转移。

3. 法国的企业并购税制

在法国，企业并购过程中可以采用公平市场价值和账面价值进行核算。被吸收公司的资产按公平价值分配，吸收公司依据公平价值入账，所有未实现的资本利得被转移并记入吸收公司账目。其税收优惠的主要措施是对被吸收公司免税，由吸收公司承担税负。法国税法对收购做出的最为有利的规定是，在法国负有公司所得税义务的公司其融资成本在纳税时可以扣除。合并纳税制度允许用集团内子公司的亏损抵消其利润。

（1）免税并购。根据法国税法，企业并购的转让支付方式可以采取由吸收公司或新公司向被兼并公司发行股份的方式，也可以采取现金支付方式，如果并购支付额中包括现金，且现金所占比例不超过 10%，则免征资本利得税。根据其税收法案，股份互换所产生的潜在资本利得不征税，而且终止被吸收公司经营业务并不视为清算，因而股东实现的资本利得并不视为清算溢价，也不能按所得征税，但是要按资本利得征税。

（2）应税并购。法国并购的标准模式特点是对兼并交易完成后立即纳税。这种模式要求注销被吸收公司，未实现的资本利得立即纳税，实现的资本利得可以弥补以前年度亏损。

4. 德国公司并购税制的基本内容

2001 年税制改革后，德国采用部分古典公司所得税制，通过“1/2 所得制度”来消除传统的企业分配利润的双重征税问题，且对股息和资本利得的税收政策基本保持一致。①居民公司股东的股息免征公司所得税，如果居民公司股东转让其持有的满 1 年的其他公司的股份所获得的资本利得也享受免税待遇。但如果所持有的股份是通过并购交易获得的，则出售持有期不少于 7 年的股份才符合免税条件。②为了减轻双重课税的影响，个人股东适用“1/2 所得制度”，即不管股息是由私人拥有的资产产生的还是由合伙企业或个人独资企业的经营资产产生的，所获股息的一半免纳个人所得税，另一半则并入个人所得纳税。与此相应，相关成本也只允许抵扣一半。

在资产收购中，资产收购方要按照公平的市场价格分配被收购资产的价值，溢价部分被视为商誉，可以在 15 年内进行摊销。

德国政府允许并购中的目标企业在取得重组各方同意的情况下选择免税或应税交易，即纳税人只要对交易形式作轻微变动，就可以使其符合免税条件。同时为防止企业滥用免税并购条款，德国政府规定企业免税并购后不得以分立的形式随即出售股份。如果并购后任何一方公司的股份通过分立的形式在 5 年内被出售，而且所出售的股份价值占分立前公司股票价值的 20% 以上，则该交易被认定为滥用免税并购条款。

三、2015 年上市公司并购重组中应关注的税务问题

一方面，我国不断发展的税收现代化网络信息系统建设和不断便捷的简政放权等改革活动使得纳税人在以后的生产经营中不得不更加关注税务风险和税收管理；另一方面，实行注册制就是证监会要以投资者需求为导向，对发行人信息披露的准确性、全面性进行审核，不对其投资价值和持续能力作出判断。这也意味着，在“宽进严管”的进程中，将对信息披露和风险管控提出了新的要求。2015 年度根据证监会等有关部门披露，在上市公司并购重组等交易中发现有不少涉税风险事项。我们总结了以下几类供参考。

（一）被并购企业自身的隐性税收成本

企业并购重组过程中由于主体对象的复杂性，被并购企业的纳税情况是无法预测和掌握的，因此若被并购的企业在纳税义务履行方面存在一定的问题，对于并购企业来说将会构成较大的税务风险，尤其是被并购企业的历史遗留税务问题，这种问题一般具有涉税金额大、难解决等特点。这种风险主要体现在三个方面：一是在并购前，目标企业隐性或者显性存在未履行完的纳税义务。由于公司在并购时，对所并购的企业的债权和债务具有承担的责任，因此，该种现象的发生会造成并购企业的税收负担。二是在财务状况方面，目标企业并购前未尽的纳税义务会对并购企业的财务状况起到直接影响的作用，整个企业集团的财务预算都会受到影响。三是被并购企业在并购前未尽纳税义务还会造成收购过程的收购成本增加，若被并购企业在交易过程中隐瞒该项负债，则会导致被并购企业的股东权益增加，从而使并购的收益降低。

（二）并购重组交易方式选择不当

我国的税法与其他法律法规等规范性文件在通常情况下不是共同的。在并购交易过程中，因对税法政策理解不到位或不准确等原因造成的税收结果不一致，将会给并购交易增加大量的税收成本，甚至因此阻滞了并购交易活动的正常进行。

如对是否是“同一控制下且不需要支付对价的”的并购重组活动做出判定从而判断是否适用企业所得税特殊性税务处理，就是一个比较典型、易混淆的税会差异。按会计并购准则处理的并购业务，分为同一控制下的企业并和非同一控制下的企业并购两种，两者的会计处理存在差异。同一控制的企业合并是指由同一公司控制下的两个关联企业的合并；非同一控制下的企业合并是指两个没有关联关系的独立企业的合并。而在税务上判断企业合并是否为“同一控制下的企业合并”并不关注会计处理，是对最终控制方的判断，其核心是控制企业是被控制企业的投资者或财产所有者并对参与合并企业各方在财务和经营政策上拥有绝对的控制权，否则被控制企业就不是税法在企业重组政策中所称的“同一控制下的企业合并”。

（三）企业重组税务问题的实务处理

企业完成并购重组后在后续的涉税处理上有义务：做到准确记录、说明所得递延情况；准确记录应予确认的债务重组所得或资产（股权）转让收益总额，并在相应年度的企业所得税汇算清缴时对当年确认额及分年结转额的情况做出说明。有义务在转让或处置重组资产（股权）时提交专项说明。适用特殊性税务处理的企业，在以后年度转让或处置重组资产（股权）的，应在年度纳税申报时对资产（股权）转让所得或损失情况进行专项说明，着重说明特殊性税务处理时确定的重组资产（股权）计税基础与转让或处置时的计税基础的对比情况（变化及原因），还要说明递延所得税负债的处理情况。

财税 [2009]59 号《财政部、国家税务总局关于企业重组业务企业所得税处理若干问题的通知》第十一条规定：“企业发生符合本通知规定的特殊性重组条件并选择特殊性税务处理的，当事各方应在该重组业务完成当年企业所得税年度申报时，向主管税务机关提交书面备案资料，证明其符合各类特殊性重组规定的条件。企业未按规定书面备案的，一律不得按特殊重组业务进行税务处理。”

国家税务总局公告2015年第48号《国家税务总局关于企业重组业务企业所得税征收管理若干问题的公告》对特殊性税务处理的备案做了详细的规定：

重组各方应在该重组业务完成当年，办理企业所得税年度申报时，分别向各自主管税务机关报送《企业重组所得税特殊性税务处理报告表及附表》和申报资料。合并、分立中重组一方涉及注销的，应在尚未办理注销税务登记手续前进行申报。重组主导方申报后，其他当事方向其主管税务机关办理纳税申报。申报时还应附送重组主导方经主管税务机关受理的《企业重组所得税特殊性税务处理报告表及附表》（复印件）。企业重组业务适用特殊性税务处理的，申报时，当事各方还应向主管税务机关提交重组前连续12个月内有无与该重组相关的其他股权、资产交易情况的说明，并说明这些交易与该重组是否构成分步交易，是否作为一项企业重组业务进行处理。

（四）转让定价税务问题的披露

上市公司发生的并购重组交易中不乏是与其关联方之间进行的。我国现行转让定价法规规定，企业在与关联企业业务往来时须符合独立交易原则，并需每年报告关联交易的情况。相比许多其他国家，我国对“关联企业”的定义稍显模糊和粗犷，因此一些在其他国家被视为非关联方的企业可能在中国被认定为关联企业。在转让定价中，有可能因为交易不符合独立交易原则而被进行纳税调整。一般来说，被认定为转让定价对象的企业主要包括：连续数年营业亏损或盈利上下波动的企业，关联交易和非关联交易利润率存在差异的企业，与低税率地区关联企业业务往来数额较大的企业，存在特许权使用费或者其他服务费用支付的企业，使用不常见的转让定价方法的企业等。

（五）税收优惠

一方面，企业并购交易完成后，税收转移或者财政补贴等都会提升企业总体业绩。另一方面，由于并购前后企业自身的税务情况也会发生改变，如并购前具有的一定优惠税收政策，在并购后可能因为企业性质的改变造成其不符合相关的税收优惠条件，从而导致企业税负成本的增加，或者企业并购重组后生产形式等也发生改变，造成税收的种类相应增加，从而带来税务风险。这是在并购交易税收成本中不得不考虑的一个方面。

附录文件

1. 财政部国家税务总局关于企业重组业务企业所得税处理若干问题的通知财税〔2009〕59号

2. 国家税务总局关于债务重组所得企业所得税处理问题的批复国税函〔2009〕1号

3. 国家税务总局关于发布《企业重组业务企业所得税管理办法》的公告国家税务总局公告2010年第4号

4. 国家税务总局关于纳税人资产重组有关增值税问题的公告国家税务总局公告2011年第13号

5. 国家税务总局关于纳税人资产重组有关营业税问题的公告国家税务总局公告2011年第51号

6. 财政部国家税务总局关于企业事业单位改制重组契税政策的通知财税〔2012〕4号

7. 国家税务总局关于纳税人资产重组增值税留抵税额处理有关问题的公告国家税务总局公告2012年第55号

8. 国家税务总局关于纳税人资产重组有关增值税问题的公告国家税务总局公告2013年第66号

9. 财政部　国家税务总局关于促进企业重组有关企业所得税处理问题的通知财税〔2014〕109号

10. 财政部　国家税务总局关于非货币性资产投资企业所得税政策问题的通知财税〔2014〕116号

11. 国家税务总局关于非居民企业间接转让财产企业所得税若干问题的公告国家税务总局公告2015年第7号

12. 国家税务总局关于部分税务行政审批事项取消后有关管理问题的公告国家税务总局公告2015年第8号：关于取消"以上市公司股权出资不征证券交易印花税的认定"后的有关管理问题；关于取消"在营企业完成改组改制、符合豁免条件的东北老工业基地企业历史欠税豁免审批"后的有关管理问题。

13. 财政部国家税务总局关于企业改制重组有关土地增值税政策的通知财税〔2015〕5号：不征。

14. 财政部国家税务总局关于个人非货币性资产投资有关个人所得税政策的通知财税〔2015〕41号

15. 国家税务总局关于个人非货币性资产投资有关个人所得税征管问题的公告国家税务总局公告2015年第20号

16. 财政部国家税务总局关于进一步支持企业事业单位改制重组有关契税政策的通知财税〔2015〕37号：免征、减征。

17. 国家税务总局关于非货币性资产投资企业所得税有关征管问题的公告国家税务总局公告2015年第33号

18. 国家税务总局关于资产（股权）划转企业所得税征管问题的公告国家税务总局公告2015年第40号

19. 国家税务总局关于企业重组业务企业所得税征收管理若干问题的公告国家税务总局公告2015年第48号

20. 国家税务总局关于股权奖励和转增股本个人所得税征管问题的公告国家税务总局公告2015年第80号：上市公司或在全国中小企业股份转让系统挂牌的企业转增股本（不含以股票发行溢价形成的资本公积转增股本），按现行有关股息红利差别化政策执行。

附　录

附录一　中国上市公司业绩评价体系说明

为准确、科学评价上市公司的经营业绩，提高上市公司监管效率，更好地服务于广大投资者和提高上市公司经营管理水平。2001年中联财务顾问有限公司和中联资产评估有限公司组织评价领域有关专家成立"中国上市公司业绩评价课题组"，借鉴国内外企业绩效评价的体系与方法，结合上市公司的特点，研究建立了中国上市公司业绩评价指标体系。该评价体系是贯彻科学发展观的具体体现，从多角度反映上市公司的业绩，在衡量公司盈利能力的同时，兼顾公司的成长、风险、资产质量和市场表现，做到财务效益和债务风险、资产质量与公司成长的平衡。该评价体系旨在为广大投资者、政府监管机构、债权人、公司职工以及其他利益相关者了获取上市公司真实业绩的相关资料及信息，并提供一个有效的分析工具。现将该评价体系的基本内容说明如下：

一、中国上市公司评价体系的主要特点

在研究上市公司业绩评价体系过程中，我们充分借鉴了财政部、原国家经贸委、原中央企业工委、劳动保障部和原国家计委联合颁布《企业效效评价实施细则》和国务院国有资产监督管理委员会颁布的《中央企业绩效评价管理暂行办法》（国资委令第14号）的有关规定，根据公开披露的上市公司数据，紧密结合中国上市公司的特点，突出反映上市公司的市场表现，研究建立了中国上市公司业绩评价指标体系。归纳起来，主要有以下特点。

（一）充分体现了投入回报特性

企业的根本属性是以盈利为目的，不仅是短期盈利，更重要的是可持续的长期盈利。本评价体现以投入产出为核心，充分反映企业的盈利能力。在评价的五个方面中，有两个方面主要反映盈利能力，一个是从企业的角度反映企业的盈利水平，即盈利能力，占35%的权重；另一个是从市场角度反映股票的增值水平，即市场表现，占15%的权重。盈利能力主要从投资人和社会两个角度来反映，体现在净资产收益率和总资产报酬率上，增值水平主要体现在市场投资回报率上。而且。因此，本评价体系的核心是体现投入产出特性。

（二）构建了多层次的立体评价体系

本评价体系的评价指标包括基本评价指标和修正评价指标两个层次，两层次之间不是简单的并列关系，而是递进的修正和验证

关系，首先，通过10项基本评价指标计算出上市公司的业绩评价的得分，然后，通过13项评价指标对基本指标评价分数进行验证和修正，从而得出更加客观的评价结果。评价指标之间相互牵制，通过作假财务数据，一方面指标得分高了，另一指标可能得分低了，不会获得高分的，要想获得评价高分只有提高上市公司的竞争力和发展质量。

（三）首创了线性评价标准

对某一个评价指标而言，传统的评价标准只是一个数值，最多也只有满意值和不允许值等两个评价标准。而在本评价体系中，创立了线性评价标准，具体而言，每一评价指标分为优秀、良好、平均、较低、较差等五档标准，这五档标准反映在坐标轴上就是一条曲线，即评价标准线，线标准不仅能为评价计分提供准确地计算依据，而且，能描述不同评价指标的经济特性，不同的评价指标有不同类型的评价标准曲线，只有线标准才能实现更加科学的计分。

（四）具有较强的可操作性

在设计本评价体系时，我们将可操作性作为一项重要的目标，首先，要求所有的评价指标能够从公开的市场上能够获取；其次，评价标准要做到符合实际，既考虑到中国企业的普遍情况，又考虑到上市公司的实际特点；最后，还要设计一套上市公司业绩评价软件，通过软件自动评价中国上市公司的评价得分。

二、中国上市公司业绩评价指标体系

由于我国上市公司法人治理不完善、股权割裂、法制不健全等原因，上市公司出于市场融资、配合二级市场炒作、避免亏损、管理层骗取激励基金及政治追求等特别目的，人为进行盈余操纵，甚至财务欺诈的行为时有发生。因此，不能仅仅从实现利润情况评价上市公司的业绩，我们认为，上市公司的业绩应包括财务效益、资产质量、偿债风险、发展能力及市场表现等五个方面，对于每一方面，我们设置了若干财务指标反映其真实状况，具体分为基本指标和修正指标两个层次。只有五方面的有机结合，才能客观反映企业的真是业绩。

（一）中国上市公司业绩评价指标体系的设置原则

上市公司业绩评价指标体系的设置遵循以下几项原则：一是选定的指标应具有较强的横向、纵向可比性，尽可能排除偶然或异常事项的影响，如果不能完全剔除这些因素的干扰，则通过调整相关指标的权数以降低其对评价结果的影响程度；二是各项指标的设立在整体均衡的基础上应突出相互的制衡性，整个指标体系要具备“此消彼涨”的内在机制，提高操控整个指标体系的困难程度；三是指标体系的确定要充分考虑上市公司特点，而且所有财务指标的计算、取值只局限在上市公司公告的数据资料内，不尝试获得每家上市公司进一步的内部信息资料，即在现行法规框架下，通过对部分必要信息的分析判断取得尽可能公平合理的评价结果。

（二）中国上市公司业绩评价指标体系的主要特点

第一，突出股东回报，企业的根本属性就是实现股东价值最大化，本评价体系以投入产出为核心，从股东价值和企业价值两个角度来反映企业的盈利能力，主要采用扣除非经常性损益后的净资产收益率和总资产报酬率两个财务指标来体现，占 35% 的权重，核心是突出股东回报，体现股东价值最大化。扣除非经常性损益后的净资产收益率剔除了企业盈利的偶然因素，反映企业持续盈利能力，总资产报酬率反映企业占用总资产创造的总价值，包括对股东的回报和对债权人的回报。当然，反映企业盈利能力的财务指标还有很多，我们重点从经营活动创造的利润、盈利是否有现金保障、投入资本获得的收益等多角度对企业的盈利能力进行修正，目的是更加全面、完整、真实地反映企业的盈利能力。

第二，关注公司成长。上市公司的发展不仅需要短期盈利，更需要长期持久的健康发展，本体系从规模增长的角度反映企业的成长性，采用的主要指标是销售增长率和资本扩张率，权重占 20%。销售增长反映企业的市场占有和业务发展状况，资本扩张反映企业的盈利中用于扩大再生产的状况。同时，还采用三年营业收入增长、总资产增长、营业利润增长和盈余保留等项指标对成长性进行修正。

第三，体现资产质量。企业资产是创造财富的源泉，资产质量的高低间接反映企业盈利能力。本体系从资产效率的角度反映资产运营水平，采用的主要指标是总资产周转率和流动资产周转率，权重占 15%。总资产周转率反映总资产创造产品和服务的能力，体现总资产的运营效率，流动资产周转率反映企业流动资产的运营效率。同时，还采用应收账款周转速度和存货周转速度进行修正。

第四，反映债务风险。企业在发展的同时要防范债务风险，防止出现债务危机，要做到收益和风险的平衡。本体系从负债和流动性角度反映企业的偿债能力，采用的主要指标是资产负债率和已获利息倍数，权重占 15%。资产负债率是国际通行反映企业债务水平的指标，已获利息倍数反映企业的盈利中偿还债务利息的能力。同时，还采用带息负债、现金流和速动资产比率进行修正。

第五，重视市场表现。尽管目前我国资本市场的股票价与上市公司业绩的相关性不强，仅股价不能完全反映上市公司的真实业绩，但从我们多年的研究结果看，上市公司的市场表现与业绩的相关性逐年提高，本课题很重视企业在资本市场上的表现，将市场表现作为企业业绩的重要内容，采用的主要指标是市场投资回报率和股价波动率，占 15% 的权重。市场投资回报率反映股票投资人在资本市场上获得的收益，包括股价上涨、分红、送股等，股价波动率反映股价的稳定性，对股价大起大落的公司适当减分。

（三）中国上市公司业绩评价指标体系的基本框架

中国上市公司业绩评价指标体系由财务效益状况、资产质量状况、偿债风险状况、发展能力状况以及市场表现等五部分指标构成，包括基本指标和修正指标两个层次，共 23 项评价指标。

表附录 1－1　　中国上市公司业绩评价指标体系与指标权数表

评价指标		基本指标		修正指标	
评价内容	权数 100	指标	权数 100	指标	权数 100
一、财务效益状况	35	净资产收益率（%） 总资产报酬率（%）	20 15	营业利润率（%） 盈利现金保障倍数 股本收益率（%） 资产规模系数	7 8 8 12
二、资产质量状况	15	总资产周转率（次） 流动资产周转率（次）	8 7	应收账款周转率（次） 存货周转率（次）	9 6
三、偿债风险状况	15	资产负债率（%） 获利倍数	8 7	速动比率（%） 现金流动负债比率（%） 带息负债比率（%）	5 5 5
四、发展能力状况	20	营业收入增长率（%） 资本扩张率（%）	10 10	累计保留盈余率（%） 三年营业收入增长率（%） 总资产增长率（%） 营业利润增长率（%） 资产规模系数	3 3 4 4 6
五、市场表现状况	15	市场投资回报率（%） 股价波动率（%）	10 5		

（四）基本指标的内涵

基本指标是评价上市公司业绩的主要计量指标，是整个评价指标体系的核心。基本指标由净资产收益率、总资产报酬率、总资产周转率、流动资产周转率、资产负债率、已获利息倍数、营业收入增长率、资本扩张率、市场投资回报率以及股价波动率共 10 项计量指标构成。

1. 净资产收益率

（1）基本概念

净资产收益率是指企业一定时期内的净利润同平均净资产的比率。净平均净资产收益率充分体现了投资者投入企业的自有资本获取净收益的能力，突出反映了投资与报酬的关系，是评价企业资本经营效益的核心指标。

（2）计算公式

净资产收益率 =（净利润 - 非经常性损益）/ 平均净资产 *100%

（3）内容解释

①净利润是指企业未作任何分配前的税后利润，为更好的评价企业业绩，反映上市公司的可持续盈利能力，本指标的净利润是指扣除非经常性损益后的净利润。

②平均净资产是企业年初所有者权益同本年所有者权益变动的平均数。净资产包括实收资本、资本公积、盈余公积和未分配利润等。

2. 总资产报酬率

（1）基本概念

总资产报酬率是企业在报告期内获得的可供投资者和债权人分配的经营收益占总资产的百分比，反映资产利用的综合效果，本指标剔除了财务杠杆对收益率的影响。

（2）计算公式

总资产报酬率＝息税前利润／年度平均资产总额 *100%

（3）内容解释

①息税前利润是指企业利润总额＋利息支出。数据取值于《利润及利润分配表》和会计报表附注。

②年度平均资产总额指企业年平均占用的资产额，年度平均资产总额＝（资产总额年初数＋资产总额年末数）／2，数据取值于《资产负债表》。

3. 总资产周转率

（1）基本概念

总资产周转率是指企业一定时期主营业务收入净额同平均资产总额的比值。总资产周转率是综合评价企业全部资产经营质量和利用效率的重要指标。

（2）计算公式

$$\text{总资产周转率（次）}=\frac{\text{主营业务收入净额}}{\text{平均资产总额}}$$

（3）内容解释

①主营业务收入净额同上。

②平均资产总额是指企业资产总额年初数与年末数的平均值，平均资产总额＝（资产总额年初数＋资产总额年末数）／2。数据取值于《资产负债表》。

4. 流动资产周转率

（1）基本概念

流动资产周转率是指企业一定时期主营业务收入净额同平均流动资产总额的比值。流动资产周转率是评价企业资产利用效率的另一主要指标。

（2）计算公式

$$\text{流动资产周转率（次）}=\frac{\text{主营业务收入净额}}{\text{平均流动资产总额}}$$

（3）内容解释

①主营业务收入净额同上。

②平均流动资产总额是指企业流动资产总额的年初数与年末数的平均值，平均流动资产总额＝（流动资产年初数＋流动资产年末数）/2。数值取值于《资产负债表》。

5. 资产负债率

（1）基本概念

资产负债率是指企业一定时期负债总额同资产总额的比率。资产负债率表示企业总资产中有多少是通过负债筹集的，该指标是评价企业负债水平和偿债能力的综合指标。该指标为逆向指标，实际值越低，得分越高。

（2）计算公式

$$\text{资产负债率}=\frac{\text{负债总额}}{\text{资产总额}}\times 100\%$$

（3）内容解释

①负债总额是指企业流动负债、长期负债和递延税款贷项的总和。少数股东权益不在负债总额中体现。数值取值于《资产负债表》。

②资产总额是指企业拥有各项资产价值的总和。数值取值于《资产负债表》。

6. 获利倍数

（1）基本概念

获利倍数是指企业一定时期的盈利偿还利息的能力。从偿还利息的角度来反映企业当期偿付债务的能力，也叫利息保障倍数。

（2）计算公式：

获利倍数＝（利润总额＋利息费用）/ 利息支出

（3）内容解释

①利润总额数据取值于《利润及利润分配表》。

②由于 WIND 系统数据不断丰富，利息

支出取自WIND衍生报表中财务费用项下的“利息支出”。

7. 营业收入增长率

（1）基本概念

营业收入增长率是指企业本年营业收入增长额同上年营业收入的比率。营业收入增长率表示与上年相比，企业营业收入的增减变动情况，是评价企业成长状况和发展能力的重要指标。

（2）计算公式

营业收入增长率（%）= 本年营业收入增长额 / 上年营业收入 *100%

（3）内容解释

①本年营业收入增长额是企业本年营业收入与上年营业收入的差额，本年营业收入增长额 = 本年营业收入－上年营业收入。如本年营业收入低于上年，本年营业收入增长额用“－”表示。有关数据取值于《利润及利润分配表》。

②上年营业收入指企业上年全年的主要经营活动所取得的收入减去折扣与折让后的数额。数据取值于《利润及利润分配表》。

8. 资本扩张率

（1）基本概念

资本扩张率是指上市公司本年股东权益增长额同年初股东权益的比率。资本扩张率表示企业当年资本的积累能力，是评价企业发展潜力的重要指标。

（2）计算公式

$$资本扩张率 = \frac{本年股东权益增长额}{年初股东权益} \times 100\%$$

（3）内容解释

①本年股东权益增长额是指企业本年股东权益与上年股东权益的差额，本年股东权益增长额 = 股东权益年末数—股东权益年初数。数值取值于《资产负债表》。

②年初股东权益指股东权益的年初数。数值取值于《资产负债表》。

9. 市场投资回报率

（1）基本概念

市场投资回报率是指上市公司本年在资本市场上投资股票所获的的收益同同年初股票投资成本的比率，反应上市公司股权在一年内的增值幅度。市场投资回报包括股票价格变动、企业分红派息、送配股等因素。市场投资回报率表示上市公司资本市场的增值能力，是评价上市公司市场表现的的重要指标。

（2）计算公式

$$市场投资回报率 = \frac{本年股票投资收益}{股票投资成本} \times 100\%$$

（3）内容解释

①本年股票投资收益是指在资本市场投资股票所获的的收益，本年股票投资收益 = 股票年末复权价格 - 股票年初复权价格

②股票投资成本是指年初投资股票时的复权价格。

10. 股价波动率

（1）基本概念

股价波动率是指上市公司每周股价同平均股价的标准平均方差，反映上市公司本年股票价格在股票市场上的波动情况。股价波动率主要体现上市公司的经营风险，以及稳定持续发展情况。该指标为逆向指标，实际值越低，得分越高。

（2）计算公式

$$股价波动率 = \sqrt{\sum_{i=1}^{n}(\frac{xi}{\overline{x}}-1)^2} \times 100\%$$

其中：xi 表示每周股票的复权开盘价

$\overline{x}$ 表示一年股票的平均复权价

N 表示一年的股票开盘周数

（3）有关说明

①为避免送配股、分红等对股价的影响，股价波动率采用股票的复权价格计算

②考虑到股价对波动率的影响，在计算股价波动率时，对每周复权价和平均股价都除以平均股价。

（五）修正指标的内涵

修正指标是从多方面调整完善基本指标评价结果的计量因素，是整个评价指标体系的重要辅助部分。通过修正指标的分析评价，实现对基本指标评价结果的全面调整和修正，形成定量指标评价结果。修正指标由营业利润率、盈利现金保障倍数、股本收益率、资产规模系数、应收账款周转率、存货周转率、速动比率、现金流动负债比率、带息负债比率、累计保留盈余率、三年营业收入增长率、总资产增长率以及营业利润增长率共 13 项计量指标构成。

1. 营业利润率

（1）基本概念

营业利润率是指企业一定时期营业利润同营业收入的比率。它表明企业每单位营业收入能带来多少营业利润，反映了企业日常经营性业务的获利能力。

（2）计算公式

营业利润率 = 本年营业利润 / 本年营业收入 *100%

（3）内容解释

①营业利润是指日常经营业务获得的利润，不包括投资收益、营业外收支等因素。数据取值于《利润及利润分配表》。

②营业收入额是指企业当期销售产品、商品、提供劳务等主要经营活动所取得的收入减去折扣与折让后的数额。数据取值于《利润及利润分配表》。

2. 盈利现金保障倍数

（1）基本概念

盈利现金保障倍数是企业一定时期经营现金净流量同净利润的比值。盈利现金保障倍数指标反映了企业当期净利润中现金收益的保障程度，真实地反映了企业盈余的质量。

（2）计算公式

$$盈余现金保障倍数 - \frac{经营现金净流量}{净利润}$$

（3）内容解释

①经营现金净流量指一定时期内，由企业经营活动所产生的现金及其等价物的流入量与流出量的差额。数据取值于《现金流量表》。

②净利润同上。数据取值于《利润及利润分配表》。

3. 股本收益率

（1）基本概念

股本收益率是指企业一定时期内获得的净利润与平均股本净额的比率。股本收益揭示了上市公司净资产中的股本获取净收益的能力。突出反映了股本与报酬的关系。

（2）计算公式

$$股本收益率 = \frac{净利润}{平均股本净额}$$

（3）内容解释

①净利润采用归属母公司的净利润

②平均股本净额是指企业股本净额年初数与年末数的平均值，平均股本净额 =（股本净额年初数＋股本净额年末数） / 2。数据取值于《资产负债表》。

4. 资产规模系数

为准确反映不同规模企业的业绩增长难度，合理评价公司业绩，我们设置了资产规

模系数。对于资产总额较大的企业，其盈利增长和发展能力增长增长空间较小，获得高速增长的难度较大，对于资产总额较小的企业，其盈利增长和发展能力增长空间较大，获得高速增幅相对容易。因此，我们用资产规模系数来修正盈利能力和发展能力状况的评价得分，以上市公司的平均资产总额为基准，依据上市公司的实际资产规模适当修正评价得分。原则上，上市公司的总资产规模越大，则其对基本得分的正方向修正力度就越大。

5. 应收账款周转率

（1）基本概念

应收账款周转率是企业一定时期内主营业务收入净额同应收账款平均余额的比率。应收账款周转率是对流动资产周转率的补充说明。

（2）计算公式

$$应收账款周转率（次）=\frac{主营业务收入净额}{应收账款平均余额}$$

（3）内容解释

①主营业务收入净额同上。

②应收账款是指企业因赊销产品、材料、物资和提供劳务而应向购买方收取的各种款项。应收账款是应收账款账面价值减坏账准备之后的净值。应收账款平均余额=（应收账款余额年初数+应收账款余额年末数）/2。数据取值于《资产负债表》。

6. 存货周转率

（1）基本概念

存货周转率是企业一定时期主营业务成本与存货平均余额的比率。存货周转率是对流动资产周转率的补充说明。

（2）计算公式

$$存货周转率（次）=\frac{主营业务成本}{存货平均余额}$$

（3）内容解释

①营业成本是指企业销售产品、商品或提供劳务等经营业务的实际成本。数据取值于《利润及利润分配表》。

②存货余额是指企业存货账面价值与存货跌价准备之和，存货余额是存货账面价值减存货跌价准备之后的净值。存货账面价值指企业期末各种存货的历史成本。存货跌价准备指存货可变现净值低于存货成本的部分。存货平均余额是存货余额年初数与年末数的平均值，即存货平均余额=（存货余额年初数+存货余额年末数）/2。数据取值于《资产负债表》。

7. 速动比率

（1）基本概念

速动比率是企业一定时期的速动资产同流动负债的比率。速动比率衡量企业的短期偿债能力，评价企业流动资产变现能力的强弱。

（2）计算公式

$$速动比率=\frac{速动资产}{流动负债}\times 100\%$$

（3）内容解释

①速动资产是指扣除存货后流动资产的数额，速动资产=流动资产－存货。数据取值于《资产负债表》。

②流动负债同上。

8. 现金流动负债比率

（1）基本概念

现金流动负债比率是企业一定时期的经营现金净流量同流动负债的比率。现金流动负债比率是从现金流动角度来反映企业当期偿付短期负债的能力。

（2）计算公式：

$$现金流动负债比率=\frac{年经营现金净流量}{年末流动负债}\times100\%$$

（3）内容解释

①年现金净流量指一定时期内，由企业经营活动所产生的现金及其等价物的流入量与流出量的差额。数据取值于《现金流量表》。

②流动负债指企业所有偿还期在一年或一个经营周期以内债务。数据取值于《资产负债表》。

9. 带息负债比率

（1）基本概念

带息负债比率是指带息负债与企业负债总额。带息负债包括短期借款＋一年内到期的非流动负债＋长期借款＋应付债券＋应付利息。该指标反映企业负债中承担利息负债的比率。该指标为逆向指标，实际值越低，得分越高。

（2）计算公式

带息负债比率＝带息负债/负债总额*100%

其中：带息负债＝负债合计－无息流动负债－无息非流动负债；

无息流动负债＝应付帐款＋预收款项＋应付职工薪酬＋应交税费＋其他应付款＋预提费用＋递延收益＋其他流动负债；

无息非流动负债＝非流动负债合计－长期借款-应付债券

（3）内容解释

①带息负债表示企业负债中需要承担利息的负债额度。由于WIND系统数据不断丰富，带息负债取自WIND衍生报表中“带息债务”。

②负债总额数值取值于《资产负债表》。

10. 累计保留盈余率

（1）基本概念

累计保留盈余率是指企业盈余公积与未分配利润之和同平均股东权益的比率。累计保留盈余率反映了企业靠自身经营积累的发展能力大小。

（2）计算公式

$$累计保留盈余率=\frac{盈余公积+未分配利润}{平均股东权益}\times100\%$$

（3）内容解释

①盈余公积是企业按照有关规定及程序从净利润中提取的。数据取值于《资产负债表》。

②未分配利润是企业净利润经过一系列利润分配程序之后的剩余额。数据取值于《资产负债表》。

③平均股东权益是指企业股东权益年初数与年末数的平均值，平均股东权益＝（股东权益年初数＋股东权益年末数）/2。数据取值于《资产负债表》。

11. 三年营业收入平均增长率

（1）基本概念

三年营业收入平均增长率表明企业营业收入连续三年的增长情况，体现企业的持续发展态势和市场扩张能力。

（2）计算公式

三年主营业务平均增长率＝

$$\left(\sqrt[3]{\frac{当年主营业务收入净额}{三年前主营业务收入净额}}-1\right)\times100\%$$

（3）内容解释

①当年营业收入同上。

②三年前营业收入指企业三年前的营业收入数。数据取值于三年前《利润及利润分配表》。

12. 总资产增长率

（1）基本概念

总资产增长率是指企业资产规模的增长，反映企业的成长性。

（2）计算公式

总资产增长率 = 本年资产总额增长额 / 上年资产总额 *100%

（3）内容解释

①本年资产总额增长额 = 本年资产总额－上年资产总额。如本年资产总额低于上年，本年资产总额增长额用“－”表示。数据取值于《资产负债表表》。

13. 营业利润增长率

（1）基本概念

营业利润增长率是指企业本年营业利润增加额同上年营业利润的比率。

（2）计算公式

营业利润增长率 =（本年营业利润 - 上年营业利润）/ 上年营业利润 *100%

（3）内容解释

①本年营业利润增长额 = 本年营业利润－上年营业利润。如本年营业利润低于上年，本年营业利润增长额用“－”表示。数据取值于《利润及利润分配表》。

②上年营业利润数据取值于上年的《利润及利润分配表》。

（六）评价指标权数的确定方法

在一个指标集合中，指标权数是其中每项指标占有的比重。每项指标对上市公司业绩的影响程度不同，其占有的权重应有所差别。不同的评价目的，评价指标权数的设置也有所区别。上市公司的财务效益状况是整个业绩评价指标体系的重点，该部分的指标权重就应相应加大。在权数设置上进行了分层处理，根据不同层次指标评价的需要，同时采用了德尔菲法（专家意见法）和相关性权重法来确定每个指标的权数。

1. 总权数与分层次权数的设置。

按照权重设计的习惯做法，将评价指标体系的总权数设定为 100，即所有指标都是最好的企业可得满分 100 分。同时，为便于不同层次指标的评价计分，先将基本指标和修正指标的权重均设定为 100，修正指标是对基本指标的评价结果的修正，再将不同层次的计分结果返回百分制。

2. 具体指标的权数设置。

对具体指标的权数设置综合运用了相关性权重法与德尔菲法。首先，根据测算的各评价指标之间的相关系数，确定指标之间的关联度，根据关联度赋予每个指标的权数。然后，运用德尔菲法将测算初定的权数分配表，分别发送有关部门、专家，征求他们的意见，在此基础上进行意见综合，形成具体指标的权数分配。

三、中国上市公司业绩评价标准

评价标准是评价三要素之一，是上市公司业绩评价体系中重要组成部分，如果没有合适的评价对比标准，就无法进行具体评价。为取得客观、公正、准确的业绩评价结果，需要根据评价目的和上市公司的特点制定评价标准。为了客观、准确地评价上市公司经营业绩，我们利用全部上市公司的数据，结合全社会平均水平测算制定出一个统一的标准值，以适应所有上市公司跨行业评价的需要，其中上市公司的行业特性和规模大小分别通过所属行业的行业系数和企业规模系数进行修正。

本次业绩评价在考虑行业、规模影响因素的基础上，进一步将评价标准分类细化，分为优秀、良好、平均、较低、较差五个档次。下表是根据上述原则制定的的2015年度上市公司评价标准值：

表附录1－2　　2015年度中国上市公司业绩评价标准值

项目	优秀值	良好值	平均值	较低值	较差值
一、财务效益状况					
净资产收益率（%）	15.9	11.7	6	−1	−6.5
总资产报酬率（%）	12.3	8.9	5.1	2.6	−0.4
营业利润率（%）	21.9	15.7	5	1.6	−3
盈余现金保障倍数	4.2	2.8	1.7	0.2	−1.1
总股本收益率（%）	66.1	47.1	23.7	2.4	−11.9
二、资产质量状况					
总资产周转率（次）	1.2	0.9	0.6	0.3	0.2
流动资产周转率（次）	2.6	1.8	1.2	0.5	0.4
存货周转率（次）	11.1	8.5	2.8	1.2	0.5
应收账款周转率（次）	28.1	14.6	8	3.1	1.8
三、偿债风险状况					
资产负债率（%）[逆向指标]	18.7	28.7	60.1	65.7	73.3
已获利息倍数	51.1	13.6	3.6	1.9	0.3
速动比率（%）	317.1	187	74.3	62.4	48.1
现金流动负债比率（%）	49.9	36.2	13.9	3	−7
带息负债比率[逆向指标]	13.6	30.7	50.9	64	75.6
四、发展能力状况					
营业收入增长率（%）	50.4	23.5	−3.6	−16.6	−25.4
资本扩张率（%）	92.6	34	15.7	−0.2	−6
累计保留盈余率（%）	60.3	54.4	41.5	14.9	1.5
三年营业收入平均增长率（%）	37.3	19.5	3.2	−5.2	−10.2
总资产增长率（%）	66.6	30.7	13.1	1	−3.4
营业利润增长率（%）	78.3	30.7	−9.4	−40.5	−71
五、市场表现状况					
市场投资回报率（%）	144.1	109.9	68.4	26.8	7.1
股价波动率（%）[逆向指标]	121.7	141.6	181.3	221	249.6

需要特别说明的是：在本评价体系中，所有上市公司采用上述相同的评价标准。有些人建议不同行业采用不同的行业标准，我们考虑，一是上市公司的具有行业选择的自主权；二是上市公司评价是更侧重与对投资人角度评价的，投资人关注的是上市公司

的质量，而不是行业；三是国有资企业的评价侧重于企业经营者的业绩，国有企业的主业范围被限定，经营者只能在限定的范围经营，对企业经营者的评价更要考虑行业因素，在实践中通常不同行业采用不同的行业评价标准，以更加准确衡量企业经营着的业绩。

四、中国上市公司的行业分类

本次业绩评价参照中国证监会颁布的《上市公司行业分类指引》，对被评价的上市公司进行行业分类，并针对不同行业确定了不同的行业系数。

表附录 1－3　上市公司业绩评价的行业分类情况表

序号	行业名称	行业代码
1	全国所有企业	
2	农林牧渔业	A
3	采掘业	B
4	其中：煤炭	B01
5	制造业	C
6	食品、饮料	C0
7	纺织、服装、毛皮	C1
8	造纸、印刷	C3
9	石油、化学、塑胶、塑料	C4
10	电子	C5
11	金属、非金属	C6
12	机械、设备、仪表	C7
13	医药、生物制品	C8
14	其他制造业	C9
15	电力煤气及水的生产和供应业	D
16	建筑业	E
17	交通运输、仓储业	F
18	信息技术业	G
19	批发和零售贸易业	H
20	房地产业	J
21	社会服务业	K
22	传播与文化产业	L
23	综合类	M

在实践中，一些上市公司的上述行业分类填写不太准确，我们同时运用申银万国的行业分类标准进行行业分类，在一些行业分析中，我们使用的申银万国的行业分类标准进行统计汇总，并撰写分析报告的。

此外，我们根据上市公司的特点，分别依据上市地点、上市时间以及上市公司规模进行了分组。在本评价体系中，将各项分组汇总数据视同一户上市公司进行了业绩评价，目的是为了广大投资者在分析各上市公司业绩的同时，也能分辨不同行业的发展状况，从而更好地评判上市公司业绩状况。

五、中国上市公司业绩评价计分方法

上市公司业绩评价计分方法主要为功效系数法，分为基本指标计分方法、修正指标计分方法两种。

（一）基本指标计分方法

基本指标计分方法是指运用业绩评价的基本指标，将指标实际值对照相应的评价标准值，计算各项指标实际得分的方法。计算公式为：

基本指标总得分 = ∑单项基本指标得分

单项基本指标得分 = 本档基础分 + 调整分

本档基础分 = 指标权数 × 本档标准系数

调整分 =[（实际值 – 本档标准值　）/（上档标准值 – 本档标准值）]×（上档基础分 – 本档基础分）

上档基础分 = 指标权数 × 上档标准系数

对有关指标的分母为零或为负数时，作了相应的具体处理。

在每一部分指标评价分数计算出来后，要计算该部分指标的分析系数。分析系数是指企业财务效益、资产营运、偿债能力、发展能力四部分评价内容各自的评价分数与该部分权数的比率。基本指标分析系数的计算公式为：某部分基本指标分析系数 = 该部分指标得分 / 该部分权数

（二）修正指标计分方法

修正指标计分方法是在基本指标计分结果的基础上，运用修正指标对企业效绩基本指标计分结果作进一步调整。修正指标的计分方法仍运用功效系数法原理，以各部分基本指标的评价得分为基础，计算各部分的综合修正系数，再据此计算出修正指标分数。计算公式为：

修正后总得分 = Σ 四部分修正后得分

各部分修正后得分 = 该部分基本指标分数 × 该部分综合修正系数

综合修正系数 =Σ 该部分各指标加权修正系数

某指标加权修正系数 =（修正指标权数 / 该部分权数）× 该指标单项修正系数

某指标单项修正系数 =1.0+（本档标准系数 + 功效系数 ×0.2– 该部分基本指标分析系数）/2

功效系数 =（指标实际值 – 本档标准值）/（上档标准值 – 本档标准值）

该部分基本指标分析系数 = 该部分基本指标得分 / 该部分权数

在计算修正指标的修正系数时，对有关指标的单项修正系数作如下特殊规定。

（三）特殊修正指标计分方法

1. 资产规模系数

由于上市公司的总资产规模差异较大，不同规模公司的盈利增长难度是不同的，大企业可以获得规模效益，但利润或资产的增长速度很难与小企业相比，为了客观、公正地评价上市公司业绩，因而在评价体系的财务效益状况部分设置资产规模系数修正指标，并制定相应的评价标准值。上市公司的总资产规模越大，则其修正系数也越大，具体方法如下：

当平均资产总额除以户均资产小于 0.1，该指标修正系数为 0.6；

当平均资产总额除以户均资产在 0.1（含）～ 0.5 之间，该指标的基本修正系数为 0.6 ～ 0.8；

当平均资产总额除以户均资产 0.5（含）～ 1.0 之间，该指标的基本修正系数为 0.8 ～ 1.0；

当平均资产总额除以户均资产在 1（含）～ 5 之间，该指标的基本修正系数为 1.0 ～ 1.2；

当平均资产总额除以户均资产在 5（含）～ 10 之间，该指标的基本修正系数为 1.2 ～ 1.4；

当平均资产总额除以户均资产在 10（含）～ 100 之间，该指标的基本修正系数为 1.4 ～ 1.6；

当平均资产总额除以户均资产大于 100，该指标修正系数为 1.6。

2. 行业系数

本次评价采用了所有企业统一的标准值，由于上市公司有本行业的资产营运特点，为客观、公正地评价上市公司业绩，就需要通过设置行业系数来修正上市公司的行业差异。

取得行业系数的具体办法是：首先，根据企业绩效评价方法，采用统一的评价标准计算出全国所有企业资产营运状况得分；然后，分行业对资产营运状况得分进行汇总统

计，计算出各行业的资产营运状况的平均得分；最后，根据各行业的平均得分测算出各行业相应的行业修正系数。

六、金融类上市公司业绩评价方法

近年来，银行、保险、证券等行业公司纷纷上市，自2006年中国银行、工商银行等国有大型银行A股上市开启了金融巨头上市的开端以来，交通银行、兴业银行、中信银行等大中型银行、中国人寿、中国平安等保险巨头，以及海通证券等证券公司也相继发行上市，金融类上市公司已成为证券市场中一个重要的不可忽视的组成部分。

金融类上市公司越来越多，在A股市场权重越来越大，如何对金融类上市公司业绩进行评价就成为一个重要课题。与其他企业不同，金融类公司是经营特殊业务的公司，这种特殊性决定了决定了不能采用一般行业企业的评价方法对之进行评价，主要表现在某些衡量指标差异较大，如资产负债率一般远高于其他企业，而总资产收益率相对较低，同时，金融类上市公司还有相对比较特殊的风险控制等指标，因此，不能将金融企业与其他企业简单等同起来一起进行评价，而必须单独设立一整套评价体系对之进行评价。同时，银行、保险、证券三类公司尽管都属于金融类公司，但相互之间区别也比较大，必须对每一子类公司分别研究进行评价。

为此，我们在对金融类公司的特殊性进行研究的基础上，对金融类公司的业绩评价体系进行了初步探索，由于业绩评价是建立在多个样本基础之上的，考虑到目前上市保险公司仅有三家，无法取得比较客观的评价结果，因此，目前我们仅对上市银行和证券公司的业绩评价进行了认真研究，并参考前述上市公司的评价方法，建立了一套上市银行、证券公司的业绩评价体系。

（一）上市银行、证券公司绩效评价体系

根据目前银行、证券公司的财务状况特点以及我国有关监管部门对银行、证券公司的监管情况，我们在这两年对上市银行进行评价试点的基础上对评价方法进行了一定改进，并结合银行、证券公司各自不同的财务指标特点分别建立了银行、证券公司的评价指标体系，以更能反映银行业、证券业的整体财务状况。

参考前述上市公司的评价方法，经营效绩在流动性、安全性、盈利性、发展能力及股票市场表现上的要求，上市银行评价体系的设计仍然围绕这五个方面来选择指标。考虑到上市银行、证券公司在安全性和流动性方面比普通行业公司要求更高，同时相关财务指标也比较特殊，因此，我们着重对反映银行和证券公司安全性和流动性的指标进行了分析比较，并从一系列监管指标中选择了有代表性的财务指标加以应用。对于盈利能力、发展能力、市场表现等方面财务指标，我们尽量选择可以与普通行业公司相关指标对标的财务指标来衡量。

在比较了其他各个指标后，我们选取了十个指标用以衡量上述五个方面，同时考虑到指标的影响力，决定了其权重大小。

下表是上市银行简易的业绩评价指标体系。

表附录 1 – 4

评价内容	基本指标	指标权重（%）
安全性	资本充足率	8
	不良资产比率	7
流动性	短期资产流动性比例	8
	存贷款比例	7
盈利能力	净资产收益率	20
	总资产报酬率	15
发展能力	总资产增长率	8
	营业收入增长率	12
市场表现	投资回报率	10
	股价波动率	5

下表是证券公司简易的业绩评价指标体系。

表附录 1 – 5

评价内容	基本指标	指标权重（%）
安全性	证券自营规模比率	8
	风险准备覆盖率	7
流动性	净资本比率	8
	资本负债比率	7
盈利能力	净资产收益率	20
	总资产收益率	15
发展能力	总资产增长率	8
	营业收入增长率	12
市场表现	投资回报率	10
	股价波动率	5

注：安全性及流动性指标均为证监会监管要求的风险控制指标。其中，证券自营规模比率 = 自营权益类证券及证券衍生品 / 净资本；风险准备覆盖率 = 净资本 / 各项风险准备之和；净资本比率 = 净资本 / 净资产；净资本负债比率 = 净资本 / 负债。

此外，考虑到上市银行和部分证券公司规模差异较大，不同规模的银行或证券公司的盈利能力和发展能力指标不能用统一标准衡量，因此，参考一般企业的评价方法，设置了规模系数对盈利能力和发展能力指标进行调整，使行业内不同规模的企业标准能够相符。考虑到银行和证券公司的资产规模普遍较大，不能简单地运用一般上市企业的规模系数，因此，仅针对银行业具体情况单独设置了规模系数。

（二）上市银行、证券公司业绩评价标准

本次上市银行和证券公司业绩评价考虑到行业特殊性、银行业或证券业监管要求及上市公司整体情况三个因素，将评价标准分为优秀值和平均值两个档次，但是对应不同的指标，标准值的选取有所不同。

对于银行业资本充足率指标，其平均值为银行业监管标准值 8%。

对于净资产收益率、总资产增长率、主营业务收入增长率、投资回报率、股价波动率等指标，由于在这些指标上银行企业与其他企业具有可比性，因此，选择所有上市公司对应指标的优秀值、平均值为标准计算。

其他指标则选取所有上市银行或证券公司对应指标的优秀值和平均值为标准计算。

（三）上市银行、证券公司业绩评价计分方法

上市银行和证券公司业绩评价计分方法仍然采用功效系数法。

指标计分方法是指运用业绩评价的指标，将指标实际值对照相应的评价标准值，计算各项指标实际得分的方法。计算公式为：

指标总得分 = ∑单项基本指标得分

单项指标得分 =[0.6+（实际值 – 平均值）/（优秀值 – 平均值）*0.4] * 权重

对有关指标的分母为零或为负数时，作了相应的具体处理。

附录二 2015年度上市公司业绩评价排序

序号	股票代码	公司名称	评价得分	序号	股票代码	公司名称	评价得分
1	600236	桂冠电力	85.41	33	300113	顺网科技	78.89
2	300017	网宿科技	84.07	34	601939	建设银行	78.84
3	000418	小天鹅A	83.59	35	600009	上海机场	78.71
4	002415	海康威视	82.79	36	000902	新洋丰	78.65
5	002736	国信证券	82.77	37	000625	长安汽车	78.64
6	300070	碧水源	81.75	38	601238	广汽集团	78.57
7	601318	中国平安	81.30	39	002681	奋达科技	78.29
8	002572	索菲亚	81.11	40	600104	上汽集团	78.27
9	600271	航天信息	81.03	41	000858	五粮液	78.22
10	000002	万科A	81.00	42	600660	福耀玻璃	78.14
11	600066	宇通客车	80.96	43	000423	东阿阿胶	77.99
12	002085	万丰奥威	80.95	44	002304	洋河股份	77.90
13	603288	海天味业	80.73	45	000538	云南白药	77.81
14	601006	大秦铁路	80.73	46	600004	白云机场	77.76
15	000333	美的集团	80.56	47	002244	滨江集团	77.70
16	002555	三七互娱	80.51	48	601628	中国人寿	77.68
17	600276	恒瑞医药	80.30	49	300146	汤臣倍健	77.66
18	600240	华业资本	80.23	50	000958	东方能源	77.59
19	601888	中国国旅	80.09	51	000718	苏宁环球	77.49
20	300033	同花顺	80.06	52	600637	东方明珠	77.47
21	600519	贵州茅台	79.92	53	600340	华夏幸福	77.39
22	600398	海澜之家	79.67	54	600373	中文传媒	77.02
23	601633	长城汽车	79.56	55	600027	华电国际	77.00
24	601098	中南传媒	79.55	56	002450	康得新	76.86
25	002643	万润股份	79.54	57	600452	涪陵电力	76.75
26	002508	老板电器	79.52	58	600483	福能股份	76.69
27	600887	伊利股份	79.51	59	000895	双汇发展	76.69
28	002470	金正大	79.33	60	601801	皖新传媒	76.55
29	601398	工商银行	79.28	61	601009	南京银行	76.36
30	300015	爱尔眼科	79.14	62	002311	海大集团	76.31
31	600763	通策医疗	79.10	63	600658	电子城	76.11
32	002238	天威视讯	79.01	64	600085	同仁堂	76.04

续表

序号	股票代码	公司名称	评价得分
65	600177	雅戈尔	75.97
66	000540	中天城投	75.93
67	002400	省广股份	75.85
68	002153	石基信息	75.85
69	002712	思美传媒	75.74
70	000848	承德露露	75.65
71	002032	苏泊尔	75.61
72	600023	浙能电力	75.58
73	000776	广发证券	75.52
74	002285	世联行	75.41
75	600054	黄山旅游	75.26
76	002242	九阳股份	75.25
77	002202	金风科技	75.22
78	600036	招商银行	75.20
79	002707	众信旅游	75.09
80	002294	信立泰	75.08
81	600703	三安光电	75.07
82	002357	富临运业	74.97
83	000430	张家界	74.91
84	600053	九鼎投资	74.88
85	600012	皖通高速	74.88
86	600741	华域汽车	74.80
87	603766	隆鑫通用	74.78
88	603010	万盛股份	74.69
89	002701	奥瑞金	74.64
90	600315	上海家化	74.57
91	000539	粤电力A	74.56
92	002372	伟星新材	74.54
93	600176	中国巨石	74.50
94	000156	华数传媒	74.48
95	002595	豪迈科技	74.42
96	300267	尔康制药	74.35
97	002635	安洁科技	74.35
98	600518	康美药业	74.34
99	600201	生物股份	74.34
100	300027	华谊兄弟	74.20
101	002718	友邦吊顶	74.18
102	603168	莎普爱思	74.14
103	300208	恒顺众昇	74.14
104	600987	航民股份	74.11
105	600522	中天科技	74.08
106	002174	游族网络	74.01
107	000826	启迪桑德	74.01
108	600098	广州发展	73.99
109	000876	新希望	73.97
110	300271	华宇软件	73.91
111	600270	外运发展	73.83
112	600837	海通证券	73.79
113	600030	中信证券	73.68
114	600011	华能国际	73.67
115	300292	吴通控股	73.66
116	000550	江铃汽车	73.66
117	601988	中国银行	73.64
118	300115	长盈精密	73.61
119	002224	三力士	73.50
120	600894	广日股份	73.47
121	002191	劲嘉股份	73.45
122	600835	上海机电	73.42
123	600048	保利地产	73.36
124	601788	光大证券	73.34
125	600900	长江电力	73.32
126	600750	江中药业	73.28
127	300294	博雅生物	73.26
128	600422	昆药集团	73.24
129	000543	皖能电力	73.23
130	601766	中国中车	73.22
131	600332	白云山	73.20
132	300124	汇川技术	73.18
133	300207	欣旺达	73.17
134	300072	三聚环保	73.12
135	000600	建投能源	73.06
136	603806	福斯特	73.05
137	300269	联建光电	73.05
138	000029	深深房A	73.04
139	002563	森马服饰	73.02
140	600487	亨通光电	72.98
141	600167	联美控股	72.98
142	000999	华润三九	72.88
143	002142	宁波银行	72.88
144	600377	宁沪高速	72.87
145	300196	长海股份	72.87
146	002099	海翔药业	72.87
147	600965	福成股份	72.83
148	002195	二三四五	72.80
149	601567	三星医疗	72.74
150	300408	三环集团	72.74
151	000568	泸州老窖	72.71
152	002104	恒宝股份	72.70
153	002588	史丹利	72.69
154	300302	同有科技	72.68

续表

序号	股票代码	公司名称	评价得分	序号	股票代码	公司名称	评价得分
155	000671	阳光城	72.65	200	000651	格力电器	71.46
156	600612	老凤祥	72.56	201	002706	良信电器	71.45
157	600426	华鲁恒升	72.54	202	000065	北方国际	71.45
158	002117	东港股份	72.53	203	000685	中山公用	71.44
159	002236	大华股份	72.49	204	000900	现代投资	71.43
160	601336	新华保险	72.47	205	002609	捷顺科技	71.39
161	600650	锦江投资	72.46	206	600436	片仔癀	71.37
162	300231	银信科技	72.36	207	300136	信维通信	71.37
163	002003	伟星股份	72.35	208	300204	舒泰神	71.36
164	600000	浦发银行	72.35	209	600016	民生银行	71.32
165	002267	陕天然气	72.33	210	000681	视觉中国	71.31
166	600060	海信电器	72.32	211	000048	康达尔	71.31
167	600804	鹏博士	72.31	212	002039	黔源电力	71.27
168	300003	乐普医疗	72.31	213	002279	久其软件	71.25
169	600688	上海石化	72.23	214	300347	泰格医药	71.24
170	002658	雪迪龙	72.23	215	002602	世纪华通	71.24
171	600566	济川药业	72.22	216	002677	浙江美大	71.17
172	002041	登海种业	72.22	217	002252	上海莱士	71.16
173	002180	艾派克	72.21	218	601601	中国太保	71.15
174	600823	世茂股份	72.17	219	600079	人福医药	71.14
175	002475	立讯精密	72.17	220	002047	宝鹰股份	71.14
176	000887	中鼎股份	72.08	221	601998	中信银行	71.14
177	601216	君正集团	72.05	222	600419	天润乳业	71.09
178	300341	麦迪电气	72.04	223	002354	天神娱乐	71.07
179	002714	牧原股份	72.01	224	300071	华谊嘉信	71.03
180	300342	天银机电	71.97	225	300295	三六五网	71.01
181	300250	初灵信息	71.94	226	601288	农业银行	71.01
182	600642	申能股份	71.92	227	601928	凤凰传媒	70.94
183	601166	兴业银行	71.92	228	000049	德赛电池	70.91
184	603306	华懋科技	71.87	229	000899	赣能股份	70.90
185	600021	上海电力	71.83	230	601111	中国国航	70.89
186	002043	兔宝宝	71.81	231	002713	东易日盛	70.85
187	000966	长源电力	71.81	232	002573	清新环境	70.85
188	000869	张裕 A	71.79	233	603328	依顿电子	70.84
189	002661	克明面业	71.75	234	601199	江南水务	70.83
190	000719	大地传媒	71.73	235	002215	诺普信	70.80
191	600323	瀚蓝环境	71.72	236	000513	丽珠集团	70.80
192	002732	燕塘乳业	71.72	237	600563	法拉电子	70.79
193	002287	奇正藏药	71.70	238	600007	中国国贸	70.79
194	600593	大连圣亚	71.66	239	600116	三峡水利	70.73
195	300009	安科生物	71.59	240	002241	歌尔声学	70.70
196	603006	联明股份	71.58	241	603998	方盛制药	70.69
197	600690	青岛海尔	71.54	242	002223	鱼跃医疗	70.68
198	300182	捷成股份	71.54	243	600578	京能电力	70.66
199	603099	长白山	71.47	244	000997	新大陆	70.65

续表

序号	股票代码	公司名称	评价得分	序号	股票代码	公司名称	评价得分
245	000661	长春高新	70.62	290	000793	华闻传媒	69.63
246	300369	绿盟科技	70.60	291	002396	星网锐捷	69.59
247	000421	南京中北	70.58	292	601169	北京银行	69.53
248	603369	今世缘	70.55	293	000063	中兴通讯	69.50
249	002219	恒康医疗	70.55	294	002548	金新农	69.46
250	000665	湖北广电	70.54	295	000650	仁和药业	69.46
251	300395	菲利华	70.45	296	603001	奥康国际	69.45
252	600570	恒生电子	70.43	297	600633	浙报传媒	69.42
253	002179	中航光电	70.43	298	600999	招商证券	69.41
254	600684	珠江实业	70.40	299	002054	德美化工	69.40
255	002033	丽江旅游	70.38	300	600803	新奥股份	69.38
256	601668	中国建筑	70.33	301	300145	中金环境	69.36
257	300359	全通教育	70.33	302	002668	奥马电器	69.34
258	600917	重庆燃气	70.32	303	600585	海螺水泥	69.33
259	002690	美亚光电	70.30	304	300298	三诺生物	69.32
260	601018	宁波港	70.26	305	600352	浙江龙盛	69.28
261	002538	司尔特	70.22	306	002657	中科金财	69.28
262	300324	旋极信息	70.21	307	600197	伊力特	69.27
263	002007	华兰生物	70.21	308	002711	欧浦智网	69.27
264	601877	正泰电器	70.19	309	002719	麦趣尔	69.24
265	300383	光环新网	70.16	310	002700	新疆浩源	69.21
266	600641	万业企业	70.14	311	600180	瑞茂通	69.20
267	002419	天虹商场	70.10	312	000596	古井贡酒	69.19
268	002186	全聚德	70.05	313	000888	峨眉山 A	69.16
269	001896	豫能控股	69.97	314	600029	南方航空	69.15
270	002673	西部证券	69.97	315	300088	长信科技	69.15
271	002437	誉衡药业	69.95	316	300188	美亚柏科	69.12
272	600683	京投银泰	69.93	317	000750	国海证券	69.12
273	002049	同方国芯	69.92	318	300144	宋城演艺	69.08
274	002152	广电运通	69.91	319	002019	亿帆鑫富	69.05
275	002327	富安娜	69.89	320	300296	利亚德	69.04
276	600115	东方航空	69.88	321	300244	迪安诊断	69.03
277	601818	光大银行	69.85	322	000001	平安银行	69.00
278	600885	宏发股份	69.84	323	002273	水晶光电	68.99
279	300357	我武生物	69.83	324	300336	新文化	68.97
280	300367	东方网力	69.81	325	600754	锦江股份	68.96
281	002293	罗莱生活	69.79	326	002245	澳洋顺昌	68.96
282	002116	中国海诚	69.79	327	600153	建发股份	68.95
283	601311	骆驼股份	69.78	328	002385	大北农	68.94
284	601328	交通银行	69.75	329	600057	象屿股份	68.92
285	600018	上港集团	69.67	330	300376	易事特	68.92
286	600686	金龙汽车	69.66	331	000022	深赤湾 A	68.91
287	002662	京威股份	69.66	332	601012	隆基股份	68.89
288	002562	兄弟科技	69.65	333	002185	华天科技	68.87
289	000069	华侨城 A	69.64	334	300109	新开源	68.86

续表

序号	股票代码	公司名称	评价得分	序号	股票代码	公司名称	评价得分
335	002561	徐家汇	68.86	380	300036	超图软件	68.02
336	600886	国投电力	68.83	381	002320	海峡股份	68.00
337	601222	林洋能源	68.82	382	002143	印纪传媒	67.99
338	300026	红日药业	68.82	383	000957	中通客车	67.95
339	600897	厦门空港	68.81	384	300396	迪瑞医疗	67.93
340	300350	华鹏飞	68.74	385	002465	海格通信	67.93
341	002382	蓝帆医疗	68.71	386	600109	国金证券	67.92
342	300170	汉得信息	68.70	387	600196	复星医药	67.89
343	601872	招商轮船	68.68	388	002507	涪陵榨菜	67.89
344	000819	岳阳兴长	68.68	389	002317	众生药业	67.89
345	300232	洲明科技	68.66	390	002020	京新药业	67.87
346	300403	地尔汉宇	68.64	391	601678	滨化股份	67.85
347	600663	陆家嘴	68.61	392	603609	禾丰牧业	67.83
348	002157	正邦科技	68.61	393	002262	恩华药业	67.76
349	002076	雪莱特	68.55	394	601139	深圳燃气	67.73
350	600600	青岛啤酒	68.53	395	002324	普利特	67.73
351	002025	航天电器	68.53	396	603889	新澳股份	67.71
352	002709	天赐材料	68.52	397	002002	鸿达兴业	67.71
353	002010	传化股份	68.50	398	002314	南山控股	67.68
354	300251	光线传媒	68.47	399	300406	九强生物	67.67
355	000666	经纬纺机	68.47	400	002280	联络互动	67.61
356	300387	富邦股份	68.45	401	300214	日科化学	67.59
357	601000	唐山港	68.44	402	002038	双鹭药业	67.58
358	002518	科士达	68.42	403	300284	苏交科	67.57
359	002250	联化科技	68.39	404	002546	新联电子	67.57
360	600743	华远地产	68.38	405	300066	三川智慧	67.56
361	000559	万向钱潮	68.37	406	000056	皇庭国际	67.56
362	600576	万家文化	68.33	407	002705	新宝股份	67.55
363	002594	比亚迪	68.33	408	300392	腾信股份	67.54
364	000607	华媒控股	68.33	409	002139	拓邦股份	67.53
365	300012	华测检测	68.32	410	300166	东方国信	67.48
366	002275	桂林三金	68.32	411	002146	荣盛发展	67.48
367	002543	万和电气	68.31	412	000623	吉林敖东	67.46
368	002080	中材科技	68.31	413	300371	汇中股份	67.40
369	300100	双林股份	68.27	414	300238	冠昊生物	67.38
370	300032	金龙机电	68.26	415	002008	大族激光	67.38
371	600446	金证股份	68.21	416	600305	恒顺醋业	67.31
372	002631	德尔未来	68.19	417	300104	乐视网	67.30
373	000726	鲁泰A	68.16	418	300037	新宙邦	67.29
374	000089	深圳机场	68.12	419	300412	迦南科技	67.27
375	600396	金山股份	68.11	420	000989	九芝堂	67.27
376	002373	千方科技	68.10	421	300360	炬华科技	67.23
377	002230	科大讯飞	68.08	422	300014	亿纬锂能	67.23
378	002014	永新股份	68.05	423	002726	龙大肉食	67.22
379	300219	鸿利光电	68.03	424	002669	康达新材	67.21

续表

序号	股票代码	公司名称	评价得分	序号	股票代码	公司名称	评价得分
425	000786	北新建材	67.20	470	002239	奥特佳	66.59
426	002444	巨星科技	67.19	471	600062	华润双鹤	66.58
427	300203	聚光科技	67.18	472	300366	创意信息	66.58
428	002519	银河电子	67.18	473	000963	华东医药	66.58
429	002094	青岛金王	67.16	474	600221	海南航空	66.57
430	002439	启明星辰	67.15	475	000524	岭南控股	66.57
431	601688	华泰证券	67.15	476	002368	太极股份	66.54
432	600037	歌华有线	67.13	477	002107	沃华医药	66.48
433	000908	景峰医药	67.11	478	600535	天士力	66.47
434	002329	皇氏集团	67.10	479	600329	中新药业	66.46
435	600100	同方股份	67.08	480	600583	海油工程	66.45
436	600572	康恩贝	67.07	481	600525	长园集团	66.44
437	300159	新研股份	67.07	482	000915	山大华特	66.40
438	002568	百润股份	67.06	483	300393	中来股份	66.37
439	002502	骅威股份	67.04	484	000150	宜华健康	66.33
440	002531	天顺风能	67.03	485	000028	国药一致	66.31
441	600617	国新能源	66.99	486	300373	扬杰科技	66.29
442	002050	三花股份	66.99	487	002367	康力电梯	66.24
443	603456	九洲药业	66.97	488	002597	金禾实业	66.23
444	600649	城投控股	66.97	489	600406	国电南瑞	66.22
445	600699	均胜电子	66.95	490	600687	刚泰控股	66.20
446	600386	北巴传媒	66.94	491	600273	嘉化能源	66.19
447	300365	恒华科技	66.94	492	600662	强生控股	66.17
448	600757	长江传媒	66.92	493	002271	东方雨虹	66.14
449	600850	华东电脑	66.89	494	002004	华邦健康	66.13
450	000639	西王食品	66.88	495	600993	马应龙	66.11
451	603008	喜临门	66.87	496	601333	广深铁路	66.09
452	300230	永利股份	66.87	497	002233	塔牌集团	66.07
453	600138	中青旅	66.84	498	600438	通威股份	66.06
454	300398	飞凯材料	66.84	499	000938	紫光股份	66.06
455	300368	汇金股份	66.82	500	600015	华夏银行	66.01
456	300183	东软载波	66.82	501	002446	盛路通信	65.98
457	601515	东风股份	66.79	502	002649	博彦科技	65.97
458	300375	鹏翎股份	66.77	503	002460	赣锋锂业	65.95
459	002022	科华生物	66.77	504	002131	利欧股份	65.92
460	300289	利德曼	66.76	505	600461	洪城水业	65.91
461	300171	东富龙	66.76	506	000027	深圳能源	65.90
462	002504	弘高创意	66.75	507	600723	首商股份	65.89
463	600551	时代出版	66.71	508	000801	四川九洲	65.88
464	601607	上海医药	66.70	509	600093	禾嘉股份	65.83
465	600559	老白干酒	66.69	510	600511	国药股份	65.80
466	000700	模塑科技	66.63	511	002553	南方轴承	65.80
467	600195	中牧股份	66.61	512	600889	南京化纤	65.76
468	000501	鄂武商 A	66.61	513	000688	建新矿业	65.74
469	300319	麦捷科技	66.59	514	002737	葵花药业	65.72

续表

序号	股票代码	公司名称	评价得分	序号	股票代码	公司名称	评价得分
515	002557	洽洽食品	65.71	560	300078	思创医惠	64.98
516	300054	鼎龙股份	65.70	561	002454	松芝股份	64.98
517	000998	隆平高科	65.69	562	300311	任子行	64.97
518	600870	厦华电子	65.62	563	600884	杉杉股份	64.95
519	600498	烽火通信	65.62	564	300148	天舟文化	64.90
520	002413	雷科防务	65.60	565	002035	华帝股份	64.90
521	600635	大众公用	65.59	566	002281	光迅科技	64.88
522	002120	新海股份	65.59	567	600809	山西汾酒	64.86
523	600261	阳光照明	65.58	568	002424	贵州百灵	64.84
524	300290	荣科科技	65.54	569	000498	山东路桥	64.84
525	300042	朗科科技	65.51	570	600486	扬农化工	64.83
526	600521	华海药业	65.49	571	600869	智慧能源	64.82
527	600859	王府井	65.48	572	000413	东旭光电	64.81
528	002124	天邦股份	65.48	573	002056	横店东磁	64.80
529	600388	龙净环保	65.47	574	300059	东方财富	64.79
530	600845	宝信软件	65.46	575	300258	精锻科技	64.77
531	300327	中颖电子	65.44	576	600697	欧亚集团	64.74
532	300149	量子高科	65.44	577	600529	山东药玻	64.73
533	002065	东华软件	65.42	578	300353	东土科技	64.72
534	600081	东风科技	65.33	579	000690	宝新能源	64.72
535	300199	翰宇药业	65.32	580	603000	人民网	64.69
536	002394	联发股份	65.29	581	000008	神州高铁	64.68
537	002268	卫士通	65.25	582	600715	文投控股	64.66
538	600613	神奇制药	65.23	583	000581	威孚高科	64.65
539	601933	永辉超市	65.21	584	300390	天华超净	64.61
540	600571	信雅达	65.21	585	300351	永贵电器	64.59
541	002641	永高股份	65.19	586	300224	正海磁材	64.58
542	002567	唐人神	65.18	587	600211	西藏药业	64.54
543	600312	平高电气	65.17	588	300379	东方通	64.54
544	601799	星宇股份	65.16	589	000587	金洲慈航	64.52
545	300377	赢时胜	65.16	590	601313	江南嘉捷	64.48
546	600309	万华化学	65.15	591	600645	中源协和	64.47
547	601158	重庆水务	65.14	592	600020	中原高速	64.47
548	002699	美盛文化	65.14	593	600383	金地集团	64.46
549	002158	汉钟精机	65.11	594	601566	九牧王	64.43
550	601107	四川成渝	65.10	595	000811	烟台冰轮	64.41
551	300097	智云股份	65.09	596	002130	沃尔核材	64.39
552	600602	仪电电子	65.07	597	002108	沧州明珠	64.38
553	300297	蓝盾股份	65.06	598	002078	太阳纸业	64.38
554	300039	上海凯宝	65.03	599	300101	振芯科技	64.35
555	000555	神州信息	65.03	600	000783	长江证券	64.31
556	002466	天齐锂业	65.01	601	002672	东江环保	64.30
557	002138	顺络电子	65.01	602	600674	川投能源	64.29
558	600682	南京新百	64.99	603	300248	新开普	64.29
559	000429	粤高速 A	64.99	604	300299	富春通信	64.28

续表

序号	股票代码	公司名称	评价得分	序号	股票代码	公司名称	评价得分
605	000977	浪潮信息	64.28	650	600865	百大集团	63.70
606	600313	农发种业	64.27	651	600380	健康元	63.70
607	002467	二六三	64.27	652	300272	开能环保	63.69
608	600580	卧龙电气	64.21	653	000100	TCL 集团	63.69
609	000910	大亚科技	64.20	654	000006	深振业 A	63.69
610	000565	渝三峡 A	64.20	655	600183	生益科技	63.67
611	300019	硅宝科技	64.19	656	300339	润和软件	63.66
612	002172	澳洋科技	64.18	657	002171	楚江新材	63.65
613	001696	宗申动力	64.17	658	000926	福星股份	63.65
614	002247	帝龙新材	64.13	659	000042	中洲控股	63.65
615	300233	金城医药	64.12	660	300130	新国都	63.64
616	002412	汉森制药	64.12	661	002653	海思科	63.62
617	600090	啤酒花	64.10	662	601186	中国铁建	63.61
618	300222	科大智能	64.10	663	002542	中化岩土	63.61
619	600537	亿晶光电	64.08	664	002261	拓维信息	63.61
620	002584	西陇科学	64.08	665	300315	掌趣科技	63.60
621	002081	金螳螂	64.08	666	002624	完美环球	63.60
622	000981	银亿股份	64.08	667	002426	胜利精密	63.57
623	600756	浪潮软件	64.06	668	600626	申达股份	63.56
624	300229	拓尔思	64.06	669	600676	交运股份	63.55
625	300114	中航电测	64.05	670	600170	上海建工	63.53
626	300085	银之杰	64.05	671	300286	安科瑞	63.52
627	300053	欧比特	64.05	672	600872	中炬高新	63.51
628	000546	金圆股份	64.05	673	000667	美好集团	63.51
629	300310	宜通世纪	64.04	674	600482	风帆股份	63.50
630	300285	国瓷材料	64.04	675	300087	荃银高科	63.50
631	000062	深圳华强	64.04	676	000516	国际医学	63.50
632	600035	楚天高速	63.96	677	002401	中海科技	63.48
633	000603	盛达矿业	63.94	678	603111	康尼机电	63.47
634	600780	通宝能源	63.93	679	600735	新华锦	63.47
635	002666	德联集团	63.93	680	000598	兴蓉环境	63.44
636	601800	中国交建	63.90	681	300326	凯利泰	63.42
637	600985	雷鸣科化	63.90	682	600160	巨化股份	63.41
638	600694	大商股份	63.85	683	300197	铁汉生态	63.41
639	002448	中原内配	63.84	684	002733	雄韬股份	63.41
640	000566	海南海药	63.81	685	000096	广聚能源	63.41
641	600113	浙江东日	63.80	686	300011	鼎汉技术	63.39
642	002627	宜昌交运	63.79	687	600734	实达集团	63.38
643	002539	新都化工	63.78	688	002735	王子新材	63.38
644	000601	韶能股份	63.77	689	000810	创维数字	63.38
645	002389	南洋科技	63.76	690	600050	中国联通	63.37
646	600073	上海梅林	63.72	691	300137	先河环保	63.37
647	002292	奥飞娱乐	63.71	692	300118	东方日升	63.35
648	002276	万马股份	63.71	693	002646	青青稞酒	63.35
649	603019	中科曙光	63.70	694	600351	亚宝药业	63.34

续表

序号	股票代码	公司名称	评价得分	序号	股票代码	公司名称	评价得分
695	000748	长城信息	63.31	740	002395	双象股份	62.71
696	000035	中国天楹	63.31	741	000582	北部湾港	62.71
697	002664	信质电机	63.26	742	000541	佛山照明	62.67
698	002405	四维图新	63.25	743	600970	中材国际	62.65
699	002398	建研集团	63.25	744	600420	现代制药	62.64
700	002717	岭南园林	63.24	745	601377	兴业证券	62.63
701	600867	通化东宝	63.23	746	002111	威海广泰	62.61
702	600562	国睿科技	63.23	747	000818	方大化工	62.59
703	002091	江苏国泰	63.22	748	300018	中元华电	62.58
704	002210	飞马国际	63.20	749	600131	岷江水电	62.57
705	600831	广电网络	63.19	750	300063	天龙集团	62.56
706	002126	银轮股份	63.18	751	002727	一心堂	62.54
707	300240	飞力达	63.16	752	002018	华信国际	62.54
708	002028	思源电气	63.16	753	601390	中国中铁	62.53
709	600548	深高速	63.07	754	002249	大洋电机	62.53
710	300332	天壕环境	63.07	755	000529	广弘控股	62.52
711	002603	以岭药业	63.07	756	600376	首开股份	62.47
712	600565	迪马股份	63.03	757	300044	赛为智能	62.46
713	002632	道明光学	63.03	758	600105	永鼎股份	62.45
714	603518	维格娜丝	63.02	759	300305	裕兴股份	62.45
715	300328	宜安科技	63.02	760	603128	华贸物流	62.44
716	000732	泰禾集团	63.00	761	300274	阳光电源	62.43
717	300174	元力股份	62.99	762	300007	汉威电子	62.43
718	002418	康盛股份	62.99	763	002150	通润装备	62.42
719	600298	安琪酵母	62.96	764	002051	中工国际	62.42
720	002364	中恒电气	62.93	765	300278	华昌达	62.41
721	600101	明星电力	62.92	766	600480	凌云股份	62.39
722	000928	中钢国际	62.92	767	300049	福瑞股份	62.39
723	000919	金陵药业	62.91	768	600978	宜华木业	62.38
724	300119	瑞普生物	62.88	769	002169	智光电气	62.38
725	002090	金智科技	62.87	770	002217	合力泰	62.37
726	600557	康缘药业	62.86	771	002686	亿利达	62.36
727	002203	海亮股份	62.85	772	002551	尚荣医疗	62.35
728	002625	龙生股份	62.84	773	600233	大杨创世	62.34
729	600533	栖霞建设	62.82	774	002222	福晶科技	62.34
730	600513	联环药业	62.82	775	601117	中国化学	62.33
731	002550	千红制药	62.81	776	300133	华策影视	62.32
732	002335	科华恒盛	62.80	777	300098	高新兴	62.29
733	002183	怡亚通	62.80	778	600285	羚锐制药	62.28
734	002295	精艺股份	62.79	779	002605	姚记扑克	62.28
735	600369	西南证券	62.76	780	300156	神雾环保	62.27
736	002600	江粉磁材	62.75	781	600172	黄河旋风	62.26
737	002178	延华智能	62.74	782	002089	新海宜	62.26
738	601231	环旭电子	62.71	783	603188	亚邦股份	62.23
739	002650	加加食品	62.71	784	002258	利尔化学	62.23

续表

序号	股票代码	公司名称	评价得分	序号	股票代码	公司名称	评价得分
785	603366	日出东方	62.21	830	002592	八菱科技	61.50
786	600350	山东高速	62.21	831	603167	渤海轮渡	61.48
787	002484	江海股份	62.20	832	002642	荣之联	61.47
788	600136	道博股份	62.19	833	600379	宝光股份	61.46
789	300358	楚天科技	62.19	834	002101	广东鸿图	61.46
790	300160	秀强股份	62.15	835	600479	千金药业	61.45
791	600742	一汽富维	62.14	836	002533	金杯电工	61.44
792	002302	西部建设	62.10	837	002440	闰土股份	61.42
793	000631	顺发恒业	62.10	838	000404	华意压缩	61.42
794	600326	西藏天路	62.08	839	600976	健民集团	61.39
795	601636	旗滨集团	62.07	840	300314	戴维医疗	61.39
796	002462	嘉事堂	62.03	841	002516	旷达科技	61.38
797	000038	深大通	62.02	842	002729	好利来	61.37
798	002634	棒杰股份	62.01	843	300343	联创股份	61.36
799	002501	利源精制	62.01	844	300287	飞利信	61.36
800	300242	明家联合	62.00	845	002493	荣盛石化	61.34
801	600475	华光股份	61.97	846	002540	亚太科技	61.33
802	600130	波导股份	61.97	847	600986	科达股份	61.32
803	300005	探路者	61.96	848	002434	万里扬	61.32
804	600814	杭州解百	61.90	849	600409	三友化工	61.30
805	300352	北信源	61.90	850	600505	西昌电力	61.29
806	002500	山西证券	61.89	851	002053	云南盐化	61.29
807	300237	美晨科技	61.88	852	000078	海王生物	61.25
808	600795	国电电力	61.85	853	000860	顺鑫农业	61.24
809	002547	春兴精工	61.85	854	603169	兰石重装	61.23
810	600729	重庆百货	61.84	855	002728	台城制药	61.21
811	002583	海能达	61.84	856	002532	新界泵业	61.21
812	002695	煌上煌	61.83	857	300301	长方集团	61.19
813	300252	金信诺	61.77	858	002640	跨境通	61.19
814	002472	双环传动	61.75	859	000637	茂化实华	61.18
815	000917	电广传媒	61.74	860	002399	海普瑞	61.16
816	600667	太极实业	61.72	861	000830	鲁西化工	61.16
817	600826	兰生股份	61.71	862	300127	银河磁体	61.15
818	300381	溢多利	61.70	863	002187	广百股份	61.15
819	002402	和而泰	61.70	864	300303	聚飞光电	61.14
820	000533	万家乐	61.69	865	600728	佳都科技	61.13
821	600873	梅花生物	61.67	866	002487	大金重工	61.12
822	300253	卫宁健康	61.66	867	600664	哈药股份	61.10
823	600598	北大荒	61.64	868	002479	富春环保	61.08
824	300400	劲拓股份	61.59	869	600039	四川路桥	61.07
825	600980	北矿磁材	61.57	870	002619	巨龙管业	61.07
826	002590	万安科技	61.57	871	002445	中南重工	61.06
827	600500	中化国际	61.56	872	300288	朗玛信息	60.99
828	300317	珈伟股份	61.56	873	002160	常铝股份	60.99
829	300180	华峰超纤	61.55	874	300304	云意电气	60.95

续表

序号	股票代码	公司名称	评价得分	序号	股票代码	公司名称	评价得分
875	002098	浔兴股份	60.95	920	000733	振华科技	60.36
876	603555	贵人鸟	60.94	921	300187	永清环保	60.34
877	000040	宝安地产	60.93	922	300061	康耐特	60.33
878	300043	互动娱乐	60.92	923	300016	北陆药业	60.33
879	002096	南岭民爆	60.92	924	002030	达安基因	60.33
880	000836	鑫茂科技	60.92	925	600843	上工申贝	60.30
881	600162	香江控股	60.90	926	300190	维尔利	60.28
882	002127	南极电商	60.87	927	601965	中国汽研	60.26
883	600056	中国医药	60.86	928	000619	海螺型材	60.25
884	300200	高盟新材	60.85	929	600718	东软集团	60.23
885	002654	万润科技	60.85	930	300010	立思辰	60.22
886	300385	雪浪环境	60.84	931	002048	宁波华翔	60.22
887	300321	同大股份	60.84	932	300122	智飞生物	60.21
888	300050	世纪鼎利	60.83	933	002589	瑞康医药	60.21
889	002391	长青股份	60.82	934	300108	双龙股份	60.19
890	600086	东方金钰	60.79	935	002360	同德化工	60.18
891	600033	福建高速	60.78	936	002348	高乐股份	60.18
892	600028	中国石化	60.77	937	002376	新北洋	60.16
893	002688	金河生物	60.76	938	300291	华录百纳	60.12
894	002253	川大智胜	60.75	939	600779	*ST 水井	60.10
895	002322	理工环科	60.71	940	300399	京天利	60.10
896	603368	柳州医药	60.70	941	002614	蒙发利	60.10
897	002381	双箭股份	60.70	942	600291	西水股份	60.08
898	000070	特发信息	60.70	943	600269	赣粤高速	60.08
899	600415	小商品城	60.69	944	603018	设计股份	60.07
900	600366	宁波韵升	60.66	945	300389	艾比森	60.06
901	300348	长亮科技	60.58	946	000417	合肥百货	60.06
902	002017	东信和平	60.57	947	000591	太阳能	60.04
903	600748	上实发展	60.56	948	002697	红旗连锁	60.03
904	300245	天玑科技	60.53	949	000905	厦门港务	60.02
905	002443	金洲管道	60.53	950	600705	中航资本	59.99
906	600668	尖峰集团	60.52	951	600502	安徽水利	59.99
907	300147	香雪制药	60.51	952	600118	中国卫星	59.99
908	600370	三房巷	60.49	953	601727	上海电气	59.88
909	600597	光明乳业	60.46	954	002687	乔治白	59.87
910	300266	兴源环境	60.46	955	601599	鹿港科技	59.86
911	002310	东方园林	60.45	956	002410	广联达	59.85
912	000892	星美联合	60.45	957	601899	紫金矿业	59.84
913	601718	际华集团	60.42	958	300320	海达股份	59.84
914	600114	东睦股份	60.41	959	002370	亚太药业	59.84
915	300349	金卡股份	60.41	960	600260	凯乐科技	59.83
916	300329	海伦钢琴	60.41	961	000030	富奥股份	59.82
917	000883	湖北能源	60.41	962	600988	赤峰黄金	59.81
918	300235	方直科技	60.38	963	000046	泛海控股	59.81
919	603017	中衡设计	60.36	964	002397	梦洁家纺	59.79

续表

序号	股票代码	公司名称	评价得分	序号	股票代码	公司名称	评价得分
965	300259	新天科技	59.78	1010	300058	蓝色光标	59.20
966	600469	风神股份	59.74	1011	002559	亚威股份	59.18
967	002696	百洋股份	59.72	1012	000050	深天马 A	59.18
968	002469	三维工程	59.72	1013	002300	太阳电缆	59.16
969	002380	科远股份	59.72	1014	600983	惠而浦	59.14
970	002208	合肥城建	59.72	1015	600775	南京熊猫	59.13
971	600143	金发科技	59.70	1016	600499	科达洁能	59.13
972	002678	珠江钢琴	59.69	1017	300090	盛运环保	59.12
973	600385	山东金泰	59.68	1018	002103	广博股份	59.08
974	002722	金轮股份	59.68	1019	002527	新时达	59.06
975	002221	东华能源	59.64	1020	002071	长城影视	59.05
976	002254	泰和新材	59.63	1021	300055	万邦达	59.04
977	000716	黑芝麻	59.63	1022	002156	通富微电	59.03
978	603005	晶方科技	59.61	1023	600318	新力金融	59.02
979	600089	特变电工	59.61	1024	300386	飞天诚信	59.00
980	002361	神剑股份	59.59	1025	300031	宝通科技	59.00
981	600969	郴电国际	59.58	1026	600068	葛洲坝	58.99
982	300025	华星创业	59.58	1027	300181	佐力药业	58.97
983	002698	博实股份	59.57	1028	002596	海南瑞泽	58.96
984	300129	泰胜风能	59.55	1029	000708	大冶特钢	58.94
985	002393	力生制药	59.53	1030	600258	首旅酒店	58.93
986	000828	东莞控股	59.52	1031	002421	达实智能	58.92
987	300024	机器人	59.51	1032	002652	扬子新材	58.91
988	601669	中国电建	59.50	1033	002536	西泵股份	58.91
989	002615	哈尔斯	59.49	1034	601126	四方股份	58.90
990	601088	中国神华	59.48	1035	002427	尤夫股份	58.86
991	600834	申通地铁	59.48	1036	600640	号百控股	58.85
992	300079	数码视讯	59.48	1037	002498	汉缆股份	58.82
993	002326	永太科技	59.47	1038	000090	天健集团	58.82
994	600337	美克家居	59.46	1039	002422	科伦药业	58.81
995	002328	新朋股份	59.46	1040	300143	星河生物	58.80
996	600785	新华百货	59.45	1041	300001	特锐德	58.79
997	300068	南都电源	59.44	1042	000545	金浦钛业	58.78
998	600651	飞乐音响	59.43	1043	002721	金一文化	58.77
999	600761	安徽合力	59.42	1044	002425	凯撒股份	58.77
1000	300075	数字政通	59.42	1045	002616	长青集团	58.76
1001	000009	中国宝安	59.42	1046	000987	广州友谊	58.76
1002	600820	隧道股份	59.41	1047	300382	斯莱克	58.73
1003	300172	中电环保	59.41	1048	300202	聚龙股份	58.68
1004	002303	美盈森	59.41	1049	002477	雏鹰农牧	58.62
1005	002196	方正电机	59.37	1050	300008	上海佳豪	58.61
1006	002083	孚日股份	59.33	1051	000544	中原环保	58.61
1007	002308	威创股份	59.31	1052	000400	许继电气	58.61
1008	600573	惠泉啤酒	59.27	1053	601880	大连港	58.54
1009	601929	吉视传媒	59.21	1054	600990	四创电子	58.53

续表

序号	股票代码	公司名称	评价得分	序号	股票代码	公司名称	评价得分
1055	002332	仙琚制药	58.53	1100	002334	英威腾	58.04
1056	002644	佛慈制药	58.52	1101	600064	南京高科	58.03
1057	600975	新五丰	58.48	1102	300262	巴安水务	58.03
1058	002403	爱仕达	58.46	1103	002390	信邦制药	58.03
1059	002325	洪涛股份	58.45	1104	600317	营口港	57.91
1060	000728	国元证券	58.45	1105	002725	跃岭股份	57.91
1061	300225	金力泰	58.44	1106	300213	佳讯飞鸿	57.90
1062	600655	豫园商城	58.43	1107	002436	兴森科技	57.90
1063	000158	常山股份	58.43	1108	002283	天润曲轴	57.89
1064	600893	中航动力	58.42	1109	601991	大唐发电	57.87
1065	600122	宏图高科	58.42	1110	300363	博腾股份	57.86
1066	300263	隆华节能	58.41	1111	000767	漳泽电力	57.85
1067	002491	通鼎互联	58.40	1112	000415	渤海金控	57.85
1068	002286	保龄宝	58.40	1113	000967	盈峰环境	57.82
1069	002481	双塔食品	58.38	1114	000889	茂业通信	57.81
1070	002345	潮宏基	58.38	1115	600547	山东黄金	57.80
1071	601901	方正证券	58.35	1116	600458	时代新材	57.80
1072	002331	皖通科技	58.34	1117	600356	恒丰纸业	57.80
1073	300038	梅泰诺	58.33	1118	600038	中直股份	57.79
1074	600979	广安爱众	58.28	1119	300153	科泰电源	57.77
1075	600353	旭光股份	58.28	1120	000605	渤海股份	57.75
1076	002521	齐峰新材	58.28	1121	002523	天桥起重	57.73
1077	600561	江西长运	58.27	1122	600327	大东方	57.72
1078	600587	新华医疗	58.26	1123	300192	科斯伍德	57.72
1079	002315	焦点科技	58.26	1124	600739	辽宁成大	57.71
1080	603009	北特科技	58.24	1125	600184	光电股份	57.71
1081	600807	天业股份	58.23	1126	300056	三维丝	57.71
1082	600363	联创光电	58.23	1127	603688	石英股份	57.70
1083	002489	浙江永强	58.23	1128	002528	英飞拓	57.70
1084	600827	百联股份	58.22	1129	600292	中电远达	57.69
1085	600523	贵航股份	58.22	1130	002692	远程电缆	57.68
1086	002456	欧菲光	58.22	1131	000626	如意集团	57.68
1087	002206	海利得	58.20	1132	000547	航天发展	57.64
1088	002449	国星光电	58.19	1133	601677	明泰铝业	57.61
1089	002636	金安国纪	58.18	1134	002503	搜于特	57.60
1090	601618	中国中冶	58.17	1135	600661	新南洋	57.59
1091	002510	天汽模	58.16	1136	002026	山东威达	57.59
1092	300218	安利股份	58.14	1137	300335	迪森股份	57.57
1093	000530	大冷股份	58.12	1138	300201	海伦哲	57.55
1094	600218	全柴动力	58.10	1139	002406	远东传动	57.55
1095	002165	红宝丽	58.10	1140	002235	安妮股份	57.55
1096	000012	南玻 A	58.09	1141	300246	宝莱特	57.53
1097	600998	九州通	58.07	1142	600185	格力地产	57.51
1098	002497	雅化集团	58.07	1143	002626	金达威	57.45
1099	300325	德威新材	58.06	1144	300333	兆日科技	57.44

续表

序号	股票代码	公司名称	评价得分	序号	股票代码	公司名称	评价得分
1145	000851	高鸿股份	57.44	1190	300247	乐金健康	56.91
1146	600157	永泰能源	57.39	1191	002530	丰东股份	56.91
1147	600594	益佰制药	57.38	1192	000756	新华制药	56.91
1148	600485	信威集团	57.38	1193	000936	华西股份	56.90
1149	600818	中路股份	57.37	1194	002137	麦达数字	56.89
1150	600630	龙头股份	57.37	1195	600829	人民同泰	56.88
1151	600648	外高桥	57.35	1196	600622	嘉宝集团	56.87
1152	002001	新和成	57.35	1197	600654	中安消	56.84
1153	000068	华控赛格	57.35	1198	601857	中国石油	56.81
1154	300034	钢研高纳	57.34	1199	600857	宁波中百	56.80
1155	002665	首航节能	57.34	1200	300410	正业科技	56.80
1156	000973	佛塑科技	57.33	1201	002682	龙洲股份	56.80
1157	000031	中粮地产	57.33	1202	002455	百川股份	56.80
1158	600830	香溢融通	57.25	1203	000921	海信科龙	56.79
1159	002184	海得控制	57.25	1204	002284	亚太股份	56.75
1160	000720	新能泰山	57.23	1205	002212	南洋股份	56.75
1161	300217	东方电热	57.20	1206	000821	京山轻机	56.74
1162	002082	栋梁新材	57.20	1207	300384	三联虹普	56.73
1163	600125	铁龙物流	57.19	1208	300021	大禹节水	56.73
1164	000715	中兴商业	57.19	1209	002429	兆驰股份	56.70
1165	600067	冠城大通	57.17	1210	300211	亿通科技	56.67
1166	300380	安硕信息	57.17	1211	300355	蒙草抗旱	56.64
1167	300239	东宝生物	57.17	1212	600017	日照港	56.63
1168	603588	高能环境	57.15	1213	002495	佳隆股份	56.62
1169	600717	天津港	57.15	1214	600618	氯碱化工	56.59
1170	600577	精达股份	57.15	1215	600310	桂东电力	56.59
1171	000561	烽火电子	57.12	1216	002228	合兴包装	56.55
1172	002190	成飞集成	57.09	1217	600719	大连热电	56.48
1173	000403	ST 生化	57.08	1218	002611	东方精工	56.44
1174	600429	三元股份	57.07	1219	300121	阳谷华泰	56.42
1175	002059	云南旅游	57.07	1220	002330	得利斯	56.41
1176	600611	大众交通	57.04	1221	002144	宏达高科	56.40
1177	000025	特力 A	57.04	1222	002511	中顺洁柔	56.39
1178	300138	晨光生物	57.03	1223	000635	英力特	56.36
1179	002232	启明信息	57.03	1224	601890	亚星锚链	56.35
1180	600995	文山电力	57.02	1225	600477	杭萧钢构	56.35
1181	600706	曲江文旅	57.00	1226	600182	S 佳通	56.33
1182	002062	宏润建设	56.99	1227	000970	中科三环	56.31
1183	600556	慧球科技	56.98	1228	000722	湖南发展	56.28
1184	002042	华孚色纺	56.98	1229	300193	佳士科技	56.27
1185	600824	益民集团	56.96	1230	300107	建新股份	56.26
1186	000698	沈阳化工	56.95	1231	300265	通光线缆	56.24
1187	000738	中航动控	56.94	1232	002708	光洋股份	56.23
1188	300151	昌红科技	56.93	1233	002723	金莱特	56.22
1189	300354	东华测试	56.92	1234	300073	当升科技	56.19

续表

序号	股票代码	公司名称	评价得分	序号	股票代码	公司名称	评价得分
1235	002537	海立美达	56.19	1280	002560	通达股份	55.59
1236	600730	中国高科	56.17	1281	002441	众业达	55.54
1237	600400	红豆股份	56.17	1282	300112	万讯自控	55.52
1238	002482	广田股份	56.17	1283	000673	当代东方	55.52
1239	002063	远光软件	56.16	1284	002506	协鑫集成	55.51
1240	002351	漫步者	56.13	1285	000682	东方电子	55.51
1241	002198	嘉应制药	56.13	1286	300163	先锋新材	55.48
1242	002092	中泰化学	56.13	1287	000789	万年青	55.48
1243	600289	亿阳信通	56.11	1288	300194	福安药业	55.45
1244	600590	泰豪科技	56.07	1289	002404	嘉欣丝绸	55.44
1245	300370	安控科技	56.07	1290	000572	海马汽车	55.44
1246	300206	理邦仪器	56.06	1291	600879	航天电子	55.41
1247	002580	圣阳股份	56.05	1292	600711	盛屯矿业	55.41
1248	600006	东风汽车	56.04	1293	000768	中航飞机	55.41
1249	600744	华银电力	56.00	1294	002478	常宝股份	55.40
1250	002637	赞宇科技	55.99	1295	000762	西藏矿业	55.39
1251	002447	壹桥海参	55.97	1296	002175	东方网络	55.37
1252	002084	海鸥卫浴	55.96	1297	300256	星星科技	55.34
1253	000021	深科技	55.96	1298	002554	惠博普	55.34
1254	600026	中海发展	55.95	1299	603636	南威软件	55.32
1255	600278	东方创业	55.93	1300	000670	*ST 盈方	55.32
1256	002166	莱茵生物	55.93	1301	002088	鲁阳节能	55.30
1257	002655	共达电声	55.92	1302	600874	创业环保	55.29
1258	002365	永安药业	55.92	1303	600588	用友网络	55.28
1259	000920	南方汇通	55.92	1304	002140	东华科技	55.28
1260	000338	潍柴动力	55.91	1305	002016	世荣兆业	55.26
1261	600284	浦东建设	55.88	1306	600582	天地科技	55.25
1262	600787	中储股份	55.85	1307	300221	银禧科技	55.22
1263	600616	金枫酒业	55.85	1308	002407	多氟多	55.22
1264	300158	振东制药	55.85	1309	002251	步步高	55.20
1265	600008	首创股份	55.77	1310	300407	凯发电气	55.19
1266	002333	罗普斯金	55.77	1311	300116	坚瑞消防	55.08
1267	600279	重庆港九	55.76	1312	000822	山东海化	55.05
1268	300176	鸿特精密	55.75	1313	000488	晨鸣纸业	55.05
1269	300178	腾邦国际	55.73	1314	600083	博信股份	55.04
1270	002009	天奇股份	55.70	1315	000988	华工科技	55.03
1271	601886	江河集团	55.68	1316	000839	中信国安	55.03
1272	000949	新乡化纤	55.66	1317	000757	浩物股份	55.03
1273	600863	内蒙华电	55.65	1318	600203	福日电子	55.02
1274	002128	露天煤业	55.64	1319	000099	中信海直	55.01
1275	600119	长江投资	55.63	1320	603699	纽威股份	54.98
1276	600428	中远航运	55.62	1321	600371	万向德农	54.98
1277	002338	奥普光电	55.61	1322	300095	华伍股份	54.98
1278	002177	御银股份	55.61	1323	002013	中航机电	54.98
1279	000729	燕京啤酒	55.60	1324	000043	中航地产	54.97

续表

序号	股票代码	公司名称	评价得分	序号	股票代码	公司名称	评价得分
1325	603988	中电电机	54.96	1370	600833	第一医药	54.52
1326	601179	中国西电	54.94	1371	002730	电光科技	54.49
1327	600567	山鹰纸业	54.94	1372	002356	浩宁达	54.49
1328	002220	天宝股份	54.92	1373	002339	积成电子	54.40
1329	300234	开尔新材	54.91	1374	600796	钱江生化	54.37
1330	002123	荣信股份	54.90	1375	002515	金字火腿	54.33
1331	002409	雅克科技	54.88	1376	600619	海立股份	54.32
1332	002565	上海绿新	54.87	1377	000058	深赛格	54.32
1333	002512	达华智能	54.87	1378	300065	海兰信	54.31
1334	002349	精华制药	54.87	1379	002630	华西能源	54.26
1335	002086	东方海洋	54.85	1380	002151	北斗星通	54.26
1336	002243	通产丽星	54.83	1381	002060	粤水电	54.26
1337	300195	长荣股份	54.82	1382	000520	长航凤凰	54.25
1338	002189	利达光电	54.82	1383	300198	纳川股份	54.24
1339	600135	乐凯胶片	54.78	1384	600644	乐山电力	54.22
1340	000039	中集集团	54.77	1385	002159	三特索道	54.21
1341	601137	博威合金	54.76	1386	002620	瑞和股份	54.15
1342	603123	翠微股份	54.75	1387	000691	亚太实业	54.12
1343	603126	中材节能	54.73	1388	600895	张江高科	54.10
1344	600099	林海股份	54.73	1389	600210	紫江企业	54.08
1345	300062	中能电气	54.73	1390	002601	佰利联	54.03
1346	002496	辉丰股份	54.73	1391	002599	盛通股份	54.00
1347	000593	大通燃气	54.69	1392	300184	力源信息	53.99
1348	300243	瑞丰高材	54.68	1393	601777	力帆股份	53.98
1349	600811	东方集团	54.66	1394	600973	宝胜股份	53.98
1350	002170	芭田股份	54.66	1395	600862	南通科技	53.96
1351	000990	诚志股份	54.66	1396	300096	易联众	53.96
1352	300074	华平股份	54.65	1397	002575	群兴玩具	53.94
1353	002556	辉隆股份	54.63	1398	300168	万达信息	53.93
1354	002197	证通电子	54.63	1399	600755	厦门国贸	53.91
1355	000885	同力水泥	54.63	1400	002034	美欣达	53.88
1356	000011	深物业A	54.63	1401	002430	杭氧股份	53.86
1357	603077	和邦生物	54.62	1402	000537	广宇发展	53.84
1358	300120	经纬电材	54.61	1403	002045	国光电器	53.82
1359	002255	海陆重工	54.61	1404	000799	酒鬼酒	53.81
1360	601555	东吴证券	54.60	1405	002352	鼎泰新材	53.78
1361	300279	和晶科技	54.57	1406	300241	瑞丰光电	53.74
1362	002416	爱施德	54.57	1407	300173	智慧松德	53.72
1363	600776	东方通信	54.56	1408	002520	日发精机	53.71
1364	300064	豫金刚石	54.56	1409	300356	光一科技	53.70
1365	002064	华峰氨纶	54.56	1410	000725	京东方A	53.69
1366	600219	南山铝业	54.55	1411	000570	苏常柴A	53.69
1367	002316	键桥通讯	54.54	1412	600080	金花股份	53.65
1368	600828	茂业商业	54.53	1413	002237	恒邦股份	53.64
1369	600515	海航基础	54.53	1414	601233	桐昆股份	53.63

续表

序号	股票代码	公司名称	评价得分	序号	股票代码	公司名称	评价得分
1415	002505	大康牧业	53.63	1460	600362	江西铜业	52.92
1416	002154	报喜鸟	53.63	1461	600200	江苏吴中	52.91
1417	000531	穗恒运 A	53.63	1462	002574	明牌珠宝	52.90
1418	600510	黑牡丹	53.62	1463	000301	东方市场	52.85
1419	600055	华润万东	53.54	1464	600365	通葡股份	52.84
1420	300111	向日葵	53.54	1465	002256	彩虹精化	52.82
1421	002340	格林美	53.54	1466	002079	苏州固锝	52.82
1422	002689	远大智能	53.51	1467	002461	珠江啤酒	52.81
1423	000701	厦门信达	53.51	1468	600838	上海九百	52.80
1424	601168	西部矿业	53.50	1469	300378	鼎捷软件	52.80
1425	600496	精工钢构	53.49	1470	300047	天源迪科	52.80
1426	600855	航天长峰	53.47	1471	000901	航天科技	52.80
1427	000656	金科股份	53.47	1472	600290	华仪电气	52.79
1428	600173	卧龙地产	53.45	1473	600106	重庆路桥	52.79
1429	300261	雅本化学	53.39	1474	002121	科陆电子	52.78
1430	300212	易华录	53.39	1475	600287	江苏舜天	52.77
1431	600982	宁波热电	53.37	1476	002298	中电鑫龙	52.74
1432	002192	融捷股份	53.37	1477	000758	中色股份	52.74
1433	300041	回天新材	53.34	1478	002586	围海股份	52.73
1434	002125	湘潭电化	53.33	1479	002024	苏宁云商	52.71
1435	600737	中粮屯河	53.29	1480	600330	天通股份	52.69
1436	002040	南京港	53.29	1481	002346	柘中股份	52.69
1437	002660	茂硕电源	53.26	1482	002544	杰赛科技	52.66
1438	002471	中超控股	53.25	1483	300131	英唐智控	52.64
1439	000564	西安民生	53.24	1484	300048	合康变频	52.62
1440	600605	汇通能源	53.21	1485	000713	丰乐种业	52.62
1441	002318	久立特材	53.20	1486	002509	天广消防	52.61
1442	600272	开开实业	53.19	1487	300175	朗源股份	52.60
1443	600077	宋都股份	53.17	1488	600470	六国化工	52.54
1444	000026	飞亚达 A	53.11	1489	300411	金盾股份	52.51
1445	601908	京运通	53.10	1490	300162	雷曼股份	52.51
1446	600188	兖州煤业	53.06	1491	600526	菲达环保	52.49
1447	300300	汉鼎股份	53.06	1492	300388	国祯环保	52.48
1448	600151	航天机电	53.05	1493	000590	启迪古汉	52.48
1449	000663	永安林业	53.05	1494	600435	北方导航	52.46
1450	000903	云内动力	53.04	1495	000610	西安旅游	52.46
1451	601579	会稽山	53.02	1496	000739	普洛药业	52.45
1452	300309	吉艾科技	53.02	1497	600232	金鹰股份	52.43
1453	300409	道氏技术	53.00	1498	002724	海洋王	52.43
1454	601789	宁波建工	52.98	1499	601992	金隅股份	52.42
1455	002029	七匹狼	52.98	1500	603100	川仪股份	52.41
1456	000004	国农科技	52.98	1501	600797	浙大网新	52.38
1457	601016	节能风电	52.97	1502	002579	中京电子	52.38
1458	000419	通程控股	52.97	1503	002731	萃华珠宝	52.37
1459	300227	光韵达	52.95	1504	300257	开山股份	52.35

续表

序号	股票代码	公司名称	评价得分	序号	股票代码	公司名称	评价得分
1505	601999	出版传媒	52.32	1550	000939	凯迪生态	51.64
1506	600171	上海贝岭	52.29	1551	600501	航天晨光	51.63
1507	002383	合众思壮	52.29	1552	600226	升华拜克	51.60
1508	601339	百隆东方	52.26	1553	002309	中利科技	51.57
1509	002617	露笑科技	52.25	1554	002102	冠福股份	51.55
1510	002350	北京科锐	52.25	1555	601996	丰林集团	51.54
1511	300316	晶盛机电	52.22	1556	600695	绿庭投资	51.54
1512	300045	华力创通	52.22	1557	600841	上柴股份	51.53
1513	601099	太 平 洋	52.20	1558	600168	武汉控股	51.51
1514	002362	汉王科技	52.19	1559	600360	华微电子	51.48
1515	600220	江苏阳光	52.18	1560	300154	瑞凌股份	51.46
1516	600493	凤竹纺织	52.17	1561	002612	朗姿股份	51.46
1517	300002	神州泰岳	52.17	1562	002598	山东章鼓	51.46
1518	600478	科力远	52.15	1563	002408	齐翔腾达	51.42
1519	600798	宁波海运	52.13	1564	300185	通裕重工	51.40
1520	000965	天保基建	52.13	1565	002420	毅昌股份	51.38
1521	600628	新世界	52.12	1566	000752	西藏发展	51.38
1522	002738	中矿资源	52.11	1567	600727	鲁北化工	51.37
1523	601700	风范股份	52.10	1568	600639	浦东金桥	51.37
1524	300254	仟源医药	52.07	1569	600216	浙江医药	51.31
1525	000929	兰州黄河	52.07	1570	600019	宝钢股份	51.31
1526	300150	世纪瑞尔	52.03	1571	600753	东方银星	51.30
1527	002716	金贵银业	52.02	1572	300362	天翔环境	51.30
1528	603606	东方电缆	51.98	1573	000951	中国重汽	51.30
1529	600257	大湖股份	51.98	1574	600601	方正科技	51.26
1530	601116	三江购物	51.97	1575	601010	文峰股份	51.25
1531	600575	皖江物流	51.94	1576	000409	山东地矿	51.24
1532	600509	天富能源	51.93	1577	600861	北京城乡	51.23
1533	002522	浙江众成	51.93	1578	000411	英特集团	51.23
1534	002363	隆基机械	51.88	1579	600128	弘业股份	51.22
1535	002433	太安堂	51.84	1580	600416	湘电股份	51.19
1536	300030	阳普医疗	51.82	1581	300128	锦富新材	51.19
1537	000507	珠海港	51.82	1582	000669	金鸿能源	51.18
1538	000686	东北证券	51.81	1583	300067	安诺其	51.17
1539	300179	四方达	51.79	1584	300277	海联讯	51.16
1540	600888	新疆众和	51.78	1585	600801	华新水泥	51.15
1541	000703	恒逸石化	51.78	1586	601113	华鼎股份	51.14
1542	601038	一拖股份	51.75	1587	300040	九洲电气	51.14
1543	002213	特尔佳	51.74	1588	002129	中环股份	51.14
1544	002358	森源电气	51.73	1589	000806	银河生物	51.14
1545	600141	兴发集团	51.70	1590	002703	浙江世宝	51.13
1546	000975	银泰资源	51.70	1591	002296	辉煌科技	51.13
1547	002095	生意宝	51.67	1592	002194	武汉凡谷	51.11
1548	300270	中威电子	51.66	1593	002055	得润电子	51.09
1549	002685	华东重机	51.65	1594	002375	亚厦股份	51.07

续表

序号	股票代码	公司名称	评价得分	序号	股票代码	公司名称	评价得分
1595	000916	华北高速	51.06	1640	000812	陕西金叶	50.30
1596	000632	三木集团	51.04	1641	300216	千山药机	50.28
1597	600295	鄂尔多斯	51.03	1642	600199	金种子酒	50.19
1598	600372	中航电子	51.02	1643	002452	长高集团	50.16
1599	600255	鑫科材料	50.99	1644	600410	华胜天成	50.15
1600	002073	软控股份	50.99	1645	600059	古越龙山	50.15
1601	002623	亚玛顿	50.98	1646	002457	青龙管业	50.15
1602	300249	依米康	50.97	1647	300276	三丰智能	50.14
1603	002613	北玻股份	50.97	1648	000813	天山纺织	50.13
1604	000692	惠天热电	50.95	1649	600536	中国软件	50.11
1605	002201	九鼎新材	50.93	1650	000969	安泰科技	50.11
1606	300236	上海新阳	50.89	1651	600206	有研新材	50.10
1607	600853	龙建股份	50.85	1652	002155	湖南黄金	50.10
1608	300255	常山药业	50.85	1653	600552	方兴科技	50.09
1609	300169	天晟新材	50.85	1654	000731	四川美丰	50.09
1610	600481	双良节能	50.84	1655	601028	玉龙股份	50.08
1611	000777	中核科技	50.84	1656	002246	北化股份	50.06
1612	600781	辅仁药业	50.82	1657	600051	宁波联合	49.97
1613	300023	宝德股份	50.82	1658	300210	森远股份	49.97
1614	002604	龙力生物	50.82	1659	300345	红宇新材	49.96
1615	002610	爱康科技	50.75	1660	600789	鲁抗医药	49.94
1616	000875	吉电股份	50.74	1661	000553	沙隆达 A	49.94
1617	002670	华声股份	50.69	1662	000523	广州浪奇	49.94
1618	600604	市北高新	50.68	1663	601058	赛轮金宇	49.90
1619	300117	嘉寓股份	50.64	1664	000060	中金岭南	49.90
1620	600488	天药股份	50.61	1665	002593	日上集团	49.89
1621	600790	轻纺城	50.58	1666	600584	长电科技	49.87
1622	600325	华发股份	50.57	1667	600439	瑞贝卡	49.85
1623	601518	吉林高速	50.56	1668	002135	东南网架	49.82
1624	000023	深天地 A	50.56	1669	600774	汉商集团	49.80
1625	002226	江南化工	50.55	1670	600166	福田汽车	49.79
1626	600405	动力源	50.50	1671	600120	浙江东方	49.78
1627	300089	文化长城	50.50	1672	600378	天科股份	49.77
1628	600722	金牛化工	50.46	1673	002374	丽鹏股份	49.77
1629	002132	恒星科技	50.46	1674	300306	远方光电	49.75
1630	002321	华英农业	50.44	1675	000802	北京文化	49.74
1631	600161	天坛生物	50.43	1676	002639	雪人股份	49.73
1632	002087	新野纺织	50.43	1677	600238	海南椰岛	49.72
1633	000521	美菱电器	50.42	1678	600673	东阳光科	49.71
1634	002057	中钢天源	50.39	1679	000778	新兴铸管	49.70
1635	600846	同济科技	50.38	1680	300209	天泽信息	49.69
1636	002693	双成药业	50.36	1681	000705	浙江震元	49.68
1637	000036	华联控股	50.35	1682	000683	远兴能源	49.67
1638	600063	皖维高新	50.34	1683	600251	冠农股份	49.65
1639	000551	创元科技	50.32	1684	000971	高升控股	49.63

续表

序号	股票代码	公司名称	评价得分	序号	股票代码	公司名称	评价得分
1685	002606	大连电瓷	49.62	1730	000045	深纺织 A	48.81
1686	002384	东山精密	49.62	1731	601188	龙江交通	48.78
1687	601007	金陵饭店	49.60	1732	000552	靖远煤电	48.77
1688	000800	一汽轿车	49.57	1733	002377	国创高新	48.73
1689	601011	宝泰隆	49.55	1734	000695	滨海能源	48.73
1690	300152	科融环境	49.55	1735	600491	龙元建设	48.67
1691	300057	万顺股份	49.55	1736	600713	南京医药	48.66
1692	600624	复旦复华	49.54	1737	600071	凤凰光学	48.66
1693	002474	榕基软件	49.54	1738	600738	兰州民百	48.64
1694	000519	江南红箭	49.51	1739	300401	花园生物	48.64
1695	300086	康芝药业	49.50	1740	002453	天马精化	48.61
1696	600308	华泰股份	49.46	1741	002141	蓉胜超微	48.60
1697	002545	东方铁塔	49.44	1742	002683	宏大爆破	48.59
1698	600599	熊猫金控	49.43	1743	000751	锌业股份	48.57
1699	300346	南大光电	49.43	1744	002115	三维通信	48.56
1700	300308	中际装备	49.43	1745	600620	天宸股份	48.50
1701	600858	银座股份	49.39	1746	600647	同达创业	48.49
1702	002388	新亚制程	49.39	1747	600966	博汇纸业	48.47
1703	300099	尤洛卡	49.33	1748	600178	东安动力	48.45
1704	002585	双星新材	49.31	1749	600589	广东榕泰	48.43
1705	000677	恒天海龙	49.30	1750	000151	中成股份	48.42
1706	002277	友阿股份	49.29	1751	600468	百利电气	48.40
1707	600962	国投中鲁	49.28	1752	300215	电科院	48.40
1708	002414	高德红外	49.28	1753	300281	金明精机	48.36
1709	600771	广誉远	49.22	1754	002011	盾安环境	48.36
1710	600898	三联商社	49.12	1755	300135	宝利国际	48.35
1711	600459	贵研铂业	49.12	1756	002694	顾地科技	48.35
1712	000586	汇源通信	49.11	1757	600497	驰宏锌锗	48.34
1713	002622	永大集团	49.09	1758	300331	苏大维格	48.34
1714	600731	湖南海利	49.06	1759	601226	华电重工	48.33
1715	600288	大恒科技	49.06	1760	000532	力合股份	48.31
1716	000952	广济药业	49.04	1761	002176	江特电机	48.29
1717	000911	南宁糖业	49.01	1762	600679	上海凤凰	48.27
1718	600692	亚通股份	49.00	1763	600992	贵绳股份	48.21
1719	000880	潍柴重机	49.00	1764	300091	金通灵	48.19
1720	300318	博晖创新	48.99	1765	000636	风华高科	48.19
1721	000791	甘肃电投	48.98	1766	601388	怡球资源	48.13
1722	600231	凌钢股份	48.97	1767	300280	南通锻压	48.13
1723	002182	云海金属	48.93	1768	300094	国联水产	48.09
1724	000823	超声电子	48.93	1769	300205	天喻信息	48.05
1725	002621	三垒股份	48.89	1770	600345	长江通信	48.02
1726	002067	景兴纸业	48.89	1771	002576	通达动力	48.02
1727	002651	利君股份	48.88	1772	000792	盐湖股份	48.01
1728	002012	凯恩股份	48.86	1773	000782	美达股份	48.00
1729	603002	宏昌电子	48.83	1774	600586	金晶科技	47.99

续表

序号	股票代码	公司名称	评价得分	序号	股票代码	公司名称	评价得分
1775	000034	神州数码	47.99	1820	600133	东湖高新	47.06
1776	002386	天原集团	47.98	1821	600331	宏达股份	47.05
1777	300167	迪威视讯	47.97	1822	600489	中金黄金	47.04
1778	000980	金马股份	47.96	1823	002188	巴士在线	47.02
1779	300103	达刚路机	47.95	1824	002031	巨轮智能	47.02
1780	002676	顺威股份	47.95	1825	300141	和顺电气	47.01
1781	000850	华茂股份	47.94	1826	000627	天茂集团	46.99
1782	601958	金钼股份	47.91	1827	600984	*ST 建机	46.94
1783	603308	应流股份	47.88	1828	300273	和佳股份	46.91
1784	002161	远望谷	47.87	1829	600336	澳柯玛	46.89
1785	000948	南天信息	47.87	1830	000554	泰山石油	46.87
1786	601218	吉鑫科技	47.86	1831	000422	湖北宜化	46.87
1787	600268	国电南自	47.85	1832	300283	温州宏丰	46.86
1788	002259	升达林业	47.84	1833	002355	兴民钢圈	46.86
1789	000861	海印股份	47.84	1834	300020	银江股份	46.85
1790	002463	沪电股份	47.79	1835	000893	东凌国际	46.80
1791	600243	青海华鼎	47.78	1836	600460	士兰微	46.78
1792	600883	博闻科技	47.77	1837	002274	华昌化工	46.71
1793	000010	深华新	47.77	1838	603333	明星电缆	46.70
1794	600111	北方稀土	47.76	1839	002618	丹邦科技	46.67
1795	002231	奥维通信	47.76	1840	300157	恒泰艾普	46.66
1796	002468	艾迪西	47.73	1841	600467	好当家	46.65
1797	600726	华电能源	47.72	1842	600191	华资实业	46.61
1798	002659	中泰桥梁	47.68	1843	002193	山东如意	46.58
1799	002464	金利科技	47.68	1844	600568	中珠控股	46.56
1800	600527	江南高纤	47.61	1845	600538	国发股份	46.51
1801	002288	超华科技	47.55	1846	601100	恒立液压	46.50
1802	002569	步森股份	47.49	1847	002344	海宁皮城	46.50
1803	600657	信达地产	47.48	1848	000066	长城电脑	46.48
1804	600247	*ST 成城	47.47	1849	603993	洛阳钼业	46.47
1805	002218	拓日新能	47.44	1850	000620	新华联	46.45
1806	000652	泰达股份	47.44	1851	300334	津膜科技	46.43
1807	600463	空港股份	47.43	1852	300006	莱美药业	46.43
1808	600448	华纺股份	47.41	1853	000609	绵世股份	46.42
1809	002291	星期六	47.41	1854	600107	美尔雅	46.40
1810	000407	胜利股份	47.37	1855	603166	福达股份	46.36
1811	300123	太阳鸟	47.36	1856	000797	中国武夷	46.36
1812	002037	久联发展	47.34	1857	002663	普邦园林	46.34
1813	600712	南宁百货	47.29	1858	000890	法尔胜	46.30
1814	300134	大富科技	47.29	1859	600391	成发科技	46.16
1815	600401	*ST 海润	47.21	1860	300307	慈星股份	46.16
1816	600343	航天动力	47.20	1861	600876	洛阳玻璃	46.14
1817	000506	中润资源	47.11	1862	002647	宏磊股份	46.13
1818	600720	祁连山	47.07	1863	000088	盐田港	46.12
1819	002488	金固股份	47.07	1864	002499	科林环保	46.10

续表

序号	股票代码	公司名称	评价得分	序号	股票代码	公司名称	评价得分
1865	000599	青岛双星	46.09	1910	600875	东方电气	44.85
1866	002227	奥特迅	46.08	1911	600303	曙光股份	44.83
1867	002301	齐心集团	46.03	1912	600685	中船防务	44.80
1868	002209	达意隆	46.01	1913	600783	鲁信创投	44.76
1869	002607	亚夏汽车	45.97	1914	600175	美都能源	44.76
1870	002225	濮耐股份	45.94	1915	600794	保税科技	44.74
1871	603011	合锻股份	45.92	1916	002524	光正集团	44.74
1872	600266	北京城建	45.90	1917	300140	启源装备	44.72
1873	300077	国民技术	45.85	1918	600960	渤海活塞	44.71
1874	300223	北京君正	45.78	1919	002674	兴业科技	44.62
1875	002114	罗平锌电	45.76	1920	002290	禾盛新材	44.60
1876	600701	*ST 工新	45.75	1921	600335	国机汽车	44.55
1877	600108	亚盛集团	45.74	1922	600248	延长化建	44.52
1878	603088	宁波精达	45.72	1923	002691	冀凯股份	44.51
1879	000592	平潭发展	45.70	1924	600088	中视传媒	44.44
1880	600558	大西洋	45.69	1925	601808	中海油服	44.43
1881	000033	*ST 新都	45.67	1926	002587	奥拓电子	44.34
1882	002570	贝因美	45.65	1927	002514	宝馨科技	44.34
1883	600609	金杯汽车	45.61	1928	600094	大名城	44.30
1884	300189	神农基因	45.60	1929	000838	财信发展	44.28
1885	002492	恒基达鑫	45.60	1930	600207	安彩高科	44.23
1886	000059	华锦股份	45.59	1931	002435	长江润发	44.20
1887	600812	华北制药	45.57	1932	000961	中南建设	44.17
1888	300046	台基股份	45.51	1933	600543	莫高股份	44.15
1889	002305	南国置业	45.49	1934	000711	京蓝科技	44.15
1890	000985	大庆华科	45.44	1935	000976	春晖股份	44.12
1891	002552	宝鼎科技	45.40	1936	600851	海欣股份	44.09
1892	300132	青松股份	45.36	1937	002578	闽发铝业	44.09
1893	002229	鸿博股份	45.36	1938	600614	鼎立股份	44.07
1894	300081	恒信移动	45.30	1939	600241	时代万恒	44.07
1895	601101	昊华能源	45.27	1940	600531	豫光金铅	44.06
1896	600579	天华院	45.27	1941	600361	华联综超	44.04
1897	000055	方大集团	45.23	1942	002684	猛狮科技	44.02
1898	002216	三全食品	45.22	1943	000983	西山煤电	44.02
1899	002052	同洲电子	45.21	1944	000567	海德股份	43.99
1900	002558	世纪游轮	45.17	1945	600508	上海能源	43.97
1901	002541	鸿路钢构	45.16	1946	600300	维维股份	43.91
1902	600506	香梨股份	45.15	1947	600155	宝硕股份	43.87
1903	600810	神马股份	45.12	1948	002263	大东南	43.86
1904	300004	南风股份	45.12	1949	600078	澄星股份	43.81
1905	000852	石化机械	45.08	1950	000007	全新好	43.78
1906	600148	长春一东	44.97	1951	600638	新黄浦	43.75
1907	002485	希努尔	44.92	1952	000153	丰原药业	43.72
1908	601208	东材科技	44.91	1953	600267	海正药业	43.67
1909	601616	广电电气	44.85	1954	600190	锦州港	43.63

续表

序号	股票代码	公司名称	评价得分	序号	股票代码	公司名称	评价得分
1955	600022	山东钢铁	43.61	2000	600746	江苏索普	42.67
1956	300165	天瑞仪器	43.61	2001	300177	中海达	42.66
1957	600348	阳泉煤业	43.60	2002	002628	成都路桥	42.66
1958	002200	云投生态	43.58	2003	300069	金利华电	42.65
1959	000510	金路集团	43.56	2004	600110	诺德股份	42.58
1960	600634	中技控股	43.55	2005	600836	界龙实业	42.57
1961	300155	安居宝	43.55	2006	000815	美利纸业	42.56
1962	300110	华仁药业	43.52	2007	600277	亿利洁能	42.55
1963	002299	圣农发展	43.52	2008	601369	陕鼓动力	42.52
1964	600222	太龙药业	43.51	2009	600433	冠豪高新	42.51
1965	000536	华映科技	43.49	2010	000785	武汉中商	42.50
1966	000560	昆百大 A	43.43	2011	002342	巨力索具	42.49
1967	600691	阳煤化工	43.40	2012	601258	庞大集团	42.42
1968	600455	博通股份	43.34	2013	600766	园城黄金	42.42
1969	000993	闽东电力	43.31	2014	600189	吉林森工	42.33
1970	600449	宁夏建材	43.22	2015	600389	江山股份	42.28
1971	600751	天海投资	43.21	2016	300093	金刚玻璃	42.19
1972	600208	新湖中宝	43.18	2017	000585	东北电气	42.13
1973	600070	浙江富润	43.17	2018	000707	双环科技	42.11
1974	600503	华丽家族	43.16	2019	002564	天沃科技	42.09
1975	600880	博瑞传播	43.13	2020	600069	银鸽投资	42.06
1976	002006	精功科技	43.13	2021	002347	泰尔重工	42.06
1977	002359	齐星铁塔	43.11	2022	002312	三泰控股	42.05
1978	600399	抚顺特钢	43.10	2023	000736	中房地产	42.01
1979	600096	云天化	43.09	2024	000859	国风塑业	41.94
1980	601588	北辰实业	43.05	2025	300035	中科电气	41.93
1981	600252	中恒集团	43.05	2026	601919	中国远洋	41.88
1982	000061	农产品	43.05	2027	000571	新大洲 A	41.88
1983	300402	宝色股份	43.02	2028	600490	鹏欣资源	41.83
1984	000697	炼石有色	43.01	2029	000000	霞客环保	41.81
1985	000584	友利控股	43.01	2030	600421	仰帆控股	41.78
1986	000662	天夏智慧	42.99	2031	600223	鲁商置业	41.74
1987	000517	荣安地产	42.97	2032	002162	悦心健康	41.71
1988	002476	宝莫股份	42.95	2033	600150	中国船舶	41.70
1989	002282	博深工具	42.95	2034	300052	中青宝	41.70
1990	600495	晋西车轴	42.94	2035	600864	哈投股份	41.68
1991	600354	敦煌种业	42.93	2036	600693	东百集团	41.68
1992	000702	正虹科技	42.91	2037	300264	佳创视讯	41.68
1993	000909	数源科技	42.88	2038	000576	广东甘化	41.66
1994	600382	广东明珠	42.84	2039	600320	振华重工	41.65
1995	002112	三变科技	42.81	2040	600280	中央商场	41.63
1996	601798	蓝科高新	42.77	2041	000402	金融街	41.60
1997	002494	华斯股份	42.74	2042	600782	新钢股份	41.59
1998	600825	新华传媒	42.72	2043	000548	湖南投资	41.50
1999	000017	深中华 A	42.70	2044	002638	勤上光电	41.47

续表

序号	股票代码	公司名称	评价得分	序号	股票代码	公司名称	评价得分
2045	600156	华升股份	41.37	2090	000525	红太阳	39.62
2046	000014	沙河股份	41.37	2091	000672	上峰水泥	39.61
2047	300106	西部牧业	41.32	2092	000766	通化金马	39.56
2048	000628	高新发展	41.32	2093	000612	焦作万方	39.50
2049	000820	金城股份	41.31	2094	300312	邦讯技术	39.48
2050	000727	华东科技	41.26	2095	600283	钱江水利	39.45
2051	000759	中百集团	41.25	2096	600653	申华控股	39.43
2052	600758	红阳能源	41.23	2097	000978	桂林旅游	39.42
2053	300260	新莱应材	41.23	2098	300076	GQY 视讯	39.35
2054	000996	中国中期	41.18	2099	000935	四川双马	39.33
2055	002164	宁波东力	41.13	2100	000807	云铝股份	39.30
2056	600159	大龙地产	41.08	2101	600615	丰华股份	39.21
2057	002656	摩登大道	41.06	2102	600123	兰花科创	39.15
2058	002451	摩恩电气	41.02	2103	600075	新疆天业	39.12
2059	000931	中关村	41.02	2104	600158	中体产业	39.10
2060	002122	天马股份	40.95	2105	600665	天地源	39.07
2061	600621	华鑫股份	40.93	2106	300084	海默科技	38.97
2062	600095	哈高科	40.92	2107	002431	棕榈股份	38.97
2063	600805	悦达投资	40.83	2108	002133	广宇集团	38.91
2064	002438	江苏神通	40.80	2109	002428	云南锗业	38.90
2065	002313	日海通讯	40.73	2110	002005	德豪润达	38.81
2066	600592	龙溪股份	40.69	2111	600652	游久游戏	38.73
2067	600769	祥龙电业	40.60	2112	002306	*ST 云网	38.65
2068	002645	华宏科技	40.57	2113	000503	海虹控股	38.59
2069	600091	ST 明科	40.51	2114	000878	云南铜业	38.58
2070	000630	铜陵有色	40.50	2115	600821	津劝业	38.57
2071	002307	北新路桥	40.49	2116	000868	安凯客车	38.56
2072	600560	金自天正	40.48	2117	600198	大唐电信	38.53
2073	600512	腾达建设	40.45	2118	002023	海特高新	38.53
2074	600358	国旅联合	40.44	2119	300391	康跃科技	38.51
2075	002667	鞍重股份	40.44	2120	600747	大连控股	38.50
2076	000668	荣丰控股	40.43	2121	601600	中国铝业	38.47
2077	600702	沱牌舍得	40.38	2122	600393	东华实业	38.45
2078	600507	方大特钢	40.32	2123	002417	三元达	38.38
2079	600213	亚星客车	40.31	2124	601717	郑煤机	38.36
2080	002319	乐通股份	40.30	2125	600387	海越股份	38.36
2081	300338	开元仪器	40.15	2126	002513	*ST 蓝丰	38.31
2082	600316	洪都航空	40.13	2127	000721	西安饮食	38.31
2083	002075	沙钢股份	40.08	2128	300139	晓程科技	38.26
2084	002702	海欣食品	40.07	2129	002093	国脉科技	38.25
2085	300228	富瑞特装	39.94	2130	600677	航天通信	38.24
2086	002266	浙富控股	39.85	2131	000906	物产中拓	38.19
2087	601008	连云港	39.84	2132	002278	神开股份	38.17
2088	002118	紫鑫药业	39.79	2133	600777	新潮实业	38.11
2089	600868	梅雁吉祥	39.73	2134	300372	欣泰电气	38.10

续表

序号	股票代码	公司名称	评价得分	序号	股票代码	公司名称	评价得分
2135	002679	福建金森	38.05	2180	600302	标准股份	36.25
2136	000882	华联股份	38.05	2181	600778	友好集团	36.18
2137	600193	创兴资源	38.04	2182	300102	乾照光电	36.14
2138	600165	新日恒力	38.00	2183	002353	杰瑞股份	36.13
2139	600392	盛和资源	37.95	2184	002204	大连重工	36.03
2140	600689	上海三毛	37.91	2185	600773	西藏城投	35.99
2141	002068	黑猫股份	37.86	2186	000019	深深宝 A	35.94
2142	600516	方大炭素	37.85	2187	002392	北京利尔	35.86
2143	002214	大立科技	37.84	2188	002571	德力股份	35.77
2144	000925	众合科技	37.80	2189	600145	*ST 新亿	35.63
2145	300282	汇冠股份	37.77	2190	601002	晋亿实业	35.55
2146	600395	盘江股份	37.76	2191	601608	中信重工	35.54
2147	002369	卓翼科技	37.76	2192	600791	京能置业	35.53
2148	600192	长城电工	37.71	2193	600256	广汇能源	35.53
2149	600031	三一重工	37.69	2194	002671	龙泉股份	35.31
2150	600072	钢构工程	37.65	2195	000616	海航投资	35.27
2151	000420	吉林化纤	37.64	2196	600322	天房发展	35.24
2152	300126	锐奇股份	37.55	2197	600678	四川金顶	35.12
2153	000709	河钢股份	37.55	2198	600239	云南城投	35.06
2154	300083	劲胜精密	37.54	2199	600892	宝诚股份	35.05
2155	600847	万里股份	37.49	2200	300051	三五互联	34.98
2156	600530	交大昂立	37.47	2201	000020	深华发 A	34.93
2157	600242	中昌海运	37.45	2202	000995	*ST 皇台	34.75
2158	300330	华虹计通	37.40	2203	600355	精伦电子	34.68
2159	300164	通源石油	37.40	2204	600227	赤天化	34.56
2160	600844	丹化科技	37.39	2205	002113	天润控股	34.42
2161	600608	*ST 沪科	37.38	2206	000927	一汽夏利	34.37
2162	002529	海源机械	37.38	2207	000528	柳工	34.35
2163	300022	吉峰农机	37.35	2208	000972	新中基	34.26
2164	600152	维科精华	37.32	2209	002582	好想你	34.01
2165	002633	申科股份	37.27	2210	600137	浪莎股份	33.91
2166	600636	三爱富	37.20	2211	600545	新疆城建	33.73
2167	002371	七星电子	37.20	2212	002106	莱宝高科	33.71
2168	600896	中海海盛	37.10	2213	600890	中房股份	33.62
2169	000798	中水渔业	37.04	2214	000509	华塑控股	33.57
2170	002566	益盛药业	36.96	2215	300013	新宁物流	33.56
2171	000835	长城动漫	36.77	2216	600967	北方创业	33.37
2172	600129	太极集团	36.69	2217	600215	长春经开	33.33
2173	300080	易成新能	36.69	2218	600528	中铁二局	33.26
2174	000816	智慧农业	36.68	2219	300028	金亚科技	33.25
2175	002168	深圳惠程	36.55	2220	600179	*ST 黑化	33.17
2176	601898	中煤能源	36.42	2221	600462	石岘纸业	33.14
2177	600539	*ST 狮头	36.35	2222	000426	兴业矿业	33.09
2178	000534	万泽股份	36.34	2223	300313	天山生物	33.07
2179	000676	智度投资	36.32	2224	002272	川润股份	33.07

续表

序号	股票代码	公司名称	评价得分	序号	股票代码	公司名称	评价得分
2225	601699	潞安环能	33.02	2270	002577	雷柏科技	30.41
2226	600736	苏州高新	32.96	2271	002069	獐子岛	30.33
2227	600759	洲际油气	32.84	2272	600540	新赛股份	30.28
2228	000425	徐工机械	32.79	2273	000950	*ST 建峰	30.15
2229	000788	北大医药	32.78	2274	600532	宏达矿业	30.04
2230	600127	金健米业	32.69	2275	000955	欣龙控股	29.96
2231	600265	*ST 景谷	32.50	2276	600768	宁波富邦	29.95
2232	002105	信隆实业	32.48	2277	000511	烯碳新材	29.93
2233	600390	*ST 金瑞	32.44	2278	600610	中毅达	29.83
2234	300220	金运激光	32.42	2279	600103	青山纸业	29.82
2235	600397	安源煤业	32.41	2280	600126	杭钢股份	29.74
2236	000557	*ST 广夏	32.41	2281	000613	大东海 A	29.74
2237	601866	中海集运	32.40	2282	000159	国际实业	29.74
2238	300323	华灿光电	32.30	2283	600235	民丰特纸	29.67
2239	000608	阳光股份	32.30	2284	600321	国栋建设	29.60
2240	000157	中联重科	32.20	2285	300340	科恒股份	29.58
2241	300125	易世达	32.14	2286	600749	西藏旅游	29.50
2242	300191	潜能恒信	32.00	2287	002077	大港股份	29.49
2243	300161	华中数控	31.95	2288	600476	湘邮科技	29.46
2244	600328	兰太实业	31.92	2289	600082	海泰发展	29.32
2245	600097	开创国际	31.87	2290	300322	硕贝德	29.25
2246	002473	圣莱达	31.78	2291	002061	*ST 江化	29.25
2247	002211	宏达新材	31.77	2292	000005	世纪星源	29.05
2248	600550	保变电气	31.70	2293	002097	山河智能	29.00
2249	002145	中核钛白	31.70	2294	600555	海航创新	28.91
2250	000960	锡业股份	31.70	2295	600456	宝钛股份	28.91
2251	000655	金岭矿业	31.55	2296	300405	科隆精化	28.88
2252	002234	民和股份	31.23	2297	300082	奥克股份	28.76
2253	002109	*ST 兴化	31.20	2298	600249	两面针	28.66
2254	000659	珠海中富	31.19	2299	002269	美邦服饰	28.46
2255	600707	彩虹股份	31.13	2300	002148	北纬通信	28.40
2256	600202	哈空调	31.05	2301	000514	渝开发	28.29
2257	000558	莱茵体育	30.89	2302	002136	安纳达	28.28
2258	000678	襄阳轴承	30.86	2303	600745	中茵股份	28.26
2259	000913	*ST 钱江	30.77	2304	600725	*ST 云维	28.23
2260	600963	岳阳林纸	30.69	2305	600209	罗顿发展	28.13
2261	002058	威尔泰	30.69	2306	002336	*ST 人乐	28.09
2262	600228	昌九生化	30.68	2307	000753	漳州发展	28.09
2263	000937	冀中能源	30.60	2308	600052	浙江广厦	28.06
2264	600359	新农开发	30.59	2309	600770	综艺股份	27.90
2265	000428	华天酒店	30.55	2310	600793	ST 宜纸	27.87
2266	002181	粤传媒	30.53	2311	002147	新光圆成	27.85
2267	000755	山西三维	30.47	2312	600169	太原重工	27.84
2268	002260	德奥通航	30.45	2313	600367	红星发展	27.79
2269	000979	中弘股份	30.44	2314	002134	天津普林	27.74

续表

序号	股票代码	公司名称	评价得分	序号	股票代码	公司名称	评价得分
2315	000735	罗牛山	27.72	2360	600714	金瑞矿业	24.61
2316	000606	*ST 明胶	27.65	2361	000837	秦川机床	24.46
2317	600237	铜峰电子	27.61	2362	603003	龙宇燃油	24.45
2318	000595	宝塔实业	27.44	2363	002549	凯美特气	24.43
2319	300293	蓝英装备	27.43	2364	002289	*ST 宇顺	24.34
2320	000155	*ST 川化	27.43	2365	000881	大连国际	24.31
2321	000930	中粮生化	27.23	2366	600132	重庆啤酒	24.28
2322	600881	亚泰集团	27.21	2367	002163	中航三鑫	24.14
2323	000780	平庄能源	27.20	2368	600121	郑州煤电	24.12
2324	002066	瑞泰科技	27.17	2369	600595	中孚实业	24.07
2325	600333	长春燃气	27.14	2370	000016	深康佳 A	24.03
2326	000518	四环生物	26.97	2371	002591	恒大高新	23.99
2327	600596	新安股份	26.93	2372	600084	中葡股份	23.81
2328	002199	*ST 东晶	26.81	2373	600696	匹凸匹	23.73
2329	002265	西仪股份	26.77	2374	000912	泸天化	23.68
2330	000959	首钢股份	26.74	2375	600882	华联矿业	23.65
2331	600319	*ST 亚星	26.72	2376	000829	天音控股	23.62
2332	600839	四川长虹	26.70	2377	002205	国统股份	23.48
2333	300142	沃森生物	26.66	2378	002387	黑牛食品	23.44
2334	600961	株冶集团	26.44	2379	002442	龙星化工	23.42
2335	603399	新华龙	26.43	2380	601177	杭齿前进	23.39
2336	000505	*ST 珠江	26.42	2381	601519	大智慧	23.27
2337	600854	春兰股份	26.37	2382	600306	*ST 商城	23.25
2338	002119	康强电子	26.31	2383	000779	三毛派神	23.25
2339	000693	华泽钴镍	26.26	2384	300226	上海钢联	23.18
2340	600293	三峡新材	26.23	2385	000504	*ST 生物	23.16
2341	600311	荣华实业	26.20	2386	600822	上海物贸	23.10
2342	600212	*ST 江泉	26.18	2387	000710	天兴仪表	23.09
2343	300092	科新机电	26.18	2388	002629	仁智油服	22.97
2344	300105	龙源技术	26.04	2389	600186	莲花健康	22.96
2345	300337	银邦股份	26.02	2390	600139	西部资源	22.84
2346	000790	华神集团	26.02	2391	600819	耀皮玻璃	22.83
2347	601225	陕西煤业	26.00	2392	000953	河池化工	22.68
2348	000622	*ST 恒立	25.95	2393	600764	中电广通	22.60
2349	002648	卫星石化	25.83	2394	000898	鞍钢股份	22.52
2350	000862	银星能源	25.82	2395	002149	西部材料	22.42
2351	600997	开滦股份	25.80	2396	600698	湖南天雁	22.34
2352	002483	润邦股份	25.70	2397	600806	*ST 昆机	22.29
2353	600784	鲁银投资	25.19	2398	600792	云煤能源	22.24
2354	601118	海南橡胶	25.02	2399	000863	三湘股份	22.23
2355	002458	益生股份	25.00	2400	000526	银润投资	22.08
2356	600866	*ST 星湖	24.86	2401	600603	*ST 兴业	22.05
2357	002486	嘉麟杰	24.86	2402	600230	*ST 沧大	21.92
2358	600112	天成控股	24.85	2403	002110	三钢闽光	21.80
2359	600860	京城股份	24.76	2404	000717	*ST 韶钢	21.80

续表

序号	股票代码	公司名称	评价得分	序号	股票代码	公司名称	评价得分
2405	002240	威华股份	21.78	2450	601666	平煤股份	19.12
2406	000825	太钢不锈	21.78	2451	000679	大连友谊	18.88
2407	600802	福建水泥	21.74	2452	002535	林州重机	18.86
2408	600581	*ST 八钢	21.69	2453	600117	西宁特钢	18.78
2409	600010	包钢股份	21.68	2454	002046	轴研科技	18.65
2410	600408	安泰集团	21.62	2455	600549	厦门钨业	18.58
2411	002715	登云股份	21.47	2456	300268	万福生科	18.54
2412	601969	海南矿业	21.45	2457	600817	*ST 宏盛	18.52
2413	600346	*ST 橡塑	21.45	2458	002378	章源钨业	18.49
2414	002480	新筑股份	21.44	2459	601001	大同煤业	18.39
2415	002264	新华都	21.40	2460	002490	山东墨龙	18.36
2416	002534	杭锅股份	21.36	2461	600971	恒源煤电	18.28
2417	600808	马钢股份	21.31	2462	600187	国中水务	18.25
2418	002459	天业通联	21.31	2463	000962	*ST 东钽	18.22
2419	002423	*ST 中特	21.30	2464	000597	东北制药	18.20
2420	600259	广晟有色	21.29	2465	002021	中捷资源	18.18
2421	600680	上海普天	21.23	2466	600282	南钢股份	18.07
2422	600423	柳化股份	21.20	2467	000803	金宇车城	18.03
2423	000502	绿景控股	21.08	2468	600307	酒钢宏兴	17.90
2424	000923	河北宣工	21.01	2469	600281	太化股份	17.90
2425	600716	凤凰股份	20.96	2470	000761	本钢板材	17.89
2426	000886	海南高速	20.87	2471	600569	安阳钢铁	17.86
2427	600339	*ST 天利	20.81	2472	300275	梅安森	17.74
2428	002432	九安医疗	20.79	2473	600760	*ST 黑豹	17.63
2429	000589	黔轮胎 A	20.56	2474	000877	天山股份	17.48
2430	600368	五洲交通	20.50	2475	002379	*ST 鲁丰	17.44
2431	000657	中钨高新	20.44	2476	600710	*ST 常林	17.36
2432	600250	南纺股份	20.41	2477	600403	大有能源	17.36
2433	000037	*ST 南电 A	20.36	2478	600146	商赢环球	17.35
2434	000760	斯太尔	20.27	2479	000638	万方发展	17.28
2435	300344	太空板业	20.16	2480	002070	众和股份	17.21
2436	601989	中国重工	20.06	2481	002608	*ST 舜船	17.16
2437	000617	*ST 济柴	20.04	2482	000633	*ST 合金	17.10
2438	000856	*ST 冀装	20.03	2483	600721	*ST 百花	17.04
2439	600262	北方股份	19.74	2484	600275	武昌鱼	17.03
2440	000410	沈阳机床	19.72	2485	600520	*ST 中发	16.93
2441	600765	中航重机	19.68	2486	002248	华东数控	16.80
2442	600877	中国嘉陵	19.63	2487	600246	万通地产	16.65
2443	300029	天龙光电	19.58	2488	600671	天目药业	16.55
2444	000573	粤宏远 A	19.47	2489	000922	佳电股份	16.54
2445	601015	陕西黑猫	19.46	2490	600732	*ST 新梅	16.47
2446	000408	*ST 金源	19.43	2491	600225	天津松江	16.29
2447	002526	山东矿机	19.41	2492	002173	*ST 千足	16.07
2448	002207	准油股份	19.35	2493	600681	百川能源	16.06
2449	000737	南风化工	19.34	2494	000933	*ST 神火	15.86

续表

序号	股票代码	公司名称	评价得分	序号	股票代码	公司名称	评价得分
2495	000982	中银绒业	15.84		600466	蓝光发展	79.84
2496	601003	柳钢股份	15.59		002517	恺英网络	79.81
2497	002297	博云新材	15.59		603898	好莱客	79.48
2498	002167	东方锆业	15.44		603885	吉祥航空	79.09
2499	300397	天和防务	15.34		002773	康弘药业	78.94
2500	000611	*ST 蒙发	15.17		603899	晨光文具	78.82
2501	600005	武钢股份	15.13		603199	九华旅游	78.46
2502	000932	华菱钢铁	15.13		300436	广生堂	78.34
2503	600733	S 前锋	15.02		002074	国轩高科	78.34
2504	002341	新纶科技	15.01		600856	中天能源	77.96
2505	000680	山推股份	14.40		603398	邦宝益智	77.65
2506	601918	*ST 新集	13.96		002772	众兴菌业	77.24
2507	600234	*ST 山水	13.96		600297	广汇汽车	76.98
2508	600058	五矿发展	13.91		001979	招商蛇口	77.03
2509	600675	*ST 中企	13.78		002749	国光股份	76.5
2510	600767	运盛医疗	13.25		300482	万孚生物	76.3
2511	002337	赛象科技	13.24		601155	新城控股	75.83
2512	600656	退市博元	13.06		300452	山河药辅	75.58
2513	000401	冀东水泥	12.49		603020	爱普股份	75.15
2514	000831	*ST 五稀	12.27		600708	光明地产	75.16
2515	600800	天津磁卡	12.24		300467	迅游科技	75.21
2516	000968	*ST 煤气	12.22		300429	强力新材	75.09
2517	600740	山西焦化	12.13		603589	口子窖	74.9
2518	000809	铁岭新城	12.09		300485	赛升药业	74.64
2519	600149	廊坊发展	11.92		600381	青海春天	74.45
2520	600425	青松建化	11.88		603338	浙江鼎力	74.44
2521	000629	*ST 钒钛	11.67		300494	盛天网络	74.44
2522	600815	厦工股份	11.56		300433	蓝思科技	74.35
2523	600546	*ST 山煤	10.40		002044	美年健康	74.44
2524	600301	*ST 南化	10.13		300481	濮阳惠成	74.29
2525	600375	*ST 星马	10.05		603309	维力医疗	74.21
2526	601106	中国一重	9.85		300443	金雷风电	74.21
2527	601558	华锐风电	9.56		300439	美康生物	74.17
2528	600432	*ST 吉恩	9.33		603568	伟明环保	74.06
2529	002072	凯瑞德	9.24		002680	长生生物	73.96
2530	601005	重庆钢铁	8.44		603808	歌力思	73.86
2531	000918	嘉凯城	8.19		603158	腾龙股份	73.9
2532	600724	宁波富达	7.26		603989	艾华集团	73.71
2533	000897	津滨发展	3.32		603508	思维列控	73.71
	300498	温氏股份	89.49		603869	北部湾旅	73.59
	600299	安迪苏	84.06		603198	迎驾贡酒	73.55
	002739	万达院线	83.16		300458	全志科技	73.6
	002027	分众传媒	82.55		603669	灵康药业	73.28
	601021	春秋航空	80.56		603566	普莱柯	73.19
	603866	桃李面包	80.22		000615	湖北金环	73.17

续表

序号	股票代码	公司名称	评价得分	序号	股票代码	公司名称	评价得分
	000796	凯撒旅游	73.09		603999	读者传媒	69.27
	603223	恒通股份	72.95		300418	昆仑万维	69.3
	603818	曲美家居	72.86		300468	四方精创	69.21
	603696	安记食品	72.88		603686	龙马环卫	68.99
	300394	天孚通信	72.74		600606	绿地控股	68.92
	300432	富临精工	72.56		002779	中坚科技	68.79
	300446	乐凯新材	72.27		601985	中国核电	68.66
	002762	金发拉比	72.23		300479	神思电子	68.52
	300496	中科创达	72.05		600704	物产中大	68.35
	603116	红蜻蜓	71.97		300459	浙江金科	68.37
	300473	德尔股份	71.87		300448	浩云科技	68.38
	601689	拓普集团	71.7		300427	红相电力	68.35
	002763	汇洁股份	71.6		300470	日机密封	68.28
	300445	康斯特	71.51		600666	奥瑞德	68.16
	300428	四通新材	71.53		002782	可立克	68.21
	002756	永兴特钢	71.46		300431	暴风科技	68.12
	002750	龙津药业	71.5		603022	新通联	67.84
	300453	三鑫医疗	71.39		002787	华源包装	67.84
	300488	恒锋工具	71.34		600959	江苏有线	67.74
	300414	中光防雷	71.27		002780	三夫户外	67.56
	002581	未名医药	71.28		603883	老百姓	67.25
	603600	永艺股份	71.21		603838	四通股份	67.15
	603066	音飞储存	71.22		600981	汇鸿集团	67.17
	002776	柏堡龙	71.24		600229	城市传媒	67.1
	603355	莱克电气	71.14		002767	先锋电子	67.1
	300491	通合科技	71.09		300476	胜宏科技	66.96
	002783	凯龙股份	71.06		002753	永东股份	66.96
	002411	必康股份	71.14		603567	珍宝岛	66.93
	603023	威帝股份	71		300447	全信股份	66.92
	603519	立霸股份	70.85		603678	火炬电子	66.78
	300450	先导智能	70.77		300440	运达科技	66.79
	300437	清水源	70.67		600418	江淮汽车	66.7
	603611	诺力股份	70.44		603558	健盛集团	66.58
	300497	富祥股份	70.42		300475	聚隆科技	66.61
	000018	神州长城	70.34		300487	蓝晓科技	66.47
	603025	大豪科技	70.17		002771	真视通	66.34
	603968	醋化股份	70.12		300477	合纵科技	66.21
	002270	法因数控	70.13		300456	耐威科技	66.18
	603788	宁波高发	69.75		600623	双钱股份	66.1
	603718	海利生物	69.72		002323	雅百特	66.09
	002777	久远银海	69.67		002100	天康生物	66.1
	300463	迈克生物	69.63		603778	乾景园林	66.02
	603997	继峰股份	69.54		600074	保千里	65.92
	300417	南华仪器	69.45		300416	苏试试验	65.91
	300471	厚普股份	69.39		603939	益丰药房	65.75

续表

序号	股票代码	公司名称	评价得分	序号	股票代码	公司名称	评价得分
	002745	木林森	65.71		300461	田中精机	61.64
	002770	科迪乳业	65.45		600338	西藏珠峰	61.4
	002781	奇信股份	65.37		603996	中新科技	61.15
	603085	天成自控	65.29		603936	博敏电子	61.2
	300451	创业软件	65.33		002775	文科园林	61.22
	603969	银龙股份	65.19		002761	多喜爱	60.96
	300478	杭州高新	65.23		300426	唐德影视	60.68
	002742	三圣特材	65.2		300483	沃施股份	60.63
	002036	联创电子	65.18		300421	力星股份	60.56
	603698	航天工程	65.08		603729	龙韵股份	60.48
	300465	高伟达	64.94		300460	惠伦晶体	60.46
	002759	天际股份	64.94		300419	浩丰科技	60.52
	601368	绿城水务	64.84		002758	华通医药	60.53
	603599	广信股份	64.59		002752	昇兴股份	60.27
	300495	美尚生态	64.63		002766	索菱股份	60.12
	300435	中泰股份	64.58		300489	中飞股份	59.97
	002748	世龙实业	64.62		603618	杭电股份	59.88
	603601	再升科技	64.52		300424	航新科技	59.83
	603118	共进股份	64.4		603026	石大胜华	59.46
	300457	赢合科技	64.4		300415	伊之密	59.46
	600891	秋林集团	64.27		600444	国机通用	59.33
	600076	康欣新材	64.03		603268	松发股份	59.21
	603222	济民制药	63.81		300462	华铭智能	59.2
	603030	全筑股份	63.8		300364	中文在线	59.08
	300423	鲁亿通	63.84		603789	星光农机	58.89
	603311	金海环境	63.73		603598	引力传媒	58.87
	300444	双杰电气	63.72		002765	蓝黛传动	58.9
	300464	星徽精密	63.63		603300	华铁科技	58.5
	300493	润欣科技	63.49		300480	光力科技	58.38
	002675	东诚药业	63.5		300430	诚益通	58.25
	600517	置信电气	63.43		002747	埃斯顿	58.29
	002757	南兴装备	63.32		300422	博世科	57.95
	002734	利民股份	63.32		603108	润达医疗	57.86
	000032	深桑达A	63.06		300425	环能科技	57.86
	300492	山鼎设计	62.79		300404	博济医药	57.76
	300455	康拓红外	62.57		002740	爱迪尔	57.76
	603901	永创智能	62.45		603315	福鞍股份	57.59
	300490	华自科技	62.53		300469	信息发展	57.49
	002786	银宝山新	62.51		600848	上海临港	57.31
	300438	鹏辉能源	62.33		002769	普路通	57.25
	603918	金桥信息	61.98		603828	柯利达	57.16
	002768	国恩股份	62.03		002746	仙坛股份	57.11
	603015	弘讯科技	61.91		603227	雪峰科技	57.02
	600629	华建集团	61.92		603021	山东华鹏	56.35
	000833	贵糖股份	61.73		300466	赛摩电气	56.37

续表

序号	股票代码	公司名称	评价得分	序号	股票代码	公司名称	评价得分
	300434	金石东方	56.38		300374	恒通科技	52.02
	300413	快乐购	56.21		603012	创力集团	51.68
	300441	鲍斯股份	55.86		300420	五洋科技	51.69
	601968	宝钢包装	55.65		300449	汉邦高科	51.27
	002751	易尚展示	55.37		603703	盛洋科技	50.88
	300472	新元科技	55.26		600163	中闽能源	49.82
	300442	普丽盛	55.07		002343	慈文传媒	49.27
	601069	西部黄金	54.68		600871	石化油服	47.52
	603979	金诚信	54.59		603318	派思股份	46.56
	603299	井神股份	54.36		603117	万林股份	46
	603800	道森股份	54.32		603616	韩建河山	45.92
	002741	光华科技	54		002743	富煌钢构	45.44
	600217	秦岭水泥	53.09		002366	台海核电	41.94
	002785	万里石	53		000723	美锦能源	37.05
	002760	凤形股份	52.6		000795	英洛华	35
	300486	东杰智能	52.4		000687	华讯方舟	30.65
	002755	东方新星	52.4		603799	华友钴业	28.93

附录三 2015年度中国上市公司分类财务指标

序号	单位名称	带息负债比率(%)	累计保留盈余率(%)	三年营业收入平均增长率(%)	总资产增长率(%)	营业利润增长率(%)	净资产收益率(%)
1	全国A股上市公司	51.38	42.27	3.77	15.69	−12.37	7.26
2	一、按证监会行业划分(根据行业代码)						
3	农林牧渔业A	59.22	25.79	4.47	15.64	60.46	7.4
4	采掘业B	54.27	58.09	−8.58	2.26	−56.45	3.21
5	煤炭B01	63.95	47.61	−13.71	6.22	−73.94	0.92
6	制造业C	52.59	37.18	5.71	14.86	−13.89	6.46
7	食品、饮料C0	37.25	57.58	4.16	12.46	7.58	13.95
8	纺织、服装、毛皮C1	60.56	37.63	6.48	14.51	8.23	7.6
9	造纸、印刷C3	68.24	31.15	5.72	15.89	57.1	6.74
10	石油、化学、塑胶、塑料C4	65.88	30.11	5.99	11.47	41.31	5.43
11	电子C5	52.39	24.22	17.64	25.8	−7.68	6.66
12	金属、非金属C6	62.13	28.86	−3.29	7.85	−248.37	−3.25
13	非金属矿物制品业(建筑材料)C61	42.13	43.69	8.25	27.72	−36.63	5.11
14	机械、设备、仪表C7	41.51	41.59	9.48	17.49	−4.54	9.38
15	普通机械、专用设备(装备制造)	51.61	31.85	−0.3	10.37	−52.96	2.46
16	交通运输设备制造业C75	38.37	49.2	14.23	25.65	7.76	13.1
17	医药、生物制品C8	49.2	44.37	13.02	19.97	16.94	11.84
18	医药制造业C81	49.16	45.45	13.21	20.07	15.26	11.89
19	其他制造业C9	65.95	39.38	14.85	30.2	87.22	9.68
20	电力煤气及水的生产和供应业D	74.52	34.55	2.29	10.21	13.7	13.07
21	电力、蒸汽、热水的生产和供应业(D01)	75.36	34.24	1.58	9.55	13.81	13.37
22	自来水的生产和供应业(D05)	64.5	38.03	22.23	18.51	15.58	10.11
23	建筑业E	37.99	42.32	10.18	14.74	7.81	11.16

续表

序号	单位名称	带息负债比率(%)	累计保留盈余率(%)	三年营业收入平均增长率(%)	总资产增长率(%)	营业利润增长率(%)	净资产收益率(%)
24	交通运输、仓储业F	60.46	37.93	2.54	6.83	8.52	8.93
25	铁路运输业(f01)	24.04	52.83	4.6	7.3	−6.62	11.74
26	公路运输业(f03)	69.43	44.7	1.97	5.13	−15.59	4.99
27	管道运输业(f05)	0	0	0	0	0	0
28	水上运输业(f07)	85.03	3.28	−2.73	2.4	−263.91	1.7
29	航空运输业(f09)	49.45	40.86	3.92	6.67	113.4	12.26
30	信息技术业G	37.84	28.56	9.76	22.98	6.28	8.7
31	通信及相关设备制造业(G81)	46.38	32.4	13.07	18.72	17.17	8.75
32	计算机及相关设备制造业(G83)	40.67	45.64	8.05	34.72	70.43	13.28
33	计算机应用服务业(G87)	38.24	35.6	17.63	38.78	33.53	11.15
34	批发和零售贸易业H	52.93	41.14	7.52	21.1	−5.91	5.75
35	零售H11	48.83	45.55	9.82	25.7	1.49	7.22
36	外贸H21	44.1	42.55	6.44	20.69	10.23	8.43
37	房地产业J	47.19	49.39	27.69	42.6	17.43	11.68
38	社会服务业K	56.83	41.72	18.7	31.45	13.21	10.66
39	传播与文化产业L	34.25	37.82	31.35	46.37	21.37	10.38
40	综合类M	68.57	30.92	3.39	15.99	0.15	6.82
41	二、按照申万行业代码分类(按照汉字分类)						
42	农林牧渔(申银)	58.44	29.42	4.03	13.34	33.65	7.39
43	采掘(申银)	57.79	57.59	−8.75	2.79	−68.68	2.06
44	化工(申银)	55.06	47.41	−5.57	6.37	1.82	6.03
45	化工+石油(申银)	53.88	57.02	−6.36	3.31	−38.48	4.62
46	化工+石油+油气钻采(申银)	53.47	56.67	−5.98	3.42	−39.9	4.62
47	钢铁(申银)	65.66	19.2	−10.79	1.07	−1160.22	−11.71
48	有色金属(申银)	73.63	27.58	4.37	4.85	−239	0.06
49	建筑材料(申银)	61.82	44.09	5.65	8.78	−51.14	4.12
50	建筑装饰(申银)	37.53	42.8	9.98	14.39	7.56	11.27
51	电气设备(申银)	40.45	29.38	10.88	19.87	13.73	7.68
52	机械设备(申银)	49.89	37.01	4.18	20.79	−8.73	4.74
53	机械设备−不包括金属制品(申银)	47.86	35.89	4.61	21.35	−8.06	4.64
54	机械设备+非汽车交运设备−金属制品	47.86	35.89	4.61	21.35	−8.06	4.64
55	电气设备+机械设备+国防军工	46.58	32.74	7.48	18.25	−10.14	4.7
56	国防军工(申银)	49.01	24.73	11.88	8.69	−236.21	−2.18
57	汽车(申银)	45.52	53.08	13.33	21.83	8.28	14.57

续表

序号	单位名称	带息负债比率(%)	累计保留盈余率(%)	三年营业收入平均增长率(%)	总资产增长率(%)	营业利润增长率(%)	净资产收益率(%)
58	汽车整车和零部件（申银）	39.83	54.43	12.97	19.14	6.28	15.11
59	家用电器（申银）	35.05	49	7.12	8.5	−8.52	15.12
60	纺织服装（申银）	57.79	41.73	5.14	22.61	8.39	9.92
61	轻工制造（申银）	68.57	31.76	7.19	20.29	35.92	7.54
62	食品饮料（申银）	30.64	63.38	4.48	13.35	6.89	15.56
63	医药生物（申银）	46.65	45.25	15.81	30.31	18.53	12.1
64	休闲服务（申银）	56.53	31.57	9.05	29.48	38.56	8.95
65	电子（申银）	55.14	24.17	22.44	28.78	−5.96	5.97
66	计算机（申银）	34.72	40.4	13.25	31	28.91	11.99
67	传媒（申银）	35.79	36.64	30.55	51.85	34.23	11.45
68	通信（申银）	38.15	21.89	7.01	15.53	−32.55	6.6
69	交通运输（申银）	59.71	38.36	6.54	7.9	10.07	9.14
70	房地产（申银）	46.91	49.12	25.51	37.25	12.59	11.31
71	商业贸易（申银）	44.57	40.47	6.84	14.7	−19.1	4.51
72	公用事业（申银）	73.97	35.33	3.28	11.19	14.53	13.09
73	电力（申银，在公共事业中）	76.02	35.08	1.57	8.82	13.52	13.66
74	非银金融（申银）	53.66	17.51	45.58	89.71	22.35	9.93
75	综合（申银）	60.83	20.88	9.77	34.77	−17.5	3.73
76	煤炭（申银，包含煤炭两字的）	64.06	45.6	−14.51	6.79	−80.98	0.24
77	环保（申银，包含环保两字的）	46.29	34.93	19.04	48.7	46.04	10.63
78	节能（申银，包含节能两字的）	0	0	0	0	0	0
79	三、按规模划分						
80	100亿元以上	51.46	46.05	2.15	11.31	−18.07	7.34
81	50–100亿元	53.47	37.87	9.42	38.43	1.04	6.82
82	10–50亿元	49.85	30.41	12.28	26.81	11.76	6.87
83	10亿元以下	38.5	19.16	14.16	96.14	78.39	9.18
84	四、按地点划分						
85	沪市	52.21	41.75	1.91	17.5	−6.77	7.7
86	深市	54.05	37.36	8.55	19.61	−0.64	7.62
87	其中：深圳普通版(000)	54.8	38.7	4.07	14.93	−13.05	6.75
88	中小企业板(002)	53.77	37.02	13.68	22.86	9.52	8.05
89	创业板(300)	47.14	33.26	24.3	42.77	22.28	9.71
90	京津冀地区	50.13	49.27	−0.96	10.19	−21.69	6.93
91	五、按上市时间						
92	2015年上市	54.48	44.21	11.99	31.85	19.35	15.08
93	2014年上市	52.14	41.14	7.67	17.97	−13.73	8.24

续表

序号	单位名称	带息负债比率（%）	累计保留盈余率（%）	三年营业收入平均增长率（%）	总资产增长率（%）	营业利润增长率（%）	净资产收益率（%）
94	2013 年上市	45.82	44.08	5.98	3.57	15.1	20.33
95	2012 年上市	48.6	40.58	11.29	19.24	5.42	8.76
96	2011 年上市	52.24	33.09	13.94	22.68	0.08	6.36
97	2010 年以前上市	51.38	42.76	2.99	14.9	−15.21	6.92
98	六、按综合分类						
99	100 强	36.9	61.36	17.49	29.82	26.69	20.85
100	96 强（需要加上金融证券 4 户）	36.62	61.94	17.22	30.03	26.56	20.97
101	95 强（需要加上金融证券 5 户）	36.62	61.95	17.22	30.02	26.57	20.97
102	94 强（需要加上金融证券 6 户）	36.07	61.88	17.07	28.51	26.35	21.02
103	93 强（需要加上金融证券 7 户）	36.07	61.9	17.08	28.49	26.35	21.02
104	92 强（需要加上金融证券 8 户）	36.09	61.93	17.09	28.51	26.41	21.03
105	91 强（需加上金融证券 9 户）	36.11	61.91	17.11	28.52	26.4	21.04
106	90 强（需要加上金融证券 10 户）	36.12	61.95	17.08	28.44	26.39	21.05
107	上年 100 强	43.96	61.15	3.72	9.78	−16.09	11.88
108	七、按中联公司专门分类						
109	钢铁（采掘 + 制造）B05C65	66.63	17.17	−10.89	1.96	−76975.52	−12.42
110	有色金属（采掘 + 制造）B07C67	74.35	27.89	3.91	2.97	0	−0.53
111	石油石化（采掘 + 制造）B03C41C43	52.28	58.53	−7.03	2.32	−43.72	4.31
112	建筑建材（建筑业 + 建材）C61E	38.46	42.67	10.02	16.47	−1	9.61
113	中央企业控股 A 股上市公司	47.43	47.7	−0.98	7.31	−22.27	6.59
114	新兴产业（样本 100）	43.58	47.7	7.58	14.82	−19.23	9.05
115	新兴产业（中联样本 200）	46.73	44.14	8.77	16.22	−17.56	8.36

附录四 新三板——红利爆发的2015年

正如去年《新三板——红利释放的2014年》所指出，新三板市场政策不断推出：2015年3月份证监会、股转系统推出首批两大指数，9月份发布新三板优先股业务指引，11月份发布新三板市场分层方案。

凭借众多政策红利以及新三板独特的定位及制度创新，2015年，新三板迎来爆发式增长，实现了两大超越：挂牌公司家数突破5000家，超越沪深两市总和；融资金额超过1000亿元，超越创业板；此外，股票交易年换手率超过50%、机构投资者规模超过20000户。以上具有标志性意义的数字背后，记录了新三板市场过去一年非同寻常的发展历程。

一、重点政策回顾

（一）“十三五”规划大幅提升新三板战略高度

2015年11月3日，《中共中央关于制定国民经济和社会发展第十三个五年规划的建议》（以下简称“十三五”规划建议）正式发布，大幅提升了新三板的战略高度，为新三板继续做强做大埋下了伏笔。“十三五”规划建议明确指出：“积极培育公开透明、健康发展的资本市场”，“提高直接融资比重”，“发展天使、创业、产业投资，深化创业板、新三板改革”。这表明资本市场将得到大力发展，新三板是多层次资本市场的重要组成部分，在“大众创业、万众创新”背景下，必将迎来蓬勃发展，新三板制度改革也将加快推进。

（二）“进一步推进新三板发展若干意见”预留政策空间

中国证监会2015年11月16日发布《关于进一步推进全国中小企业股份转让系统发展的若干意见》（以下简称“进一步推进新三板发展意见”），是继2013年12月13日《国务院关于全国中小企业股份转让系统有关问题的决定》发布后第二个专门针对新三板发展的重要文件，既着眼当下，又面向未来，为创新和发展预留了政策空间。提出了七项意见：

1. 充分认识加快发展全国股转系统的重要意义和目标任务。提出“统应立足于服务创新型、创业型、成长型中小微企业的市场定位，构建具有自身特色的市场制度体系，切实增强服务实体经济的能力。”一是着眼中小微企业及其投资人的特点和需求，丰富产品和制度供给，发挥公开市场优势，坚持包容性制度特色，持续提高投融资对接效率；二是大力发展多元化的机构投资者队伍，强化主办券商组织交易的功能，稳步提升市场流动性水平；三是坚持独立的市场地位，公司挂牌不是转板上市的过渡安排，全国股转系统应逐步完善服务体系，促进挂牌公司成长为优质企业，同时着眼建立多层次资本市场的有机联系，研究推出全国股转系统挂牌公司向创业板转板的试点，建立全国股转系统与区域性股权市场的合作对接机制；四是坚持创新发展与风险控制相匹配，既要坚定不移地推进改革创新，又要牢牢守住不发生系统性、区域性风险的底线，着力完善现有制度，强化风险控制能力，现阶段不降低投资者准入条件，不实行连续竞价交易。”。

2. 进一步提高审查效率，增强市场融资功能。提出“加快推出一次审批、分期实施的储架发行制度，以及挂牌公司股东大会一次审议、董事会分期实施的授权发行机制。发展适合中小微企业的债券品种。加快推出优先股和资产支持证券。开展挂牌股票质押式回购业务试点”。

3. 坚持和完善主办券商制度和多元化交易机制；提出“全国股转系统应坚持并完善多元化交易机制，改革优化协议转让方式，大力发展做市转让方式，建立健全盘后大宗交易制度和非交易过户制度，改善市场流动性，提高价格发现效率。”

4. 实施全国股转系统内部分层和差异化管理。“提高风险管理和差异化服务能力，降低投资人信息收集成本”。新三板公司归属证监会统一监管，后期各地证监局将根据要求加大辖区内新三板公司的的实质性监管。

5. 大力发展和培育机构投资者队伍。“坚持全国股转系统以机构投资者为主体的发展方向”；“支持证券公司、基金管理公司及其子公司、期货公司子公司、商业银行等机构，开发投资于挂牌证券的私募证券投资基金等产品。”

6. 持续加强投资者权益保护工作。“落实主办券商投资者适当性管理责任，规范开户管理和产品销售行为，完善风险提示基本规范和纠纷调解制度。严格执行证券账户实名制规定，严禁开立虚拟证券账户、借用出借证券账户、垫资开户等行为。”

7. 加强市场监管。“坚持以市场化、法治化为导向推进监管转型，坚持以信息披露为本，以公司自治和市场约束为基础，以规则监管为依据，构建职责明确、分工清晰、信息共享、协同高效的监管体系，切实维护市场公开公平公正。”

（三）“分层方案”终于破壳

“进一步推进新三板发展意见”发布后，股转系统于 2015 年 11 月 24 日发布《全国股转系统挂牌公司分层方案（征求意见稿）》（以下简称“分层方案”），并将于 2016 年 5 月正式实施，实行挂牌即分层。由于新三板门槛低、效率高、包容性强，挂牌企业数快速增加的同时，企业间的差异却日益明显，分层管理成为市场各方期盼的政策。“分层方案’的总体思路为“多层次，分步走”。起步阶段将挂牌公司划分为创新层和基础层，随着市场的不断发展和成熟，再对相关层级进行优化和调整。创新层公司优先进行制度创新的试点，基础层公司继续适用现有的制度安排。基础层主要针对挂牌以来无交易或交易极其偶发且尚无融资记录的企业，还包括有交易或者融资记录但暂不满足创新层准入标准的企业。

1. 创新层设置三套并行标准：

标准一："净利润（≥2000万元）+净资产收益率（近两年平均≥10%）+股东人数（近3个月日均≥200人）"；

标准二："营业收入复合增长率（近两年连续增长且≥50%）+营业收入（近两年平均≥4000万元）+股本（≥2000万元）"；

标准三：市值（近3月日均≥6亿元）+股东权益（近一年年末≥5000万元）+做市商家数（≥6家）。

在达到上述任一标准的基础上，同时还需满足最近3个月内实际成交天数占可成交天数的比例不低于50%或挂牌以来完成过融资的要求，并符合公司治理、公司运营规范性等共同标准。

为了对市场分层进行动态管理，《分层方案》还设置了维持标准，每年4月30日将不符合创新层要求的挂牌公司调整到基础层(与准入条件保持一致，净利润、净资产收益率、营业收入复合增长率和市值指标低于准入要求)，同时从基础层挑选符合条件的企业进入创新层。如果第一年不符合的，公司应当及时发布风险揭示公告，第二年仍不符合的，则将被调整到基础层。

2. 创新层公司差异化制度安排

服务方面。创新层市场将以提高市场效率为核心持续推进制度创新，优先进行融资制度、交易制度的创新试点。对创新层挂牌公司建立一次审批、分期实施的储架发行制度和挂牌公司股东大会一次审议、董事会分期实施的授权发行机制，加强融资定价指导、限售管理和募集资金使用的管理；探索并购贷款和并购基金的可行性。

监管方面：

一是从信息披露的时效性和强度上适度提高要求，要求该层公司披露业绩快报或业绩预告，并提高定期报告、临时报告披露及时性的要求，鼓励披露季度报告，加强对公司承诺事项的管理；

二是要求进一步完善治理结构和建立相关制度，要求设置专职董秘，强化对公司董监高敏感期股票买卖、短线交易的管理；

三是实施严格的违规记分制度和公开披露制度，并与责任人员强制培训制度相衔接，研究引入自愿限售制度。

二、一级发行快速发展

（一）挂牌持续火爆

1. 挂牌企业数超越主板

截至2015年12月31日，新三板挂牌企业共有5219家，是中国主板上市企业2421家的2.09倍。2015年新三板总共挂牌了3586家，相比2014年1224家，增长了193%。2014年，新三板平均每月挂牌102家，2015年平均每月挂牌299家；尤其越接近年底增速越快，以平均每日30家的速度增加，12月单月的挂牌数高达746家，创出新三板单月挂牌数量历史之最。

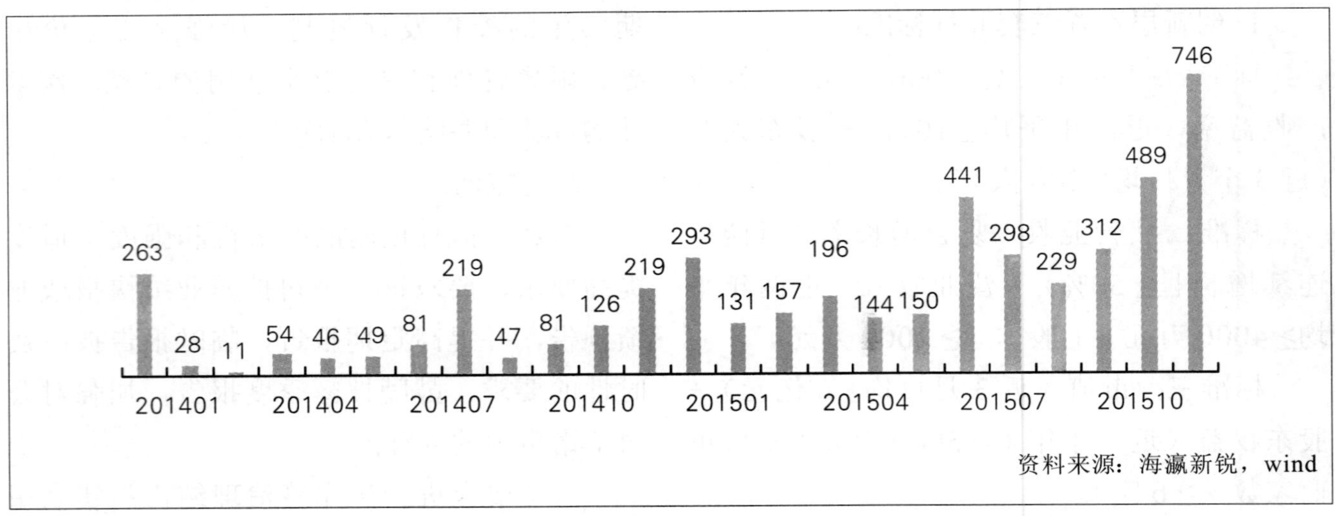

图附录4－1 新三板挂牌企业情况（2014–2015）

2.区域分布面临变局

在新三板挂牌企业地区分布中，全国22个省、4个直辖市、5个自治区均有企业挂牌，整体上看，新三板挂牌企业基本集中在北京、上海及广东省等经济发展较为发达地区。根据股转公司数据统计，北京有763家企业挂牌新三板，是挂牌企业数量最多的地区。广东和江苏紧随其后，挂牌企业数量均超过600家。上海与浙江排名第四、第五，挂牌企业数量为440家和410家。

但从2015年新挂牌企业数看，广东、江苏后来居上超越北京，广东占比15.04%，排名第一；江苏占比13.49%，排名第二；北京占比11.27%，位于第三。这表明新三板实质影响推至全国，且渐入人心，并获得思想开放、经营活跃、中小企业数量多省份的追捧。

表附录4－1 挂牌公司地域分布情况

省份	2015年末		2014年末		2015年新挂牌企业	占比（%）
	公司家数	占比（%）	公司家数	占比（%）		
北京	763	14.88	362	23.03	401	11.27
广东	684	13.34	149	9.48	535	15.04
江苏	651	12.69	171	10.88	480	13.49
上海	440	8.58	166	10.56	274	7.70
浙江	410	7.99	69	4.39	341	9.59
山东	336	6.55	98	6.23	238	6.69
湖北	204	3.98	93	5.92	111	3.12
河南	195	3.80	55	3.50	140	3.94
安徽	162	3.16	45	2.86	117	3.29
福建	139	2.71	41	2.61	98	2.76

续表

省份	2015 年末		2014 年末		2015 年新挂牌企业	占比（%）
	公司家数	占比（%）	公司家数	占比（%）		
四川	137	2.67	31	1.97	106	2.98
辽宁	114	2.22	41	2.61	73	2.05
湖南	110	2.14	33	2.10	77	2.16
河北	98	1.91	23	1.46	75	2.11
天津	92	1.79	41	2.61	51	1.43
陕西	64	1.25	22	1.40	42	1.18
新疆	63	1.23	17	1.08	46	1.29
江西	62	1.21	13	0.83	49	1.38
重庆	59	1.15	22	1.40	37	1.04
云南	55	1.07	13	0.83	42	1.18
黑龙江	51	0.99	14	0.89	37	1.04
吉林	41	0.80	7	0.45	34	0.96
贵州	36	0.70	13	0.83	23	0.65
宁夏	36	0.70	14	0.89	22	0.62
山西	32	0.62	4	0.25	28	0.79
广西	31	0.60	5	0.32	26	0.73
内蒙古	26	0.51	3	0.19	23	0.65
甘肃	17	0.33	3	0.19	14	0.39
海南	16	0.31	3	0.19	13	0.37
青海	3	0.06	1	0.06	2	0.06
西藏	2	0.04	–	–	2	0.06
合计	5129	100.00	1572	100.00	3557	100.00

资料来源：海瀛新锐、股转系统

3. 行业分布相对集中

截至 2015 年底，以证监会行业（一级）划分，新三板挂牌数量排名靠前的行业有制造业，信息传输、软件和信息技术服务业，科学研究和技术服务业；其中前两个行业挂牌企业超过均 1000 家。居民服务、修理和其他服务业，住宿和餐饮业最少，分别为 17、11 家；说明新三板行业挂牌数量行业分布差距较大，两端的差距高达 250 倍。

表附录 4－2　　行业挂牌数量

行业名称	挂牌家数	做市家数	协议家数
采矿业	25	6	19
电力、热力、燃气及水生产和供应业	33	6	27
房地产业	24	4	20
建筑业	158	46	112
交通运输、仓储和邮政业	60	12	48
教育	19	4	15
金融业	105	12	93
居民服务、修理和其他服务业	17	2	15
科学研究和技术服务业	223	49	174
农、林、牧、渔业	118	25	93
批发和零售业	163	32	131
水利、环境和公共设施管理业	81	16	65
卫生和社会工作	24	4	20
文化、体育和娱乐业	103	16	87
信息传输、软件和信息技术服务业	1026	246	780
制造业	2734	595	2139
住宿和餐饮业	11	1	10
租赁和商务服务业	205	39	166
合计	5129	1115	4014

资料来源：海瀛新锐、Choice

4. 行业市值分布及排名

从行业角度来看，市值最大的行业为金融，共 128 家挂牌企业。金融行业呈现出挂牌企业较少，市值相对较大的特征，挂牌的企业例如九鼎集团、硅谷天堂、中科招商、联讯证券、东海证券等投资机构和券商类企业市值均在百亿以上，九鼎集团更是超过千亿市值。

信息技术是仅次于金融的第二大市值行业，行业整体市值为 3346 亿元，挂牌企业数量达到 1418 家，平均到每家企业市值为 62.36 亿元；市值排名第三的行业为工业，整体市值 2691.28 亿元，企业平均市值为 1.77 亿元。

原材料、非日常生活消费品医疗保健行业市值同样超过千亿。

表附录 4－3　　行业市值分布

板块名称	挂牌企业数量	总市值（亿元）	平均市值（亿元）
金融	128	3408.49	26.63
信息技术	1418	3346.21	2.36
工业	1522	2691.28	1.77
原材料	679	1523.84	2.24
非日常生活消费品	658	1437.61	2.18
医疗保健	348	1231.90	3.54
日常消费品	299	909.27	3.04
电信业务	118	299.02	2.53
能源	116	292.76	2.52
公用事业	30	170.20	5.67
房地产	26	14.26	0.55

资料来源：海瀛新锐、choice

从新三板市值排名二十家企业来看，60% 的企业来自于金融行业，数量为 12 家，九鼎集团市值超过千亿，中科招商、硅谷天堂超过 400 亿市值，其余金融类企业市值均在百亿水平。此外，医疗保健材料行业各有两家企业上榜，日常消费、可选消费、信息技术与公共事业各有一家企业上榜。

表附录 4－4　　新三板排名市值排名前二十家企业

证券代码	证券简称	行业	总股本（万股）	总市值（亿元）
430719.OC	九鼎集团	金融	550000.02	1024.65
832168.OC	中科招商	金融	180474.63	432.24
833044.OC	硅谷天堂	金融	147738.00	428.44
832970.OC	东海证券	金融	167000.00	184.70
833858.OC	信中利	金融	64499.92	180.54

续表

证券代码	证券简称	行业	总股本（万股）	总市值（亿元）
834089.OC	浙商创投	金融	65300.00	169.71
830838.OC	新产业	医疗保健	37040.00	148.16
833979.OC	天图投资	金融	51977.31	144.86
832898.OC	天地壹号	日常消费	41000.00	127.10
834793.OC	华强文化	可选消费	40000.00	116.00
832950.OC	益盟股份	信息技术	43750.00	113.75
832793.OC	同创伟业	金融	42105.26	113.68
832397.OC	恒神股份	材料	123000.00	110.09
833868.OC	南京证券	金融	247399.95	107.62
832666.OC	齐鲁银行	金融	284075.00	92.04
830899.OC	联讯证券	金融	312617.45	89.10
831550.OC	成大生物	医疗保健	36000.00	83.05
834368.OC	华新能源	公用事业	5500.00	80.30
831628.OC	西部超导	材料	34707.20	73.58
831639.OC	达仁资管	金融	27618.50	72.58

资料来源：海瀛新锐、wind

表附录 4－5　各行业市值排名前三的企业

行业	市值排名前三的企业
能源	兰天然气（48 亿）、中润油（12.40 亿）、巨正源（11.89 亿）
原材料	恒神股份（110 亿）、西部超导（73.58 亿）、圣泉集团（57.61 亿）
非日常生活消费品	华强文化（116 亿）、汇量科技（62.91 亿）、华图教育（60.80 亿）
金融	九鼎集团（1024 亿）、中科招商（432 亿）硅谷天堂（428 亿）
工业	金达莱（59.60 亿）景津环保（57 亿）、云南路桥（43.75 亿）
日常消费品	天地壹号（127 亿）、垦丰种业（71.80 亿）、参仙源（62.25 亿）
公用事业	华新能源（80.30 亿）、益通股份（27.37 亿）、金海股份（21.85 亿）
医疗保健	新产业（148 亿）、成大生物（83.05 亿）、仁会生物（53.34 亿）
信息技术	益盟股份（113.75 亿）、科安达（61.90 亿）、中科软（53.46 亿）
电信业务	唯思软件（8.13 亿）、唐人通服（6.79 亿）、大汉三通（6.39 亿）
房地产	中兴通融（6.12 亿）、房米网（3.65 亿）、开元物业（3.04 亿）

资料来源：海瀛新锐、wind

5.2015 年做市企业数量大幅增加

自 2014 年 8 月 25 日起，新三板实施做市转让的交易方式，其旨在提升新三板价值发现功能，提高流动性与激活新三板市场。经过一年多的发展，采用做市转让的企业达到了 1110 家，其中 2015 年 5 月、6 月、7 月和 12 月每月新增做市企业均在 100 家以上。

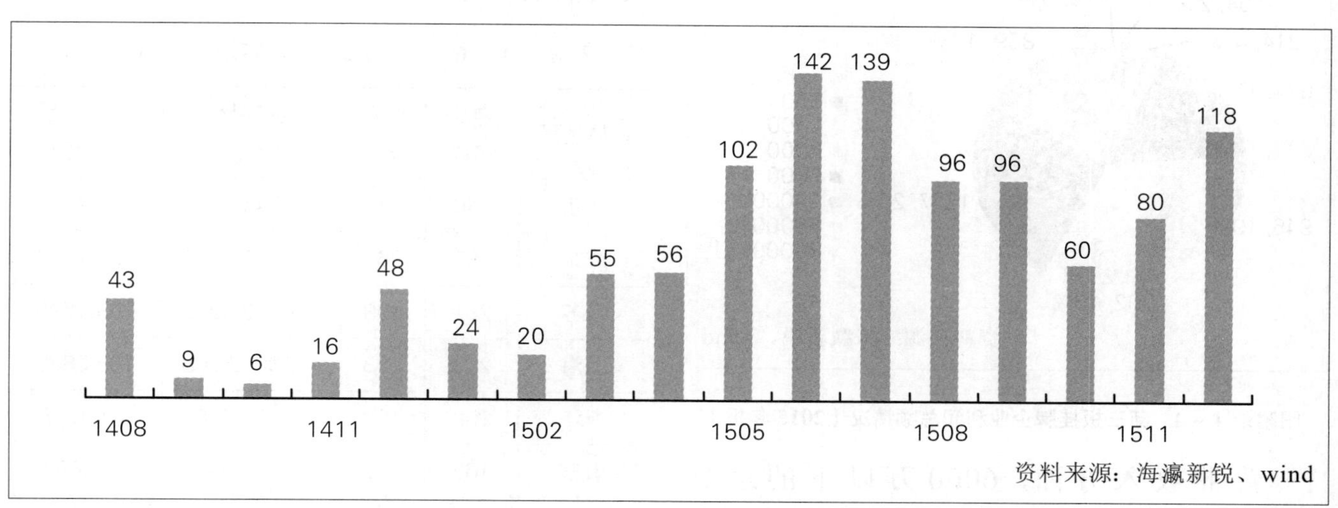

资料来源：海瀛新锐、wind

图附录 4－2　每月做市企业新增家数

6. 挂牌企业资质差异明显

由于新三板挂牌门槛低、包容性强，挂牌企业资质参差不齐，无论股本规模、营业收入、利润均差异十分明显。

股本规模上，截至2016年5月3日，公布的5093家挂牌企业年报显示股本规模1000万元以下的有397家，股本规模1000万至5000万元的有2854家，5000万以上的有1842家，其中股本最小的为汉米敦（111.41万股），最大的为九鼎集团（150亿股）。

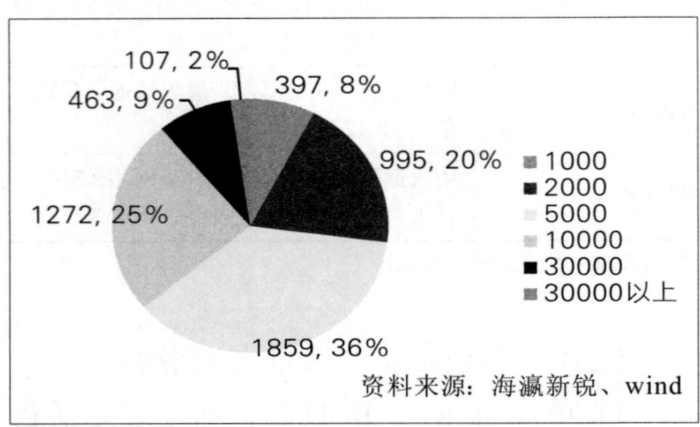

图附录4-3 新三板挂牌企业股本规模情况（2015年报）

利润总额方面，亏损的企业有859家，占比17%。利润总额最高的为东海证券12.3亿，最差的企业恒大淘宝为-9.5亿，差距巨大。

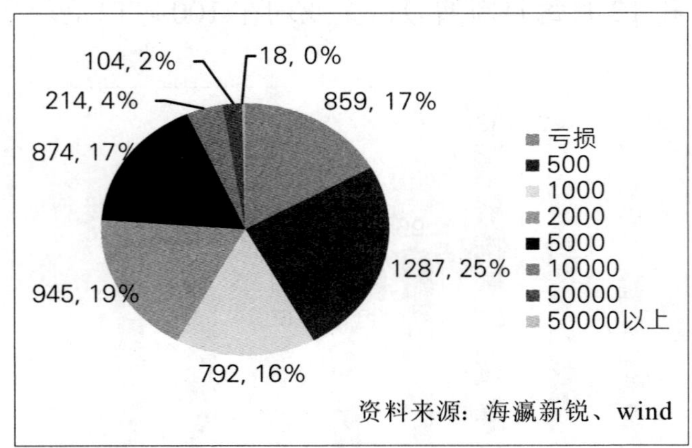

图附录4-4 新三板挂牌企业利润总额情况（2015年报）

营业收入方面，6000万以下的达到2305家，占比45%。最高的为金田铜业314亿，最差的三家企业苏州沪云、英极股份、东宝亿通无营业收入。

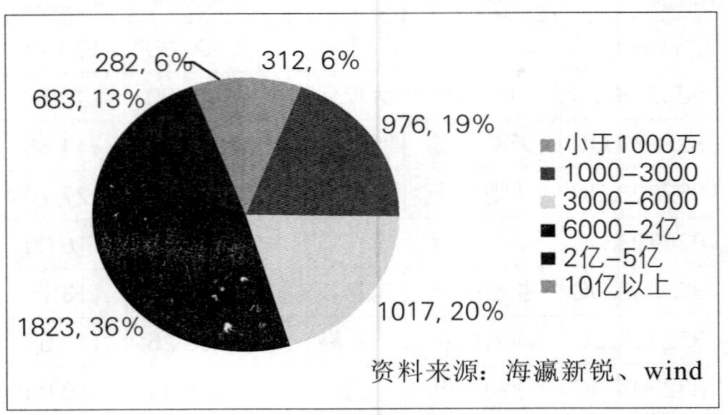

图附录4-5 新三板挂牌企业营业收入情况（2015年报）

（二）定增情况

1. 定增总额放大10倍

根据wind数据统计，2015年共有完成2571次股票定增发行，共计发行237.44亿股，融资1233亿元，是2014年融资额127.42亿元的9.8倍。与A股定增水平相比，新三板定增实施募集资金与A股相差较大，但定增实施次数远高于A股；A股定向增发2015年募集资金（现金）6709亿，是新三板的5.3倍，然而新三板定增次数超过2500次，约是A股的3.5倍，这也体现了新三板中小微企业融资金额小，次数多，方式灵活的特点。

表附录4-6 2015年定增地区排名

所属地区	增发次数	增发家数	发行股数（万股）	募集资金（亿元）
北京	440	327	608846.4903	337.7131
广东	387	261	621511.0136	335.1889
江苏	261	193	206732.0276	108.1528
上海	259	183	141803.5968	105.5888
浙江	162	128	109479.0788	49.0117
山东	169	129	141307.6022	61.0082
河南	112	78	90345.5665	38.5595

续表

所属地区	增发次数	增发家数	发行股数（万股）	募集资金（亿元）
湖北	100	74	57490.9508	26.3504
福建	88	66	38842.5746	21.2345
安徽	87	60	49699.8355	20.6773
四川	64	50	33268.8358	11.9180
湖南	59	40	50094.9861	13.4708
辽宁	46	37	25132.2464	11.6443
河北	46	35	36140.2275	13.5855
天津	36	28	17512.4864	9.5663
陕西	33	26	15678.8579	9.7481
江西	30	22	14815.1247	8.5548
云南	24	15	9196.3060	3.9615
黑龙江	25	16	24576.9581	8.5694
重庆	22	15	12927.7719	8.3776
宁夏	25	17	18725.7286	10.2747
新疆	19	14	16734.1348	9.5899
广西	22	16	88583.1316	27.4534
贵州	15	11	19725.6200	8.0449

续表

所属地区	增发次数	增发家数	发行股数（万股）	募集资金（亿元）
山西	15	12	7075.9000	4.7335
吉林	11	10	8012.0000	3.2546
甘肃	12	9	9175.3800	3.5808
海南	12	9	31318.5566	5.7599
内蒙古	5	5	7793.2002	1.1470
西藏	1	1	1000.0000	0.3000

资料来源：海瀛新锐、choice

2. 每月定增数量和实际募集资金

2015 年定增市场可以说是爆发的一年。2015 年 1 月定增实施次数为 68 次，实际募集资金 16.8 亿元；定增数量从 2015 年下半年开始加速，自 6 月份开始每月定增数量稳定在 200 次以上；2015 年 12 月定增数量达到 303 次、定增募集资金 115.7 亿元。反观 2014 年的定增市场，单月募集资金规模大多数在几个亿的规模徘徊，可见新三板融资能力在一年内得到了极大的提升。

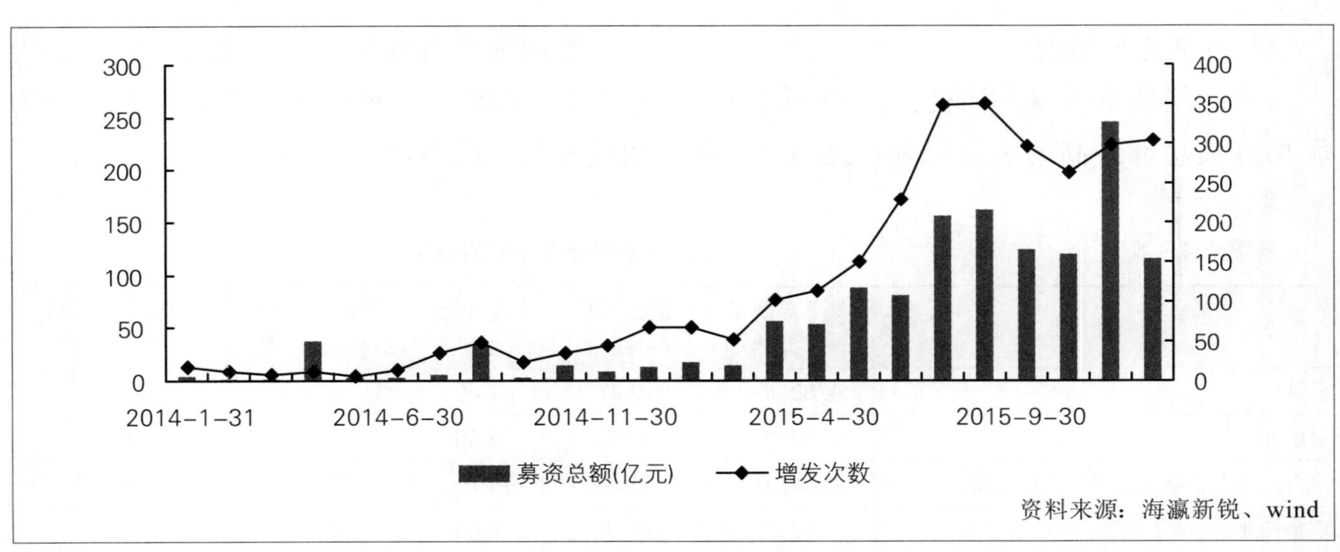

图附录 4－6 每月定增实际募集资金（亿元）及增发次数

新三板正显示极其强大的融资功能，单笔融资额也大幅提升，共有12家企业在2015年募集资金达10亿元以上。

表附录4－7　募集资金10亿以上企业前5名

股票代码	股票名称	增发募资金额合计（万元）
832168.OC	中科招商	10884
430719.OC	九鼎集团	10000
833868.OC	南京证券	3444
833044.OC	硅谷天堂	3071
830899.OC	联讯证券	2791

资料来源：海瀛新锐、股转系统

3. 定增后PE（市盈率）中枢渐渐提升

2015年4月份之后，新三板定增实施后PE整体呈逐渐上行走势，其中，11月定增实施后PE为52.89倍，较4月定增实施后PE低点20.60倍，增幅近1.5倍。

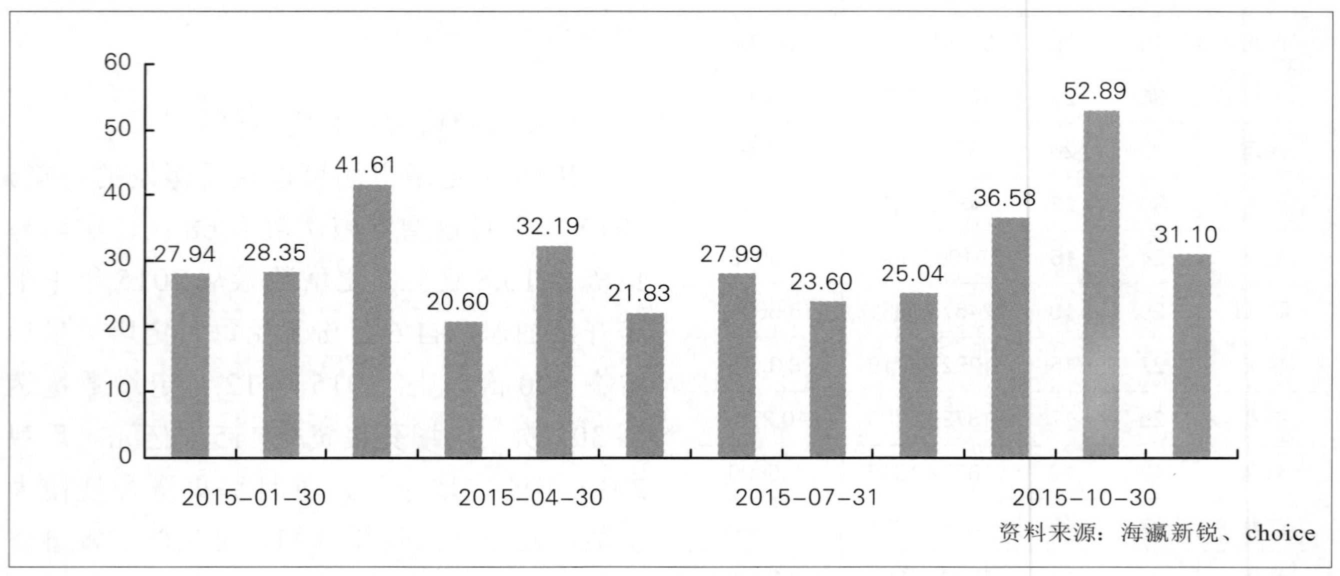

图附录4－7　增发后市盈率(TTM)

4. 行业定增情况

从定增实施来看（证监会行业划分），平均募集总额最高的为金融业，达到9.3亿元；平均增发股价最高的为文化、体育和娱乐业，14.00元；增发市盈率上限最高的为租赁和商务服务业，342倍。

表附录4－8　行业定增实施表（平均值）

证监会行业	募集总额（万元）	增发数量（万股）	股价（元）增发	市盈率(TTM)增发前上限	市盈率(TTM)增发前下限
总计	4780.06	919.27	7.40	-5.69	-8.70
采矿业	3000.92	1080.83	8.06	32.41	31.45
电力、热力、燃气及水生产和供应业	4544.46	1605.19	4.76	331.66	345.37
房地产业	1962.80	476.40	9.60	120.77	120.77
建筑业	3518.43	732.64	5.54	46.64	48.71
交通运输、仓储和邮政业	14362.87	5466.85	5.59	67.14	80.05

续表

证监会行业	募集总额（万元）	增发数量（万股）	股价（元）增发	市盈率（TTM）增发前上限	市盈率（TTM）增发前下限
教育	3080.77	439.68	6.52	67.32	67.32
金融业	93356.03	12333.45	12.80	-295.72	-298.01
居民服务、修理和其他服务业	1515.03	293.02	5.62	4.82	7.23
科学研究和技术服务业	2410.25	482.14	8.21	-578.71	-579.15
农、林、牧、渔业	4947.64	1438.25	6.29	22.49	21.84
批发和零售业	2663.06	613.95	6.88	67.37	67.37
水利、环境和公共设施管理业	3154.13	646.25	10.89	103.21	103.21
卫生和社会工作	2120.05	449.01	7.00	60.61	60.61
文化、体育和娱乐业	4771.52	514.05	14.00	-31.31	-33.27
信息传输、软件和信息技术服务业	3240.43	485.99	9.31	17.02	16.52
制造业	2783.29	586.18	6.03	-3.09	-8.10
住宿和餐饮业	7972.08	664.34	12.00	-189.99	-189.99
租赁和商务服务业	7621.45	2829.73	10.21	341.64	361.45

资料来源：海瀛新锐、choice

多元金融、软件与服务和资本货物相关的行业最受资本青睐。金融行业定增实际募集资金金额高达423亿元，显著高于其他行业企业，募集资金的大手笔均来自于几家私募投资机构。软件与服务行业实际募集资金212亿元排名第二，但与第一名仍有较大差距。紧随其后的是资本货物行业，募集资金总额为168.5亿元。

表附录4－9　　行业定增募集资金总额

Wind 行业	增发数量（万股）	实际募资总额（万元）	大股东认购金额（万元）
多元金融	705478.21	4225386.02	240019.82
软件与服务	339172.44	2118782.12	190235.11
资本货物	425340.16	1684902.97	190229.86
材料Ⅱ	286914.08	1365107.91	148297.21
商业和专业服务	230732.04	1070336.37	178162.00
技术硬件与设备	164130.56	891040.19	73615.60
食品、饮料与烟草	117942.65	591262.83	47267.85
制药、生物科技与生命科学	58467.95	533307.27	29040.25
媒体Ⅱ	53895.73	415254.72	24217.43
运输	130734.61	259291.08	78635.16
消费者服务Ⅱ	17691.27	221474.18	6019.07
医疗保健设备与服务	45848.89	206519.75	27858.59
汽车与汽车零部件	43043.83	201942.66	20362.35
耐用消费品与服装	35570.44	153890.38	16930.33
银行	49032.00	153430.24	30314.04

续表

Wind 行业	增发数量（万股）	实际募资总额（万元）	大股东认购金额（万元）
能源 II	37534.07	147174.55	14117.47
公用事业 II	42039.38	144768.01	35573.93
零售业	29673.96	125448.53	51960.83
半导体与半导体生产设备	11774.08	68695.63	2546.93
电信服务 II	11535.77	52353.96	3203.04
食品与主要用品零售 II	6252.27	30705.64	4098.42
家庭与个人用品	7076.34	26454.02	–
房地产	3163.18	24799.29	–
保险 II	1490.00	8157.00	–

资料来源：海瀛新锐、wind

5. 增发承销商统计（前 10 名）

表附录 4 – 10

机构名称	承销家数	实际募集资金合计（万元）
申万宏源证券有限公司	223	932374.48
中泰证券股份有限公司	154	438914.06
广发证券股份有限公司	143	566649.64
中信建投证券股份有限公司	129	959604.53
国信证券股份有限公司	119	598849.06
安信证券股份有限公司	116	270517.99
长江证券股份有限公司	115	310561.21
招商证券股份有限公司	81	368644.49
光大证券股份有限公司	74	1739666.19
东北证券股份有限公司	73	240040.06

资料来源：海瀛新锐、wind

（三）估值情况

1.2015 年新三板估值变化情况

由于市场对国家经济转型的预期不断提升，2015 年新三板上市企业估值也得到稳步提升。2015 年年初，做市转让平均 PE 在 70 倍左右。经过市场预期不断升温，做市转让在 100 倍左右，相较年初平均 PE 有明显提升。由于流动性的欠缺以及中小微企业抗风险能力较弱，新三板整体估值较 A 股中小板和创业板有较大折价。

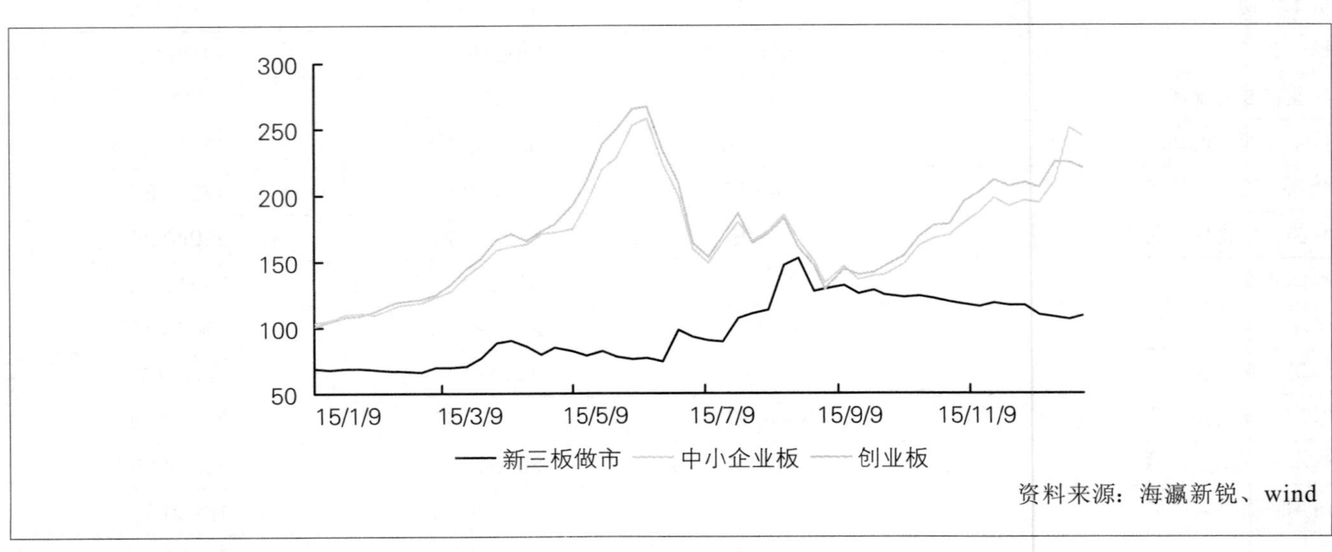

图附录 4 – 8 新三板、中小板、创业板平均 PE

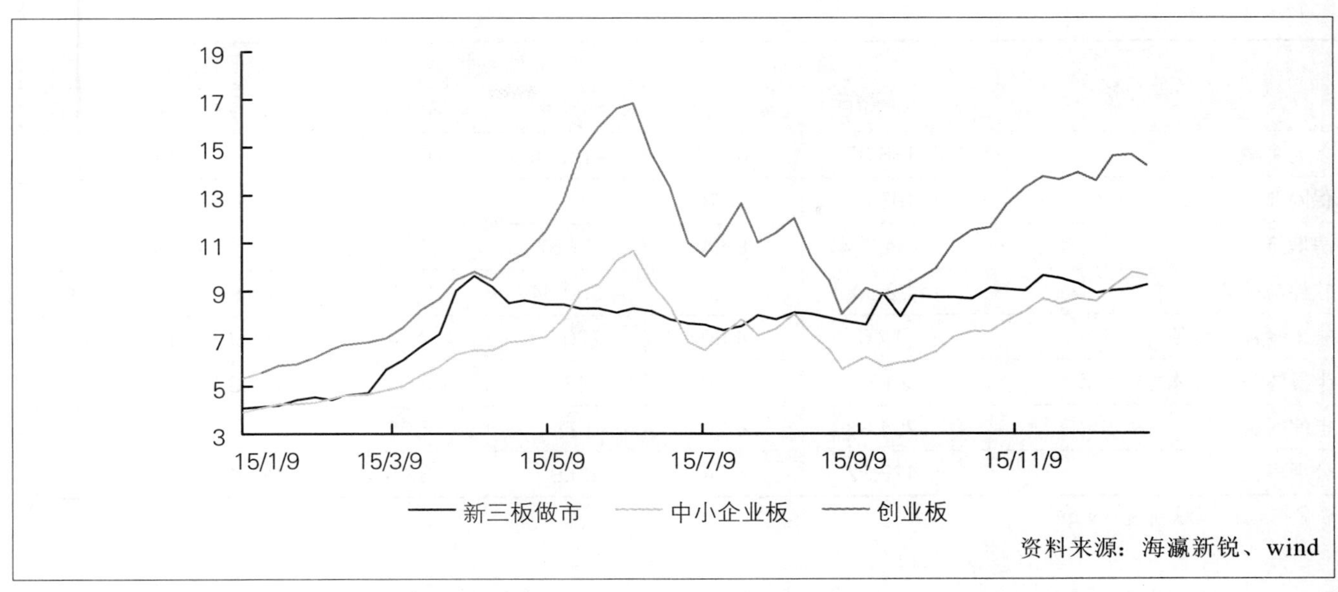

图附录 4 – 9 新三板、中小板、创业板平均 PB

2. 新三板行业估值

公用事业、电信服务、多元金融在新三板享受较高估值，平均市盈率分别为 423 倍、204 倍、186 倍。平均 PB 前三名的则为媒体 II、零售业、保险，分别为 112 倍、21 倍、12 倍。

表附录 4 – 11 中小板、创业板、新三板平均 PE、PB 比较表（2015–12–31）

行业名称	新三板		中小板		创业板	
	平均 PE	平均 PB	平均 PE	平均 PB	平均 PE	平均 PB
能源 II	41.41	3.02	57.53	5.23	–105.51	5.77
材料 II	–207.45	3.80	87.15	5.91	113.86	7.57
资本货物	14.05	3.69	408.43	6.56	87.27	8.42
商业和专业服务	65.07	4.33	–111.67	7.60	18.04	7.68
运输	81.00	2.96	115.86	6.17	–576.51	7.03
汽车与汽车零部件	33.66	4.41	87.28	6.66	68.64	5.88
耐用消费品与服装	2.17	4.85	130.68	7.15	172.27	14.08
消费者服务 II	99.11	9.97	20.19	0.36	70.39	7.44
媒体 II	–66016.93	112.13	3814.67	15.42	213.04	11.33
零售业	37.66	20.55	–346.50	6.30	119.23	11.50
食品与主要用品零售 II	–44.64	9.75	46.01	5.82		
食品、饮料与烟草	25.57	3.76	50.95	5.70	188.19	7.88
家庭与个人用品	21.09	3.14	95.05	8.21		
医疗保健设备与服务	44.80	5.41	49.73	9.57	124.14	11.03
制药、生物科技与生命科学	29.75	6.79	176.44	7.56	119.19	9.18
银行	18.93	2.61	9.51	1.58		

续表

行业名称	新三板		中小板		创业板	
	平均 PE	平均 PB	平均 PE	平均 PB	平均 PE	平均 PB
多元金融	186.33	10.04	-113.45	6.25		
保险 II	103.89	11.76				
房地产	-13408.47	8.84	11.57	4.21		
软件与服务	39.50	4.26	300.64	11.06	100.97	15.56
技术硬件与设备	1.46	4.60	220.59	7.74	90.89	10.04
半导体与半导体生产设备	25.50	5.56	142.72	6.01	147.37	5.81
电信服务 II	204.83	5.20	-127.17	6.36		
公用事业 II	422.82	5.24	39.80	3.45	94.16	7.54

资料来源：海瀛新锐、wind

三、二级市场稳中有进

（一）新三板指数稳中有进

2015 年 3 月 18 日，三板成份指数、做市指数正式发布上线。“三板成指”以覆盖全市场的表征性功能为主，包含协议、做市等各类转让方式挂牌企业，考虑协议成交连续性不强，该指数每日收盘后发布。“三板做市”则聚焦于交投较活跃的做市企业，兼顾表征性与投资功能需求，并于盘中实时发布。

2015 年，与 A 股市场相似，新三板两个指数跌宕起伏，也经历了繁荣、低迷、修复的过程。三板成指在 2015 年以 1019.30 点开盘，一季度一路走高，4 月 7 日达到最高点 2134.31 点。随后逐步下挫，7 月 8 日跌至最低点 1280.12 点。经过 8、9、10 三个月的调整，11 月三板成指逐步回升，截至 12 月 31 日收于 1484.50 点。

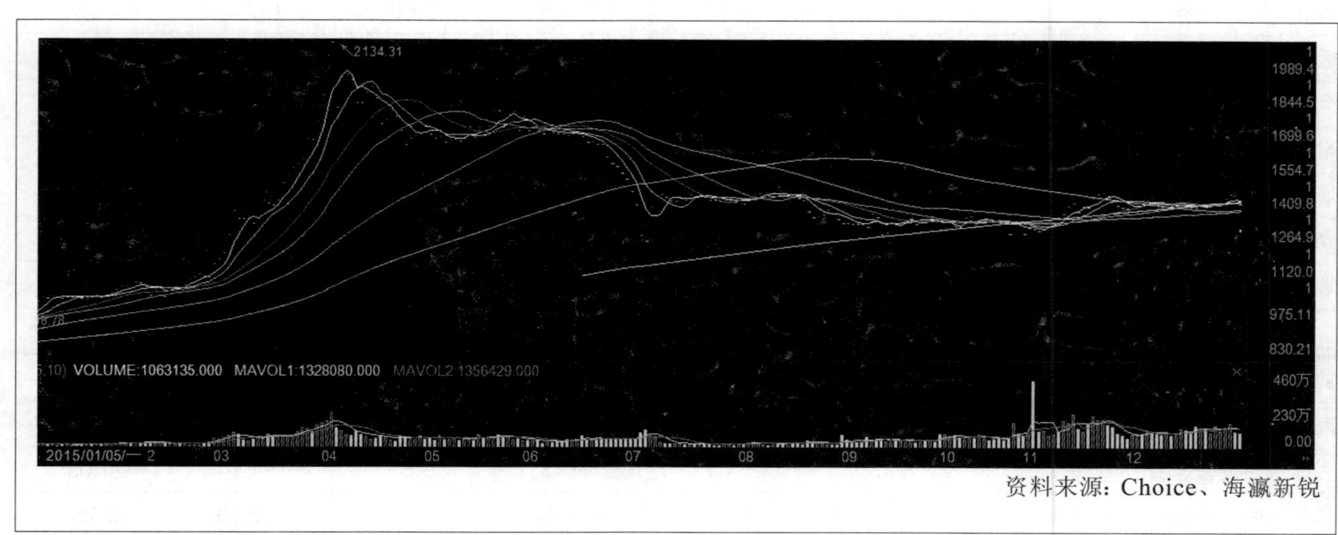

资料来源：Choice、海瀛新锐

图附录 4 – 10 2015 年新三板成份指数走势

与三板成指走势一样，三板做市指数在2015年一季度也不断攀升，4月7日达最高点2673.17点，随后一路走低，7月8日下滑至最低点1103.78点。经过8、9、10三个月的调整，11月三板做市指数也慢慢回升，12月31日收于1438.01点。

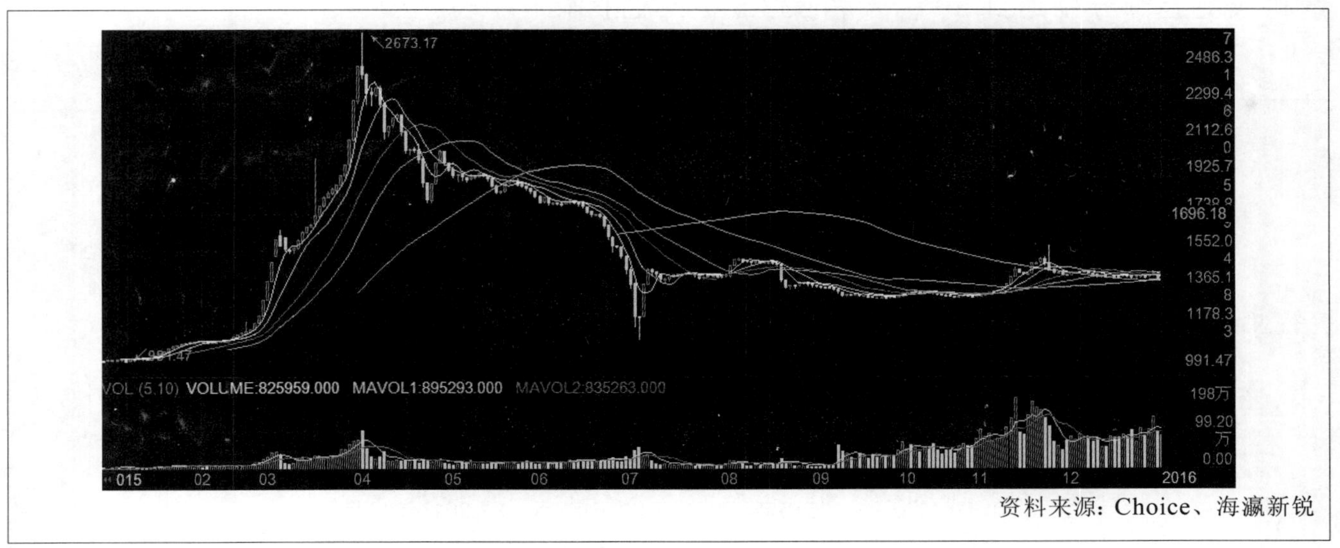

图附录 4-11 2015 年新三板做市指数走势

（二）二级市场差异明显

1.2015年新三板整体成交水平提升超10倍

新三板成交水平在2015年快速上升到新的高度，从年度数据来看，新三板2015年整体交易量达到272亿股，成交金额1879亿元，虽然交易水平与A股相比相差甚远。但与2014年相较，两项数据已各增长11倍和13倍。预计随着2016年政策红利的不断兑现，在庞大企业数量基数下，新三板成交水平仍将有巨大提升空间。

从每月成交看，协议转让成交量与成交金额逐月稳步提升。2015年12月协议转让成交量及成交金额创单月高点，与年初1月份相比两者分别增长25倍和3.9倍。

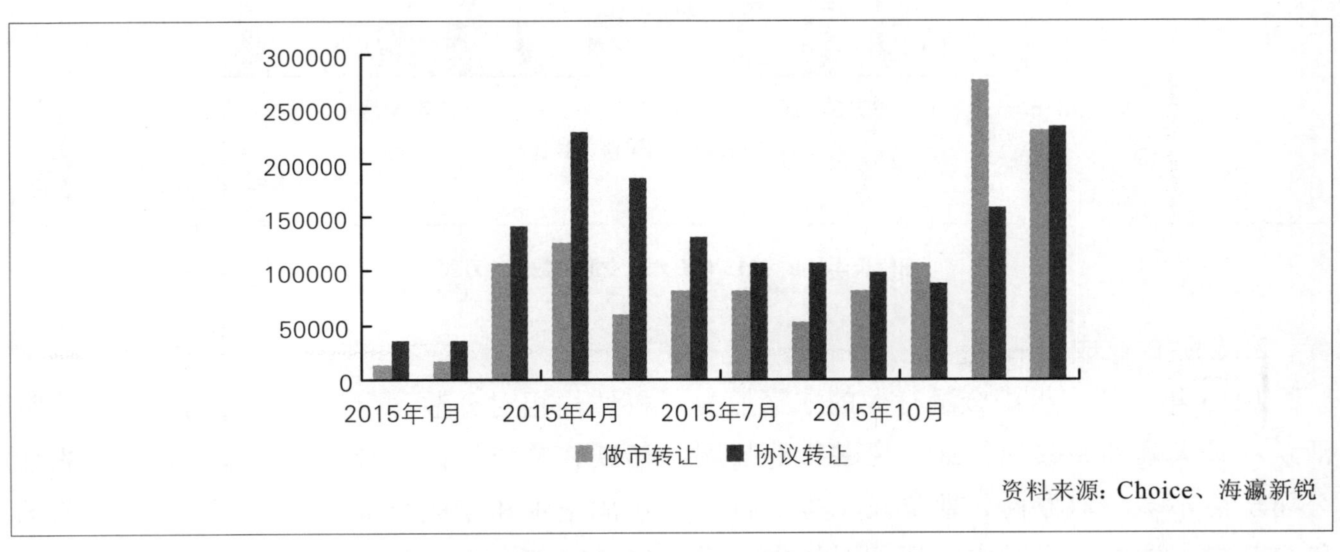

图附录 4-12 2015 年月度成交数量（万股）

由于流动性更好，做市转让更容易受到市场因素的影响，成交量与成交金额呈现出一定的波动性；4 月份，做市交易单月成交量和成交金额分别达到 30 亿股和 333.5 亿元，与 1 月份单月成交 4.2 亿股和 25 亿元的水平相比有极大的提升。此后新三板热度逐渐趋冷，8 月份做市交易成交量回落到 8 亿股水平。

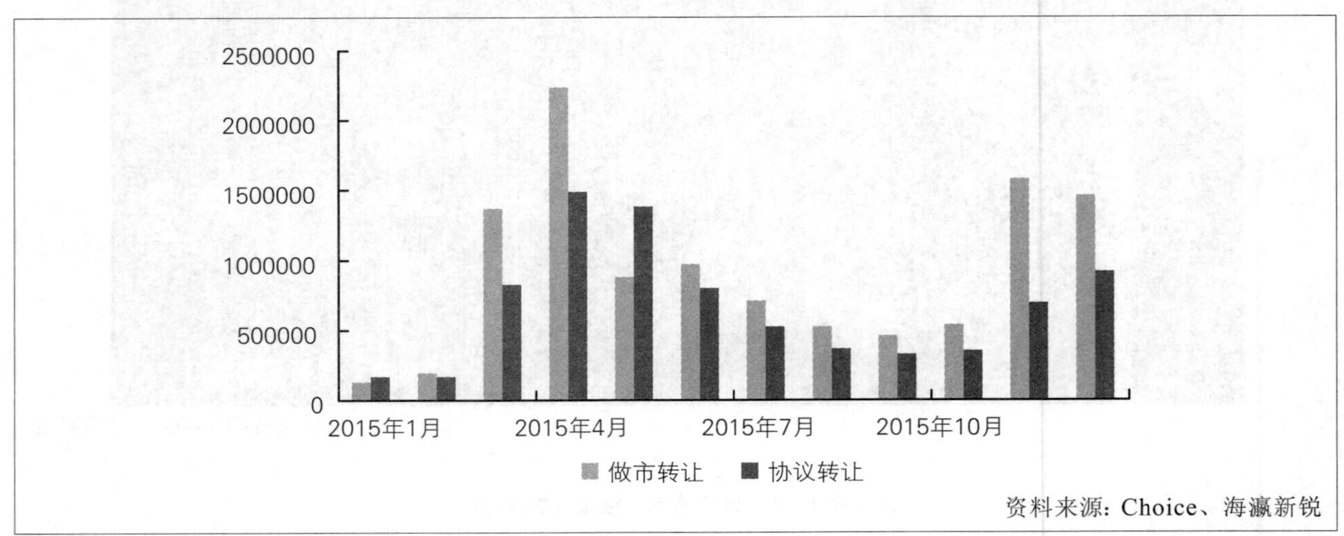

资料来源：Choice、海瀛新锐

图附录 4–13　2015 年月度成交金额（万元）

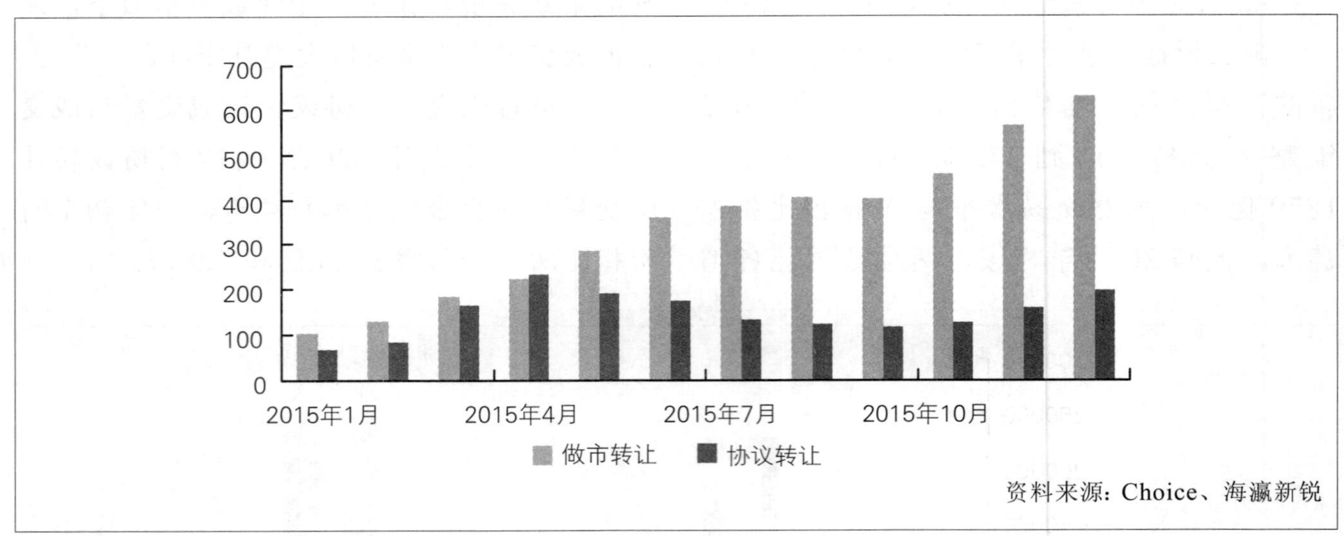

资料来源：Choice、海瀛新锐

图附录 4–14　2015 年日均成交股票数量（万股）

2. 金融行业成交活跃

2015 年，新三板中金融行业的成交最为活跃，且大幅领先其他行业。金融行业挂牌公司虽然不多，但券商、期货及私募等机构包含其中，这些公司股本规模相对较大，股权结构相对分散，市场关注度高，成交非常活跃。全年统计来看，多元金融行业的累计年成交量和年成交金额占新三板全年交易的 33.95% 和 22.04%。

表附录 4－12　　**2015 年新三板交易情况（分行业）**

行业名称	成交数量（万股）			成交金额（万元）		
	合计	做市转让	协议转让	合计	做市转让	协议转让
能源 II	26956.57	20451.47	6505.10	157544.18	142600.05	14944.12
材料 II	259635.46	209591.34	50044.12	1706201.93	1500491.95	205709.98
资本货物	370630.77	286287.59	84343.18	1974572.65	1664184.12	310388.53
商业和专业服务	174015.24	147632.34	26382.90	1316404.66	1214632.10	101772.55
运输	42809.16	30052.60	12756.56	130432.68	84549.03	45883.65
汽车与汽车零部件	38775.49	28357.61	10417.88	238236.67	198387.91	39848.76
耐用消费品与服装	40628.52	30413.28	10215.24	257678.25	226896.37	30781.89
消费者服务 II	16909.83	13895.45	3014.38	319828.49	228040.62	91787.87
媒体 II	47298.82	38799.63	8499.19	581793.30	539053.78	42739.52
零售业	3688.43	1629.66	2058.77	26109.83	17134.76	8975.07
食品与主要用品零售 II	9664.20	1955.10	7709.10	26629.91	8374.99	18254.93
食品、饮料与烟草	98361.49	74812.29	23549.20	684228.67	508728.76	175499.91
家庭与个人用品	8793.53	7601.03	1192.50	79896.19	78063.09	1833.10
医疗保健设备与服务	33023.70	30741.82	2281.88	420731.27	393733.58	26997.69
制药、生物科技与生命科学	63293.64	45689.15	17604.49	966087.20	704365.64	261721.56
银行	20892.85		20892.85	65298.65		65298.65
多元金融	946589.83	771973.83	174616.00	4208650.77	3287842.39	920808.38
保险 II	1629.80	1629.80		17530.09	17530.09	
房地产	2205.04	703.90	1501.14	4832.01	3342.36	1489.65
软件与服务	302938.79	219082.20	83856.59	3658378.34	3164252.84	494125.49
技术硬件与设备	185934.09	150994.72	34939.37	1532222.48	1433074.51	99147.97
半导体与半导体生产设备	73032.23	62135.30	10896.94	568786.25	500076.67	68709.57
电信服务 II	8677.04	8125.86	551.18	77860.05	76799.90	1060.15
公用事业 II	11530.10	9313.14	2216.96	73941.24	65748.26	8192.98

资料来源：海瀛新锐、wind

表附录 4－13　　**累计成交额前 10 名**

代码	名称	换手率（%）	成交量（万股）	成交额（万元）
430719.OC	九鼎集团	108.39	213718.64	1820285.14
830899.OC	联讯证券	413.77	576850.37	1557591.82
831963.OC	明利股份	438.13	118116.00	602316.90
832043.OC	卫东环保	1259.63	125256.30	425067.98
430065.OC	中海阳	289.00	47095.87	412948.67
832970.OC	东海证券	68.23	89476.10	383685.75
832168.OC	中科招商	45.21	22206.88	352948.33
831379.OC	融信租赁	687.16	41426.26	348824.35
830881.OC	圣泉集团	86.54	26673.29	295988.92
830978.OC	先临三维	283.43	13760.60	284304.57

数据来源：海瀛新锐、wind

3. 六成挂牌企业2015年无成交

若按成交金额对新三板挂牌企业进行分类统计，60%的新三板企业在2015年没有发生任何成交；而年成交金额在500万以下的（含无成交），即日成交可能不足2万的，占比达到70%。

表附录4-14　挂牌公司分类统计（按2015年度成交总量统计）

年成交金额	平均成交金额（万元）	挂牌公司数量	挂牌公司数量占比
无成交	—	3082	60.09%
0-100万	32.79	495	9.65%
100-500万	256.24	449	8.75%
500-1000万	723.95	244	4.76%
1000-5000万	1737.26	350	6.82%
0.5亿-1亿	5527.19	266	5.19%
大于1亿	55583.36	243	4.74%

数据来源：海瀛新锐、wind

4. 总市值一年增长4.4倍，市值5亿内的企业占据7成

随着挂牌企业的快速增加以及交易的活跃，新三板总市值在2015年出现了跨越式的增长。根据股转公司披露的统计快报，2015年1月新三板总市值约为5591亿元，到了12月末，新三板总市值达到了2.45万亿，一年增长了近4.4倍。

目前新三板流动性问题压低了整体的估值，随着后续新三板分层制度、竞价交易、引入公募基金、转板、降低投资者门槛等红利制度不断推进，新三板估值将得到一定程度提升。若考虑到2016年预计有近5000家新增企业挂牌新三板，我们认为新三板整体市值在2016年或有可能突破5万亿。

据wind统计，市值50亿以上的公司仅有36家，而市值在5亿以内的企业数量为1906家，占比69%。新三板也不缺乏大市值公司，金融行业的新三板公司市值普遍排名靠前，例如九鼎集团总市值高达1025亿元。

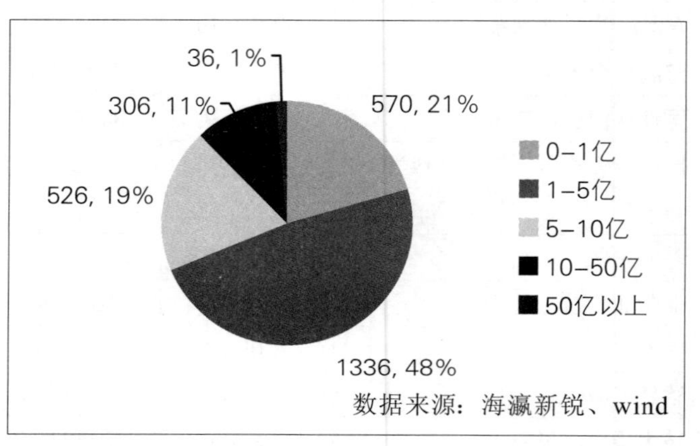

数据来源：海瀛新锐、wind

图附录4-15　市值分布统计

5. 做市券商排名

截至2015年12月31日，新三板拥有主办券商资格的券商84家，做市商82家。

表附录4-15　做市商做市企业排名（前20名）

做市商	做市企业数量	累计推荐挂牌企业数量	年度成交量（万股）	年度成交金额（万元）
广州证券	261	47	29542.2724	252674.8433
中泰证券	234	250	212237.9129	1368695.3558
光大证券	210	128	8067.1210	100837.0481
上海证券	206	46	49040.6348	374341.4552
兴业证券	175	94	31311.1194	313438.5194
天风证券	151	73	37363.5856	573233.2546

续表

做市商	做市企业数量	累计推荐挂牌企业数量	年度成交量（万股）	年度成交金额（万元）
申万宏源证券	144	425	44770.8847	372116.8629
国泰君安	142	153	104722.3923	924267.8131
国信证券	133	191	129463.4362	1267857.7196
长江证券	127	164	11266.0662	134954.8485
广发证券	121	197	10325.1205	123392.7611
海通证券	117	91	44834.1654	412450.0414
招商证券	108	158	11378.0943	124034.7534
中信证券	104	97	74028.0558	662786.2195
安信证券	102	206	13438.7463	115647.4496
万联证券	99	25	12263.5205	74809.0020
中山证券	97	53	51416.5792	304063.5575
东方证券	93	49	76808.7204	1045928.2700

资料来源：海瀛新锐、wind

四、并购重组火热爆发

（一）2015 年挂牌公司重大资产重组及收购

全国股转公司支持企业通过并购重组进行正常的行业、业务整合，中国证监会已经制定并发布《非上市公众公司收购管理办法》和《非上市公众公司重大资产重组管理办法》，全国股转公司也制定并发布了相关配套规则。2015 年共发生重大资产重组 102 次，是 2014 年的 12.75 倍，累计重组交易金额 289 亿元，是 2014 年的 27.0 倍。2015 年共发生收购 106 次，是 2014 年的 13.25 倍，累计重组交易金额 55.1 亿元，是 2014 年的 24.9 倍。

表附录 4 – 16

月份	重大资产重组次数	重组交易金额（万元）	收购次数	收购交易金额（万元）
2014 年	8	107368.94	8	22109.80
1 月	3	12400.00	2	7782.00
2 月	–	–	3	7319.40
3 月	3	28808.64	4	47589.50
4 月	7	50808.16	5	18519.78
5 月	5	17344.73	5	6152.00
6 月	8	40754.98	15	48425.16
7 月	5	265324.55	10	33471.28
8 月	9	244136.39	9	188490.45
9 月	16	1371350.68	12	17699.07
10 月	10	377816.18	10	24955.58
11 月	11	167764.72	10	68818.71
12 月	25	316621.79	21	81749.97
2015 年合计	102	2893130.82	106	550972.89

资料来源：海瀛新锐、股转系统

（二）终止挂牌

2015 年，共有 12 家企业摘牌，名单及原因如下：

表附录 4 – 17

序号	证券代码	公司简称	摘牌原因	摘牌时间
1	430760.OC	奥新科技	被收购	2015/1/16
2	430628.OC	易事达	被收购	2015/2/17
3	430050.OC	博朗环境	主动申请	2015/3/27
4	430049.OC	双杰电气	IPO	2015/4/20
5	430040.OC	康斯特	IPO	2015/4/22
6	831127.OC	祺龙股份	主动申请	2015/4/29
7	430018.OC	合纵科技	IPO	2015/6/1
8	831976.OC	祥辉电缆	主动申请	2015/6/10
9	833097.OC	众益制药	被收购	2015/8/27
10	831966.OC	业际光电	被收购	2015/9/30
11	831812.OC	宇寿医疗	被收购	2015/12/2
12	430598.OC	众合医药	被吸收合并	2015/12/7

资料来源：海瀛新锐、股转系统

五、2016 年展望——夯实发展

（一）挂牌企业将逾万家

自做市制度推出后，新三板挂牌数量增速明显，2015 年上半年以每日 20 家左右的速度增长，下半年以每日 50 家左右的速度增长。若按照每天 20 家挂牌的速度预测，2016 年底挂牌企业可能逾万家。

（二）监管日渐严格

2014 年起，新三板挂牌企业数量从数百家迅速扩大到逾 5000 家，体现了监管层先放水养鱼再加强监管的思路。虽然市场异常火爆，但也出现了信息披露不规范等违规行为，引发了监管层的密切关注。根据股转系统披露的 2015 年全年监管执法情况，共对 44 家挂牌公司、35 名挂牌公司董监高、1193 个投资者账户、31 家主办券商、2 家做市商、1 家会计师事务所采取了自律监管措施；对 1 家挂牌公司、1 名挂牌公司董监高实施了纪律处分；对未按期披露年报的 1 家公司实施摘牌；及时向证监会移交涉嫌内幕交易、市场操纵、大股东违规减持等涉嫌违法违规的案件 27 件。

2015 年 11 月 20 日国务院发布的“进一步推进新三板发展的意见”中，严正提出“坚持以市场化、法治化为导向推进监管转型”。可以预计 2016 年，新三板将迈入了全新的监管之年，挂牌企业违规成本将大幅提高，这将进一步夯实新三板的发展基础。

（三）分层制度落地

预计分层方案实施后，约有 800 多家企业进入创新层，创新层的流动性将大幅提升；但基础层估值低、前景看好的企业，也将获得投资机构的青睐。这将进一步形成新三板正常的交易秩序和价格形成机制，大幅提高价格发现功能，反映挂牌企业的真实价值；同时这也有利于投资者正确作出投资决策，促进资本市场的健康发展。

分层后，新三板将实行分类管理，加强信息披露监管，与分层制度配套的摘牌制度也将制订公布。未来，分类标准可能会出现微调；考虑到分层制度中对层级下调的两年时限及并购需求，预计 2018 年将有逾百家“僵尸”企业退市。

（四）创新试点不断释放红利

从“进一步推进新三板发展若干意见”中可以预测，2016 年将是新三板创新年，可能推出的创新制度有：

①一次审批、分期实施的储架发行制度。

②挂牌公司股东大会一次审议、董事会分期实施的授权发行机制。

③适合中小微企业的债券品种。

④资产支持证券。

⑤挂牌股票质押式回购业务试点。

⑥支持证券公司设立专业子公司统筹开展新三板相关业务，不受同业竞争限制。

⑦允许公募基金投资新三板。

随着新三板各项创新制度的落地，新三板市场制度体系将日益成熟与独特，这将极大的提升新三板融资和价格发现功能，不仅可以有效的服务挂牌企业，同时还可以有效地构建出多层次资本市场的有机联系，促进挂牌公司成长为优质企业，起到增强服务实体经济能力的根本作用。因此，2016 年新三板仍将继续获得国家、市场、投资者的大力扶持，改革红利持续不断释放，新三板必将迎来持续蓬勃发展、登上新的高峰。

后 记

《中国上市公司业绩评价报告》研究与编辑工作是由中国发展出版社与中联控股集团完成。中国发展出版社和中联控股集团组建了由国务院发展研究中心、国务院国资委等机构的专家组成的“中国上市公司业绩评价课题组”。课题组充分借鉴了财政部、国资委颁布的有关企业绩效评价办法，以财政部等五部委颁布的《企业绩效评价操作细则（修订）》为基础，结合中国上市公司的特点，构建了一套包含20多项财务指标的业绩评价体系。评价结果基于公开披露的上市公司信息。

2015年，在经济“新常态”的大背景下，中国经济增长虽然告别高增长、高投资时代，但是通过经济结构不断优化、产业结构不断升级、创新提供新动力，经济保持了总体平稳、稳中有进、稳中有好的发展态势，成功实现经济增长软着陆，上市公司业绩增长基本与中国经济同步，但中国证券市场却上演了巨烈震荡，小幅上涨收官，沪指累计涨9.41%，振幅71.95%，深成指涨14.98%，振幅81.27%，创业板涨84.41%，振幅177.26%。

基于连续十五年对中国上市公司业绩深刻研究，通过对2015年中国A股上市公司的研究，形成了丰富的研究成果。通过对2015年国内外宏观经济背景的分析，2016年上市公司评价报告对上市公司的经营业绩进行综合评价，在此基础上，结合各界专家的意见，推选出中国资本市场权威、科学的“中联百强”。课题组深入研究煤炭、石油石化、有色等15个重点行业，所选行业覆盖了产业规划重点扶持行业和投资者关注的市场特点板块，为了提升业绩评价报告研究深度，还组织召开部分行业的研讨会。课题组还对新三板、上市公司年度税收负担率进行了研究分析，丰富了中国上市公司业绩评价报告的内容。

本报告共分三部分及附录，其中第一部分第一章由刘亚林撰写；第二章由丁青超撰写；第三章由穆东升撰写。第二部分第四章由陶涛、刘春霖撰写；第五章由蒋卫峰、沈振江撰写；第六章由郝威撰写；第七章由潘明撰写；第八章由金阳撰写；第九章由李莎撰写；第十章由李业强、任喆撰写；第十一章由龚春霞、李偲撰写；第十二章由胡锡海撰写；第十三章由胡超撰写；第十四章由韩小伟、刘晨撰写；第十五章由高峰、吴文军撰写；第十六章由王杰、朱子敬撰写；第十七章由董林撰写；第十八章由田祥宇撰写。第三部分第十九章由邓艳芳、张世超撰写；第二十章由魏斌、朱淑珍撰写；第二十一章由刘卓芹、张世超撰写。附录四由陈丹旭撰写。穆东升、范树奎、潘明、金阳、魏斌、唐章齐、刘松、鲁杰钢、韩荣、吴晓光、孔祥坡负责审稿与统稿工作。孙庆红、刘志、洪方圆负责本书数据采集、处理和统计分析工作。

课题研究和编纂工作，得到了国务院国资委和国务院发展研究中心的大力支持。国务院国资委副主任孟建民和国务院国资委总会计师沈莹、国务院发展研究中心副主任隆国强等为研究工作提供了诸多指导，在此谨表谢意！